中国历史
全知道

微阳◎主编

中国华侨出版社

图书在版编目（CIP）数据

中国历史全知道 / 微阳主编. — 北京：中国华侨出版社，2013.12

ISBN 978-7-5113-4356-7

Ⅰ.①中… Ⅱ.①微… Ⅲ.①中国历史—通俗读物 Ⅳ.①K209

中国版本图书馆CIP数据核字（2013）第310493号

中国历史全知道

主　　编：微　阳

责任编辑：黄　威

封面设计：王明贵

文字编辑：刘晓菲

美术编辑：李　蕊

插图绘制：陈来彦

部分图片来自www.quanjing.com & www.ICpress.cn

经　　销：新华书店

开　　本：720mm×1020mm　1/16　印张：27.5　字数：760千字

印　　刷：鑫海达（天津）印务有限公司

版　　次：2014年2月第1版　2022年3月第11次印刷

书　　号：ISBN 978-7-5113-4356-7

定　　价：29.80元

中国华侨出版社　北京市朝阳区西坝河东里77号楼底商5号　邮编：100028

发 行 部：（010）58815874　　　　　　传　真：（010）58815857

网　　址：www.oveaschin.com　　　　E－m a i l：oveaschin@sina.com

如果发现印装质量问题，影响阅读，请与印刷厂联系调换。

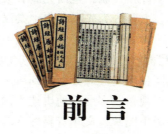

前　言

　　中国历史是一个漫长而又耐人寻味的过程，源远流长，波涛汹涌，既有繁荣辉煌，也有曲折艰难；既有濯濯光明，也有血腥黑暗。五千年的文明造就了发达的文化、昌盛的史学，文章典籍浩如烟海，从史学巨著《史记》《资治通鉴》到各式各样的野史、笔记，林林总总，无不彰显了人们对史学的挚爱。但可惜的是，这些作品或因作者的立场问题，或因著者的视野所限，往往难以反映出历史的真实面貌，而且行文上极易形成两种极端：要么倾向于官方的为名士大夫立传的所谓正史；要么沦为为士子优伶鸣不平的所谓俗史，前者不适合大众化阅读，全面了解史实，后者则如演义小说，不伦不类，妨碍我们对历史本真的认识，不利于我们根据真实的历史对现实及未来作出客观判断。为了反映历史的真相，让读者更加科学系统地解读历史，我们精心编写了这本《中国历史全知道》。

　　本书采用了"全史"体例，取材广泛，融正、野、秘三史于一体，分为通史博览、野史追踪、秘史探究三篇，多视角、立体化解读中国历史。它不仅给读者提供了认识历史的望远镜、显微镜、放大镜和透视镜，更重要的是倡导一种独特的观察历史的方法、思考历史的方式，给读者一双穿过重重迷雾、看透历史的慧眼。

　　"通史博览"选取对中国历史发展产生深远影响的重大事件、风云人物、辉煌成就和灿烂文化，连点成线，系统而完整地勾勒出中国历史的发展脉络，作为全书的主干。主要分为华夏源头，中原争霸，九州一统，离析与交融，乾坤变幻，王朝更迭，民主与新生七章。同时，以通俗晓畅的语言阐释中国历史中所蕴含的成败之道、历史规律，尽可能让读者在较短时间内从宏观角度上把握历史。

　　"野史追踪"从民众视角观察历史，摒弃传统史学"为尊者饰，为贤者讳"的观念，采古今野史之精髓，秉笔直书帝王将相之性格心理、逸闻趣事，深入描绘统治阶级的钩心斗角、尔虞我诈，详细讲述政治军事之丑恶内幕、肮脏手段，生动再现历代宫廷规制、世相百态。主要分为先秦野史，秦汉野史，魏晋南北朝野史，隋唐五代野史，宋、辽、金、元野史，明代野史，清代野史七章，其中既有时势造就英雄的智慧豁达与阴险毒辣，又有英雄造就时势的惊天地泣鬼神事件，让读者清楚地看到文明及其背后的丑恶与离奇。

　　"秘史探究"侧重于探隐寻幽，引导读者从细节处发掘历史智慧，讲述那些为统治者刻意掩盖的历史，鲜为人知的历史内幕和史家所不敢写、不便写、不愿写的历史。这些历史往往与重大历史事件相关联，里面充满着尖锐而复杂的矛盾冲突与利益纠葛，云诡波谲、神秘莫测。主要分为先秦秘史，秦汉秘史，三国两晋南北朝秘史，隋唐秘史，宋、辽、金、元秘史，明代秘史，清代与民国秘史七章。探究这些历史，能为读者撩开历史的神秘面纱，发现真实鲜活的历史真相，参悟历史的玄机。

　　本书内容在真实性、趣味性和启发性等方面达到一个新的高度，并通过科学的体例与创新的形式，立体化、新视角、多层面地讲述中国历史。不仅如此，我们还努力把某一事件、人物有关的历史图片、文物资料配入其中，以大量精美图片传史之真，证史之实，辨史之误，同时使事件、人物更加立体丰满，并充满场景感。力求通过图文的紧密结合为读者提供一条回归历史真实的通途，做到融知识性、可读性、观赏性于一体。

　　希望本书可以作为探寻中国历史的路径，方便读者采撷它的精华，摒弃它的糟粕！我们愿以此书教于有识之士，大方之家，并与同道者共勉！

目 录

·第二篇　野史追踪·

第七章　清代野史 …………………………………………………… 307

· 第三篇　秘史探究 ·

第一篇　通史博览

　　中国的历史漫长久远，其间发生的历史事件，出现的历史人物错综复杂、头绪繁多，本篇通过通俗精炼的文字对中国历史进行现代诠释，在真实性、趣味性和启发性等方面达到一个全新高度，全方位、新视角、多层面地阐述历史。

第一章　华夏源头

第一节　远古文明

远古人类

　　人类历史究竟应该从哪儿说起呢？在科学比较发达的今天，我们已经知道，人类最早的祖先是一种从古猿转变而来的猿人，这种认识可以从地下发掘出来的化石得到证明。

　　从我国科学工作者在祖国各地先后发掘出的猿人遗骨和遗物的化石中可以看出：我国境内最早的原始人，是距今有170万年的云南元谋人。另外，还有80万年前的陕西蓝田人、四五十万年前的北京人。

　　约170万年前，云南元谋地带是一片宽广的亚热带草原和森林。先有枝角鹿、爪蹄兽等第三纪残存的动物在这里生存繁衍。再往后推移一段时间，则是桑氏鬣狗、云南马等早更新世的动物出现在这片草原和森林。它们大多数都是食草类野兽。为了生活下去，元谋人便使用粗陋的石器捕猎它们。在元谋上那蚌村附近的早更新世地层中，元谋盆地内暴露的695米厚、共4段28层的河湖沉积而形成的地层里，发现了两枚上内侧门齿化石。经过考古学家们检测，这两枚牙齿属于170万年前的一个原始人，男性，30岁左右。它确证了中国人的历史起源和存在。在发现这两枚牙齿化石的同时，从褐色黏土层中出土的还有7件元谋人制造和使用的刮削器与脉石英石核。从这一古迹遗址中，我们看到了中华文明的萌芽。

　　又过了几十万年，也就是80万年至75万年前，在今陕西省蓝田县公王岭地带，生活着一些原始人类。他们低平的前额上，明显地隆起粗壮的眉脊骨。他们打制的石器比较简单，又粗又大，但仔细一看，却发现已

石镰　新石器时代
新疆阿克塔拉出土，它的镰体是弧形的，其中一端比较宽，装柄用；另一端是尖状的，内侧磨为锋刃。

经有不同类型石器分工的迹象。这就是著名的蓝田人。他们的化石于 1963 ～ 1965 年在陕西省蓝田县公王岭更新世早期地层中被发现。考古学家研究表明，蓝田人比后来的北京人大脑容量要小一些，大约有 778 毫升。但是有一点却引起了人们的关注，那就是他们已经能完全直立行走，而且这是已发现的亚洲北部最早的直立人。这个发现的意义十分重大，因为直立起来，是成为人的重要标志。

后来出现的北京人，他们的体质结构已经构成了人的基本特征，但仍然残存着某些猿类的性质。他们的身材矮小，男性平均身高只 1.558 米左右，女性平均身高约 1.435 米。他们和现代人相比较，面部稍短而嘴巴特别前伸，看不见下颌，前额比现代人低平，有点向后倾斜。他们的脑壳比现代人厚，大约是现代人的一倍。头盖靠下部膨大，上部收缩。平均脑容量是 1075 毫升，仅仅是现代人平均脑容量的 75%，但是，他们比现代类人猿的平均脑容量大一倍以上，类人猿的脑容量只有 415 毫升。

北京猿人已经能够制造和使用工具，他们使用的工具有骨器、木器，更多的还是石器。考古学家们以北京猿人制造和使用的工具为依据，证明他们跟动物有了本质上的区别，已经具备了人类的某些特征。

北京猿人还有一个更为进步的举措是已经会人工取火，这是一个确凿无疑的事实。在北京人居住过的洞穴中发现了厚达数米的灰烬层，说明篝火在这里连续燃烧的时间很久，也说明北京人已经懂得保存火种，不需要火时用灰土盖上，使火阴燃，到下次要用火时，扒开灰土，添上草木，经风一吹便能引燃。灰烬中被火烧过的石块、兽骨和朴树籽，则证明北京人已经能使用火烧熟食物。

几十万年过去了，猿人在同大自然的斗争中进化了。我们从遗迹中发现，在北京周口店龙骨山的山顶洞穴里活动的原始人，已经和现代人没有区别。我们把他们称为"山顶洞人"。

山顶洞人的劳动工具同以前使用的工具相比，在质量上有很大提高。他们不但能够把石头打制成石斧、石锤，而且还把野兽的骨头磨制成骨针。

山顶洞人过着群居生活，但他们的群居生活已经按照血统关系固定下来，彼此之间都有血缘关系。每个成员都是共同祖先生下来的，于是产生了原始人群。后来，又逐渐演变为氏族公社。

原始文明

母系氏族公社是中国历史进程中比较重要的一个阶段，而仰韶文化遗址则清晰地反映了母系氏族公社的面貌。仰韶文化的主要区域在河南省西部、陕西省中部和山西省南部一带。它的分布非常广阔，南达汉水中上游，北至河套地区，西及甘肃境内的渭河上游，东到山东省。这些地方分散着母系氏族时的很多村落遗址，而且在某些地区，村落分布十分密集。

彩陶人面鱼纹盆
鱼纹盆为仰韶文化半坡类型彩陶的代表作，表现了人类早期与动物的密切关系。

妇女在氏族中的地位非常高。有一些地方，发现了以女性为主要地位的埋葬习俗。在陕西省华县元君庙和华阴市横阵村，发现了很多母系氏族的迁移合葬墓。这一发现更进一步证明了当时妇女的重要地位。这些同坑埋葬的死者，全部是迁移而来合葬的，人数并不是十分统一，男女老少都有，迁移合葬整个程序比较复杂。

骨哨　河姆渡文化
狩猎工具，长6～10厘米，骨哨均用一截禽类的骨管制成，里边还可插一根可以移动的肋骨，用以调节声调。猎人利用骨哨模拟鹿的鸣叫，吸引异性，伺机诱杀。

人死后，大概是先把尸体进行临时处理，遇到母系氏族中某个地位较高的妇女死亡后，就先直接把她的尸体仰卧埋在葬坑主要位置上，同时将和她同氏族的早死者的尸骨迁移过来，排在一起，同墓合葬。这种以妇女为中心的葬俗，表明女性在氏族中占有重要地位。还有，从半坡遗址和西安市临潼区姜寨遗址墓葬的随葬品推测，女性一般比男性多。这种现象也说明了当时妇女社会地位很高。

河姆渡文化是中国长江流域下游地区古老而多姿的新石器文化，第一次发现于浙江余姚河姆渡，因而命名。它主要分布在杭州湾南岸的宁绍平原及舟山岛。经科学的方法进行测定，它的年代为公元前5000年至公元前3300年。

河姆渡文化的骨器制作比较进步，有耜、鱼镖、镞、哨、匕、锥、锯形器等器物，都经精心磨制而成，一些有柄骨匕、骨笄上雕刻花纹或双头连体鸟纹图案，就像是精美的实用工艺品。河姆渡文化在农业上以种植水稻为主。在其遗址第4层较大范围内，普遍发现稻谷遗存，这对于研究中国水稻栽培的起源及其在世界稻作农业史上的地位，具有重大意义。

河姆渡文化的农具，最具有代表性的是大量使用骨耜。河姆渡文化的建筑形式主要是栽桩架板高于地面的干栏式建筑。干栏式建筑是中国长江以南新石器时代以来的重要建筑形式之一，目前河姆渡发现为最早。它与北方地区同时期的半地穴式房屋有着明显差别，成为当时最具代表性的特征。因此，长江下游地区的新石器文化同样是中华文明的重要渊薮。它是代表中国古代文明发展趋势的另一条主线，与中原地区的仰韶文化并不相同。

大汶口文化年代约为公元前4300年至公元前2500年，是中国新石器时代晚期的文化典型，其文化遗址最早发现于山东泰安市大汶口村。

大汶口文化的遗存十分丰富。经考古发现有墓葬、房址、窖坑等，墓葬以仰卧伸直葬为主，有普遍随葬獐牙的风习，有的还随葬猪头、猪骨以象征财富。出土生活用具主要有鼎、豆、壶、罐、钵、盘、杯等器皿，分为彩陶、红陶、白陶、灰陶、黑陶几种，特别是彩陶器皿，花纹精细匀称，几何形图案规整。生产工具有磨制精致的石斧、石锛、石凿和磨制骨器，骨针磨制得十分精细，体现了极高的制作技术。

花瓣纹钵　新石器时代　大汶口文化　红陶彩绘　江苏省邳州市大墩子出土
大汶口文化一个显著特点是陶色多样化。彩陶纹样以几何纹为主，由挺拔、尖锐的直线组成的几何纹样颇具特色。

连栅纹镂孔器座　新石器时代　大汶口文化

大汶口文化的发现为山东地区的龙山文化找到了渊源，也是研究父系氏族时期社会状况的重要文化遗存。

黄帝战蚩尤

大约在 4000 年以前，在我国黄河、长江流域一带生活着许多部落。传说以黄帝为首领的部落，最早住在今陕西北部的姬水附近，后来沿着洛水南下，东渡黄河，在河北涿鹿附近定居下来，开始发展畜牧业和农业。

与黄帝同期的另一个部落首领叫作炎帝，当他带领部落向东发展的时候，碰到一个极其凶恶的九黎族的首领蚩尤。传说蚩尤有 81 个兄弟，全是猛兽的身体，铜头铁额，凶猛无比。他会铸刀造戟，还经常带着他的部落，到处侵扰，闹得周围部落不得安宁。炎帝部落定居山东后，经常受到蚩尤的侵扰，炎帝几次起兵抵抗，但不是蚩尤的对手，被打得一败涂地。

炎帝像

炎帝即神农氏，曾遍尝百草为人治病，晚年在南巡途中因误尝毒草而身亡，死后葬于长沙茶乡之尾。

炎帝战败后，带领他的部落逃到涿鹿，请求黄帝帮助复仇。黄帝早就想除掉蚩尤这个祸害，就与炎帝联合在一起，并联络其他一些部落，招集人马，在涿鹿郊外与蚩尤展开了一场殊死决战。

蚩尤也称得上一代枭雄，自不甘示弱。他集结所属 81 个支族，又联合巨人夸父部族和三苗一部，在兵数上已占据优势，又挟战胜炎帝之余威，并依仗精良的武器装备，气势汹汹地向黄帝扑来。黄帝临危不乱，率领以熊、罴、狼、豹、雕、龙、鹖等为图腾的氏族部众迎击蚩尤。黄帝还利用位居河上游的条件，令大将应龙"高水"，在河上筑土坝蓄水，以抵御蚩尤的攻势。

当时正值浓雾弥漫，大雨倾盆，这很适合来自东方多雨环境的蚩尤族开展军事行动。蚩尤适时利用天气变化不断偷袭黄帝军得手，于是得意忘形，趾高气扬，认为不多时黄帝就不得不束手就擒了。

黄帝毕竟不是等闲之辈，他知道恶劣气候不是己方进攻时机，就主动避敌锋芒，井然有序地组织后撤，因而保存了实力。不多久，风云突变，雨过天晴，黄炎联军反败为胜的契机来了。黄帝当机立断，一声令下，大将常先、大鸿从正面开始了反攻。

黄帝又利用狂风大作、飞沙走石的天时，命风后、王亥把经过训练的 300 匹火畜组成一支"骑兵"，朝蚩尤军心脏长驱直入。

黄帝还准备了 80 面夔牛大鼓，趁风沙弥漫之时擂鼓吹号以震慑敌人。

突如其来的反攻让蚩尤猝不及防，其军队开始自相践踏、慌不择路，终于陷入崩溃，节节败退。蚩尤无心恋战，向南逃跑；而粗犷骄横的夸父不承认失败，率本部奔大鸿军杀来。忽然一阵狂风，夸父眼着沙子，大鸿自不肯放过制敌机会，拦腰砍伤夸父，夸父军四散奔逃。

黄帝身边众多谋臣一再进言不可放走蚩尤，黄帝采纳群臣意见，联合炎帝族和玄女族紧追蚩尤，在冀州之野将之包围。轩辕命令擂鼓击钟，蚩尤军被钟鼓声震得耳聋眼花、溃不成军。

蚩尤落荒南逃，被黄帝擒获并杀于野外。刑天及蚩尤的部下把蚩尤的尸体偷运到河南濮阳西水坡秘密下葬，下葬的日期——正月初八被定为苗家的国难日。不久刑天与黄帝大战，因寡不敌众被黄帝斩首，但刑天的尸身不倒，他的两乳变成双目，肚脐变成了嘴巴，继续舞动兵器战斗。夸父则在潼关被应龙万箭齐发射死，鲜血染红了潼关。黄帝取得了对九黎族的决定性胜利，九黎族这一支力量融入炎黄族中。

黄帝、炎帝打败蚩尤后，同盟关系破裂，两个部落战于阪泉，即阪泉大战。经过三次艰苦卓绝的战争，黄帝战胜炎帝。炎帝部落的共工与黄帝战争失败，一怒之下用头碰撞不周山，从此天地西北高、东南低。这次战争后，黄帝向南发展，经过52次战争后天下归附，黄帝由此成为黄河中下游部落联盟的大盟主。后来，黄帝轩辕在釜山会盟并取代神农氏登上帝位。

传说中，黄帝还是一个大发明家，他不仅发明了在地面上建房屋，还发明了车、船和制作衣裳等。这当然不会是他一个人发明的，黄帝只不过是个带头人罢了。传说他的妻子嫘祖亲自参加劳动，也有一些发明，养蚕缫丝就是她的功劳。最初人们不知道蚕的作用，那时候只有野生的蚕，嫘祖就教妇女养蚕、缫丝、织帛。打那以后就有了丝和帛。

黄帝为创造远古时代的文明，立下了汗马功劳，在后代人的心目中占有极其重要的地位，所以人们都尊黄帝为中华民族的始祖，自己是黄帝的子孙。因为炎帝族和黄帝族原来是近亲，后来融合在一起，所以我们常常把自己称为炎黄子孙。

我国陕西黄陵县城北桥山上，有一座高大的陵墓。这就是传说中的中华民族祖先黄帝的墓，人们称它为黄陵。黄帝陵壮丽威武，古书记载说："其山势如桥，沮水环绕之。"黄陵的周围是峰峦起伏的陕北高原，山上古树成林，郁郁苍苍，象征着中华民族的古老、挺拔与苍劲。

黄帝战蚩尤图

中华儿女都把黄帝当成自己的祖先，鲁迅先生曾经在他的一首诗中说："我以我血荐轩辕"，就是说要用自己的鲜血来保卫中华民族。每逢清明节，人们纷纷来到黄帝陵，以崇敬的心情，拜谒这位民族之祖。人们都把黄帝作为中华民族的象征。悠悠五千年，黄帝的形象一直激励着中华民族奋发向上。

尧舜禅让

传说在黄帝之后，出了三个很出名的部落联盟首领，名叫尧、舜和禹。他们原来都是一个部落的，先后被推选为该部落联盟的首领。

尧是我国古代传说中一位著名的贤君。据说他当上部落首领后，处处想着人民，对荣华富贵十分淡薄，住的是简陋的茅屋，过着粗茶淡饭、勤俭朴素的生活。尧为了人民尽心尽责，但他的儿子丹朱却是个不肖之子。尧不愿意传位给儿子，就时常留心天下贤人，准备将帝位禅让给他。有一次，他召集四方部落首领来商议，到会的人一致推荐舜。

尧听说舜这个人很好，便让大家详细说说舜的事迹。

尧帝像

大家便把了解到的情况说给尧听：舜有个糊涂透顶的父亲，人们叫他瞽叟（就是瞎老头儿的意思）。舜的生母死得早，后母心肠很坏。后母生的弟弟名叫象，极其傲慢，而瞽叟却很宠他。生活在这样一个家庭里的舜，待他的父母、弟弟都很好。因此，大家认为舜是个德行好的人。

尧听了挺高兴，便把自己两个女儿娥皇、女英嫁给舜。为了考察舜，又替舜筑了粮仓，分给他很多牛羊。舜的后母和弟弟见了，非常妒忌，便和瞽叟一起用计想暗害舜。

有一次，瞽叟叫舜修补粮仓的仓顶。当舜沿梯子爬上仓顶时，瞽叟就在下面放了一把火，想把舜烧死。舜在仓顶上一见起火，想找梯子下来，却发现梯子已经被

尧舜禅位图

人拿走了。幸好舜随身带着两顶遮太阳用的笠帽。他双手拿着笠帽，像鸟一样张开翅膀跳下来。笠帽随风飘荡，舜安然无恙地落在地上。

瞽叟和象不甘心失败，他们又叫舜去淘井。舜跳下井去后，瞽叟和象就在上面向井里扔石头，想把舜埋在井里面。但是舜下井后，在井边挖出一个通道，从通道中钻了出来，又安全地回家了。

从此以后，瞽叟和象不敢再暗害舜了。舜还是像过去一样和和气气地对待他的父母和弟弟。

尧听了大家的介绍后，又对舜进行了一番考察，认为舜确是个众望所归的人，就把首领的位子让给了舜。这种让位方式，历史上称为"禅让"。

舜担任首领后，又俭朴，又勤劳，跟老百姓一起参加劳动，大家都信任他。过了几年，尧死了，舜想把部落联盟首领的位子让给尧的儿子丹朱来担任，但是遭到众人的一致反对。舜才正式成为了部落联盟的首领。

大禹治水

在尧担任首领期间，黄河流域经常发生水灾，良田沃土，房屋牲畜，都被淹没。这时居住在崇地的一个名叫鲧的部落首领，奉了尧的命令去治理洪水。鲧用了将近9年的时间治理洪水，不仅没有制服洪水，反而使洪水闹得更大、更凶了。鲧只知道筑造堤坝挡住洪水，却不知道疏通河道，后来，堤坝被洪水冲垮了，灾情便越来越严重。

舜接替尧担任部落联盟首领后，发现鲧的工作失职，便杀了鲧，并让鲧的儿子禹去治理洪水。

禹汲取了父亲治水失败的教训，把以堵为主改为以疏为主。他偕同益、稷二人带领工人四处考察，立了许多标记，最终得出治水方案。他认为黄河水患最严重，其次是济水、淮水和长江。于是，他从壶口起把龙门山开了一条大路，又把砥柱山挖出一条深坑，从孟津往北连开九条大河，使黄河水患平了下去。然后又疏通济水的源头，使济水一面通黄河，一面通山东的汶水，治平了济水之患。他又从河南桐柏山起，把淮水分为两路，一路通山东泗水，一路通山东沂水，把淮河水患平下去了。疏导长江的工程则从四川的岷山做起，也以疏浚河道、加速行洪为主，把长江水引到东海去了。

传说在禹治水的13年当中，他曾经有三次路过自己的家门而不入。他一直想着老百姓仍在遭受洪水的祸害，庄稼被淹，房子被毁，于是，三次经过家门都顾不上进去探望家人。经过多年的努力，禹终于治理好了水患，把洪水引到大海里去，对社会的安定、繁荣、发展起到了积极的推动作用。

人们为了表达对禹的感激之情，尊称他为"大禹"，即伟大的禹。

禹王治水 版画

禹虽然只是一个封国国君，却很受舜的宠信，每有要事都要请他去商量，每逢舜当众表扬他的功绩，他总说是舜领导得好，指挥得好，运筹得好，是舜的德行、仁政、风范感动了民众，民众拥戴舜的结果。或者说舜慧眼识人，善于用人，把功劳都记在其他几位大臣的账上。舜于是越发觉得禹仁厚可靠。后来，干脆让禹直接代替自己摄政，把国家大事全都托付给禹，让禹替自己管理了16年国家政事。

通过了16年的观察，舜觉得禹可以当自己的接班人，就当着众位大臣说要把帝王之位禅让给大禹。禹多次推辞，并竭力推举舜的儿子商均嗣位。不久，舜突然病逝。禹为了避免与舜的儿子商均发生冲突，就躲避到夏地的一个小邑阳城去，一

大禹陵，在今浙江会稽。

躲就是三年。三年中，天下诸侯不去朝见商均，却来朝见大禹。大禹看到了自己的威望和实力，于是在舜死后的第三年，返回故都，南面天下，登天子之位，在他的治理下，部落和平，九州安定。后来，大禹命人铸造了象征九州和平的九鼎。这时，随着生产力的发展，社会产品出现了剩余，那些氏族、部落的首领们利用自己的权力，将剩余产品据为己有，以公有制形式存在的氏族公社开始瓦解。

约公元前2070年，禹建立夏朝。禹死后，他的儿子启登上王位，"公天下"变为"家天下"，王位世袭制代替了禅位制。

第二节　夏"家天下"

天下为家

公天下制度被禹的儿子夏启破坏后，自然遭到一些人的反对。夏启很有心计，没有急于镇压那些反对他的人，他认为当前最需要做的是收买人心，让民众心口服地拥护自己。于是夏启在迁都到山西安邑后，严格要求自己，以博得人们对他的信任。他的每顿饭只吃一份普通的蔬菜；睡觉只铺一床粗糙的旧褥子；除了祭神和祭祖以外，他不许演奏音乐来娱乐；他尊敬老人，爱护小孩；谁有本领，他就亲自请来加以重用；谁懂得武艺，他就让谁带兵打仗。

夏启这样收买人心，才过了一年，他的声誉就大大提高了。大家一致认为夏启理所当然地是夏禹的继承人了，对于父死子继的家天下制度，人们觉得并没有什么不合理。但后来启还是过上了荒淫的生活，喜欢饮酒、打猎、歌舞。他的儿子们也开始了权力之争，他的小儿子武观因此被放逐到黄河西岸，并试图反叛自己的父亲。

夏启死后，他的儿子太康做了君主。太康是个不管政事，昏庸无能的人。他只有一个

白陶爵 夏

爱好，那就是打猎。有一次，太康带着随从到洛水南岸去打猎。他越打越起劲，一去竟然100天没回家。

这时，在黄河下游有个夷族，部落首领名叫后羿，后羿的射箭技能非常出众，他射出的箭百发百中。有一个关于后羿的神话，说古时候天空中原有10个太阳，把地面烤得像焦炭似的，致使庄稼颗粒无收。大家请后羿想法子，后羿搭弓射箭，"嗖嗖"地几下，将天空中的9个太阳射了下来，只留下一个太阳。从此，地面上气候适宜，不再闹干旱了。后羿看到太康出去打猎，觉得这是个夺取夏王权力的机会，就亲自带兵把守住洛水北岸。等到太康带着一大批猎得的野兽，兴高采烈地归来时，发现洛水北岸排满后羿的军队，拦住他的归路。无奈之下，太康只好流亡在洛水南面。当时后羿还不敢自立为王，另立太康的兄弟仲康当夏王，而他自己却操纵了国家的权力。

仲康死后，后羿赶走了仲康的儿子相，夺了夏朝的王位。他仗着射箭的本领，也作威作福起来。后羿和太康一样，整天打猎，把国家政事交给他的亲信寒浞处理。寒浞瞒着后羿，笼络人心。有一天，后羿打猎回来，寒浞暗地里派人把他杀死。

后羿一死，寒浞便夺了王位，他担心夏族再跟他争夺王位，便杀死了被后羿赶走的相。

那时候，相的妻子后缗已经怀了孕，为了保住自己和胎儿的命，她迫不得已，从墙洞里爬了出去，逃到娘家有仍氏部落，后来生下了儿子少康。

少康很小就十分聪明，有心计。后缗觉得这个孩子很有希望恢复夏王朝，在他刚刚懂事的时候，便把先辈创建夏王朝的故事讲给他听，叮嘱他长大以后一定要报仇雪恨。

少康从小受到这种报仇雪恨的教育，果然发愤图强，为夏朝复兴做准备，先在外祖父有仍氏的部落担任管理畜牧的官。浇（寒浞长子）知道少康长大后，便又派人来杀害他。少康逃到虞舜的后代有虞氏那里。有虞氏的首领虞思觉得少康很有出息，就任命他为部落里管理膳食的官，学习管理财物的本领。后来，虞思又把自己的女儿嫁给少康，把一块叫纶的地方交给他管理。纶这个地方有5公里大小，有很好的田地，并有500名士兵。这样，少康就建立起恢复夏朝的根据地和武装。

少康宣扬他的祖先夏禹的丰功伟绩，以此来号召人们支持他复兴故国。少康把那些被后羿和寒浞搞得妻离子散、家破人亡、流浪在外的夏朝旧官吏召集到纶地，叫他们跟着自己重建夏朝。他先派一个名叫艾的大将去刺探浇的实力，又派自己的儿子季予攻打浇的儿子戈豷的领地，削弱浇的力量。艾和季予都出色地完成了任务。少康对于浇的情况已经了如指掌，趁势消灭了浇的儿子戈豷，这样一来使得浇处于孤立无援的地步。

一切都准备就绪，少康便从纶地起兵，向夏朝的旧都城安邑杀去。这时候寒浞已经死去，浇虽然想抵抗，怎奈力量过弱，终于被少康消灭了，天下又回到了夏禹子孙的手里。

夏朝从太康到少康，中间大约有一百年的时间，在这段时间里，国家一直处于混战状态。长期的战乱使生产荒废，民不聊生。少康执政以后，首先要做的就是发展农业。少康深知要想得到人民的拥护，就要关心人民的生产和生活。所以，少康即位后，恢复了夏王朝稷官管理农业生产的制度。同时，他又恢复的水正的官职，重新整治黄河、管理水利工程。

除此之外，少康还分封他的小儿子去越国世代祭祀祖先大禹的陵墓。

还有一件事常常使少康感到心中不安，那就是夷族和夏朝之间的斗争仍在继续。为了杜绝这种祸患再次发生，少康决定征战夷族，以显示夏王朝的实力和威风。可惜，少康很早就过世了，征服东夷成了他的未竟之业。

后来，少康的儿子杼即位。他继承了少康的遗志，积极地准备征服东夷。传说为了战争的需要，杼制造了许多进攻武器，还发明了一种可以避箭的护身衣，叫作"甲"。

帝杼终于战胜了夷族，夏的势力范围又扩大了。

第三节　殷商盛象

伊尹辅政

夏朝最后一个君主叫桀，是个暴君。约公元前1600年，汤的军队占领了夏朝的首都斟鄩（今洛阳地区），夏王朝灭亡，汤建立了商王朝。汤，又叫成汤或成唐，有时候，后人也叫他商汤。甲骨文记载他名叫大乙，就是这个人把夏桀消灭掉的。

灭夏的战斗胜利后，成汤在三千诸侯的拥立下称帝，宣告商王朝的建立。成汤从残暴的夏桀身上吸取了教训，总结出夏桀是因为老百姓的反对才灭亡的。于是，他便以身作则，为老百姓做好事，整饬朝纲，将阿谀奉承的奸臣赶走，重用忠心为国的大臣。商汤这一系列的举动深受各地诸侯的欢迎。商朝的建立和兴旺，有力地促进了生产力的发展，使古代文明的进步获得转机，使中国成为伟大的文明古国之一。

伊尹，出生于伊水流域（今河南洛阳附近），在他年龄很小的时候，就被卖到了有莘国（今开封陈留一带）做奴隶。

有一回，商汤的左相仲虺去给夏桀送贡品，途中在有莘国停留了几天。无意中，他发现送饭菜的奴隶伊尹才智出众，交谈之下，发现伊尹果然是个贤人。

回国后，仲虺就向商汤举荐了伊尹。求贤若渴的商汤，立即派了一名使臣带着聘礼，到有莘国去请伊尹。使臣到了有莘国后，明察暗访，费了很大劲儿，才在野外的一间小茅草屋里找到了伊尹。使臣上下打量了一番这个又黑又矮、蓬头垢面的伊尹，实在看不出这个人有什么出众之处，不由得显出一副傲慢无礼的神情来，他对伊尹说道："你就是伊尹吧，你的运气来了，我们商王想见你，赶快收拾东西跟我走吧！"伊尹被使臣傲慢无礼的言行激怒了，

商汤像

商代后母戊方鼎模型

立即以一种凛然不可侵犯的态度，从容地回答说："我伊尹虽然贫寒，但我有田种，有饭吃，过得像尧舜一样痛快，为什么要去见你们商王呢？"商国的使臣讨了个没趣儿，只好垂头丧气地回商国了。

有莘国的国君听说商汤派使臣来请伊尹，他怕伊尹被商国请回去对自己不利，就找了个借口把伊尹抓了起来。后来仲虺亲自来请时，伊尹已失去了人身自由。

仲虺回商国后，把伊尹面临的处境向商汤汇报了一遍，商汤十分失望。后来，仲虺想出了一个主意，便对商汤建议向有莘国君求婚，让伊尹作为陪嫁奴隶，和有莘国君的女儿一起到商国来。这样，不仅可以请来伊尹，而且可以使有莘国免除疑虑。商汤表示赞同，马上派人到有莘国去求婚。使臣到了有莘国，向有莘国求婚，有莘国的国君答应了商汤的要求，于是伊尹作为陪嫁奴隶来到了商国。

伊尹来到了商国后，经过交谈，商汤感到伊尹果然是个了不起的人才，于是就任命伊尹为商国右相，和仲虺共同策划处理各种国事。就这样，伊尹由一个奴隶一跃成为商国的宰相。

在伊尹的辅助下，商国的势力更加强大，最后终于灭掉了摇摇欲坠的夏王朝，建立了商朝。

商汤死后，伊尹成为商国的重要辅臣。商汤原来有三个儿子，大儿子太丁死得早，于是汤死后，伊尹扶持商汤二儿子外丙继位做了商王，但是外丙不久也死了，于是伊尹又立他的弟弟仲壬为王。过了不久，仲壬又死了，伊尹只好立商汤的长孙太甲为王。

太甲从小生长在帝王之家，过着无忧无虑的生活，因此他即位后，政务民事从不过问，整天只知寻欢作乐。

对于太甲能否做好国王，伊尹很是担心，因此伊尹辅太甲，用力最勤。太甲刚一即位，伊尹就在祭祀先主的典礼上作了长篇训话（后题为《伊训》），教导太甲要继承先主遗志，勤于政事，努力修身治德，以使商朝的江山能够永不消逝。还作了《肆命》，陈述天命之无常，劝诫太甲。不久后，再作《徂后》，以远古君主兴亡之事劝谏太甲以史为鉴，避免亡国厄运……

伊尹一再教导太甲要勤政爱民，不能耽于游乐，但太甲根本听不进去。伊尹看到太甲执迷不悟，心想：太甲这样放纵下去说不定将来会成为夏桀一样的人。由于劝诫毫无结果，伊尹在和其他大臣商议后，把太甲软禁在汤墓附近的桐宫（今河南偃师县西南），让他静心思过。

三年的时间过去了，看到太甲稚气脱尽，生活简朴，与三年前相比判若两人，伊尹非常高兴，便亲自携带商王的冠冕衣服到桐宫，迎接太甲返回亳都再登王位，把国政交还太甲。

桐宫三年，太甲好像变了个人。他早起晚睡，关心百姓疾苦。诸侯见太甲宽厚仁德，待人诚恳，因而都来归附；百姓见君王和蔼可亲，关心人民，因而都同心爱戴……

太甲复位后，实行了一系列好的政策，诸侯归顺，百姓安居乐业，商朝仿佛又回到了商汤当政的时候。传说太甲死后，伊尹作《太甲训》三篇，称颂太甲，并尊他为太宗。太甲死后，沃丁即位，伊尹自觉年老，不再参与朝政。伊尹于沃丁八年病死，相传他活了一百多岁。沃丁以天子之礼隆重地安葬伊尹，用牛羊豕三牲祭祀，并亲自为伊尹戴孝三年，报答他对商王朝的贡献。

"实维阿衡，实左右商王！"这是一首颂扬商朝开国历史的乐歌中的歌词，是歌颂伊尹担任"阿衡"官职辅佐商王的功绩的。伊尹辅佐了汤、太甲、沃丁等五位商王，是名副其实的五朝元老。像伊尹这样的辅佐大臣，在商朝还有很多，他们在维护商朝的长治久安中起到了非常重要的作用。伊尹是其中最杰出的一位。

盘庚迁都

商汤建立商朝时，将国都定在亳（今河南商丘）。后来300年当中，前后五次搬迁都城。其原因是多方面的，有王族内部经常争夺王位，发生内乱的缘故；还有黄河下游常常闹水灾的缘故。有一次洪水泛滥，把都城全淹了，商朝就不得不迁都。

从汤到盘庚，商王朝经历了18个国王。前九王统治时期，基本上能继承商汤开创的事业，统治也比较稳定，因此都城一直在亳。可是从汤的五世孙仲丁到九世孙阳甲，商统治集团开始腐朽起来。在王室贵族当中，争夺王位的斗争越演越烈，兄弟之间、叔侄之间，甚至父子之间，展开你死我活的斗争。动乱的结果，致使王位更替频繁，这就是所谓的"九世之乱"，商朝王权的势力逐渐削弱。

在这种情况下，奴隶主加紧了对平民和奴隶的剥削，阶级矛盾也尖锐起来，再加上水涝、干旱等自然灾害，使商朝很快地衰落下去。原来臣服于商朝的一些少数民族和诸侯国也都纷纷反叛。为了摆脱这种困难的局面，商王曾采取了迁都的办法，但都没有从根本上解决问题。盘庚就是在这种情况下，在他的哥哥阳甲死后做了商王。

庚在诸商王中，是一个很有作为的国王。他既通晓自己国家和民族的历史，又有一套现实的统治办法；他能很好地笼络、使用商朝功勋旧臣，又能不被这些人左右、利用。因此，在盘庚继承王位的时候，尽管他还很年轻，却能率领商朝的臣民摆脱困境。为了改变当时社会不安定的局面，他决心再一次迁都。

可是，迁都的想法遭到大多数贵族的反对，他们贪图安逸，都不愿意搬迁。还有一些有势力的贵族煽动平民起来反对，一时间闹得满城风雨。

在强大的反对势力面前，盘庚丝毫没有动摇迁都的决心。他把反对迁都的贵族找来，耐心地劝说他们："迁都是为了我们国家的安定。你们要理解我的苦心，不要产生无谓的惊慌。我的主意已定，不容更改。"

迁都于殷，盘庚是经过了周密考虑的。新都殷地处黄河以北，洹河之滨，不仅有着优厚的地理条件，还有着可控四方的战略优势，可以有效防御北方、西北地区各方国少数民族的侵扰。另外，殷还是商的先祖起源活动的地方，盘庚以恢复"成汤之政"为目标，有利于号召人民。从政治上来说，迁殷之后远离了旧都奄（今山东曲阜），可以摆脱王族在旧都发展起来的各种势力，避开其锋芒，摆脱其牵制影响，巩固自己的政权。从经济上看，避开因年久失修而水涝不止的泗水流域，迁到一片肥沃的土地上，更有利于农业生产的发展。

盘庚坚持迁都的主张终于挫败了反对势力，他带着平民和奴隶，渡过黄河，搬迁到殷（今河南安阳小屯村）。仅仅迁都，并不能彻底改变朝政混乱的局面。盘庚立即实行了一系列有效的措施。他一扫昔日王族奢侈淫逸的风习，一切从简，使人们的思想行为安于质朴。紧张的营建开垦、艰苦奋斗的建设改变了商人的精神面貌，昔日贪污腐化、争权夺利的内耗得到抑制。盘庚选贤任能，惩恶扬善，论功行赏，重新以法度正天下，整顿朝政。另一方面，他也十分注意团结民心，减轻剥削，得到了人民的支持；同时打击了侵扰边境的少数民族游牧部落，安定了边疆。这样，商的势力才渐渐强盛起来，王权得到巩固。以后200多年，一直没有迁都。所以商朝又称作殷商。

从那以后，又经过3000多年的漫长岁月，商朝的国都变为了废墟。到了近代，人们在殷地旧址上已发掘五六十座宏大宫殿宗庙基址，发现大中型夯土基址和小型房子百余座，发掘铸铜作坊等手工作坊10多处，还有上千座的祭祀坑、殉葬坑、车马坑。因为那里曾经是商朝国都的遗址，就把那里命名为"殷墟"。殷墟遗址面积约30平方公里，中心区域是宫殿区和王陵区，其外为居民区和手工业作坊区，再外则是墓葬区。宫殿区和王陵区均处在洹河南北两块高地上。王室作坊分布于宗庙区周围，呈卫星状分布着家族墓地以及其他邑落。整个国都布局合理，沿洹河而建。在宫殿区的西、南边都发现了相当宽阔的壕沟，均是人工挖的，起着城墙护卫的作用。

从殷墟发掘出来的遗物中，有龟甲（就是龟壳）和兽骨10多万片，上面都刻着很难辨认的文字。经过考古学家的研究，才把这些文字弄明白。当时，商朝的统治阶级很迷信鬼神。他们在祭祀、打猎、出征时，都要用龟甲和兽骨来占卜吉凶。占卜之后，就把当时发生的情况和占卜的结果用文字刻在龟甲、兽骨上。现在，我们把这种刻在龟甲、兽骨上的文字叫作"甲骨文"。我们今天使用的汉字就是从甲骨文演变过来的。

在殷墟上发掘出的遗物中，还发现了大量的种类繁多的青铜器皿、兵器，工艺制作都很精巧。有一个叫作"后母戊"的大方鼎，重量为875千克，高130多厘米，上面还刻着富丽堂皇的花纹。从这件青铜器上可以看出，在殷商时期，冶铜的技术和艺术水平都是很高超的。

姜太公钓鱼

盘庚死后，又传了11个王，最后王位传给了纣。

纣天资聪敏，身体魁伟，勇力超人，能赤手与猛兽搏斗，能说会道，恃才傲物。纣王即位后，喜淫乐，好酒色，修建了许多苑囿台榭。纣王宠爱美女妲己，妲己让他干什么他就干什么；高筑"鹿台"，命乐师师涓作"兆里之舞""靡靡之乐"等淫声怪舞；又"以酒为池，悬肉为

姜太公像

至今民间还有许多关于他的传说，姜子牙在人们心目中是一个德高望重的智者形象。他帮助周文王治国，辅佐周武王灭商。

林"，不分昼夜地饮酒作乐，不理朝政，不祭鬼神，成为一个罕见的无道昏君。

纣王荒淫无道，引起百姓怨恨、诸侯离异。为重振自己天子威风，纣王作"炮烙之法"：用青铜制成空心铜柱，中间燃烧木炭，将铜柱烧红，但凡有人敢于议论他的是非的，全部绑在铜柱上，活活烙死。

纣的凶残暴虐，加速了商朝的灭亡。这时候，在西部的周部落正在一天天兴盛起来。

周本是一个古老的部落。夏朝末年，这个部落活动在陕西、甘肃一带。后来，为了躲避戎、狄等游牧部落的侵扰，周部落的首领古公亶父率领周人迁移到岐山（今陕西岐山县东北）下的平原，并在那里定居下来。

周部落首领传至古公亶父的孙子姬昌（后来称为周文王）的时候，部落已经很强大了。

周部落强大起来，对商朝构成了很大的威胁。于是，纣王派人把周文王拿住，关在叫羑里（在今河南汤阴县一带）的地方。周部落的贵族把许多美女、骏马和珍宝，献给纣王，又给纣王的亲信大臣送了许多礼物，才把姬昌赎了回来。

宗周编钟　西周

西周的统治阶级在血缘关系的基础上建立了一套比较完整的宗法、分封、等级、世袭制，以及严密的礼制与刑罚制，由此形成了族权与政权的结合。编钟即是基于宗法制而设立的礼仪乐器，其地位在周礼中非常重要。

周文王见纣王昏庸残暴，民心失尽，就决定讨伐商朝。但是，他身边缺少一个有军事才能的人来帮助他带兵打仗。他便开始留心物色这样的人才。

有一天，周文王带着他的儿子和兵士到渭水北岸去打猎。在渭水边，一个老头儿在河岸上坐着钓鱼。大队人马过去，那个老头儿丝毫不为所动，还是安安静静钓他的鱼。文王看了很惊奇，就下了车，走到老头身边，跟他交谈起来。

经过一番谈话，知道他叫姜尚（又叫吕尚，"吕"是他祖先的封地），是一个精通兵法布阵的高人，于是，周文王恳请姜尚同他一起回宫。

因为文王的祖父曾经盼望得到一位帮助周族兴盛起来的人，而姜尚正是这样的人，所以后来人们叫他太公望；在民间传说中，又称他为姜太公。

太公望做了周文王的助手后，一面发展生产，一面训练兵马。周族的势力越来越大。没过几年，周族逐渐占领了商朝统治下的大部分地区，归附文王的部落也越来越多了。但是，正当周文王打算征伐纣王的时候，却害了一场病死去了。

牧野之战

周文王死后，他的儿子姬发继承了王位，就是周武王。周武王拜太公望为师，让他的兄弟周公旦、召公奭做太公望的助手，继续整顿政治，训练兵士，准备讨伐商纣王。

这时，纣的暴政已经达到了极点。商朝的贵族王子比干和箕子、微子十分担忧，苦苦地劝说他改邪归正。纣不但不听，反而将比干杀了，还残忍地叫人剖开比干的胸膛，挖出他的心，说要看看比干的心长什么样子。迫于无奈，箕子装疯卖傻总算免了一死，被罚做奴隶，囚禁起来。微子看见商朝已经没有希望，便离开了国都朝歌。

在公元前 11 世纪，周武王得知纣已经到了众叛亲离的地步，认为时机已经成熟，于是便遍告诸侯：殷有重罪，不可不征伐！武王请精通兵法的太公望做元帅，领 5 万精兵，渡过黄河东进。八百诸侯在孟津会师。周武王在孟津举行誓师大会，历数了纣昏庸无道、残害人民的罪状，鼓励大家同心讨伐纣王。

公元前 1046 年一月，周武王统率兵车 300 乘、虎贲 3000 人及甲士 4.5 万人，声势浩大地东进伐纣。

一天，在周武王进军时，有两个老人挡住了军队的去路，要见武王。原来，这两人是孤竹国（在今河北卢龙）国王的儿子，哥哥叫伯夷，弟弟叫叔齐。孤竹国王钟爱叔齐，想把王位传给他。伯夷得知父王的心意后，便主动离开了孤竹国，叔齐也不愿接受王位，也躲了起来。他们两人在周文王在世的时候，一起投奔周国，并定居下来。他俩听到武王要去讨伐纣王，就赶来阻止，并说这是大逆不道的行为。

商纣王叔比干像

太公望知道这两人是一对书呆子，吩咐左右将士不要为难他们，把他们拉走就是了。后来这两个人拒食周粟，躲到首阳山（在今山西永济西南）上绝食自杀了。

一月下旬，周军抵孟津关隘，会合了庸、卢、彭、濮、羌、蜀、髳、微等反商各国，短暂休整后，于一月二十八日继续挥戈东进，从汜地渡过黄河后进入中原，旋北上百泉，折而东行，直抵朝歌近郊牧野。

二月四日拂晓周军在牧野安营扎寨，周武王召集群臣进行战略部署。

周军日夜兼程到达牧野的消息传入朝歌，商廷上下惊恐万分。商纣王大骂群臣尸位素餐，办事不力。无奈之下纣王只得征兵组织抵御，但东夷人的叛乱牵制了商朝主力军队，远在山东平叛的闻仲军这时已无时间赶回朝歌应战周军。纣王就把大批奴隶临时武装起来，与国都守军整编成一支 17 万人的军队，自己亲自统率，开赴牧野周军屯地。

二月五日，周军庄严誓师。阵前武王义正词严地声讨商纣王听信谗言诛杀肱股重臣、宠信妲己、不理朝政等累累罪行，周军深受激励，斗志昂扬，皆愿在伐纣战争中赴汤蹈火，誓死效命。武王又郑重宣读了纪律条文并布置了作战阵形，求整忌乱来提高战斗力。

战前充分动员后，武王命令周军对纣王军发起总攻。武王决定先发制人，他让太公望率 2 万精锐突击部队以迅雷不及掩耳之势突袭商军，纣王还未部署周密，商军就被周军冲击，阵脚顿时大乱。而商军中的奴隶和战俘之前从未受过严格的军事训练，战斗意志和纪律性都很差，再加上内心憎恨纣王从前对他们的虐待，并不乐意为之拼命；现在遭治军严谨、训兵有素的周精兵疾攻，根本就难以抵挡，遂纷纷掉转戈矛攻向商正规军。商纣尽管体魄健硕，能以一当十，无奈己军起义反戈，又收不住阵脚，只能尽力招架。

周军元帅太公望深通谋略，运筹帷幄，即调骁将南宫适、洪锦各统 5000 人马从左右两面夹击商军。商军哪能经得住这两支生力军的猛攻？终于开始溃退。纣王知大势已去，拼命向东杀开一条血路逃回朝歌，商军 17 万人众瞬时土崩瓦解。

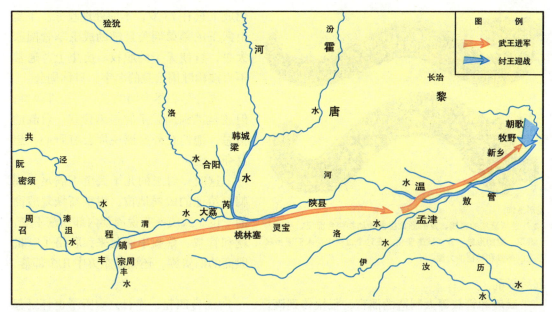

牧野之战示意图

　　太公望下令乘胜攻打商都，武王又亲领 1.5 万精锐加入总攻，其中有兵车 300 乘。周军将士个个奋不顾身，猛冲商军。商纣王逃回朝歌后，看到大势已去，就于当夜躲进鹿台，烧了一把火，跳到火堆里自焚了。武王率大军进入朝歌，百姓们列队欢迎仁义之师。从汤到纣，商王朝历 17 代 30 王（不包括汤长子太丁），历经五百余年，商王朝至此告亡。

　　周武王把国都从丰迁到镐京（今陕西西安市西），建立了周王朝。

第四节　西周灭亡

周公辅政

　　把商纣王彻底消灭后，武王进入商都，将商的畿内分为邶、鄘、卫三个国家，以邶封纣子禄父（即武庚），鄘、卫则由武王之弟管叔鲜、蔡叔度分别管制，合称三监，另外还有一说是管叔监卫、蔡叔监鄘、霍叔监邶，以监视武庚。安排好后武王派兵征伐尚未臣服的商朝诸侯，据记载征服者有 99 国，臣服 652 国。武王四年（约公元前 1066 年），武王还师西归，在他新迁的都邑镐京（即宗周，今陕西长安西北沣水东）举行大型典礼，正式宣告周朝的建立。

　　周王朝建立后，所面临的政治形势十分严峻，武王以"小邦"之君统治如此规模的区域，随时都会发生诸侯叛乱的局事。为了巩固政权，适应新形势的需要，武王决定按功行赏，理顺统治集团的内部关系，实行以周王室为中心的分封政治制度。首先受封的功臣主要有：姜太公、周公旦、召公奭等人。为了控制广阔的新征服地区，周朝仍然应用商的分封制方法，把王族、功臣以及先代的贵族分封到各地做诸侯，建立诸侯国。先后受封的有鲁、齐、燕、卫、晋、宋、虢等 71 个诸侯国。

　　周武王建立周王朝后仅仅四年就生病死了。他的儿子姬诵即位，就是周成王。那时，

龙形玉饰

"龙"是华夏族的图腾，龙的形象由多种动物组合而成，从远古到秦汉，龙的形象一直在发生变化。在这个过程中，人们逐步赋予龙以高贵和神秘的力量。

周成王只有13岁，不能处理政务。于是由武王的弟弟周公旦辅助成王掌管国家大事，行使天子的职权。历史上，通常不直接称呼周公旦的名字，只称周公。

周公尽心尽力辅助成王，管理政事，但还是遭到周武王的弟弟管叔、蔡叔的猜忌，他们在外造谣说周公有野心，想篡夺王位。

这时，纣王的儿子武庚不满足于周朝封给他的殷侯地位，想重新恢复殷商的王位。武庚一听说周朝内部动荡不安，就和管叔、蔡叔串通起来，联络了一批殷商的旧贵族，还煽动东夷中几个部落，起兵叛乱。

武庚和管叔等人制造的谣言，很快传到镐京，一时谣言四起，连召公奭听了也怀疑起来。成王年小，更分不清事实真伪，所以对这位辅助他的叔父也不太信任了。

周公内心很痛苦，他首先向召公奭推心置腹地表明心意，告诉召公奭，他绝没有野心，让召公奭顾全大局，不要听信谣言。他的诚恳感动了召公奭，消除了大家对周公的误会。周公在调和了内部的矛盾之后，毅然调动大军，亲自东征武庚。

这时候，东方有几个部落都与武庚串通一气，蠢蠢欲动。周公授权给太公望：各国诸侯，有不服周朝的，都由太公望征讨。这样，由太公望控制东方，周公自己全力讨伐武庚。

周公花了3年时间，终于平定了武庚的叛乱，杀了武庚。周公平定了叛乱，把管叔革了职，将蔡叔充军。管叔觉得自己没有脸面去见他的哥哥和侄儿，便上吊自杀了。

周公东征结束时，抓获了一大批商朝的贵族。因为他们反抗周朝，所以叫他们是"顽民"。周公觉得让这批人留在原来的地方容易滋生事端；同时，又觉得镐京远离东部的广大中原地区，控制起来很不方便，他就在东面新建一座都城，叫作洛邑（今河南洛阳市），把殷朝的"顽民"都迁到那里，派兵监视他们。

这样一来，周朝就有了两座都城。西都是镐京，又叫宗周；东部是洛邑，又叫成周。

周公辅助成王执政了7年，不仅加强了周王朝的统治地位，而且还为周朝制订了一套典章制度。到周成王满20岁的时候，周公把政权交还给成王。

周成王死后，他的儿子康王即位，这段时间前

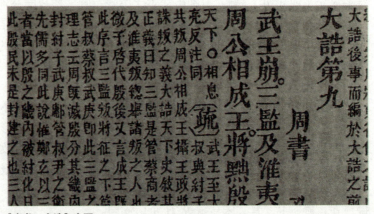

《尚书·大诰》内页

《尚书·大诰》中记载着周成王和周公的事迹。

后 50 多年，是周朝强盛和统一的时期，这就是历史上所说的"成康之治"。

周厉王毁国

成王、康王之后，周朝逐渐加重了对平民和奴隶的统治与剥削，刑罚也变得更严酷。周厉王是周王朝第十代国君，是个十分残暴的君主，他即位后对人民的压迫更加严酷了。

周国形成以后，渐渐破坏了原始部落公有制的土地制度。周朝初年，周天子又分封了 70 多个诸侯国，把土地山林赏赐给各级贵族，国人可以进山采集果实、砍柴、打猎，在江河湖泊捕鱼。人们利用这些收入来添补生活上的不足。

周厉王宠信一个名叫荣夷公的大臣，荣夷公唆使他改变了原有制度，把原来公有的山林江河湖泊和贵族占有的山林土地收为国有，不准国人使用。荣夷公派兵在道路上设关立卡，盘查来往行人，不许人们上山打猎、下水捕鱼，把人们采集来的果实、山珍统统没收。

㝬簋　西周

这是迄今出土的最大的一件商周青铜簋，周厉王㝬作器，形体高大魁伟，可称簋中之王，内底铸铭文124 字，作于厉王 12 年，为西周青铜器断代增添了一件标准器。

他们还勒索财物，虐待人民。这样一来，上至贵族、大臣，下至平民百姓，都毫无例外地蒙受了经济损失。周厉王的暴虐措施，激起国人的强烈不满。

厉王对大臣芮良夫的忠告拒绝接受，提拔荣夷公为卿士，继续推行专利。于是全国民众怨怒，街头巷尾，到处都有人咒骂这种政策。后来，大臣召公虎进宫奏报厉王，外面的百姓对朝政不满，到处都在议论国事，并劝说厉王及早改变做法，免得出乱子。周厉王不仅不听劝说，还从卫国找来巫师，让他用巫术监视发表不同意见的怨恨者，并告谕国中，有私议朝政者，杀无赦。卫巫在厉王的纵容下，肆意陷害无辜，不少人死于非命，还说这是神灵的意愿。于是，人们不敢再在公开场合说话，路途相逢也只能以目示意。

这样到了第四个年头，也就是公元前 841 年，人们终于忍受不了周厉王的残暴，掀起一次大规模的暴动，史称"国人暴动"。参加暴动的人有平民，也有贵族，开始仅几十人，后来迅速发展到几万人，整个镐京成了沸腾的海洋。国人拿起武器、农具，像洪水一样向王宫冲去。王宫卫士看到愤怒的人群，吓得纷纷躲避起来。周厉王顾不得体面，慌里慌张带了一批人逃命。他一直逃到彘地才停了下来，总算保住了一条命。

国人冲进王宫烧毁了宫殿，搜遍了各个角落也没有找到周厉王，听说他的儿子静躲在召公虎家里，于是又围住召公虎家。召公虎无法控制住人们愤怒的情绪，出于无奈，只好将自己的儿子冒充静交给人们处死，这样才平息了这场规模巨大的暴动。

周厉王被赶下台后，朝廷里没有国王，国内人民拥戴大臣周公和召公主持国政，替天行使职权，历史上称为"共和行政"。从共和元年，即公元前 841 年起，中国历史才有了确切的纪年。周厉王从这一年一直到共和十四年，一直待在彘地没敢回来，最后死在那里。这次起义动摇了周王朝的统治。在起义者的打击下，周室王权大大削弱了，诸侯对王室的离心倾向越来越大。后来周厉王的儿子静即位，就是周宣王。

烽火戏诸侯

周宣王在公元前781年死了，太子宫湦即位，这就是周幽王。周幽王又是一个昏君，只知吃喝玩乐，不理政事。

幽王继位的第二年，泾、渭、洛地区发生强烈地震。百姓的生命财产遭受巨大损失，动荡不安的政局日益加剧。周幽王不仅残暴昏庸，而且耽迷女色。他整日派人四处寻找美女。有一个叫褒珦的大臣，劝谏幽王节制享受，幽王不仅不听，反而把褒珦判了罪。

褒珦被关入监狱3年，褒族人十分焦急，他们想了各种办法，解救褒珦。有人说，用珍宝赎罪；也有人说，找个美女送去，替褒珦赎罪。

后来，褒珦家人将褒姒进献给周幽王。周幽王一见褒姒貌若天仙，马上就把褒珦释放了。从此，幽王整天与褒姒在后宫饮酒作乐，将朝政抛在脑后。

然而，幽王虽然宠爱褒姒，但褒姒性格内向，不喜笑颜，任凭幽王想尽一切办法讨她欢心，褒姒都笑不出来。

有一天，幽王忽然心血来潮，让人在宫外贴一个布告：有谁能逗王妃娘娘笑一次，就赏他1000两金子。

烽火戏诸侯

荒淫昏庸的周幽王为博得爱妃一笑，不惜假借烽火之名欺骗属国国君，使他们对其失去信任，最后亡国，可谓荒唐可笑又教训深刻。

奸臣虢石父得知后，马上向幽王献计，用"烽火戏诸侯"的玩笑来博取褒姒一笑。烽火是古代军情危急时的报警信号，周王朝在骊山上建有20多座烽火台，每隔几里便有一座，专门用来防备西戎的进攻。一旦西戎来犯，烽火台上的烽火会像接力棒一样点燃，一个地点一个地点传下去，附近的诸侯远远见了就会发兵来救援。

第二天，幽王兴致勃勃携爱妃褒姒上了骊山，他们白天在骊山吃喝玩乐，到了晚上，让士兵把烽火台的烽火点了起来。附近的诸侯一见黑烟滚滚的烽火狼烟，以为西戎兵打来了，立即率兵来援。赶到时，却不见西戎兵的影子，只听见山上丝竹管弦之声。这时虢石父从山上下来说，大家辛苦了，这里没有什么事，大王和王妃放烟火不过想取个乐，你们回去吧！

诸侯们从老远跑来，却被幽王耍乐一番，一个个气得肺都要炸了，掉转马头就走。褒姒在山上，借着火光看到诸侯们气愤、狼狈的样子，真的笑了一下。幽王瞧见了她这一笑，不由得心花怒放，马上赏给虢石父1000两金子。

幽王自宠幸褒姒以后，被她迷得神魂颠倒。竟然想废掉太子宜臼，改立褒姒生的儿子伯服为太子。

周幽王在幽王五年废申后及其太子宜臼的时候，遭到大臣卿士极力反对，但周幽王一意孤行。宜臼被废后，逃难到其母家申国。这时候周王朝的力量十分衰微，只是一个中等诸侯国，齐、鲁、晋、卫已不听从周王朝的命令而独立。申侯虽不满姬宫湦，但还没有公然叛周。幽王八年，周幽王立褒姒子伯服为太子，遂使周、申之间矛盾趋于表面化。幽王九年，申侯与西戎及邻侯联合，准备反周。第二年，周幽王针锋相对，与诸侯结盟于太室山，并派兵讨伐申国以示威。幽王十一年（公元前771年），申侯与邻国、犬戎举兵讨伐镐京，幽王下令点起烽火求援，结果各路诸侯对上次的羞辱记忆犹新，加上对幽王昏庸乱政的不满，连一个救兵也没有派。西戎兵很快攻破周都镐京，把逃到骊山脚下的幽王和伯服杀了，又把美貌的褒姒抢走了。

幽王死后，申侯、鲁侯和许文公在申国立原来的太子宜臼为王，这就是周平王。平王后来回到镐京，看到镐京已被蛮族犬戎人破坏得面目全非，只好于公元前770年，东迁至洛邑。历史上把周朝定都镐京的时期，称为西周；迁都洛邑之后，称为东周。

第二章 中原争霸

第一节 春秋图霸

齐桓公称霸

周王朝迁都到洛邑以后的东周，分为"春秋"和"战国"两个时期。春秋时期，周王室几经衰落后，周天子名义上是各国共同的君主，而实际上，他的地位只等同于一个中等国的诸侯。一些比较强大的诸侯国家经常使用武力兼并小国，大国之间也互相征伐，争夺土地。强盛的大国诸侯，可以号令其他诸侯，成为诸侯国的霸主。

春秋时期第一个称霸的是齐国（都城临淄，在今山东淄博）。齐国原是姜尚的封地。

公元前 686 年，齐国发生了内乱。在这次内乱中，国君齐襄公死于非命。襄公有两个兄弟，一个叫公子纠，当时在鲁国（都城在今山东曲阜）；一个叫公子小白，当时在莒国（都城在今山东莒县）。两个人身边都有辅佐的能人，辅佐公子纠的叫管仲，辅佐公子小白的叫鲍叔牙。两个公子听到齐襄公被杀的消息，都准备回齐国争夺君位。

鲁国国君庄公决定亲自把公子纠送回齐国。管仲对鲁庄公说："公子小白在莒国，离齐国很近。万一回到齐国去，事情就不好办了。让我先带一路人马在路上截住他。"

正如管仲所预料的那样，公子小白在莒国的护送下眼看快要赶到齐国了，管仲在路上截住了他。管仲拈弓搭箭，向小白射去。小白中箭倒在车里。

管仲以为小白真的死了，就不慌不忙地护送公子纠向齐国去。可是，管仲却不知他射中的不过是公子小白衣带的钩子，公子小白大叫倒下，原来是假装的。等到公子纠和管仲进入齐国国境，小白和鲍叔牙早已赶到了国都临淄，小白自然做了齐国国君，这就是齐桓公。

齐桓公即位以后，为报一箭之仇，立即发兵攻打鲁国，并且逼迫鲁庄公杀掉公子纠，把管仲送回齐国治罪。鲁庄

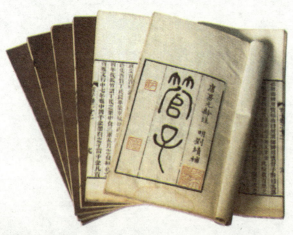

《管子》书影

公无可奈何，只好照办。

管仲被关在囚车里押送到了齐国。鲍叔牙立即向齐桓公推荐管仲，说他是个很有才干的人，可以帮助齐桓公干一番大事业。

齐桓公也是个豁达大度的人，听了鲍叔牙的话，不仅没有治管仲的罪，还任命管仲为相，让他管理国政。

管仲相齐后，尽心辅佐齐桓公的霸业，对齐国进行了一系列的改革。在政治上，他推行国、野分治的参国伍鄙之制；在经济上，实行租税改革，采取了一些有利于农业、手工业发展的政策；在管理上，他号召礼法并用，

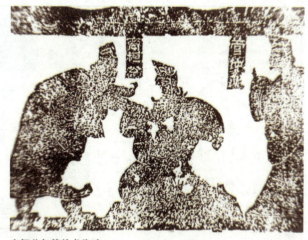

齐桓公与管仲书像砖

出土于山东嘉祥，反映了法家思想在春秋战国时期受到当政者的推崇与重视。

知礼可以使民众懂得廉耻，明法可以让民众遵守规矩，两者结合起来，便可以使国力大增。在国内政治经济形势得到改善和稳定的基础上，管仲积极促使齐桓公采取尊王攘夷、争取邻国的手段，以建立霸权。管仲的这些政策为齐国称霸准备了物质条件。

齐桓公五年（公元前681年），是齐桓公霸业的开始之年。此前，齐国曾几度与邻近的鲁国交战，结果都没有取得多少胜利。这使齐桓公与管仲看到，仅靠齐国自己的力量，是不能称霸于天下的。于是，他们想到了利用周天子。

齐桓公首先与周室结亲，他迎娶周庄王之女共姬，向全国诸侯表明自己与周天子的亲近关系。在拉拢到周天子之后，齐桓公又以尊崇周天子为口号，取得各国诸侯的支持。

公元前681年，齐桓公奉周釐王之命，通知各国诸侯到齐国西南边境上的北杏（今山东东阿县北）开会。

这时候，齐桓公在诸侯中的威望并不高。通知发出以后，只有宋、陈、蔡、邾四个国家来了。还有几个接到通知的诸侯国，像鲁、卫、曹、郑（都城在今河南新郑）等国，采取观望的态度，没有来。齐桓公便以此为突破口，杀鸡骇猴，制服了鲁国，随后，齐桓公又软硬兼施，把卫国和郑国拉入同盟。

齐桓公七年（公元前679年），在齐国的帮助下，原先国内政局很混乱的宋国和郑国也实现了初步的稳定。齐桓公的霸主地位终于被各诸侯国认可，齐国开始称霸中原。

楚庄王争霸

楚国经过整顿军队发展生产，出现了富国强兵的新局面，楚庄王认为与中原诸侯争霸的时机成熟了。

公元前606年，楚国讨伐陆浑的戎族，这是邻近东周的小国。得胜之后，楚庄王令大军在洛邑近郊举行一次盛大的阅兵式。一时间，洛邑周围旌旗蔽日，枪矛如林，鼓声号声震天动地。这一来可把挂名的周天子吓坏了，他摸不清楚庄王打的是什么主意，慌忙派殿前大臣王孙满前去打探消息。

王孙满见楚庄王后，代表周天子对楚庄王及楚军表示慰问，并送上了犒劳的礼物。

图例
▲ 代表西周时来国顺序
▲ 代表春秋时来国顺序
▲ 代表战国时来国顺序
● 代表楚人始封地丹阳

注(1)楚国在西周灭国一个，春秋灭国四十八个，战国灭国十三个，总计灭国六十二个。
注(2)越国一说灭于公元前333年，一说灭于公元前306年，另有秦灭越之说。
注(3)今人对楚人始封地丹阳的地望，有六个说法，图中分别列出这六个地方。
注(4)郢都先后多次迁徙，图中所列的数字，代表其迁徙次序，其中钜阳（今安徽太和县东北）仅《史记》曾有记载。

楚灭诸国示意图

楚庄王和王孙满交谈了一会儿后，楚庄王问王孙满："我听说大禹铸有九鼎，从夏传到商，又从商传到周，成为世界上的宝贝，现在放在洛阳。这鼎有多大？有多重？"王孙满听话听音，心中对楚庄王此番阅兵用意也已明白大半了。原来九鼎是用九州贡铜铸成，它既代表了九州，又象征着国家权力。现在楚庄王居然问起九鼎，表明了他有夺取周天子权力的野心。王孙满是个善辩的人，面对楚庄王大逆不道的言行，他说："治理天下的人，主要靠德服人，不是靠鼎的作用。过去大禹有德，远方部落进贡山川珍奇，禹以美金铸鼎，周身饰鬼神和万物图案，护佑小民防祸备荒。后来，夏桀无德，鼎移至殷人之手；纣王暴虐，鼎归于周。由此可见，朝政清明，鼎虽轻不移；朝政昏乱，鼎虽重但必迁。至于九鼎的大小轻重，别人是不应当过问的。"

楚庄王听了王孙满的话，知道自己还没有灭掉周朝的能力，也就带兵回去了。回国后，楚庄王请来楚国一位有名的隐士孙叔敖当令尹（楚国的国相）。孙叔敖当了令尹以后，开垦荒地，挖掘河道，奖励生产，增强国力。

公元前598年，陈国发生内乱，楚国出兵征服了陈国，然后又迫使郑国归附。后来，郑国派人前往晋国，表示愿意服从。楚庄王得知这一消息，勃然大怒，于第二年亲率楚军进攻郑国。

楚军很快到了郑国新郑城下。郑襄公命兵士深沟高垒，坚守不出，又派人前往晋国求救。楚国日夜攻城，3个月后，由于晋兵久久未至，楚军最后攻陷新郑。

来救援郑国的晋军主将是荀林父，他听说新郑已被攻克，便下令班师回朝。副将先縠不听命令，偷偷率部分人马渡河追击楚军。荀林父见军队有分裂的危险，他控制不了先縠率领的兵马，于是横了横心，就下令三军渡河，与楚军主力决战。

楚庄王下令对晋军发起进攻，并亲自擂起战鼓助威。楚军将士如排山倒海般冲向晋军。由于晋军将领意见不一致，不能统一指挥，一下就被击溃了。晋军战败，渡黄河时，自相践踏落水淹死的不计其数。有人劝楚庄王追上去，把晋军赶尽杀绝。楚庄王说："楚国自从城濮失败以来，一直抬不起头来。这回打了这么大的胜仗，总算洗刷了以前的耻辱。晋国、楚国都是大国，早晚总得议和，何苦多杀人呢？"说着，立即下令

青铜马形饰　春秋

收兵。

公元前593年，楚庄王又使宋国降服。这样一来，楚庄王就问鼎成功，成了春秋五霸之一。

春秋五霸

一般来说，春秋五霸指的是齐桓公、晋文公、秦穆公、宋襄公和楚庄王五位著名国君。但是，也有人将宋襄公排除在外，以越王勾践代之。

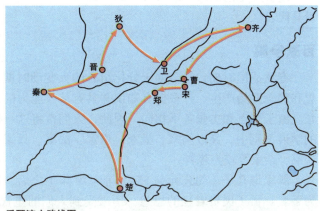
重耳流亡路线图

公元前685年，齐桓公即位，打着"尊王攘夷"的口号，帮助燕国打败山戎，又帮助卫国打败狄人，这就是有名的"存邢救卫"。公元前656年，齐桓公率领齐、鲁、陈、曹、卫、宋、郑、许共八个国家的军队攻打进犯郑国的楚军，与楚国议和，齐桓公率先称霸。

公元前636年，晋国公子重耳结束流亡生涯，即位为侯，史称晋文公。不久，晋文公率领晋、宋、秦、齐四国军队打败以楚为首的楚、陈、蔡三国军队，于公元前632年在践土（今河南原阳西南）会盟诸侯，成就霸业。

公元前659年，秦国争霸中原的野心突显出来。公元前627年，秦军在偷袭郑国未果的情况下灭掉了晋国的一处边邑，班师回国。秦、晋在崤山激战，秦军大败，转向西发展，称霸西戎。

宋襄公于公元前638年与楚国大战于泓水（在今河南柘城县）一带，由于宋襄公坚持

楚故都纪南城遗址鸟瞰

君子作风，未乘楚军之危进攻而致大败。宋襄公也因受伤去世，图霸未成。

公元前689年之后，楚国通过兼并周围的小国，日益强大。公元前606年，楚庄王挥师北上，问鼎中原。此后，他继续吞并小国，占据长江、淮河流域，成为拥有疆土最大的春秋霸主。

诸侯纷争的同时，诸侯各国的内部斗争也日趋激烈，其中，晋国发生的三家分晋事件最具代表性。

百家争鸣

春秋战国时期，社会处于分化组合的大变动时期，旧的思想、观念受到冲击，新的思想和观念开始产生，许多拥有知识并具有从政能力的人纷纷奔走各国，宣扬自己的政治主张。由于观点和主张各不相同，因此，人们常将这一时期称为"百家争鸣"时期。在众多的学说派别中，又以儒家、墨家、道家、法家、兵家、农家、名家、阴阳家、纵横家、小说家、杂家等较为著名。

儒家继孔子（约公元前551～前479年）之后，以孟子（公元前372～前289年）最为著名。孟子民贵君轻的思想，历来受到人们的重视。此后，荀子（公元前313～前238年）成为儒家的集大成者，他针对孟子的"性善"论提出"性恶"论，并宣扬民众的力量。

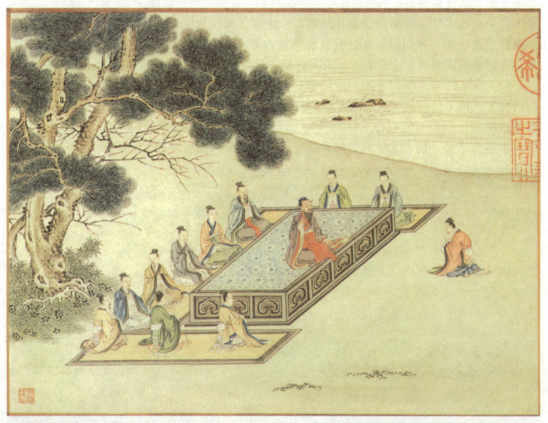

孔子讲学图　清
此图表现了春秋时期孔子在杏坛讲学的情景。图中孔子端坐讲授，弟子们在周围恭敬地聆听。作品因是宫廷绘画，所以特别讲求用色和整体结构。

孟子和荀子都有书传世，分别定名为《孟子》和《荀子》。

道家的著名代表人物是老子，生卒年月不详。他继承杨朱的观点，主张清静无为，含有朴素辩证法思想，传世名著有《老子》一书。此后，庄子（约公元前369～前286年）撰写《庄子》，主张"道"是世界的本原，人们应该无为而治。

墨家的创始人是墨子（约公元前468～前376年），他主张"兼爱""非攻"，反对奢侈，提倡节俭。他的学说后来被整理成书，定名为《墨子》。

在各国变法时期，法家思想备受人们的关注。其著名代表人物有李悝、商鞅和申不害等。战国时期，韩非著有《韩非子》一书，成为法家思想的集大成者。

老子骑牛图　明　陈洪绶　绢本

除此之外，以孙武和孙膑为代表的兵家，以惠施和公孙龙为代表的名家，以许行为代表的农家也备受瞩目。

孙武论兵

孙武，世俗尊称其为孙子或孙武子。孙子的祖先本姓田，是齐国王族。其祖父田书颇有军事指挥才能，曾被封一块封邑，获赐孙姓。父亲孙冯，做过齐国的卿相。孙氏家族后因无法忍受齐国内部激烈的权力纷争，去了吴国。在吴国，孙武一边耕田，一边写作兵书。后得好友伍子胥的7次推荐，被吴王拜为大将，孙武很快就为吴国训练出一支纪律严明、能征善战的军队来。

孙武不愧为一个有战略思想的伟大军事家，在他的努力下，吴国不但很快从一个贫弱小国，发展为实力强大的诸侯国，还实现了吴王阖闾称霸诸侯的梦想。公元前506年，在柏举之战中，孙武仅以3万兵力就击溃了楚国20万大军，攻占了楚国的都城。吴王阖闾死后，夫差即位，孙武又辅佐夫差征服越国、讨伐齐国、与晋国争霸，使得吴国的国势达到了顶峰，吴王也成为春秋时代又一个霸主。司马迁曾这样评价孙武：吴国的胜利是和孙武分不开的，正是在孙武的指挥下，吴军才能击败强大的楚国，威震齐晋，名扬诸侯。

孙武的主要思想都集中在《孙子兵法》中。传世本《孙子兵法》13篇，是孙武一派兵家的著作，其主要内容和核心思想属于孙武，但经过他的门生和战国兵家的整理补充。该书中所描写的战争规模，似是战国时代的情况。现存的《孙子兵法》是经过三国时代曹操删定编注的，全书分为13篇：《计》《作战》《谋攻》《形》《势》《虚实》《军争》《九变》《行军》《地形》《九地》《火攻》《用间》，总结了春秋至战国时期长期战争的经验，揭示了战争的一些规律，具有朴素的唯物主义思想和原始的军事辩证法思想。其思想内容主要有三方面：

一、战略指导思想

战略论是孙子军事学说的主体部分。孙武在此书中首次提出了战略概念——"庙算"，具体论述"安国保民"的最高目标、"五事七计"的全局运筹、"不战屈敌"的止战谋划、"知彼知己"的作战指挥等战略思想。在战略论中孙子提出"安国全军""唯民是保"的战略目标，把"重战""慎战"作为根本用战原则。并从其对待战争的严肃态度出发，评述了"五事七计"的重要性。"重战"，即重视战争，提高警惕，加强戒备，应取态度是："无恃其不来，恃吾有以待之；无恃其不攻，恃吾有所不可攻也"。慎战即开始须慎重，其原则是："非利不动，非地不用，非危不战"。"五事七计"书中详述"道"（治道）、"天"（天时）、"地"（地利）、"将"（将帅）、"法"（法度）五要素，及其"主孰有道、将孰有能、天地孰得、法令孰行、兵众孰强、士卒孰练、赏罚孰明"七个对战备全局作正确估计的七个条件。但孙子并没有认为军事力量越强越好，而是主张顾及国力，有限地发展军事。孙子反复强调要以"伐谋""伐交"作为优先的决策，总结"不战而屈人之兵"的"全胜战略"。而在实战中争取一"军"、一"旅"、一"卒"、一"伍"之"全"仍不失为上策。如此，"谋""攻"思想已贯彻到底。

孙子关于"知彼知己"和"致人而不致于人"之说，为作战指挥的战略原则。并尽可能"策之而知得失之计，作之而知动静之理，形之而知死生之地，角之而知有余不足之处。"争取"先机之利"，"致人""不致于人"，掌握战争的主动权。

二、作战策略思想

以战略为基础，孙子提出相应用兵策略。其重要策略原则有六：其一，因利制权，因敌制胜。其二，奇正相生，出奇制胜。其三，避实击虚，击其惰归。其四，我专敌分，以众击寡。其五，攻其无备，出其不意。其六，示形用诈，诡道制胜。

孙武塑像

三、军事哲学思想

孙子论"天"："阴阳、寒暑、时制也"，是自然界之天；论"道"："令民与上同意也"，具有民本主义因素。在书中把具有理性思维的人，放在认识和掌握战争规律的主体地位，并详细分析了战争对客观条件的依赖关系。孙子重视矛盾的相互依存，尤其重视矛盾的相互转化，说"乱生于治，怯生于勇，无恒形"，关键是造成"胜兵先胜"的条件，促使矛盾向有利方面发展。《孙子兵法》除三个主要方面以外，各篇均有其主题思想，又构成一个完整的思想体系。

孙武的战略思想对后世产生了巨大的影响，"世俗所称师旅，皆道《孙子》十三篇"，孙膑、吴起的兵书吸收了很多孙武的思想；曹操亲自为《孙子兵法》做过注释；唐太宗曾赞曰："观诸兵书，无出孙武。"宋神宗颁定《孙子兵

孙五（武）子演阵教美人战 版画
图中孙武作道士装束，举旗于城上教宫女演习战术，吴王坐于对面的台上，俯视两队演武的阵容。

法》为《武书七经》之首。毛泽东曾赞誉它"至今仍是科学的真理"。

孙武以及他的《孙子兵法》在国际上也很有影响，唐代时传到日本，1772 年，《孙子兵法》被译成法文版本，英国的汉学家称《孙子兵法》为"世界最古的兵书"，美国人则盛赞孙子是"古代第一个形成战略思想的伟大人物"。孙武的确堪称"百世兵家之祖"。

第二节　战国争雄

三家分晋

东周时期，诸侯国内有大夫被分封采邑，一个采邑实际是一个小国。因为诸侯兼并，某些诸侯国土地扩大了，国内某些采邑也跟着扩大起来。大采邑间由开始兼并到盛行兼并，与诸侯兼并走着同样的道路，不过两种兼并的作用却明显有所不同。诸侯兼并破坏了被灭国的宗族，加强了本国内的宗族；采邑兼并则是破坏了国内失败的宗族。家族代宗族而兴起，这主要是战争的结果。

食采邑的贵族有两类。一类是国君的儿子，按规定，一人得以继承君位，其余食采邑做大夫，如鲁国的三桓，郑国的七穆，齐国的高、国、崔、庆等。一类是有功的异姓人，也得食采邑做大夫，如晋国六卿中范氏、赵氏，齐国陈氏等。大夫的采邑与名位都是子孙世世继承不绝，国君在这些世袭贵族中选出一人或数人做卿，助国君掌管国政。到后来，华夏诸侯国如晋、齐、鲁、宋、郑、卫等国，卿也成为子孙世袭，国政被几家世卿把持，某些宗族变成强宗，采邑变成强国。

大夫被宠或有功或有权力，可以获得国君的赏田、赏人，也可以向国君请赏，或瓜分

"武遂大夫"玺 战国

武遂，战国韩地。此为晋国国君赐予韩大夫的玺。

其他宗族的土地，甚至可以瓜分公室。鲁国在公元前562年，季孙、孟孙、叔孙三家三分公室，作三军各得一军；到公元前537年，三家又四分公室，季孙得二，孟孙、叔孙各得一，季孙私属甲士多至7000人。

东周前期，诸侯武力兼并，晋悼公兴霸业，先给人民免旧欠，救灾难，轻赋敛，赦罪人等好处。东周后期，齐国田氏、晋国的韩赵魏三家，政治上比较开明，所以成为大夫兼并的最后胜利者。

在周代初年的所有封国中，晋国的面积最大，力量最强，最有资格统一中国。

晋国国君的权力衰落后，实权由栾、解、赵、魏、韩、智六家大夫把持，他们又以自己的地盘和武装，争权夺利，互相攻战。后来只剩韩、赵、魏、智四家。四家中智伯瑶势力最大，野心也最大。智伯瑶打算下一步侵占韩、赵、魏三家的土地，于是把赵襄子、魏桓子、韩康子三大夫请到家中，设宴款待。席间智伯瑶对三家大夫说："晋文公时，晋国是中原霸主，后来霸主地位被吴、越夺去了。为了重振晋国雄风，我主张每家献出一百里土地和相应的户口交国君掌管。"韩康子害怕智伯瑶的势力，首先表示赞同，愿把韩家土地和一万家户口交给国家；魏桓子心里不愿意，但也不得不表态，也把百里土地和九千家户口交给智家，智伯瑶见赵襄子一言不发，便用言语威胁他。赵襄子性格耿直，看智伯瑶贪婪的样子，非常气愤，便说："土地是祖宗遗产，要送给别人，我实在不敢做主。"智伯瑶听罢立刻翻脸，智、赵席上争吵不休，赵襄子一甩袖子走了。智立刻决定讨伐，并亲自带兵马为中军，让韩为右军，魏为左军三军直奔赵城。赵襄子寡不敌众，边战边退，退到晋阳（今山西太原）闭关固守。整整打了两年的仗，智军就是攻不下赵城。

智伯瑶无计可施，十分恼火。一天智伯瑶绕赵城察看地形时，看到晋阳城东北有晋水河，水势湍急，受到启发。智伯瑶便命令士兵筑坝蓄水，想把晋阳全城淹没。

大水淹进晋阳城以后，赵襄子焦虑不安，愁眉不展，就与谋士张孟谈探讨对策。张孟谈分析说："攻城不如攻心。我看韩、魏把土地割让给智家，并不是心甘情愿的，我们何不派人游说，把韩、魏争取过来，请他们帮我们一起对付霸道的智伯瑶。"赵襄子赞成这个主意，就派张孟谈连夜出城，直奔韩、魏两营。韩、魏二大夫正担忧自己的前途，经张一说，都赞同合力对付智伯瑶。

第二天深夜，智伯瑶在营帐里睡得正香，突然听见一阵喊杀声。他连忙披衣察看，发觉床下到处是水，以为大堤决口的水从晋阳城漫过来了，心里还挺高兴。但出帐外一看，兵营里一片汪洋，士兵给突来的大水，弄得惊慌失措，乱作一团。智伯瑶惊魂未定，转瞬间，三家军兵分由韩、赵、魏大夫带领，撑着木筏，从四面八方冲杀过来，打得智家军措手不及，被砍死的和淹死在水里的不计其数，智伯瑶

双龙形玉饰 战国

西周的礼制中，玉器具有神秘而高贵的内涵，有着完整的佩饰体系。春秋战国时期，旧礼制逐渐崩溃，人们将有关君子的伦理道德观念与玉的特质相结合，使"君子之德比于玉"等观念应运而生。这种理念贯穿中国几千年的历史，成为后世玉器经久不衰的理论基础和精神支柱。

也死于乱刀之下。

韩、赵、魏全歼了智家军，并乘势瓜分了晋国土地。公元前403年，三家派使者上洛邑去见周天子，要求晋封他们为诸侯。周天子见木已成舟，也就顺水推舟送个人情，正式晋封韩康子、赵襄子、魏桓子三人为诸侯。

从此以后，韩、赵、魏都成为中原大国，与秦、楚、燕、齐四个大国并称为"战国七雄"。

商鞅变法

在战国七雄当中，秦国的政治、经济、文化各方面落后于中原各诸侯国。

公元前361年，秦国的新君即位，这就是秦孝公。他下决心发愤图强，把秦国治理成强国，他做的第一件事就是搜罗人才。卫国的一个贵族公孙鞅（就是后来的商鞅），在卫国的时候，国君不重用他。听说秦国在招收人才，便来到秦国，托人引荐给了秦孝公。

商鞅对秦孝公说："一个国家要富强，必须发展农业，奖励将士；治理国家，必须有赏有罚，赏罚分明，朝廷就会树立起威信，一切改革也就容易施行了。"

商鞅像

商鞅的一席话非常符合秦孝公的心意。可是秦国的一些贵族和大臣却竭力反对。

过了两年，秦孝公控制了朝廷，稳定了君位，就拜商鞅为左庶长（秦国的官名），并把改革制度的事全权给予商鞅决断。

于是，商鞅起草了一个改革的法令，但是担心老百姓不信任他，不遵守新法令。他便想了个法子，叫人在都城的南门竖了一根三丈高的木头，下命令说："谁能把这根木头扛到北门去，就赏这个人10两金子。"

不一会儿工夫，南门口围了一大堆人，大伙儿你瞧我，我瞧你，就是没有一个人上前扛木头。

商鞅知道老百姓不相信他的命令，就把赏金又加了40两。可是，赏金越高，看热闹的人越觉得不近情理，仍旧没人敢去扛。

正在大伙儿犹豫不定的时候，从人群中跑出来一个人，那人说："我来试试。"边说边扛起木头就走，一直扛到北门。

商鞅立刻派人赏给扛木头的人50两金子。这件事立即传播开了，一下子轰动了秦国。从此，老百姓都知道左庶长的命令不含糊。

为了进一步巩固秦国的统治，加强中央集权，商鞅于周显王十九年（公元前350年）进行更大规模的变革。

"开阡陌封疆"，废除井田制。"开阡陌封疆"就是废除土地国有，把标志土地国有的阡陌封疆去掉。井田制首废于晋六卿中的赵氏。商鞅变法吸收赵氏改革的经验，并加以发展，在秦国境内正式废除井田制，确认地主和自耕农的土地所有制，在法律上公开允许土地买卖，并将政府拥有土地的授田制度扩大，便于地主经济的发展，增加地主政权的地税收入。

大力推行县制。商鞅第二次变法以前，在秦国某些地区就已存在县一级的行政机构。商鞅变法将这一行政机构推行于全国，使之成为秦国地方政权的基本组织形式。最初设置的县有30多个，其后，随着国土的扩张，又增加了许多。每县设县令和县丞，全县最高行政长官是县令，县丞是县令的助手。此外还设县尉，掌管全县军事。县制的普遍推行，把地方政权和军权集中到中央，巩固了中央集权的封建统治。

统一度量衡。此前，各地度量衡不一，不便于贸易往来。统一斗、桶、权、衡、丈、尺等度量衡后，地区间的商业往来十分便利，商业很快就兴旺起来，这一切对赋税和俸禄制的统一产生了积极作用。

从商鞅变法以后，秦国的农业产量增加了，军事力量也强大了。不久，秦国进攻魏国，从河西打到河东，最后攻下了魏国的都城。

公元前350年，商鞅又推行第二次改革。这次改革遭到了许多贵族、大臣的反对。有一次，秦国的太子犯了法。商鞅对秦孝公说："国家的法令人人都要遵守。如果当官的人不去遵守，老百姓就不信任朝廷了。太子犯法，应当惩罚他的师傅。"

后来，商鞅治了太子的两个师傅公子虔和公孙贾的罪，一个割掉了鼻子，一个在脸上刺上字。这样一来，一些贵族、大臣都不敢触犯新法了。

周显王十七年（公元前352年），大良造商鞅率兵围安邑（今山西夏县西北），安邑降秦。第二年，商鞅又率军攻魏之固阳，迫使固阳归秦。秦因此越过洛水，收复公元前408年被魏夺走的部分河西之地。

扩大疆域，迁都咸阳。咸阳南临渭河，北依高原，地处秦岭怀抱，既便于往来，又便于取南山之产物。咸阳城规模宏伟，城内建筑有南门、北门、西门，由商鞅监修的咸阳宫在城内，是由众多的宫殿连接而成的宫殿群，雄伟壮观。为了加强秦国的封建统治，商鞅按照中原民族的风尚、习俗，将秦的社会风俗改变。这次变法同样获得了巨大成功，秦的国力在变法之后继续上升，为秦统一六国创造了条件。

张仪连横

秦国经过改革，国力日渐增强。面对势力不断扩张的秦国，其他六国都感到恐慌。为了抵抗秦国，有人建议六国采取联合抗秦的策略。这种策略叫作"合纵"。另有一些人站在秦国一边，拉拢各国与秦国合作，打击其他国家，这种策略叫作"连横"。在主张"连横"的政客当中，要数张仪最有名望。

张仪是魏国人，他早年和苏秦同在鬼谷子先生门下求学。

张仪学完课业之后，告别了老师和同学，到诸侯国去进行游说。

张仪历经千辛万苦到了秦国。这时，秦孝公已经死了，他的儿子秦惠文王即了位，张仪凭借他的口才，果然得到秦惠文王的信任，当上了秦的相国。这时候，六国正在组织合纵。

在六国当中，要数齐、楚两国最强大。张仪认为要实行"连横"，必须拆散齐国和楚国的联盟，他向秦惠文王献了个计策，他假装辞去秦国相位，带着厚礼，以游说者的身份投奔楚国。

楚怀王对张仪在秦的显赫地位早有耳闻。张仪一到楚国，楚王就盛情款待了他。

楚王对张仪说："您来我们这个偏僻落后的国家，有什么指教吗？"

张仪接过话茬儿说："大王如果能听我的意见，首先同齐国断交，不再同它往来，我能把秦国商、於一带的 600 里土地献给贵国；让秦王的女儿嫁给大王做妻妾。秦、楚两国之间娶妇嫁女，结为亲戚，永远和好。这样，削弱了北边齐国的力量，西边得到秦国的好处，我看没有比这更好的主意了。"楚王喜出望外，赞成张仪的主张，一群溜须拍马的大臣都向楚王祝贺。

楚国把相印交给张仪，宣布与齐国解除盟约，并派使臣随张仪接收商、於之地。

张仪出使楚国的目的达到了，他一回到秦国便假装从马上掉下来伤了脚，一连 3 个月都不理楚国使臣。后来，齐国见楚国不讲信义，便与秦国联合了。张仪见计划实现了，便把楚国使者打发走。楚国使者再一次向张仪索要土地时，张仪耍赖不承认有这回事了。

使者回来一报告，气得楚怀王直翻白眼，发动 10 万大军攻打秦国。秦惠王也发兵 10 万人迎战，齐国赶来助战。楚国一败涂地，10 万人马只剩了两三万，商、於 600 里地没到手不说，还被秦国夺去了汉中 600 里地。

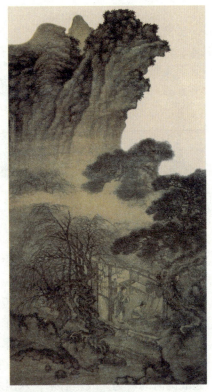

《苏秦归家　妻不下机》图

后来，张仪又放心大胆地去韩国、齐国、赵国、燕国等国逐一地推行他的连横策略。在他策划下，秦对韩、魏采取又拉又打的策略，迫使这些国家就范，力图侍奉秦国以求相安无事。张仪还曾率军向东侵伐，使秦完全占有了河西、上郡等地，并在河东占有土地，掌握了黄河，国威大振。

张仪作为一个纵横家，活跃在战国的政治舞台上，他以言辞和策术游说各国君主，成为战国时期特有的政治活动家。

乐毅伐齐

齐湣王在位期间，骄横霸道，常常欺负弱小的国家。这样一来，许多诸侯国对他都不满，特别是燕国。

燕国也是战国七雄之一，在燕王哙做国君时，用子之为丞相，后来，燕王哙听信了坏人的主意，把国君的位子让给了子之，结果把国家搞得混乱不堪。齐国趁机进攻燕国，燕差点被灭掉。燕王哙死后，燕昭王即位，他恨透了齐国，总想报仇雪恨，但自知国小地僻，力量对比悬殊，于是他礼贤下士。有人对燕昭王说，老臣郭隗有见识，请他帮助招贤纳士准错不了。燕昭王与郭隗一交谈，果然觉得郭隗很有才能，便为他造了一座精美的住宅，还拜郭隗作老师。各国有才能的人听说燕昭王真心实意地招募人才，便纷纷来到燕国。乐毅以魏昭王使节的身份来到燕国，燕王用宾客之礼接待他，被乐毅婉言谢绝，并在昭王面前声声称臣。燕昭王高兴地任他为亚卿，经过考察，发现他非常有才能，便把国家大事交他处理。

经过几年的努力，燕国国力日盛，燕昭王看到齐国潜在的危机逐渐暴露，便与乐毅商

讨如何征伐齐国。乐毅认为齐国地广人多，单靠燕国的力量不容易取胜，建议联合其他国家一同攻齐。燕昭王赞成乐毅的意见，派乐毅去赵国联络，派其他使者联合楚、魏两国，还叫赵国去说服秦国共同出兵。诸侯各国深受过齐湣王骄矜暴戾之害，都愿意跟燕国讨伐齐国。

乐毅等回来禀报燕昭王，燕昭王见时机成熟，便任命乐毅为上将军，统领全国军队。与此同时，赵惠文王也把相国的印交给了乐毅，授给他全权。公元前284年，乐毅统领赵、魏、秦、韩、燕五国的军队进攻齐国，齐军不敌众国倒山倾海之势，大败。齐将达子召集逃亡的齐军士兵，整顿后继续作战，

象形灯　战国
出土于河北易县燕下都武阳台。

想以此挽回败局，但齐湣王不予援助。达子率军在秦周（今山东临淄西北）与五国联军再次交锋时又被打败，达子死于乱军之中。两次战役使齐国主力受到重创，不能再与五国联军交战。乐毅遂遣还秦、韩等国军队，让魏国进攻原宋国地区，赵国去攻取河间，自己亲率燕军长驱进击，攻打齐都临淄，齐湣王逃走。齐国疆土分裂，势力大减。五国联合伐齐，是战国时的一场大战。后来，六国之间的自相残杀愈演愈烈。

远交近攻

赵国因为将相和睦，使秦国不敢侵犯。秦国便把矛头指向其他国家。到了公元前270年，秦国又派兵攻打远离秦国的齐国。

正在这时，有人向秦昭襄王推荐一个人，他叫范雎。

范雎是魏国人，才高八斗，能言善辩，但家境贫寒，在魏国大夫须贾府里当门客。

有一回，魏昭王要与齐国结盟，派遣须贾出使齐国。须贾带着范雎一起去了。齐襄王听说范雎很有才能，便想与他交好，特意叫手下人赏赐给范雎很多黄金以及佳肴美酒。范雎想到自己只是随员身份，不配接受这份厚礼，再三不肯接受，有人把这件事告诉了须贾。

几天后，须贾率随员回到魏国，向魏国的相国公子魏齐告发。魏齐立即派人把范雎抓起来，严刑拷问，几次把范雎打得昏死过去，牙齿打掉了，肋骨也打折了，浑身上下皮开肉绽。范雎只好直挺挺地一动不动，假装已经被活活打死。魏齐以为范雎死了，叫人把范雎用破席卷起来扔到厕所里，天黑后，范雎才从席子里爬出来。

郑国的郑安平与范雎有很深的交往，他钦佩范雎是个难得的人才，暗地里把范雎救下来，连夜帮他逃出虎口，改名张禄。

后来，秦昭襄王派使臣王稽访求贤士，郑安平扮作士兵模样服侍王稽，找机会向王稽推荐了张禄。经过交谈，王稽觉得张禄的确是个难得的大才，便设法把张禄带到秦都咸阳。

秦王非常恭敬地请范雎进宫，虚心求教。范雎分析了各国的情况，主张对于远离秦国的国家，要采取联合的策略；对于邻近秦国的国家，采取进攻的策略。如果攻打遥远的国家，即使打胜了，也不好管理。而攻占了邻近的国家，那么这个国家的土地，都是自己的

了。秦昭襄王听后大加赞赏。立刻拜范雎为客卿。过了几年，正式拜他为秦国宰相。秦王振兴朝政后，准备攻打魏国。

魏王听说秦国要发兵攻魏，忙派须贾出使秦国求和。范雎听说须贾来到秦国，便扮作贫寒落魄的样子，前往馆舍见须贾。须贾见到范雎还活着，吓了一跳，问道："你还活着呀，你现在在干什么？"范雎答："我就在这儿给人家干杂活。"须贾看到范雎的可怜相，就让人取了一件锦袍送给范雎。须贾顺便问道："听说秦国宰相张禄很得秦王的赞赏，我很想见见他，不知有没有人能给我引见！"范雎笑了笑说："我家主人同张相国很有交情，我倒愿意替须大人说句话。"须贾说："那太好了。"

到了第二天，范雎带须贾到了相府门口，范雎让须贾在门口等候，自己一直走进相府内，门卫们不加盘问还肃然施礼，须贾都一一看在眼里觉得有些不对劲儿，便忍不住向守门人打听："我今天特来拜会你家主人，不知你家主人在不在家？"守门人告诉他："刚才陪你一起来的就是我家主人，秦国宰相张大人。"须贾一听吓得目瞪口呆。一会儿听到里面传唤："相爷叫须贾进去。"须贾慌忙匍匐在地爬着进入大厅，见到高堂上坐的丞相正是范雎，便连连磕头说："须贾罪该万死，请相国饶恕小人的罪过吧！"范雎愤怒地痛斥须贾一番。接着又说："昨天你送我一件锦袍，念你还有一点良心，饶你一命。今天交你一个任务，回去替我告诉魏王，把魏齐脑袋送来。不然的话，我要发兵直取魏都大梁。"须贾狼狈地退出相府，赶紧回国把范雎的话告诉了魏王，魏齐知道在魏国会成为牺牲品，再也无法待下去了，他偷偷地逃到赵国去，躲在平原君门下避难。

后来，秦国答应了魏国的求和条件，按照范雎的远交近攻计策，先出兵攻打韩、魏，同时，为了防止齐国与韩、魏结盟，秦昭王还派使者主动与齐国结盟。开始时，齐虽不愿意秦抢先兼并中原而图谋合纵伐秦，但它同时也怕其他小国强大难制。秦正是利用这一点开展远交近攻的。

到秦王嬴政时，他依然坚持"远交近攻"之策，远交齐、楚，首先攻下韩、魏，然后又从两翼进兵，攻破赵、燕，统一北方；攻破楚国，平定南方；最后把齐国也收拾了，实现了四海归一、统一中国的愿望。

梁十九年鼎　战国
这是可以确证为魏器的青铜器之一。

纸上谈兵

公元前262年，秦昭襄王派大将白起向韩国进攻，切断了上党郡（治所在今山西长治）和韩都的联系。在形势危急的情况下，上党的韩军将领打发使者去赵国请降。赵孝成王（赵惠文王的儿子）派军队接收了上党。过了两年，秦国又派王龁带兵把上党团团围住。

赵孝成王得知消息，连忙派廉颇率领20多万大军去援救上党。他们到长平（今山西高平市西北）时，听说上党已经落入秦军之手。

王龁转而进军长平。廉颇连忙叫兵士们修筑堡垒，坚守阵地准备作长期抵抗的打算。王龁无计可施，只好派人回报秦昭襄王。

名将白起

秦昭王十四年（公元前293年），白起官拜左更，率兵在伊阙击败韩、魏等联军，升任国尉。秦昭襄王十五年（公元前292年），官拜大良造，攻克楚都郢，被封武安君。

秦昭襄王请范雎出主意。范雎说："要打败赵国，必须把廉颇调开。"范雎沉思了一会儿，想出了一条计策。

过了几天，赵孝成王听到左右纷纷议论，说："秦国就是怕让年轻有为的赵括带兵；廉颇老了不中用了，眼看就快投降啦！"

他们所说的赵括，是赵国名将赵奢的儿子。赵括自幼爱学兵法，谈起用兵之道，口若悬河，自以为天下无敌，不把任何人放在眼里。

赵王听信了左右的议论，叫人把赵括找来，问他能不能打败秦军。赵括说："秦国的大将白起比较难对付。但是王龁没有什么了不起的，不过是廉颇的对手。要是换上我，打败他轻而易举。"

赵王听了很高兴，就拜赵括为大将，去接替廉颇，这个决定遭到了蔺相如的反对，可是赵王听不进去蔺相如的劝告。

赵括的母亲也给赵王上了一道奏章，不赞成赵王派他儿子去换廉颇。赵王把她召了来，问她什么原因。赵母说："他父亲临终时再三嘱咐我说，'赵括这孩子把用兵打仗看作儿戏似的，派不上用场。将来大王不用他还好，如果用他为大将的话，只怕赵军断送在他手里。'所以我请求大王千万别让他当大将。"可是赵王说："你不要管了，我已经决定了。"

赵括替换廉颇的消息传到秦国，范雎知道自己的反间计成功，就秘密派白起代替王龁为上将军，去指挥秦军。白起其人非同一般，伊阙一战斩韩魏军24万；南破楚都郢，焚楚夷陵；华阳斩魏、赵军15万；战功显赫，威震东方，纸上谈兵的赵括又怎是他的对手？赵括上任，一反廉颇所为，更换将吏，改变固守防御战略，让大小将领大为不满。接着他制定了进攻方案，传令准备出击。

公元前260年8月，赵括率赵军主力出城进攻秦军。两军稍事交锋后，白起命秦军佯败后撤，诱敌深入。赵括误认为秦军抵挡不住，便挥师紧追。当赵军前进到长壁后，预伏在这里的秦军主力精锐迎面扑来，赵军攻势受阻；白起又组织了一支轻装突击队直插过来。正面的秦军主力已让赵军疲于应付了，又怎经得起这一股新生力量的冲击？赵军渐抵挡不住，赵括欲退兵，但为时已晚：白起埋伏于两翼的2.5万秦兵在赵军与秦军主力格斗时已迂回到赵军侧后，抢占了西壁垒高地，截断了赵军的退路，赵军被全面包围。白起见袋形阵已形成，为防止这"庞大猎物"逃脱，"口袋"还得系上口，他即派精骑5000迅速插入赵军营垒间，牵制、监视守营的那部分赵军，赵军被围困，只得筑垒坚守。赵王大惊，忙派兵增援。秦王知道赵派援兵后，便往河内（河南黄河以北地区）征发年满十五岁的男丁参加长平之战，堵截赵国援军，断其粮道。9月，赵军已被困46天，粮尽援绝，内部自残以人肉充饥；他们还不时受到秦军突击队的冲击，死亡的阴影笼罩着全军。突围4次失败

赵括像

后，赵括孤注一掷，亲领赵军精锐强行突围，结果再遭惨败，赵括本人也中箭身亡。赵军失去主帅，又身心疲惫，便放弃抵抗，白起怕赵军日后反叛，只让年少体弱的240人归赵，其余全部坑杀于长平。

秦赵长平之战，结果以赵国的惨败而告终，赵军先后死亡达45万人，秦军也死亡过半。赵国实力由此大为削弱。

荆轲刺秦王

秦国用计拆散了燕国和赵国的联盟，又趁机攻占了燕国的几座城池。

燕国的太子丹原来留在秦国当人质，他见秦王政有兼并列国的野心，又夺去了燕国的土地，便设法逃回了燕国。太子丹回国后，寻找能刺杀秦王政的人。

太子丹物色了一个很有本领的勇士，名叫荆轲。他把荆轲奉为上宾，把自己的车马给荆轲坐，让荆轲一起享用自己的饭食、衣服。

公元前230年，秦国灭韩国。两年后，秦国大将王翦攻占了赵国都城邯郸，向燕国进军。燕太子丹十分着急，就去找荆轲，商议如何刺杀秦王。

荆轲说："要挨近秦王身边，必须先让他相信我们是去向他求和的。听说秦王早就想得到燕国的土地督亢（在河北涿州市一带），还有流亡在燕国的秦国将军樊於期，秦王正在悬赏抓他。我要是能拿着樊将军的头和督亢的地图去进献，秦王一定会接见我。这样，我就可以下手了。"

太子丹说："把督亢的地图带去没有问题，但是樊将军受秦国迫害来投奔我，我怎么忍心伤害他呢？"

荆轲知道太子丹不忍心杀樊於期，就私下去找樊於期，跟樊於期说："我决定去行刺，怕的就是见不到秦王的面。现在秦王正在悬赏捉拿你，如果我能够带着你的头颅给他送去，他一定会接见的。"樊於期二话没说，拔出宝剑，刎颈自杀了。

荆轲临行前太子丹交给他一把锋利的匕首，这是一把用毒药煮炼过的匕首，只要被它刺出一滴血，就会立刻气绝身亡。太子丹又派了个年仅13岁的勇士秦舞阳，做荆轲的助手。

荆轲刺秦王石像图

易水送别图 清 吴历

荆轲是战国时燕国太子丹手下的勇士。秦灭韩、赵之后，又向燕国进军，荆轲便携樊於期人头及地图前去刺杀秦王，后终因寡不敌众而惨死。荆轲去秦国之前，便抱着必死的决心，此图即绘荆轲上车离去的情景。

荆轲出发时，太子及宾客都穿白衣戴白帽到易水边为他饯行。荆轲的朋友高渐离击筑，荆轲慷慨悲壮地唱道："风萧萧兮易水寒，壮士一去兮不复还！"唱完上车离去，头也不回一下，表示了他义无反顾的决心。

荆轲到了咸阳。秦王政一听燕国派使者送来了樊於期的头颅和督亢的地图，十分高兴，就传令在咸阳宫接见荆轲。

到了秦国的朝堂上，荆轲从秦舞阳手里接过地图，捧着装了樊於期头颅的木匣上去，献给秦王政。秦王政打开木匣，里面果然装着樊於期的头颅。秦王政又叫荆轲把地图拿来。荆轲把一卷地图慢慢打开，到地图全都打开时，荆轲事先卷在地图里的那把浸过毒的匕首就露了出来。

秦王政见了，惊呼。荆轲连忙抓起匕首，左手拉住秦王政的袖子，右手握着匕首向秦王政的胸口刺去。

秦王政使劲挣断了那只袖子，便往外跑。荆轲拿着匕首追了上来，秦王政一见跑不了，就绕着朝堂上的大铜柱子跑。荆轲紧紧地在后面追，两个人在柱子的周围转起圈来。

过了一会儿，有个伺候秦王政的医官，急中生智，把手里的药袋向荆轲扔了过去。荆轲一闪身的工夫，秦王政往前一步，拔出宝剑，砍断了荆轲的左腿。

这时候，侍从的武士一拥而上，杀死了荆轲。台阶下的勇士秦舞阳，也死在了武士们的刀下。

秦始皇统一天下后，高渐离借击筑之机，扑击秦始皇，也失败被杀。秦始皇因此终身不再接近诸侯各国的人。

第三章　九州一统

第一节　天下归秦

天下归一统

嬴政在亲政后，用了大约九年的时间，确立自己的绝对权威。对六国的斗争也由先前的蚕食变为吞并。他根据李斯的建议，确立了"先取韩，以恐他国"的策略。从公元前230年起，嬴政全面发动了兼并六国的统一战争。

战国后期，七雄中只有赵国是可以勉强与秦国抗衡的国家，但是公元前262年的长平之战，赵国惨败，40万赵军被坑杀，赵国实力大损，其他国家更加无力抵御秦国的进攻。

嬴政亲政，更把削弱赵国的军事实力作为统一的重要一步，并于公元前236年和公元前232年先后两次进攻赵国，但由于赵国大将李牧的英明指挥而没有成功，不过也使赵国的实力大为削弱。

公元前230年，秦王嬴政令内史腾率领大军转而进攻韩国，韩国几乎没有进行任何抵抗，就被秦军迅速攻下其都城新郑，并俘虏了韩王安。韩国灭亡，秦国在此设颍川郡。

第二年，即公元前229年，秦王嬴政派大将王翦率兵从上党进攻赵国，赵国仍然由李牧率兵抵抗，双方相持达一年之久。于是秦国使用反间计，以重金贿赂赵王宠臣郭开，向赵王诬陷李牧，结果李牧被罢，后被处死。这样，赵国无人可以统兵抗敌，于是，王翦在公元前228年俘虏赵王，并攻入赵国都城邯郸。赵国灭亡。

灭赵同时，秦已兵临燕境。燕国自知无力抵抗，太子丹于是孤注一掷，重金雇勇士荆轲，公元前227年遣其入秦刺杀秦王，结果刺杀未遂。

秦王政杀了荆轲后，余怒未消，他立即命令大将王翦加紧攻打燕国。燕国哪里抵挡得住秦军的攻打，很快就溃败下来。秦军不肯罢休，非要抓住太子丹不可。燕王喜被逼无奈，只好杀了太子丹，向秦国求和。

铜盾　秦

盾是作战中不可或缺的防御武器。秦人的盾，边缘呈波浪形，盾表饰有云纹，不仅实用，而且美观。

秦王政打败了燕国，又听从尉缭的计策，派王翦的儿子王贲带兵十万进攻魏国。魏王派人向齐国求救，齐王建没有回应。

公元前225年，王贲灭了魏国。灭魏同时秦已策划伐楚。秦王问诸将灭楚需多少兵力，青年将领李信说需20万，而老将王翦则认为非60万不可。秦王以为王翦年老怯战，否定了他的意见，而派李信、蒙恬领兵20万攻楚。公元前225年秦军南下伐楚，楚将项燕率军抵抗，初时秦军进展顺利，在平舆和寝击败楚军，进抵城父。但楚国毕竟地大兵多，项燕在城父集结数十万楚军发起反击，大败秦军，李信败逃回国。秦王方知王翦估兵不虚，屈尊亲自登门向王翦赔礼，命他征楚。

公元前224年，大将王翦带领60万人马，浩浩荡荡向楚国进攻。楚国也出动全国兵力奋起抵抗。

王翦到了前方后，修起了壁垒，坚守不出。楚国大将项燕一再挑战，他也不理睬。

几个月的时间一晃而过，双方的将士都因为无仗可打而心烦。王翦四处巡视，见将士们无所事事，就想了个办法：让大家每天吃饱睡好后，比赛跳远、蹦高和投掷石块。这样一来，将士们不像原来那样无所事事，士气消落，而是生机勃勃、士气高涨，无形中成了全军大练兵。而楚军屡次挑战不成，整日无所事事，军中烦躁、懒散风气日盛。

过了一段时间，项燕认为王翦是上这儿来驻防的，就不怎么把秦国的军队放在心上了。没想到项燕没有防备的时候，秦军突然发起进攻，60万人马一拥而上杀过去。楚国的将士如梦方醒，晕头转向地抵抗了一阵，便各自逃命去了。秦军一鼓作气打到寿春（今安徽寿县西），俘虏了楚王负刍。楚国就此灭亡了，这一年是公元前223年，秦王政二十四年。

王翦灭楚之后，回到咸阳。由他的儿子王贲接替做大将。公元前222年，王贲灭掉燕国，进而攻占了赵国最后留下的代城。

这时候只剩下一个齐国了。齐王建向来不敢得罪秦国，每回遇到诸侯向他求救，他总是拒绝，他满以为齐国离秦国远，只要死心塌地听秦国的话，就不会遭到秦国的进攻，等到其他五国一一被秦国吞并掉，他才慌手慌脚。

公元前221年，王贲带了几十万秦兵直扑临淄。没有几天，秦军就攻进了临淄，齐王建也束手就擒了。

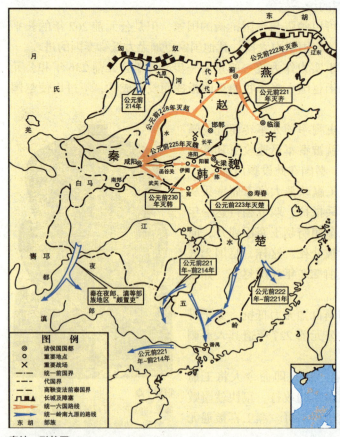

秦统一形势图

自从公元前475年进入战国时期起，各诸侯国经过250多年的征战，终于被秦国各个击破，结束了长期的诸侯割据的局面，建立了一个统一的多民族的封建国家——秦王朝。

秦朝以前，统治者最高的称号是王。商、周时君主都称为王。后来周王室衰微，群雄并起，各诸侯国君也相继称王。但是，经过十年左右的兼并，其他六国的国王都成了阶下囚。秦王面对自己取得的成就，深感"王"的称号不足以显示自己的地位。于是，秦王下令说："寡人以眇眇之身，兴兵诛暴乱，赖宗庙之灵，六王咸伏其辜，天下大定。今名号不更，无以称成功，传后世。其议帝号。"

于是王绾、冯劫、李斯等人与博古通今的博士们商议后，对秦王嬴政说："以前五帝时，不过统治方圆千里之地，而且周边的少数部落只是时向时离，但是天子也没有办法。现在，陛下兴义兵，平定天下，这是自古以来没有的功业，三皇五帝也没法与陛下相比，所以请陛下尊称秦皇，自称为朕，命令称为诏。"但嬴政认为应采用上古帝位号，称"皇帝"，并立即制命天下。在制命中，嬴政决定自称始皇帝，后世继承皇位者以数计，为二世、三世，直至万世，传之无穷。这样，秦始皇就成为秦王嬴政的称号，皇帝也就成为中国封建社会最高统治者的专称。

为了神化皇权，秦始皇在议定帝号后，还规定了玉玺制度。由秦始皇下诏，李斯书写，后由工匠制成的玉玺，上面勾交五条龙，方四寸，其文为"受命于天，既寿永昌"，成为皇权的象征。

统一规制

秦国是消灭其他六国而统一起来的，但是由于七雄并立时间长久，各国在文字、货币、度量衡等方面有很大差异，秦统一六国后，为加强统治、维护统一，实行了统一文字、货币、度量衡的措施。

汉字产生后，经过长期的发展演变，至春秋战国时期，随着社会的动荡和急剧变化，各地文字的形体和读音都有所不同，出现了"言语异声，文字异形"的现象。当时，同样的字，不同的国家往往写法不同。典型的例子是"马"的诸多字形：在齐国有3种写法；在楚、燕国有另外两种的写法；在韩、赵、魏，还有两种不同的写法。这不但不利于文化的发展和各地人民间的交流，而且给秦朝的各种文书、档案的书写、阅览和传播造成巨大困难。

小篆体十二字砖　秦
这件显示秦始皇开创强大帝国声势的秦砖，以阳文篆刻"海内皆臣，岁登成热，道毋饥人"12个字，意思是秦朝统一天下，普天之下都是秦朝子民，希望国富民安。

面对这种情况，秦始皇接受李斯的建议，于公元前221年发布"书同文"的诏令，规定以秦国小篆为统一书体，与小篆不同者全都废掉。为了在其他六国推广小篆字，秦始皇命李斯、赵高、胡毋敬分别用小篆书写《乏颉》《爰历》《博学》3篇，作为文字范本。

秦始皇统一文字，有利于统一多民族国家的发展。从此，汉字的结构基本定型。

春秋战国时期是我国商品经济迅速发展的时期，不同的国家，铸币也往往不同。但是，铜币已成为当时流通领域里的主要货币，各国的铜币在形状、大小、轻重以及计算单位上

秦统一文字表

却有很大差异。

币制的不统一，严重阻碍着各地商品的流通及统一国家的财政收支。所以，秦统一后，秦始皇下令统一全国货币，采取的措施主要有三项：首先，将铸币权收归国家，禁止地方和私人铸币，对于私自铸币者，不仅没收其所铸钱币，还要拘捕和严惩私自铸币者；其次，明确规定货币种类。秦朝的法定货币为黄金和铜钱，黄金属于上币，铜钱属于下币。铜钱为圆形方孔钱，上面铸有"半两"的字样，每钱重

十二铢；再次，是废除原来六国使用的布币、刀币、铜贝等各种货币，不准以龟贝、珠玉、银锡等充当货币。

秦始皇统一货币，消除了各地区间的币制上的不统一状态，秦王朝制定的圆形方孔钱，成为中国封建社会货币的基本形制，沿用了两千多年。

秦统一前，各国的度量衡也十分混乱，计量单位不统一。单以长度而论就有数种传世铜尺可以为证，如长沙楚国铜尺两边长度分别为22.7厘米和22.3厘米；安徽寿县楚铜尺长为22.5厘米；洛阳金村铜尺长22.1厘米。1尺的长度相差多达0.6厘米。在量制方面，各国的差异更大，齐国自田氏以来，实行以升、豆、登、种为单位，即"五升为豆，各自其五以登于釜，十釜为种"。而魏国则以益、斗、斛为单位。至于衡制方面则更加混乱，单位名称差别更大。楚国的衡器是天平砝码，以铢、两、斤为单位；赵国则以镒、釿为单位；东周、西周以孚、羊为单位。

度量衡是商品交换中所必不可少的，而且是国家收取赋税的重要标准。秦统一后，秦始皇下令，以秦国的度量衡为标准，统一其他六国的度量衡器。具体措施是将统一度量衡的诏书全文刻在新制作的度量衡标准器上。这样既可以提供更多的标准器，又可以宣传秦始皇的功绩。统一后，秦朝的度制以寸、尺、丈、引为单位，以十为进位制度；量制方面以龠、合、升、斗、桶（斛）为单位，也是十进制；衡制方面以铢、两、斤、钧、石为单位，进位是24铢为1两，16两为一斤，30斤为1钧，4钧为1石。

文字、货币、度量衡的统一，在中国历史上占有重要地位，成为维护中国封建国家统一的重要基础。

铜量　秦

为便于国家征收粮帛、物资及土木工程的计算，公元前221年，秦始皇决定把秦国的度量衡标准，作为全国统一的度量衡制度。这两件铜量的外壁均刻有秦始皇二十六年统一度量衡的40字诏书，均为当年统一量器的标准器具。

开疆拓土

　　我国是多民族国家，先秦时就存在着众多的民族。秦朝统一后，秦始皇南伐越族，北击匈奴，并通西南夷，不断开疆拓土，创建了统一的多民族国家。

　　在今天的浙江、福建、江西、广东、广西、云南一带，很早就有一个人数众多的民族，即越族。越族部属众多，而且部落差异很大，又称作"百越"。依据其分布地区不同，可分为于越、闽越、瓯越、南越、西瓯等八部分。

　　秦始皇在完成统一后，随即进行大规模征服岭南的军事行动，秦始皇命屠睢为统帅，兵分5路，统率50万大军进攻南方。兵达南岭后，遭到了南越和西瓯的顽强抵抗。越人利用对地形熟悉的优势，逃入林中，与秦军周旋，秦军习惯于在中原开阔地区作战，不习惯于在密林中作战，因而伤亡较大。

　　比这更严重的是秦军的后勤补给，南方河流纵横交错，秦军面对这种情况，不知所措，这给粮草供应造成了极大困难。

　　为了解决粮草运输问题，秦始皇于公元前219年派监御史禄负责开凿灵渠，这条灵渠开凿于今天广西壮族自治区的兴安县，因此也被称作兴安运河。灵渠是由铧嘴、大小天平石堤、南梁和北梁等工程构成的。铧嘴是用巨石叠砌而成，修建在湘江中的分水坝，是灵渠的关键。南北梁长34公里，是灵渠的主体部分。灵渠的开凿，沟通了长江水系和珠江水系，它是我国古代劳动人民智慧的结晶。

　　大约在公元前214年，灵渠修建完工，从而解决了秦军的军粮运输问题。秦军攻势猛烈，很快于公元前214年攻占岭南，并在这里设置了桂林、南海和象三郡，基本上统一了岭南。

广西灵渠

这是我国也是世界上最著名的水利工程之一。秦始皇统一六国后，为开拓岭南地区，派屠睢率军南下；为了运送军粮，派监御史禄率领士兵在今广西兴安县境内开凿运河，即灵渠，以通湘江、漓江、长江、珠江两大水系。灵渠工程除了促进水路交通，在水利灌溉工程中也发挥了很大的作用，因此历代均有疏通改建。

公元前213年，秦始皇下令将中原50万罪犯流放到岭南地区，与越族杂居。另外，还一再大批迁徙刑徒和内地人民到岭南屯戍垦殖，这对于开发岭南、促进民族融合有极其积极的意义。

匈奴是我国古代一个强大的游牧民族，勇猛善战。他们主要游牧于蒙古高原和南至阴山、北抵贝加尔湖的广大地区。战国时期，随着匈奴的逐渐强大，再加上中原地区七雄纷争，所以匈奴贵族常率兵南下侵扰、掠夺财物。至秦朝建立时，匈奴已占领了自阳山至"河南地"的广大地区，并继续南下侵扰。这对秦王朝是一个严重的威胁。

在完成统一六国的战争后，秦朝初创，国力不足以应付大规模的战争。于是，秦始皇采取了积极防御的策略，命蒙恬、王离加强对北边的屯戍。公元前215年，经过五六年的准备，秦始皇命蒙恬率30万大军北击匈奴，当时匈奴的首领是头曼单于。蒙恬的第一个目标是收复"河南地"，他采用集中兵力、速战速决的作战方法，很快收复了"河南地"和榆中。公元前214年，蒙恬率军渡过黄河，大规模进攻匈奴，头曼单于难以抵挡，只好北移，蒙恬乘机率军占领了高阙、阳山、北假等地。秦政府一方面在这些地区设置44个县，实行有效的行政管理，另一方面还大量迁徙刑徒，并鼓励一般民众移居边地。

秦朝反击匈奴的胜利，是匈奴贵族遭受的第一次沉重打击，使河套地区的广大人民在很长时间内有了安定的环境。这对于我国多民族统一国家的形成、边远地区经济发展具有重要的促进作用。

为巩固抗击匈奴取得的胜利成果，秦始皇又命蒙恬负责修建了秦长城。

长城，最初在战国时即已开始修建，当时，赵、魏、燕、齐、秦等国都曾修建过长城，以作为防御工事。对于长城的防御功能，秦始皇深有体会，因此，为防御匈奴再次南侵，他决定继续修建规模更大的长城。

秦朝的长城是在连接了原来秦、赵、燕三国长城的基础上加以增筑的。公元前214年，

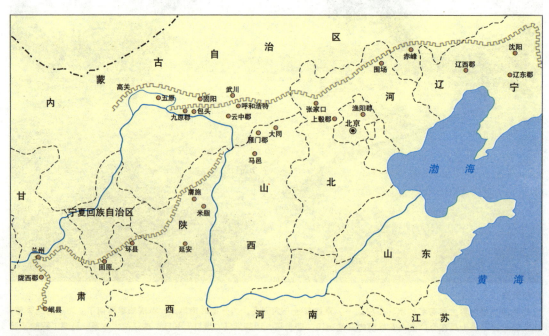

秦长城示意图

蒙恬在夺回"河南地"及榆中后，就开始在北边沿黄河修筑长城。此后，大规模的修筑完全展开，经过数十万民夫的日夜劳作，历时几年之久，长城终于建成。

秦长城主要由三段构成。西北段，西起临洮，即今甘肃岷县，东至九原，即今天的包头市西北。北段，从高阙至代郡，即今河北蔚县。东北段，从代郡到辽东碣石，总长达五千余公里。

长城作为古代军事建筑工程的杰作，是中国古代劳动人民智慧和血汗的结晶。

长城的修建在当时给劳动人民造成了沉重的徭役和负担。因此，民间有了孟姜女哭长城的传说。

孟姜女的丈夫杞良在当时被秦政府强行拉去修长城，杞良不堪承受沉重的劳役折磨，于是冒死逃跑，结果被抓回，活活打死，尸体被筑在长城城墙中。孟姜女千里寻夫来到长城，听说丈夫已死，于是痛哭10天，结果长城城墙倒塌，露出累累白骨。孟姜女无法辨认，于是刺破手指，将血滴在白骨上，并说："若是杞良的骨头，血就渗入。"这样，孟姜女找到了丈夫的尸骨，并带回安葬。孟姜女哭长城的传说反映了修建长城带给人们的深重灾难。

陈胜吴广起义

秦二世胡亥夺取皇位的这一年，即公元前209年七月，爆发了我国历史上第一次大规模的农民起义，领导这次起义的人是陈胜、吴广。

秦二世元年（公元前209年）七月，征发闾左（秦时贫弱农户居闾之左，富者居右）900人戍守渔阳（今北京密云）。陈胜、吴广都被征调，担任屯长。

陈胜又叫陈涉，是阳城（今河南省登封市东南）人。吴广又叫吴叔，是阳夏（今河南省太康县）人。

陈胜对自己的苦难遭遇一直愤愤不平，可更不幸的事情又落在了他的身上。他和吴广以及其他的穷苦农民，一共900多人，被秦二世征发去渔阳驻防。

那时候正赶上雨季，他们走到蕲县大泽乡（今安徽省宿县西南）的时候下起了大雨。大泽乡靠近淮河的支流浍河，地势低洼，大水淹没了道路，没法走了。他们只好停下来，等天晴了再走，按照秦朝的律法，通知什么时候到达什么地方，必须按时到

陈胜像

达，误了日期，就要杀头。陈胜、吴广计算了一下，估计无论如何也不能按期到达渔阳，这样，他们已经犯下死罪了。

陈胜、吴广一起商量办法。陈胜说："如今要是逃走，抓回来是死；起来造反，夺天下大不了也是死。这样下去等死，还不如拼出一条生路呢！"

吴广认为陈胜说得有道理，便决定跟着陈胜干一场。当时的人们很迷信，想要号召众人起来造反，除了假借扶苏等人的名义外，还得采用装神弄鬼一类的办法，取得众人的信任。他们为此想出了办法。

第二天，伙夫上街买鱼回来，剖开一条鲤鱼的时候，在鱼肚子里发现一块绸子，绸子上用朱砂写着"陈胜王"三个字。这件事一下子就传开了，众人都认为这是老天爷的旨意，

原来陈胜是个真命天子呀！

过了几天，陈胜和吴广带领着一大帮人，趁押送他们的军官喝醉了酒，故意去要求释放他们回家。军官一听，又急又气，先抽打了吴广几鞭子，接着又拔出剑来要杀吴广。这时大伙儿一拥而上，陈胜乘机杀死了军官。

陈胜、吴广杀死了军官，大伙儿都感到出了一口恶气。看到大伙儿都很齐心，陈胜、吴广就决定立即起义。他们派人上山砍伐树木、竹竿作为武器。然后，用泥土垒个平台，作为起义誓师的地方。还做了一面大旗，旗上绣上了一个大大的"楚"字。陈胜自立为将军，吴广为都尉。起义军首先攻下大泽乡，进而攻占蕲县及各县。中国历史上第一次大规模的农民起义就这样爆发了。

陈胜、吴广在大泽乡起义的消息很快传开，附近穷苦的老百姓扛着锄头、铁耙、扁担，纷纷赶来加入起义军，起义军一下子壮大了起来，并且很快地占领了陈县。陈胜在陈县称了王，国号"张楚"。陈县成为全国农民起义的中心。

为推翻秦朝统治，陈胜于八月封吴广为"假王"，令其率主力西击荥阳（在今河南中部），进而入函谷关（今河南灵宝东北）夺占秦朝腹地；宋留率部入武关（今陕西商南东南），迂回咸阳；武臣、陈余率部攻取六国故地。吴广久攻荥阳不下，陈胜又以周文为将军，领兵绕过荥阳，进攻关中。周文攻破函谷关，屯军于戏（今陕西临潼东北）。这时起义军已有兵车千辆，战士几十万。

秦二世见起义军打到了都城附近，即令少府章邯把修建骊山陵墓的数十万刑徒和奴产子编成军队迎击农民军。同时，又从边塞调回王离的30万军队以保卫都城。周文率领的农民军，虽然英勇作战，但缺乏训练，没有作战经验，又孤军深入，在秦军的突然袭击下，接连受挫，被迫退出函谷关，在曹阳驻守待援。

陈胜、吴广起义示意图

秦末陈胜、吴广大泽乡起义旧址

这时，武臣的东路农民军在河北旗开得胜，对秦朝官吏恩威兼施，连下30余城，在攻占旧赵都城邯郸后，武臣在张耳、陈余的怂恿下自立为赵王。陈胜为了顾全大局，勉强予以承认，并命他率军西上，支援周文。武臣置若罔闻，以陈余为大将军，张耳为丞相，公然割据自立。六国旧贵族纷纷割据称王，韩广称燕王，魏咎为魏王，田儋为齐王。陈胜所遣各部义军互不接应，六国旧贵族又变身割据者，严重削弱了反秦力量，起义军陷入孤立无援又腹背受敌的境地。曹阳的农民军与兵力庞大的秦军苦战两月，损失惨重，又无援助，终告失败，周文自杀。章邯乘胜猛扑，占领渑池。

随着反秦斗争的进行，起义军自身的矛盾和弱点也逐步暴露。围攻荥阳的起义军内部发生内讧，将领田臧因与吴广意见不合，竟假借陈胜之命杀死吴广，自立为将军，致使军心涣散。章邯乘机率秦军直扑荥阳，田臧率军迎战章邯，兵败身死，余部溃散。陈胜依旧坐守陈县，章邯率军直扑陈县，在城西与张贺所率农民军展开激战，陈胜亲自督战。由于众寡悬殊，而秦军又挟战胜周文、田臧之余威，士气高昂，农民军终败，张贺战死，陈县失陷。12月，退至下城父（今安徽涡阳东南）的陈胜为车夫庄贾杀害，余部投奔其他反秦武装。宋留闻讯，在南阳降秦。轰轰烈烈的陈胜、吴广起义在秦王朝的残酷镇压下历经半年失败了。

刘邦和项羽

陈胜、吴广起义以后，各地的百姓纷纷响应。农民起义像一阵风暴，很快就席卷了大半个中国。

在南方会稽郡有一支强大的起义队伍，领导这支队伍的首领是项梁和他的侄儿项羽。项梁是楚国大将项燕的儿子，秦国大将王翦攻灭楚国的时候，项燕兵败自杀，项梁一直想重建楚国。他的侄儿项羽身材魁梧，力大无比，跟项梁学了不少本领。

项梁本是下相（今江苏宿迁西南）人，因为跟人结了仇，躲避到会稽郡吴中来，项梁能文能武，吴中的年轻人都很佩服他，把他当老大哥看待。项梁教这些年轻人学兵法，练本领。这时，他们听说陈胜起义，觉得是

项羽像

个建功立业的好机会，就杀了会稽郡守，占领了会稽郡。不到几天，就拉起了一支8000人组成的队伍。因为这支队伍里都是当地的青年，所以称为"子弟兵"。

项梁、项羽带着8000子弟兵渡过长江，攻克了广陵（郡名，治所在今江苏扬州市），接着又渡过淮河，向北进军。一路上又有各地方的起义队伍来投奔项梁。

第二年，刘邦带着一支100多人的队伍，来投靠项梁。

刘邦是沛县（今江苏沛县）人，在秦朝做过亭长（秦朝十里是一亭，亭长是管理十

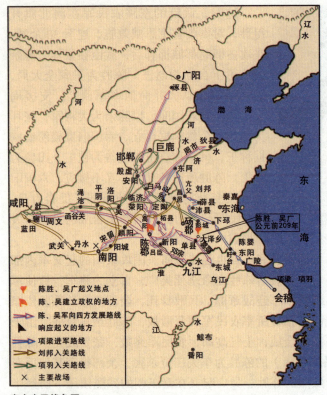

秦末农民战争图

里以内的小官）。有一次，上司要他押送一批民夫到骊山做苦工，在去往骊山的山路上，每天总有几个民夫跑掉，刘邦想管也管不了。这样下去，到了骊山，刘邦也交不了差。

有一天，他把民夫们叫到一起，对大家说："你们到骊山去做苦工，累不死也得被打死；就算不死，也不知道哪年哪月才能返回家乡。我现在放你们走，大家各自去找活路吧！"

民夫们非常感激刘邦，当时就有几十个民夫愿意跟着他走。刘邦就带着这些人逃到芒砀山躲了起来。

沛县县里的文书萧何和监狱官曹参知道刘邦是个好汉，都愿意与他交好，他们之间来往不断。

等到陈胜打下了陈县，萧何和沛县城里的百姓杀了县官，并让人到芒砀山把刘邦接了回来，请他当了沛县的首领，大家称他"沛公"。不久，张良也投到了刘邦麾下。

项梁见刘邦也是一个人才，就拨给他人马。从此，刘邦成了项梁的部下。

这时各地起义军的领导权都落在旧六国贵族手里，彼此争夺地盘，互相攻打。秦国的大将章邯、李由，想趁机把起义军各个击破。

面对这种形势，项梁在薛城开始整顿起义队伍。为了增强号召力，项梁听了谋士范增的建议，立楚怀王的孙子为楚王。因为楚国人对当年楚怀王受骗死在秦国一直愤愤不平，所以大家把他的孙子仍称为楚怀王。

巨鹿之战

项梁整顿了起义军后，打败了秦朝大将章邯。项羽、刘邦带领另一支队伍，杀了秦将李由。不久，秦军将领章邯重新补充了兵力，趁项梁不备，发动了猛烈的进攻。项梁死在了乱军之中，项羽、刘邦也只好退守彭城去了。

章邯打败项梁，认为楚军已经元气大伤，就暂时放弃攻击楚军，带领秦军北上进攻赵国（这个赵国不是战国时代的赵国，而是新建立起来的一个政权），很快就攻下了赵国都城邯郸，赵王歇逃到巨鹿（今河北平乡西南），坚守不出。

章邯派秦将王离包围巨鹿，自己率大军驻扎在巨鹿南面的棘原，为了给王离军运送粮草，他在棘原和巨鹿之间修筑了一条粮道。

赵王歇一面守城，一面派人向楚怀王求救。当时，楚怀王正在筹划进攻咸阳。见赵国来求援，就任命宋义为上将军，项羽为次将，范增为末将，率领大军救援赵国。同时派刘邦西击关中，直捣秦朝都城咸阳。当时，秦军还很强盛，诸位将领都不愿先入关，唯独项羽，因为急于替叔父项梁复仇，主动请缨，要和刘邦一起进军关中。可是项羽初次领兵作战攻克襄城时，因为怨恨襄城军民誓死抵抗，曾经下令屠城，蒙上了"剽悍祸贼"的恶名，所以怀王和一些老将拒绝了他的要求，派素有仁厚之名的刘邦进军关中。怀王与诸位将领约定，先入定关中的人就封为关中王。这一约定，为日后刘、项的争端埋下了种子。

公元前207年十月，宋义率领楚军开到安阳。当时，巨鹿的赵军已经危在旦夕，可是宋义却畏惧秦军的声势，在安阳一直停留了46天，迟迟不肯进军。这下可急坏了项羽。

项羽对宋义说："现在军营里粮食不多了，但是上将军却按兵不动，自己喝酒作乐，这样对得起国家和兵士吗？"宋义不但不听，还下了道命令：军中如有不服从指挥的，立即斩首。

当时，连日淫雨，天气寒冷，楚军又是远路而来，军粮不足，士兵们衣服单薄，饥寒交迫。这时的战争形势十分危急，秦军一旦攻破赵国，就会更加骄横，到那时，楚军势单力孤，更难以对抗秦军。国家安危，系于巨鹿一战，而宋义却停兵不前，终日歌酒宴会，丝毫不知体恤士卒，更不忧心国事，还送儿子出使齐国，和齐相田荣勾结。

项羽看到这种情况，又是气愤，又是焦虑。十一月的一天清晨，按捺不住的项羽终于趁参见宋义的时候，拔剑杀掉了宋义，然后公告全军，说宋义意图谋反，自己已经按楚王的密令将他处死。众将领推举他代理上将，楚怀王知道以后，也只得正式任命他为上将军。

当时，前来救援赵军的各路人马，都已经在巨鹿城下安营扎寨，但是因为畏惧秦军，都逡巡不前，不敢与秦军交战。只有项羽一马当先，在公元前207年十二月，以非凡的气概指挥楚军北上，向巨鹿进发。

他先派部将英布、蒲将军率领2万人做先锋，渡过漳水，切断秦军运粮通道，把章邯和王离的军队分割开来，然后自己率领数万楚军渡过滔滔漳水，向北岸的秦军营地进发。

过了河，项羽命令将士，每人带三天的干粮，把军队里做饭的锅砸掉，把渡河的船凿沉（文言叫作"破釜沉舟"，釜就是锅），然后，对将士说："咱们这次打仗，没有回头路可走，三天之内，一定要打败秦兵。"

这时的楚军，前面是几十万秦军主力，后面是波涛汹涌的漳水。一旦战败，就只能被秦军残杀，或者葬身漳水，几乎已经陷入绝境。楚军将士都明白得很，只有全力以赴，击败秦军，才能绝地求

巨鹿之战示意图

戏马台
在今江苏徐州，始建于公元前206年，据传西楚霸王项羽定都彭城后，在此建高台，作为指挥士兵操练、观赏士卒赛马的场所。

生。于是，楚军人人奋勇，个个争先，以迅雷不及掩耳之势冲向秦军阵地。一时间，巨鹿城下杀声震天，经过一连9次激烈的战斗，楚军终于击破了秦军，脱离了险境。

项羽率军进攻秦军的时候，前来援赵的各路将领都慑于秦军淫威，远远地作壁上观。项羽击溃秦军之后，立即召见他们。这些人个个胆战心惊，进入项羽的大营之后，都膝行而前，头都不敢抬。这一战，项羽显示出坚决果敢的战斗精神和无所畏惧的英雄气概，各路诸侯都对他佩服得五体投地，项羽成了楚军和各路义军的最高

军事统帅，威震四方。这一年，项羽刚刚25岁。

巨鹿之战后，项羽立即引兵南下，进驻漳水南面，进攻章邯率领的秦军主力，两军对峙了数月之久。秦二世在奸臣赵高的挑拨之下，不断派人责备章邯战斗不力，章邯日夜担心自己会被权奸暗算，赵将陈余又劝他倒戈反秦。正当他犹豫不决之时，项羽派蒲将军领兵渡过三户津，一举战败秦军，项羽自己也在汉水大破秦军。经过两次打击之后，章邯终于决定投降，秦军主力部队被瓦解了。战斗结束后，项羽召见诸侯将领，众将进入辕门时，个个跪行，不敢仰视。项羽从此威震诸侯，成为诸侯上将军，统领诸侯之兵。

约法三章

公元前208年八月，秦国奸臣赵高诬陷李斯想割地称王，并派人四处搜捕李斯的宗族，对李斯严刑拷打。李斯被迫认罪，被腰斩于咸阳，并灭其三族。李斯死后，赵高升迁宰相，他利用职权大量诛除异己。他想要检验大臣们是否俯首听命于他，便在朝会时献上一只鹿，并指着鹿说是马。二世笑言："丞相错了，指鹿为马！"赵高说是马，便叫群臣证明，大臣们有的回答是马，有的说是鹿。事后，赵高将那些回答是鹿的大臣杀害。从此，朝中人人自危，没有人敢说赵高有错。

赵高又劝二世深居禁宫，不必亲自坐朝听政，臣下有事来奏，只需由赵高自己和其他与二世亲近之人密商后上奏。秦二世对此一一采纳，从此常居深宫。这时，刘邦军队已攻克武关（今陕西商县西北），关东大部分地区落入义军之手。赵高害怕二世责难，暗中密谋杀掉二世胡亥。赵高让其弟郎中令赵成做内应，诈称搜查贼人，派人率兵进入二世所住的望夷宫。秦二世走投无路，只好自杀。赵高杀了二世，对大臣们说："现在六国都已复国了，秦国再挂个皇帝的空名也没有什么意思，应该像以前那样称王。我看可以立二世的侄儿子婴为秦王。"这些大臣不敢反对，只好同意。于是，赵高立二世之侄子婴，贬号为秦王。

子婴知道赵高害死了二世，想自立为王，只是怕大臣们反对，才假意立他为王。子婴和他的两个儿子商量好对付赵高的计策。到即位那天，子婴推说有病不去，赵高只好亲自

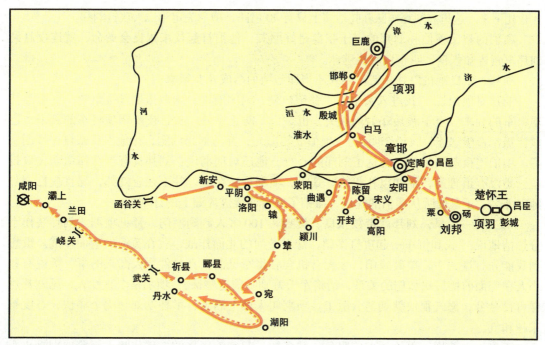

项羽刘邦灭秦示意图

去催子婴，子婴命手下人把赵高杀了。

　　子婴杀了赵高，派了5万兵马固守武关。刘邦采用了张良的计策，派兵在武关附近的山头插上无数的旗子，迷惑敌兵；另派将军周勃带领全部人马绕到武关东南，从侧面打进去，杀死了守将，消灭了这支秦军。

　　刘邦的军队开进武关，到了灞上（今陕西西安市东）。子婴一看大势已去，便带着秦朝的大臣投降了。

　　刘邦进了咸阳，召集了附近各县的父老，对他们说："你们被秦朝残酷的法令害苦了。今天，我跟诸位父老约定三条法令：第一，杀人的偿命；第二，打伤人的治罪；第三，偷盗的治罪。除了这三条，其他秦国的法律、禁令，一律废除。父老百姓可以安居乐业了。"

　　百姓听到了刘邦的约法三章，高兴得不得了，都争先恐后地来慰劳刘邦的将士。

　　从那时起，刘邦的军队给关中的百姓留下了良好的印象，人们都希望刘邦能留在关中做王。

张良像

鸿门宴

　　项羽在巨鹿之战中打败了王离，收降了章邯，而后率领40万大军开到函谷关，看见关口有兵把守着，不准项羽的军队进关。项羽得知是刘邦的将士守着关口，肺都要气炸了，命令将士猛攻函谷关。关口很快被打开，项羽军队长驱直入，直到新丰、鸿门（今陕西临潼东北）

才驻扎下来。这里离刘邦军队驻扎地灞上只有40里路,项羽决定第二天攻打刘邦。

项羽的叔父项伯和刘邦的谋士张良是好朋友,他怕打起仗来张良会送命,就连夜赶到刘邦军营告知张良,叫张良赶快逃命。

刘邦、张良乘机以礼相待,刘邦还当即与项伯结成儿女亲家。

刘邦对项伯说:"我进入关中后,登记户籍,封闭府库,未敢擅取丝毫财物,一心等待项将军的到来。至于派兵守卫函谷关,也是为了防止意外。我日夜盼望项将军的到来,岂敢背叛?希望您能替我说个明白。"项伯欣然应允,并与刘邦约定,让他次日亲自去拜谢项羽。项伯连夜赶回楚营,转达了刘邦的心意。他还对项羽说:刘邦具有丰功伟绩而去攻打他,是没有道理的,不如以礼相待。其时,项羽重兵在握,并不在意刘邦,况且攻打刘邦师出无名,于是便听从项伯的建议,撤销了次日清晨进攻灞上的计划。

第二天一大早,刘邦就带领张良、樊哙和100多人赶到鸿门,拜见项羽。刘邦装作十分热情地说:"我和将军一起攻打秦朝,您在黄河的北面作战,我在黄河的南面作战。没想到我能先打进关中,攻破咸阳,今天有机会和将军见面,真是件令人高兴的事。听说有些小人在您面前挑拨我和您的关系,请将军千万别听信这些话。"项羽是个直性人,见刘邦这样可怜兮兮,怒气很快就烟消云散了。项羽叫人摆上酒席,举杯劝刘邦喝个痛快,态度越来越和气。

酒席上,范增一再给项羽使眼色,并多次举起胸前佩挂的玉瑗作暗示,要项羽下决心杀掉刘邦。项羽默不作声,好像没看见一样。范增急了,找个借口走出营门。他把项羽的堂兄弟项庄找来,交代他说:"项王心肠太软,你到席上敬酒,然后舞剑助兴,趁机杀了刘邦。"项伯见项庄在宴席前不怀好意地舞起剑来,害怕刚结的亲家刘邦吃亏,也拔出宝剑说:"一个人舞剑没有两个人来劲。"就用身子护着刘邦,与项庄对舞起来,项庄没机会对刘邦下手。

张良见形势危急,找个机会溜了出去,对樊哙说:"宴会上项庄拔剑起舞,总想对沛公下毒手。"樊哙听了急得大喊:"我去同他们拼了!"他带上宝剑和盾牌赶到帐前,把几个阻拦的卫兵撞倒,怒目圆睁地冲了进去。

项羽看到冲进一个怒容满面的人,急忙按住剑把,喝问道:"你是什么人?"张良急忙上前解释说:"他是沛公的车夫樊哙,一定是肚子饿了。"项羽用赞叹的口气说:"好一个壮

鸿门宴壁画 汉

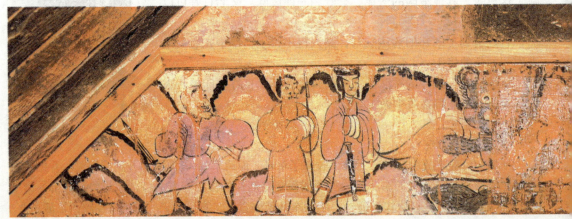

士！快赏给他一斗酒，一只猪腿。"樊哙便吃喝起来。项羽看了樊哙一会儿，越发觉得这人豪壮，说："壮士，还能喝酒吗！"樊哙粗声说："我死都不怕，还怕喝酒吗！当初，楚怀王跟大家有约：谁先打败秦军攻破咸阳，谁就做王。如今沛公先打进咸阳，他没拿一点东西，只是封了库房把军队驻在灞上，等到大王您的到

鸿门宴遗址
位于今陕西临潼东。鸿门宴上，项羽的妇人之仁，放掉了刘邦这个夺取天下最大的竞争对手，最后自己吞下了失败的苦果。

来。如此劳苦功高的人，大王不但没给他奖赏，反而听信小人的挑拨，想去杀害他，这不是跟秦王没区别了吗？大王这种做法未免太不近情理了！"项羽一时答不上话来，招呼樊哙坐下。樊哙就挨着张良坐下了。刘邦镇定了一会儿，假装要上厕所，樊哙和张良也跟着出去了。刘邦想趁早溜回军营，又怕没有告辞失了礼数。樊哙说："干大事业的人不拘泥于小礼节。如今我们好比任人宰割的鱼肉，性命都难保了还讲什么礼数！"

刘邦走后，张良在外面等了好一会儿，估计刘邦已经到达军营了，才进去对项羽道歉说："沛公酒量小，今天喝多了，不能当面来向大王辞别。他嘱咐我奉上白璧一双敬献给大王，玉杯两只送给亚父。"项羽接过白璧，放在席位上，范增气得把玉杯扔在地上，又用宝剑劈碎，叹着气说："唉，真是没用的人，不值得让我操心！将来争夺项王天下的人，一定是刘邦。等着瞧吧，将来咱们这些人都会成为刘邦的俘虏！"

鸿门宴拉开了楚汉战争的序幕。

楚汉之争

刘邦听从萧何的建议，拜韩信为大将，执掌兵权，准备攻打汉中。萧何整顿后方，训练人马。公元前206年，汉王和韩信率领汉军进攻汉中。

战争开始后，由于关中的老百姓对"约法三章"的汉军本来就有好感，所以，汉军每到一处，士兵、百姓都不愿抵抗。不到三个月的时间，刘邦就消灭了秦国降将章邯的兵力，

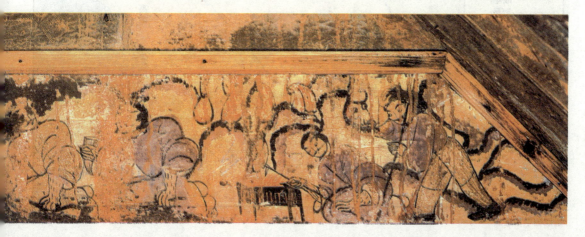

广武涧
曾是刘邦与项羽争霸对峙的地方。

牢牢地控制了关中地区。项羽得知刘邦攻占了整个汉中，准备率兵来打。但是西面齐国的田荣也起来反抗项羽，把项羽所封的齐王赶下台，自立为王，项羽只好扔了刘邦这一头带兵去镇压田荣。

刘邦趁项羽和齐国相持不下的时候，率军东进，攻下了西楚的都城彭城。项羽赶紧往回撤兵。双方在睢水展开了一场大战。战斗一开始，双方谁也不知道对方有多少人，只打得昏天黑地，尸横遍野。到最后，汉军战败，刘邦的父亲太公和妻子吕氏也被楚军俘虏了。

刘邦领着残兵败将，退到荥阳成皋一带，严密布防。另一方面派韩信带领兵马向北收服了魏国、燕国和赵国的地盘，又派陈平用重金挑拨项羽和范增的关系。项羽本来疑心很重，听信了谣言，真的怀疑起范增来。范增一气之下告老还乡，又气又伤心的他死在了路上。范增一死，项羽身边少了一位得力的谋士，汉军的压力也减轻了。刘邦又叫彭越在后方截断楚军的运粮道，这样就有效地控制了楚军。楚汉双方这样对峙了两年多。

公元前203年，项羽决定自己带兵去攻打彭越。临走时，他再三叮嘱成皋守将曹咎，无论如何也要坚守城池不许出战。刘邦见项羽一走就向曹咎挑战。曹咎说什么也不战。后来刘邦叫士兵整天隔着汜水辱骂楚军。曹咎受不了刘邦士兵的辱骂，渡江作战被刘邦打得大败。曹咎觉得没脸见项羽，就自杀了。

项羽听说成皋被汉军占领，曹咎自杀，急忙赶回来，楚汉两军在广武（今河南荥阳市东北）又对峙起来。

正当刘邦想和项羽决一死战的时候，项羽派使者给刘邦传话说："现在天下不安定，都

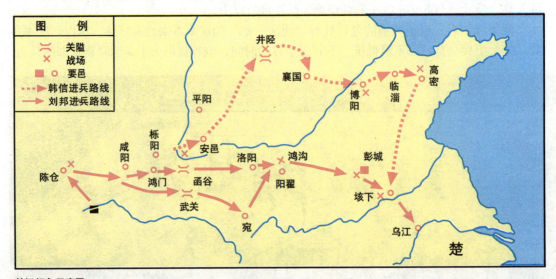

楚汉相争示意图

是由于你我两人相持不下造成的，你敢不敢与我比试高低，别让老百姓受连累了。"刘邦也叫使者回话说："我愿意比文斗智。"刘邦和项羽各自出阵来，刘邦为了叫项羽在楚、汉军面前威风扫地，便历数项羽"十大罪状"。

项羽听刘邦述说自己的"十大罪状"，忍无可忍，也不回答，回头作了个暗示，手下钟离眛带领弓箭手一阵乱箭齐发，刘邦刚要回头，胸口已经中了一箭，他忍住疼痛，故意弯下身，大叫道："不好，贼兵射到我的脚趾了。"众将士急忙把他扶到营里，叫医官医治。张良怕军心动摇，便劝刘邦勉强起来，坐在车上巡视军营。

项羽见刘邦没死，还能巡视军营，而楚军粮草已供应不上，感到进退两难。

刘邦重伤在身，见双方相持不下，也非常着急。这时，洛阳人侯公从中调和了一下，双方定下协议，楚汉双方以荥阳东南的鸿沟为界，鸿沟以东属楚，鸿沟以西属汉，双方各守疆土，互不侵犯，停止内战。协议达成后，项羽把太公和吕氏也放了回来。

四面楚歌

楚汉议和还不到两个月，刘邦便组织了韩信、彭越、英布三路大军会合一处，在韩信统率下，追击项羽。

公元前202年，项羽被汉军围困在垓下（今安徽灵璧县东南），韩信在垓下的周围布置了十面埋伏。项羽的人马少，粮食也快吃光了。他想带领人马冲杀出去，但是汉军

垓下遗址

和各路诸侯的人马里三层外三层，项羽打退一批，又来一批；杀出一层，还有一层，项羽没法突围出去，只好回到垓下大营，吩咐将士小心防守。

这天夜里，项羽在营帐里愁眉不展。他身边有个宠爱的美人名叫虞姬，看见他闷闷不乐，便陪伴他喝酒解愁。

项羽要虞姬离开垓下，回彭城或是回她的故乡，虞姬温柔地加以拒绝。要死就死在一起，她的念头非常单纯。项王战死，她也不独活。

到了午夜，只听得一阵阵西风吹来，风声里还夹着歌声。项羽仔细一听，歌声是从汉营里传出来的，唱的都是楚人的歌曲，楚军士兵那本已冰冷的心，顿时有如春回大地，冰消雪融，流水淙淙，万物苏生；他们好像回到了故乡的村庄，看见了那熟悉的山水、田野、牛羊，家乡父老的一张张笑颜、企盼的目光……楚军士卒不觉坐起身来，不顾严寒，走出营帐，向汉军营寨远眺，因为正是那篝火兴旺的地方传来了楚地的民歌乐曲……于是一群又一群的楚兵情不自禁地向那令他们向往的一堆堆温暖的篝火走去，项羽听四面到处是楚歌声，失神地说："完了！恐怕刘邦已经打下西楚了！汉营里怎么有那么多的楚人呀。"

项羽愁绪满怀，忍不住唱起一曲悲凉的歌来：

　　力拔山兮气盖世，

时不利兮骓不逝。

骓不逝兮可奈何,

虞兮虞兮奈若何?

项羽唱着唱着,禁不住流下了眼泪。旁边的虞姬和侍从也都伤心地哭了起来。

当天夜里,项羽跨上乌骓马,带了800个子弟兵冲出汉营,马不停蹄地往前跑去。天亮后,汉军才发现项羽已经突围出去,连忙派了5000骑兵紧紧追赶。项羽一路奔跑,后来他渡过淮河时,跟着他的只剩下100多人了。

但后面的追兵又围上来了。项羽对跟随他的士兵们说:"我从起兵到现在有8年了,经历过70多次战斗,从来没有失败过,才当上了天下霸王。今天在这里被围,这是天要叫我灭亡,并不是我打不过他们啊!"

项羽说罢又几次冲出重围,一直到了乌江(在今安徽和县东北)边。此时,他的身边只剩下20几个人了。恰巧乌江的亭长有一条小船停在岸边。亭长劝项羽马上渡江,说:"江东虽然小,可还有1000多里土地,几十万人口。大王过了江,还可以在那边称王。"

项羽苦笑了一下说:"我当年在会稽郡起兵时,带了8000子弟渡江。到今天他们没有一个能回去。我一个人回到江东,即便是江东父老同情我,立我为王,我也没脸见他们呀。"

项羽说完跳下马来,对亭长说道:"我知道您是位长者,我骑这匹战马已有5年,所向无敌,曾经一日行走千里,不忍心杀掉它,就送给您吧。"项羽把战马送给乌江亭长后,令骑士全部下马步行,跟追上来的汉兵展开肉搏战。他们杀了几百名汉兵,楚兵也一个个倒下。项羽受了十几处创伤,最后在乌江边拔剑自杀了。

项羽死后,楚地全部向汉军投降,唯鲁地不降。汉王率大军想要屠城,兵至曲阜城下,还可听到城中的弦歌诵读之声,认为鲁人坚守礼义,为君主死节,便拿出项羽的人头令鲁

张良吹箫破楚兵　年画
这是杨柳青年画中关于楚汉战争的描绘,生动再现了楚霸王兵败乌江的悲怆。

人观看。鲁地父老见项羽已死，这才投降汉军。当初，楚怀王曾始封项羽为鲁公。项羽死后，鲁地最后投降，因而按照鲁公封号应享有的礼义，将项羽安葬在谷城。

汉王为项羽发丧，洒泪而去。项羽的各支宗族，汉王都不加以诛害。刘邦封项伯为射阳侯，项襄为桃侯，项佗为平皋侯，但都赐姓为刘。

第二节　西汉盛衰

大风歌

刘邦打败了项羽，建立了一个比秦朝更强大的汉王朝。公元前202年，汉王刘邦正式做了皇帝，这就是汉高祖。汉高祖定都洛阳，后来迁都到长安（今陕西西安）。

西汉初年，刘邦大封功臣，异姓王有7人，史称"异姓诸王"。这些王侯据有关东广大区域，势力强大，朝廷奈何不得。异姓王的存在为汉朝的长久稳定留下无穷隐患。

汉高帝五年（公元前202年）七月，距离刘邦称帝不到半年，燕王臧荼首先叛乱，刘邦亲自率兵征讨。两个月以后，臧荼成为阶下囚，刘邦又立长安侯卢绾为燕王。九月，颍川的原项羽部将利几谋反，没多久即被刘邦平定。一时举国上下，谈兵色变，有

彩绘骑马俑　西汉

这个骑马俑群共有俑583个，形态各异，造型生动，色彩丰富，构成了威武严肃的军事阵势。

人告发楚王韩信意图谋反，刘邦决定采纳陈平的建议，采取智取的办法。他假装巡游云梦（古大泽，在今湖北南部和湖南北部），命令各路诸侯于十二月在陈县会集。韩信见到诏令后，虽然有点儿疑惧，但自认为没有什么过失，便前往会见刘邦。武士当即将韩信逮捕押往洛阳，刘邦废其王号，改封他为淮阴侯。韩信因此非常忧郁。他经常称病不上朝，还常常发牢骚："果真像别人所说的那样，'狡兔死，走狗烹；飞鸟尽，良弓藏；敌国破，谋臣亡'。天下已经安定，我固当亡。"

高帝十年，有人说韩信与陈豨谋反。陈豨是刘邦之子代王如意的部下，如意年幼，长期留居长安，代王相陈豨独自掌握王国大权。据说，陈豨与韩信商定反汉，以韩信为内应，陈豨带将守边，内外呼应。高帝十年的秋天，刘邦借"太上祖驾崩"的名义召见陈豨，陈豨称身体不适，不应召见，并与王黄、曼丘臣一同造反，自立为代王。刘邦亲自赴邯郸坐镇，派周勃等率军北征。当时陈豨部将侯敞、王黄、张春四处招兵买马，号召反叛，叛乱几乎波及华北全境。而刘邦则处于劣势，他多次以羽檄征集彭越、英布等人，但无人应召。最后刘邦采用重金收买陈豨手下部将的计谋，方得以将陈豨打败。到了高帝十二年，周勃斩陈豨于当城（今河北蔚县）。

刘邦亲自征讨陈豨时，要求韩信随军出征，韩信以身体有病为借口，没有一同前往。后来有人检举韩信想利用刘邦出征的机会，策划在长安动手，与陈豨里应外合。高帝皇后

争功图 汉
此图描绘汉初天下始定，各位将领争功的场面，最后叔孙通奏议立礼仪规范，使高祖体会到做皇帝的高贵。

吕后与丞相萧何设计将韩信骗入宫中处死，并诛灭了其亲人家属。至此，在反楚战争中立下赫赫战功的韩信不复存在了。

高帝十一年（公元前196年）三月，梁王彭越的部下告发他谋反，刘邦不动声色地遣使前往梁王王都定陶，乘其不备，一举将彭越逮捕，押往洛阳。刘邦念其战功，没有将其处死，只是将其贬职为民，发放蜀地。恰巧在去流放地的途中，彭越偶遇从长安去洛阳的吕后。彭越自以为遇见了大救星，恳求吕后向刘邦求情，殊不知吕后为人刚毅，心肠狠毒。她假装答应了彭越的要求，将彭越带回了洛阳。她不但没有践约为彭越求情，反而对刘邦说让彭越这种有才能、有威望的人去蜀地是自留祸患，不如斩草除根。刘邦认为其妻言之有理，改判彭越死刑，并灭其全族。

韩信与彭越的死对英布震动很大，同病相怜的处境使得他不得不首先防范。他暗中部署兵力，小心刺探周围各郡的动静。后来有人将英布的活动报告给刘邦，刘邦派遣使者到淮南国查明情况。英布得知此事，如惊弓之鸟，只好于高帝十二年七月宣布反叛。叛乱之初，英布气焰很高，他认为刘邦已61岁高龄，又身患疾病，无法也不会再带兵出征了，他信心十足地东进击杀了荆王刘贾，占据了大片的土地。刘邦深知年老体衰，意图让太子刘盈率兵出征。但太子宾客认为英布是善于用兵的猛将，诸将曾经与高祖一同打江山，平起平坐，威望较高，恐怕未必肯听太子的调遣，因此太子的出征，前景令人担忧。于是他们策划让吕后去请求皇帝亲自出征。刘邦思前想后，觉得别无选择，只好不顾年老体衰，于十月亲率大军东征，连连打败英布的队伍。高帝十二年十月，刘邦与英布在蕲西短兵相接，英布不敌，逃往江南鄱阳（今江西波阳东），被当地人杀死于乡民田舍。英布所发动的叛乱是刘邦在位期间最大的一次叛乱，这次叛乱的平定，对汉王朝的长治久安起了重要的作用。

汉高祖平定了英布叛乱后，在凯旋的路上，回故乡沛县住了几天。他邀集了故乡的父老子弟和以前的熟人，举行了一次宴会。他在与父老乡亲团聚畅饮当中，想起过去自己战胜项羽的经历，又想到以后要治理好国家，可真不容易。想到这里，汉高祖感慨万千，情不自禁地唱道：

大风起兮云飞扬，
威加海内兮归故乡，
安得猛士兮守四方。

陶仓 汉
西汉前期当权者为改变秦朝的残暴统治，实行"无为而治""与民休息"的政策，促进了生产的恢复和发展，这件陶仓是当时社会经济得到恢复和发展的一种象征。

白登被围

秦王朝时期，蒙恬率30万大军北击匈奴，收复河套地区黄河以南的土地，并修筑万里长城防御匈奴南下入寇。秦末农民大起义以来，中原地区战乱连年，原秦朝流放到边地的戍守人员相继离开边境，于是匈奴的势力逐渐南下，渡过黄河，来到南岸与秦王朝以前的中国边塞为界。当汉军与楚军于荥阳相持不下的时候，匈奴却在首领冒顿单于的率领下，统一了北方草原大地，设官分职，势力逐渐强大，拥有能够弯弓射箭的战士30多万人。

汉高祖做了皇帝后，匈奴的冒顿单于（冒顿是人名，单于是匈奴王）带领了40万人马向汉朝攻来，并包围了韩王信（原韩国贵族，和韩信是两个人）的封地马邑（今山西朔县）。韩王信抵挡不了，便向冒顿求和。汉高祖得知这个消息，派使者责备韩王信。韩王信害怕汉高祖办他的罪，就投降了匈奴。

青铜羊饰　匈奴

匈奴是北方强大的游牧民族，其制军政合一，整个民族都是一支组织严密的军队。单于是匈奴的最高军事统帅，下设有左贤王右贤王。匈奴最盛时，军队由二十个部族组成，总计有三十万骑兵。讲究腰带饰是北方民族的共同特征，匈奴饰品多以草原的动物为图案，具有浓郁的草原风格。此饰以羊为主题，生动可爱。

冒顿占领了马邑，又继续向南进攻。汉高祖亲自带兵赶到晋阳，和匈奴对峙。

公元前200年的冬天，寒风刺骨。中原的士兵没碰到过这样冷的天气，冻得受不了，战斗力明显减弱。但是，汉朝的军队和匈奴兵一交战，匈奴兵就败走。一连打了几回，匈奴兵都败下阵去。后来，听说冒顿单于逃到代谷（今山西代县西北）。

汉高祖进晋阳后，派出兵士侦察，回来的人都说冒顿的部下全是一些老弱残兵，连他们的马都是瘦得皮包骨头，如果趁势打过去，准能打赢。

汉高祖担心这些兵士的侦察不可靠，又派刘敬到匈奴营地看看虚实。

刘敬回来说："我们看到的匈奴的确都是些老弱残兵，但我认为冒顿一定把精兵埋伏起来了，陛下千万不能上他们的当。"

汉高祖听罢大怒，说："你胆敢胡说八道，是想阻拦我进军吗？"说完，命令士兵把刘敬关押起来。

汉高祖率领一队人马刚到平城（今山西大同市东北），就被四下里涌出的匈奴兵包围起来。这些匈奴兵个个身强体壮，原来的老弱残兵全不见了。汉高祖在部下的掩护下，拼命杀出一条血路，退到平城东北面的白登山。

冒顿单于的40万精兵，把汉高祖围困在白登山。周围的汉军无法救援，汉高祖的一部分人马在白登，整整被围困了7天，脱不了身。

后来，高祖身边的谋士陈平打发了一个使者带着黄金、珠宝去见冒顿的阏氏（就是匈奴的王后），请她在单于面前说些好话。阏氏一见汉朝使者给她送来这么多贵重礼物，心里挺高兴。

当天晚上，阏氏便向冒顿进言说："两个国家的君主，不应当相互围困逼迫。如今得到汉朝的土地，单于归终也不能居住在那里；况且汉王也有神灵庇佑，望单于明察定夺。"冒

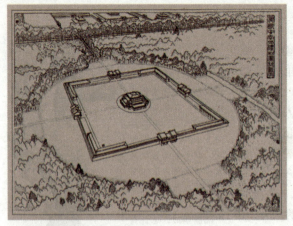

汉长安城南郊礼制建筑复原图

顿与韩王信的部将王黄、赵利约定会合日期，然而王、赵的军队未能按期到来。冒顿怀疑他们与汉军有什么密谋，便听信了阏氏的话，将包围圈解开一角。于是，汉高祖命令士兵全部拉满弓，搭上箭，面朝外，从解围的一角冲了出去，与外面的汉朝大军会合。冒顿率领40万精锐骑兵离去，汉高祖也率领大军撤回。汉王朝建国后同匈奴大军的第一次全面的交锋，便以汉高祖的白登被围和用计脱险而告终。

经过这一次险情，汉高祖知道汉朝没有力量再去征服匈奴，只好回到长安。以后，匈奴一直侵犯北方，使汉高祖大伤脑筋。他问刘敬该怎么办，刘敬说："最好采用'和亲'的办法，大家讲和，结为亲戚，彼此可以安安稳稳地过日子。"

汉高祖同意了刘敬的建议，派刘敬到匈奴去说亲，冒顿当即同意了。汉高祖挑了一个宫女所生的少女，假称作大公主，送到匈奴去，冒顿把她立为阏氏。

从那时候起，汉朝开始采用"和亲"的政策，跟匈奴的关系暂时缓和了下来。武帝以前的惠帝、高后、文帝、景帝期间，在同匈奴的关系上，一直是奉行刘敬为汉高祖所制定的"和亲"政策，以妥协的方式来减缓匈奴在北部边境上所造成的危害。

白马之盟

汉高祖晚年时宠爱戚夫人。戚夫人生了个孩子，名叫如意，被封为赵王。汉高祖觉得吕后所生的太子刘盈性格软弱，担心他成不了大事，倒是如意说话做事很合自己的心意。因此，想废掉太子刘盈，立如意为太子。

他为这件事召集大臣们商量，但大臣们都反对，连他一向敬重的张良也不同意。大臣们还把当时很有名望的四个隐士——"商山四皓"（就是白发老人的意思）请了来，帮助辅佐太子刘盈。这样一来汉高祖就没法废掉太子了。

汉高祖知道自己快不行了，便把大臣召集在他跟前，吩咐侍从宰了一匹白马，要大臣们歃血为盟。大臣们当着高祖的面，歃了血，发誓说："从今以后，不是姓刘的不可以封王，不是功臣不可以封侯。谁违背这个盟约，大家就共同讨伐他。"汉高祖病情越来越重了，便叫吕后进去，嘱咐后事。

公元前195年，汉高祖死了。吕后封锁了消息，秘密地跟她的一个心腹大臣审食其说："大将们和先帝都是一起起兵的，这些人很难控制。如今先帝去世，他们就更靠不住了，不如把他们都杀了。"

审食其觉得这事不好办，就约吕后的哥哥吕释

皇后之玺 西汉前期
玺面阴刻篆文"皇后之玺"四字，四侧阴刻云纹，顶雕蟠虎为钮。此玺发现于汉高祖长陵附近，应是吕后生前的御用之宝。

之做帮手。吕释之的儿子吕禄偷偷地把这个秘密消息泄露给他的好朋友郦寄，郦寄又把这件事告诉他父亲郦商。

郦商听到这消息，马上去找审食其，对他说："听说皇上去世4天了。皇后不发丧，反倒打算杀害大臣。这样做，一定会激起大臣和将军们的反抗，不仅天下会大乱，只怕您的性命也难保。"

审食其害怕了，忙去找吕后。吕后也觉得杀大臣这件事没有十足的把握，就下了发丧的命令。

大臣们安葬了汉高祖，太子刘盈即位，就是汉惠帝。吕后做上了太后。

汉高祖和吕后合葬之长陵

刘邦和吕后同茔而不同穴，实为两座陵墓，位于咸阳市窑店乡三义村北，西为高祖陵，东为吕后陵。

汉惠帝仁弱孝顺，高祖死后，国家大权落入吕太后手中。吕太后怨恨戚夫人和赵王如意，高帝一死，她就命永巷令将戚夫人囚禁在宫内幽禁犯罪嫔妃的永巷之中，同时派使者召赵王如意入京。赵王的相国周昌认为这次召见是凶多吉少，便让赵王声称有病而不前往。为敦促赵王来京，使者往返再三，周昌仍是坚持不让赵王入京，并对派来的使者说："高帝把赵王嘱托给我，赵王又年少，私下听说太后怨恨戚夫人，想要征召赵王入京，一起杀害，我因此不敢放赵王前往。况且赵王也真是有病在身，不能奉诏前往。"

使者返京后，把周昌说过的话如实向太后汇报，太后大怒，认为只要有周昌在赵王身边，就难以把赵王召到京来。她决定首先征召周昌，周昌不得不奉诏入京。到达长安后，周昌拜见吕太后，太后骂周昌："你不知道我最怨恨戚氏吗？你不放赵王来京，是何道理？"

周昌沉默不言，从此便推托有病而不肯入朝，三年后悲愤而死。

周昌到达长安后，吕太后又再次派使者召赵王来京，赵王动身离开赵都邯郸。

汉惠帝知道太后要加害弟弟如意，便亲自把如意接到宫里，他俩吃饭睡觉都在一起，使吕太后没法下手。

有一天早晨，汉惠帝起床出外练射箭。他想叫如意一起去，一看如意睡得很香，不忍叫醒他，便自己出去了。等惠帝回宫，看到如意已经死在床上了。惠帝知道弟弟是被毒死的，抱着尸首大哭了一场。

吕太后杀了如意，还残酷地把戚夫人的手脚都砍去，挖出她的两眼，给她吃了哑药，把她扔在厕所里。

后来，汉惠帝看见戚夫人被太后折磨成这个样子，不禁放声大哭，然后生了一场大病。他派人对太后说："这种事不是人能干得出来的。我是太后生的，但没有治理天下的能力。"从那以后，汉惠帝很少过问朝廷的事务。

晁错削藩

吕太后死后，汉高祖之子代王刘恒即位，号汉文帝，很有一番作为。文帝死后，汉景帝刘启即位，他采用休养生息的政策，治理国家。景帝当太子的时候，有个管家的官员叫

晁错像

晁错，很有才能，大家都称他"智囊"。后来，汉景帝把他提升为御史大夫。

秦朝实行的是郡县制，但是汉高祖打下天下后，分封了22个诸侯国。这些诸侯都是汉高祖的子孙。到了汉景帝时，诸侯的势力变得强大起来，土地又多，像齐国就有70多座城。有些诸侯不受朝廷的约束，简直成了独立王国。

晁错见各诸侯国的发展态势很有可能造成国家分裂的危险，就对汉景帝说："吴王私自开铜山铸钱，煮海水取盐，招兵买马，动机不纯，不如趁早削减诸侯国的封地。"

汉景帝有点犹豫，说："削地只怕会引起他们造反。"

晁错说："诸侯想造反的话，削地会反，不削地将来也会反。现在造反，祸患小；将来他们势力大了，再反起来，祸患就大了。"

汉景帝觉得晁错的话很有道理，便下定决心，削减诸侯的封地。过了不久，朝廷找了些理由，削减了诸侯的封地。有的被削去一个郡，有的被削掉几个县。

正当晁错与汉景帝商议要削吴王濞的封地时，吴王濞先造起反来了。他打着"惩办奸臣晁错，救护刘氏天下"的旗号，煽动其他诸侯一同起兵造反。

公元前154年，吴、楚、赵、胶西、胶东、淄川、济南7个诸侯王发动叛乱。历史上称为"七国之乱"。

叛军声势很大，汉景帝惊恐之余，想起汉文帝临终时的嘱咐：国家有变乱，就让周亚夫带兵出征。于是，他拜善于治军的周亚夫为太尉，统率36名将军去讨伐叛军。

那时候，朝廷中有人妒忌晁错，说七国发兵完全是晁错的过错，如果杀了他，七国就会退兵。接着，有一批大臣上奏章弹劾晁错，说他大逆不道，应该杀头。汉景帝看了这个奏章，竟昧着良心，批准了。

这样，一心想维护汉家天下的晁错，竟莫名其妙地被杀了。

汉景帝杀了晁错，下诏书要7国退兵。这时候，吴王濞已经打了几个胜仗，夺得了几座城池。他听说要他拜受汉景帝的诏书，冷笑说："现在我也是个皇帝，为什么要拜受别人的诏书？"

这时，汉军营里有个叫邓公的官员，到长安向景帝报告军情。汉景帝问他："你从军营里来，知不知道晁错已经死了？吴楚答应退兵了吗？"

邓公说："吴王一直有造反的野心。这次借削地的借口发兵，哪里是为了晁错呢？陛下把晁错杀了，恐怕以后没人敢替朝廷出主意了。"

汉景帝这才知道自己错杀了

平定七国之乱示意图

晁错，悔恨之余，决定以武力平叛，于是派遣太尉周亚夫率兵征讨。周亚夫以坚壁固守的战术，多次挫败吴楚联军的进攻。吴楚联军的士卒饿死、投降、失散的很多，只得败退。三月，吴王刘濞残部数千人退守丹徒（今江苏镇江），被东越人所杀。其他诸王也战败自杀、被杀，历经 3 个月的七国之乱遂被平定。

七国之乱的平定，在很大程度上解决了汉高祖分封同姓王所引起的矛盾，巩固了汉王朝中央的统治，并为日后汉武帝以推恩令进一步解决诸侯王国问题创造了必要的条件。

汉景帝平定了叛乱，仍旧封七国的后代继承王位。但是从那以后，诸侯王只能在自己的封国里征收租税，取消了他们干预地方行政的资格，大大削弱了他们的权力，汉朝的中央集权才得以巩固。

武帝初登

公元前 156 年的一天深夜，汉景帝忽得一梦：一头红色的猪从天而降，只见这头猪身裹祥云，从太虚幻境来到宫中。紧接着，高祖刘邦也飘然而至，对景帝说："王夫人生子，应取名为彘。"汉景帝猛然惊醒，才发现是一场梦。

这王夫人本名娡，母亲臧儿，本是项羽所封燕王臧荼的孙女，因家道衰落，嫁给同乡的王仲为妻，生下王娡。王娡聪明伶俐，容貌俊美清雅。据传，有一相面术士见到王娡后，大惊失色地称赞道："此女贵不可言，当匹配天子，生天子，母仪天下！"这时王娡嫁人，并生有一女。后来赶上宫中选秀，其母想方设法将她混成秀女送入宫中。当时还是皇太子的汉景帝见她貌美，遂纳入自己宫中。汉景帝即位后封王娡为"美人"，宫中都称她为"王夫人"。

说来也奇怪，第二天临近午夜，王夫人果然产下一男婴，婴儿的啼哭声从王夫人住处传出，消息立刻传到汉景帝那里。汉景帝听说后兴奋异常，急忙乘驾赶到王夫人住处。新生儿被裹在褓襁里，发出响亮的啼哭声。景帝满脸喜色地走上前去，端详着自己的第九个儿子。儿子在父亲充满慈爱的注视下，竟然停止了哭声。王夫人欠身榻上，温柔地对景帝说："请皇上给皇儿赐名吧！"汉景帝这时又想起了昨夜梦中的情景，于是给他起名彘。刘彘就是后来大名鼎鼎的汉武帝。

刘彘自幼聪明，三岁能背典籍，无遗漏，汉景帝大为惊异，于是大为宠爱。一天，景帝把刘彘抱在膝头上，问道："我儿愿意当皇帝吗？"刘彘用稚嫩的声音答道："做皇帝不由儿臣，我愿天天在父皇膝前嬉戏，不失为子之道。"景帝暗暗惊叹："三岁小儿竟如此口齿伶俐，真是天资聪颖啊！"于是就有了立刘彘为太子的打算。

汉武帝的童年和少年的宫廷生活，决定了他一生的命运，并给他 54 年的皇帝生涯打上了深深的烙印。

汉武帝虽然也是汉景帝的儿子，但是按照当时的继承顺序，皇帝的位子根本轮不到他。汉景帝在公元前 153 年就立皇子刘荣为太子，与此同时封刘彘为"胶东王"。但是刘荣的母亲栗姬和刘彘的母亲王美人都不是皇后，和栗姬相比，王美人并不怎么得宠。公元前 151 年，汉景帝废薄皇后，眼看皇后之位就要落到栗姬手中。但是，栗姬自从亲生儿子被立为太子后，就目空一切，专横跋扈，脾气越来越乖戾。汉景帝终于忍无可忍，景帝七年（公元前 150 年）正月，他不顾朝臣反对，下诏废皇太子刘荣为临江王，将栗姬打入冷宫。

皇太子之位暂时空缺，诸子为争夺皇位继承权展开了激烈斗争。刘彘被立为太子，他的姑母长公主刘嫖起了关键的作用。刘嫖是窦太后的女儿，汉景帝的姐姐，她不仅受到窦太后的宠爱，与汉景帝的关系也非常密切。长公主生有一个女儿，名阿娇。长公主一心想让阿娇当皇后，她本来想把阿娇许配给太子刘荣，可遭到栗姬的回绝，长公主由此和栗姬结仇。王美人抓住这一机会，极力讨好长公主。碰巧一天年仅五六岁的刘彻到长公主家玩耍，长公主见他聪明可爱，于是抱在膝上问道："我儿想要娶个媳妇吗？"刘彻答道："想。"长公主指着左右侍女问刘彻："她们之中你喜欢哪一个呀？"刘彻摇摇头，表示一个也不喜欢，最后长公主指着自己的女儿问他："阿娇好不好？"刘彻这才高兴地说："好！我要是能娶阿娇做媳妇，一定要给她盖一座金屋，让她住在里面。"长公主听了非常高兴，后来在征得汉景帝同意后，便把阿娇许配给了刘彻。这样，长公主和刘彻的关系更近了一层，看到刘荣的太子之位被废，长公主和王美人乘机活动，终于说服汉景帝。景帝七年四月，汉景帝立王美人为皇后，接着立7岁的胶东王刘彻为皇太子，改名彻。

刘彻从公元前150年被立为太子，到公元前141年汉景帝驾崩，继承皇位，其间做了9年太子。在这9年中，聪颖过人的皇太子深得汉景帝的宠爱。他一方面协助汉景帝处理政务；另一方面博览群书，广泛涉猎琴棋书画、诗歌辞赋，这为他以后五十余年的政治生涯奠定了基础。景帝后元三年（公元前141年），汉景帝为已年满16岁的皇太子举行了隆重的冠礼。不料冠礼大典之后，汉景帝突然患病，医治无效，正月二十七日驾崩于未央宫。国不可一日无君，皇太子当日在汉景帝灵前继承皇帝大位，君临天下，一代名君汉武帝登上了皇帝的宝座。

汉武帝统治时期是中国历史上的一次转变。他统治下的西汉王朝是中国历史上的第一个黄金时代。处于鼎盛之中的大帝国无论是文治还是武功都达到中国封建社会的高峰。在政治上，武帝颁行推恩令，制订左官律、附益法，实施"酎金夺爵"，基本上改变了汉初以来诸侯王强大难治的局面；实行一系列打击地方豪强的有效措施；创立刺史制度，加强对地方的控制和监督；同时，汉武帝削弱了丞相权力，任用酷吏，严格刑法，设立太学、建

武帝茂陵　汉
被称为"中国的金字塔"。位于西汉11座帝陵的最西端，是汉诸陵中规模最大的帝王陵。

立察举制度，加强中央集权的统治力量。在经济上，将冶铁、铸钱、煮盐收归官营；设立均输、平准官，运输和贸易由国家垄断，将物价平衡；实行算缗告缗，打击富商大贾；治理黄河，大力兴修水利，广开灌溉；实行代田法，改进农具，推动农业生产的发展。在思想上，采纳董仲舒建议，"罢黜百家，独尊儒术"，巩固君主集权，使大一统的儒家思想成为封建统治思想。在民族关系上，多次派兵攻打匈奴，解除了匈奴对北部边郡的威胁；前后两次派遣张骞出使西域，实现和发展了与西域地区的交流，促进了经济文化的繁荣；又遣使至夜郎、邛、筰等地宣慰，加强对西南地区的控制和开发；还统一了南越地区，设立南海、苍梧等9郡。

汉武帝在位54年，为以汉族为主体的统一的、多民族的封建国家的巩固和发展作出了重要贡献。武帝时期，西汉成为亚洲最富强繁荣的多民族国家，也是中国历代封建王朝中的盛世之一。

罢黜百家，独尊儒术

"罢黜百家，独尊儒术"是公元前140年，汉武帝尊崇儒术，将百家学说排斥于官学之外的思想措施。"罢黜百家，独尊儒术"确立了儒家思想在中国社会和文化中的主导地位，不仅巩固了汉朝政权，而且对整个中国历史的发展和传统文化的凝聚产生了深远的影响。

西汉初年，汉高祖继续实行秦代的挟书律，禁止私人收藏《诗》《书》等，儒家学术活动几乎灭绝，清静无为的道家思想被统治者大力提倡。这些政策短期内适应了长期战争后恢复生产、稳定社会秩序的要求。无为而治、休养生息的政策造就了文景时期的社会安定、政治开明、文化复兴的繁荣局面。但随着时代的发展，黄老学说已经不适应时代潮流。汉武帝时期，王国势力强大并凌驾于朝廷之上，商人豪强大力兼并土地，匈奴不断骚扰边界，强化专制主义中央集权制度已经成了统治者的迫切需要。而儒家的大一统思想、神化

董仲舒像

皇权的观念以及仁义学说，恰好适应了这种要求。年轻力壮的汉武帝要大有作为，建立千秋帝业，也需要这种新的思想武器。

汉武帝即位后，首先举行的一件大事是召集天下文士，亲自出题考试。大儒董仲舒提出，诸子学说使国家不能保持一贯的政策，法令制度常常改变不利于封建的专制统治，建议政府只用讲儒学的人为官。武帝采纳了董仲舒的建议，把各地举荐来的非儒学的诸子百家一概罢斥，同时任用考试优秀的儒家学者。这样一来，只有学习儒家学术才有做官的机会。武帝又改组领导班子，起用了一大批好儒学的人，如用好儒术的田蚡做丞相等，以此来褒扬儒学，贬斥道家等诸子学说。

汉武帝的改革激怒了黄老学说的首要代表窦太后。窦太后大力打击儒家，并找借口把鼓吹儒学的人投入监狱。窦太后去世后，武帝重用儒生，把官府里非儒家的博士一律免职，排斥黄老刑名等百家学术于官学之外，这就是有名的"罢黜百家，独尊儒术"。武帝提倡的儒学，是在原来孔子仁义学说的基础上吸收了阴阳五行家神化皇权、鼓吹王权神授的思想，又接受法家君王独尊、增设刑法、任用酷吏的学说，成为一种儒家王道与法家霸道杂合的

思想。

汉武帝的独尊儒术与秦始皇的焚书坑儒目的都是为了统一思想，巩固封建统治，只是他们采用的手段不一样。秦始皇烧掉诸子百家书籍，企图用暴力手段来达到目的，结果失败了。汉武帝则采用引导的办法，提倡儒家学说，确立儒学为官学，从而开创了两千多年来儒家学说独盛的局面，儒家由此成了中国封建社会的主流思想。

张骞出使西域

汉武帝初年的时候，汉武帝从投降过来的匈奴人那里，得知了有关西域（今新疆和新疆以西一带）的情况。他们说有一个被匈奴打败的月氏国，向西迁移到西域一带。

汉武帝想，月氏在匈奴西边，如果汉朝能跟月氏联合起来，断绝匈奴跟西域各国的交往，这不是等于断了匈奴的右臂吗？

于是，他下了一道诏书，征求能到月氏去联络的人。有个年轻的郎中（官名）张骞，觉得这件事很有意义，便自告奋勇去应征。随后又有100多名勇士应征，其中有个叫堂邑父的匈奴族人，也愿意跟张骞一块儿去找月氏国。

张骞像
字子文，西汉成固人。汉武帝时，张骞以军功受封为博望侯，后又拜为中郎将。

公元前138年，汉武帝就派张骞带着应征的100多个人出发了。但是要到月氏，中途必须经过匈奴占领的地界。张骞他们小心地走了几天，还是被匈奴兵给发现了，全都做了俘虏。

他们被匈奴扣押了10多年。日子久了，匈奴对他们管得不那么严了。张骞偷偷找到堂邑父，两人商量了一下，趁匈奴人不防备，骑上两匹快马逃走了。他们一直向西跑了几天，历尽千辛万苦，逃出了匈奴地界，进入了一个叫大宛（在今中亚细亚）的国家。

大宛和匈奴是近邻，当地人能听懂匈奴话。张骞和堂邑父便用匈奴话与大宛人交谈起来。大宛人给他们引见了大宛王，大宛王早就听说汉朝是个富饶强盛的大国，听说汉朝的使者到了，非常高兴，后来，又派人护送他们到康居（约在今巴尔喀什湖和咸海之间），再由康居到了月氏。

月氏被匈奴打败以后，迁到大夏（今阿富汗北部）附近，在那里建立了大月氏国。大月氏国王听了张骞的来意，不感兴趣，因为他们不想再跟匈奴结仇。但是张骞毕竟是个汉朝的使者，也很有礼貌地接待了他。

张骞和堂邑父在大月氏住了一年多，没能说服大月氏国共同对付匈奴，只好返回长安。在回国的途中，又被匈奴人扣留了一年。这样，直到公元前126年，张骞等人才回到长安，见到汉武帝。

张骞在外面整整过了13年才回来。汉武帝认为他立了大功，封他为太中大夫。到了卫青、霍去病消灭了匈奴兵主力，匈奴逃往大沙漠北面以后，汉武帝再次派张骞去结交西域诸国。

公元前119年，张骞和他的几个副手，拿着汉朝的旌节，带着300个勇士，还有1万多头牛羊和黄金、绸缎、布帛等礼物去西域建立友好关系。张骞到了乌孙（在新疆境内），

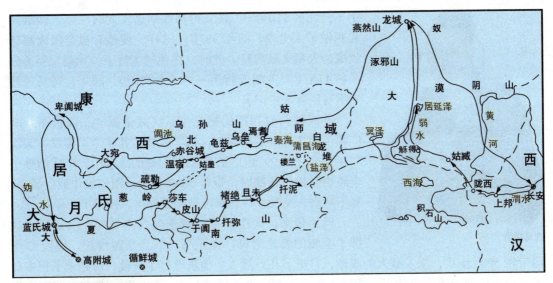

张骞第二次出使西域示意图

乌孙王亲自出来迎接。张骞送给他一份厚礼，建议两国结为亲戚，共同抵御匈奴。

过了几天，张骞又派他的副手们带着礼物，分别去联络大宛、大月氏、于阗（在今新疆和田一带）等国。乌孙王派了几个翻译作他们的助手。

这些副手去了好久还没回来。张骞决定不再等下去了，乌孙王便派了几十个人护送张骞回国，顺便一起到长安参观，还带了几十匹高头大马送给汉朝皇帝。

汉武帝见乌孙人来了，很是高兴，又瞧见乌孙王送的大马，就格外优待乌孙使者。一年后，张骞生病死了。张骞派到西域各国去的副手也陆续回到长安。副手们把到过的地方合起来一算，总共到过36个国家。

从那以后，汉朝和西域各国建立了友好交往的关系，汉武帝每年都派使节去访问西域各国，西域派来的使节和商人也络绎不绝。中国的丝和丝织品，经过西域运到西亚，再转运到欧洲，后来人们把这条路线称作"丝绸之路"。

司马迁写《史记》

司马迁，字子长，汉朝左冯翊夏阳（今陕西韩城）人。司马迁约生于汉景帝中元五年（公元前145年），卒于汉武帝征和三年（公元前90年），是西汉著名历史学家和散文家，自幼深受父亲司马谈的学术思想熏陶。司马谈，是汉武帝时的太史令，崇尚道家，曾以黄老学说为主，著有《论六家要旨》，对儒、墨、名、法、阴阳、道等各家学说，进行过批判和总结。这种家学传统，对司马迁影响很大。司马迁自幼好学，博闻强记，10岁的时候便通读《左传》《国语》等史籍。青少年时，曾师从古文学家孔安国学习《古文尚书》，向今文学家董仲舒学过《春秋》《公羊》学。他涉猎的范围很广，使他积累了丰富的文化知识，精通天文历法、史学、儒学等各家学说。20岁时，开始到各地游历，足迹遍及名山大川。此次远游，使他开阔了眼界，认识了社会，累积了知识，并对其进步历史观的形成产生了巨大的影响。回长安以后，入仕郎中，其间随武帝巡游了很多地方。元鼎六年（公元前111年）奉命"西征巴蜀"，到达邛、笮、昆明一带，从而进行了第二次大游历。元封元

司马迁像

年（公元前 110 年），其父司马谈病逝，元封三年，即继任父职做了太史令，时年 38 岁。这样，使他有机会阅读宫廷收藏的大量文献典籍。此时，在他的主持下，元鼎元年（公元前 116 年）冬制成新历——《太初历》。同年，司马迁开始撰写巨著《史记》。

苏武被匈奴扣押的第二年，汉武帝派"二师将军"李广利带领 3 万人进攻匈奴，打了败仗，几乎全军覆没。天汉二年（公元前 99 年），在汉朝对匈奴的战争中，李广的孙子李陵当时担任骑都尉，带着 5000 名步兵跟匈奴作战。后来，寡不敌众，又没救兵，李陵被匈奴俘虏，投降了。

消息传来，大臣们都谴责李陵贪生怕死。汉武帝也收押了李陵的妻儿老母，但司马迁却为李陵辩护。他说："李陵带领 5000 步兵，深入敌人的腹地，打击了几万敌人。他虽然打了败仗，可是杀了很多敌人，也可以向天下人交代了。李陵不想马上死，自有他的打算。他一定还想将功赎罪来报答皇上。"

汉武帝认为司马迁这样为李陵开脱罪责，是有意贬低李广利（李广利是汉武帝宠妃的哥哥），不禁勃然大怒，说："你这样替投降敌人的人辩解，我看是存心反对朝廷。"他命令侍从把司马迁送进监狱，交给廷尉审问，最后被判为宫刑（一种阉割性器官的肉刑）。

司马迁在身心上受到极大摧残，痛苦之中，数欲"引决自裁"，但恨《史记》未能成稿，以坚韧不拔的精神，忍辱发愤地过了 8 年。出狱之后，任中书令，继续笔耕。征和二年（公元前 91 年），历经 18 年终于完成《史记》的写作。这部巨著问世之后，当时称为《太史公书》或称《太史公记》，也叫《太史公》。

全书 130 篇，由本纪 12 篇、表 10 篇、书 8 篇、世家 30 篇、列传 70 篇组成，计 52.65 万字。它记载了上起黄帝轩辕氏，下迄汉武帝太初四年（公元前 101 年），近 3000 年的历史。

"本纪"是全书的提纲，专取历代帝王为纲，以编年的形式，提纲挈领地记载了上起轩辕，下迄汉武这一历史阶段的国家大事。

"表"以年表形式，按年月先后的顺序，以清晰的表格，概括地排列各个历史时期的人事，或年经国纬，或年纬国经，旁行斜上，纵横有致。分世表、年表、月表三类，以汉代年表为详。

"书"记载了各种典章制度的演变，以及天文历法等，以叙述社会制度和自然现象为主体，对礼乐、天文、历法、经济、水利等制度的发展状况进行了系统记述，具有文化史性质。

"世家"记载了自周以来开国传世的诸侯，以及有特殊地位的人物事迹，其中主要包括春秋战国以来的诸侯国君、汉代被封的刘姓诸侯子侄以及汉朝所封的开国功臣。此外，还有《孔子世家》《陈涉世家》和《外戚世家》。

"列传"记载了社会各阶层代表人物的事迹，其中有著名的思想家、政治家、军事家、文学家等，另外还包含了儒林、酷吏、游侠、刺客、名医、日者、龟策、商人的传记。该部分以"扶义倜傥，不令己失时，立功名于天下"为标准。一部《史记》，就是一条五光十色的历史人物画廊。天才画家司马迁，以其天纵之才，把3000年风起云涌的历史中的风流人物，活灵活现地驱于笔端，魅力无穷，常读常新，千百年来，一直受到人们的喜爱。

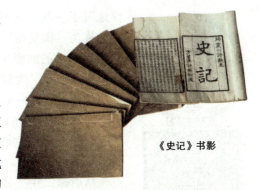

《史记》书影

一部血泪凝成的《史记》，不仅是历代正史的开山之作，而且也成为以后2000多年中国叙事文学的渊薮。它是古代散文的典范，其写作技巧、文章风格、语言特点，对唐宋八大家、明代的前后七子、清代的桐城派都有着巨大而深刻的影响。它情节曲折、人物形象栩栩如生的特点，也对后代小说的创作积累了丰富的经验。至于那些活跃在历史浪花里的人物，则成为明清戏曲里的鲜活的舞台形象。

《史记》具有诗的意蕴和魅力。虽然在形式上是历史，但它也许是中国文学史上最伟大的浪漫主义的抒情篇章。在司马迁的身后，有着无数的异代知音，有着无数的风云人物，他们在追随着那一个浪漫的时代，在追随着浪漫时代里的那位为着渺茫命运奋斗不息的悲剧英雄司马迁。

王莽篡位

汉武帝之后是汉昭帝、汉宣帝和汉元帝，汉元帝死后，他的儿子刘骜即位，是为汉成帝。汉成帝是个荒淫的皇帝，他当了皇帝后，朝廷的大权逐渐被外戚掌握了。成帝的母亲、皇太后王政君有8个兄弟，除了一个死去的以外，其他人都封了侯。其中要数王凤的地位最显赫，他被封为大司马、大将军。

王凤掌了大权，他的几个兄弟、侄儿都十分骄横。只有一个侄儿王莽与众不同，他像平常的读书人一样，做事谨慎小心，生活也比较节俭。人们都说王家子弟中，王莽是最好的一个。

王凤死后，他的两个兄弟先后接替他的职位，后来又让王莽做了大司马。王莽很注意招揽人才，有些读书人慕名前来投奔他。

汉成帝死后，在10年之内，换了两个皇帝——哀帝和平帝。汉平帝登基时才9岁，国家大事都由大司马王莽做主。很多大臣都吹捧王莽，说他是安定汉朝的大功臣，请太皇太后封王莽为安汉公。王莽说什么也不肯接受封号和封地。

王莽越是不肯受封，越是有人要求太皇太后封他。据说，朝廷里的大臣和地方上的官吏、平民上书请求加封王莽的人多达48万人。有人还收集了各种各样歌颂王莽的文字，使王莽的威望越来越高。

渐渐长大的汉平帝越来越觉得王莽的行为可怕、可恨，免不了背地里说些抱怨的话。

有一天，大臣们给汉平帝过生日，王莽借机献上一杯毒酒。汉平帝没想到王莽胆敢做出这种事，接过来喝了。

没过几天，汉平帝就得了重病，死去了。王莽假惺

新莽"大泉五十"陶范

"大泉五十"是王莽第一次货币改革的新铸币之一，是王莽统治时期流行时间较长的一种币型。

陶范与铜钱　王莽时铸造

惺地哭了一场。汉平帝死的时候才14岁，没有儿子，于是由王莽摄政，称为"摄皇帝"。第二年，王莽改年号为居摄元年。三月，王莽立只有两岁的刘婴（宣帝玄孙）为皇太子，号称"孺子婴"，以效仿周公摄政旧事，为篡汉自立作准备。居摄三年，梓潼（今属四川）人哀章制作铜匮，内藏"天帝行玺金匮图"与"赤帝行玺某传予黄帝金策书"，假说是高祖遗命令王莽称帝。于是，王莽便到高帝祠庙接受铜匮，即天子位，定国号为"新"。至此，西汉灭亡。

王莽自立为帝后，为了巩固政权，在全国实行改革，推行新制。

从居摄二年（公元7年）到天凤元年（公元14年），王莽先后进行了四次币制改革。

始建国元年（公元9年），王莽下令将全国土地改为王田，奴婢改名为私属，都不能自由买卖。还规定一家男子不超过8人而种田数额超过一井（九百亩）的，应把多出来的田分给九族乡邻中没有田或少田的人；本身无土地的亦按一夫一妇授田百亩的制度授予田地。

同年，王莽下令制造标准的度量衡器，颁行天下，作为统一全国的度量衡标准。

始建国二年（公元10年），王莽诏令在全国实行五均、赊贷和六筦法。并于长安、洛阳等大城市设立五均官，负责管理工商业经营和市场物价，收取工商税。赊贷规定由政府办理，年利息为十分之一。五均赊贷和政府经营的盐、铁、酒、铸钱及收山泽税，合称为"六筦"。

除此以外，王莽对中央和地方的官名、官制、郡县地名、行政区划，也多次改变。

绿林赤眉起义

公元17年，荆州发生饥荒，老百姓到沼泽地区挖野荸荠充饥，野荸荠越挖越少，便引起了争斗。新市（今湖北京山东北）有两个有名望的人，一个叫王匡，一个叫王凤，出来调解，受到农民的拥护。王匡、王凤就把这批饥民组织起来举行起义。南阳人马武、颍川人王常、成丹等率众参加。他们的根据地在绿林山（今湖北大洪山）中，故称为"绿林军"。

地皇二年（公元21年），绿林军在云杜（今湖北河沔）击败荆州两万官军，乘胜占取竟陵（今湖北钟祥）、安陆（今湖北安陆）等地，起义队伍日益增大。

王莽派了两万官兵去围剿绿林军，被绿林军打得溃不成军。投奔绿林山的穷人越来越多，起义军很快就发展到5万多人。

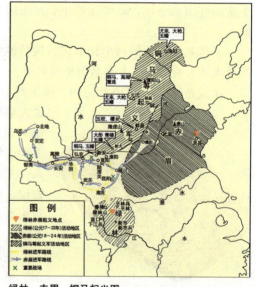

绿林、赤眉、铜马起义图

这时候，另一个起义领袖樊崇带领几百个人占领了泰山。不到一年工夫，就发展到1万多人，在青州和徐州之间来往打击官府、地主。

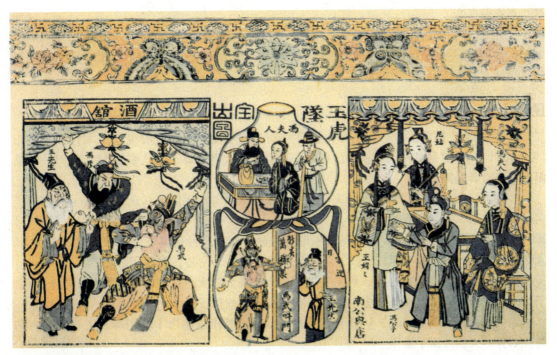

玉虎队全出图 版画
这是一幅表现王莽年间，绿林、赤眉农民起义军传奇故事的版画。

樊崇的起义军纪律严明，规定谁杀死老百姓就处死谁，谁伤害老百姓就要受惩罚。这样一来，得到了老百姓的拥护。

公元22年，王莽派太师王匡（和绿林军中的王匡是两个人）和将军廉丹率领十万大军去镇压樊崇起义军。樊崇为了避免起义兵士跟王莽的兵士混杂，叫他的部下把自己的眉毛涂成红色，作为识别的记号。这样，人们都称樊崇的起义军为"赤眉军"。

赤眉军于成昌与王莽10万军队展开激战。少不更事的王匡根本没有作战能力，两军刚一交锋就败下阵来。见太师夺路而逃，部下也纷纷调转马头，紧随其后的廉丹的部队也被冲散了。廉丹眼看败局已定，无力回天，便将帅印交予王匡，最后战死。

成昌一役，是赤眉军与王莽军队的第一次大交锋，也是最后一次。因为南阳一带的反莽运动已经兴起，王莽只能龟缩在洛阳一带防守、再也无力出重兵与赤眉军决战了。

成昌大捷后，赤眉军乘胜向西发展，人数已多达10万人。

绿林、赤眉两支起义大军分别在南方和东方打败王莽军的消息一传开，其他地方的农民也纷纷起义。另外，还有一批没落的贵族和地主、豪强也乘机起兵造反。

南阳郡春陵（今湖南宁远北）乡的汉宗室刘縯、刘秀两人，怨恨王莽废除汉朝宗室的封号，不许刘姓人做官的做法，发动族人和宾客七八千人在春陵乡起兵。他们和绿林军三路人马联合起来，接连打败了王莽的几名大将，声势越来越强大。

绿林军将士们认为人马多了，必须推选出一个负责统一指挥的首领，这样才能统一号令。一些贵族地主出身的将军，利用当时有些人的正统观念，主张找一个姓刘的人当首领，这样才能符合人心。

于是，春陵兵推举刘縯，可是其他各路的将领都不同意。经过商议，众人立了破落的贵族刘玄做皇帝。

公元23年，刘玄正式做了皇帝，恢复汉朝国号，年号"更始"，所以刘玄又称更始帝。更始帝拜王匡、王凤为上公，刘缤为大司徒，刘秀为太常偏将军，又封了其他的将领。从此，绿林军又称为汉军。

昆阳大战

王莽听到起义军立刘玄为皇帝，顿时感到坐立不安。后来又听说起义军打下了昆阳（今河南叶县），更是急得像热锅上的蚂蚁，他立即派大将王寻、王邑率领43万兵马，从洛阳出发，直奔昆阳。

驻守在昆阳的汉军只有八九千人。有些汉军看见王莽的军队人马众多，担心抵抗不住，主张放弃昆阳，退到原来的据点去。

刘秀对大家说："现在我们兵马和粮草都很缺乏，在这种情况下，全靠大家同心协力，才能战胜敌人；如果放弃昆阳，汉军各部也会被敌军各个击破，那就什么都完了。"

大家认为刘秀说得有道理，可是王莽军兵力实在太强大，死守在昆阳终究不是个办法。于是派刘秀带一支人马突围出去，到定陵和郾城去调救兵。

当天晚上，刘秀带着12个勇士，骑着快马，趁黑夜偷偷出了昆阳城。王莽军没有防备，刘秀等人就冲出了重围。

莽军不久将昆阳围得水泄不通。大将严尤向王邑进言："昆阳虽小，但易守难攻。敌人主力在宛城，我们不如绕过昆阳赶往宛城寻歼其主力，到那时昆阳敌人受震动，城可不战而下。"但王邑拒绝说："非也非也！我军百万之师，所过当灭，今屠此城，喋血而进，前歌后舞，岂不快哉？"于是陈营百余座，挖地道，造云车，猛攻昆阳不已。王凤、王常率全城军民顽强抵挡，多次挫败敌人的进攻，敌军消耗很大。

严尤见昆阳久攻不下，再次向王邑进言："围城应该网开一面，使城中一部分守军逃出至宛城，散布兵危消息，以使敌人情绪消沉，军心动摇，其士气低落下来后，城必可破！"但又为刚愎自用的王邑拒绝，他认为不久昆阳就会告破。

刘秀到了定陵，把定陵和郾城的人马全部带到昆阳去解围。但是有些汉军将领，舍不得丢掉得到的财产，不愿去昆阳。后来，刘秀说服了众人，带着全部人马赶赴昆阳。

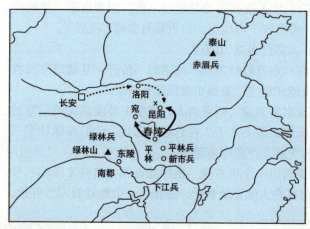

昆阳大战形势图

到了昆阳，刘秀见昆阳仍未失守，而莽军队形不整，显得士气低落，疲惫不堪，心下大喜。他立即投入战斗，他亲率1000轻骑为前锋，冲到王邑军阵前挑战；王邑以其人少不足畏惧，就派了3000人迎战。刘秀急忙挥军疾冲猛杀，转眼间莽军百余人被砍死，剩下的败退回去了。初战告捷，城内城外的更始军士气都为之一振，斗志立时高涨了许多。

刘秀为了更进一步振奋士气，同时动摇敌人军心，便假造宛城已为更始军攻克的战报,用箭射入昆阳城中;又故意遗失战报,让莽军拾去传播。这一消息顿时一传十,十传百;城内军民守城意志更加昂扬,而城外莽军情绪则更加沮丧。胜利的天平已开始向起义军这边倾斜了。刘秀见效果已经达到,便精选勇士3000人迂回到敌军侧后偷渡昆水,而后猛攻王邑大本营。

此时,王邑仍不把刘秀放在眼里,他担心州郡兵主动出击会失去控制,就令他们守营勿动;自己和王寻率万人迎战刘秀的3000义勇。然而王邑的轻敌应战怎奈得住刘秀部署严密的进攻?万余兵马很快被冲得阵势大乱,而州郡兵诸将却因王邑有令不得擅自出兵,谁也不敢去救援。于是王邑所部大溃,王寻也被杀死。莽军余部见主帅都溃退了,也纷纷逃命。刘秀乘势掩杀,城中王凤、王常见莽军崩溃,即从城内杀出,与刘秀部内外夹攻王邑。王邑军互相践踏,死伤无数,狼狈向洛阳方向逃去。

昆阳大战消灭了王莽主力的消息传到各地,百姓纷纷起来响应汉军。

更始帝派大将申屠建、李松率领汉军乘胜向长安进攻。王莽集团内部一片混乱。王莽的心腹刘歆、王涉和董忠等准备发动政变,清除王莽。事情败露后,刘歆自杀,董忠被诛。大臣内叛,军事外破,王莽开始陷入完全被动的局面。绿林军则趁机大举进攻:王匡率兵直捣洛阳;李松、申屠建等进逼武关。各地也都纷纷响应,杀掉他们的牧守,自称将军,用汉年号,以待诏命。王莽仍在负隅顽抗,招集囚徒为兵,企图阻挡绿林军。但囚徒兵很快背叛王莽,掘王莽祖坟,烧王莽祖庙。析县人邓晔、于匡也支持义军,迫使析县宰和武关都尉投降,攻杀莽军右队大夫。王莽走投无路,便带领群臣到南郊哭天,祈求苍天保佑。但王莽越哭,义军越近,长安很快便被起义军包围得严严实实。九月,绿林军占据长安,长安市人张鱼、朱弟率众起义响应,冲入宫廷,将宫室焚毁。王莽抱头鼠窜,逃到未央宫中的渐台,妄图借台周围的池水将农民军阻挡,但农民军已经把宫室团团围住,一时乱箭四射,不久就攻占了渐台。王莽已毫无退路,被商人杜吴所杀。起义军将王莽的头传到南阳,挂在南阳市示众,"百姓共提击之,或切食其舌"。

王莽新朝共历经15年,在礼义、职官、货币、土地、税贷等方面多次进行了改制,导致了经济混乱,社会矛盾激化,最后终于葬送在农民起义的熊熊烈火中。

第三节 东汉挽歌

光武中兴

昆阳一战,使刘縯和刘秀名扬天下。有人劝更始帝把刘縯除掉。更始帝便找了个借口,杀了刘縯。

刘秀听说哥哥被杀,知道自己的力量打不过更始帝,就立刻赶到宛城(今河南南阳市),向更始帝赔礼。

更始帝见刘秀不记他的仇,很有点过意不去,就封刘秀为破虏大将军,但没有重用他。后来,攻下了长安,更始帝才给刘秀少数兵马,让他到河北去招抚各郡县。

这时候,各地的豪强大族有自称将军的,有自称为王的,还有的自称皇帝,各据一方。更始帝派刘秀到河北去招抚,正好让刘秀得到一个扩大势力的好机会。他到了河北,废除王莽时期的一些严酷的法令,释放了一些囚犯。同时,不断消灭割据势力,镇压河北各路

汉光武帝刘秀像

农民起义军。整个河北几乎全被刘秀占领了。

刘秀留寇恂、冯异等据守河内，与更始政权留守洛阳的朱鲔相持，自己亲率大军北征，击败尤来、大枪、五幡等部农民军。四月，回军南下，于温县大败新市、平林两军，于河南击溃赤眉、青犊两军，大体解除了对河北的严重威胁。此时，刘秀手下的将领开始商议为刘秀上尊号，称帝位，并使人造《赤伏符》以传"天命"，刘秀装模作样"三推"之后，便"恭承天命"，自立为皇帝，这就是汉光武帝。

更始帝先建都洛阳，后来又迁到长安。他到了长安以后，认为自己的江山已经坐稳，便开始腐化起来。原来的一些绿林军将领，看到更始帝整天花天酒地，不问政事，都十分不满。

赤眉军的首领樊崇看更始帝腐败无能，就立15岁的放牛娃刘盆子为皇帝，率领20万大军进攻长安。不久就攻占了函谷关。更始帝眼看赤眉军就要攻到长安了，便率领文武百官逃到城外。樊崇进入长安后，派使者限令更始帝在20天内投降。更始帝没办法，只好带着玉玺向赤眉军投降。

赤眉军声势浩大地进了长安，可是几十万将士的口粮发生了困难，长安天天有人饿死。这样一来，长安的混乱局面就无法收拾了。

无奈之下，樊崇带着军队离开长安，向西流亡。但是别的地方粮食也一样困难；到了天水（郡名，在今甘肃）一带，又遭到那里的地主豪强的拦击。樊崇没辙，又带着大军往东走。

汉光武帝这时已占领了洛阳，他一听到赤眉军向东转移，就带领20万大军分两路设下了埋伏。

汉光武帝派大将冯异到华阴，把赤眉兵往东边引。赤眉军被诱引到崤山下，冯异让伏兵打扮得和赤眉军一模一样，双方混战在一起，分不出谁是赤眉兵，谁是汉兵。赤眉军正在为难的时候，打扮成赤眉军模样的汉兵高声叫嚷"投降""投降"，赤眉军兵士一看有那么多人喊投降，没了主意，一乱就被缴了武器。

公元27年一月，樊崇带着赤眉军向宜阳（今河南宜阳县）方向转移。汉光武帝得到消息，亲自率领预先布置好的两路人马截击，把赤眉军围困起来。赤眉军无路可走，樊崇只好派人向汉光武帝请降。

汉光武帝把刘盆子、樊崇等人带回洛阳，给他们房屋田地，让他们在洛阳住下来。但是不到几个月，就加上谋反的罪名，把樊崇杀了。

全国平定后，光武帝于建武十三年（公元37年）开始安置有功之臣。他采取了两条措施：一是不让拥有重兵的功臣接近京师；二是对功臣封赏而不用。邓禹、贾复等开国元勋明白光武帝的意思后，率先解去军职，倡导儒学。刘秀对功臣只赏不用的政策是东汉政权重建过程中重要的一步，也是较为成功的一项治国安邦的措施。

刘秀深切地认识到，要使国家真正地长治久安，必须安民，与民休息，才能保持社会稳定，才能发展社会生产。

首先，是给老百姓一个安定的社会环境。刘秀生长在民间，经历过王莽的残暴统治，知道耕作的艰难及百姓的痛苦。因此建立东汉后，通过废除王莽的繁苛法令，恢复汉初的简政轻刑，给百姓创造一个宽松的社会环境。此后，他多次下诏裁减各地的监狱，不断地告诫各级官吏尤其是地方官吏要体恤百姓、宽松执法。光武帝年初，派卫飒担任桂阳太守。卫飒到任后，了解到桂阳地处边远、礼俗落后，便从教育入手，设立学校，端正风俗，不长时间便使境内风气大为改观。桂阳郡的含洭、浈阳、曲江原来是越族居住的地方，沿着河岸靠山居住的，多是一些在战乱中逃进深山的百姓，他们因为地处偏僻，也不向官府交纳田租。卫飒组织人凿山开道五百多里，一路设置亭传、邮驿，不仅方便了那里的交通，也减轻了人民的负担，百姓逐渐搬到道路两边居住，使当地经济迅速发展起来，也开始向官府交纳田赋了。

其次，是有效减轻人民的负担。光武帝认为官吏的奢侈、官僚机构设置无度以致冗官无数，是百姓的最大负担。因此他在位期间，始终提倡节俭。公元37年，一国使者向光武帝献上一匹可日行千里的名马和一柄宝剑，光武帝接受后便下诏把这匹千里马送去驾鼓车，把宝剑赐给骑士。在光武帝的垂范下，节俭在东汉初年形成风气。在提倡节俭的同时，光武帝对冗官进行裁汰。公元30年，光武帝在河北、江淮、关中刚刚平定的情况下，下诏归并了郡、国10个，县、邑、道、侯国400多个。并官省职，直接减少了行政开支。

再次，是提高奴婢的社会地位。西汉中期以来，大量的平民沦为奴婢，成为严重的社会问题。为此，光武帝曾连续6次下诏释放奴婢。同时，他还在一年之内连续下诏3次，禁止杀、伤和虐待奴婢，使奴婢的地位有所提高。

最后，就是要设法解决土地问题，使百姓和土地结合在一起，便于发展社会生产。西汉中期以来，大规模的土地兼并使土地急剧集中。但那些占有土地的豪强们却不如实地向国家申报土地、交纳田赋。为准确地掌握全国的垦田数目和户口名籍，打击豪强，保证赋税收入和徭役征发，光武帝于公元39年下令在全国"度田"即丈量土地，同时也核定人口。但在度田过程中，官吏们和豪强相互勾结，或抵制清查，或隐瞒不量，而对百姓土地却是多量，连墙头地角、房前屋后也不放过。光武帝了解到这种情况后，曾经先后诛杀了大司徒、河南尹及郡守十多人，引起了一场大规模的地方骚乱。地方上的豪族大姓纷纷起来叛乱，光武帝用镇压和分化相结合的手段，好不容易才平息了叛乱。

光武帝刘秀通过集权加强了中央的统治，通过休

光武帝涉水图　明　仇英

茂椒林

这是四川阿坝州茂县（古羌地）一片生机盎然的茂椒（烹饪川菜的重要调味品）林。公元25年，刘秀建立东汉王朝，经过一系列战争统一了中国，外族的扰边就成了东汉朝廷的主要威胁。陇西羌人的不断犯边使光武帝决定派将征讨，马援担当了这一重任，既安定了边疆，又实现了马革裹尸的宏愿。

养生息使人民安心从事生产，经济得到发展，社会比较稳定，这一历史时期被称为"光武中兴"。

汉明帝求佛

汉光武帝活到63岁时，得病死了。太子刘庄继承皇位，这就是汉明帝。

汉明帝刘庄像

有一回，汉明帝做了个梦，梦里出现一个金人，头顶罩了一圈光环，绕殿飞行，一会儿升上天空，向西去了。第二天，他向大臣们询问这个头顶发光的金人是谁。沉默了许久，一位大臣终于说，启禀皇上，我敢说，那绝不是一个荒唐的梦境，那是一个祥瑞之梦。我听说很多年前，我们的邻居大月氏国曾有佛的降临，那是一个至高无上的神，一个智慧无比的佛。从越来越多的描述来看，这位佛的形象与陛下的描述十分相似，金色袍服，项有光圈，看来，陛下梦中所见，无疑是佛了。

说话的是被人们称为最博学的一位大臣傅毅。傅毅的一番宏论并非无中生有，也非是对明帝的某种阿谀。在他很年轻的时候（约公元前2年），傅毅就已经从大月氏国的使者那里得到关于佛的消息，虽然那只是一个模糊的概念，但越来越多的民间祭祀表明，一种从未有过的文化现象正在中国这个古老的国土上兴起，这是一种不可忽视的文化现象，它预示着这个崇尚于神灵的民族将会有一种新的崇拜。与此同时，包括明帝在内的所有人都想起建武十七年（公元41年）发生过的一件事情。明帝的异母兄弟楚王英就因为经常在自己的宫中进行某种秘密的祭祀而被人告上了宫廷，当时告发他的人说，楚王英如若不是妄图起事，又何必在自己的宫中进行那种秘密的祭祀呢？于是，楚王英被遣往江南一带，最终却因郁闷而亡。

既然明帝的梦是一个祥瑞之梦，而梦中的金人正是从大月氏国传来的关于佛的消息，这一消息对于一个伟大的民族来说，应该是一个光明的前兆。当然，谁也无法进一步说清那个佛的详情，包括他的形

白马寺山门

白马寺有中国佛寺"祖庭"之称，始建于东汉永平十一年，因汉明帝"感梦求法"，遣使迎天竺沙门摄摩腾与竺法兰回洛阳后，按天竺式样为两位沙门所建的精舍。"白马"之名则取自"白马驮经"的典故。

象，他的言说，他的理论等等。当下明帝就向他的臣子们说，你们中间，有谁愿意前往大月氏国，以迎请佛的到来？大殿内又是长时间的沉默，终于，郎中蔡愔说，启禀皇上，微臣愿意前往。紧接着，博士弟子秦景也说，微臣也愿意前往。

这是永平七年甲子（公元64年）的上午，明帝作出了派使者出使西竺的决定。

蔡愔和秦景跋山涉水，到达了天竺国。天竺人听到中国派来使者求佛经，表示欢迎。天竺有两个沙门（就是高级僧人），一个名叫摄摩腾，另一个名叫竺法兰，帮助蔡愔和秦景了解了一些佛教的理义。后来，他们在蔡愔和秦景的邀请下决定到中国来。

公元67年，蔡愔、秦景给两个沙门引路，用白马驮着一幅佛像和四十二章佛经，经过西域，回到了洛阳。

尽管汉明帝不懂佛经，也不清楚佛教的道理，但对前来送经的两位沙门还是很尊敬的。第二年，他命令在洛阳城的西面仿照天竺的式样，造一座佛寺，把送经的白马也供养在那儿，把这座寺取名叫白马寺（在今洛阳市东）。

汉明帝虽然派人求经取佛像，但他其实并不懂佛经，也不相信佛教，倒是提倡儒家学说。朝廷里的大臣们也不相信佛教，所以到白马寺里去拜佛的人并不多。

班固著《汉书》

班固（公元32～92年），字孟坚，东汉扶风安陵（今陕西省咸阳市东）人。班固的父亲班彪是东汉光武帝时的望都长。班彪博学多才，专攻史籍，是著名的儒学大师。他不满当时许多《史记》的续作，便作《后传》65篇，以续《史记》。班固从小就非常聪明，9岁便能作诗文，长大之后，班固熟读百家书，并深入研究。渊博的学识以及很强的写作能力，为他以后的作史创造了十分有利的条件。在他23岁那年即建武三十年（公元54年），班彪去世，班固私自修改国史，因此被捕入狱。他的弟弟班超赶到洛阳，为班固申辩。当明帝审阅地方官送来的班固的书稿时，十分欣赏班固的才华，并任他为兰台令史，负责掌管图籍，校定文书。他与陈宗、尹敏、孟异等共同撰成《世祖本纪》。随后迁任为典校秘书，又写了功臣、平林、公孙述的列传、载记28篇。后来明帝命令班固继续完成他原来所欲著述

班固像

的西汉史书。班固通过一再的思索之后，经过潜精积思 20 余年，终于在建初七年（公元 82 年）年完成了《汉书》。《汉书》一写成，影响就很大。和帝永元元年（公元 89 年），班固以中护军随大将军窦宪出征北匈奴。永元四年（公元 92 年），窦宪以外戚谋反而畏罪自杀，班固因此受到牵连。先被免官，后有人因曾受班固家奴侮辱便借机搜捕班固入狱。不久，班固死于狱中，时年 61 岁。班固死后，《汉书》尚未完成的八表和《天文志》主要由他的妹妹班昭继续完成。

《汉书》是我国第一部纪传体断代史，体制全袭《史记》而略有变更，《史记》包括本纪、表、书、世家、列传五种体裁，《汉书》有纪、表、志、传，改"书"为"志"，没有世家，凡《史记》列入世家的汉代人物，《汉书》均写入"传"。《汉书》这种体裁上的改动是符合历史时势变化的，是合理的。同时，《汉书》的体例较《史记》有了一些创新。在纪部分，《汉书》不称"本纪"，而改称为"纪"，在《史记》的基础上，《汉书》增立《惠帝纪》，以补《史记》的缺略；在《武帝纪》之后，又续写了昭、宣、元、成、哀、平等 6 篇帝纪。在表的部分，《汉书》立 38 种表，其中 6 种王侯表是根据《史记》有关各表制成的，主要记载汉代的人物事迹。只有《古今人表》和《百官公卿表》，是《汉书》新增设的两种表。《古今人表》专议汉代以前的古代人物，表现了班固评论人物的论事标准，暗示出他对汉代人物褒贬的立意，且网罗甚富，亦不无裨益。而《百官公卿表》记述了秦汉官制和西汉将相大臣的升迁罢免死亡，是研究古代官制史、政治制度史的重要资料，有重要的学术价值。在志部分，《汉书》改《史记》的"书"为"志"，而又予以丰富和发展，形成我国史学上的书志体。

《汉书》将《史记》的《律书》《历书》并为《律历志》，《礼书》《乐书》并为《礼乐志》，增写《史记·平准书》为《食货志》，改《史记·封禅书》为《郊祀志》《天文志》，《河渠书》为《沟洫志》，还创设了刑法、五行、地理、艺文四志。《汉书》十志比较《史记》八书在先后次序上也有所不同，《汉书》的志包括律历、礼乐、刑法、食货、郊祀、天文、五行、地理、沟洫、艺文等 10 种。其中，改变或者并八书名称的有律历、礼乐、食货、郊祀、天文、沟洫等 6 种，但它们的内容或者不同，或者有所增损。如《食货志》在继承了《平准书》部分材料的同时，又增加新的内容，分为上、下两卷。上卷记"食"，叙述农业经济情况；下卷载"货"，介绍工商及货币情况。《史记》列传篇题的定名，或以姓，或以名，或以官，或以爵，多不齐一，且排列顺序难为论析。《汉书》则一律以姓名题篇，排列顺序是先专传，次类传，后四夷和域外传，最后是外戚和王莽传，整齐划一。《汉书》将《史记》的《大宛传》扩充为《西域传》，详细记述了西域几十个地区和邻国的历史，是研究古代中国各兄弟民族和亚洲有关各国历史的珍贵资料。

《汉书》主要的特点体现在：

第一，《汉书》较真实地记述和评论了西汉一代的政绩及其盛衰变化，从一统功业的角度，对于各时期所取得的成就进行了热情的称颂。在评述西汉政治时间，用"时""势"或"天时"变异来表达历史是发展的看法。

第二，广泛地评价了各种人物在西汉政治中的作用。书中记述到汉代的兴盛，是由于有众多的文臣武将和智谋极谏之士，在中央和地方的各方事务中竭其忠诚，作出贡献。

第三，以很多笔墨记录了王室及大臣聚敛财富，奢侈淫逸，皇权的争夺、外戚的专横，以及封建统治阶级的淫奢，反映了人民的痛苦生活和反抗斗争。

第四，详细记述了古代尤其是汉代的政治典制，表现了西汉文化的发展规模及其重要价值。其中《刑法志》记述了古代的兵学简史，叙述刑法典核详明，首尾备举，论其变化正本清源。《食货志》系统地记述了自西周以至王莽时期的农政和钱法，反映了 1000 多年以来社会经济发展的重要侧面。《地理志》先叙由古之九州说而进至秦的郡县变迁，是中国地理最为详尽的记载。

《汉书》书影

《汉书》是史书体例上的一个重大飞跃，继《汉书》之后，断代史为后来历代正史所效仿，因此《汉书》在我国史书体例的发展上具有重要意义。

蔡伦改进造纸术

谈到中国的造纸术，就不能不说到蔡伦。他在造纸技术的发明和发展上的卓越贡献将彪炳史册，万古流芳。

蔡伦，字敬仲，桂阳人，是东汉时期杰出的科学家。

蔡伦从东汉明帝刘庄末年开始在宫禁做事。汉和帝刘肇登基之后，他很快成了和帝最宠信的太监之一，负责传达诏令，掌管文书，并参与军政机密大事。

史载蔡伦非常有才学，为人敦厚正直，曾多次直谏皇帝。因为其杰出才干，他被授尚方令之职，负责皇宫用刀、剑等器械的制造。在他的监督之下，这些器械都制造得十分精良，后世纷纷仿效。

在做尚方令期间，蔡伦系统总结了西汉以来造纸方面的经验，并进行了卓有成效的试验和革新。在原料的利用方面，他不仅变废为宝，大胆取用"麻头及敝布、渔网"等废品为原料，而且独辟蹊径，开创利用树皮的新途径。此举使造纸技术从偏狭之处挣脱出来，大大拓宽了原料来源，降低了造纸的成本，使纸的普及应用成为可能。更值得一提的是，他用草木灰或石灰水对原料进行浸沤和蒸煮的方法，既加快了麻纤维的离解速度，又使其离解得更细更散，大大提高了生产效率和纸张的质量。这也是造纸术的一项重大技术革新。

元兴元年（公元 105 年），蔡伦将自造的纸呈给汉和帝，受到大力赞赏，朝野震动。人们纷纷仿制，"天下咸称'蔡侯纸'"。

安帝年间（公元 114 年），和帝的皇后邓太后因蔡伦久侍宫中，做事勤恳且颇有成绩，封他为龙亭侯。

后来蔡伦被卷入一起宫廷事件。起因是窦后（汉章帝刘炟后）让他诬陷安帝祖母宋贵人。等到安帝亲政，着手调查这件事情，让蔡伦自己到廷尉处接受惩罚。蔡伦觉得很受屈辱，就自杀了。

蔡伦虽然死了，但是他对造纸技术的贡献将永存史册。蔡侯纸的出现，标志着纸张取

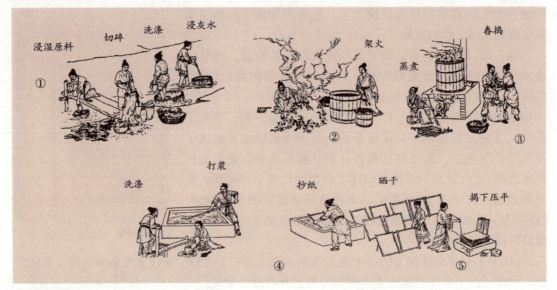

造纸流程示意图

代竹帛成为文字主要载体时代的到来。廉价高质量的纸张，有力地促进了知识、思想的大范围传播，使古代大量文字信息得以保存，促进了人类文明的进步。

在造纸术没有发明以前，我国古代使用龟甲、兽骨、金石、竹简、木牍、缣帛作为书写材料。龟甲、兽骨、金石对书写工具要求很高，需要刻。简牍呢，笨重不便，而且翻阅起来，中间串的绳很容易断裂，造成顺序混乱。缣帛虽轻便，可是价格十分昂贵，一般人消费不起。纸的发明，满足了人们对轻便廉价书写材料的迫切需求，引发了书写材料的一场空前的革命。

造纸术一经发明，就被人们广泛使用。在以后的朝代里，人们对造纸术进行不断的改良和提高，工艺越来越先进，纸的质量也越来越高，品种也越来越丰富。造纸的主要原料也从破布和树皮发展到麻、柯皮、桑皮、藤纤维、稻草、竹以及蔗渣，等等。

我国发明的造纸术，对世界文明影响深远。造纸术大约在7世纪初传入朝鲜，隋时传入日本。8世纪，唐朝工匠将造纸术传入阿拉伯，在撒马尔罕办起造纸厂。此后又传入巴格达。10世纪传入大马士革、开罗，11世纪传入摩洛哥，13世纪传入印度，14世纪传入意大利，然后传到德国和英国，16世纪传入俄国和荷兰，17世纪传入美国，19世纪传入加拿大。

潘吉星在《造纸术的发明和发展》一文中这样总结道："我国古代在造纸技术、设备、加工等方面为世界各国提供了一套完整的工艺体系。现代机器造纸工业的各个主要技术环节，都能从我国古代造纸术中找到最初的发展形式。世界各国沿用我国传统方法造纸有1000年以上的历史。"

从上述论述中，我们不难看出，我国的造纸术在公元前2世纪到18世纪的2000多年里，一直处于世界领先水平。

制造地动仪

在世界自然科学史上，中国有一位国际上公认的能与哥白尼和伽利略齐名的科学家，他的名字叫张衡。

张衡，是世界十大文化名人之一。他多才多艺，是我国古代伟大的科学家、发明家、文学家、史学家和画家。他的才能世所公认。

张衡（公元 78 ~ 139 年），字平子，河南省南阳市石桥镇人，出生于一个官僚家庭。他的祖父张堪曾做过多年太守，但为官清廉，没有什么财产留下，再加上他父亲早死，所以家境比较清贫。

张衡从小就天资聪敏，好学深思。他不仅熟读儒家经典，而且还花了很多时间去读司马相如和扬雄等人的赋，表现出对文学的强烈兴趣。

青年时代的张衡，已经不再满足于闭门读书，他渴望游历，多接触实际，从而开阔眼界，增长见识。公元 94 年，16 岁的张衡远游三辅。他在游览名山大川的时候，不忘考察古迹，采访民情，调查市井交通，等等。此行不仅大大增长了见识，而且为他后来创作《二京赋》积累了大量的素材。

离开三辅，张衡来到京都洛阳。在洛阳求学的五六年里，张衡结识了一批青年才俊，如经学大师马融、政论家王符以及科学家崔瑗等。在此期间，张衡写了《定情赋》《七辩》等文学作品，名噪一时。随后，他接受南阳太守鲍德的邀请，担任掌管文书的主簿官。

在工作闲暇之余，张衡创作了著名的《二京赋》，轰动一时。任职 9 年后，张衡回到家中，开始研读扬雄的《太玄经》。这是一部研究宇宙现象的哲学著作。通过研究《太玄经》，张衡的兴趣从文学创作转向宇宙哲学的探索，经过不懈努力，他最终在天文历算方面取得了巨大的成就。

公元 111 年，张衡被征召做了郎中，后来又做过太史令。张衡为人耿直，升迁很慢。他曾两次出任太史令，先后长达 14 年之久。太史令的工作，让张衡在天文历算方面作出了杰出的贡献。

经过观察研究，他断定地球是圆的，月亮的光源是借太阳的照射而反射出来的。他还认为天好像鸡蛋壳，包在地的外面；地好像鸡蛋黄，在天的中心。这种学说虽然不完全准确，但在 1800 多年以前，能得出这种科学结论，不能不使后来的天文学家感到钦佩。

张衡还用铜制作了一种测量天文的仪器，叫作"浑天仪"。上面刻着日月星辰等天文现象。

那个时期，地震发生频繁。有时候一年发生一两次。发生一次大地震，就波及好几十个郡，城墙、房屋倾斜倒坍，造成人畜伤亡。张衡记录了地震的现象，经过细心的考察和试验，发明了一个预测地震的仪器，叫作"地动仪"。

地动仪是用青铜制造的，形状类似酒坛，四周刻铸了

张衡像

在距今 1700 多年前，中国杰出的天文学家张衡发明了测定地震方位的仪器，这无疑是一项伟大的创举。张衡在洛阳制造出的外形似酒樽的候风地动仪，是世界上第一台地震仪。"候风"据考应是测候之意，与地动相连，实指测震的功能。候风地动仪未能保存下来，据史学家推测遗失于战乱。候风地动仪的原理实质上是惯性运动定律。西方直到 17 世纪，惯性运动定律才被牛顿发现。

地动仪模型

地动仪由青铜铸成，直径8尺，形状像一个酒樽。里面设计精巧，主要有竖立在仪体正中的"都柱"和"都柱"周围同仪体连接的"八道"，它们分别处于东、西、南、北、东南、东北、西南、西北等8个方向上。外面相应设置8条口含钢球的龙，下面对应8只张口向上的蟾蜍。一旦发生地震，触动机关，钢珠即落入蟾蜍口中发出声响。人们就可以知道地震的时间和方位了。

8条龙，龙头朝着8个方向。每条龙的嘴里含了一颗小铜球；龙头下面，蹲着一个铜制的蟾蜍，蟾蜍的嘴大张着，对准龙嘴。哪个方向发生了地震，朝着那个方向的龙嘴就会自动张开来，把铜球吐进蟾蜍的嘴里，发出响亮的声音，发出地震的警报。

公元138年2月的一天，地动仪对准西方的龙嘴突然张开，吐出了铜球。按照张衡的设计原理，这就是报告西部发生了地震。

过了几天，有人骑着快马来向朝廷报告，离洛阳1000多里的金城、陇西一带发生了大地震，还出现了山体崩塌。

张衡还制造了许多奇巧的器物，如候风仪、指南车和能在空中飞的木鸟等等，可惜都已经失传了。他还计算出圆周率是3.1622，虽然现在看来不准确，但在当时还是十分精确的。

后来，张衡因弹劾奸佞不成，被迫到河间任太守。在职期间，他打击豪强，颇有作为。公元138年，张衡被调回京师，出任尚书。此时东汉政权已越来越腐败，张衡感觉回天乏力，于公元139年，在悲愤与绝望中死去。

张衡以及他的天文学成就，谱写了东汉科学史绚烂的华章，也构筑了我国古代天文学史上一座熠熠生辉的丰碑。

张仲景和华佗

张仲景，名机，约生于公元150年，卒于公元219年，东汉南阳郡涅阳（今河南南阳）人，是东汉末年著名的医学家，被后人尊称为"医圣"。

史载张仲景自幼聪颖好学，喜欢研究岐黄之学，对名医扁鹊很是推崇，并以其为榜样。他拜同乡著名中医张伯祖为师，因其刻苦，很快便尽得真传。

汉灵帝时，张仲景被举为孝廉，继而出任长沙太守。他虽居要职，却淡泊名利，不屑于追逐权势。他心里所关心的是百姓的疾苦。传说他为太守之时，每逢初一、十五停办公事，亲自到大堂之上为百姓诊病，号称为"坐堂"。至今药店仍称作"堂"，应诊医生被称为"坐堂医生"。

张仲景像

东汉末年，战乱频繁，瘟疫横行，民不聊生。张仲景虽然也在居官之暇行医，但是所救治之人毕竟有限。他在做官与行医的利弊权衡之间犹豫不决。这时，南阳病疫流行，他的家族在10年之内，竟死去2/3。面对这种打击，张仲景决定辞官行医，悬壶济世。

张仲景在行医过程中，不仅潜心学习汉代以前的医学精华，而且虚心向同时代的名医学习，博采众家之长。他向"王神仙"求医的传说在民间广为流传。

张仲景听说当时襄阳有个很有名的王姓外科医生，治疗疮痈很有一套，人称"王神仙"。于是就整装出发，为了学到本领，他隐姓化名，自愿给"王神仙"做药店伙计。他的勤奋聪明很快就取得了王神仙的欣赏和信任。有一次，"王神仙"给一个患急病的病人看病，所配的药方里有一味药剂量不够。张仲景觉得有问题，但还是照方抓药。结果，病人病情加重，"王神仙"束手无策。张仲景挺身而出，自告奋勇一展身手，果然手到病除。"王神仙"很吃惊地看着眼前这位年轻人，知道他大有来历，一问才知他是河南名医。"王神仙"深受感动，遂将其技艺倾囊相授。

张仲景"勤求古训，博采众方"，凝聚毕生心血，于3世纪初，著成《伤寒杂病论》16卷。原本在民间流传中佚失，后人搜集和整理成《伤寒论》和《金匮要略》两部书。

《伤寒杂病论》是中医四大经典之一，它系统总结了汉朝及其以前的医学理论和临床经验，是我国第一部临床治疗学的专著。

《伤寒论》是一部阐述多种外感疾病的著作，共有12卷，著论22篇，记述397条治法，载方113个，总计5万余字。《伤寒论》论述了人体感受风寒之邪而引起的一系列病理变化，并把病症分为太阳、阳明、少阳、太阴、厥阴、少阴等"六经"，进行辨证施治。

《金匮要略》是一部诊断和治疗各种疾病的书，共计25篇，载方262个。《金匮要略》以脏腑脉络为纲，对各类杂病进行辨证施治。全书包括了40多种疾病的诊治。

在《伤寒杂病论》中，张仲景还创造了世界医学史上的三个第一，即：首次记载了人工呼吸、药物灌肠和胆道蛔虫治疗方法。

《伤寒杂病论》成书之后，成为中国历代医家研究中医理论和临床治疗的重要典籍，隋唐以后，更是远播海外，在世界医学界享有盛誉。从晋朝开始到现在，中外学者整理研究该书的专著超过1700余家，可见其影响之深远。

医圣张仲景以及他所创立的学术思想，已成为全人类的共同财富。他当之无愧受到万世千秋的景仰！

华氏家族本是望族，但到华佗时已经衰微了。幼年的华佗在攻读经史的时候，就很留心医药。他从古代名医济世救人的事迹中获得启发，树立了解救苍生苦难的理想。

在当时的社会里，读书人都以出仕做官为荣，可是华佗却选择了另一条道路，以医为业，替百姓看病，并且矢志不移。青年时期的华佗，看到的是外戚宦官专权、官场腐败。当时有很多人举荐华佗做官，都被他拒绝了。不为良相，便为良医；华佗决心终身为百姓行医。

华佗行医，并无师传。他主要是通过精研前代的医学典籍，在继承前人的基础之上，结合自己的实践总结，加以归纳，从而创立新的学说，自成一派。由于他天资聪颖，加上学习得法，理论联系实际，他的医术迅速提高，成为远近闻名的医学家。

中年的华佗，因中原动乱而"游学徐土"。他坚持深入民间，为百姓治病，足迹遍及当时的徐州、豫州、青州、兖州各地。根据他行医地名查考，大抵是以彭城为中心，东起甘陵（今山东临清）、盐渎（今江苏盐城），西达朝歌（今河南淇县），南至广陵（今江苏扬州），西南则到谯县（今安徽亳州），也就是在今天的江苏、河南、山东、安徽等广大地区。华佗学识渊博，医术高超，创造了许多医学奇迹，其中最突出的就是用麻沸散进行外科手术。

虎戏图　　　鹿戏图　　　熊戏图　　　猿戏图　　　鸟戏图

华佗的医术仁心，受到了广大人民的热爱和尊崇。他高超的医术常为人们所津津乐道。民间关于他的传说故事不胜枚举。像《三国演义》里关公刮骨疗伤，就是华佗做的手术。传说有一位郡守患病，百医无效。郡守的儿子找到华佗，对他详述病情，恳求施治。华佗到后看过，问病的时候，语气很不好，说话也很狂傲，索要的诊费非常高。这还不算，华佗压根就没有治病，临走的时候还留信大骂郡守白痴。郡守大怒，吐黑血，老毛病一下就好了。

经过数十年的医疗实践，华佗的医术已到了炉火纯青的地步。在临床诊治方面，他灵活运用养生、针灸、方药和手术等手段，辨证施治，疗效极好，被誉为"神医"。他精通内科、外科、妇科、小儿科和针灸科等，尤擅外科。

华佗的医名远播，使得曹操闻而相召。原来曹操患有头风病，找了很多医生都不见效。华佗只给他扎了一针，曹操头痛立止。曹操为了自己看病，强把华佗留在自己府里。但是华佗立志为民看病，不肯专门侍奉权贵，于是就请假回家。曹操催了几次，华佗都以妻病为由不去。曹操大怒，专门派人将他抓到许昌，仍请他治自己的头风病。华佗直言要剖开头颅，实施手术。曹操以为华佗要谋害自己，就把他关进牢中准备杀掉。有谋士进谏相劝，曹操不听，还是处死了华佗。华佗临死，将所著医书交给狱吏，希望可以救济百姓。狱吏胆小，怕担责任，不敢要。华佗无奈之下，一把火烧了医书。后来曹操爱子曹冲患病，百医无效，曹操才后悔杀了华佗。

华佗晚年著有《青囊经》《枕中灸刺经》等多部著作，可惜都已失传。他发明了一套"五禽戏"来强身健体，还培养了许多弟子，其中广陵吴普、西安李当之和彭城樊阿都是有名的良医。

梁冀专权

从汉和帝起，东汉王朝大多是由小孩子继承皇位，最小的皇帝是只生下100多天的婴儿。皇帝年幼，太后便临朝执政，太后又把政权交给她的娘家人执掌，这样就形成了外戚专权的局面。

但是，到了皇帝长大懂事后，就不甘心长期当傀儡，受人控制。他想摆脱这种局面，可是里里外外都是外戚培植的亲信，跟谁去商量呢？每天在皇帝身边伺候的，只有一些宦官，结果皇帝只好依靠宦官的力量，消除外戚的势力。这样，外戚的权力又转到宦官手里。

无论是外戚，还是宦官，都是最腐朽、没落势力的代表。外戚和宦官两大集团互相争夺，轮流把持着朝政，使得东汉的政治越来越腐败。

公元125年，东汉第7个皇帝汉顺帝即位，外戚梁家控制了朝政大权。梁冀是顺帝皇后之兄，跋扈专权，骄横无理，鱼肉百姓，欺压群臣。士大夫如张纲等人为了躲避牢狱之灾和杀身之祸，被迫归乡务农。顺帝死后，梁太后抱着他2岁的儿子即皇帝位，定为冲帝。冲帝在位一年便夭折。为了专制东汉王政，梁太后与梁冀密谋，又从皇族中选定一个8岁的孩子，作为政权的象征，是为质帝。

汉质帝虽然年纪小，但聪明伶俐。他对梁冀的刁钻蛮横看不惯。有一次，他在朝堂上当着大臣们的面，指着梁冀说："真是个跋扈将军！"

梁冀听了，气得七窍生烟，当面又不好发作。暗想：这孩子这么小的年纪就那么厉害，将来必是心腹大患，就暗暗把毒药放在煎饼里，送给质帝吃了。

梁冀害死了质帝，又从皇族里挑选了15岁的刘志继承皇位，即桓帝。

桓帝即位后，封梁冀3万户，增加梁冀所领大将军府的官属，位至三公；又封梁冀的兄弟和儿子都为万户侯。并封梁冀妻孙寿为襄城君，兼食阳翟租，岁入5000万，加赐赤绂，和长公主同样待遇。梁冀可以"入朝不趋，剑履上殿，谒赞不名"。朝会时，不与三公站在同一席子上，10天到尚书台办公一次。从此以后，不论事情的大小，都要经过梁冀决定，才可执行。不但文武百官的升迁要先到梁府去谢恩，就是皇帝的近侍也是由梁冀派遣，皇帝的起居行止都要报告梁冀。又隔了两年，总计梁冀一门，前后有7个封侯，3个皇后，6个贵人，2个大将军，夫人、女食邑称君者7人，尚公主3人，其余卿将尹校57人。梁冀在位20余年，威行内外，百僚侧目，没有任何人敢违其命。

约束外家
此图描绘的是东汉明德马太后训诫宗族亲戚不要骄横越礼的故事。马太后是东汉名将马援小女，明帝皇后。她曾以西京败亡之祸为戒劝阻章帝封爵诸舅，以防止外戚专权。

梁冀无法无天地掌了将近 20 年大权，最后跟汉桓帝也闹起矛盾来。汉桓帝忍无可忍，就秘密联络了单超等 5 个跟梁冀有怨仇的宦官，趁梁冀没有防备，带领羽林军 1000 多人，突然包围了梁冀的住宅。

梁冀得知情况后，惊慌失措，知道自己活不了了，只好服毒自杀。

汉桓帝论功行赏，把单超等五个宦官封了侯，称作"五侯"。从那时起，东汉政权又从外戚手里转到宦官手里了。

桓帝依靠宦官的力量击败外戚专权，视宦官为心腹，而宦官的力量剧增，其威风亦不亚于外戚。汉末，士人批评时政。太学生则在太学中进行反宦官政治的组织和宣传，清议之风顿时盛行。再加上中下级官吏的声援，遂掀起了一个不小的反对宦官政治的浪潮。宦官见势不好，进行了凶猛的反攻，于是形成党锢之祸。

党锢之祸

党锢之祸是桓帝、灵帝时期，统治集团的内部权势之争。东汉政权自和帝后长期被宦官外戚轮流把持，到桓、灵时期，社会矛盾日益突出，政治腐败黑暗，宦官专权也到达了顶峰。宦官集团把持朝政，谋取私利，排斥异己，陷害忠良，先后制造了两次党锢惨祸。反对宦官的官僚士大夫和太学生受到惩罚，本人以及亲属、门生等或被逮捕，或被流放，或者禁锢终身不得做官。

东汉后期，官吏的任免权被宦官控制，正直的官僚士大夫在朝中不断遭受排挤和打击，而作为官吏后备军的太学生们更是感到仕途无望，于是官僚士大夫和太学生联合起来，形成反对宦官集团的社会政治力量。他们抨击时弊，品评人物，被称为"清议"。有识之士力图通过清议，反对宦官专权，挽救危机四伏的东汉统治。清议之风的盛行，造成很大的舆论影响。

公元 153 年，宦官赵忠的父亲去世，安葬时葬礼隆重超出常规，刚正严明的朱穆令手下挖掘坟墓，亲自检查，发现有玉匣、木偶等违规葬品。朱穆下令逮捕赵忠家属，赵忠反而向桓帝告状，诬陷朱穆。太学生刘陶等人愤愤不平，联名上书请愿，桓帝迫于舆论压力赦免了朱穆。公元 162 年，宦官徐璜等向平定羌人叛乱有功的皇甫规敲诈勒索，遭到拒绝。徐璜等反诬告皇甫规私吞军饷。皇甫规被桓帝罚服苦役，太学生张风等人和一些官员联合起来共同上书，使皇甫规获得赦免。这两次以太学生主体的反对宦官的斗争取得了胜利，他们的活动对当权的宦官形成巨大的压力。

公元 165 年，陈蕃做了太尉，名士李膺做了司隶校尉。他们都是读书做官、操行廉正又看不惯宦官弄权的人，因而太学生都拥护他们。

李膺做司隶校尉的职责是纠察京师百官及附近各郡县官吏。有人向他告发大宦官张让的弟弟张朔做县令时，横行不法，虐杀孕妇，事后逃到张让家躲避罪责。李膺打听到张朔藏在张让家空心柱子中，亲率部下直入张让家中，"破柱取朔"，拉出去正法了。

张让马上向汉桓帝哭诉。桓帝知道张朔的确有罪，也没有责备李膺。

李膺像

李膺执法公正，刚直不阿，轰动了京师，受到士人和百姓的推崇。

过了一年，有一个和宦官来往密切的方士张成，从宦官侯览那里得知朝廷即将颁布大赦令，就纵容自己的儿子杀人。杀人凶手被逮起来，准备法办。就在这时，大赦令下来了。张成得意地对众人说："有大赦诏书，司隶校尉也不能把我儿子怎么样。"这话传到李膺的耳朵里，李膺怒不可遏。他说："张成预先知道大赦，故意叫儿子杀人，这是藐视王法，大赦轮不到他儿子。"就下令把张成的儿子处决了。

张成哪肯罢休，他与宦官侯览、张让一起商量了一个鬼主意，叫张成的弟子牢修向桓帝诬告李膺和太学生，罪状是"结成一党，诽谤朝廷"。

汉桓帝接到牢修的控告，便下令逮捕党人。除了李膺之外，还有杜密、陈寔和范滂等二百多人，均在党人之列。朝廷通令各地抓捕这些人。李膺和杜密都被关进了监狱。

捉拿人的诏书到达了各郡，各郡的官员都把与党人有牵连的人申报上去，有的多达几百个。

第二年，有个叫贾彪的颍川人，自告奋勇到洛阳替党人申冤叫屈，汉桓帝的岳父窦武也上书要求释放党人。李膺在牢里采取以守为攻的办法，故意招出了好些宦官的子弟，说他们也是党人。宦官害怕，就对汉桓帝说："现在天时不正常，应当施行大赦。"汉桓帝对宦官是唯命是从的，马上宣布大赦，把两百多名党人全部释放了。

党人被释放后，宦官不许他们在京城居留，打发他们一律回家，并把他们的名字向各地通报，罚他们一辈子不得做官。这就是第一次党锢事件。桓帝祖护宦官集团，使社会更加黑暗，而正直的党人们却受到社会各阶层的称赞。党人范滂出狱回家，家乡人迎接他的车多达数千辆。

桓帝死后，灵帝即位，窦太后临朝，大将军窦武和太傅陈蕃辅政。他们起用李膺等被禁锢的党人，企图一举消灭宦官势力。宦官曹节等发动宫廷政变，劫持窦太后、挟制灵帝，窦武兵败自杀，陈蕃也被捕死于狱中。公卿百官中受陈、窦举荐的全部免官禁锢。公元169年，张俭揭发宦官的爪牙为非作歹，反被宦官倒打一耙，并乘机把上次禁锢过的党人牵连进去，李膺等一百多人被捕死于狱中。又过几年，曹鸾上书为党人诉冤，灵帝反而重申党禁，命令抓捕一切与党人有关的人，凡是党人门生、故吏、父子兄弟和亲属，皆免官禁锢，这是第二次党锢事件。直到黄巾起义爆发，灵帝被迫赦免了党人，党锢才结束。

黄巾起义

东汉末年，土地兼并严重，豪强地主势力日益扩张；宦官专权，吏治腐败，统治集团日趋腐朽，社会矛盾日趋激化；而天灾人祸不断，流民颠沛流离。走投无路的农民被迫奋起反抗，终于酿成了东汉中平元年（公元184年）中国历史上第一次有组织、有准备、全国性的农民起义——"黄巾大起义"。

东汉外戚和宦官两大集团的争权夺利，使朝政混乱，吏制腐败。水旱、虫蝗、风雹、地震、牛疫等自然灾害频繁。灵帝时河内、河南地区大饥荒，出现了河内的老婆吃丈夫，河南的丈夫吃老婆的事情。农民起义此起彼伏。安帝时，毕豪率众起义揭开了反对东汉统治的序幕。

巨鹿郡有弟兄3个，老大名叫张角，老二名叫张宝，老三名叫张梁。三个人不仅有本领，还常常帮助老百姓排忧解难。

张角通晓医术，给穷人治病，从来不要钱，深得穷人的拥护。他知道农民只求安安稳稳地过日子，可眼下受地主豪强的压迫和天灾的折磨，多么盼望有一个太平世界啊！于是，他决定利用宗教把群众组织起来，便创立了一个教门叫太平道。

随着他和弟子们的传教广泛深入民间，相信太平道的人越来越多。大约花了10年的时间，太平道传遍了全国。各地的教徒发展到几十万人。

张角和其他组织者商议后，把全国8个州几十万教徒都组织起来，分为36方，大方有一万多人，小方六七千人，每方选出一个首领，由张角统一指挥。

他们秘密约定36方在"甲子"年（公元184年）三月初五那天，京城和全国同时举行起义，口号是："苍天已死，黄天当立；岁在甲子，天下大吉。""苍天"，指的是东汉王朝；"黄天"，指的是太平道。张角还派人在洛阳的寺庙和各州郡的官府大门上，用白粉写上"甲子"两字，作为起义的暗号。

可是，在离起义的时间还有一个多月的紧要关头，情况发生了变化，起义军内部出了叛徒，向东汉朝廷告了密。

面对突然变化的形势，张角当机立断，决定提前一个月举事。36方的起义农民，接到张角的命令后，同时起义。因为起义的农民头上全都裹着黄巾，作为标志，所以称作"黄巾军"。

汉灵帝得到消息后，惊慌失措，忙拜外戚何进为大将军，派出大批军队，由皇甫嵩、朱儁、卢植率领，兵分两路，前去镇压黄巾军。

然而，各地起义军声势浩大，把官府的军队打得望风而逃。起义之初，义军进展顺利：河北黄巾军生擒皇族安平王刘续、甘陵王刘忠；南阳（今河南南阳）黄巾军斩杀太守褚贡，围攻宛城；汝南黄巾军在召陵（今河南漯河市东北）打败太守赵谦军；广阳（今北京市西南）黄巾军攻破蓟县，杀幽州刺史郭勋。

起义军发展壮大后，张角自称天公将军，其弟张宝称地公将军，张梁称人公将军。张角、张梁驻广宗，张宝驻下曲阳，作为农民军中央基地，率部在冀州一带攻城略地，同时节制各路义军；南阳黄巾军由张曼成率领，在南方扩张势力；汝南黄巾军由波才、彭脱率领，活动于颍川（在今河南禹州市）、陈国（在今河南淮阳市）一线，成为黄巾第三大主力。黄巾军从北、东、南三个方向对京师洛阳形成包围之势。

黄巾农民军的"遍地开花"引起了东汉朝廷的恐慌。汉灵帝从温柔乡中醒来，匆忙组织武装镇压。

黄巾起义形势图

他下令大赦党人，以缓和统治阶级内部矛盾；又下诏令各地严防义军势力渗透，并积极集兵进剿。灵帝命国舅兼大将军何进统率左、右羽林军，加强洛阳防御，拱卫京师；左中郎将皇甫嵩、右中郎将朱儁率 4 万步骑进攻颍川黄巾军；北中郎将卢植率北军和地方军队进攻河北黄巾军。

张曼成率南阳黄巾军进攻中原战略要地宛城，遭南阳太守秦颉顽抗，张曼成战死。赵弘继为指挥，攻克宛城，部众发展至 10 余万人。六月，刚刚剿灭颍川义军的朱儁，把屠刀挥向南阳黄巾军，与荆州刺史徐璆、南阳太守秦颉合兵两万余人围攻宛城。黄巾军拼死抵御，坚守两个多月。

朱儁见城坚难攻，遂退兵以诱敌，暗中设伏。赵弘不明虚实，出城追击，遭朱儁伏兵重创，被迫退回城中。但元气大伤的黄巾军已无力守城，余部于十一月向精山（今河南南阳市西北）转移，被官军追上，大部战死。

河南黄巾军被镇压后，东汉朝廷将重点转向河北。因卢植久攻广宗不下，何进改派东中郎将董卓接替卢植，但董卓恃勇轻敌，被张角大败于下曲阳。十月，朝廷再调皇甫嵩进攻广宗，适值张角病死，黄巾军失其主帅，士气受挫。皇甫嵩趁机在夜间发动突袭，义军仓促应战，张梁等 3 万余人战死。十一月，皇甫嵩移师转攻下曲阳，张宝等 10 余万人被杀。至此，黄河南北的黄巾军主力先后被官军及地方豪强武装消灭。

"苍天乃死" 字砖　东汉

字砖中 "苍天乃死" 四字与黄巾起义的口号不谋而合，起义军因此广泛传布太平道，表达民众推翻汉朝的普遍心愿。

公元 185 年农历四月，波才率部击败朱儁，进围皇甫嵩于长社（今河南长葛东北）。但因缺乏作战经验，依草结营，时值大风，皇甫嵩乘夜顺风纵火，义军大溃；皇甫嵩随即联合朱儁、曹操三军合击黄巾军，斩杀义军数万。官军乘胜进击汝南、陈国黄巾军，阳翟一战，波才战死；彭脱的黄巾军也在西华被击溃。八月，东郡（今河南濮阳市西南）黄巾军与官军大战于苍亭，7000 余人被屠杀，主将卜己身死。颍川、汝南、东郡三郡黄巾军主力悉数被歼。

黄巾起义虽仅 9 个月便失败了，但起义的余波却持续了 20 多年。黄巾起义瓦解了东汉王朝的统治，外戚宦官的黑暗统治也因此结束了。

第四章　离析与交融

第一节　三足鼎立

袁绍拥兵自重

汉灵帝在黄巾军起义的风潮中，一命呜呼了。他死后，年仅14岁的皇子刘辩继承皇位，这就是汉少帝。由于少帝年幼，何太后便按惯例临朝，这样一来，朝政大权又落入了外戚、大将军何进的手里。

袁绍，字本初，汝南汝阳（今河南商水西北）人。他出生于一个世代为官的地主家庭，从祖上袁安起，一直到袁绍的父亲袁逢，四代人中出了五个"三公"，人称"四世三公"。

由于何太后不同意消灭宦官，袁绍就劝何进密召驻扎河东的董卓带兵进京，用武力胁迫何太后。不料董卓还没有到达洛阳，宦官已得到消息，提前下手把何进杀死了。袁绍得知消息后，就和他的兄弟袁术带兵进宫，将搜捕到的宦官，全部杀死了。

持戟青铜骑士俑出行仪仗　东汉

这时，董卓已率关西军进入洛阳。为了控制住局面，董卓假造声势，收编了何进的部下，独掌了朝政大权。此后，他便想废掉少帝刘辩，但又害怕众人不服，便找袁绍来商量，希望能借重袁绍的影响来控制朝野内外，谁知袁绍表示坚决反对，两人话不投机，拔刀相向。袁绍待在京师，总担心董卓对他下手，便匆匆离开了京师。

袁绍走后，董卓立即废掉少帝刘辩，另立陈留王刘协为帝，这就是汉献帝。袁、董虽然反目成仇，但袁绍世代为官，是当时声名显赫的世家大族，董卓顾及袁绍势力太大，为了缓和同袁绍的矛盾，就听从一些官员的劝告，任命袁绍为渤海太守。

不久，袁绍号召各地豪强贵族势力反对董卓废立皇帝，董卓因此而杀死袁氏一族在洛阳和长安的50多人。董卓残忍地对待袁氏家族，反而使袁绍更具有号召力。在反对董卓的队伍中，有一支不太引人注目的队伍，带领这支队伍的首领，名叫曹操。

枭雄曹孟德

曹操，字孟德，小名阿瞒，沛国谯县（今安徽亳县）人。他父亲夏侯嵩是汉桓帝时大宦官曹腾的养子，随曹腾改姓了曹。

曹操从小就很聪明机警，善于随机应变。当时汝南名士许劭以善于评论人物著称，曹操特地登门拜访，请他品评自己。许劭起初不肯评说，经曹操再三追问，他才说："你在治世时，会成为能干的大臣；在乱世里，会成为奸雄。"

曹操在20岁的时候，当了一个叫洛阳北部尉的小官，但是声望很高。

军司马印　东汉

关外侯印　东汉
曹操最初所建立的军队名为"青州兵"，军纪严整，制度森严。此印为当时军队中高级将领的印绶。

公元190年，曹操和各路讨伐董卓的大军，在陈留附近的酸枣（今河南延津西南）集合，组成一支"反董"联军，大家共同推举袁绍作为联军的盟主。

董卓听说各地起兵的消息，心惊胆战。他不顾大臣们的反对，决定迁都长安。汉献帝被迫离开洛阳后，董卓下令放火焚城。一时间，洛阳成了一片火海，致使洛阳的百姓流离失所，尸骨弃野。

这时，在酸枣附近集结的各路讨董大军都按兵不动，彼此观望。曹操看到这种情形，义愤填膺，带领手下5000人马，向成皋进兵。曹操的人马刚刚到了汴水，便遭到了董卓部将徐荣的攻击。双方力量对比悬殊，一交手，曹操便败下阵来。

曹操损兵折将，回到酸枣。他看到起义讨伐董卓的同盟军不能与他一起成就大事，就单独去了扬州（今安徽淮水和江苏长江以南），在那里招兵买马，养精蓄锐。

王允除董卓

董卓到了长安后，就自称太师，要汉献帝尊称他是"尚父"。

他看到朝廷里的大臣们人心涣散，对他没有什么威胁，也就寻欢作乐起来了。他在离长安200多里的地方，建筑了一个城堡，称作鹏坞。鹏坞的城墙修得又高又厚，他把从百姓那里搜刮得来的金银财宝和粮食都贮藏在那里，单说粮食一项，30年也吃不完。

鹛坞筑成以后，董卓得意地对人说："如果大事能成，天下就是我的；如果大事不成，我就在这里安安稳稳度晚年，谁也打不进来。"

董卓有一个心腹，名叫吕布，勇力过人。董卓把吕布收作干儿子，叫吕布随身保护他。他走到哪里，吕布就跟到哪儿。吕布的力气特别大，射箭骑马的武艺，十分高强。那些想刺杀董卓的人，因为害怕吕布的勇猛，就不敢动手了。

司徒王允想除掉董卓。他知道要除掉董卓，必须先打吕布的主意。于是，他就常常请吕布到他家里，一起喝酒聊天。日子久了，吕布觉得王允待他好，也就把他跟董卓的事情向王允透露一些。

原来，董卓性格暴躁，稍不如他的意，就不顾父子关系，向吕布发火。有一次，吕布无意中冲撞了他，董卓竟将身边的戟朝吕布掷去。幸亏吕布眼疾手快，侧身躲过了飞来的戟，没有被刺着。为此，吕布心里很不痛快。王允听了吕布的话，心里挺高兴，就把自己想杀董卓的打算也告诉了吕布。

吕布答应跟王允一起谋反。

公元192年，汉献帝生了一场病，身体痊愈后，在未央宫接见大臣。董卓得到通报从鹛坞到长安去。为了提防有人刺杀他，他在朝服里面穿上铁甲，在乘车进宫的大路两旁，派卫兵密密麻麻地排成一条夹道护卫。他还叫吕布带着长矛在身后保卫他。他认为经过这样安排，就万无一失了。

殊不知，王允和吕布早已设好计策。吕布安插了几个心腹勇士扮作卫士混在队伍里，专门在宫门口等候。董卓的坐车刚一进宫门，就有人拿起戟向董卓的胸口刺去。但是戟扎在董卓胸前铁甲上，刺不进去。

吕布见此情景，立即举起长矛，一下子戳穿了董卓的喉头。随即，吕布从怀里拿出诏

描绘剪除董卓历史故事的年画——《连环记》

书向大家宣布："皇上有令，只杀董卓，别的人一概不追究。"董卓的将士们听了，都高兴地呼喊万岁。

长安的百姓听到奸贼董卓死了，欢声雷动，举杯相庆。可是，过了不久，董卓的部将李傕、郭汜攻入长安，杀死了王允，赶走了吕布，长安又陷入混乱动荡之中。

煮酒论英雄

东汉王朝经历了董卓之乱后，已经名存实亡，各地州郡割据一方，官僚、豪强趁机争城夺地，形成了大大小小的割据势力。

经过几年的苦心经营，曹操的势力渐渐壮大。他打败了攻进兖州（今山东省西南部和河南省东部）的黄巾军，在兖州建立了一个据点。他还将黄巾军的降兵补充到自己的军队中，扩大了武装。后来，他又打败了陶谦和吕布，成为一个强大的割据势力。

公元 195 年，长安的李傕和郭汜发生火并，互相攻伐。在这种情况下，外戚董承和一批大臣带着献帝逃出长安，回到洛阳。这时的洛阳宫殿，早已被董卓烧光了，到处是瓦砾碎石、残垣断壁、荆棘野草。汉献帝到了洛阳，没有宫殿，就住在一个官员的破旧住房里。一些文武官员，没有地方住，只好搭个简陋的草棚，遮风避雨。这些还不算，最大的难处是没有足够的粮食充饥。

魏武帝曹操像

受《三国演义》的影响，在许多人的心目中，曹操是个反面人物。实际上，曹操是一位雄才大略的政治家和军事家，他统一北方，使混乱的社会经济得到恢复，对于结束东汉末年的战乱功不可没。同时，曹操在文学上也卓有建树。

这时候，曹操正驻兵在许城（今河南许昌），听到这个消息，就和手下的谋士商量，把汉献帝迎过去。随后，他派出曹洪带领一支人马到洛阳去迎接汉献帝。

曹操把汉献帝迎到许都的这一年，徐州牧刘备前来投奔他。那时，刘备驻守的徐州被袁术和吕布联军夺了去。

刘备是河北涿郡（今河北涿州市）人，是西汉皇室的宗亲。他从小死了父亲，家境败落，跟他母亲一起靠贩鞋织席过日子。他对读书不太感兴趣，却喜欢结交豪杰。有两个贩马的大商人经过涿郡，很赏识刘备的气度，就出钱帮助他招兵买马。

当时，到涿郡应募的有两个壮士，一个名叫关羽，一个名叫张飞。这两人武艺高强，又跟刘备志同道合，日子一久，3 个人的感情真比亲兄弟还密切。

刘备投奔曹操以后，曹操和刘备一起去攻打吕布。吕布兵败被杀。回到许都后，曹操请汉献帝封刘备为左将军，并且非常尊重刘备，走到哪儿，都要刘备陪在他身边。

这时候，汉献帝觉得曹操的权力太大了，又很专横，便要外戚董承设法除掉曹操。他写了一道密诏缝在衣带里，又把这条衣带送给董承。

董承接到密诏，就秘密地找来几个亲信，商量如何除掉曹操。他们觉得自己力量不够，认为刘备是皇室的后代，一定会帮助他们，就秘密与刘备联络。刘备果然同意了。

此后过了不久，曹操邀请刘备去喝酒。两个人一面喝酒，一面说笑，谈得很投机。他们谈着谈着，很自然地谈到天下大事上来了。曹操拿起酒杯，说："您看当今天下，有几个人能算得上英雄呢？"

刘备谦虚地说："我说不清楚。"

曹操笑着对刘备说："我看啊，当今的天下英雄，只有将军和我曹操两个人。"

刘备心里想着跟董承同谋的事，正感觉不安，听到曹操这句话，大吃一惊，身子打了一个寒战，手里的筷子掉在了地上。

正巧在这时，天边闪过一道电光，接着就响起一声惊雷。刘备一面俯下身子捡筷子，一面说："这个响雷真厉害，把我吓成这个样子。"

刘备从曹操府中出来，总觉得曹操这样评价自己，将来会丢了性命，便等待机会离开许都。

事也凑巧，袁绍派他儿子到青州去接应袁术，要路过徐州。曹操认为刘备熟悉那一带的情况，就派他去截击袁术。

刘备一接到曹操命令，就赶紧和关羽、张飞带着人马走了。

刘备打败了袁术，夺取了徐州，决定不回许都去了。

到了第二年春天，董承和刘备在许都合谋反对曹操的事败露了。曹操把董承和他的三个心腹都杀了，并且亲自发兵征讨刘备。

刘备听说曹操亲自带领大军进攻徐州，慌忙派人向袁绍求救，袁绍手下的谋士田丰劝袁绍乘许都兵力空虚的时候偷袭曹操，袁绍没有听从。

曹操大军进攻徐州，刘备兵少将寡，很快就抵挡不住，最后只好放弃徐州，投奔冀州的袁绍。

官渡之战

袁绍看到刘备兵败后，才感到曹操是个强大的敌人，决心进攻许都。

公元200年，袁绍调集了十万精兵，派沮授为监军，从邺城（冀州的治所，在今河北临漳西南）出发，进兵黎阳（今河南浚县）。他先派大将颜良渡过黄河，进攻白马（今河南滑县）。

当时，曹操的部下刘延驻守白马，坚守不出。曹操虽亲率大军驻扎在官渡（今河南中牟县），但是兵力也很少，只有三四万人，没有办法分兵来救。曹操很是着急。谋士荀攸向曹操献计说："我军兵少，面临强敌，正面交锋恐怕不易得手，应该分散袁绍的兵力。曹公您领兵向延津（今河南延津北）推进，摆出要渡黄河进攻袁绍后方的阵势，袁绍一定分兵向西，然后我们用轻骑突袭白马，攻其不备，一定可以擒获颜良。"曹操认为荀攸说得很有道理，便按他说的去做，进军延津。袁绍知道后，十分惊慌，急忙命

官渡之战示意图

令黎阳的袁军星夜赶到延津渡口，截住曹军，不让他们过河。曹操见袁绍中计，便立即率领轻骑直扑白马。当时围攻白马的是袁绍的大将颜良、郭图，他们自恃兵多将广，又有黎阳做后盾，麻痹轻敌。曹军到白马后立即发动袭击，颜良、郭图毫无防备，被杀得大败。

袁绍听到这个消息，决定孤注一掷，全军渡河，追击曹军。

沮授一再劝告袁绍，但袁绍向来刚愎自用，不听劝告，率大军渡过黄河朝延津以南而来，并派大将文丑率精兵追击曹军。曹操见袁绍军追来，下令以后军为前军，绕道西进；令徐晃率600多名精锐骑兵在树丛中埋伏起来。文丑率大军追到，见路上扔满车辆物资，士兵们纷纷跳下马抢东西。这时曹军突然杀出，袁军仓促应战，大败而逃。文丑被徐晃一刀砍死，袁军士兵逃降的不计其数。

袁绍一再战败，一心想跟曹操决一死战。沮授经仔细分析，认为袁军新败不宜决战，曹操虽胜，但兵少粮缺，只要与曹长期对峙，曹操必败。袁绍骄傲成性，无人能劝，亲率大军直逼官渡。官渡离许昌不到200里地，是许昌的屏障，也是南北咽喉要道。一旦官渡失守，许昌危在旦夕。这时曹操只有死守官渡。曹军作战勇猛，又占有地利，袁绍攻了好几次，都无功而返，两军处于相持状态。

粮草缺乏的曹军被困官渡已一个多月，再也坚持不下去，曹操决定退守许都。荀彧正在许都留守，知道后便给他来信，让他再坚持一下，事情可能会有转机。在袁绍那里，许攸一眼看破曹操困境，认为曹操兵少，此时又去集中力量与袁军对抗，许都一定空虚；如果派一支精锐轻骑去偷袭许都，一定能攻下，也能把献帝控制在手中，再来讨伐曹操，曹操必被擒。即使许都攻不下，也会造成曹操首尾不能相顾的局面，曹操必败。但袁绍不听从他的建议。

许攸在袁绍手下郁郁不得志，想起曹操是他的老朋友，就连夜投奔了曹操。

曹操在大营里刚脱下靴子，正想入睡，听说许攸来投奔他，高兴得顾不上穿靴子，光着脚板跑出来迎接许攸。他一见许攸的面便说："您来了，真是太好了！我的大事有希望了。"

许攸说："我知道您的情况很危急，特地来给您透露个消息。现在袁绍有一万多车粮食、军械，全都在乌巢放着。那里的守将是淳于琼，他的防备很松。您只要带一支轻骑兵去袭击，把他的粮草全部烧光，三天之内，袁兵就会不战自败。"

曹操得到这个重要情报后，立刻布置好官渡大营防守，自己带领五千骑兵，连夜向乌巢进发。他们打着袁军的旗号，对沿路遇到袁军的岗哨说，他们是袁绍派去增援乌巢的。

曹军顺利地到了乌巢，放起一把火，把1万车粮食，烧了个一干二净。乌巢的守将淳于琼匆忙应战，也被曹军杀了。

乌巢被烧，袁绍决定偷袭曹操大营，切断他的归路，而不派兵

水田附船陶器　汉
东汉末年，曹操占据北方，实行屯田，这样既能缓解军粮短缺的压力，又可操练军队，控制军纪。汉代规定，作战士兵每人以月供应粮物，粮物的进出都有严格的手续，曹操更是规范了这一程序，并且更为严密。此器即是军屯的士兵在水田中劳作的形象反映。

去乌巢。张郃、高览被袁绍派去攻打曹军大营。张郃深知，如果粮草被烧，袁军将无法支持，必败无疑，他便去劝袁绍，但没有效果。张郃只好硬着头，同高览领着几万大军攻打官渡曹军大营。他们刚到达官渡，就遇到曹军的顽强抵抗，背后又受到从乌巢得胜回来的曹操的猛攻。张郃见袁绍成不了大事，便与高览率军投降了曹操。

袁绍经此打击，实力大大削弱，袁绍的士兵不攻自乱，曹操率军奋力冲杀，袁军大败。袁军7万多人被杀死，袁绍慌忙带着儿子袁谭和八百骑兵，向北逃窜。官渡之战结束后，曹操继续向袁绍的地区进兵。公元202年，袁绍病死。公元205年，曹操对袁谭发动进攻，袁谭兵败被杀，袁绍的另外两个儿子袁熙和袁尚逃往乌桓。公元206年，曹操攻下了冀、青、幽、并四州，统一了北方。

孙策入主江东

正当曹操经营北方的统一大业时，南方有一支割据势力渐渐壮大起来，这支队伍的首领就是入主江东（今长江下游的江南地区）的孙策、孙权两兄弟。

孙策，字伯符，吴郡富春（今浙江富阳）人，出生于当地一个名家大族。他的父亲孙坚因镇压农民起义有功，朝廷封他为长沙太守。

南京古石头城遗址
这里古为长江故道，江涛逼城，形势险峻。东汉末，孙权依山傍江筑石头城，作为军事堡垒。所谓"石城虎踞"指的就是这里。

孙坚后来又参加了讨伐董卓的联军。他到鲁阳（今河南鲁山县）时遇上袁术，被袁术封为破虏将军。在袁术和刘表争夺荆州的战斗中，孙坚打先锋，击败了刘表的大将黄祖，孙坚乘胜追击。不料，在追击途中被黄祖手下一名躲藏在树丛中的士兵用暗箭射死。

孙坚死后，长子孙策接替他的职务，统领部队，继续在袁术手下供职。孙策打起仗来勇猛异常，总是一马当先，当时人们都称他为"孙郎"。

孙策想继承父志，干一番大事业，但总感到在袁术手下难以施展自己的抱负。于是千方百计寻找机会脱离袁术，另寻出路。正巧孙策的舅舅、江东太守吴景，这时被扬州刺史刘繇赶出丹阳，孙策便向袁术请求，去平定江东，替舅舅报仇。

孙策带领袁术拨给他的1000人马到江东去，以此来开辟自己的地盘，他一路上招募兵士，从寿春到达历阳（今安徽和县）时，已招募了五六千人。这时，孙策少年时的好朋友周瑜正在丹阳探亲，听说孙策出兵，就带领一队人马前来接应，帮助他补充了粮食和其他物资。这样，孙策进一步充实了自己的力量，而且增加了一个得力助手。

孙策带领军队，渡过长江，先后几次打败刘繇的军队，最后把刘繇从丹阳赶走，还攻下了吴郡和会稽郡，同时控制了江东大部分地区。

孙策到江东后，军纪严明，不许士兵抢掠百姓财物、侵害百姓利益，深得江东百姓的欢迎。

孙策平时爱好打猎。有一天，他追赶一头鹿，一直追到江边，他的马快，跟从他的人都被远远地甩在后面。这时，原吴郡太守许贡的三个门客正好守在江边。孙策在攻下吴郡时，杀了太守许贡，因此，许贡的门客一直在寻找机会替许贡报仇。他们见机会来了，便一齐向孙策突发冷箭。孙策的面颊中了一箭。

孙策的病情很快恶化，他自知好不了了，便把张昭等谋士请来，对他们说："我们现在依靠吴、越地区的人力资源，长江的险固，可以干一番事业，请你们好好辅佐我的弟弟。"他又把弟弟孙权叫到面前，把自己的官印和系印丝带交给他，说："带领江东的人马，在战场上一决胜负，和天下人争英雄，你不如我；推举和任用贤能的人，使他们尽心竭力，保住现在的江东，我不如你。"当晚，这位纵横江东的"孙郎"便死去了。

孙策死后，孙权接替他的职务，掌管大权。在张昭和周瑜的帮助下，年仅19岁的孙权，继承父兄业绩，担负起巩固发展江东的重任。

三顾茅庐

当曹操扫除北方残余势力的时候，在荆州依附刘表门下的刘备，也正寻找机会实现自己的政治抱负。他四处招请人才，为自己出谋划策。在投奔他的人当中，有个名士叫徐庶，刘备非常赏识他的才智，便拜他为军师。

有一天，徐庶对刘备说道："在襄阳城外20里的隆中，有一位奇士，您为什么不去请他来辅助呢？这位奇士复姓诸葛，名亮，字孔明。此人有经天纬地之才，人称'卧龙'"。

刘备听到有这样的贤才，非常高兴，便决定亲自去拜访诸葛亮。第二天，刘备带着关羽、张飞启程前往隆中。

刘备一行三人来到隆中卧龙岗，找到了诸葛亮居住的几间茅草房。刘备下马亲自去叩柴门，一位小童出来开门，刘备自报姓名，说明了来意。小童告诉他们："先生不在家，一早就出门了。"

几天以后，刘备听说诸葛亮已经回来了，忙让备马，再次前往。时值隆冬，寒风刺骨。他们三人顶风冒雪，非常艰难地走到卧龙岗。当他们来到诸葛亮家，才知道诸葛亮又和朋友们出门了。刘备只好给诸葛亮留下一封信，表达了自己求贤若渴的心情。

刘备回到新野之后，一心想着诸葛亮的事，时常派人去隆中打听消息，准备再去拜谒孔明。三个人第三次去隆中时，为了表示尊敬，刘备离诸葛亮的草房还有半里地就下马步行。到了诸葛亮的家时，碰巧诸葛亮在草堂中酣睡未醒。刘备不愿打扰他，就让关张两人在柴门外等着，自己轻轻入内，恭恭敬敬地站在草堂阶下等候。

诸葛亮被刘备的诚心所打动，他根据自己多年来研究时势政治的心得体会，向刘备详细讲述了自己的政治见解，提出了实现统一的战略方针。他说："现在曹操打败了袁绍，拥有百万兵马，又借天子的名义号令天下，很难用武力与他争胜负了。孙权占据江东，那里地势险要，民心顺服，还有一批有才能的人为他效劳，也不可以与他争胜负，但可以与他结成联盟。"

接着，诸葛亮分析了荆州和益州（今四川、云南和陕西、甘肃、湖北、贵州的一部分地区）的形势，认为如果能占据荆州和益州的地方，对外联合孙权，对内整顿内政，一旦

古隆中，在今湖北襄樊。

机会成熟，就可以从荆州、益州两路进军，攻击曹操。到那时，功业可成，汉室可兴。

刘备听完诸葛亮的讲述，茅塞顿开。他赶忙站起来，拱手谢道："先生的一席话，让我如拨开云雾而后见青天。"刘备从诸葛亮的分析中看到了自己广阔的政治前景，于是再三拜请诸葛亮出山。诸葛亮见刘备这样真诚地恳求，也就高高兴兴地跟刘备到新野去了。

从那时起，年仅27岁的诸葛亮用他的全部智慧和才能帮助刘备实现政治抱负，建立大业。从此，刘备才真正拉开了称霸一方的序幕。

赤壁之战

曹操统一北方后，于公元208年秋天率兵30万，号称80万，南下攻打荆州。当曹操的军队还没有到达时，刘表就病死了。他的两个儿子——长子刘琦、次子刘琮向来就不和睦，在刘表临终前几个月，刘琦出任江夏太守；刘琮被部下拥戴，继任荆州牧。刘琮是个贪生怕死的人，听说曹操来攻荆州，暗地派人投降，曹操兵不血刃地占领了襄阳，当时刘备和诸葛亮正在与襄阳一水之隔的樊城（今湖北襄樊）操练兵马，他还不知道刘琮已经投降。曹操大军逼近时，单凭自己的力量抵抗曹操已不可能，便与诸葛亮率军向江陵（今湖北江陵）退去。刘备在荆州很有影响，当他撤退时，有10多万百姓纷纷随他南下，辎重数千辆，男女老幼互相搀扶，所以每天走得很慢。曹操看出刘备想退守江陵的意图，亲自率5000骑兵，昼夜急行300多里，直奔江陵。曹军在当阳长坂追上刘备，大败刘备。曹操顺利占据江陵，而刘备却逃到刘琦驻守的夏口。此时刘备的军队除关羽的1万水军和刘琦的1万多步兵外，其余损失殆尽。

曹操席卷荆州的消息传到江东，孙权部下的文武官员都异常震动，有些人主张投降，孙权犹豫不决。在曹操进兵荆州以前，孙权就曾派鲁肃到荆州去探听虚实，鲁肃在当阳劝刘备把军队移驻到长江南岸的樊口（今湖北鄂城），以便和东吴互通声气。刘备乘机派诸葛亮和鲁肃一同前往柴桑（今江西九江）去见孙权，商议联合抗曹的策略。这时候，孙权接到曹操的恐吓信，声称孙权若不投降，他将率80万大军直捣江东。曹操的威势使一些人吓破了胆，长史张昭就是其中之一。他认为只有投降才是上策。针对这种观点，周瑜批驳说："曹操挥师南下，后边有关西马超、韩遂的威胁，后方一定不稳定。再说曹军习于陆战，不习水战，他们与我们较量是舍长就短。另外，现在是寒冬十月，曹操军马粮草不足，北方士兵远涉江湖之间，水土不服，必生疾病。这些都是曹操致命的弱点。曹操号称80万大军，据我观察，曹操带来的军队不过十五六万，已疲惫不堪；从刘表那里所得军队，最多不过七八万，且人心不稳。这二十二三万军队人数虽多，但不堪一击。将军只要给我5万精兵，就足以打败曹操，请将军放心。"一番话说得孙权非常激动，他拔出宝剑，砍掉奏案的一角，厉声说道："诸将吏谁再敢说'投降'二字，就和这奏案一样！"

于是，孙权以周瑜为左督（总指挥），程普为右督（副总指挥），鲁肃为赞军校尉（参谋长），率精兵3万，与刘备大军一齐进驻长江南岸的赤壁（今湖北蒲圻西北），与江北曹操的军队隔江对峙。

曹操的士兵因来自北方，初到南方个个水土不服，很不习惯南方潮湿的气候，再加上不习惯乘船，没多久就病倒了许多人。曹操见士兵们身体虚弱，只好召集谋士们商量对策。这时，有人献上连环计：将水军的大小战船分别用铁环锁住，十几条船一排，每排船上再铺上宽阔的木板，不仅人可以在上面行走自如，就是马也可以在上面跑起来。曹操听了非常高兴，立即下令：连夜打造连环大钉，锁住大小战船。这样做后，效果果然不错，人在船上走，如履平地，一点也不觉得摇晃。

驻防在长江南岸的孙刘联军，看见曹操的战船连在一起，便想用火攻。正在发愁无法将火种靠近敌船时，周瑜手下的大将黄盖主动要求自己假装投降，以便靠近敌船。

周瑜很赞成黄盖的主意，两人经过商量，派人给曹操送去一封信，表示投降曹操。曹操以为东吴的人看清了形势，害怕兵败身亡，便没怀疑黄盖的假投降。

周瑜在江东将各路人马布置停当，只等东南风起，火攻曹营。

公元208年冬至那天半夜，果然刮起了东南风，而且风势越来越猛。黄盖又给曹操去了一封信，约定当晚带着几十只粮船到北营投降。

当天晚上，黄盖率领20只战船，船上装满干草、芦苇，浇了膏油，上面蒙上油布，严严实实地把船遮盖住。每只船后又拴着3只划动灵活的小船，小船里都埋伏着弓箭手。降

赤壁之战图

诸葛亮舌战群儒
凭着三寸不烂之舌和满腹智慧，诸葛亮轻易达到了联吴抗曹的目的。

船扯满风帆，直向北岸驶去。曹军水寨的官员听说东吴的大将前来投降，都跑到船舷来观看。

黄盖的大船离北岸2里左右时，只见黄盖大刀一挥，二十几只大船一齐着起火来，火焰腾空而起，二十几条战船像狂舞的火龙，一起撞入曹操的水军中。火趁风势，风助火威，一眨眼的工夫，曹军的水寨成了一片火海。水寨外围都是用铁钉和木板连起来的首尾相接的连环船，一时间拆也无法拆，逃也逃不走，只好眼巴巴地看着大火烧尽战船。黄盖他们则早已跳上小船，不慌不忙地接近北营，向岸上发射火箭。这样一来，不但水寨里的战船被烧，连岸上的营寨也着了火。一时间，江面上火逐风飞，一片通红，漫天彻地。

刘备、周瑜一看北岸火起，马上率水陆两军同时进兵，杀得曹军死伤了一大半，曹操败走华容道。刘备、周瑜水陆并进，乘胜追击，一直追到南郡。曹操在战斗中损兵折将。恰在这时，又传来孙权围攻合肥的消息，必须派兵驰援。曹操只得留下曹仁、徐晃驻守江陵，乐进驻守襄阳，自己率领其余的队伍踏上北归的路途。

赤壁之战，以孙刘联军胜利、曹操大败而告结束。这是三国时期以少胜多，以弱制强的著名军事战役，为三国鼎立奠定了基础。赤壁之战结束后，曹操再也无力南下，统一全国的愿望化成了泡影。孙权稳定江东，并且向岭南地区发展。刘备占据荆州，向益州发展。

刘备入川

赤壁之战以后，周瑜把曹操的人马从荆州赶了出去。在荆州的归属问题上，孙、刘两家发生了分歧。刘备认为，荆州本来是刘表的地盘，他和刘表是本家，刘表不在了，荆州理应由他接管；孙权则认为，荆州是靠东吴的力量打下来的，应该归东吴。后来，周瑜只把长江南岸的土地交给了刘备。刘备认为分给他的土地太少了，很不满意。不久，周瑜病死，鲁肃从战略的角度考虑，认为把荆州借给刘备，可以让他抵挡北方的曹操，东吴便可以借机整顿兵马，图谋大业。为此，他劝说孙权把荆州借给刘备。

借人家地方总不是长远之计，刘备按照诸葛亮的计划，打算向益州发展。正好在这个时候，益州的刘璋派人请刘备入川。

原来，益州牧刘璋手下有两个谋士，一个叫法正，另一个叫张松。两人私交很深，都是很有才能的人。他们认为刘璋是无能之辈，在他手下做事没有出息，想谋个出路。

法正来到荆州后，刘备殷勤地接待了他，同他一起谈论天下形势，谈得十分融洽。

法正回到益州后，就和张松秘密商议，想把刘备接到益州，让他做益州的主人。

古蜀道

　　过了不久，曹操打算夺取汉中（今陕西汉中市东）。这样一来，益州就受到了威胁。张松趁机劝刘璋请刘备来守汉中。刘璋便派法正带了4000人马到荆州去迎接刘备。

　　刘备见到法正后，对于是否入川还有点犹豫。那时候，庞统已经当了刘备的军师，他坚决主张刘备到益州去。

　　刘备听从了法正、庞统的劝说，让诸葛亮、关羽留守荆州，自己亲率人马到益州去。

　　后来，张松做内应的事泄露了。刘璋杀了张松，布置人马准备抵抗刘备。

　　刘备带领人马攻打到雒城（今四川广汉北）时，受到雒城守军的顽强抵抗，足足打了一年才攻下来，庞统也在战斗中中箭而亡。随后，刘备向成都进攻，诸葛亮也带兵从荆州赶来会师。刘璋坚持不住，只好投降了。

　　公元214年，刘备进入成都，自称益州牧。他认为法正对这次攻进益州立了大功，便把他封为蜀郡太守，致使整个成都都归法正管辖。

　　诸葛亮帮助刘备治理益州，执法严明，不讲私情，当地有些豪门大族都在背地里吐露怨气。

　　法正劝告诸葛亮说："从前汉高祖进关，约法三章，废除了秦朝的许多刑罚，百姓都拥护他。您现在刚来到这里，似乎也应该宽容些，这样才合大家心意。"

　　诸葛亮说："您知道的并不全面。秦朝刑法严酷，百姓怨声载道，高祖废除秦法，约法三章，正是顺了民心。现在的情况与那时完全不同。刘璋平时软弱平庸，法令松弛，蜀地的官吏横行不法。现在我要是不注重法令，地方上是很难安定下来的啊。"

　　法正听了这番话，对诸葛亮十分佩服。

火烧连营

　　建安二十五年（公元220年），66岁的曹操病死在洛阳。曹操死后，太子曹丕继袭他的魏王和丞相位，掌握朝廷大权。

　　同年，曹丕逼迫汉献帝退位，自己称帝，建立魏朝，就是魏文帝。东汉到此也正式结束了。

汉昭烈帝刘备像

蜀汉得知曹丕称帝的消息后，大臣们便拥立刘备承继汉家帝位。公元221年，汉中王刘备正式在成都即皇位，这就是汉昭烈帝。

由于孙权重用吕蒙，用计袭取了荆州，杀了关羽，使得蜀汉和东吴的矛盾越来越激化。刘备即位之后，便调集75万大军，以替关羽复仇为名，进攻东吴。刘备出兵前，张飞的部将叛变，杀了张飞投奔东吴。刘备旧恨未报又添新仇，报仇心切的他命令大军急进。蜀军先锋吴班、冯习很快攻占巫县（今四川巫山）、秭归（今四川秭归）。

东吴君臣吓得要命，赶紧派使者向刘备求和，但都没有效果。孙权正在着急的时候，大臣阚泽以全家担保举荐陆逊为统帅。于是孙权封镇西将军陆逊为大都督，赐给他宝剑印绶，带领5万人马抵御蜀军。

第二年正月，刘备到了秭归。蜀军水陆并进，直抵夷陵（今湖北宜昌东南）。刘备率领主力，进驻猇亭（今湖北宜都北）。他在长江南岸，沿路扎下营寨，水军也弃舟登陆。从巫峡到夷陵的六七百里山地上，蜀军一连设置了几十处兵营，声势非常浩大。

陆逊看到蜀军士气旺盛，又占据了有利地形，很难攻打，就坚守不出。这时，东吴的安东中郎将孙桓被蜀军包围在夷道（今湖北宜都西北），派人向陆逊求救。陆逊手下的将领，也纷纷要求派兵救援。陆逊对大家说："孙桓很得军心，夷道城池牢固，粮草也很充足，不必忧虑，等我的计谋实现以后，孙桓就自然解围了。"

东吴众将见陆逊既不肯攻击蜀军，又不肯救援孙桓，认为他胆小怕打仗，都在背地里愤愤不平。

刘备在夷陵受阻，从这年（公元222年）一月到六月，一直找不到决战的机会。他为了引诱吴军出战，命令吴班带领几千人马，到平地上扎营，摆出挑战的架势。事先在附近山谷里埋伏了8000精兵，等候吴军。东吴众将以为机会来了，都想出击。陆逊阻止说："蜀兵在平地里扎营的兵士虽然少，可是周围山谷里一定有伏兵。我们不能上这个当，看看再说。"刘备见陆逊不上当，便把埋伏在山谷中的伏兵撤出。这一来，东吴诸将都佩服陆逊了。

陆逊通过观察，心中已经有数了，于是决定进行反击。陆逊先派一支军队试攻蜀军一处兵营。这一仗，吴军虽然打败了，但陆逊却找到了进攻蜀军的办法。

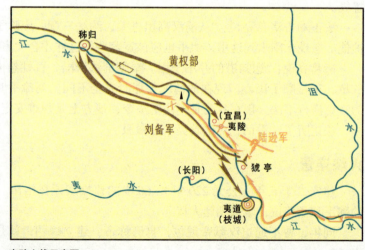

夷陵之战示意图

四川成都刘备墓
三国时期，刘备在湖北夷陵大败于东吴大将陆逊之手，狼狈逃回白帝城，忧愤交加，一病不起，于公元223年去世。蜀汉渐趋衰落。

接着，陆逊命士兵每人拿着一把茅草冲入蜀营，顺风点火，发动火攻。那天晚上，风刮得很大，蜀军的营寨都是连在一起的，一个营起火，便延烧到另一个营。顿时，蜀军的营寨陷入了一片火海之中。陆逊率领大军，乘机反攻，一连攻破蜀军四十余座营寨，杀死蜀将张南、冯习等人。蜀军纷纷逃命，包围夷道的蜀军也都溃逃了。

刘备逃到夷陵西北的马鞍山。陆逊督促大军四面围攻，又杀死蜀军1万多人。刘备乘夜冲出重围，逃归白帝城（今四川奉节东）。

关羽擒将图　明　商喜

这一场大战，蜀军几乎全军覆没，军用物资也全被吴军缴获。历史上把这场战争"夷陵之战"，又称为"猇亭之战"。

后来诸葛亮进行内部整顿，蜀国这才稳定了后方，充实了财政力量，从而可以专心于北方，挥兵北进秦中了。

秋风五丈原

吴王孙权在曹丕、刘备先后称帝后，于公元229年农历四月，正式称帝。蜀汉的一些大臣认为孙权称帝是僭位，要求马上同东吴断绝往来。诸葛亮力排众议，认为蜀汉目前的主要敌人是魏国，应继续保持和东吴的联盟，攻伐魏国。

公元231年，诸葛亮第4次北伐魏国，出兵祁山。魏国派大将司马懿和张郃等一起率领人马开赴祁山。诸葛亮把一部分将士留在祁山，自己率领主力进攻司马懿。

司马懿知道诸葛亮孤军深入，带的军粮也不多，就在险要的地方筑好营垒，坚守不出。

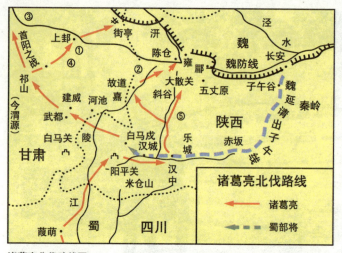

诸葛亮北伐路线图

后来，魏军将领一再请求出战，并用话来讥刺司马懿。司马懿只好与诸葛亮打了一仗，结果被蜀军打得溃不成军。

诸葛亮几次出兵，往往因为粮食供应不上而退兵，这次又是如此。他接受了这个教训，设计了两种运输工具，叫作"木牛""流马"（两种经过改革的小车），用它们把粮食运到斜谷口（在今陕西眉县西南）囤积起来。

公元234年，诸葛亮作好充分准备后，带领10万大军北伐魏国。他派使者到东吴，约孙权同时对魏国发起进攻，两面夹击魏国。

诸葛亮大军出了斜谷口，在渭水南岸的五丈原构筑营垒，准备长期作战；另派一部分兵士在五丈原屯田，跟当地老百姓一起耕种。魏明帝派司马懿率领魏军渡过渭水，也筑起营垒防守，和蜀军对峙起来。

孙权接到诸葛亮的信，马上派出三路大军进攻魏国。魏明帝一面亲自率领大军开赴南面抵挡东吴的进攻；一面命令司马懿只许在五丈原坚守，不准出战。

诸葛亮焦急地等待东吴进兵的战况，但是结果令他很失望：孙权的进攻以失败而告终。他想跟魏军决战，但是司马懿始终固守营垒，任凭诸葛亮怎样骂阵，就是坚守不出。双方在那里相持了100多天。

诸葛亮在猜测司马懿的心理，司马懿也在探听诸葛亮的情况。有一回，诸葛亮派使者去魏营挑战，司马懿为了了解情况，假意殷勤地接待使者，跟使者聊天，问道："你们丞相公事一定很忙吧，近来身体还好吧！"使者觉得司马懿问的都是些无关大局的话，也就老实回答说："丞相的确很忙，军营里大小事情都亲自过问。他每天早早起来，很晚才睡。只是近来胃口不好，吃得很少。"

使者走了以后，司马懿就跟左右将士说："你们看，诸葛孔明吃得少，又要处理繁重的事务，能支撑得长久吗？"

不出司马懿所料，诸葛亮由于过度操劳，终于病倒在军营里。

后主刘禅得知诸葛亮生了病，赶快派大臣李福到五丈原来慰问。诸葛亮对李福说："我明白您的意思，您想知道谁来接替我，我看就是蒋琬吧。"

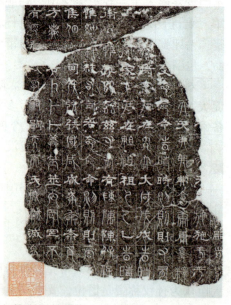

正始石经 三国

魏正始二年（公元241年）立，又名《三体石经》，用古文、篆书和隶书字体书刻，建于洛阳太学门前（今洛阳市偃师县）。石经共27块，后佚失，自宋以来屡有残石出土。

过了几天，年仅 54 岁的诸葛丞相病死在军营里。

按照诸葛亮生前的嘱咐，蜀军将领封锁了他去世的消息。他们把尸体裹着放在车里，布置各路人马有秩序地撤退。

司马懿探听到诸葛亮病死的消息，立刻带领魏军去追蜀军。刚过五丈原，忽然蜀军的旗帜转了方向，一阵战鼓响起，兵士们转身掩杀过来。司马懿大吃一惊，赶快掉转马头，下命令撤退。等魏军离得远了，蜀军将领才不慌不忙地把全部人马撤出五丈原。

诸葛亮虽然没有实现统一中原的愿望，但是他的智慧和品格，一直被后代的人所称颂。

司马懿夺权

诸葛亮死后的一段时期内，蜀国再也没有足够的力量进攻魏国。魏国虽然外部的压力减弱了，但内部却乱了起来。

公元 239 年，司马懿奉命去关中镇守，在前往关中的路上，魏明帝曹叡给司马懿连续下了五道诏书，催他火速赶到洛阳。司马懿赶回洛阳宫中的时候，曹叡已经病势沉重，他握着司马懿的手，看着 8 岁的太子曹芳，说："我等你来，是要把后事托付给你。你要和曹爽辅佐好太子曹芳。"

青瓷宅院 三国
此院落平面方形，围墙环绕，双坡檐顶，大门上有一门楼，四角设角楼，正中有房舍，四角设圆形仓座，为当时民居建筑的重要资料。

司马懿说："陛下放心吧，先帝（曹丕）不也是把陛下托付给我的吗？"

曹叡死后，太子曹芳即位，这就是魏少帝。司马懿和大将军曹爽奉曹叡遗诏，共同执掌朝政。司马懿本人才智出众，文武双全。他在曹操执政时期，曾经帮助曹操推行屯田制。曹操儿子曹丕废掉汉献帝，自立为帝，司马懿也帮助出过许多主意，立了大功。因此，他得到曹丕的信任，掌握了军政大权。曹爽这个人没有什么才能，却依仗自己是皇帝宗室，总想排挤司马懿，独揽大权。

曹爽因司马懿年高望重，起初还不敢独断专行，有事总听听司马懿的意见。不久，他任用心腹何晏、邓飏等人掌管枢要，并奏请魏少帝提升司马懿为太傅。司马懿表面上升了官，实际上却被削了权。曹爽又安排自己的弟弟曹羲担任中领军，率领禁兵；曹训任武卫将军，掌管了一些军权。司马懿对曹爽专擅朝政，很是不满。他索性称风痹病复发，不参与政事，但是暗中却自有打算。

曹爽担心司马懿不是真的有病，正巧自己的心腹李胜调任荆州刺史，于是就命李胜到司马懿那里进行探察。李胜到了太傅府，求见司马懿。司马懿装出重病的样子。李胜回去后，把这次相见的情况告诉了曹爽，并说："司马懿已经形神离散，只剩下一口气，活不了多久了。"曹爽满心高兴，从此就不再防备司马懿了。

一转眼就是新年。少帝曹芳按规矩要到高平陵去祭祀。曹爽和他的兄弟曹羲等人也一道前往。

曹爽他们出了南门，浩浩荡荡地直奔高平陵。等他们走远了，司马懿立刻带着他的两个儿子司马师和司马昭，率领自己的兵马，借着皇太后的命令，关上城门，占据武库，接收了曹爽、曹羲的军营。同时假传皇太后的诏令，把曹爽兄弟的职务给撤了。

曹爽接到了司马懿的奏章，不敢交给曹芳，又想不出主意。司马懿又派侍中许允、尚书陈泰来传达命令，让曹爽早些回去，承认自己的过错，交出兵权，那样就不会为难他们。

曹爽乖乖地交出兵权，回到洛阳侯府家中。司马懿把少帝曹芳接到宫里去，当天晚上就派兵包围了曹爽府第，在四角搭上高楼，叫人在楼上察看曹爽兄弟的举动。没过几天，又让人诬告曹爽谋反，派人把曹爽一伙人全部处死了。

曹爽死后，司马懿担任丞相，掌握了魏国的军政大权。

司马昭之心

司马懿杀了曹爽之后，又过了两年，他也死去了。他的儿子司马师接替了他的职位。魏国大权落在司马师和司马昭兄弟两人手里。大臣中有谁敢反对他们，司马师就把他除掉。魏少帝曹芳早就对司马师兄弟的霸道行径极为不满，一直想撤掉司马氏兄弟的兵权。但还没等曹芳动手，司马师已经逼着皇太后，把曹芳废了，另立魏文帝曹丕的一个孙子曹髦即了皇位。

魏国有些地方将领本来就看不惯司马氏的专权行为，司马师废去曹芳后，扬州刺史文钦和镇东将军毌丘俭（毌丘，姓）起兵讨伐司马师。司马师亲自出兵，打败了文钦和毌丘俭。但是在回到许都之后，司马师也得病死了。

司马师一死，司马昭便做了大将军。司马昭比司马师更为专横霸道。

魏帝曹髦实在忍无可忍了。有一天，他把尚书王经等3个大臣召进宫里，气愤地说："司马昭之心，路人皆知，我不能坐着等死。今天，我要同你们一起去诛杀他。"

年轻的曹髦，根本不懂得怎样对付司马昭。他带领了宫内的禁卫军和侍从太监，乱哄哄地从宫里杀了出来。曹髦自己拿了一口宝剑，站在车上指挥。

司马昭的心腹贾充，领了一队兵士赶来，与禁卫军打了起来。曹髦上前大喝一声，挥剑杀过去。贾充的手下兵士见到皇帝亲自动手，都有点害怕，有的准备逃跑了。

贾充的手下有个叫成济的，问贾充怎么办？

贾充厉声说："司马公平时养着你们是干什么的！还用问吗？"

经贾充这么一说，成济胆壮起来了，拿起长矛就往曹髦身上刺去。曹髦来不及躲闪，被成济刺穿了胸膛，当时就死了。

司马昭听说他手下人把皇帝杀了，也有点害怕了，连忙赶到朝堂上，召集大臣们商量。

老臣陈泰说："只有杀了成济，才勉强可以向天下人交代。"

司马昭见没法拖下去，就把杀害皇帝的罪责全都推在成济身上，给成济定了一个大逆不道的罪，把他的一家老少全杀了。

之后，司马昭从曹操的后代中找了一个15岁的曹奂即了皇位，这就是魏元帝。

智出阴平道

魏帝曹髦死后，司马昭的地位更加稳固了。于是，他决定进攻蜀国。

公元263年，司马昭调集了十几万大军，准备一举消灭蜀国。他派邓艾和诸葛绪各自统率3万人马，派钟会带领10万人马，兵分三路进攻蜀国。钟会的军队很快攻取汉中。邓艾的军队也到达沓中，向姜维进攻。姜维得知汉中失守，就将蜀兵集中到剑阁据守，抵御魏军。

钟会兵力虽强，但姜维把剑阁守得牢牢的，一时攻不进去，军粮的供应也发生了困难。钟会正想退兵时，邓艾赶到了。邓艾让钟会在这里与蜀军对峙，自己领兵从阴平小道穿插到蜀国的后方，这样就会攻破蜀国。钟会觉得邓艾的想法根本行不通，但一看邓艾很坚决，也就马马虎虎地应付了几句。

邓艾派自己的儿子邓忠作先锋，每人拿着斧头、凿子，走在最前面，打通小路，自己则率领大军紧跟在后。

最后，邓艾他们到了一条绝路上，山高谷深，没法走了。大家一看悬崖深不见底，禁不住抽了一口冷气。好多人打了退堂鼓。邓艾当机立断亲自带头，用毡毯裹住身子先滚下去。将士们不敢落后，照着样子滚下去。士兵们没有毡毯，就用绳子拴住身子，攀着树木，一个一个慢慢地下了山。

邓艾集中了队伍，对将士们说："我们到了这里，已经没有退路了，前面就是江油。打下江油，不但有了活路，而且能立大功。"镇守江油的将军马邈，没料想到邓艾会从背后像天兵一样出现在眼前，吓得他晕头转向，只好竖起白旗，向邓艾投降了。

姜维像

邓艾占领了江油城，又朝绵竹方向前进。蜀军驻守绵竹的将军是诸葛亮的儿子诸葛瞻。魏军人数太少，双方一交战，就吃了个败仗。

魏军第二次出去跟蜀兵交战时都铁了心，反正打了败仗也不能活着回去。这一仗真非同小可，打得天摇地动。两军杀到天黑，蜀兵死伤惨重，诸葛瞻和他的儿子诸葛尚，都战死在疆场上。魏军胜利地占领了绵竹。

邓艾攻下绵竹，向成都进军。蜀人做梦也没有想到魏兵来得这么快，再要调回姜维的人马也已经来不及了。后主刘禅慌忙召集大臣们商议对策，大臣们你一言我一语，都找不出好的办法，最后大臣谯周提议投降。于

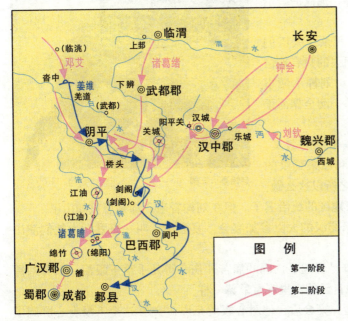

魏灭蜀汉之战示意图
公元263年，魏军开始了灭蜀军事行动。魏军迅速占据汉中后，被蜀军阻于剑阁（今四川剑阁境）。魏军随机应变，从阴平（今甘肃文县西北）南进，奇袭江油，一举攻占蜀都成都，蜀国至此灭亡。

是后主刘禅就派侍中张绍等捧着玉玺到邓艾军营里去请求投降。

蜀国就这样灭亡了。这时候，姜维还在剑阁据守，听到蜀国投降的消息后，前思后想，决定向钟会投降。钟会赏识姜维是个好汉，把他当作自己人一样看待。后来，姜维利用钟会和邓艾之间的矛盾，劝钟会告发邓艾谋反，杀掉了邓艾。

邓艾死后，兵权就全都掌握在钟会的手里。于是，钟会就想谋反自立。姜维一心想着复国兴汉，觉着有机可乘，便假意赞同钟会的想法。

后来，有人传言钟会和姜维要杀光北方来的将士，一下引起了兵变。钟会和姜维控制不住局面，被乱军杀死了。

蜀国灭亡的第二年，吴景帝孙休病逝，孙皓即帝位，改年号为元光。吴国朝政从此日益破坏，东吴亦一步一步走向灭亡。

乐不思蜀

蜀汉灭亡以后，后主刘禅还留住在成都。到了钟会、姜维发动兵变，司马昭觉得让刘禅留在成都，说不定还会引起麻烦，就派人把刘禅接到洛阳来。

刘禅是一个昏庸无能的人。当年全靠诸葛亮为他掌管着军政大事时，他还挺谨慎，遇事不敢自作主张。诸葛亮死后，虽然还有蒋琬、费祎、姜维一些文武大臣辅佐他，但是他已经有点不像话了。后来，宦官黄皓得了势，蜀汉的政治就越来越糟了。

到了蜀汉灭亡，姜维被乱军所杀，大臣们死的死，走的走。随他一起到洛阳去的只有地位比较低的官员郤正和刘通两个人。刘禅不懂事理，不知道怎样跟人打交道，一举一动全靠郤正指点。

刘禅到了洛阳，司马昭用魏元帝的名义，把他封为安乐公，还把他的子孙和原来蜀汉的大臣共有 50 多人封了侯。司马昭之所以这么做，

自怡亭　三国

无非是为了笼络人心，稳住对蜀汉地区的统治罢了。但在刘禅看来，却是恩重如山了。

有一回，司马昭请刘禅和原来蜀汉的大臣参加宴会。宴会中，叫一班歌女为他们演出蜀地的歌舞。

一些蜀汉的大臣看了这些歌舞，想起了亡国的痛苦，伤心得几乎落下眼泪。只有刘禅咧开嘴，美滋滋地看着，就像在他自己的宫里观赏歌舞一样。

司马昭暗暗观察着刘禅的神情，宴会后，他对心腹贾充说："刘禅这个人没有心肝到了这个地步，即使诸葛亮活到现在，恐怕也没法使蜀汉维持下去了！"

过了几天，司马昭在接见刘禅的时候，问刘禅："您现在还想念蜀地吗？"

刘禅乐呵呵地回答说："这里挺快活，我不想念蜀地了。"

站在一旁的郤正听了，觉得太不像话。等刘禅回到府里后，郤正说："您不该这样回答晋王（指司马昭）。"

刘禅说："你看我该怎么说呢？"

郤正说："如果晋王以后再问起您，您应该流着眼泪说：'我祖上坟墓都在蜀地，我没有一天不想那边。'这样说，也许我们还有回去的希望。"

刘禅点点头说："你说得很对，我记住了。"

后来，司马昭果然又问起刘禅，说："我们这儿招待您挺周到，您还想念蜀地吗？"

刘禅想起郤正的话，便把郤正教他的话原原本本地背了一遍。他竭力装出悲伤的样子，可就是挤不出眼泪，只好把眼睛闭上。

司马昭宴请图

司马昭看了他这副模样，心里猜出是怎么回事，笑着说："这话好像是郤正说的啊！"

刘禅吃惊地睁开眼睛，傻里傻气地望着司马昭说："没错，没错，正是郤正教我的。"司马昭忍不住笑了，左右侍从也笑出声来。

司马昭这才看清楚刘禅的确是个糊涂透顶的人，不会对自己造成威胁，就没有想杀害他。

刘禅的昏庸无能是出了名的。因刘禅小名"阿斗"，所以后来人们常把那种懦弱无能、没法使他振作的人，称为"扶不起的阿斗"。

第二节　西晋醒风

蓄志灭东吴

司马昭灭了蜀汉，又准备进攻东吴。正在这时，他得了重病死了。他的儿子司马炎废掉魏元帝曹奂，自己做了皇帝，建立了晋朝，这就是晋武帝。从公元265年至316年，晋朝都以洛阳为国都，史称西晋。

西晋政权初步稳定以后，晋武帝司马炎接受羊祜的建议，积极准备攻灭东吴，统一中国。

羊祜是蔡邕的外孙，司马师的小舅子，从小喜欢读书，知识渊博，有辩才，文章写得好。有人把他比作孔子的弟子颜回。

从公元269年起，羊祜出任荆州都督，镇守襄阳，很受老百姓的爱戴。他到襄阳的时候，军营里的粮食还不够一百天用的，后来推行屯田政策，让士兵开垦荒地，粮仓里储满了粮食。他还对东吴军民讲究信用，投降过来的士兵想回去的随他们自愿。有些投降的人，回去后都说羊祜的好话。这样，投降的人就越来越多了。

晋武帝司马炎非常赞赏羊祜在襄阳的政绩，提升他为车骑将军。

羊祜决心采取一套攻心策略，用道义去争取民心。他每回跟东吴交战，一定按照约定的日子，决不偷袭，决不布置埋伏。将士当中有谁向他献计，只要听到话里有欺诈的苗头，他就拿出上等的好酒，请献计的人喝，让他喝得醉醺醺的，开不得口。羊祜行军的时候，经过东吴的地界，士兵割了稻谷，也必须报告吃了多少粮食，按价赔偿人家。他出外打猎，每次都郑重叮嘱手下将士只准在自己的地界内。碰巧，东吴的将士也在对面打猎，双方各不侵犯。如果有一只飞鸟或者一只野兽，先给吴兵打伤，飞到这边被晋兵抓住，必须送给对方。因此，吴人对他很是敬重，称他为羊公。

羊祜见时机慢慢成熟起来，积极筹备伐吴。公元276年，羊祜上书，请示晋武帝征伐东吴。不料秦、凉二州的少数民族发生了动乱，朝廷大臣纷纷反对出兵东吴，只有杜预和张华赞成，于是建议被搁置下来。

又过了一年多，羊祜病了，他要求回到洛阳来。晋武帝请他坐车进宫，不必叩拜。后来又让他回家养病，不必上朝。接着，就派张华去向羊祜请教征伐东吴的计策。羊祜说："孙皓暴虐昏庸，今天去征伐，一定能够胜他。要是孙皓一死，吴人另立一个有能耐、爱护老百姓的新君，咱们即使有百万大军，恐怕也打不过长江去了。"

过了几天，张华向晋武帝详细报告了羊祜灭吴的谋略。晋武帝接受了羊祜的建议，拜杜预为平安东将军，统率荆州所有的军队。杜预受命后，招集兵马，储备粮草，准备伐吴。正在这个时候，羊祜病故了。

羊祜死后的第二年，杜预攻灭了东吴，统一了中国。在庆祝宴上，晋武帝拿起酒杯对大臣说："讨平东吴，统一天下，是羊太傅的功劳啊！"接着，他带领文武大臣到羊祜的墓

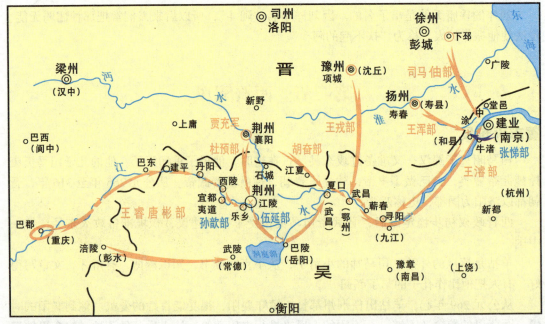

晋灭吴之战示意图

前去祭奠，告慰已经安眠于地下的羊祜。

石崇斗富

　　全国统一后，晋武帝志满意得，整日沉湎在荒淫生活里。有他带头过奢侈的生活，朝廷里的大臣也仿效他，把摆阔气当作体面的事。

　　王恺是晋武帝司马炎文明皇后的弟弟，官拜右将军，颇得武帝的宠爱和器重，于是大权在握，欺压百姓，聚敛财富。他与当时的散骑常侍石崇、景献皇后从父的弟弟羊绣三人共称"三大富豪"。

　　羊绣和王恺都是外戚，他们的权势高于石崇，但是在豪富方面却比石崇逊色多了。石崇的钱到底有多少，连他自己也说不清。石崇的钱是哪儿来的呢？原来他在出任荆州刺史期间，除了疯狂地搜刮民脂民膏外，还干过抢劫的肮脏勾当。有些外国的使臣或商人经过荆州地面，石崇便像江洋大盗一样，公开杀人劫货。这样，他就掠夺了无数的钱财、珠宝，成了当时最大的富豪。

　　石崇到洛阳后，听说王恺非常富有，就想跟他比一比。他听说王恺家里用饴糖水洗锅子，就命令他家厨房用蜡烛当柴烧火。

　　王恺为了炫耀自己富有，就在他家门前的大路两旁，用紫丝编成屏障，一直延伸40里地。谁要上王恺家，都要经过这40里紫丝屏障，才能到达。这个奢华的装饰，轰动了整个洛阳城。

　　石崇不服气。他用比紫丝贵重的彩缎，铺设了50里屏障，不仅比王恺的屏障长，而且更豪华。

　　王恺又输了一回。但是他不甘心，他向外甥晋武帝请求帮忙。晋武帝觉得这样的比赛挺有意思，就把宫里收藏的一株两尺多高的珊瑚树赐给王恺，好让王恺在众人面前夸耀。

　　有了皇帝帮忙，王恺来了劲头。他特地请石崇和一批官员上他家喝酒。

　　宴席上，王恺不无得意地对众人说："我家有一件罕见的珊瑚，请大家一起来观赏怎么样？"王恺边说边让侍女把珊瑚树捧了出来。那株珊瑚有两尺高，长得枝条匀称，色泽鲜艳。大家看了赞不绝口，都说是难得一见的宝贝。

　　石崇在旁边冷笑了一下，顺手抓起案头上的一支铁如意（一种挠痒痒器物），朝着大珊瑚树正中，轻轻一砸，那株珊瑚被砸得粉碎。

金谷园图

此图描绘的是西晋富豪石崇与小妾绿珠在金谷园中的宴乐情景。

周围的官员们都大惊失色，主人王恺更是气急败坏。

石崇不慌不忙地喊来他的随从，让他回家去，把家里的珊瑚树统统搬来让王恺挑选。

不一会儿，石崇的随从们搬来了几十株珊瑚树。这些珊瑚中，三四尺高的就有六七株，大的竟比王恺的高出一倍。株株长得条干挺秀，光彩夺目。

周围的人都看呆了。王恺这才知道自己的财富远远比不上石崇，也只好认输了。

晋武帝跟石崇、王恺一样，一面搜刮暴敛，一面穷奢极欲。西晋王朝从一开始就这样腐败不堪了。

八王之乱

晋武帝统一全国以后，为了保住司马氏的天下，吸取了曹魏皇权太弱的教训，大封自己的子侄兄弟做王，让他们像众星拱月一样来护卫皇室。然而，晋武帝没有想到，握有兵权的诸王野心越来越大，最终酿成了大祸。

司马衷即位后，军政大权落到杨太后的父亲杨骏手中。杨骏用阴谋权术，排除异己，引起皇后贾南风与晋宗室的强烈不满。

西晋时期八王封国略图

贾皇后不甘心让杨骏掌权，就暗中联系宗室诸王，让他们进京除掉杨骏。诸王早已心怀鬼胎，楚王司马玮一接到诏书，马上进了京城。贾后即以惠帝名义下诏，宣布杨骏谋反，在皇宫卫队的配合下，司马玮杀死了杨骏，并灭了他的三族，其他凡是依附杨家的官员也都掉了脑袋。

贾皇后除掉杨家势力后，为稳定大局，召汝南王司马亮入朝辅政。司马亮也是喜欢抓权的人，暗中谋划着夺取楚王司马玮的兵权。贾皇后感到诸王难以控制，便生出了除掉诸王的想法。她先让惠帝下诏，派司马玮杀了司马亮全家。接着，贾皇后以司马玮擅杀朝廷重臣的罪名，将司马玮处死。这样，贾后夺得了西晋的全部大权。

可是，贾后没有生儿子，她怕大权将来会落到别人手里，就假装怀孕，暗地里把妹夫韩寿的儿子抱来，说是自己生的。有了这个儿子，贾后就决定废掉太子，并且派人把他毒死，立抱来的孩子做太子。这个消息传出去以后，宗室群情激愤，以贾后篡夺司马氏天下为名义，起兵讨伐贾后。赵王司马伦当即领兵入宫，派齐王司马冏废掉贾皇后，接着又将她毒死，之后司马伦废掉晋惠帝，自己称了帝。

在许昌镇守的齐王司马冏，听说赵王司马伦当了皇帝，非常不满，他向各处发出讨伐司马伦的檄文，号召大家共同起兵。成都王司马颖、河间王司马颙也有夺取政权的野心，他们和齐王司马冏联合起来，攻杀了司马伦。齐王司马冏进入洛阳后，独揽大权，沉湎酒色。长沙王司马乂乘机起兵发难，司马颖、司马颙互相声援。司马冏与司马乂打了几年，兵败被杀。司马乂乘机入朝辅政，控制了朝政大权。司马颙见司马乂又独揽了朝政大权，恼羞成怒，随即发大兵讨伐司马乂，与司马颖联合，大举进攻洛阳。正当他们打得昏天暗地的时候，在洛阳城里的东海王司马越乘机偷袭了司马乂，并把他用火烧死了。司马颖也就乘机进入洛阳，做了丞相，控制了政权。

东海王司马越认为自己杀司马乂有功，却没捞到半点好处，很不甘心，就假借惠帝的名义，起兵讨伐司马颖。司马颖挟持着惠帝，到了长安。长安是在河间王司马颙的掌握之中，他看到司马颖兵败势穷，就乘机排挤司马颖，把惠帝控制在自己手里，独揽了朝政大权。

被司马颖打败逃走的东海王司马越，见王浚的势力大，就和王浚联合起来，攻打关中。他打败了司马颙，进入长安。后来，司马越又把惠帝和司马颖、司马颙全都带回到洛阳，把他们全都杀死，然后，立司马炽做皇帝，这就是晋怀帝。晋怀帝把即位的这一年改年号为永嘉元年（公元307年）。至此，8个王围绕皇权的血腥争夺告一段落。

"八王之乱"时间长达16年，8个王中死了7个，西晋的力量大大削弱了。此后，北方和西部的少数民族乘乱进攻中原，西晋王朝处在了风雨飘摇之中。

李特起义

八王之乱给百姓带来了无穷无尽的灾难，天灾人祸造成许多地方的农民没有饭吃，被迫离开自己的家乡，成群结队地外出逃荒。这些逃荒的农民叫作"流民"。

公元298年，关中地区闹了一场大饥荒，庄稼颗粒无收。略阳（治所在今甘肃天水东北）、天水等六郡十几万流民逃往蜀地。有个氐族人李特和他兄弟李庠、李流，也夹杂在流民队伍中。一路上，李特兄弟常常接济那些挨饿、生病的流民。流民都很感激、敬重李特兄弟。

蜀地的百姓生活比较安定。流民进了蜀地后，就分散在各地，靠给富户人家打长工过活，流民的生活总算稳定了下来。

可是过了不久，益州刺史罗尚要把这批流民赶回关中去。流民们听到消息，想到家乡正在闹饥荒，回去没有活路，人人都发愁叫苦。

李特得知情况后，几次向官府请求放宽遣送流民的限期。并在绵竹设了一个大营，收容流民。不到一个月，流民越聚越多，约莫有2万人。

随后，李特又派使者阎彧去见罗尚，再次请求延期遣送流民。阎彧来到罗尚的刺史府，看到那里正在修筑营寨，调动人马，便立即返回绵竹把罗尚那里的情况一五一十地告诉了李特。

李特立刻把流民组织起来，准备好武器，布置阵势，防备晋兵的偷袭。

到了晚上，罗尚果然派部将带了步兵、骑兵3万人，向绵竹大营进攻。

3万晋军刚进了营地，只听得四面八方响起了一阵震耳的锣

青瓷博山炉　晋
炉身作钵形，子母口，下连喇叭形柱，立于浅盘形炉座，座把中空至盘底。器盖呈山峰状，里外共有三层，每层起四峰。沿峰起伏刻画斜直短线和曲线。里面两层峰下有一出烟镂孔，旁饰有圆珠纹。最外一层无镂孔，仅有圆珠纹。山峰中央立一振翅欲飞的祥鸟，应作盖钮之用。

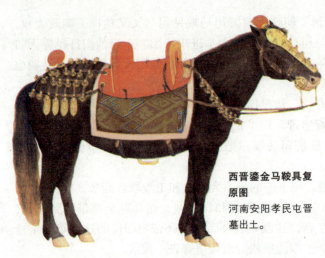

西晋鎏金马鞍具复原图
河南安阳孝民屯晋墓出土。

鼓声。大营里预先埋伏好的流民，手拿长矛大刀，一起杀了出来。这批流民勇猛无比，把晋军杀得丢盔弃甲，四散逃窜。

流民们杀散晋军，知道晋朝统治者不会罢休。大家一商量，一致推举李特为镇北大将军，李流为镇东将军，几个流民首领都被推举为将领。他们整顿兵马，向附近的广汉进攻，赶走了那里的太守。

李特进了广汉，打开了官府的粮仓，救济当地的贫苦百姓。流民组成的军队在李特领导下，纪律严明，军威大振。蜀地的百姓平时受尽晋朝官府的压迫，现在来了李特，生活倒安定起来，都非常高兴。

过了不久，罗尚勾结当地豪强势力，围攻李特。李特在战斗中不幸牺牲，他的儿子李雄继续率领流民与晋军战斗。公元304年，李雄自立为成都王。两年后，又自称皇帝，国号大成。李雄死后，他的侄子李寿即位，改国号为汉。历史上称之为"成汉"。

刘渊反晋

从西汉末年起，有一些匈奴人分散居住在北方边远郡县，他们和汉族人在一起生活久了，接受了汉族的文化。匈奴贵族以前多次跟汉朝和亲，可以说是汉朝皇室的亲戚，后来就改用汉皇帝的刘姓。曹操统一北方后，为了便于管理，把匈奴3万个部落集中起来，分为5个部，每个部都设一个部帅，匈奴贵族刘豹就是其中一个部的部帅。

刘豹死后，他的儿子刘渊继承了他的职位。刘渊自幼读了许多汉族人的书，文才很好，同时武艺也很高强。后来，刘渊在西晋的成都王司马颖（八王之一）部下当将军，留在邺城，专管五部匈奴军队。

公元304年，刘渊回到左国城，匈奴人想借八王混战之机，复国兴邦，便拥戴他做大单于。他集中了5万人马，亲自率军南下，帮助晋军攻打鲜卑兵。有人不解地问他："为什么不趁这个机会灭掉晋朝，反倒去打鲜卑呢？"

刘渊说："晋朝现在已经腐朽透顶了，灭掉它非常容易，但是晋朝的百姓未必会归顺我们。我看汉朝立国的年代最长，在百姓中还很有影响，我们的上代又与汉朝皇室有血缘关系，不如借用汉朝的名义，也许可以得到汉族百姓的支持。"

于是，建国号为汉，刘渊即汉王，尊蜀汉刘禅为孝怀皇帝，建元元熙。刘渊称王建汉后，势力不断增长。石勒造反兵败，率领胡人部众几千人、乌桓部落2000人归顺刘渊，上郡（今陕西北部）四部鲜卑陆逐延、氐酋大单于徵、东莱王弥等也都投奔刘渊，这样形成了一支由匈奴、鲜卑、氐、羌等各族组成的反晋力量，刘渊称帝的意图也渐明显。为给建立帝业做准备，刘渊四处出兵，频繁侵略晋地。永嘉二年（公元308年）冬十月，刘渊正式称帝。公元309年正月，刘渊又根据太史令宣于修建议，正式迁都平阳（今山西临汾西）。因从汾河水中获得治国玉玺，其上面写有"有新保之"，刘渊认为这对自己非常吉祥。

永嘉三年（公元 309 年）三月，晋将军朱诞归降刘渊，刘渊于是任命朱诞为前锋都督，刘景为大都督，起大军攻晋。洛阳的老百姓虽然恨透了腐朽的西晋王朝，但是更不愿受外族人统治。所以刘渊两次进攻，都遭到洛阳军民的顽强抵抗，没有占到一点便宜。

永嘉四年（公元 310 年），刘渊死，刘聪杀刘和而自立为皇帝后，开始攻打西晋怀南各州郡。永嘉五年（公元 311 年）六月，各路汉军先后攻陷洛阳，俘司马炽，杀王公士民 3 万余人，纵兵大掠宫内珍宝、财物和宫女，又烧宫庙、官府和平房，史称"永嘉之乱"。同年，晋怀帝被汉兵俘虏到平阳，刘聪封他为"会稽郡公"，享受三司的礼仪，而且还将小刘贵人嫁给他为妻。

永嘉七年（公元 313 年）年初，刘聪在光极殿大宴群臣，饭饱酒酣时，命令晋怀帝穿上青衣行酒令取乐。这一情景让晋朝的故臣庾珉、王隽悲愤不已，大声痛哭。刘聪十分生气。二月，刘聪就将晋怀帝和晋朝的旧臣 10 多个人全都杀害，怀帝死时才30 岁。

晋怀帝被害的消息传到长安之后，太子司马邺举哀服丧，并且于四月即皇帝位，即孝愍皇帝，改元建兴。这时他只有 14 岁。当时的长安城里住户不超过一百，公私加起来也只有车 4 辆，文武百官既没有官服，也没有印绶，只有桑版刻上官号罢了，皇帝即位的仪式显得十分凄凉。汉建元二年（公元 316 年），汉军在大司马刘曜的统领下，向长安发起强烈攻势。九月，汉军长安的外城被攻陷。在内无粮草、外无援兵之际，愍帝决定向汉军投降。索琳派自己的儿子去见刘曜，想靠请降来表功，没想到儿子被刘

匈奴人黄金铠甲

曜杀了。晋愍帝只得自己亲自光着上身，乘着羊车出城向汉军请降。汉帝刘聪降愍帝为光禄大夫，封怀安侯。刘曜被封为大都督，并且大赦天下，改元麟嘉。

至此，西晋共经历司马炎、司马衷、司马炽、司马邺四帝，历时 51 年（公元 265 ~316 年）而灭亡。

西晋灭亡之后，北方的各族人民（主要是匈奴、鲜卑、羯、氐、羌五个少数民族）纷纷起义，许多人像李雄、刘渊一样建立政权，前前后后一共出现 16 个割据政权，历史上称为"十六国"（旧称五胡十六国，胡是古时候对少数民族的泛称）。

第三节 东晋偏安

王马共天下

永嘉元年（公元 307 年）七月，朝廷命镇守下邳（今江苏睢宁西北）的琅琊王司马睿移镇建邺（今江苏南京），又任命王衍弟王澄为荆州都督，族弟王敦为扬州刺史。建兴四年（公元 316 年）十一月，愍帝向刘聪投降，西晋灭亡。

建兴五年（公元 317 年）三月，晋愍帝被杀的消息传到建邺，琅琊王的僚属全都上表

王导像

劝司马睿即皇帝位。司马睿（公元276～323年），字景文，司马懿的曾孙。十日，司马睿于建康即位称帝，是为晋元帝。东晋王朝正式建立。建邺为了避愍帝司马邺的讳，改称建康。司马睿宣布大赦天下，改元大兴，文武百官都官升二级。

司马睿在西晋皇族中，地位和名望都不太高。晋怀帝的时候，派他去镇守江南。他还带了一批北方的士族官员，其中最有名望的是王导。司马睿把王导看作知心朋友，对他言听计从。

司马睿刚到建康的时候，江南的一些大士族地主嫌他地位低，看不起他，都不来拜见。司马睿为此常常不安，便让王导想想办法。

王导把在扬州做刺史的王敦找来，两人商定了一个主意。

这年三月初三，按照当地的风俗是禊节，百姓和官员都要去江边"求福消灾"。这一天，王导让司马睿坐上华丽的轿子到江边去，前面有仪仗队鸣锣开道，王导、王敦和从北方来的大官、名士，一个个骑着高头大马跟在后面，这个大排场一下轰动了建康城。

江南有名的士族地主顾荣等听到消息，都跑来观看。他们一见王导、王敦这些有声望的人都这样尊敬司马睿，不禁大吃一惊，怕自己怠慢了司马睿，一个接一个地出来排在路旁，拜见司马睿。

从那以后，江南大族纷纷拥护司马睿，司马睿在建康便稳固了地位。

后来，北方战乱不止，一些士族地主便纷纷逃到江南避难。王导劝说司马睿把他们中间有名望的人都吸收到王府来。司马睿听从王导的意见，前后吸收了一百多人在王府里做官。

司马睿在王导的辅助下，拉拢了江南的士族，又吸收了北方的人才，他的地位就日渐巩固了。

公元317年，司马睿在建康即位，这就是晋元帝。在这之后，晋朝的国都一直在建康。为了和司马炎建立的晋朝（西晋）区别开来，历史上把这个朝代称为东晋。

晋元帝总认为他能够得到这个皇位，都是凭借王导、王敦兄弟的帮助，所以，对他们特别尊重。他封王导担任尚书，掌管朝内的大权，又让王敦总管军事，又把王家的子弟封了重要官职。

当时，民间流传着这样一句话："王与马，共天下。"意思是：东晋的大权，由王氏同皇族司马氏共同掌握。

王敦掌握军权后，便不把晋元帝放在眼里。晋元帝也看出了王敦的骄横，于是渐渐疏远了王氏兄弟，另外重用了大臣刘隗和刁协。这样，刚刚建立的东晋王朝内部，又出现了裂痕。

祖逖中流击楫

东晋在江南建国的时候，北方的黄河流域成为匈奴、羯、鲜卑、氐、羌五个主要游牧民族争杀的战场。这五个少数民族分别建立了自己的国家，相互争霸，不断有国家成立和灭亡。

自从匈奴兵攻占了长安，结束了西晋统治，中国开始进入了历史上所称的"五胡乱中华"时期，即永嘉之乱的民族大迁徙时期。

在这长达130多年的时间里，先后有前赵（匈奴）、后赵（羯）、前燕（鲜卑）、前凉（汉）、前秦（氐）、后秦（羌）、后燕（鲜卑）、西秦（鲜卑）、后凉（氐）、南凉（鲜卑）、西凉（汉）、北凉（匈奴）、南燕（鲜卑）、北燕（汉）、夏（匈奴）15个政权，连同西南地区氐族建立的成汉，一共16个国家，历史上称之为"五胡十六国"。这十六国与东晋政权处于长期的对峙状态。

那时，祖逖也夹在汹涌如潮的南逃人群中。在他经过淮泗的路上，他让老人和病人坐在自己家的马车上，自己的粮食、衣物与大家一起享用。遇有劫匪，他总是亲率家丁打退他们。南逃路上的祖逖获得了极好的口碑。

公元317年，琅琊王司马睿在士族王导等人支持下建立了东晋王朝。司马睿早就听说祖逖的声名，又得知他已经到达泗口，便下诏任命他为徐州刺史。后又调任军谘祭酒，驻防京口要隘。祖逖向司马睿进言说："中原大乱，胡人乘机攻进中原，百姓陷入水深火热之中，人人都想起来反抗。只要陛下下令出兵，派一个大将去讨伐乱贼，一定会收复失地。"

司马睿只想偏安东南半壁江山，对于北伐并不抱太大希望，但是听祖逖说得很有道理，就任命祖逖为奋威将军、豫州刺史，发给他1000人吃的粮食、3000匹布，所有甲胄、武器、兵勇，都由祖逖自己解决。

祖逖带着招募的队伍，横渡长江。船到江心的时候，他拿起船桨敲打船舷（文言是"中流击楫"），向大家发誓说："我祖逖如果不能把中原的敌人扫平，就决不返回江南。"

祖逖渡江以后，将队伍驻扎在淮阴，又命人打造兵器，招兵买马，很快聚集了数千人。祖逖见士气旺盛，亲自率领人马进攻谯城，又连续攻破石勒的各地割据武装。至此，祖逖名噪大江南北，北方戎狄贵族闻风丧胆。祖逖乘胜出击，派部下韩潜分兵进驻河南封丘，自己则进驻雍丘，成为掎角之势，黄河以南的土地都回归东晋了。

祖逖北伐得到了中原人民的响应和

彩绘闻鸡起舞图　民国　魏墉生　瓷板画
本画源自《晋书·祖逖传》："祖逖与司空刘琨俱为司州主簿，情好绸缪，共被同寝。中夜闻鸡鸣，蹴琨觉曰：'此非恶声也。'因起舞。"祖逖立志为国效力，与刘琨互相勉励，半夜鸡啼起床舞剑。后成为有志者及时奋发的典故。

支持，北伐队伍迅速扩大。祖逖身先士卒，不蓄私产，与将士同甘苦。北伐战争取得一定的成就。

但是，祖逖受到了主张偏安、不思进取的朝人牵制，最后郁郁而亡。

祖逖的北伐事业虽然没有完成，但他中流击楫的气概被后人所称颂。

桓温北伐

桓温是东晋时谯国龙亢人（今安徽怀远）。桓温的父亲叫桓彝，在苏峻之乱中，被苏峻将领韩晃杀了。那一年桓温刚满 15 岁，他得知父亲被人杀害的消息后，悲痛欲绝，发誓要为父报仇。桓温长到 18 岁时，曾参与策划杀他父亲的江播死了，于是他怀揣刀剑大闹灵堂，杀了江播儿子江彪等 6 人。

生长在永嘉乱世中的桓温，青年时代就崭露头角。晋穆帝永和三年（公元 347 年），任职安西将军的桓温奉命率兵讨伐蜀地李势。

两军刚交兵时，形势对晋军极为不利，桓温的部下参军龚护战死，桓温的马也中了箭，桓温慌忙命令撤退。但击鼓士兵误解了桓温的意思，反而擂起了前进的战鼓，三军将士奋勇向前，李势完全没有料到桓温攻势这样猛烈，抵挡不住，连夜逃到葭萌关。后来，又派人求降。桓温大军浩浩荡荡进入成都，成汉王朝就这样灭亡了。桓温因此被提升为征西大将军，封临贺郡公，一时间声震朝野。

桓温灭掉成汉王朝，给东晋立了大功。但是东晋王朝内部矛盾很大，晋穆帝表面上提升了桓温的职位，暗地里却猜忌他。桓温要求北伐，晋穆帝没有同意，另派了殷浩带兵北伐。

殷浩出兵到洛阳，被羌族人打得大败，死伤了 1 万多人马。桓温再次上奏章要求朝廷将殷浩撤职办罪，并再次提出北伐。晋穆帝没办法，只好撤了殷浩的职，同意桓温带兵北伐。

前秦皇始四年（公元 354 年）二月，桓温率 4 万大军从江陵出发，经襄阳，出武关，越秦岭，大军直指关中，讨伐由氐族人苻氏建立的前秦政权。这是桓温第一次北伐。

前秦王苻坚派太子率 5 万大军与晋军对抗。这年四月，晋、秦两军大战于蓝田，秦军大败。桓温率军占领灞上，抵达前秦都城长安的郊区。当地老百姓纷纷牵牛担酒前来犒劳晋军。老人流涕道："不图今日复见官军！"六月，因军中缺粮，桓温被迫从潼关退兵。秦军跟踪追击，晋军损失 1 万多人。

前秦寿光二年（公元 356 年）六月，桓温进行第二次北伐，从江陵发兵，向

京口北固山图　宋懋晋　明

东晋征西大将军桓温曾驻守京口，并有"京口酒可饮，箕可使，兵可用"的豪言。

北挺进。八月，桓温挥军渡过伊水，与羌族首领姚襄军二次战于伊水之北，大败姚襄，收复洛阳。桓温在洛阳修复西晋历代皇帝的陵墓，又多次建议东晋迁都洛阳。东晋朝廷对桓温的北伐抱消极态度，只求苟安东南，无意北还，桓温只得退兵南归。到前燕光寿三年（公元359年），中原地区被慕容氏的前燕政权所占领。前燕建熙四年（公元363年），桓温被任命为大司马，都督中外诸军事，录尚书事，第二年又兼扬州刺史。桓温身为宰相，又兼荆扬二州刺史，桓温尽揽东晋大权。

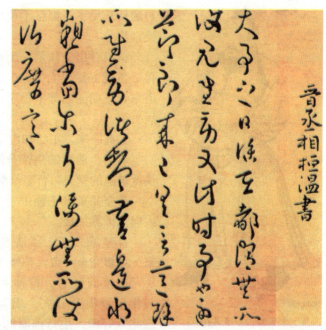

大事帖　东晋　桓温

　　前燕建熙十年（公元369年），桓温利用执政之机，发动了第三次北伐，讨伐前燕政权。这年四月出发，六月到金乡（今山东金乡）。桓温率水军经运河、清水河进入黄河，一直进军至枋头（今河南浚县西南，黄河重要渡口）。前燕王任命慕容垂为大都督，率5万军队前往抵御。这时，桓温犯了一个错误，他下令由水路运粮，结果燕军占领石门渡口，切断了水运粮道，桓温军队面临断粮的威胁。无奈之下，桓温只好命令全军撤退。退兵时，遭到了慕容垂的拦截，等桓温逃到山阳（今江苏淮安）时，手下已经没有多少人马了。

　　这次北伐的失利，使桓温已升至日中天的威信大大降低了。然而，由于桓温长期掌握东晋的军事大权，他的野心却越来越大。他曾经说："男子汉如果不能流芳百世，也应当遗臭万年。"属下知道他的野心，向他献计，说要提高自己的威信，就先得学西汉霍光的办法，把现在的皇帝废了，自己另立一个皇帝。

　　当时在位的皇帝是晋废帝司马奕。桓温带兵到建康，把司马奕废了，另立一个司马昱当皇帝，这就是晋简文帝。桓温当了宰相。

　　桓温改立新帝后，开始陷害一些政见与他不合的皇族和大臣，将殷、庾两大强族的势力削除殆尽。咸安二年（公元372年）六月，简文帝去世。桓温原本指望简文帝禅位于他，但大失所望。桓温于是拒绝入朝，直至宁康元年（公元373年）二月才到建康朝见孝武帝，并带兵入朝。群臣惊慌失措。由于侍中王坦之、吏部尚书谢安应付自如，桓温才没有发难，晋朝得以安宁。三月，桓温退兵。七月，桓温在姑孰病死，终年61岁。

扪虱谈天下

　　桓温第一次北伐时，将军队驻扎在灞上。有一天，有个穿着破旧短衣的读书人来军营求见桓温。桓温很想招揽人才，一听来了个读书人，便马上请他进来相见。

　　这个读书人叫王猛，他把南北双方的政治军事形势分析得清晰明了，见解也很精辟，桓温听了暗暗佩服。王猛一边谈，一边把手伸进衣襟里抓虱子（文言是"扪虱"）。桓温左

王猛像

王猛出身布衣，为人不拘小节。与当时东晋安西将军桓温畅谈天下局势时，把手伸进衣襟里摸虱子，桓温左右随从窃笑，王猛谈笑自若，旁若无人。后来襄助苻坚治理前秦，使前秦国势强盛一时。

右的侍从见了，都忍不住想笑。但是王猛却旁若无人，照样谈笑自若。

桓温看出王猛是一个难得的人才，从关中退兵的时候，他再三邀请王猛跟他一起走，还封他一个比较高的官职。王猛知道东晋王朝的内部不稳定，就拒绝了桓温的邀请，回华阴山隐居去了。

如此一来，王猛却出了名。

后来，前秦的皇帝苻健死了，他的儿子苻生昏庸残暴，很快就被他的堂兄弟苻坚推翻。

苻坚是前秦王朝中一个有作为的皇帝。他在即位以前，有人向他推荐王猛。

苻坚派人把王猛请来相见，两个人一见如故，谈起时事来，见解完全一致。苻坚非常高兴，像刘备得到了诸葛亮一样。

苻坚即位后，自称大秦天王。王猛在他的朝廷里做官，一年里被提升五次，成为他最亲信的大臣。官至吏部尚书、京兆尹等职，主持前秦的政务长达16年。他为政期间对内整顿吏治，压制不法贵族，重视农业生产，增加财政收入，对外加强战备，使得前秦的国力迅速强大，为统一北方奠定了基础。

有了王猛的帮助，苻坚镇压豪强，整顿内政，前秦国力日渐增强。王猛兼任京兆尹的时候，太后的弟弟、光禄大夫强德，强抢人家的财物和妇女。王猛一面逮捕了强德，一面派人报告苻坚。等到苻坚派人来宣布赦免强德时，王猛早已把强德杀了。以后几十天里，长安的权门豪强、皇亲国戚，有20多人被处死、判刑、免官。从此以后，谁也不敢胡作非为了。苻坚赞叹说："我现在才知道国家要有法制啊。"

前秦在苻坚和王猛的治理下，国力越来越强大，在十几年内，前秦先后灭掉了前燕、代国和前凉3个小国，黄河流域地区全成了前秦的地盘了。

公元375年，王猛得了重病。王猛对前来探望他的苻坚说："东晋远在江南，又继承了晋朝的正统，现在内部和睦。我死之后，陛下千万不要去进攻晋国。我们的敌人是鲜卑和羌人，留着他们终归是后患。要保证秦国的安全，就一定要先把他们除掉。"

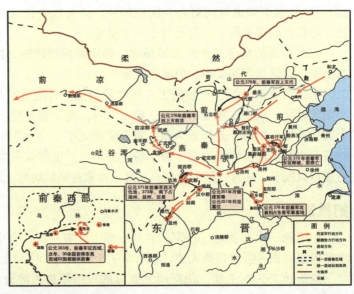

苻坚统一北方战争示意图

苻坚一意孤行

王猛活着的时候，苻坚对他言听计从，他励精图治，整饬军政、提倡儒学、广兴学校、鼓励农耕、兴修水利，使得前秦获得了长足的发展。经过多年经营，前秦国力日渐强盛，为统一北方准备了条件。从公元 370 年开始，苻坚先后攻灭前燕、仇池氏族、前凉和代，统一了北方，并进军西域。其疆域东极沧海，西并龟兹，南包襄阳，北尽沙漠，成为十六国中最强大的政权。但是王猛临死留下的忠告，苻坚却没有听。

王猛把鲜卑人和羌人看成前秦的敌手，但是苻坚却信任从前燕投降来的鲜卑贵族慕容垂和羌族贵族姚苌。王猛劝他不要进攻东晋，但苻坚却一定要进攻东晋，非把它消灭不可。

公元 382 年，苻坚认为时机成熟，就下决心大举进攻东晋。

苻坚把大臣们都召集来，在皇宫的太极殿里商量出兵的事。苻坚说："我继承王位将近 30 年了，各地的势力差不多都平定了，只有东南的晋国，还不肯降服。我们现在有 97 万精兵。我打算亲征晋国，你们认为怎么样？"

大臣们纷纷表示反对。到后来，苻坚不耐烦了，他说："你们都走吧。还是让我来决断这件事。"

大臣们见苻坚发火，谁都不再说话，一个个退出宫殿。最后，只剩下苻坚的弟弟苻融没走。

苻坚把苻融拉到身边，说："自古以来，国家大计总是靠一两个人决定的。今天，大家议论纷纷，没有得出个结论。这件事还是由咱们两人来决定吧。"

苻融面露难色地说："我看攻打晋国不是很有把握。再说，我军连年打仗，兵士们疲惫不堪，不想再打了。今天这些反对出兵的，都是忠于陛下的大臣。希望陛下采纳他们的

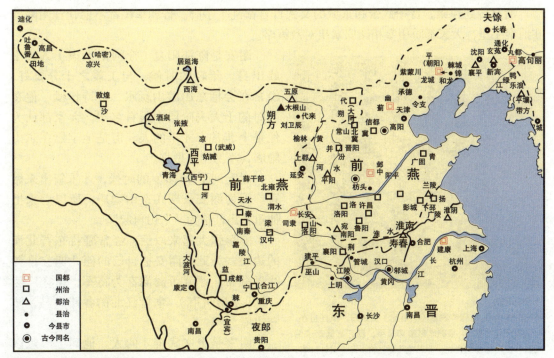

燕秦分据及苻秦全盛大势

意见。"

符坚没料到符融也反对出兵，马上沉下脸来，说："连你也说这种丧气的话，太叫人失望了。我有百万精兵，兵器、粮草堆积如山，要打下晋国这样的残余敌人，还怕打不赢吗？"

面对一意孤行的符坚，符融苦苦劝告说："现在要打晋国，不但没有必胜的把握，而且京城里还有许许多多鲜卑人、羌人、羯人，都是潜在的隐患。如果他们趁陛下远征的机会起来叛乱，后悔都来不及了。陛下还记得王猛临终前的留言吗！"

此后，还有不少大臣劝符坚不要进攻晋国。符坚一概不理睬。有一次，京兆尹慕容垂进宫求见。符坚让慕容垂谈谈对这件事的看法。慕容垂说："强国灭掉弱国，大国兼并小国，这是自然的道理。像陛下这样英明的君王，手下又有百万雄师，满朝都是良将谋士，要灭掉小小晋国，没有问题。陛下只要自己拿定主意就是，何必去征求别人的意见呢。"

符坚听了慕容垂的话，喜笑颜开，说："看来，能和我一起平定天下的，只有你啦！"

符坚不听大臣们的劝说，决心孤注一掷，进攻东晋。

他派符融、慕容垂当先锋，又封姚苌为龙骧将军，指挥益州、梁州的人马，准备出兵攻晋。

谢安东山再起

公元 383 年八月，符坚亲自统率 97 万大军从长安出发。一时间，大路上烟尘滚滚，步兵、骑兵，再加上车辆、马匹、辎重，队伍浩浩荡荡，绵延千里。

一个月后，符坚主力到达项城（在今河南沈丘南）。与此同时，益州的水军也沿江顺流东下，黄河北边来的人马也到了彭城（今江苏徐州市），前秦的军队从东到西拉开一万多里长的战线，水陆并进，直扑江南。

消息传到建康，晋孝武帝和京城的文武百官都乱了手脚。晋朝军民都不愿让江南陷落在前秦手里，大家都盼望宰相谢安拿出对敌策略。

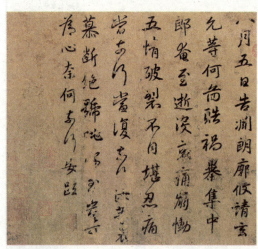

行书中郎帖

谢安史传善书，唐代李嗣真《书后品》赞之曰："纵任自在，有螭盘虎踞之势"。根据此帖玺印及纸、墨，当属南宋绍兴御书院所临摹的古帖。米芾有《谢帖赞》云："山林妙寄，岩廊英举。不颣不羲，自发淡古。"

谢安是陈郡阳夏（今河南太康）人，士族出身。年轻的时候，与王羲之十分要好，经常在会稽东山游山玩水，吟诗作赋。他在当时的士大夫阶层中很有名望，大家都认为他是个非常有才干的人。但是他宁愿在东山隐居，不愿出来做官。

谢安到了 40 多岁的时候，才重新出来做官。因为谢安长期在东山隐居，所以后来把他重新出仕称为"东山再起"。

前秦强大起来以后，经常骚扰东晋北面的边境。为此，谢安把自己的侄儿谢玄推荐给孝武帝。孝武帝封谢玄为将军，镇守广陵（今江苏扬州市），掌管江北的各路人马，防守边境。

谢玄是个文武全才的人。他到了广陵以后，就招兵买马，整顿军队。当时有一批从北方逃难到东晋来的人，纷纷投到谢玄的麾下。他们中间有个彭城人叫刘牢之，武艺高强，打仗也特别勇猛。谢玄派他担任参军，叫他带领一支精锐的部队。后来这支经过谢玄和刘牢之严格训练的人马，成为百战百胜的军队。由于这支军队经常驻扎在京口（今江苏镇江市），京口又叫"北府"，所以人们把它称为"北府兵"。

这次，面对苻坚的百万大军，谢安决定自己在建康坐镇，派弟弟谢石担任征讨总指挥，谢玄担任前锋都督，带领8万军队前往江北抗击秦兵，又派将军胡彬带领5000水军到寿阳（今安徽寿县）去配合作战。

谢玄手下虽然有勇猛的北府兵，但是前秦的兵力比东晋大10倍，敌我兵力对比悬殊，谢玄心里到底有点紧张。出发之前，谢玄特地到谢安家去告别，想让谢安给他出出主意。哪儿知道谢安像没事一样连句嘱咐的话都没有。等了老半天，谢安还是不开腔。

谢玄回到家里，心里总有些忐忑不安。隔了一天，又请他的朋友张玄到谢安家去，托他向谢安探问一下。谢安一见张玄，也不跟他谈什么军事，马上邀请他到自己建在山里的一座别墅去下棋。整整玩了一天，张玄什么也没探听到。

到了晚上，谢安把谢石、谢玄等将领召集到家里来，把每个人的任务一件件、一桩桩都清清楚楚地交代一遍。大家看到谢安这样镇定自若，也增强了信心，都神情振奋地回军营去了。

那时候，在荆州镇守的桓冲，听到形势危急，专门派出3000名精兵到建康来保卫京城。谢安对派

东山携妓图　明　郭诩
东晋谢安曾隐居会稽东山，故后人多以"东山"称之。此图即描绘谢安东山携妓游玩之事。

来的将士说："这里已经安排好了。你们都回去加强西面的防守吧！"回到荆州的将士向桓冲复命，桓冲忧心忡忡地对将士说："谢公的气度确实令人钦佩，但是不懂得打仗。眼下大敌当前，他还那样悠闲自在；兵力那么少，又派一些没经验的年轻人去指挥。我看我们要大难临头了。"

淝水之战

建元十二年（公元376年）前秦统一北方后，与东晋决战于淝水。淝水之战以前秦的惨败和东晋的大捷而结束。

建元十九年（公元383年）七月，苻坚不顾群臣反对，举大军攻晋。八月，苻坚发动百万大军南下，水陆并进。九月，苻坚的弟弟苻融率30万大军到达淮河前线，进攻寿

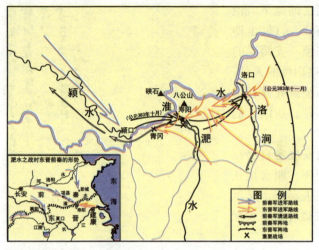

泗水之战示意图

阳（今安徽寿县）。东晋宰相谢安遣尚书仆射谢石为大都督，以徐、兖二州刺史谢玄为前锋，率军8万前往迎敌。又命龙骧将军胡彬率水军5000援救寿阳（今安徽寿县）。十月，苻坚求胜心切，他等不及各路人马聚齐，便命令苻融进攻寿阳。

寿阳是军事重镇，它的得失对于整个战局的胜负，具有举足轻重的作用。奉命增援寿阳的晋将胡彬，在半路上就接到寿阳失守的消息，只好退守硖石（今安徽寿县西北）。苻融马上命令部将梁成率众五万进攻洛涧（今安徽淮南市东），切断了胡彬与谢石大军的联系。

苻坚到了寿阳，派尚书朱序到晋军大营去劝降。朱序本来是东晋的将领，4年前在襄阳和前秦军队作战时兵败被俘，留在前秦。现在他见晋秦交战，知道自己为东晋出力赎罪的机会到了。他到晋营后，不但没有劝降，反而向谢石提出打败秦军的建议。他说："这次苻坚发动了百万人马攻打晋国，如果全部人马都到了，恐怕晋军无法抵挡。所以，应乘秦军还没集结的时候，赶快进攻秦军前锋。打败了它的前锋，便可挫伤秦军的士气，这样就可以战胜他们了。"

谢玄听从了朱序的建议，派战斗力较强的北府兵将领刘牢之带领一支兵马，在夜晚神不知鬼不觉地来到洛涧，向秦军阵地发起突然袭击。正在睡梦中的秦将梁成，听到喊杀声，吓出了一身冷汗，慌慌张张地从床上爬起来，上马迎战，结果被刘牢之一刀砍翻，送了性命。

秦军失去主将，四散奔逃，晋军乘胜追击。谢石带领晋军主力渡过洛涧，在离寿阳城只有4里地的八公山下，扎下营寨，与秦军主力隔泗水对峙。苻坚在寿阳城里，接到洛涧秦军失利的消息，有些沉不住气了。

过了几天，谢石派人到寿阳城里，送给苻融一份战书，要求定期决战，条件是秦军把阵地向后撤出一些，腾出一块空地作为战场，让晋军渡过泗水决战。秦诸将都反对晋军的建议，苻坚和苻融却同意晋军的条件，说："让我们的士兵稍稍向后退一点，等他们正在渡过的时候，让我们的骑兵冲上去，一定能把他们消灭。"

谢石、谢玄得到前秦答应后撤的回音

东山报捷图 明 仇英

谢安（公元320～385年）是东晋的一代名相，《世说新语》中关于他的词条最多，记载也最丰富。图中表现的正是《世说新语》中描述的"东山报捷"场面：报捷的童子侍立在一旁陈述战事的胜利，而谢安仍专心下棋，镇定自如。

后，迅速整顿兵马，指挥渡河。

晋军渡过淝水，勇猛地冲向秦军阵地。朱序见状，就在秦军阵后大声高喊："秦军败了，秦军败了！"正在后退的秦军，听到喊声，一时也分辨不清是真是假，逃的逃、躲的躲，整个队伍溃不成军。

苻融赶快跑到队伍后面，去拦阻队伍，不料连人带马被挤倒在地。还没来得及从地上爬起来，就被赶上来的晋军一刀砍死。苻坚见形势不妙，吓得丢下士兵，只顾自己逃命。到洛阳（今河南洛阳）时，苻坚收拾残兵，只剩下十几万人了。

晋军乘胜追击，一口气追赶了30多里才收兵。谢石、谢玄连夜派人去建康报捷。当报捷的军士赶回建康的时候，谢安正在与客人下棋，他看过告捷的书信，悄悄地把它搁在床上，不露声色，照常下棋。等到客人问时，才漫不经心说："孩子们已经打败贼军了。"

第四节 南北朝并立

陶潜归隐

陶渊明又叫陶潜，浔阳柴桑（今江西九江）人，他祖上世代为官，曾祖父是陶侃，在东晋前期立过大功，曾掌管过八个州的军事，也就是那个每天搬运100块砖以锻炼意志的人。不过到了陶渊明的时候，家道已经衰落了。陶渊明小的时候喜欢读书，有"济世救民"的志向，又很仰慕曾祖父陶侃，也想干一番事业。

陶渊明到了29岁后，才在别人的推荐下，陆陆续续做了几任"参军"之类的小官。他看不惯官场逢迎拍马那一套，所以在仕途中辗转了13年之后，一腔热情便冷了，决心弃官隐居。这里还有一个不为五斗米折腰的故事。

那是陶渊明最后做彭泽（今江西湖口）县令的时候。他上任之后，叫人把衙门的公田全都种上做酒用的糯稻。他说："我只要常常有酒喝就满足了。"他的妻子觉得这样做可不行，吃饭的米总得要有啊，就坚决主张种粳米稻。争执来，争执去，陶渊明让了步：200亩公田，用150亩种糯稻，50亩种粳米稻。陶渊明原想等收成一次再作打算，不料刚过80多天，郡里派督邮了解情况来了。县衙内有一个小吏，凭着多年的经验，深知这事马虎不得，就劝陶渊明准备一下，穿戴整齐，恭恭敬敬去迎接。陶渊明听后叹了口气，说："我不愿为了五斗米的薪俸，就这样低声下气向那号人献殷勤。"他当即脱下官服，交出官印，走出衙门，回老家去了。

陶渊明回家以后，下田干起了农活，起先只是趁着高兴干一点。到后来，经济上的贫困逼得他非把这作为基本谋生手段不可，干得就比较辛苦了。他经常从清早下地，直到天黑才扛着锄头踏着夜露回来。

陶渊明同农民的关系很好，对那些达官贵人却是另一副样子。在他55岁那年，他住的那个郡的刺史王弘想结识他，派人来请他到官府里叙谈。陶渊明理都不理他，让他碰了一鼻子灰。后来，王弘想了一个办法，叫陶渊明的一个老熟人在他常走的路上准备好酒菜，等陶渊明经过时把他拦下来喝酒。陶渊明一见酒，果然停了下来。当他们两人喝得兴致正浓的时候，王弘摇摇摆摆地过来了，假装是偶然碰到的，也来加入一起喝酒。这样总算认识了，也没惹陶渊明生气。

几年后，东晋的一代名将檀道济到江州做刺史。他上任不久，就亲自登门拜访陶渊明，劝说陶渊明出去做官，并要送给他酒食，都被陶渊明回绝了。当时在那一带隐居的还有刘遗民、周续之两人。他们同陶渊明合称"浔阳三隐"。事实上，这两个人和陶渊明一点也不一样，他们很有钱，同当官的交往密切。这些人只不过想借"隐居"来找个终南捷径罢了。

在陶渊明看来，真淳的上古之世邈远难求，而现实又如此让人无可奈何，理想的人生社会，只能寄托在文学之中。"一语天然万古新，豪华落尽见真淳。"元好问的评语，精当地点出了陶渊明文学创作的特点。

陶渊明在诗歌、散文、辞赋诸方面都有很高的成就，但对后代影响最大的是诗歌。陶诗现存126首，其中四言诗9首，五言诗117首。他的五言诗沿着汉魏以来文人五言诗的发展方向，进一步向着抒情化、个性化的道路发展。尤其值得指出的是，他把平凡的乡村田园劳动生活引入诗歌的艺术园地，开创了田园诗一派。

陶渊明依恋山水，旷达任真，他说自己"少学琴书，偶爱闲静，开卷有得，便欣然忘食，见树木交荫，时鸟变声，亦复欢然有喜。尝言五六月中，北窗下卧，遇凉风暂至，自谓是羲皇上人。"这样一种贴近自然的天性，赋予他的田园诗以物我浑融的意象和平淡醇美的风格。

他的田园诗主要是组诗《饮酒》《归园田居》《和郭主簿》等。诗人笔下的田园景物，既与其现实生活息息相关，又是诗人寄托情感的对象。且让我们听听在《归园田居》一诗中的夫子自道："少无适俗韵，性本爱丘山。误落尘网中，一去三十年。"这是一个天性热爱自然的人，置身于名利场中，无异于锁向金笼的那只渴望自在啼鸣的鸟。归隐之后又是怎样的呢？同一首诗里他这样描写他的田园：

　　方宅十余亩，草屋八九间。榆柳荫后檐，桃李罗堂前。暖暖远人村，依依墟里烟。狗吠深巷中，鸡鸣桑树巅。户庭无尘杂，虚室有余闲。

地几亩，屋几间，远处青山隐隐，清溪环绕着村郭。房前屋后桃李春花淡淡地开放，

陶渊明饮酒图　元　钱选

榆柳疏疏落落地挂着新枝。暮霭和着炊烟袅袅升起，村落里东一声西一声的狗吠，透过薄雾传来栖息在树上的鸡的鸣叫。这里，人们日出而作，日入而息，一派宁静安乐的小康景象。在渊明的田园诗里，"自然"这一哲学概念，以美好的形象表现了出来。请看著名的《饮酒》之五：

> 结庐在人境，而无车马喧。问君何能尔？心远地自偏。采菊东篱下，悠然见南山。山气日夕佳，飞鸟相与还。此中有真意，欲辨已忘言。

由于陶渊明在这首诗里的吟咏，酒和菊已经成了他的精神和人格的象征。古人爱酒的不少，但是能够像陶渊明那样识得酒中三昧并且从中体悟人生真谛的却并不多；他写菊的诗也并不多，但就因"采菊东篱下，悠然见南山"这两句诗太出名了，菊便成了陶渊明的化身，也成为中国诗歌里孤标傲世的高洁意象。

不过，陶渊明毕竟是有高远的人生理想的。当这种理想遭遇现实的棒喝而只能流于空想时，心中的幽愤难平是不可能完全被美酒和秋菊消解的。于是，在田园诗以外，他还写有大量的咏怀咏史的诗。《杂诗》十二首、《读山海经》十三首都属于这一类。在这些诗里，我们分明能够感受到静穆悠远的隐士对现实的憎恶与不安，对人生短促的无限焦虑，和那种强烈压抑的建功立业的渴望。正因如此，荆轲这位敢为知己者死的勇士的失败结局，才在陶渊明的心中激起如此强烈的感慨："惜哉剑术疏，奇功遂不成。其人虽已没，千载有余情！"《山海经》里的刑天和精卫，也让他激动不已：

> 精卫衔微木，将以填沧海。刑天舞干戚，猛志故常在。同物既无虑，化去不复悔。徒设在昔心，良辰讵可待！

精卫仅是一只小鸟，而有填海之志，刑天被砍了头，却能以乳为目反抗不止，这种不屈服于命运的精神，表明陶渊明虽身在田园，却仍然渴望着有所作为的壮丽人生。

"千秋万岁名，寂寞身后事"用在陶渊明的身上，再恰当不过了。在他生活的当世，他仅仅是作为一位高雅的隐士被人称道的。当时的社会普遍推崇华丽绮靡的文学风格，他的诗歌朴素冲淡，并不合于当时人的口味。所以在他死后的两百年里，他的文学创作没有引起多大的重视。到了唐代，李白、杜甫也并没有对陶渊明表现出特别的尊崇。但是盛唐的山水田园诗派，明显受到了他的巨大影响。600年后的赵宋王朝，终于出现了一位陶渊明的异代知音，他就是苏轼。在苏轼的心目中，陶渊明在文学史上的地位毫无疑问应该在李杜之上。由于东坡的极力推重，人们终于发现了陶渊明其人其诗的价值。从此陶渊明走出了寂寞的田园。

刘裕成帝业

刘裕帮助晋安帝复位后，自己掌握了东晋大权。

刘裕是丹徒县京口里人（今江苏镇江），小名寄奴儿，出身贫苦，生逢乱世。刘裕的远祖是汉高祖刘邦的弟弟刘交。汉王朝覆灭后，刘氏家族也渐渐没落了。他的祖父刘靖，曾做过东安太守，父亲刘翘却只是个小小的郡功曹。

刘裕一出生，母亲便死了，他也差一点被扔掉。后来，他父亲给他取名裕，即多余的意思。婶母给他取了小名叫寄奴儿，即从小寄养他家的意思。

刘裕像

刘裕（公元363～422年），南朝宋开国君主，字德舆，小字寄奴。为政崇尚简约，实行"庚戌土断"，集权中央。谥武，庙号高祖。

刘裕15岁时，刘翘病死了，他的继母带着他和他的两个异母弟弟艰难度日。刘裕便做草鞋换粮食。生活虽然清贫，但他对继母却是十分孝敬，宁可自己饿肚子，也不让继母没有饭吃。

生活在贫困之中的刘裕，一直怀有建功立业的志向，于是他加入了东晋北府兵的行列，成为一名士兵。

后来，东晋北府兵将领孙元终让刘裕在他身边做了一名亲兵，不久又提拔他做司马。

刘裕做了参军后，更加勤勉卖力。他三次带兵打败了孙恩，迫使孙恩逃到海上，从而被刘牢之当作心腹爱将，逐渐掌握了北府兵权。

后来，桓玄自立为帝，刘裕起兵讨伐。他联络各方豪杰，于公元404年秋正式开始了他的讨桓行动。刘裕的军队只有2000人，但个个英勇无比，在覆舟山一战，把桓玄的军队打得大败。

公元405年，晋安帝司马德宗回到建康，大封平叛有功之臣，刘裕被任命为都督扬、荆、徐等16州军事，成为一个封疆大吏。

公元409年初，南燕慕容超几次派兵侵犯淮北，杀东晋朝廷命官，抢劫财物，掳掠百姓。刘裕正想找机会立功，便上表请求北伐南燕。刘裕从建康出发，先出兵包围了南燕（十六国之一）的国都广固（今山东益都西北）。南燕的国主慕容超着急了，向后秦讨救兵。

后秦国主姚兴派使者到晋军大营去见刘裕，说："燕国和我们秦国是友好邻国。如果你们一定要逼燕国，我们不会坐视不救。"

刘裕听了使者的话，冷笑着说："你回去告诉姚兴。我本来想灭掉燕国之后，休整3年再消灭你们。没想到你们愿意送上门来，那就来吧！"

使者走后，有人问刘裕："您这样做，只怕会激怒姚兴。如果秦兵真的来攻怎么办？"

刘裕泰然地说："俗话说：'兵贵神速'，他们如果真想出兵，就会偷偷出兵，为什么先派人来通知呢？这不过是姚兴虚张声势罢了。他连自己都顾不过来，哪有心思救人呢？"

不出刘裕所料，当时后秦正跟夏国互相攻打，根本无暇出兵救南燕。没过多久，刘裕就把南燕消灭了。朝廷命他兼任青、冀二州刺史，并允许他相机行事。也就是说，他可以自作主张，不必请示朝廷了。

不久，卢循在广州起义反晋，刘裕又率兵南征广州。东晋官兵在刘裕的严令督促下，积极奋战，刘裕带着年仅4岁的儿子刘义隆亲自到前线布防，鼓舞士气。士气高昂的东晋士兵，一举打败了卢循的军队。东晋朝廷又加封刘裕为太尉中书监，加黄钺，从此刘裕正式执掌了朝政大权。

刘裕掌握了大权后，便起了取代晋安帝的念头。

晋安帝虽然是个白痴，但生命力却很旺盛。刘裕一心想做皇帝，但苦于安帝不死，便命王韶之入宫，将安帝活活勒死。刘裕见时机还没成熟，就立晋安帝的弟弟司马德文继位，这就是晋恭帝。司马德文在刘裕的控制下得过且过，成为一名傀儡皇帝。

此后，刘裕便培植亲信，铲除政敌。刘毅、诸葛长民、司马休之等与刘裕政见不同的大臣纷纷被罢黜。然后，他第二次北伐，克复关中，于东晋义熙十四年（公元418年）受封为相国、宋公。这个时候，刘裕取代东晋的条件已经成熟。

这样勉强过了一年，已经57岁的刘裕，觉得自己时日不多了，更加急于当皇帝了。东晋元熙二年（公元420年），手下之人拟好禅位诏，献于刘裕，他拿到晋恭帝处让其抄录，恭帝欣然操笔，书赤纸为"诏"。刘裕筑坛于南部，登上皇位，国号宋，是为宋武帝。宋武帝改元永初，定都建康（今江苏南京），改《秦始历》为《永初历》，废晋恭帝为零陵王。第二年六月，刘裕派人将他毒死，开了杀"禅让"退位者的先例。至此，历时104年、共11帝的东晋王朝结束，南北朝时期开始。

刘裕执政时较开明，减轻赋税，赦免奴客士兵。当了两年皇帝后，刘裕于公元422年病死，终年59岁，后谥武帝。

拓跋珪建北魏

前秦淝水之战被东晋打败后，刚统一不久的北方又陷入分裂局面，拓跋珪趁机复国，他创造出"越过坚城，纵深攻击"的战法，以较小代价换取最大收获；在其子拓跋嗣、孙拓跋焘在位时更得到完善，使北魏逐渐发展壮大。

拓跋珪死后，拓跋嗣取得皇位，当时南朝的宋和西疆的大夏赫连氏是北魏的两大威胁，特别是宋在刘裕时曾攻占长安、洛阳，灭后秦，势力扩展到中原心脏，引起了北方诸政权的不安。拓跋嗣政权巩固后，便决心对抗防御宋了。

拓跋嗣调集军队欲攻打南朝宋的洛阳、虎牢、滑台三处要塞。他以奚斤带两万军队渡过黄河，在滑台东面屯营，准备强攻滑台。名臣崔浩

北魏重臣崔浩像

崔浩处理政务主张先修人事，次尽地利，后观天时。

谏道：南人擅长守城，从前秦主苻坚攻襄阳，一年都没打下来，损失惨重。如今大军团受阻于小城市，一旦敌人增援保卫，我军处境就危险了，不如遣铁骑四面分兵出击，直至淮河以北，掠夺粮食钱帛，把洛阳、滑台、虎牢三地分割在后方，成为孤城，隔断它们与宋都建康的联系，那么守军久无支援，必然会沿黄河撤退，三城即唾手可得。

拓跋嗣认为很在理，于是命奚斤依计而行。刚开始，奚斤军占领了滑台周围仓桓等小城，使滑台成为孤城；但这时奚斤没有纵深攻击，而是存侥幸心理，率魏军围攻滑台，结果强攻数日未克，奚斤向平城求援。拓跋嗣见奚斤未按计划作战，以致损兵折将，收效甚微，怒不可遏，即命太子拓跋焘留守平城，自率5万大军去增援奚斤。崔浩又谏言：滑台已被围困多日，既已强攻开了，不如继续攻打，指日可下。于是拓跋嗣令奚斤5日内攻下滑台，将功抵罪；再拿不下，二罪归一，决不宽恕。

奚斤率军冒着飞石流矢猛攻滑台，攻势一浪高过一浪；东晋滑台太守久守孤城，早已力不从心，为了活命，欲举城投降，但手下将士不从，太守只好只身逃跑。城中剩余士兵

拒不降魏，奋死抵抗，魏军攻入城内，宋军和敌人展开激烈的巷战，力竭城陷。奚斤乘胜追击，前锋直抵虎牢关。拥有绝对优势的北魏军队相继攻占了虎牢、金墉城、洛阳，当年刘裕打下的河南诸地再次被五胡占去。

拓跋嗣之后，太武帝拓跋焘用此战法攻占大片土地，并于公元439年统一北方。

祖冲之创新历

宋孝武帝期间，出了一个杰出的科学家祖冲之。

祖冲之的祖上于西晋末年，为了逃避战乱而迁到江南。他家是科学世家，世代掌管国家的历法。祖冲之在这样的家庭里，从小就读了不少书。他特别喜爱天文学、数学和机械制造，并且常常显示出不凡的才华。到了青年时期，他已经享有博学的名声，受到宋孝武帝的重视，被朝廷聘到学术机关从事研究工作。

在数学上，祖冲之把圆周率数值准确推进到小数点后7位，成为世界上最早把圆周率数值推算到7位数字的科学家。在圆周率的计算上，我国最早采用周三径一的方法，但祖冲之认为这样得出的数字不准确。所以，在前人的基础上，他进一步算出更精确的圆周率数据。祖冲之得出的圆周率，其盈数为3.1415927，不足数为3.1415926，也是 π 的数字，小于盈数而大于朒数。同时，祖冲之还确定了 π 的两个分数值，其约率为：π = 22/7，密率为：π = 335/113。

祖冲之将圆周率准确到小数点后第六位，这是当时世界上最先进的成就。从分子分母

祖冲之像

不超过百位数的分数来说，密率 335/113 是圆周率值的最佳近分数。为了纪念他这一对数学方面的贡献，人们把圆周率称为"祖率"。直到十五、十六世纪，外国数学家才打破这个纪录。

中国当时是以农业立国，有着重视和研究天文历法的传统。祖冲之关心国计民生，极为注重天文历法的研究。当时朝廷采用的是《元嘉历》，它是天文学家何承天编订的。祖冲之对这本《元嘉历》作了深入研究和推算后，发现《元嘉历》仍然不够精密。经过长期的实际观测和仔细的验算，并吸取了历代各家历本的成就，他终于重新制订了一部新的历法——《大明历》。

祖冲之经过长期观察，证实存在岁差，并计算出冬至点每四十五年要回向移动一度，测算出一个太阳年是 365.24281481 日，与近代科学测得的日数，只相差 50 秒，误差只有六十万分之一。

公元 462 年，年方 33 岁的祖冲之把《大明历》送给朝廷，要求颁布实行。宋孝武帝命令懂历法的官员对它进行讨论。随即，爆发了一场革新派和保守派的尖锐斗争。

在这场论战中，祖冲之那精辟透彻、理实交融的

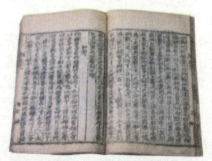

《隋书·律历志》中关于祖冲之圆周率的记载

分析，折服了许多大臣。

于是宋孝武帝决定在更元时改用新历。可是，还没多久，武帝就死了。直到祖冲之死去 10 年之后，他创制的《大明历》才得以推行。

武帝死后不久，掌管宋朝禁卫军的萧道成灭了宋朝。公元 479 年，萧道成称帝，建立南齐，这就是齐高帝。

孝文帝改革

自从太武帝被宦官杀死后，北魏政治腐败不堪，不断引起北方人民的反抗。公元 471 年，北魏孝文帝拓跋宏即位后，顺应历史潮流，实行了一系列汉化改革。

公元 493 年拓跋宏召集满朝文武商议政事，他提出要动员北魏所有军力，南征南方的齐国。这一提议，无疑是一石激起千层浪，马上就招来了众多大臣的反对。任城王拓跋澄是孝文帝的叔父，在朝廷里有很高的威望。他从国家利益出发，坚决反对此次南征。孝文帝见没有人支持他的建议，非常生气，宣布退朝。

散朝之后，孝文帝在后殿对任城王拓跋澄交了底，他说："您以为我真要南征吗？老实告诉你，我不过是拿它做幌子罢了。我真正的意图是想迁都到洛阳去。我们这里不是用武的地方，不适应改革政治。现在我要移风易俗，非得迁都不可。所以我就想出这个主意，让它生米煮成熟饭再说。"拓跋澄这才恍然大悟，他佩服孝文帝的英明果断，当即赞成孝文帝的决策。

宁懋石屋　南北朝

北方鲜卑族建国后，舍弃原有的游牧业，转入农业生产，劝课农桑，定居乐业。这件当时的石屋摈去汉族建筑的繁复，掺入鲜卑人的理念，使石屋更加简单实用，代表了当时建筑的一种风尚。即使是在魏分东西以后，这种风格也承延下去，一直传到隋唐，影响以至现今。

有了任城王的支持，孝文帝的主张就可以施行了。公元 493 年，北魏正式迁都洛阳，孝文帝在改革的道路上迈进了一大步。

太子拓跋恂阻挠改革，孝文帝竟然派人杀掉了他。就在这一年，穆泰等人联合东陵王拓跋思誉、代郡太守拓跋珍、阳平侯贺赖头等人从平城起兵反叛。孝文帝以快制慢，迅速派任城王拓跋澄率师平叛，自己则率御林军大批捕杀朝中的反对派势力。一时间，反对改革的势力全都被清除了。

孝文帝平定了穆泰等人的政变后，出台了一系列改革措施。孝文改革首先围绕政治、经济制度进行。当时执政的冯太后是孝文帝的祖母，她是颇有才干的女政治家。献文帝死后，10 岁的孝文帝继位，她以太皇太后身份临朝称制。从公元 484 年开始，她颁布了一系列的改革措施。

第一，整顿吏治，实施俸禄制。北魏前期吏治败坏，地方官员不论政绩好坏，任期都是 6 年。官吏没有俸禄，生活来源靠自行搜刮，巧取豪夺。冯太后针对吏治的混乱，规定官吏任期由政绩优劣决定，并推行班禄制，即给官吏发俸禄，官吏贪污价值一匹绢以上者一律处死。

第二，实行均田制，发展经济。中原地区经过长期战乱，经济受到严重破坏，土地大片荒芜，世家大族乘机兼并土地，国家财政日益困难。北魏太和九年（公元485年）十月，北魏推行均田制。均田制是北魏政权在奴隶制残余这一特殊历史条件下实行的一种土地分配制度，是封建土地所有制的一种补充形式。同时，均田制使游离的劳动力重新和土地结合起来，扩大了自耕农的数量和政府的纳税面，推动了农业生产的发展和北魏政权封建化的进程。均田制的具体内容是：一、政府授给均田农民露田。露田只能种植五谷，不许栽种树木，并不许买卖，农民年满70岁或身死后须将田归还官府。二、初授田的男子另给田20亩作为世业，并可终身拥有，但须在3年内栽种桑树50株，枣树5株，榆树3株。三、给予新迁居而来的农民园宅田，每3口1亩，奴婢每5口1亩。四、地方官吏按品级授给公田，刺史15顷，县令、郡丞6顷，不准买卖。五、老幼残疾者没有受田资格。

第三，建立三长制，加强对地方的控制。冯太后废除了宗主督护制，规定5家立一邻长，5邻立一里长，5里立一党长，这三长负责掌管田产、户口，征发租调徭役，维护地方治安等。三长制的建立确立了户籍制度，巩固了地方统治秩序。冯太后的这些改革措施，推动了北方经济的恢复和发展，加强了中央集权。

冯太后病逝后，孝文帝亲政，继续改革，主要进行的是以"汉化"为中心的文治改革。魏都平城地处边塞，气候严寒，农业生产条件差，交通运输也不便利，而迁都是政治经济发展的必然要求，但总是阻力重重。文帝首先取得任城王的支持，并精心编导了一幕"外示南讨、意在谋迁"的喜剧。公元493年，文帝亲率30万大军渡过黄河，进驻洛阳，准备大举南征。当时正值秋雨绵绵，军队疲惫不堪。众大臣纷纷跪在御马前，叩头哭劝，请求停止讨伐南齐。孝文帝让群臣在南征和迁都之间选择，百官宁愿迁都也不愿冒险南征。公元493年，孝文帝把都城迁到洛阳。迁都洛阳后，孝文帝实行全面汉化政策。从平城迁来的人都得改为洛阳籍，死后也要葬在洛阳。同时，他们都得改穿汉服，学说汉语，并改鲜卑姓为汉姓，号召胡汉通婚。孝文帝改姓为元，并带头娶4个汉姓女子做妃，又为5个弟弟娶汉人为妻，并把公主们嫁给汉人。

农耕图 南北朝

太和九年（公元485年），北魏孝文帝颁布了均田令，授给平民与奴隶农田耕种，农田不得买卖。均田制以法律形式确认了劳动者对于土地的占有权与使用权。其后，隋唐均沿用并完善了此土地制度。

孝文帝改革是成功的，它缓解了民族矛盾和阶级矛盾，巩固了鲜卑贵族在北方的统治，促进了各民族之间的融合，对中国多民族的统一做出了贡献。

梁武帝出家

梁朝趁北魏内乱之机，曾几次出兵北伐。但梁武帝出师不利，不但没能占到便宜，还死伤了不少军民。此后，双方都无力征伐，彼此相安无事。

萧衍没有当上皇帝之前，对百姓和士兵都挺关心，到了登上皇位后，就换了一副面孔。

南华禅寺
该寺位于今广东曲江东南，始建于南北朝时期。

他对皇亲国戚格外宽容，对百姓却尽情搜刮掠夺。他的臣下更是贪得无厌。有人告发他的弟弟萧宏谋反，库里藏有兵器。梁武帝一听，这还了得。他亲自带人去萧宏家搜查，结果看到萧宏家的库房里堆满了布、绢、丝、棉，还有数以亿计的钱财。萧衍看到没有谋反的迹象，就对萧宏说："阿六呀，你的家当还真不少啊！"

其他的王公侯爷看到萧衍对此一点也不在意，就更加肆无忌惮地搜刮民脂民膏了。

萧衍到了晚年，开始崇信佛教，借佛教名义愚弄百姓，搜刮钱财。他修建了一座规模宏大、富丽堂皇的同泰寺为自己诵经拜佛之用，自己装成一副苦行僧的样子，早晚到寺中朝拜。

有一次，他到同泰寺"舍身"，表示要出家做和尚。他这一出家做和尚，国中无主，大臣们急得像热锅上的蚂蚁，最后只得去寺中劝他回来。他做了四天和尚，大臣们出钱把他从同泰寺中赎了出来。这样的滑稽剧总共演了4次，大臣们一共花了4亿钱的赎身钱。这几笔钱都转嫁到老百姓身上去了。而且在他最后赎身回宫的那个晚上，竟派人把同泰寺的塔烧了，却说是魔鬼干的。为了压住魔鬼，又下诏要造一座几丈高的高塔来压住，继续叫百官捐钱。

梁朝就这样一天天地衰弱了。

侯景反复无常

梁武帝有一天晚上做了个梦，梦见北朝的刺史、太守都来向南梁王朝投降。这个梦无非是他日思夜想造成的。

20天后，恰好西魏的大将侯景派人来，说他跟东魏、西魏都有冤仇，打算投降南梁，还表示愿意把他控制的函谷关以东13个州都献给南梁。

侯景原来是东魏丞相高欢部下的一员大将，高欢让他带兵在黄河以南镇守。高欢临死的时候，怕侯景叛乱，派人召侯景回洛阳。侯景怕自己去洛阳会被害死，就不接受东魏的命令，带着人马向西魏投降了。

骑兵和步兵战斗图　南北朝

　　西魏丞相宇文泰也不信任侯景，打算解除他的兵权。侯景又转向南梁投降。

　　梁武帝接受了侯景的投降，把侯景封为大将军、河南王，并且派他的侄儿萧渊明带着5万兵马去接应侯景。

　　萧渊明带兵北上，受到东魏的进攻。梁军已经很久没有打仗了，人心涣散，被东魏打得几乎全军覆没。萧渊明也被俘虏了。

　　东魏又向侯景进攻，侯景大败，只带着800多人逃到南梁境内的寿阳。

　　东魏派使者到南梁讲和，还说愿意把萧渊明送回来。侯景知道了这件事，害怕对自己不利，就决定叛变。

　　侯景的人马很快就打到了长江北岸，梁武帝急忙派他的侄儿萧正德到长江南岸布防。

　　侯景派人诱骗萧正德做内应，说推翻了梁武帝后，就拥戴他做皇帝。萧正德利欲熏心，秘密派了几十艘大船，帮助侯景的军队渡过长江，还亲自带领侯景的军队渡过秦淮河。之后，侯景顺利地进入建康，把梁武帝居住的台城包围起来。

　　台城里的军民奋力抵抗，双方相持了130多天。到了后来，台城里的军民有的在打仗中死去，有的病死饿死，剩下的已不到4000人。

　　到了这个时候，谁也没法挽回败局。叛军攻进了台城，梁武帝也成了侯景的俘虏。

　　侯景自封为大都督，掌握了朝廷的生杀大权。他先杀了那个一心想做皇帝的萧正德，然后把梁武帝也软禁起来。最后梁武帝连吃的喝的也没有了，活活饿死在台城里。

　　梁武帝死后，侯景又先后立了两个傀儡皇帝。公元551年，他自立为皇帝。

　　侯景当了皇帝后，到处搜刮掠夺，给百姓带来深重的灾难。第二年，梁朝大将陈霸先、王僧辩率领大军从江陵出发，进攻建康，把侯景的叛军打得一败涂地。最后，侯景只带了几十个人出逃，半路上被他的随从杀死了。

　　南梁王朝经过这场大乱之后，分崩离析。公元557年，陈霸先在建康建立了陈朝，这就是陈武帝。

第五章　乾坤变幻

第一节　隋朝兴衰

杨坚建隋

北魏崛起后统一了五胡十六国，北周又进一步扩大了北朝的地域，成为南北对峙中北方的最后一个政权。公元581年，北周相国杨坚迫使自己的外孙、9岁的周静帝退位，自立为帝，改国号为隋，在北周政权的基础上建立了隋朝。文帝积极改革，增强实力，灭掉了南方陈朝政权，结束了东晋以来数百年分裂的局面，统一南北。

杨坚生于贵族之家。父亲杨忠是西魏、北周的军事贵族，西魏时因辅佐宇文泰建立政权，受封为十二大将军之一。北周时官至柱国大将军，封为随国公。杨坚后来袭父职，他的妻子独孤氏是鲜卑大贵族独孤信的爱女，他的女儿杨丽华是北周宣帝的皇后。宣帝好酒色，常在后宫酗酒，并实施严刑酷法，统治无道，北周政权日趋衰落。宣帝死后，宦官郑译、刘昉假传遗诏，召杨坚进宫，并极力主张让他入宫辅政，杨坚因此总揽军政大权，并逼迫彦之议交出天子玉玺和兵符。为防止各地的诸侯王发动兵变，杨坚借口赵王要嫁女儿给突厥，把北周皇室成员召进京都，又让静帝下诏书把威望极高的元老重臣尉迟迥召回京师。尉迟迥统兵数十万，北联突厥，南结陈朝，在相州举兵反杨，同杨坚对抗。杨坚以韦孝宽为行军元帅发兵讨伐，尉迟炯兵败自杀。杨坚在重臣李穆、韦孝宽的支持下，不到半年时间，就平定了各方叛乱。公元580年，杨坚自称隋王，是因其父封随国公，而随字不吉利，国号便改为隋。隋朝建立后，文帝采取加强中央集权和发展社会经济的改革措施，国力渐渐强盛，为

隋文帝像

统一全国奠定了基础。

隋初，北方突厥的势力强盛，与隋朝对抗。突厥可汗曾率军南下大举侵隋，隋军损失惨重。后突厥内部发生叛乱，隋才得到短暂安宁。不久突厥内部矛盾更加激化，并分裂为东、西两汗国。文帝利用突厥的分裂进攻突厥，突厥大败，东突厥归附隋朝。隋文帝完成了北方的统一，转而集中兵力于南方。

文帝积极作伐陈的准备工作，令大将军贺若弼和韩擒虎镇守离陈国较近的广陵和庐江；大将杨素调集水工大造战船，做渡江的准备。公元587年，文帝灭掉后梁的割据势力，扫除了向陈进军的障碍。公元588年，隋文帝诏告天下，历数陈后主的罪恶，以瓦解陈军斗志，为战争做好舆论准备。之后，文帝令儿子杨广率兵50多万兵分8路，南下攻陈。

文帝灭陈

陈武帝建立南陈的同时，北方的东魏、西魏也分别被北齐、北周取代。公元550年，东魏高欢的儿子高洋建立了北齐；公元557年，西魏宇文泰的儿子宇文觉建立了北周。北齐和北周经常相互攻打，后来，北周武帝灭掉了北齐，统一了北方。

北周武帝死后，荒淫残暴的周宣帝继承了王位。周宣帝一死，他的岳父杨坚就夺取了政权。公元581年，杨坚即位，建立隋朝，这就是隋文帝。

在北方动乱不安的时候，南陈王朝获得了一个比较安定的时期，经济渐渐发展起来。但是传到第五个皇帝，却是一个荒唐得出奇的陈后主。

陈后主名叫陈叔宝，是个不过问国事，只知道喝酒玩乐的人。他大兴土木，为他的宠妃们造起了三座豪华的楼阁，自己常在里面淫乐。他手下的宰相江总、尚书孔范等人，也都是一伙腐朽不堪的文人。陈后主和宠妃经常在宫里举行酒宴，宴会的时候，就把这些文人大臣召来，通宵达旦地喝酒赋诗。还把他们的诗配上曲子，又挑选了一千多个宫女，专门为他们演唱。

陈后主过着荒唐生活的同时，北方的隋朝却渐渐强大起来，并在为灭掉陈朝做着准备。

杨坚在建国之始，便开始谋划消灭陈国，统一全国。开皇七年（公元587年）十一月，朝中宰相向隋文帝献策说："每年逢江南收获时节，我们便四处扬言说将攻打陈，他们必然放弃农事进行驻防，这样他们的粮食便会减产，财力亦随之日渐困乏。如此再三，他们的防备必将松弛，我们便可以趁机过江攻陈。"文帝采纳了此计。同月，隋文帝下令大造巨型战船，准备进攻陈国。隋将梁萧岩率兵投降陈国，隋朝有了进攻陈国的借口。

公元588年，隋文帝造了大批战船，派他的儿子晋王杨广、丞相杨素担任讨阵元帅，贺若弼、韩擒虎为大将，带领51万大军，分8路进兵，向陈朝攻来。

古胭脂井

又名"辱井"。公元589年隋大将韩擒虎率军攻入建康，陈后主与宠妃张丽华、孔贵嫔躲入古井，被隋兵活捉。

杨素率领的水军从永安出发，其他几路隋军也进展顺利，都将队伍开到江边。北路的贺若弼的人马到了京口，韩擒虎的人马到了姑孰。江边的陈军守将慌忙向建康告急。告急的警报传到建康时，陈后主正跟宠妃、文人们醉得一塌糊涂。他收到警报，连拆都没有拆，就往床下一扔了事。

公元589年正月，贺若弼的人马从广陵渡江，攻克京口；韩擒虎的人马从横江渡江到采石，两路隋军一齐向建康扑来。

到了这个时候，陈后主才如梦方醒。这时城里还有十几万人马，但是陈后主手下的宠臣江总、孔范一伙哪里懂得指挥。隋军很快就攻进了建康城。

隋军打进皇宫，搜了半天也没有找到陈后主。后来，捉住了几个太监，才知道陈后主躲到后殿的井里去了。隋军兵士来到后殿，果然有一口井。往下一望，是个枯井，隐约看到井里有人，就高声呼喊，让井里的人出来。井里没人答应。兵士们威吓着大声说："再不出来，我们就要扔石头了。"说着，拿起一块大石头放在井口比划，做出要扔的样子。井里的陈后主吓得尖叫了起来。兵士把绳索丢到井里，把陈后主和他的两个宠妃拉了上来。

就这样，南朝的最后一个朝代——陈朝灭亡了。中国自从公元316年西晋灭亡起，经过270多年的分裂局面，又重新获得了统一。

梳妆亭
位于南岳衡山藏经殿附近，传为南朝陈后主宠妃张丽华梳妆之地。张妃曾拜慧思大师在藏经殿学习佛法，于是，南岳便有了一些关于她的佳话及遗迹。

科举制的创立

科举就是采用分科考试的办法选拔官吏，是政府以不同科目对学有所长的读书人进行考试的制度。贵族和高官子弟可以通过门第关系做官，除此以外的子弟经过科举取得做官资格后，还需再通过吏部考试，考试合格的才可以做官。科举制是隋朝创立的，完备和兴盛于唐宋，衰落于明清，清朝末年被完全废除，共存在了1300年。它起源于门阀等级制度盛行的时代，是当时先进的政治制度，它采用公平竞争的方式，对各种人才择优而用，是合乎时代潮流的，对后世的政治、文化、生活方式产生了深远的影响。

魏晋南北朝时期，选拔人才使用的是曹魏创立的"九品中正制"。曹操为网罗人才一再宣布"唯才是举"，曹丕在此基础上采用九品官人之法，就是选择有见识的官员，任各地方的中正，负责评审本地读书人的才能德行，将他们分为九品（等级），以此作为吏部授官的依据。

后来九品中正制流弊百出，严重地压制并摧残了优秀人才。由于许多寒门及庶族地主强烈要求参与政治，统治者也迫切需要科举制来选拔人才，为它的统治服务。文帝即位后，正式废除九品中正制，实行科举。

公元598年，隋文帝设立志行修谨（有德行）和清平干济（有才能）二科，他下诏命令五品以上京官和地方官总管、刺史按这二科推荐人才，这被看作是科举制的开始。隋朝的科举制大体上有两种情况：一种是临时性的特科，一种是常设科目。公元603年隋文帝下诏，以明知古今、通识治乱、究政教之本、达礼乐之源等科目选拔人才。以后科举的名目逐渐增多。公元607年，炀帝下诏以德行敦厚、刚毅正直、执宪不挠、文才秀美、才堪将略、膂力

杨坚像

骁壮等十科选拔德、才、体各方面表现突出的人，这些科目都是临时规定的特科，科目较具体，标准较明确，比较公平。比较固定的常设性科目有秀才、明经、进士三科，这些科目必须经过考试。秀才科先考试策，再考杂文，需要应试者具有很高的学识，录取标准很高，隋朝37年的历史中共录取了十多个人；杂文的题目往往是模拟名人名篇，难度很大。

明经科主要是测试经典，即测试对某一儒家经典的熟悉程度，考中的人数较多。进士科是炀帝所创并且放宽了录取标准，它只试策，不考杂文，主要考文才。考中科举后只是获得了明经进士出身，取得了做官的资格，这之后还要通过吏部的考试才能任命为官员，当时考中的也就是做县尉、功曹等九品小官，他们在当时政治上并不占重要地位，但对后世有重大影响。这样一种新的选官制度在隋朝产生了，由此开始了文官考试制度的历史。

科举制的创立和九品中正制的废除，表明门阀世袭制的衰落和中央集权制的加强，它把读书、应考和做官联系在一起，这就使一般的甚至贫寒的子弟有一个公平的机会，同时，它把选官的权力集中在吏部和朝廷，加强了中央集权。

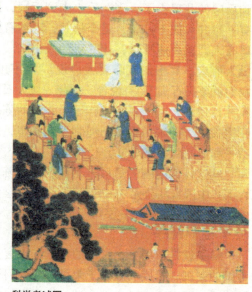

科举考试图

开凿大运河

举世闻名的京杭大运河，与万里长城并称为中国古代最伟大的工程，是世界上开凿最早、最长的一条人工河道。它始凿于春秋末期（公元前5世纪），后经隋朝（7世纪）和元朝（13世纪）两次大规模扩展，成为北起北京、南至杭州的南北交通大动脉。它跨北京、天津以及河北、山东、江苏、浙江四省，沟通海河、黄河、淮河、长江、钱塘江五大水系。

经隋朝数次开凿形成的南北大运河，是世界上最长的运河。它全长1794千米，水面宽50多米，最窄的地方也有30～40米。运河修通后，隋炀帝杨广率领数达几千艘、长达

200 里的船队，从洛阳出发，一路浩浩荡荡前往扬州游玩。杨广乘坐的龙舟，高约 15 米，宽约 17 米，长约 67 米。由此不难看出大运河的规模和通航能力。

南北大运河是由广通渠、通济渠、山阳渎和永济渠以及江南运河连接而成。其开凿的时间前后不一，计有 20 多年之久。

开皇四年（公元 584 年），隋文帝杨坚为了改善漕运，命宇文恺率水工凿渠，"引水自大兴城（即长安）东至潼关三百余里，名曰广通渠"，历时 3 个月。

开皇七年（公元 587 年），杨坚出于军事上的需要，下令调集民工，开挖江淮河段，"于扬州开山阳渎"。山阳渎长约 150 千米，疏导了春秋时吴王夫差所开的邗沟，引淮河水入长江。

大业元年（公元 605 年），隋炀帝杨广调集河南诸郡民工 100 余万人，开挖通济渠。自洛阳西苑引毂、洛水入黄河，又从洛阳东面的板渚引黄河水与汴水合流，然后又分流，折入淮水，直达淮河南岸的山阳。通济渠、山阳渎连接后，淮河南北漕运畅通。

大业四年（公元 608 年）春，杨广又调集河北诸郡民工 100 余万人开挖永济渠。这个工程先引沁水入黄河，又自沁水东北开渠，到达临清合屯氏河。主要用途是通舟北巡，所以称之为御河。

大业六年（公元 610 年）冬，杨广下令修江南运河。工程从京口（今江苏镇江）开始到余杭入钱塘江，全长 400 千米。

隋朝修筑的南北大运河，以洛阳为中心，北通涿郡，南达余杭，西至长安，把钱塘江、长江、淮河、黄河、海河 5 条大水系联系起来，形成了一个四通八达的水运网络。这是一项举世闻名的水利工程。

南北大运河开凿的原因，演义小说都归结为杨广醉心游乐。事实上，主要因为是当

扬州古运河
扬州古称江都，为隋代大运河的重要一站，隋炀帝未登皇位之前，曾为江都总管。隋代大运河西通关中，北连华北，南连太湖，对于以后隋唐经济的发展以及南北文化交流起了重大作用。

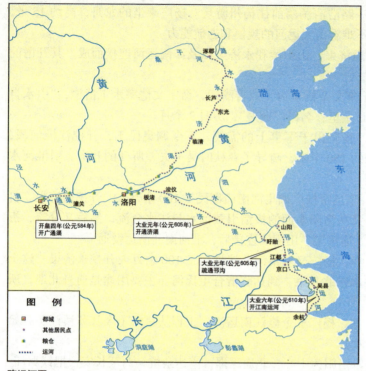

隋运河图

时社会经济发展和政治方面的客观需要。从经济方面来说，当时政治中心长安和洛阳人口激增，粮食供应严重不足；而江浙一带"有海陆之饶，珍异所聚，故商贾并凑"，资源丰富，十分繁华。南北的经济需要交流，水运方面的状况尤其需要改善，漕运南方的粟米丝帛到中原地区来，促进了南北之间的贸易往来。从政治军事方面来说，南方广大地区大小起义始终不断，隋王朝鞭长莫及。为了进一步控制南方，隋王朝也需要修建一条运河来及时运兵，以镇压当地的反隋活动。开凿南北大运河是经济、政治和军事的需要，也是时代的需要和历史发展的必然；当朝统治者的个人好恶并不是最主要的原因。

隋朝南北大运河的开凿，功在当时，利在千秋。大运河自从凿通以后，就成为我国南北交通的大动脉，运河中"商旅往返，船乘不绝"。唐代诗人皮日休在《汴河铭》说："今自九河外，复有淇汴（即运河），北通涿郡之渔商，南运江都之转输，其为利也博哉！"在运河两岸，商业都市日益繁荣。自隋唐以后，沿运河两岸如杭州、镇江、扬州、淮安、淮阴、开封等地，都逐渐成为新兴商业都会，这些城市历经宋、元、明、清而不衰，成为繁盛一方的大都市。

开挖大运河，要穿越复杂的地理环境，从设计施工到管理，都需要解决一系列科学技术上的难题。工程涉及测量、计算、机械、流体力学等多方面的科技知识。这一工程的完成，反映了我国古代劳动人民的聪明才智和创造精神。

隋炀帝三下江都

隋炀帝当上了皇帝，就开始追求享乐起来。他生性好玩，享乐游玩的兴趣要经常更换，因此频繁出巡。

隋炀帝一生中曾经8次巡游，其中4次北游，1次西巡，3次游江都。他在位时，待在京城长安的日子加起来还不到一年。他每次出行都劳民伤财，挥霍无度，天下百姓怨声载道，苦不堪言。

隋炀帝曾镇守过江都，所以对江都一直情有独钟。江都虽然经济并不发达，但地域辽阔，风景秀丽，物产丰富，是个令隋炀帝心驰神往的地方。

第一次巡游江都时，隋炀帝下令建造了龙舟、楼船等大小船只数千艘。龙舟高约 15 米，宽约 17 米，长约 67 米。龙舟上有 4 层建筑，最上层是正殿、内殿和东西朝堂；中间两层是用金玉装饰得金碧辉煌的房间，有 120 间；最下层是内侍宦官居住的地方。还有比隋炀帝乘坐的龙舟规模略小的翔螭舟，专供皇后乘坐。此外，还有各式各样的船只，多不胜数。

这些船动用拉船的民夫共计 8 万多人，其中仅龙舟就需要 1080 个身穿华丽服饰的民夫拖曳着前进。其规模之大，前所未有。船队绵延 200 余里，当第一艘船已出发 50 多天之后，最后一艘船才从洛阳驶出。隋炀帝船队浩浩荡荡、壮观无比，当然花费也很大，仅每天所需食物的数量就极其庞大。隋炀帝要求船队所经过的地方，500 里内都必须进献食物。进献食物多的州郡甚至用 100 辆车来运送。所供食物中，空中飞的，水里游的，陆上走的，无所不有，吃不完的在出发时就扔掉。他还下令营建离宫，从长安到洛阳营建了 40 多处。隋炀帝于公元 605 年仲夏从显仁宫出发前往江都游玩，这是他第一次巡游江都。

如果隋炀帝第一次巡游江都还有出于巩固其政权、加强对南方豪强士族的控制的考虑，那么隋炀帝第二次巡游江都则完全是为了玩乐。俗话说得好，"人逢喜事精神爽"。自从隋炀帝西巡河右归来后，他一直处于极度兴奋之中。公元 611 年，隋朝各郡总共增加了 24.3 万名男丁，新归附的也有 64.15 万人，人口的增加说明他政策英明、治国有方，这当然是喜事之一。第二件喜事是隋炀帝对全国各地驻军的军械武器进行了一番考察，他看到的都是精美锐利的枪械武器。第三件事是这一年各藩部落酋长都聚集到洛阳，与隋炀帝同乐，显示出当时各民族之间关系和谐，亲如一家。第四件喜事是曾在武力威逼下拒不归顺的琉球也在这一年俯首称臣。这四件喜事令隋炀帝高兴不已。他认为自己这几年励精图治，辛苦劳累了几年没有白费。看到自己的治理成就，他飘飘然了，想好好放松一下，于是便打算第二次巡游江都。为了尽情享乐，他令人在江都营建江都宫等许多宫殿，最有名的当数位于城西北旧观音寺蜀冈东峰的迷楼了。此楼修建得气势恢宏、富丽堂皇，隋炀帝的奢侈腐化由此可见一斑。

公元 611 年，隋炀帝第二次巡游江都。这次游幸，又是大肆挥霍。不仅如此，隋炀帝一行到了江都，还大摆酒席，宴请江淮以南的名士，炫耀豪华，向百姓摆威风。

公元 617 年，隋炀帝第三次出游江都时，农民起义的烽火已燃遍大河上下、长江南

隋炀帝龙舟出行图　清　佚名

北，隋王朝的统治已是岌岌可危了。可是隋炀帝只顾个人享乐，根本不顾百姓死活。在游江都之前，停泊在江都的几千艘龙舟全被起义军烧毁了。隋炀帝马上下令重新建造，规格比原来的还要豪华富丽，耗费了大量的钱财，百姓也已穷困到了极点。

隋炀帝的船队从宁陵向睢阳开进时，常常搁浅，拉纤的民夫用尽力气，一天也走不了几里路。炀帝十分恼火，下令追查这一段河道是哪个官员负责开凿的。经查问，原来这个河段的负责人是麻叔谋。这时，督造副使令狐达乘机上书告发麻叔谋蒸食婴儿、收受贿金等事。于是，炀帝下令查办麻叔谋，并将当时挖这一段河道的五万名民工统统活埋在河岸两旁。

隋炀帝到达江都后，更加荒淫无度，每天都与嫔妃美女一起饮酒作乐。此时，他见天下大乱，心中也常常烦躁不安。一天，他照镜子时对萧后说："我这颗头颅将会葬送谁手呢？"他还准备了毒药带在身边，准备在危急时吃。

隋炀帝一人出游，几乎是全天下的人民都在为他准备行装、供奉食物。他的游幸，给人民带来了沉重的灾难，以致百姓没有饭吃，只能剥树皮、挖草根，或者煮土而食，有的地方还出现了人吃人的现象。至此，隋朝江山已处于风雨飘摇之中了。

瓦岗起义

隋炀帝穷兵黩武，公元612年至公元614年三次出兵征伐高句丽都是无功而返，每次动用几百万人，致使田地荒芜，民不聊生。

河北和山东是炀帝进攻高丽的主要军事基地。这里人民受害最深，加以水旱灾荒的发生，起义首先在这里爆发。王薄在长白山起义，揭开了隋末农民大起义的序幕。王薄号召农民不要为打高句丽而到辽东送死，各地起义者纷纷响应。公元613年，礼部尚书杨玄感乘炀帝二征高句丽之机起兵反隋。他是隋代两朝重臣杨素的儿子，东征时在黎阳督运粮食，十多万人跟随他攻围东都。炀帝极为惊恐，立刻让进攻高句丽的隋军回朝，并派遣隋将率军抗击。王薄、杨玄感相继败死，但反隋局面已经形成。炀帝被农民起义吓得坐卧不安，每天晚上心惊肉跳，常在睡梦

隋末农民起义晚期势力分布图

中大叫有贼，要几个美女像哄小孩那样摇抚才能入睡。

大业十二年（公元616年），由于各地起义队伍迅速发展，隋炀帝意识到隋王朝危在旦夕，便将注意力放到镇压农民起义上来。隋王朝逐渐加强了对起义军的镇压，但各路起义军经过持久的战斗，壮大了力量，也开始与它对抗，攻陷了很多郡县，消灭了大量的郡兵和府兵。

隋代石子河遗址
石子河位于今河南省中部，瓦岗军曾在此地大败隋虎贲郎将刘长恭部。

在隋王朝集中力量进行镇压的情况下，少数最早的起义军受到挫折。起义军吸取分散作战易于被各个击破的教训，在大业十三年（公元617年）初，形成了杜伏威领导的江淮起义军、窦建德领导的河北起义军与李密、翟让领导的瓦岗军三大义军。

瓦岗军的首领翟让，原来在东郡衙门里当差，因为得罪了上司，被关进了监牢，还被判了死罪。有个狱吏很同情他，在一天夜里，狱吏偷偷地给翟让解下镣铐，把翟让放了。

翟让出了监牢，逃到东郡附近的瓦岗寨，召集了一些贫苦农民，组织了一支队伍。当地一些青年人听到消息后，都来投奔他。这些人中有一个17岁的青年叫徐世勣，不但武艺高强，而且很有谋略。

翟让听从徐世勣的意见，带领农民军到荥阳一带，打击官府和富商，夺了大批钱粮。附近农民来投奔翟让的越来越多，队伍很快壮大到1万多人。

这时，有一个叫李密的青年前来投奔翟让，并且帮助他整顿人马。

李密对翟让说："从前刘邦、项羽，也不过是普通老百姓，后来推翻了秦朝。现在皇上昏庸残暴，民怨沸腾，官军大部分又远在辽东。您手下兵精粮足，要拿下东都和长安，打倒暴君，是很容易办到的事！"

接着，两人商量了一番，决定先攻打荥阳。荥阳太守见势不妙，慌忙向隋炀帝告急。隋炀帝派大将张须陀带大军前来镇压起义军。

李密请翟让在正面迎击敌人，他自己带了1000人马埋伏在荥阳大海寺北面的密林里。

张须陀根本没把翟让放在眼里，莽莽撞撞地指挥人马杀奔过来。翟让抵挡了一阵，假装败退。张须陀紧紧在后面追赶，追了10多里，路越来越窄，树林越来越密，进入了李密布置的埋伏圈。李密见敌军到了，一声令下，埋伏着的瓦岗军将士奋勇杀出，把张须陀的人马团团围住。张须陀左冲右突，没法突围，最后全军覆没。张须陀也被起义军杀死了。

经过这次战斗，李密在瓦岗军里声望提高了。李密不但号令严明，而且生活俭朴，对起义将士也十分关心。日子一久，将士们就渐渐倾向他了。

后来，翟让觉得自己的才能不如李密，就把首领的位子让给了李密。大家推李密为魏公，兼任起义军元帅。

瓦岗军在洛口建立了自己的政权。不久，又乘胜攻下许多郡县，隋朝官吏士兵都纷纷前来投降。瓦岗军一面继续围攻东都，一面发出讨伐隋炀帝的檄文，历数炀帝的罪恶，号召百姓起来推翻隋王朝的统治。这样一来，震动了整个中原。

正当瓦岗军不断发展壮大的时候，它的内部却发生了严重分裂。翟让让位给李密后，翟让手下有些将领很不满意。有人劝翟让把权夺回来，翟让却总是一笑了之。这些话传到李密耳朵里，李密就心生疑虑了。李密的部下也撺掇他把翟让除掉。李密为了保住自己的地位，终于起了杀心。

有一天，李密请翟让喝酒。在宴会中，李密把翟让的兵士支开后，假意拿出一把好弓给翟让，请他试射。翟让刚拉开弓，李密便暗示埋伏好的刀斧手动手，把翟让杀了。

从此，瓦岗军开始走向衰弱了。这时，北方由李渊带领的一支反隋军却日益强大起来。

第二节　大唐气象

李渊起兵

在反隋的割据势力中，李渊父子集团最终扫灭群雄，统一中国。

李渊出生于关陇一个贵族家庭。其祖父原是西魏八柱国之一，北周刚建国时被追封为唐国公。其父原任北周上柱国大将军。李渊生于北周天和元年（公元566年），幼年丧父，7岁袭唐国公爵。隋灭北周后，李渊先后任身侍卫官、太原刺史等职。公元617年，隋炀帝派他到太原去当留守（官名），镇压农民起义。

但是隋炀帝不信任他，于是派王威和高君雅为太原副留守，以监视李渊。

公元616年，突厥侵入北部边境，隋炀帝命李渊和马邑太守王仁恭合力抵抗。结果战事不利，隋炀帝于是派

李渊像

使者押李渊和王仁恭至江都治罪。李渊一方面托词不赴江都，故意纵情声色；另一方面加紧策划。

李渊有四个儿子，其中第二个儿子李世民是个很有胆识的青年，他很喜欢结交朋友。晋阳（今山西太原）县令刘文静就是李世民非常赏识的一个朋友，他跟李密有亲戚关系，李密参加起义军以后，刘文静受到株连，被革了职，关在晋阳的监牢里。

李世民得知刘文静坐了牢，急忙赶到监牢里去探望。

李世民拉着刘文静的手，一面叙友情，一面请刘文静谈谈对时局的看法。

刘文静早就知道李世民的心思，他说："现在杨广远在江都，李密正进攻东都，到处都有人造反，这正是打天下的好时机。我可以帮您招集十万人马，您父亲手下还有几万人。如果用这支力量起兵，不出半年就可以打进长安、取得天下。"

李世民回到家里，反复想着刘文静的话，觉得很有道理。但是要说服他父亲，却不是一件容易的事。正好在这个时候，太原北面的突厥（我国古代北方民族之一）可汗向马邑进攻。李渊派兵抵抗，连连打败仗。李渊怕这件事传到隋炀帝那里，要追究他的责任，急

得不知怎么办才好。

李世民抓住这个机会，就找李渊劝他起兵反隋。

李世民对李渊说："皇上委派父亲到这里来讨伐反叛的人。可是眼下造反的人越来越多，您能讨伐得了吗？再说，皇上猜忌心很重，就算您立了功，您的处境也将更加危险。唯一的出路，只有起来造反。"

李渊犹豫了许久，才长叹一声，说："我思考你说的话，也有些道理，我只是有些拿不定主意。好吧！从现在起，是家破人亡，还是夺取天下，就凭你啦！"

李渊把刘文静从晋阳监牢里放了出来。刘文静帮助李世民，分头招兵买马。李渊又派人召回正在河东打仗的另两个儿子李建成和李元吉。

要起兵必须扩大兵力，李渊为太原留守，虽握有重兵，但是仍须招募一支自己的队伍。可是公开招募会引起高君雅、王威的注意。恰在此时，马邑人刘武周杀死了马邑太守王仁恭，占据马邑郡，起兵反隋，且自称皇帝，还勾引突厥直驱太原。于是，这为李渊公开募兵提供了借口。

李渊以讨伐刘武周为托词，召集各位将领商议，提出自己招募兵丁，高君雅和王威迫于当时的形势，只好同意说："公地兼亲贵，同国休戚，若俟奏报，岂及事机；要在平贼，专之可也。"于是，李渊命李世民与刘文静、长孙顺德、刘弘基、窦琮等人去招募士兵。不多久，便募兵近万人。这支队伍由李渊、李世民父子私自控制和直接指挥，是晋阳起兵的主力。

李渊父子大量募兵，毕竟无法完全掩盖其真实的想法，况且其所用将领长孙顺德、刘弘基是为了逃避征辽诏令而逃到太原的，而窦琮也是逃犯。高君雅、王威见此，怀疑李渊有谋反之心，于是就暗中策划利用晋祠祈雨的机会，将李渊父子诱骗来并全部杀死。不料此事被经常出入王、高家的刘文龙得知，于是刘文龙立刻将此事报告给李渊。因此，李渊决定先发制人。

公元617年初夏的一天夜里，李渊命令长孙顺德、赵文恪等人带领500壮士，和李世民的精兵一起埋伏于晋阳宫城外，严密封锁。第二天清晨，李渊与高君雅、王威在留守府大厅议事。按照计划，刘文静召鹰扬府司马刘政会入厅，说"有密状，知人欲反"。李渊故意让王威先看，但是刘政会不给，并说："所告乃副留守事，惟唐公得视之！"李渊接过密状一看，是控告王、高暗引突厥入侵。王、高正待辩解，刘文静与长孙顺德、刘弘基等将王威、高君雅逮捕入狱。事也凑巧，第二天果然有突厥数万人进攻晋阳，民众以为是王、高所致，于是李渊趁机杀掉高君雅、王威。这标志着李渊父

唐大明宫遗址
位于陕西西安大明宫遗址北城青霄门内东侧，高出当时地面14米，南北长73.25米，东西宽47.65米。

子正式开始晋阳起兵。

晋阳起兵后，李渊父子的目标就是乘虚入关，直取长安，以号令天下，建立新的王朝。

在长安（今陕西西安）的统治者听说李渊带兵进攻，忙派大将宋老生和屈突通分别领兵数万，在霍邑与河东抵抗李渊大军。

大业十三年（公元617年）七月，李渊率军进攻宋老生驻守的霍邑，却逢秋雨连绵，无法开战，而且道路泥泞，军粮运输困难。相持数日，眼看军粮将尽，李渊准备退兵，李世民劝阻道："今兵以义动，进战则克，退还则散；众散于前，敌乘于后，死之无日。"听了李世民的意见，李渊决定不撤兵。

八月，连日的阴天终于放晴，李渊遂下令攻城，并由李世民率兵诱敌出城，双方展开决战。李世民身先士卒，奋勇冲锋，"砍杀数十人，两刀皆缺，流血满袖"。霍邑一战，李渊大获全胜，斩杀了隋将宋老生，攻下了霍邑。随后，李渊率兵进攻河东郡，虽取得初战的胜利，但是隋将屈突通固守河东郡，李渊久攻不下。后根据李世民建议，李渊留下部分兵力包围和牵制屈突通，自己率主力部队渡过黄河，直取长安。

同时，李渊在关中地区的家属和亲族也纷纷起兵响应，其中有李世民的胞妹平阳公主、李渊的从弟李神通，李渊的女婿段纶也在蓝田县聚众万余人。

在这种有利形势下，李渊父子一路上采取收揽人心的办法，废除了隋朝的严刑酷法，还开仓济贫。一面收编关中各地的起义军，一面争取关中地主阶级的支持。数月中，李渊、李世民的军队已达20万人，并于十月开始围攻长安。

十一月，长安城破，李渊率军进入长安宫，立年仅13岁的代王杨侑为帝，是为隋恭帝，并改元义宁，遥尊江都的隋炀帝为太上皇。李渊总揽军政大权，晋封为唐王。李建成为唐王世子，李世民为京兆尹、秦公，李元吉为齐公。

义宁二年（公元618年）三月，隋炀帝在江都被部下杀死，隋朝灭亡。五月，李渊在长安称帝，定国号唐，李渊就是唐高祖，年号为武德。然后立世子建成为皇太子，世民为秦王，元吉为齐王。

统一全国

从公元618年李渊称帝建国到公元624年统一全国，共历时7年之久。从晋阳起兵到长安建国，李渊是起了决定作用的，但是对于建国、镇压各地农民军、消灭地主武装割据，这些任务大部分是由李世民领导完成的。

李渊建都长安后，面临的形势十分严峻，四周强敌遍布：薛举集团占据兰州、天水一带，并时常进攻关中；李轨集团占据武威一带，亦虎视关中；刘武周则占据马邑，并时常勾结突厥南下威胁晋阳；梁师都占据夏州朔方，在北面威胁着关中地区。因此，消灭四周强敌，完全控制关中、陇西地区（今甘肃省），以关中为根据地，再消灭关东群雄，从而建立统一的中央政权，就成为唐朝统治集团的必然选择。

统一战争的第一步，就是消灭实力较强且经常进攻关中的薛举父子。薛举是河东汾阴（今山西万荣西南宝鼎）人，家私巨万，交结豪强，雄于边朔。公元617年，薛举自称秦王，封儿子薛仁杲为齐公。从公元617年底到公元618年春，唐军曾与薛举进行了两次大战。义宁二年（公元618年）十一月，薛举再次进攻长安，不料在出兵前暴病而死，遂由其长子薛仁杲率军出征，李世民率兵迎敌。

李世民见敌军来势凶猛，便下令坚守，避其锋芒，伺机出战。两军相持60余日，秦军粮食耗尽，军心浮动；况且薛仁杲有勇无谋、残暴成性，其部下已有多人投降李世民。至此，李世民认为战机成熟，便以少数部队引开秦军，然后亲领主力从秦军背后袭击。秦军溃败，逃往折墌。于是李世民率大军乘胜追击，渡过泾水，围攻折墌城。至半夜，守城秦军纷纷投降唐军，薛仁杲走投无路，只好于第二天出城投降。

公元619年，占据河西五郡的大凉皇帝李轨，因内部矛盾重重而分崩离析，户部尚书安修仁与其兄安修贵发动兵变，并俘获李轨，将其押至长安，后处死。

同年，割据马邑的刘武周勾结突厥，向山西发起进攻。数支唐军先后迎战，均被其打败，镇守太原的李元吉闻风趁黑夜逃回长安。刘武周的先锋宋金刚则乘势打到了河东，"关中大骇"。在这种不利形势下，高祖李渊准备放弃河西，固守关西。此时，秦王李世民审时度势，向李渊说道："太原，王业所基，国之根本；河东殷实，京邑所资，若举而弃之，臣窃愤恨。愿假臣精兵3万，必冀平殄武周，克复汾、晋。"

于是李渊征调关中全部兵力，由李世民率领由龙门渡过黄河迎战敌军。过黄河后，李世民将大军驻扎在柏壁坚守，与刘武周先锋宋金刚之军队相持。期间，李世民时常离开营阵侦察地形。有一次，世民带领很少的轻骑兵外出侦察敌情。骑兵四散而去，李世民与一名士兵登上一小山丘休息。忽然，敌军从四周包围了山丘，李世民与士兵都没有发觉。恰巧在这个时候，有一条蛇追逐一只田鼠，碰到了士兵的脸。士兵惊醒，发现敌军正在包抄上来，于是赶紧叫李世民上马，眼看就要被敌兵追上。李世民十分镇静，他手取大羽箭，张弓便射，一发就将敌兵的将领射死。敌兵见此，慌忙撤退。

在相持中，李世民派出精兵切断了宋金刚的粮道。两个月后，宋金刚面对强敌无粮草供应，只好撤退。

李世民则率领大军趁机追杀，"一昼夜行二百余里，战数回合"。一直追击到雀鼠谷（今山西介休市西南），终于追上宋金刚部队，"一日八战，皆破之，俘斩数万人。夜，宿于雀鼠谷西南，世民不食二日、不解甲三日矣，军中只有一羊，世民与将士分而食之"。刘武周、宋金刚失败后逃往突厥，均被突厥杀死。公元620年，李世民收复了太原。

公元620年夏，关东地区原有的李密、王世充、宇文化及、窦建德四支强大的军事力量，其中的李密、宇文化及都已失败，只剩下王世充、窦建德两大集团。在消除了来自背后和侧面的威胁后，唐高祖李渊诏令李世民东征，直指河南一带的王世充集团。

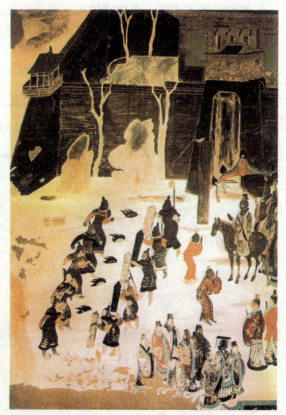

秦王破阵乐图　唐

王世充，本姓支，字行满，西域胡人。王世充集团本来是隋炀帝派来镇压瓦岗军的军事力量。打败瓦岗军李密后，王世充于公元618年在洛阳自立为帝，国号郑。

在唐军的猛烈攻击下，王世充原先所属州县的一些官员纷纷降唐。至公元620年底，洛阳城外的王世充所属州县大部分已落入唐军之手，洛阳城处在李世民大军的包围之中。

洛阳城坚壕深、军备充实，但在唐军的长期围困下，王世充在洛阳孤城中危在旦夕。为了解围，王世充向河北的窦建德求援。

窦建德是河北、山东一带势力最强的一支起义军的领袖，他出身农民，于公元618年称帝，定国号夏。他的部下认为，唐朝在消灭了王世充以后，必将会进攻窦建德。因此，窦建德率领10万大军前来救援王世充。

这样，唐军的处境变得极为危险，内部出现了不同的主张：一种是主张退守新安，寻机再战；另一种是进占虎牢关（河南荥阳西北），挡住窦建德前进的道路，然后趁机消灭他，如此一来，洛阳不攻自破。

李世民采用后一种主张，命屈突通等协助齐王李元吉围困洛阳，自己率精骑3500百余人急奔虎牢关，挡住窦建德的前进道路。

两军相持三个月。五月一日，李世民渡河，并假装粮草已尽，让士兵牧马于河北以迷惑窦建德，他本人则于当晚返回虎牢关。窦建德果然中计，第二天早晨全军出击，陈兵汜水，长达20里，鸣鼓大喊而进，要与唐军决战。

李世民胸有成竹，决定按兵不动，以逸待劳，等到敌军疲乏后再出击。

果然，到了中午，窦建德的军队饥饿困乏，互争饮水，席地而坐，已无斗志。李世民看准战机，下令攻击，唐军铁骑直冲向窦建德军队的阵地。窦建德仓促应战，不久其阵势

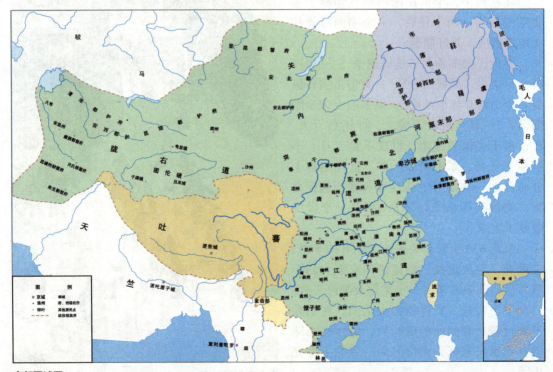

唐朝疆域图

大乱，全线崩溃。唐军追杀30多里，俘获敌军5万多人，窦建德本人中枪，退至本口渚时被俘。

虎牢关之战后，王世充惊惶不已，准备突围南走襄阳，但是部下一致反对，王世充不得不自缚投降。河南、河北尽归唐朝所有。

同时，割据江淮一带的杜伏威归顺了唐朝。大将李靖平定了长江中游的萧铣。后来窦建德的部将刘黑闼、杜伏威的旧部辅公祐分别再次起兵作乱，都被李世民迅速扑灭。公元624年，江南也被唐朝平定。至此，唐朝完全统一了中国。这一年，李世民24岁。

玄武门之变

自晋阳起兵至攻克长安，李建成的战功与李世民几乎一样；但是在统一战争的过程中，李世民则更为突出，因而萌生了成为天下之主的心思。据《旧唐书·王远知传》记载，在与王世充作战时，李世民曾与房玄龄微服拜访过一个名叫王远知的道士。王远知一见到他们就问："这里有一圣人，是不是秦王？"于是李世民只好以实情相告。王远知又说："你会成为太平天子，要好好珍惜机会。"李世民听后，一直记在心里。

公元621年，李世民平定王世充、窦建德后大胜而归，高祖李渊认为前代官职皆不足以称之，因此特设天策上将一职，位在王公之上。十月，李世民以天策上将领司徒、陕东道大行台尚书令。

李世民又设立文学馆，收罗四方文士，其中包括杜如晦、房玄龄等18名学士，还从平定天下的战争中网罗了大批武将，如尉迟敬德、秦琼、程知节等。

李世民的声望、地位和权势日增，令太子李建成受到威胁。于是在王珪和魏徵的建议下，建成向高祖请求领兵征战。高祖以李建成为陕东道大行台及山东道行军之帅，于公元623年率军讨伐刘黑闼、徐圆朗。这是李建成在统一大业中立下的唯一重大战功。

李建成与李世民的矛盾，由于统一战争的结束而迅速激化，形成明争暗斗之势。

在朝廷中，最受高祖李渊宠幸的裴寂支持李建成，支持李世民的大臣有萧瑀、陈叔达等。在后宫中，秦王李世民曾得罪过高祖的宠妃张婕妤、尹德妃，于是这些人便常常在高祖面前说太子李建成的好话，说李世民的坏话。如此一来，朝廷和宫中都有人支持李建成，形势对李建成颇为有利。他们之间的斗争终于因为突厥的进攻而演变成流血事件。

公元626年夏，突厥南下犯边，太子李建成为进一步拉拢李元吉，于是向高祖建议，让齐王李元吉代替李世民出征，被高祖采纳。这样，李元吉当上了主帅。出发前，李元吉请求高祖调秦王府中的大将尉迟敬德、程知节、段志宏、秦叔宝同他一起出征，并从秦王府挑选精锐士兵以补充李元吉的军队，此举目的在于为杀害秦王作准备。李建成与李元吉密谋，在李建成和李世民为李元吉宴别时，安排伏兵，先杀秦王李世民，然后再杀尉迟敬德。李建成对李元吉许诺，即位后立即封李元吉为太弟。有人将李建成与李元吉的密谋报告给李世民，李世民忙与长孙无忌和尉迟敬德商量对策，决定先动手除掉李建成和李元吉。

六月三日，太史令傅奕向唐高祖李渊秘密奏报，说太白星再次出现在秦地，"秦王当有天下"。于是唐高祖询问李世民，李世民趁机向唐高祖告状，指控太子李建成和齐王李元吉淫乱后宫，并且设计谋害自己。高祖听后极为惊讶，决定第二天早朝时进行查问。六月四日天还没亮，李世民命长孙无忌、尉迟敬德、侯君集、张公瑾等人率领精兵提前埋伏在宫城北面的玄武门，这是李建成和李元吉上朝时的必经之地。六月四日清晨，唐高祖李渊上朝，裴

玄武门壁画

寂、萧瑀、陈叔达、宇文士及等均已入朝，只等李建成兄弟三人到来。此时，李建成、李元吉已进入玄武门，一路走来。当二人行至临湖殿时，发觉情况有些异常，于是立即调转马头，准备回府。不料此时李世民突然出现，并且在后面呼喊二人，李元吉回身张弓搭箭，射杀世民，但是连发三箭，都没能射中。李世民的目标是李建成，他一箭就将李建成射死。就在此时，李世民的部将尉迟敬德带着70多名骑兵赶到，朝李建成、李元吉射箭，李元吉坠马后逃入树林中，李世民策马追赶，结果衣服被树枝挂住，也坠马落地。李元吉力气很大，这时跑过来夺取了弓箭要射杀李世民，恰巧敬德驱马赶到，李元吉慌忙放弃李世民向成德殿逃跑，结果被尉迟敬德一箭射死。东宫和齐王府的将士听说出事了，于是派兵猛攻玄武门。这时，尉迟敬德提着李建成、李元吉的人头赶到，东宫与齐王府的将士见主人已死，立即溃散而逃。

唐高祖对玄武门之事已有所耳闻，于是李世民派尉迟敬德进宫担任宿卫。唐高祖李渊见尉迟敬德头戴铁盔，身穿铠甲，手持长矛，大吃一惊，便问："今日乱者谁邪？卿来此何为？"尉迟敬德回答说："秦王以太子、齐王作乱，起兵诛之，恐惊动陛下，遣臣宿卫。"唐高祖李渊这才明白刚才发生的一切，于是转身问裴寂等人的意见。裴寂是太子的支持者，深感不妙，便默不作声。支持秦王李世民的萧瑀、陈叔达则说："李建成、李元吉没有参加晋阳起兵，以后也没有立下什么功劳，反而妒忌秦王功高望重，共同设计谋害。秦王本来就功勋卓著，而今又诛灭李建成、李元吉，陛下如果立他为太子，把国事交付给他，天下自然就无事了！"事已至此，高祖李渊只好表示赞同。而此时玄武门外的交战尚未停止，尉迟敬德请高祖下令，命各府将都受秦王指挥。于是李渊派人将敕令向众将士宣读，交战双方才放下兵器。玄武门之变以秦王李世民的胜利而结束。

六月七日，高祖立李世民为太子，诏书说："自今军国庶事，无论大小悉委太子处决，然后闻奏。"实际上，唐高祖已把国家的全部权力交给了李世民。两个月后，唐高祖下达诏书，让位给秦王，自己当太上皇。于是李世民在东宫显德殿即位，改元贞观，即中国历史上著名的唐太宗，时年27岁。

贞观之治

从公元627年到公元649年，这段时间是唐太宗统治的时期。在这期间，封建统治较为开明，经济发展迅速，社会秩序稳定，历史上把这段时期称为"贞观之治"。

唐太宗经历了隋末农民战争，目睹了强大的隋朝怎样在农民起义的打击中分崩离析，因此他时时注意以隋朝的灭亡为教训，十分重视人民的力量。他常常说："君好比舟，民好比水，水能载舟，亦能覆舟。"因为有了这种认识，唐统治者为了实现长治久安，不得不对人民作出一些让步。

在经济上，唐太宗继续实行均田制。均田制规定：凡18岁以上的男子，分给口分田80亩，永业田20亩。口分田在农民死后要归还国家，由国家另行分配；永业田则归农民所有，可以买卖或传给子孙。与均田制相适应的赋役制度是租庸调制。租是指每年纳粟二石；庸是指每年服役20天，可以让农民纳绢代役；调是指每年纳绢二丈、棉三两或布二丈五尺、麻三斤。唐太宗对租庸调制没有进行重大改革，但是在即位后他实行了轻徭薄赋的政策，减轻农民的负担。他尽量减少徭役的征发，即使非征不可的徭役也多改在农闲时征发。如公元631年，皇太子承乾年满13岁，需要举行加冠典礼，这样要征发各地的府兵作为仪仗队。唐太宗认为当时正是农忙的季节，不应该影响正常农事，于是下诏将冠礼改在秋后农闲时举行。

唐太宗还很重视兴修水利，朝廷设有专门的官员以"掌天下川渎陂池之政令"，另外还命各地兴修水利。他还经常派使者到各地考察官吏，劝课农桑。他以百姓之忧为忧，其中最典型是他吞食蝗虫。公元628年，长安大旱，发生蝗灾。有一天，唐太宗视察灾情，随手捉住几只正在地里啃食禾苗的蝗虫，说："人以谷为命，而汝食之，是害于百姓。百姓有过，在我一人。尔其有灵，当食我心，无害百姓。"说罢，便要生吃手中的蝗虫，众臣急忙劝阻，唐太宗又说："朕所期望，是移灾于朕，谈什么避免疾病！"于是将蝗虫吞于腹中。

在唐太宗的积极的经济政策带动之下，贞观年间人口增加，生产也不断发展。

在政治上，唐太宗总结了前代的经验教训，对三省六部制进行了适当变革。唐代时的三省是指尚书省、中书省、门下省。尚书省是执行政令的最高行政机关，尚书省下设有吏、户、礼、兵、刑、工六部，尚书省的最高长官是尚书令，因为李世民曾任尚书令，为了避讳，便以左右仆射作为尚书省的最高长官。中书省主要管理军国大事的审议和决定，负责进奏章表、草拟治敕等，因而有"中书出诏令"之说，其最高长官是中书令。门下省的职责是对中书省的决议进行审查，不同意的可以驳回，其长官是侍中。三省六部制的实行巩

唐长安城
位于今陕西西安。这段城墙为明代修建，南城墙部分建在唐长安皇城墙基上。

文官图 唐

唐初多因袭隋制，帝王及文武百官均能戴图中所示的黑色帻，至贞观后，则为帝王、内臣所专用。

固了中央集权，行政效率明显提高。也正是因为依靠三省六部制，唐太宗的政令才能畅通。

在地方上，唐实行州县制，设刺史和令为州、县长官。唐太宗十分注重地方官吏的选拔，常把刺史的名字写在寝宫的屏风上，并在每个人的名字下记录他的政绩，以决定奖惩。唐太宗规定，县令须有五品以上的中央官员保举，各州刺史必须由皇帝选拔任命。

为了选拔人才，他还确立了完整的科举制度。科举制度为地主阶级知识分子参与政权提供了机会。唐代科举制已实行分科，其中以进士科最重要。有一次，唐太宗在金殿端门俯视新科进士鱼贯而入的盛况，得意地说："天下英雄，入吾彀中矣。"

在文化教育上，唐太宗尊崇儒学。从贞观二年（公元628年）开始以孔子为先圣，在国学中设置庙堂，以备祀典，并下令各州县都置孔子庙。为培养更多通晓儒学的士人，唐太宗大力兴办学校。在朝廷设国子监、弘文馆、崇文馆，在地方设京都学及府、州、县学。国子监规模很大，曾有8000多学生。

唐太宗还十分重视历史的借鉴作用，他曾说："以古为镜，可以知兴替。"因此，在贞观年间，史书编纂取得了重要的成就，编了晋、梁、陈、北齐、北周、隋等朝的史书。除此之外，还开始编修国史。

在个人方面，唐太宗提倡节俭，并以身作则。唐太宗即位后，没有大兴土木，建造新的宫殿，而是住在隋朝时建造的已破旧的宫殿里。公元628年秋天，大臣们想为唐太宗建造一座楼阁，但是当年发生了天灾，于是唐太宗就把这件事阻止了。为了减少宫中的费用，唐太宗下诏释放宫女，其中一次就释放了3000人。他还严厉禁止厚葬，规定五品以上的官员和勋亲贵族都要严格遵行。在建造自己的陵寝时，唐太宗亲自制定规格：以山为陵，能放得下棺材即可。

经过唐太宗的励精图治，唐朝出了政治清明、社会安定、经济发展、文化繁荣的局面。犯罪的人也大大减少了，有一年，全国仅有29人被判死刑。天下百姓路不拾遗、夜不闭户，民风淳朴，呈现出太平盛世的景象。

李靖夜袭阴山

唐太宗刚即位的时候，中原战事基本结束，但边境还经常受到外族的侵扰。特别是东突厥，当时还很强大，常常威胁唐朝的边境。当初，唐高祖一心对付隋朝，只好靠妥协的办法，维持和东突厥的友好关系，但东突厥贵族仍旧不断侵扰唐朝边境，使得北方很不安宁。

唐太宗即位不到20天，东突厥的颉利可汗便率领10多万人马，一直打到离长安只有40里的渭水边。颉利以为唐太宗刚即位，内部不稳，一定无力抵抗，便先派使者进长安城见唐太宗，扬言100万突厥兵马上就到。

唐太宗亲自带了房玄龄等六名将领，骑马来到渭水边的桥上，指名要颉利出来对话。

唐太宗隔着渭水对颉利说："我们两家已经订立了盟约，几年来还给你们许多金帛，为什么要背信弃义，带兵进犯？"

颉利觉得理亏，表示愿意讲和。过了两天，双方在便桥上重新订立盟约。接着，颉利就退兵了。从这以后，唐太宗加紧训练将士，每天召集几百名将士在殿前练习弓箭。

第二年，一场大雪覆盖了北方。东突厥死了不少牲畜，大漠以北发生饥荒。颉利可汗加紧压迫其他部族，引起各部族的反抗。颉利派他的堂兄弟突利去镇压，反被打得大败。

唐太宗利用这个机会，派出李靖、徐世勣等4名大将和大军10多万，由李靖统率，分路向突厥攻击。

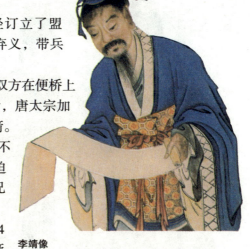
李靖像

李靖很快便攻下定襄，得胜还朝。唐太宗十分高兴，说："从前汉朝李陵带领5000兵卒，结果被匈奴所俘虏；现在你以3000轻骑深入敌人后方，攻下定襄，威震北方，这是自古以来少有的成功战例啊！"

颉利逃到阴山以北，担心唐军继续追赶，便派使者到长安求和，还说要亲自前来朝见。唐太宗一面派唐俭到突厥安抚，另一方面又命令李靖带兵前去察看颉利动静。

李靖领兵来到白道（在今内蒙古呼和浩特西北），与在那里的徐世勣会师。两个人商量对付颉利的办法。李靖说："颉利虽然打了败仗，但是手下还有很多人马。如果让他逃跑，以后再要追他，就很困难了。我们只要选1万精兵，带20天的粮，跟踪袭击，把颉利捉住，就可以大获全胜了。"徐世勣表示赞成，两支军队便向阴山进发了。

颉利得知唐军骑兵来到，慌忙上马逃走。李靖指挥唐军追杀，突厥兵没有主帅，全军溃败。唐军歼灭突厥兵1万多，俘获了大批俘虏和牲畜。颉利东奔西逃，最后被他的部下抓住交给唐军，随后被押送到长安。

一度很强大的东突厥就这样灭亡了。唐太宗并没有杀死俘虏，同时，在东突厥原址设立了都督府，让突厥贵族担任都督，并由他们管理各部突厥。

这次胜利，使唐太宗在西北各族中的威信大大提高。这一年，回纥等各族首领一起来到长安，朝见唐太宗，拥护唐太宗为他们的共同首领，尊称他是"天可汗"。

根据温彦博的提议，唐太宗把投降的突厥人安置在幽州至灵州一带，并设6个都督府进行统治。

吐谷浑是鲜卑的一支，生活青海一带，经常入侵唐朝的兰州、凉州。公元635年春天，唐太宗派李靖、侯君集进攻吐谷浑。李靖率唐军深入吐谷浑腹地，连续击败其精锐部队，首领伏允兵败自杀，伏允的儿子慕容顺向唐军投降。唐太宗封慕容顺为西平郡王。

随后，唐太宗又派兵征服高昌、西突厥，天山南路各小国纷纷归附唐朝。唐朝将安西都护府迁至龟兹，统领龟兹、焉耆、于田、疏勒四镇，称"安西四镇"。

对于处理唐与各民族的关系，除了必要的战争手段外，唐太宗更多的是实行开明的民

鸿胪寺官员　鸿胪寺官员　鸿胪寺官员　东罗马帝国使者　日本使者　高丽使者

鸿胪寺礼宾壁画　唐
唐朝是一个国际性的时代，对外交往极为广泛。数以万计的外国商旅、僧侣、使节和留学生来唐定居。长安城为那时国际文化交汇的大舞台。管理接待外宾的机构称为鸿胪寺。此图再现大唐盛世中外交往的历史画面。

族政策，他曾说："自古皆贵中华，贱夷、狄，朕独爱之如一。"对于各少数民族，不管是主动归附的，还是被征服的，唐太宗都尊重他们的生活方式和风俗习惯，并且任命他们原来的首领担任各级官职以进行管理。西域各族人和亚洲许多国家的人，不断来到长安拜见和观光。在这一时期，我国高僧玄奘也通过西域各国去天竺求取佛经。

女皇武则天

　　唐高宗是个懦弱平庸的人，他即位以后，把朝政大事交给他的舅父、宰相长孙无忌处理。后来，他又立武则天为皇后，武则天权力欲很强，逐渐掌握了朝政大权，成为中国历史上唯一的女皇帝。

　　武则天名曌，并州文水（今山西文水）人。她的父亲武士彟原来是一个很有钱的木材商人。隋末时弃商从戎，成了一名府兵制下的鹰扬府队正。李渊起兵反隋，武士彟转而参加了李渊的军队，后来在唐朝廷为官，官至工部尚书，封应国公。武则天九岁时，父亲死去。14岁时，已经近40岁的唐太宗听说她长得很美，便选她入宫，赐号武媚，人称媚娘，后来又封为才人。唐太宗死了以后，她和一些宫女依旧制被送到感业寺去做尼姑。唐高宗李治当太子时曾与她有暧昧关系，于是让她蓄发入宫侍寝，封为昭仪。但武则天心里还不满足，想进一步夺取皇后的位子，于是武则天千方百计想陷害王皇后。

　　武则天生了一个女儿，有一天，王皇后来探望，爱抚地摸了摸，逗了逗。王皇后走后，武则天竟狠心地把女儿掐死，用被子盖好。当高宗来看时，她便诬陷是王皇后杀了她的女儿，使王皇后有口难辩。唐高宗因此大怒，从此动了废王立武的念头。

到了公元655年九月，唐高宗不顾褚遂良、长孙无忌等人的反对，正式提出废王皇后，立武则天为后。

有一天，唐高宗问李勣："我打算立武昭仪做皇后，褚遂良他们坚决反对，你看这事该怎么办呢？"李勣看见高宗废立决心已下，便为武则天说好话，他说："废立皇后，这是陛下的家事，何必一定要得到外人同意呢？"许敬宗也说："乡巴佬多割10斛麦子，尚且想换个新媳妇，何况天子富有四海，立新皇后没有什么不可以的！"于是高宗决定，废王皇后为庶人，册封武氏为皇后。

武则天当皇后以后，很快形成了自己的势力集团，参与朝政。她利用高宗与元老重臣之间的矛盾，在短短几年内，就杀了长孙无忌，罢免了20多个反对他的重臣。武则天对拥护她的人全都重用，李义府、许敬宗因而青云直上，当了宰相。到了后来，武则天甚至同高宗一起垂帘听政，当时朝臣并称他们为"二圣"，即称高宗为天皇，武后为天后。武则天作威作福，高宗一举一动都受她约束。唐高宗很不满，就秘密把大臣上官仪找来，让他起草废武后的诏书。消息传到武则天那里，武则天怒气冲冲地去见唐高宗。她厉声问高宗说："这是怎么回事？"唐高宗十分害怕，没了主意，就结结巴巴地说："我本来没有这个意思，都是上官仪教我这么干的。"武则天立刻命人杀掉上官仪等人。从此大小政事，都由武则天一人定夺。

唐高宗感到武氏一派的威胁越来越大，担心李家的天下难保，就想趁自己还在世，传位给太子李弘（武则天的长子）。但是，武则天竟用毒酒害死了李弘，立次子李贤做太子。不久，又把李贤废为平民，改立三儿子李显为太子，弄得唐高宗束手无策。

到公元683年十二月，唐高宗病死，太子李显即位，就是唐中宗。武则天以皇太后的身份临朝执政。后来，她容忍不了唐中宗重用韦氏家族的人，又废了唐中宗，立她的四儿子李旦为帝，就是唐睿宗。同时，她不许睿宗干预朝政，一切事务由她自己做主。

唐宗室功臣看到武氏家族弄权，人人自危，于是激烈的斗争便公开化了。最先起来反抗的是李唐旧臣徐敬业、唐之奇、骆宾王等人。他们以拥戴中宗为号召，在扬州起兵反对武则天，在朝廷内部获得了宰相裴炎的支持，内外呼应，一时间聚集了10余万人马。骆宾王乘讨武军浩大的气势，慷慨激昂地写了一篇著名的《讨武曌檄》。武则天派出30万大军讨平了徐敬业，杀了倾向徐敬业的宰相裴炎等人。

天授元年（公元690年）九月，武则天登基称帝，改国号唐为周。她通文史，多权谋，开创殿试制度，亲自考核贡生，这是对门阀贵族一个有力的打击。她执政期间，对唐代政治、经济、文化的发展作出了贡献。

自高宗死后，武后临朝听政，并废中宗李显，立睿宗李旦为帝。天授元年（公元690年）七月，武后的亲信法明、怀义和尚等10人献呈《大云经》，内有女主之文，陈符命，说武则天是弥勒下界，应该做人间主。这一切都是为武则天称帝制造理论根据。载初元年（公元690年）九月三日，侍御史傅游艺猜中了武则天的心思，率关中百姓900人上表，请改国号为周，赐皇帝武姓。武则天假装不许，但升傅游艺为给事中。百官及帝室宗戚、百姓、四夷酋长、沙门、道士6万余人又请改唐为周，睿宗皇帝亦不得不上表请改武姓。于是武则天在九月九日宣布改唐为周，改元天授。十二日，武则天受尊号为圣神皇帝，将睿宗皇帝立为皇嗣，赐姓武，以皇太子为皇太孙。十三日，立武氏七庙于神都洛阳，追尊其父王为始祖父皇帝，平王少子武为睿祖康皇帝，又立武承嗣为魏王，武三思为梁王，武氏诸姑姊为长公主。十月，制天下武氏悉免课役。

武则天掌理朝政期间，上承贞观之治，下启开元盛世，经济发展，社会稳定，为唐帝国的全面繁荣奠定了坚实的基础。她重视发展农业，继续推行轻徭薄赋、与民休息的政策；又广开言路，善于纳谏，对符合她意愿的建议她乐意采纳，反对她的意见她在一定程度上也能听取，甚至能容忍对她的人身攻击。

武则天最大的贡献在于改革官制，削弱三省六部制的相权，加强御史台的监督作用；同时打击旧门阀士族，扶植庶族地主出身的官僚，使更多的寒族参与政治。她完善了科举制，为表示对选拔人才的重视，她亲自过问，开创了殿试的先例，并且开设武举，由此培养和选拔了一批文臣武将，如狄仁杰、张柬之等。但武则天任用酷吏、制造冤狱并广开告密之风，形成政治上的恐怖。她生活奢侈，支持佛教，大修宫殿、佛寺，并宠信张易之等小人，朝政日益败坏。

公元705年，武则天病重，宰相张柬之等人发动政变，迫使武则天退位，唐中宗复位。同年，82岁的武则天病死，她生前曾留下"袝庙、归陵，令去帝号，称则天大圣皇后"的遗言，并令人在陵前高高竖起一座无字碑。

名相狄仁杰

武则天对那些反对她的人，进行残酷的迫害；对那些有才能的人，不计较门第出身，破格任用。她手下有许多有才能的大臣，其中最著名的是宰相狄仁杰。

狄仁杰，字怀英，太原（今山西太原）人。祖父狄孝绪，贞观年间做过尚书左丞，父亲狄知逊做过夔州长史。狄仁杰在少年时热爱读书。有一次县吏下来询问一桩案情，他周围的人都争着向县吏说出自己的想法，唯独狄仁杰聚精会神地读书，不理不睬。县吏责怪他，狄仁杰说，我正和书中圣贤对话，没有工夫和凡夫俗子搭腔。

公元676年初，狄仁杰升任为大理丞。大理丞是负责掌管案件审判的官员。当时积压了许多纠缠不清的案件，狄仁杰以卓越的才能，一年内处理了17000余件，件件都处理得公平合理，没有一个喊冤叫屈的。

狄仁杰像

唐高宗知道狄仁杰这人不但有胆气，而且有才识，便擢升他为侍御史。

侍御史是负责监察弹劾百官的官员。狄仁杰常常置个人安危于不顾，与那些有权有势的贪官进行斗争。

狄仁杰对朝事直谏也很出名。高宗执政时，大将军权善才误砍昭陵柏树，高宗要杀他，狄仁杰认为权善才罪不该死，据理力争。高宗终因理屈，将其改为流放。狄仁杰重民生业，力革弊政，在任宁州刺史时，妥善处理与戎夏的关系，颇受尊敬。在任江南巡抚使时，烧毁祭典之外的祠庙1700余所。武则天执政后，想建造大像，需要费钱数百万，狄仁杰认为此举劳民伤财，便直言进谏，于是武则天免了此役。

武则天当上皇帝后，更加赏识狄仁杰的才干，不断提升他的官职，最后让他当了宰相。

天授二年（公元691年）九月，狄仁杰拜相。有一次，武则天问狄仁杰："卿在汝南（豫州），甚有善政，卿欲知谮者名乎？"狄仁杰回答说："陛下以臣为过，臣请改之；以臣无过，臣之幸也，不愿知谮者名。"武则天被他的宽宏大量所感动，更加重用狄仁杰。

狄仁杰书墓志　唐
此为大周故相州刺史袁公瑜墓志，由河北道安抚大使狄仁杰撰写。狄仁杰为一代名相，书名遂为政名所掩，此志可为佐证。

公元692年，酷吏来俊臣诬告狄仁杰谋反，狄仁杰被捕下狱。狄仁杰为了不被冤死，等待时机，就承认自己谋反。来俊臣还要逼狄仁杰供出另外一些同谋的大臣。狄仁杰怒不可遏，气愤地把头向柱子撞去，血流满地，以至来俊臣不敢再审问。后来，狄仁杰乘看管松懈，偷偷写成一幅冤状，放在棉衣里转给儿子。儿子接到冤状急忙向武则天上报，引起武则天的注意，武则天亲自召来狄仁杰，问他为什么要造反。狄仁杰回答说："如果不承认造反，我早死在酷刑之下了。"武则天又问他为什么要写谢罪表。狄仁杰说："没有这样的事。"武则天这才知道是来俊臣阴谋陷害他。

后来，狄仁杰又恢复了宰相官职。这时，武则天在立李氏为太子还是立武氏为太子的问题上犹豫不决。武则天的侄儿武承嗣、武三思为谋求太子地位，在暗地里频繁地活动，曾多次让人劝说武则天立武氏为太子。他们大肆宣扬自古到今从来没有一个皇帝立异姓为太子的。狄仁杰趁武则天还没有拿定主意，便劝她立李氏为太子。他说："陛下您想想，姑侄的关系和母子的关系哪个亲。陛下立儿子为太子，在千秋万岁之后，配食太庙，享受祭祀，承继无穷；如果立侄儿为太子，就没有听说太庙中供姑姑的！"狄仁杰的这些关键的话触动了武则天的心。

狄仁杰作宰相，善于推举贤才。先后推举的有桓彦范、敬晖、窦怀贞、姚崇等数十人，均官至公卿，有的后来成为宰相。

狄仁杰善于用人，能够让他们发挥各自的才能。就是已经归降的少数民族将领，狄仁杰也能使他们充分发挥作用。如契丹部落的两员大将李楷固和骆务整，骁勇异常，屡次打败唐朝军队，许多唐朝将领死在他们手中。后来，这两个人都来归顺唐朝，大臣们纷纷上书，要求处死它们。最后，武则天接受了狄仁杰的意见，赦免了他们的罪过，派他们到边境驻守。这两人驻守边境，尽忠职守，从此边境平安无事。

狄仁杰晚年的时候，武则天更加敬重他，尊称他为"国老"，而不直接叫他的名字。

公元700年，狄仁杰病死。武则天非常悲痛，罢朝三日，追封他为梁国公。以后，每有不能决断的大事，武则天就想起狄仁杰，慨叹地说："老天为什么要那么早夺走国老呢！"言语中，对狄仁杰充满了无限怀念之情。

开元盛世

李隆基（公元685～762年），为唐睿宗李旦第三子，唐第七代皇帝。他性格果断，仪容英武，且多才多艺，尤其擅长音律。他初被封为楚王，后改封为临淄王。

李隆基于景云二年（公元711年）和姑母太平公主发动政变，将韦后之余党消灭，拥其父李旦即位。因李隆基除韦后有功，唐睿宗李旦立其为太子。延和元年（公元712年）七月，西方出现彗星，经轩辕入太微至大角，于是，太平公主遣方士向李旦进言："彗星是预示当除旧布新之星；彗星一出，帝座也随之变位，这表明太子要为天子了。"他们向李旦进此言的意思是李隆基将要弑君篡位，让李旦赶快将其除掉。李旦不理解他们的意图，说："传位于太子就可避灾，我已经下了决心，传位于他。"李隆基知道后，急忙入宫，叩头道："我功劳微薄，越诸位兄弟成为太子，已经觉得日夜不安了，如父皇让位于我，会使我更加不安。"李旦说："我之所以得天下，都是因为你的缘故。现在帝座有灾，传位于你，为的是转祸为福，你怀疑什么？"李隆基仍再三推辞，李旦说："你是孝子，为什么非要等我死后在枢前即位呢？"太子只好流泪应之。太平公主和其同党也力谏皇帝，认为不可让位，但是李旦主意已决。于是唐睿宗李旦在七月二十五日诏令正式传位于太子。

八月三日，李隆基（玄宗）即位，尊睿宗李旦为太上皇。八月七日，唐玄宗李隆基改元为先天，大赦天下。

玄宗即位之初就重用贤相姚崇和宋璟励精图治。姚崇讲究实际，宋璟坚持原则，守法则正，二人鼎力辅佐朝政，使赋役宽平、刑罚清省、百姓富庶。玄宗不仅重视人才的选拔与任用，而且广开言路，虚心纳谏。姚崇提出的抑制权贵、不接受礼品贡献、接受谏诤、不贪边功等建议，玄宗不仅采纳而且严格执行。宋璟敢于犯颜直谏，玄宗对他又敬又怕。为改变当时的奢侈之风，玄宗下诏将皇帝服御和金银器玩销毁，重新造成有用的物品，交给国家使用；把珠玉锦绣在殿前焚毁，并规定后妃以下，不准穿锦绣珠玉。在玄宗的倡导下，节俭成了时尚。对日益扩大的佛教势力，玄宗下令严禁建造佛寺道观、铸造佛像、抄写佛经，禁止百官和僧尼、道士往来，并精简僧尼人数，从而扼制了寺院势力。

开元年间，玄宗采取了一系列措施整顿改革。

为安定皇位，稳定政局，玄宗采取出刺诸王、严禁朝臣交结诸王和抑制功臣等措施。出刺诸王即玄宗解除诸王皇亲国戚的兵权，让他们做外州的刺史并严格限制他们，使他们不能掌握一地的军政大权，从而无法叛乱。而且规定诸王不能同时留居京城，减少他们和京官接触的机会。对那些功臣权势，玄宗或罢免他们的官职或让他们出任地方官。这就消除了动乱的隐患。

为强化皇权，玄宗裁减冗官，加强吏治，革新政治。针对武后以来官吏冗滥的现象，玄宗下令免去员外官、试官、检校官数千人，撤销、合并闲散司、监十余所，从而精简了官僚机构，节约了开支。同时健全监察机构，严格选拔官吏制度，赏罚严明。玄宗对官员实行严格的考核，在开元四年组织的县令考试中，不及格的45人立即被罢免。另外他还鼓励官员外任。

玄宗比较注意发展经济。开元初年，流民人数巨大，玄宗采取检田括户、抑制兼并的措施，下令在全国清查户口和土地，安置逃亡人口，将籍外土地重新分给农民耕

批答颂 唐玄宗

种。这样就打击了豪强地主的兼并活动，增加了国库收入。其次大力兴修水利，发展农业，玄宗当政期间，全国共兴建了 56 项农田水利工程，相当于全唐水利工程总数的 20% 以上。

玄宗即位后的一系列改革，使政治清明、百姓富庶、国力强盛、社会繁荣昌盛，唐朝达到了全盛时期。开元二十年（公元 732 年）天下人口 786 万户、4543 万人；开元二十八年（公元 740 年），天下人口 841 万户，4814 万人。唐都长安有人口百万，是著名的国际文化中心，也是当时世界上最大的城市。唐代不仅商业发达，而且对外贸易兴旺，往来于唐和波斯、天竺、大食等地的商船络绎不绝。数以万计的外国使节、商人、僧侣和留学生居住在长安。开元五年（公元 717 年）、二十一年（公元 733 年），日本派出的遣唐使均在 550 人以上。气象万千的长安就是开元盛世的最好写照。

雕版印刷术

印刷术是我国古代四大发明之一。它的发明和推广，推动了社会的进步和人类文明的发展，被称为"文明之母"。

雕版印刷术是印刷术最早的印刷模式，它的出现，标志着印刷的产生，不愧是人类历史上一项划时代的发明。

关于雕版印刷技术发明的年代，学界有好几种说法，有东汉说、东晋说、魏晋南北朝说、隋朝说、唐朝说、五代说、北宋说。但是根据考古研究，有一点是可以肯定的，那就是雕版印刷技术发明在隋末唐初。在发现的唐代雕版印刷品中，最具代表性的是 868 年雕印的《金刚经》和韩国发现的武则天时代的《无垢净光大陀罗尼经》。

雕版印刷术的发明有着深刻的历史背景；伴随着物质基础的充裕和技术条件的成熟，雕版印刷术的产生，已成为历史发展的必然。隋唐以前，造

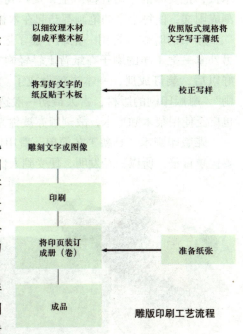

雕版印刷工艺流程

字、镂金、制笔、研墨、造纸等奠定了物质基础，制陶、印章、刻石、捶拓、模像、凸版印花等提供了技术条件，这是一个不断积累、由量变到质变逐渐完善的成长过程。

在物质基础方面，主要是指对雕版印刷术发明起决定作用的纸、笔、墨。造纸术发明后，经过蔡伦、左伯和张永等造纸专家的改进和推广，迅速取代了竹帛。到魏晋南北朝时期，发明了帘床抄纸器，造出了匀细的薄纸；采用涂布技术，提高了纸张的吸墨性能；广泛采用染潢技术，使纸的质量不断提高。造笔和制墨技术均发明于先秦，经过近 1000 年的改进，魏晋时期已经十分成熟。造纸、造笔和制墨技术的成熟，为雕版印刷术的发明奠定了坚实的物质基础。

在技术条件方面，主要是捶拓与石碑拓本技术和镂花模板、刺孔漏印，凸版印花技术，以及印章与佛像模印技术这三种技术方法的成熟。其一，捶拓与石碑拓本这种方法，在印刷术发明以前，是一种较简便的复制文字的方法。具体操作方法是将洇湿的纸平铺于石上，用软刷将纸刷匀，经过捶打使纸紧贴在石面上，然后再用细布包裹棉花做成拓包，蘸上墨

汁，在纸面上轻轻拓刷，因为石上的字是凹进石面的，所以有文字的部分受不着墨，把纸揭下来，便成为一件黑底白字的复制品，这就是拓本，也称拓片。其二，镂花模板、刺孔漏印及凸版印花这些方法，是古代纺织业的印染技术。镂版印花，是用两块雕镂成同样花纹的木板或油纸版等，将织物置于两块花版之间，将其夹紧，然后在雕空处注以色浆，印上花纹；刺孔漏印，是在硬纸板上刺孔成像，然后再进行描画或直接从孔透墨印刷；凸版印花，又称木版印花，其花版不镂空，花纹图案呈阳纹凸起状，印花时，将色浆或染料涂在花版的凸纹线条上，然后铺上丝织物加压，织物上便显出花纹。其三，印章与佛像模印。印章是对镌刻甲骨、金石这一传统的继承。印章有阳文和阴文两种，阳文刻的字是凸出来的，阴文刻的字是凹进去的。

雕版印刷是我国古代应用最早的印刷术，其工作原理是：首先把木材锯成一块块的平木板，把要印的字写在薄纸上，反贴到木板上，然后根据每个字的笔画，用刀一笔一笔雕刻成阳文，使每个字的笔画都凸起在木板上。木板雕好以后，就可以印书了。

印书的时候，先用一把刷子蘸了墨，在雕好的板上刷一下，接着，用白纸覆在板上，另外拿一把干净的刷子在纸背上轻轻刷一下，把纸拿下来，一页书就印好了。一页一页印好以后，装订成册，一本书就做成了。这种在木板上雕字印刷的方法，被称为"雕版印刷"。雕版印刷的版材，古人最初一般选用梓木，所以称刻版为"刻梓"或"付梓"。以后也广泛使用梨木和枣木，故刻版亦被称为"付之梨枣"。

雕版印刷术，具备工艺简单、费用低廉、印刷快捷的显著优点，比之早先的手写传抄要优越百倍，所以一经发明，便受到人们的普遍欢迎，迅速得到推广和传播。

雕版印刷工具　唐

雕版印刷在唐代民间广泛应用于以下三个方面：一、宗教活动。大量佛教、道教经典典籍被印刷出版；二、刻印诗集、音韵书和教学书籍。白居易和元稹的诗集被"模勒"出版，受到百姓喜爱；三、历法、医药等科学书籍的印刷。

雕版印刷术是中国的一项独特的发明，它是无数劳动人民集体智慧和经验的结晶。

唐三彩

瓷器是我国古代独创的一项重大发明。原始瓷器在商周时期已经出现，经历了1500多年，制瓷技术到东汉后期已基本成熟，后经三国两晋南北朝进一步成熟和完善，唐代烧制瓷器的技术已达到炉火纯青的地步。

唐三彩样式多样，内容丰富，被誉为唐代社会的"百科全书"。它主要是用黄、绿、白三色釉彩涂胎，故称唐三彩，实际上是唐代彩色釉陶的总称。它有二彩的，也有四彩的，其他的色彩还包括蓝、赭、紫、黑等。它是在继承汉代低温铅釉陶工艺的基础之上，对含有有色金属元素的各种原料有了新的认识之后，经过实践创新烧制而成的。它的制作工艺是：用白色黏土做胎，然后用含有铜、铁、锰、钴等有色金属元素的矿物做釉料着色剂，再在釉料中加入铅作为助熔剂，最后经低温（800℃左右）烧制成功。唐三彩从开始烧制到工艺成熟，经历了一个由粗到精、由少到多的发展过程。

唐三彩的出现受盛唐时期繁盛的经济、文化艺术的发展以及社会风气影响。盛唐时期厚葬之风盛行使这种三彩陶自唐初出现以后在各地迅猛发展，特别是西安、洛阳一带。唐三彩包括俑和器皿两大部分，器物如壶、罐、瓶、尊、碗、盘、杯、钵、枕及文房用具等，几乎包括了社会生活各方面，体现了国力强盛的盛唐气象。唐代中外文化的交流日益广泛，唐三彩受异邦的影响很大。鲁迅先生曾经说过："唐人大有胡气。""胡气"也鲜明地反映在唐三彩的造型上。"安史之乱"以后，唐王朝从盛

三彩卧驼

高 25.4 厘米，1955 年陕西西安出土，陕西省博物馆藏。唐三彩俑常见的有人俑、马俑、骆驼俑，之所以出现大量的骆驼俑，是因为唐代与西域、中亚等地区有频繁的文化、经济、政治联系。其中，丝绸之路的主要交通工具是骆驼。此俑四足卧地，昂首嘶叫，鸣示即将要起行，造型十分逼真。

至衰，国力削弱致使陪葬之风不如从前兴盛，风靡一时的唐三彩也随之滑落。

李白傲权贵

唐玄宗暮年时，宠爱年轻美貌的杨贵妃，并把她的近亲都封了官。

唐玄宗和杨贵妃每天都在宫里饮酒作乐，时间一久，宫里的一些老歌词听腻了，他便派人到宫外去找人来给他填写新词。就这样，贺知章推荐李白进了宫。

李白，字太白，自号青莲居士，又号谪仙人，祖籍陇西成纪，是凉武昭王李暠的后代。李白出生在西域碎叶城（位于今巴尔喀什湖南），五岁的时候，他父亲才千里迢迢拖儿带女回到内地，在绵州昌隆县（今四川省江油市）清廉乡（一作青莲乡）定居下来。

李白的父亲从小就对李白进行严格的教育和培养，所以李白 5 岁时就能诵六甲，10 岁时就读遍了诸子百家的书，连佛经、道书他也拿来读。

20 岁前后，李白游历了蜀中的名胜古迹，并作了《登锦城敬花楼》《白头吟》《登峨眉山》等名诗。雄伟壮丽的山川，开阔了李白的视野，养育了李白广阔的襟怀、豪迈的性格和对祖国无比热爱的思想感情。李白决心像历史上一些杰出人物那样，干一番轰轰烈烈的大事业。但他不愿像当时的读书人那样，走科举入仕的道路，而是希望依靠自己的学问、品德，获得声誉，一举成名。

抱着这种目的，李白在家乡时就开始了"遍访诸侯"的活动。出蜀之后十余年中，李白游历了大半个中国。他的求仕活动未获得成效，他的诗歌却越来越成熟了，而社会的阅历和生活的磨难，更使他洞悉到世态的炎凉。在这期间，李白写下了许多不朽的诗篇，他自己也因而名满天下。后来，贺知章利用唐玄宗找人填写歌词的机会把李白如何有才学、如何想为国出力的情况奏明了唐玄宗。唐玄宗很爱才，对李白的诗也十分欣赏，当即决定召见李白。

公元 742 年，李白应召进宫。10 余年来的愿望终在这一天实现，李白简直有点飘飘

太白醉酒图　清　改琦

唐代大诗人杜甫于唐玄宗天宝五年（公元746年）初至长安，分咏当时八位著名酒徒的个人性情和艺术成就。其中有这样的诗句"李白斗酒诗百篇，长安市上酒家眠。天子呼来不上船，自称臣是酒中仙"，淋漓尽致地描绘了李白作为"诗仙"的狂傲和放逸不拘。此图是清代著名画家改琦为这一诗句所作的人物画，再现了李白的洒脱和轻狂。

然了，于是他口中吟出"仰天大笑出门去，我辈岂是蓬蒿人"的诗句，高高兴兴地面见唐玄宗去了。

李白到长安后，被安置在翰林院，以才华出众经常为皇帝起草诏命，或侍从皇帝出游，写些宫廷题材的诗文；侍从之暇，则在繁华的长安城上游冶饮酒，贺知章金龟换酒的事就发生在这时候。对于他们的宴饮盛况，杜甫在《饮中八仙歌》中有生动的记载，李白的风采最为出众："李白斗酒诗百篇，长安市上酒家眠。天子呼来不上船，自称臣是酒中仙。"

但是由于他本人的桀骜不驯，不但官僚显贵容不得他，连唐玄宗也打消了重用他的念头，把他晾在一边。李白意识到自己的处境，经过一番思索，终于下决心离开。就这样，他怀着怨愤而又眷恋的心情，告别皇帝，告别京城。这时距应诏入京刚好3年。他的名篇《蜀道难》《行路难》《月下独酌》以及一部分《古风》，都写于这个时期。

李白不幸离开长安，却赶上了一个千年的约会。这个意外的相逢，或许是文学史上最美的故事。他出京后，向东到了洛阳，在这里和杜甫相遇。诗仙和诗圣终于会面了，而且还加上了高适。他们三人一同东游梁宋，终日痛饮狂歌，慷慨怀古。这年的秋天，高适一人独自南游，李白和杜甫继续同行，到了齐鲁大地。二人情同手足，"醉眠秋共被，携手日同行"，结下深厚的友谊。

此后李白继续自己的天涯孤旅。他北游燕蓟，南返梁宋，往来于宣城、金陵等地，直到安史之乱爆发，前后一共10年时间。这10年是他创作的高峰期。他或批判现实；或寄情于纵酒求仙；或赞美祖国的大好河山，或怀念真挚的情谊。《梦游天姥吟留别》《将进酒》《梁甫吟》《远别离》《秋浦歌》组诗、《宣州谢朓楼饯别校书叔云》《闻王昌龄左迁龙标遥有此寄》《哭晁卿衡》《赠汪伦》等篇章，就写于这一时期。《宣州谢朓楼饯别校书叔云》写于居留宣城期间。谢朓楼，是南朝谢朓担任宣城太守时修建的楼。李白对谢朓十分钦服，登上他的故楼，自然会有万千感慨：

弃我去者，昨日之日不可留；乱我心者，今日之日多烦忧。长风万里送秋雁，对此可以酣高楼。蓬莱文章建安骨，中间小谢又清发。俱怀逸兴壮思飞，欲上青天揽明月。抽刀断水水更流，举杯销愁愁更愁。人生在世不称意，明朝散发弄扁舟。

李白高傲自负而不能为当世所容，被皇帝以"赐金还山"的名义赶出了长安。

若论感情之奔放激烈，《将进酒》最能代表李白的特色。一开篇，诗人就用两组奔放跳荡的排比长句，如天风海雨迎面扑来：

> 君不见黄河之水天上来，奔流到海不复回。君不见高堂明镜悲白发，朝如青丝暮成雪。

万里长河是那样的伟大，而生命是如此的渺小脆弱。这是一种惊心动魄的巨人式的悲伤。但是悲伤却不悲观，在诗仙看来，"人生得意须尽欢，莫使金樽空对月"。

全诗笔酣墨饱，由悲转乐、转狂傲，转愤激，如黄河奔流，有气势亦有曲折。感情悲愤而发为狂放，诗句豪纵而不觉其浮嚣。自有一种震动古今的气势与力量。

天宝十四年，安史之乱爆发，安禄山在范阳起兵，洛阳称帝，攻破潼关，玄宗幸蜀，长安沦陷，整个国家陷入混乱之中。

此时李白已年近花甲，他认为当此天下大乱之际，正是壮士立功之秋。他进永王李璘的幕府。玄宗幸蜀，太子即位称帝。安史之乱还未完全平复，皇家兄弟先打起来了。结果永王战败。李白沦为朝廷的囚犯，坐监狱，遭流放，甚至几乎被杀头。李白在狱中，亲人朋友多方营救，但是朝廷还是判处他长流夜郎。亲人相送至浔阳江头，然后他只身西行。他仍旧作诗，喝酒，走到了白帝城。这时候朝廷大赦天下，诗人欣喜的心情无法言表，立即返舟东下，重出三峡：

> 朝辞白帝彩云间，千里江陵一日还。两岸猿声啼不住，轻舟已过万重山。

遇赦后，他又作了很多诗。如《自汉阳病酒归寄王明府》《豫章行》，都是很感人的诗篇。《庐山谣寄卢侍御虚舟》一诗中，他这样描写庐山："登高壮观天地间，大江茫茫去不还。黄云万里动风色，白波九道流雪山。"一位饱经沧桑的老人，竟然还能写出如此豪壮的诗句，从古到今，能有几人？

李白以不世之才自居，顽强而执着地追求着惊世骇俗的功业，一直到临终，他还写了一首《临路歌》："大鹏飞兮振八裔，中天摧兮力不济。余风激兮万世，游扶桑兮挂左袂。后人得之传此，仲尼亡兮谁为出涕！"

安禄山叛乱

唐玄宗在位期间，为加强边境的防御，在重要的边境地区设立了10个军镇（也就是藩镇），这些军镇的长官叫节度使。节度使的权力很大，不仅带领军队，还兼管行政和财政。按照当时的惯例，节度使立了功，就有被调到朝廷当宰相的可能。

李林甫掌握朝政大权后，不但排挤打击朝廷的文官，还猜忌边境的节度使。担任朔方等四个镇节度使的王忠嗣，立了很多战功，他手下就有著名的将领哥舒翰、李光弼等人。李林甫见王忠嗣的功劳大，威望高，怕他被唐玄宗调回京城当宰相，就派人向唐玄宗诬告王忠嗣想拥戴太子谋反，王忠嗣为此险些丢掉了性命。

当时，边境将领中有一些胡人。李林甫认为胡人文化低，不会威胁到自己的地位，就在唐玄宗面前竭力主张重用胡人。

在这些胡人节度使中，唐玄宗、李林甫特别欣赏平卢（治所在今辽宁朝阳）节度使安禄山。

安禄山经常搜罗奇禽异兽、珍珠宝贝，送到宫廷讨好唐玄宗。他知道唐玄宗喜欢边境

安禄山像

将领报战功，就采取许多卑劣的手段，诱骗平卢附近的少数民族首领和将士到军营来赴宴。在酒席上，用药酒灌醉他们，把兵士杀了，又割下他们首领的头，献给朝廷报功。

唐玄宗常常召安禄山到长安朝见。安禄山抓住这个机会，使出他的手段，逢迎拍马讨唐玄宗的喜欢。安禄山长得特别肥胖，又装出一副傻乎乎的样子。唐玄宗一见到他就高兴得不得了。

安禄山得到了唐玄宗和李林甫的信任，做了范阳、平卢两镇及河东（治所在今山西太原）节度使，控制了北方边境的大部分地区。他秘密扩充兵马，提拔了史思明、蔡希德等一批猛将，又任用汉族士人高尚、严庄帮他出谋划策，囤积粮草，磨砺武器。只等唐玄宗一死，他就准备造反。

没过多久，李林甫病死了，杨贵妃的同族哥哥杨国忠借着他的外戚地位，继任了宰相。杨国忠本来是个流氓，安禄山瞧不起他，他也看不惯安禄山，两个人越闹越僵。杨国忠几次三番在唐玄宗面前说安禄山一定要谋反，但是唐玄宗正在宠信安禄山，自然不相信他的话。

公元755年农历十月，安禄山作了周密准备以后，决定发动叛乱。这时，正巧有个官员从长安到范阳来。安禄山便假造了一份唐玄宗从长安发来的诏书，向将士们宣布说："接到皇上密令，要我立即带兵进京讨伐杨国忠。"

将士们都觉得事出突然，但是谁也不敢对圣旨表示怀疑。

第二天一早，安禄山就带领叛军出兵南下。15万步兵、骑兵在河北平原上进发，一时间，道路上烟尘滚滚，鼓声震天。中原一带已经有一百年左右没有发生过战争，老百姓好几代没有看到过打仗。沿路的官员逃的逃，降的降。安禄山叛军一路南下，几乎没有遭到什么抵抗。

范阳叛乱的消息传到长安，唐玄宗开始还不相信，认为是有人造谣，到后来警报一个个传来，他才慌了起来，召集大臣商议对策。满朝官员没有经历过这样的大变乱，个个吓得目瞪口呆，不知所措。只有杨国忠反而得意扬扬地说："我早说安禄山要反，我没说错吧。不过，陛下尽管放心，他的将士不会跟他一起叛乱。10天之内，一定会有人把安禄山的头献上。"

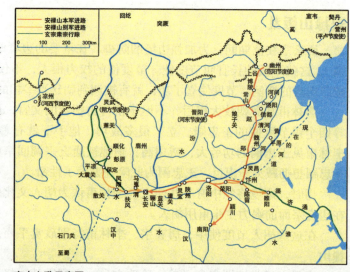

安史之乱示意图

唐玄宗听了这番话，心情才安稳下来。可是，谁知道叛军在短短的时间内便长驱直入，一直渡过黄河，占领了洛阳。

马嵬驿兵变

潼关形势险要，道路狭窄，是京城长安的门户。封常清与驻屯陕州的大将高仙芝一起退守潼关（今陕西潼关东北）。玄宗听信监军宦官的诬告，杀死高、封两人，起用病重在家的大将哥舒翰统兵赴潼关。叛将崔乾祐在潼关外屯兵半年，没法攻打进去。

叛军攻不进潼关，但是关里的唐王朝内部却生起事端。哥舒翰主张在潼关坚守，等待时机；郭子仪、李光弼也从河北前线给唐玄宗上奏章，请求引兵攻打安禄山的老巢范阳，让潼关守军千万不要出关。但是，宰相杨国忠却反对这

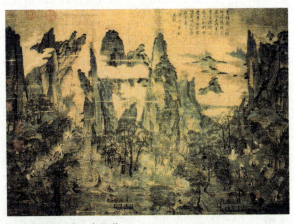

明皇幸蜀图 唐 李昭道
此图描绘唐玄宗为避安史之乱而行于蜀中的情景，画中山石峻立，着唐装的人物艰难行于途中。

样做。他在唐玄宗面前说潼关外的叛军已经不堪一击，哥舒翰守在潼关按兵不动，歼灭叛军的时机会丧失掉。昏庸的唐玄宗听信杨国忠的话，接二连三派使者到潼关，逼哥舒翰带兵出潼关。

哥舒翰明知出关凶多吉少，但是又不敢违抗皇帝的圣旨，只好痛哭一场，带兵出关了。

关外的崔乾祐早已做好准备，只等唐军出关。崔乾祐派精兵埋伏在灵宝（在今河南省西部）西面的山谷里。哥舒翰的20万大军一出关，就中了埋伏，20万大军几乎被叛军打得全军覆没。哥舒翰也被俘虏了。

潼关失守后，关内已无险可守。从潼关到长安之间的一些地方官员和守兵，都纷纷弃城而逃。到了此时，唐玄宗才感到形势危急，他让杨国忠赶紧想办法。杨国忠召集文武百官商量，大家都失魂落魄，谁也想不出一个好主意来。杨国忠知道留在长安已经没有了生路，就劝玄宗逃到蜀地去。当天晚上，唐玄宗、杨国忠带着杨贵妃和一群皇子皇孙，在将军陈玄礼和禁卫军的护卫下，悄悄地打开宫门，逃出了长安。他们事先派了宦官到沿路各地，让官员准备接待。

谁知，派出的宦官早已经自顾逃命了。唐玄宗一伙人走了半天也没有人给他们送饭。

他们走走停停，第三天到了马嵬驿（在今陕西兴平市西）。随行的将士疲惫不堪，饥渴难忍。他们心里越想越气，好好的长安待不住，弄得到处流亡，受尽辛苦。他们认为，这全都是受了奸相杨国忠的拖累，这笔账应该向杨国忠算。

这个时候，有二十几个忍饥受饿的吐蕃使者拦住杨国忠的马，向杨国忠要粮。杨国忠正忙着应付，周围的兵士便嚷起来："杨国忠要造反了！"一面嚷，一面向他射起箭来。

兵士们杀了杨国忠，情绪更加激昂起来，把唐玄宗住的驿馆也包围了。玄宗派高力士找到将军陈玄礼，问兵士们不肯散的原因。陈玄礼回答说："杨国忠谋反，贵妃也不能留下来了。"

玄宗说："贵妃常居深宫中，怎知国忠谋反之事呢？"高力士回答说："贵妃实是无罪，但禁军将士已杀其兄国忠，贵妃伴陪陛下左右，将士心中不安。愿陛下三思，禁军将士安则陛下安。"无奈，唐玄宗为了保住自己的命，只好下了狠心，叫高力士把杨贵妃带出去，用带子勒死了。将士们听到杨贵妃已经被处死，总算除了一口恶气，撤回了军营。

唐玄宗经过这场兵变打算继续西行，老百姓将他拦住，让他留下来还击安禄山。玄宗便分 3000 人给太子，令太子李亨击破逆贼，收复长安。

天宝十五载（公元 756 年）七月，李亨（肃宗）于灵武即皇帝位，是为肃宗，尊李隆基（玄宗）为太上皇，改元至德。

草人借箭

唐玄宗匆忙逃出长安不久，安禄山的叛军便攻进了长安。郭子仪、李光弼得到长安失守的消息，不得不放弃河北，李光弼退守太原，郭子仪回到灵武驻守。原来已经收复的河北郡县又重新被叛军占领。

叛军在进入潼关之前，安禄山派唐朝的将领令狐潮去攻打雍丘（今河南杞县）。令狐潮原来是雍丘县令，安禄山占领洛阳的时候，令狐潮就投降了他。雍丘附近有个真源县，县令张巡不愿投降，就招募了 1000 多个壮士，占领了雍丘。令狐潮带了 4 万叛军来进攻。张巡和雍丘将士坚守 60 多天，将士们穿戴着盔甲吃饭，负了伤也不下战场，打退了叛军 300 多次进攻，叛军死伤无数，终于迫使令狐潮不得不退兵。

不久，令狐潮又集合人马来攻城。

张巡像

张巡组织兵士在城头上射乱箭把叛军逼回去。但是，日子久了，城里的箭射光了。为了这件事，张巡非常心急！

一天深夜，雍丘城头上一片漆黑，隐隐约约有成百上千个穿着黑衣服的兵士，沿着绳索往墙下爬。这一情况被令狐潮的兵士发现了，报告给了主将。令狐潮断定是张巡派兵偷袭，就命令兵士向城头放箭。直到天色发白，叛军才看清楚，原来城墙上挂的全是草人。

张巡的兵士们在雍丘城头上高高兴兴地拉起草人。那千把个草人上，密密麻麻插满了箭。兵士们查点了一下，竟有几十万支之多。这样一来，城里的箭就足够用啦！

又过了几天，与前几天夜里一样，城墙上又出现了"草人"。令狐潮的兵士见了又好气，又好笑，以为张巡又来骗他们的箭了。于是，谁也不去理它。

哪知道这一次城上吊下来的并非草人，而是张巡派出的 500 名勇士。这 500 名勇士乘叛军没有准备，向令狐潮的大营发起突然袭击。令狐潮无法组织起有效的抵抗。几万叛军失去指挥，四处乱奔，一直逃到十几里外，才停了下来。

令狐潮连连中计，气得咬牙切齿，又增加了兵力攻城。他屯兵在雍丘北面，不断骚扰张巡的粮道。叛军有几万人之多，张巡的兵士不过 1000，但是张巡瞅准机会就出击，总是得胜而回。

过了一年，睢阳（今河南商丘）太守许远派人向张巡告急，说叛军大将尹子奇带领13万大军要来进攻睢阳。张巡接到告急文书，马上带兵去了睢阳。

肃宗至德二年（公元757年）七月六日，叛军大将尹子奇又起兵数万攻打睢阳。睢阳城被围多日，粮食已吃尽，将士每人每天只能以米一盒，杂以茶纸、树皮而食。张巡令部将南霁云率30骑奋杀突围，求救于临淮。但临淮守将惧怕贼兵，拥兵不救。叛军知道临淮守将不来救援的消息后，围攻更急。茶纸被吃光，便杀战马而食；马亦杀光，又罗雀掘鼠而食；雀鼠也尽，张巡忍痛杀己之爱妾，许远也杀其奴，以供士兵之食；然后尽杀城中妇人食之，继之以男子老弱。当时城中人知必死，无一叛者，最后只剩下400余人。十月九日，叛军攻上城头，守城士卒都因病或因饿无力再战。张巡、南霁云、雷万春等36人都被杀害。

张巡临死时毫无惧色，大义凛然。

画圣吴道子

在中国艺术史上，有三位艺术家被戴上"圣"的桂冠：一位是晋代王羲之，被誉为"书圣"；一位是唐代杜甫，被誉为"诗圣"；还有一位被誉为"画圣"，那就是唐代的吴道子。

吴道子，画史尊称他为吴生，又名道玄。他的生卒年代已不可考，只知道他一生主要活动在唐朝开元、天宝年间（公元713～755年）。吴道子出生在阳翟（今河南禹州市），幼年失去双亲，生活贫困，他曾跟从张旭、贺知章学习书法，后跟随张僧繇学习。迫于生计，他曾向民间画工和雕匠学习。由于他刻苦好学，才华出众，20岁时就已经很有名气。唐玄宗把他召入宫中担任宫廷画师，为他改名道玄。吴道子性情豪爽，不拘小节，画画时必须喝酒，因此，他经常是醉中作画。传说他描绘壁画中佛头顶上的圆光时，不用尺规，挥笔而就。在龙兴寺作画的时候，观者水泄不通。他画画速度很快，像一阵旋风，一气呵成。当时的都城长安（今西安）是全国文化中心，汇集了许多著名的文人和书画家。吴道子经常和这些人在一起，这使他的技艺不断提高。

有一次，在洛阳，他同书法老师张旭和善于舞剑的裴将军相遇，吴道子观看裴持剑起舞，左旋右转，神出鬼没，变化万端，很受启发，即兴在天宫寺墙壁上画了一幅壁画，画

天王送子图　唐　吴道子

167

时笔走如飞，飒飒有声，顷刻而成。随后张旭又在墙壁上作书。这一次使在场数千观众大饱眼福，高兴地赞叹："一日之中，获观三绝！"还有一次，唐玄宗要看嘉陵江的景象，派吴道子去写生。吴道子回来后，让人准备了一匹素绢，用了一天时间，在大同殿上画出嘉陵江300余里风光。唐玄宗赞叹不已，认为和李思训用几个月工夫画成的嘉陵山水一样美妙。吴道子是一个多产的画家，他作品的数量很多。吴道子兼擅人物、佛道、神鬼、鸟兽、草木、殿阁、山水等，尤其精于佛道、人物画，长于壁画创作。据记载，他曾在长安、洛阳两地寺观中绘制壁画多达300余幅，奇踪怪状，无有雷同，其中尤以《地狱变相》闻名于时。

吴道子的绘画对后世影响极大，他被人们尊为"画圣"，被民间画工尊为"祖师"。苏轼曾称赞他的艺术"出新意于法度之中，寄妙理于豪放之外"。吴道子的绘画无真迹传世，传至今日的《天王送子图》可能为宋代摹本，它所表现的是释迦牟尼降生为净饭王子以后，其父净饭王抱他拜谢天神的佛经故事。从中可见吴道子的基本画风。另外还流传有《宝积宾伽罗佛像》《道子墨宝》等摹本，莫高窟第103窟的《维摩经变图》，也被认为是他的画作。

李泌归山

唐肃宗在灵武即位不久，身边的文武官员只有30人，这个临时建立的朝廷，什么事都没有秩序。一些武将也不太听指挥。肃宗想平定叛乱，非常需要有个能人来帮助他。

这时，他想起他当太子时的一个好朋友李泌，就派人从颍阳（今河南省境内）把李泌接到灵武来。

李泌原是长安人，从小就很聪明，读了不少书。当时的宰相张九龄看到他写的诗文，对他十分器重，称赞他是个"神童"。肃宗当太子的时候，李泌已经长大了，他向玄宗上奏章，想给李泌一个官职。李泌推说自己年轻，不愿做官，玄宗就让他和太子交上了朋友。后来，他看到政局混乱，索性跑到颍阳隐居了起来。

这一回，唐肃宗来请他，他想到朝廷遭到困难，就到了灵武。唐肃宗看见李泌，高兴得像得到宝贝一样。那时候的临时朝廷，不太讲究礼节。唐肃宗跟李泌就像年轻时候一样，进进出出总在一起，大小事情，全都跟他商量。李泌出的主意，唐肃宗全都听从。

唐肃宗想封他当宰相，李泌坚辞不受。

后来肃宗只好任命李泌为元帅府行军长史（相当于军师）。

那时候，郭子仪也到了灵武。朝廷要指挥全国的战事，军务十分繁忙。四面八方送来的文书，从早到晚

李泌邺侯书院　唐

没有一刻的间歇。唐肃宗命令把收到的文书，一律要先送给李泌拆看，除非特别紧要的，才直接送给肃宗。宫门的钥匙，由太子李俶和李泌两人掌管。李泌有时忙得连饭也顾不上吃，觉也不能睡安稳。

第二年春天，叛军发生内讧，安禄山的儿子安庆绪杀了安禄山，自己称帝。这本来是个消灭叛军的好机会，但是肃宗急于回长安，不听李泌的计划，让郭子仪的人马从河东回攻长安，结果打了败仗。后来，郭子仪向回纥（我国古代北方民族之一）借精兵，集中了 15 万人马，才把长安攻了下来。接着，又收复了洛阳。叛军头目安庆绪逃到了河北，不久，史思明也被迫投降。

唐军收复了长安和洛阳，唐肃宗便觉得心满意足起来，用骏马把李泌接到了长安。

一天晚上，唐肃宗请李泌喝酒，并且留他在宫里安睡。李泌趁机对肃宗说："我已经报答了陛下，请让我回家做个闲人吧！"

唐肃宗说："我和先生几年来患难与共，现在正想跟您一起享受安乐，怎么您倒要走了呢？"

无奈李泌一再请求，唐肃宗虽然不愿让李泌离开，最终也只好同意。

李泌到了衡山（在今湖南省），在山上造了个屋子，重新过起了隐居生活。

握笔文吏俑　唐

中兴名将李光弼

李光弼是契丹人，原籍营州柳城（今辽宁朝阳）。父亲李楷洛原本是契丹首领，武则天年间归顺唐朝，被封为左羽林大将军。李光弼从小擅长骑马射箭，为人严肃坚毅，沉着果断，具有雄才大略。早年担任左卫亲府左郎将，后来逐渐晋升为河西节度使王忠嗣的府兵马使，王忠嗣非常赏识他，对他十分优待。

安禄山发动叛乱后，大将军郭子仪知道李光弼是一位了不起的将才，就推荐他为河东节度副使，知节度事、兼云中太守。

李光弼执法严明，言行一致。唐肃宗即位后，李光弼奉命来到灵武，做了户部尚书。当时太原节度使王承业政务松弛，侍御史崔众掌握兵权，号令不行，唐王便命李光弼带兵 5000 至太原，接过了崔众的兵权。

公元 757 年，叛将史思明、蔡希德以十万大军围攻太原。当时留守的李光弼军队不足 1 万人，双方力量相差很大。将士们都主张加固城墙，全力坚守。李光弼认为这是消极防守，应该在防守中积极主动地出击。李光弼动员百姓拆掉房屋做礌石车，叛军靠近则发石攻打。史思明则命令部下建造飞楼，围上帐幕，筑土山接近城墙，李光弼便组织人力挖地道直到土山下，这样，土山便自然倒塌了，然后出其不意派精兵出击。史思明害怕了，留下蔡希德继续攻城，自己先逃走了。李光弼看出叛军力量削弱，军心动摇，便抓住这一时机，组织主力军奋勇出击，史思明军队迅速溃败。

公元 760 年，史思明杀了安庆绪，改范阳（今北京西南）为燕京，自称为大燕皇帝。

青羊宫
唐玄宗避"安史之乱"而入蜀，这是位于蜀地成都的道观。

不久，史思明整顿人马准备重新攻打洛阳，唐肃宗加封李光弼为太尉、中书令，命令他去攻打叛军。李光弼到了洛阳，当地官员听说叛军势力强大，都很害怕，主张退守潼关。李光弼权衡了一下，认为这个时候官兵决不能退，但可以转移到河阳（今河南孟州市）。史思明率兵进入洛阳后，发现是一座空城，只得率军到河阳南面与唐军对峙。

史思明为了显耀自己兵强马壮，每天把一批批战马牵到河边洗澡。李光弼见状，想出一计。他命令将军中500多匹马集中起来，把小马关在厩里，待史思明放马洗澡之时，把母马赶到城外。母马思念小马，便嘶叫起来，而史思明的马听到马群叫声，立即挣脱缰绳，浮水泅过河来。史思明一下子失去了上千匹好马，气得咬牙切齿，立即纠集几百条战船，前面用一条火船开路，准备把唐军浮桥烧掉。李光弼得到消息，命令士兵准备几百条粗长竹竿，用铁甲裹扎竿头。待叛军的船靠近后，唐军几百条竹竿一齐顶住火船，火船无法靠近，很快便烧沉了。唐军又在浮桥上发射礌石机关炮攻击叛军，叛军死伤无数，仓皇逃窜。

不久，李光弼打败了史思明。

李光弼多次扫平叛乱，战功卓著，后来被晋封为临淮郡王。不久，图像悬挂于凌烟阁，赐铁券、予一子以三品衔。后因受宦官牵制，在洛阳北邙山战败。宦官鱼朝恩和程元振屡次在皇帝面前进谗言，蓄意加害李光弼，李光弼也一度被撤了帅职。

后来，史思明被他的儿子史朝义杀死。公元763年，史朝义兵败自杀。从安禄山发动叛乱，到史朝义失败，中原地区经历了8年的战火浩劫，史称"安史之乱"。

颜真卿就义

颜真卿（公元709～785年）字清臣，琅琊临沂（今山东临沂）人，唐代杰出的书法家。范文澜称其为"唐朝新书体的创造者"《祭侄文稿》被称为"天下第二行书"。

唐肃宗之后是唐代宗，后来君位传到了唐德宗手里。公元782年，有5个藩镇叛乱，尤以淮西节度使李希烈兵势最强。他自封天下都元帅，向唐境进攻。

颜真卿像

五镇叛乱，让朝廷大为惊慌。唐德宗找宰相卢杞商量对策。卢杞推荐年老的太师颜真卿，唐德宗马上同意了。

其时，颜真卿已是70开外的老人了。听说朝廷派他到叛镇那里去，许多文武官员都为他的安全担心。但是，颜真卿却不在意，带了几个随从就出发了。

听说颜真卿来了，李希烈便想给他一个下马威。于是在见面的时候，叫他的部将和养子1000多人围聚在厅堂内外。颜真卿刚刚开始规劝李希烈停止叛乱，那些部将、养子们就冲了上来，个个手里拿着明晃晃的尖刀，围住颜真卿进行谩骂、威胁，摆出要杀他的阵势。颜真卿毫不畏惧，面不改色，对着他们冷笑。

李希烈假惺惺站起来保护颜真卿，让他的养子退下。接着，把颜真卿送进驿馆，想慢慢软化他。

过了几天，4个藩镇的首脑都派使者来跟李希烈联络，希望李希烈即位称帝。李希烈大摆筵席款待他们，也请颜真卿参加。

叛镇派来的使者看到颜真卿来了，都向李希烈祝贺说："早听说颜太师德高望重。现在元帅将要即位称帝，太师正好来到这里，不是有了现成的宰相吗？"

颜真卿扬起眉毛，对着四个使者骂道："做什么宰相！我快80了，要杀要剐无所谓，难道会受你们的诱惑，怕你们的威胁吗？"

4名使者被颜真卿凛然的神色震住了，缩着脖子不敢说话。

一年以后，李希烈自称楚帝，又派部将逼颜真卿投降。兵士们在囚禁颜真卿的院子里，架起柴火，倒足了油，威胁颜真卿说："再不投降，就把你烧死！"

颜真卿二话没说，纵身就往柴火跳去，叛将们急忙把他挡住，向李希烈禀报。

李希烈想尽办法也没能使颜真卿屈服，就派人逼迫颜真卿自杀了。

永贞革新

唐德宗宠信宦官，贪得无厌的宦官便想尽办法来盘剥百姓，不择手段地掠夺财物。他们设立了"宫市"，派太监专门到宫外采购宫里需要的东西。这些太监看到他们需要的货物，只付给百姓十分之一的价钱，强行购买。后来，索性派了几百个太监在街上瞭望，看中了就抢走，叫作"白望"。

还有一些宦官在长安开设"五坊"。五坊是专门替皇帝养雕、养鹘、养鹞、养鹰、养狗的地方。五坊里当差的太监，叫作五坊小儿。这批人不干正经事，专门向百姓敲诈勒索。

那时候，太子李诵住在东宫，由两位官员——王叔文、王伾陪伴读书。太子读书之余，喜欢下棋写字。而王叔文和王伾，一个是个好棋手，一个写得一笔好字，于是他们俩就经常在东宫陪太子读书下棋。

王叔文是下级官员出身，多少了解一些百姓疾苦。他趁跟太子下棋的机会，向太子反

三彩宦官俑 唐
中国高度集权的政治体制为宦官乱政提供了环境和条件，宦官专权的历史由来已久。此宦官俑头部仰起，双拳紧握，一副大权在握的得意表情。

映外面的情况。太子听到宦官借宫市为名在外面胡作非为，大为不满。有一次，几个侍读的官员在东宫议论起这件事，太子气愤地说："我见到父皇，一定要告知这件事。"

王叔文说："我看殿下眼下还是不宜管这些事。如果坏人在皇上面前挑拨离间，说殿下想收买人心，皇上怀疑起来，殿下很难辩白。"

太子猛然醒悟说："没有先生提醒，我很难想到这一点。"

从此，太子对王叔文更加信任。王叔文认为德宗已是暮年，太子接替皇位是迟早的事，就私下替他物色朝廷中有才能的官员，跟他们结交。

没想到过了一年，太子得了中风病，说不出话来。年老的唐德宗为此事急出病来，贞元二十一年（公元805年）正月二十三日，德宗去世，时年64岁。二十六日，太子李诵于太极殿即皇帝位，是为顺宗。

顺宗即位前，已因中风而不能说话，所以不上朝堂处理国事。唐顺宗不能说话，只得靠原来在东宫伴他读书的官员王叔文、王伾来帮他处理朝政。王叔文明白自己力量不够，不便公开掌握朝政大权，只好请一个老资格的官员韦执谊出来做宰相，自己当一名翰林学士，为顺宗起草诏书。他和韦执谊、王伾相互配合，又起用了刘禹锡、柳宗元等一些有才能的官员，这才把朝政大权抓了过来。

王叔文掌权后，第一件要做的就是整顿宦官欺压百姓的坏风气。他替唐顺宗下了一道诏书，免了一些苛捐杂税，统统取缔了宫市、五坊小儿一类欺负百姓的事。

这个措施一实行，长安百姓个个拍手称快，一些作恶多端的宦官却气歪了脸。

王叔文又对财政制度进行了改革，历史上称为"永贞革新"（"永贞"是唐顺宗的年号）。

王叔文大力度的改革，自然触犯了掌权的宦官。宦官头子俱文珍认为王叔文的权力过大，便以顺宗的名义解除了王叔文翰林学士的职务。

不出一个月，俱文珍又勾结一批拥护他们的老臣，以顺宗病重不能执政为由，由太子李纯监国。又过了一个月，太子正式即位，这就是唐宪宗。

顺宗一退位，俱文珍等一批宦官立刻把王叔文、王伾革职，贬谪到外地去。第二年，又处死了王叔文。"永贞革新"不到一年就全盘失败，那些支持王叔文一起改革的官员也受到了牵连。

朋党之争

宦官专权时期，朝廷官员中凡是有反对宦官的，大都受到打击排挤。一些依附宦官的朝官，又分成两个不同的派别。牛党是以牛僧孺、李宗闵为首的官僚集团，李党是以李德裕为首的官僚集团。唐宪宗时，两党政争开始，穆宗时朋党正式形成，历经敬宗朝、文宗朝、武宗朝、宣宗朝，两党此起彼伏，反复较量，持续达半个世纪之久。两党斗争的形式是交替掌权，一党掌权，就积极排挤另一党，把朋党利益置于国家利益之上。两派官员互相攻击，争吵不休，这样闹了40年，历史上把这场政治争斗叫作"朋党之争"。

这场争吵开始于唐宪宗在位之时。有一年，长安举行考试，选拔能够直言敢谏之人。在参加考试的人中，有两个下级官员，一个叫李宗闵，另一个叫牛僧孺。两个人在考卷里都批评了朝政。考官看了卷子后，认为这两个人都符合选拔的条件，就把他们向唐宪宗推荐了。

宰相李吉甫知道了这件事。李吉甫是个士族出身的官员，他本来就对科举出身的官员有想法，现在出身低微的李宗闵、牛僧孺居然对朝政大加指责，揭了他的短处，更加令他生气。于是他在唐宪宗面前说，这两人被推荐，完全是因为跟考官有私人关系。唐宪宗对李吉甫的话深信不疑，就把几个考官降了职，李宗闵和牛僧孺也没有得到提拔。

李吉甫死后，他的儿子李德裕凭借他父亲的地位，做了翰林学士。那时候，李宗闵也在朝做官。李德裕对李宗闵批评他父亲这事件，仍旧记忆犹新。

唐穆宗即位后，又举行了进士考试。有两个大臣因为有熟人应考，就在私下里与考官联络，但是考官钱徽没卖他们人情。正好李宗闵有个亲戚应考，结果被选中了。这些大臣就向唐穆宗告发钱徽徇私舞弊。唐穆宗问翰林学士，李德裕便谎称有这样的事。唐穆宗于是降了钱徽的职，李宗闵也受到牵连，被贬谪到外地去做官。

李宗闵认为李德裕存心排挤他，恨透了李德裕，而牛僧孺当然同情李宗闵。从这以后，李宗闵、牛僧孺就跟一些科举出身的官员结成一派，李德裕也与士族出身的官员拉帮结派，双方明争暗斗得很厉害。

唐文宗即位之后，李宗闵利用宦官的门路，当上了宰相。李宗闵向文宗推荐牛僧孺，把牛僧孺也提为宰相。这两人一掌权，就合力对李德裕进行打击，把李德裕调出京城，派往四川（治所在今四川成都）做节度使。

唐文宗本人因为受到宦官控制，没有固定的主见。一会儿用李德裕，一会儿用牛僧孺。一派掌了权，另一派就日子不好过。两派势力就像走马灯似的轮流转换，把朝政搞得十分混乱。

牛、李两派为了争权夺利，都向宦官讨好。李德裕做淮南节度使的时候，监军的宦官杨钦义被召回京城，人们传说杨钦义回去必定掌权。临走的时候，李德裕就办酒席请杨钦义，还给他送上一份厚礼。杨钦义回去以后，就在唐武宗面前竭力推荐李德裕。

到了唐武宗即位以后，李德裕果然当了宰相。他竭力排斥牛僧孺、李宗闵，把他们都贬谪到南方去。

公元846年，唐武宗病死，宦官们立武宗的叔父李忱即位，就是唐宣宗。唐宣宗对武宗时期的大臣全都排斥，即位的第一天，就把李德裕的宰相职务撤了。

李德裕一贬再贬，于848年死于贬所，从此李党瓦解。牛李党争以牛党的胜利告终。宣宗以后，牛李两派的领袖人物相继去世，朋党终于停息。

历经六朝近40年的牛李党争，使官僚集团陷于严重的内耗之中，他们为争夺自身的政治权力而丧失理智，不惜一切，乃至损害国家人民的利益，但两党官员有些还是做出一些政绩的。如李党首领李德裕曾经辅佐朝廷北破回纥，安定边陲；又平定昭义镇叛乱；抑制宦官权力，并裁减冗官、禁断佛教。但他却又不择手段维护自己的同党，陷害敌党，可惜一代名相身陷朋党倾轧中而"功成北阙，骨葬南滇"。

黄巢起义

唐朝末年，经过藩镇混战、宦官专权和朝廷官员中的朋党之争，朝政混乱不堪。尽管唐宣宗是一个比较精明的皇帝，但也不能改变这种局面。唐宣宗死后，先后接替皇位的唐懿宗李漼、僖宗李儇，他们只知寻欢作乐，追求奢侈糜烂的生活，腐朽到了极点。僖宗初年，河南、山东一带连年天灾，庄稼颗粒不收，许多人以草籽、槐树叶充饥，而官府只知向百姓搜刮。于是，唐末大规模的农民起义在这里爆发。

公元874年，也就是唐僖宗即位那一年，濮州（治所在今河南范县）地方有个盐贩首领王仙芝，带领几千农民，在长垣（在今河南）起义。王仙芝称自己为天补平均大将军，发出文告，揭露朝廷造成贫富不等的罪恶。这个号召很快得到贫苦农民的响应。不久，冤句（今山东曹县北）地方的盐贩黄巢也起兵响应。

后来，黄巢和王仙芝两支起义队伍汇合了，继而转战山东、河南一带。

后来，黄巢决定跟王仙芝分两路进军。王仙芝向西，黄巢向东。不久，王仙芝率领的起义军在黄梅（在今湖北）打了败仗，他本人也被唐军杀死了。

王仙芝失败后，剩余的起义军重新与黄巢的队伍会合，大家推黄巢为王，又称冲天大将军。

当时在中原地区的官军力量还比较强，起义军进攻河南的时候，唐王朝在洛阳附近集中大批兵力准备围攻。黄巢看出唐军的企图，决定攻打官军兵力薄弱的地区，于是带兵南下。后来，一直打到广州。

起义军在广州休整后不久，岭南地区发生了瘟疫。黄巢于是决定挥师北上。

公元880年，黄巢统率60万大军开进潼关，声势浩大。

起义军攻下了潼关，唐王朝惊恐万状，唐僖宗和宦官头子田令孜带着妃子，向成都出逃，来不及逃走的唐朝官员全部出城投降。

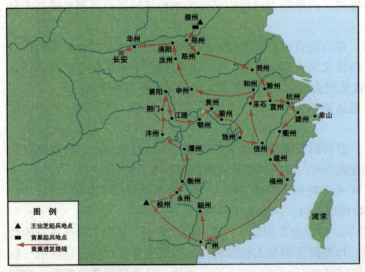

图 例
▲ 王仙芝起兵地点
■ 黄巢起兵地点
→ 黄巢进发路线

黄巢与王仙芝起义始末示意图

过了几天，黄巢在长安大明宫称帝，国号叫大齐。经过7年的斗争，起义军终于取得了胜利。

但是，黄巢领导的起义军长期流动作战，攻占过的地方，都没留兵防守。几十万起义军占领长安以后，四周还是官军势力。没过多久，唐王朝便调集各路兵马，把长安围住。长安城里的粮食供应出现了严重困难。

黄巢派出大将朱温在同

州（今陕西大荔）驻守。在起义军最困难的时候，朱温竟投降了唐朝。

三月，唐僖宗任用先前因兵败逃往鞑靼部落的李克用父子以攻击黄巢军。李克用率沙陀兵 5 万讨伐起义军，取得成效，四月，联合忠武、河中、义武等军击溃黄巢军，收复长安。

黄巢带领起义军撤退到河南时，又遭到朱温、李克用的围攻。公元 884 年，黄巢攻打陈州（今河南淮阳）失利，官军紧紧追赶。最后，黄巢在泰山狼虎谷兵败遇害。

长达 10 年之久的唐末农民大起义，沉重地打击了唐朝政权，导致统一王朝彻底的大分裂。黄巢虽没有灭亡唐朝，但土崩瓦解的唐王朝已名存实亡。

第三节　五代十国

海龙王钱镠

后梁开平元年（公元 907 年）四月，梁王朱全忠即帝位，国号大梁，建元开平，是为梁太祖。

大梁的建立，标志着中国重新分裂，五代十国的混战从此开始。

朱全忠原名朱温，全忠之名为唐王朝所赐，他原本是黄巢部将，后见起义军大势已去，便举兵降唐。唐朝廷授朱温任华节度使、左金吾大将军、河中行营招讨副使，赐名全忠，后授为梁王。朱全忠拥兵自重，权欲熏心，企图篡唐以代之。他先后杀昭宗、立幼主、屠诸王、灭朝士，摧残唐王朝的统治。当时，他兵力强盛，诸藩如李克用、李茂贞、王建、杨渥、钱镠、刘仁恭等皆不能与之抗衡。唐哀帝困居洛阳，在朱全忠掌握之中。

公元 907 年农历正月，朱全忠强迫哀帝下诏，定于二月禅位。三月，哀帝正式降下御札，禅位于朱全忠。四月，梁王朱全忠更名朱晃，服衮冕，登上皇帝宝座，史称后梁太祖。改元开平，国号大梁，以汴州为开封府，称东都。以唐东都洛阳为西都，废唐西京长安，改称大安府，置佑国军。

钱镠像

将哀帝降为济阴王，迁于曹州，派兵防守，次年将哀帝杀死。将枢密院撤废，另设崇政院，任命首辅敬翔为使。

至此，自武德以来经 21 帝、289 年的李唐王朝为梁王朱全忠所亡。以后 50 多年的时间里，中原地区前后更替了 5 个王朝——梁、唐、晋、汉、周（为了跟以前相同名称的王朝区别，历史上把它们称作后梁、后唐、后晋、后汉、后周），合称为五代。五代时期，在南方和巴蜀地方，还出现了许多割据政权，有的称王，有的称帝，前后建立了九个国（前蜀、吴、闽、吴越、楚、南汉、南平、后蜀、南唐），加上建立在北方的北汉，一共是十国。所以又把五代时期称作"五代十国"时期。

朱温刚一即位，镇海（治所在今浙江杭州）节度使钱镠第一个派人到汴京祝贺，表示愿意臣服于梁。朱温很高兴，立即把他封为吴越王。

吴越王钱镠为唐代镇海、镇东节度使。后梁灭唐后，于后梁龙德三年（公元 923 年）

钱镠铁券 五代

这是皇帝赐给功臣免死或其他特权时所颁发的凭据。钱镠铁券是目前中国保存下来的唯一的唐代铁券实物，是唐昭宗于乾宁四年（公元897年）赐给镇海、镇东节度使，即五代十国中吴越国建立者钱镠的。

二月，派兵部侍郎崔协等为使，拉拢钱镠并册封其为吴越国王。从此，吴越开始建国，都城设在杭州。

吴越国王钱镠为杭州临安人，出身寒门。年轻时以贩私盐为生，后应募参军，慢慢掌握军权而占据两浙之地。唐末时被封为越王和吴王。后梁初立，吴越为提高自身地位及加强国力，一改别国的做法而和后梁建立良好的外交关系，被封为吴越王兼淮南节度使，但他虽受封却不对梁称臣而称吴越国，次年改元天宝，是一个表面臣属而实际独立的政权。吴越国的版图在十国之中较为狭小，包括杭、越、湖、苏等13州。因其国小力弱，孤处东南，所以一直对北方朝廷示好纳贡，以联络中原抗衡周边政权为国策，自身注意兴修水利，发展商业及海上交通，但国内赋役繁重，民众苦不堪言。

钱镠当上了节度使后，开始追求奢华的生活享受。他在临安盖了豪华的住宅，出门时，坐车骑马，兴师动众。他的父亲对他这样的做法，很看不过去。他对钱镠说："我家祖祖辈辈都是靠打鱼种庄稼过日子，没有出过做官的人。你处在今天的位置，周围都是敌对势力，还要跟人家争城夺地。我怕我们钱家今后要遭难了。"

钱镠听了，很有感触。从那以后，他做事谨小慎微，只求保住这块割据地区。当时，吴越是个小国，人少势弱，比北方的吴国弱小得多，吴越国常常受他们的威胁。

由于钱镠长期在混乱动荡的环境里生活，使他养成了一种保持警惕的习惯。他给自己做了个"警枕"，就是用一段滚圆的木头做枕头，倦了就斜靠着它休息；如果睡熟了，头从枕上滑下，人也惊醒过来了。

他除了自己保持警惕外，还严格要求他的将士。每天夜里，都有兵士在他住所周围值更巡逻。有一天晚上，值更的兵士坐在墙脚边打瞌睡，隔墙飞来几颗铜弹子，正好掉在兵士身边，惊醒了兵士。兵士们后来才知道这些铜弹子是钱镠打过来的，就不敢在值更的时候打盹了。

钱镠就是靠小心翼翼地做事才保持住他在吴越的统治地位的。吴越国虽然不大，但是因为长期没有遭到战争的侵扰，经济渐渐繁荣起来。

后来，钱镠征发民工修筑钱塘江的石堤和沿江的水闸，这样就有效地防止了海水倒灌；又叫人把江里的大礁石凿平，方便船只来往。民间因他在兴修水利方面的贡献，给他起了个"海龙王"的外号。

吴越自后梁开平元年（公元907年）建国，至宋太平兴国三年（公元978年）降宋，共历5主，计71年。

伶人做官

朱温在建立了梁朝的时候，北方还存在着两个较大的割据势力：一个是刘仁恭，据守在幽州；一个是晋王李克用，在河东割据。与此同时，北方的契丹族异军突起，契丹族首领耶律阿保机统一了契丹各部。公元907年，李克用想利用契丹兵力，与朱温抗衡，就跟阿保机联络，双方见了面，结为兄弟，还约定了一起攻梁的日子。但是阿保机一回到契丹，看到朱温势力很大，就后悔了，又偷偷地跟朱温结成了同盟。

李克用得知消息，气得一病不起。他自己知道好不了了，就把儿子李存勖叫到跟前，叮嘱说："朱温是咱家的冤家，这你早就知道；刘仁恭是我举荐上去的，后来他反复无常，投靠朱温；契丹曾经跟我结为兄弟，结果不守信用违背盟约。这几口气没出，我死不瞑目。"

说着，他吩咐侍从拿来三支箭，亲手交给李存勖，说："给你留下三支箭，你要记住三个仇人，给咱家报仇。"

李存勖含着眼泪跪在床边，接过箭，表示一定牢记父亲的嘱咐。李克用听了，点点头，闭上眼睛死了。

李克用死后，李存勖即了晋王位。他专心训练兵士，整顿军纪，训练出一支勇猛善战的队伍。

李存勖出兵跟梁兵进行了几次大战，大败朱温率领的50万大军。朱温一气之下，发病死了。接着，李存勖又攻取了幽州，活捉了刘仁恭和他的儿子刘守光。

公元916年，耶律阿保机称帝。过了5年，发兵南下。李存勖亲自出兵，大败契丹，把阿保机赶回北边去了。

朱温死后，李存勖又跟朱温的儿子梁末帝打了十多年仗。最后，李存勖于公元923年，灭了梁朝，统一了北方。他在洛阳称帝，改国号为唐，这就是后唐庄宗。

后唐正式建立后，起兵灭梁，基业初成，便开始尽全力治理内政。因其号称"大唐"，自认为唐朝嫡系，故一切法律均从唐旧制，并于农历十二月迁都洛阳。第二年，又灭掉蜀国，使国力大增。这时，李存勖开始沉醉于胜利之中，贪图享受，不仅大兴宫室，充实后宫，沉溺声色，而且疏远群臣，听信谗言，残害正直之士，引起了朝臣和藩镇的强烈不满，后唐政权陷入激烈的内部纷争之中。李存勖从小喜欢看戏演戏，做了皇帝后，他便整天跟伶人在一起，穿着戏装，登台表演，不问国事。他给自己起了个"李天下"的艺名。

后来，唐庄宗要封伶人当刺史。有人劝谏说："新朝刚刚建立，跟陛下一起出生入死的将士，还没得到封赏，如果让伶人当刺史，恐怕大家不服。"

唐庄宗对劝告不理不睬，让伶人当了官。一些将士见了，果然气得发疯。没过几年，后唐朝廷内部就乱了起来，大将郭崇韬被人暗害，另一个大将李嗣源（李克用的养子）也遭到猜忌，差点把命丢了。

后唐灭后梁之战示意图

不久，将士们拥戴李嗣源，打进汴京，唐庄宗被乱箭射死。李嗣源做了后唐皇帝，这就是唐明宗。

其后后唐虽又经过三朝皇帝，但内忧外患最后导致了后唐的灭亡，在立国14年后被后晋所灭。

儿皇帝石敬瑭

后唐河东节度使石敬瑭是后唐明宗的女婿，早年与唐明宗的儿子李从珂一齐追随明宗，都以能征善战著称。后来，石敬瑭与李从珂发生了矛盾，上奏弹劾李从珂，唐明宗大怒，将其免职。

唐明宗死后，李从珂做了后唐皇帝，这就是唐末帝。唐明宗在位时，唐末帝已与石敬瑭不和，等到他登基后，两人终于闹到公开决裂的地步。

石敬瑭本是勇将，唐朝沙陀部人，辅佐李克用和李存勖，屡立战功，升至刺史。他从小沉默寡言，喜欢读兵法书，而且非常崇拜战国时期赵将李牧和汉朝名将周亚夫。李嗣源对他很器重，还将自己的女儿嫁给了他，让他统领自己的亲军精锐骑兵"左射军"，将他视为心腹之将。

石敬瑭不仅在战场上救岳父李嗣源，在遇到政治难

石敬瑭像

题时又是他为李嗣源分析局势，指点迷津，体现出了过人的政治谋略。这方面最突出的就是劝李嗣源顺应时势，在兵乱时取得帝位。石敬瑭后来去河东任节度使，并兼云州、大同军等地蕃汉马步军总管，掌握了河东这块后唐起源地区的军政大权。

石敬瑭不仅在军事和政治方面有勇有谋，有韬略，在地方事务的治理方面也表现出色。在陕州、魏博、河东等地，他都很有政绩。石敬瑭在任时异常节俭，不贪声色，很多事都亲自处理。到陕州时不到一年就将当地治理得井井有条，再加上他自己很清廉，施政很得人心。

李从珂派兵讨伐石敬瑭，石敬瑭眼看要抵挡不住了，这时，有个叫桑维翰的谋士给他出个主意，让他向契丹人求救兵。

那时候，耶律阿保机已经死了，他的儿子耶律德光做了契丹国主。桑维翰帮石敬瑭起草了一封求救信，对耶律德光表示愿意拜契丹国主做父亲，并且答应在打退唐军之后，将雁门关以北的燕云十六州（又称幽云十六州，指幽州、云州等十六个州，都在今河北、山西两省北部）土地献给契丹。

耶律德光正打算向南扩张土地，听到石敬瑭给他优厚的条件，真是喜出望外，立刻出五万精锐骑兵援救晋阳。这样，内外出兵夹击，把后唐军打得大败。

后来，耶律德光来到晋阳，石敬瑭亲自出城迎接，卑躬屈膝地把比他小十岁的耶律德光称作父亲。

经过一番观察，耶律德光觉得石敬瑭的确是死心塌地地投靠他，便正式宣布石敬瑭为皇帝。石敬瑭称帝后，立刻按照原来答应的条件，把燕云十六州送给了契丹。

石敬瑭在契丹的支持下，带兵南下攻打洛阳，接连打了几个胜仗。唐末帝被契丹的声势吓破了胆，在宫里烧起一把火，带着一家老少投火自杀了。

石敬瑭攻下洛阳，灭了后唐，在汴京正式做了中原的皇帝，国号叫晋，这就是后晋高祖。石敬瑭对契丹国主耶律德光感恩戴德，向契丹上奏章，把契丹国主称作"父皇帝"，自己称"儿皇帝"。朝廷上下都觉得丢脸，只有石敬瑭毫不在乎。

石敬瑭做了7年的儿皇帝，病死了。他的侄儿石重贵即位，这就是晋出帝。晋出帝向契丹国主上奏章的时候，自称孙儿，不称臣。耶律德光借机说晋出帝对他不敬，带兵进犯。

契丹两次进犯中原，都被晋朝军民打败了。但是后来，由于汉奸的出卖，契丹兵攻进了汴京，俘虏了晋出帝，把他押送到契丹。后晋便灭亡了。

公元947年，耶律德光进了汴京，自称大辽皇帝（这一年契丹改国号为辽）。

后来，中原的百姓受不了辽兵的残酷压迫，纷纷起义，反抗辽兵。东方的起义军声势浩大，攻占了三个州。

取律德光害怕了，被迫退出中原。但是，被石敬瑭出卖的燕云十六州仍在契丹贵族的控制之中，这些地方后来成为他们进攻中原的基地。

周世宗斥冯道

辽兵被迫退出中原的时候，后晋大将刘知远在太原称帝。随后，率领大军向南进兵。刘知远的军队纪律严明，受到中原百姓的欢迎。刘知远很快收复了洛阳、汴京等地。同年六月，刘知远在汴京建都，改国号为汉。这就是后汉高祖。

刘知远只做了10个月皇帝就得病死了。他的儿子后汉隐帝刘承祐即位以后，乾祐三年（公元950年）十一月，辽军攻打后汉辖地，后汉隐帝任郭威为天雄节度使，前去抗击。郭威率军离去不久，隐帝忽又派使者去杀郭威。郭威大怒，带兵攻入东京，隐帝为郭威部队所杀。另立刘后，郭威又率大军前去抗辽，行到澶州时，数千名将士鼓噪起来，将黄袍披在郭威身上，要拥戴郭威为皇帝。郭威接受了他们的建议，废刘阴公，自任监国。第二年正月，后汉太后无奈下诰书，授予郭威皇帝玉符，郭威即位（是为后周太祖），国号周，改元为广顺。后汉从此灭亡。

郭威（公元904～954年）字文仲，邢州尧山（今河北隆尧）人，18岁从军。后晋末，曾协助后汉高祖刘知远建国，任枢密副使。汉隐帝时任枢密使，负责征伐之事，并平定汉中、永兴、凤翔三镇叛乱。称帝后于显德元年（公元954年）正月病逝，在位3年，庙号太祖。

后周太祖出身贫苦，很能体量民间疾苦，同时他也有些文化，注意重用人才，改革政治。在他的治理下，五代时期的混乱局面开始好转。

周太祖没有儿子，生前把柴皇后的侄儿柴荣收做自己的儿子。柴荣从小聪明能干，练得一身武艺。周太祖死后，柴荣继承皇位，这就是周世宗。

即位后，柴荣继承郭威重农恤民的政策和统一中国的大志，重用王朴等贤能之士，浚通漕运，发展文教，虽然在位仅6年，在39岁病逝，但却是一位有作为的皇帝。

后周世宗柴荣像

郭威像

柴荣重用王朴，王朴献"平边策"，提出先攻南唐，取江北以控制南方诸国，再取后蜀和幽州，最后解决契丹边患的战略思想；又提出争取民心和避实击虚等建议，柴荣都加以采纳，成功地发动了一系列统一兼并战争。周世宗刚即位时，北汉国主刘崇认为周朝局势不稳，正是进占中原的大好时机。他集中了3万人马，又请求辽主派出1万骑兵，向潞州（治所在今山西长治）进攻。

消息传到汴京，周世宗立即召集大臣商议对策。他提出要亲自出征。

大臣们看周世宗态度挺坚决，也不好说什么了。这时，有一个老臣站出来反对，他就是太师冯道。

冯道从后唐明宗那时候起，就当了宰相。后来，换了4个朝代，他都能随机应变，一些新王朝的皇帝，也乐得利用他。所以，他一直位居宰相、太师、太傅等职。

周世宗对冯道说："过去唐太宗都是自己带兵最终平定了天下。"

冯道说："陛下与唐太宗相比，谁更英明呢？"

周世宗看出冯道瞧不起他，激动地说："我们有强大的军队，要消灭刘崇，还不是像大山压鸡蛋一样容易。"

冯道说："陛下能像一座山吗？"

周世宗听罢一甩袖子，怒气冲冲地离开了朝堂。后来，由于有其他大臣的支持，周世宗把亲征的事决定了下来。

周世宗率领大军到了高平（在今山西省），与北汉兵相遇，双方摆开了阵势。

刘崇指挥北汉军猛攻周军，情况十分危急，周世宗见状亲自上阵，指挥他的两名将领赵匡胤和张永德各带领两千亲兵冲进敌阵。周军兵士看到周世宗沉着应战，也奋勇冲杀。最后，北汉兵抵挡不住，大败而逃。

高平一战，大大提高了周世宗的声望。过了两年，他又亲自征讨南唐（十国之一），后周显德二年（公元955年）、显德三年（公元956年）、显德四年（公元957年）三次征伐南唐，柴荣每次都胜，后南唐自去帝号，割地请和。后周平定长江以北，得州14、县60。后周又谋取蜀邻地，显德二年（公元955年）大败后蜀，取秦、成、阶、凤4州。显德六年（公元959年），柴荣以契丹没有彻底离开中原为由，决意北伐。后周多次将辽师击败，取燕南之地，柴荣于此役染病班师，很快就病逝，未能完成统一大业。

柴荣在位6年，多施仁政惠民，不只是减免苛政，还在大兵过后，淮南大饥时，命发放米粮与淮南饥民。其未竟之志，在他死后由赵匡胤继续完成。他死后，由年仅7岁的儿子柴世训接替皇位，就是周恭帝。

第六章 王朝更迭

第一节 宋朝大业

黄袍加身

赵匡胤出生于河南洛阳将门之家，胆识过人，武艺超群。21岁时投奔郭威，成为郭威帐下的一名士兵。公元951年，掌握后汉军权的郭威，谎称契丹入侵，太后命他统军北征。后汉大军渡过黄河，到达澶州时，将士们将黄袍披在郭威身上，拥立郭威为帝。郭威率军掉头南行，回后汉京师开封，建立后周。赵匡胤也逐步升为滑州副指挥。

不久，郭威病逝，其养子柴荣即位，就是周世宗。柴荣有雄才大略，他南征北战，同时励精图治，革新政治。即位之初，北汉勾结契丹大举攻周，柴荣率军亲征。双方在高平大战，世宗亲冒矢石督战，当后周军队形势危急时，禁军将领赵匡胤和张永德拼死保护柴荣。高平大捷后，赵匡胤被提拔为禁军高级将领，负责整编禁卫军。他精心挑选武艺超群的壮士，组成勇敢精锐的殿前诸班，这以后成了后周战斗力最强的队伍。世宗也由此开始了他"十年平定天下"的战略行动。几乎每次征战，赵匡胤都立下汗马功劳，成为周世宗的得力虎将。正当柴荣开拓疆土、北征辽国时，不幸英年早逝。

世宗在征辽途中捡到一块木牌，上写"点检做天子"，心中就有几分猜忌。当时张永德任禁军最高统帅殿前都点检，他又是周太祖郭威的女婿。柴荣担心禁军将帅权势过重会发动政变，就匆匆撤掉了张永德，换上了赵匡胤。但这却使赵匡胤的实力更加雄厚，他做了禁军的最高统帅，掌握了后周军权。

公元960年，后周接到边境送来的紧急战报：北汉国主和辽朝联合出兵，攻打后周边境。

赵匡胤得令后，立刻调兵遣将，带了大军从汴京出发。军校苗训自称知天文，找到主帅的门吏楚昭辅说："我看见太阳下边还有一个太阳，而且有一道黑光来回荡漾了好长时间。一日克一日，这是天命啊！"快到夜晚时，部队还没有走出很远，只好在陈桥驿安营扎寨，这时离京城不过20里路。当天晚上，将领们反复商议，说现在皇帝还小，即使战死他也不知道，不如推赵匡胤为天子，大家可以荣华富贵。他们到军营四处游说，煽风点火，一时军士大哗，都聚集在赵匡胤营前喊着："点检当天子！"

赵匡胤的弟弟赵匡义和归德军掌书记赵普知道时机已经成熟，于是连夜派人骑快马回京城，将殿前都指挥使石守信和都虞候王审琦这两个赵匡胤的心腹叫来，商量办法。天快亮的时候，叫喊着的军士们已经逼近赵匡胤休息的房舍，赵匡义和赵普进去，叫起了赵匡胤，走出房门。只见许多军校站在庭院中，手里还拿着武器，一齐叫喊："愿奉点检当天子！"这时早有人从背后给赵匡胤披上黄龙袍，所有在场的都跪倒在地上，高喊着"万岁"，向赵匡胤叩拜。其实这不过是赵匡胤在背后导演的一出闹剧而已。

随即，赵匡胤率大军进入汴京城。文武百官齐集崇元殿，为赵匡胤举行受禅大典。但是到了黄昏时分，还没等到小皇帝的禅位诏书，众人都不知如何是好，幸好翰林学士陶谷早有准备，已经拟好了诏书。于是，就用陶谷起草的禅位诏书举行仪式。宣徽使领着赵匡胤来到龙墀的南面，朝北跪拜，接着，宰相们上前搀扶起赵匡胤登上崇元殿，穿上皇帝行大礼的衮服和冠冕，端坐于龙椅上，接受群臣的拜贺，这就算正式登上了皇位。

赵匡胤因为原来做过归德军节度使，并驻扎在宋州（今河南商兵）所以，他把国号改为宋，并以汴京为京城。后来，他让周朝小皇帝和符太后迁到西宫，并封小皇帝为郑王。

赐给内外百官军士爵位，实行大赦，凡被贬官的都恢复原职，被流放发配的放回原籍。派官员祭祀天地，报告改朝换代的事，还派出宦官带了诏书向天下人宣告宋朝的建立。

杯酒释兵权

赵普，字则平，幽州蓟县人，是陈桥兵变的关键人物。他多谋善策，读书虽然不多，但对政事有独到的见解。曾经担任赵弘殷的军事判官，对赵弘殷很忠心。据说有一次赵弘殷生病，幸亏赵普日夜伺候，方转危为安。赵弘殷感动之余，便认他作同宗。赵匡胤发现赵普是个人才，见识高远，很想收为己用，便向父亲借调赵普任自己的推官。陈桥兵变时，赵普任掌书记，是赵匡胤的心腹谋士。

赵匡胤母亲杜太后视赵普为自己亲人，平日里总是以"赵书记"称呼他。陈桥兵变中的关键人物就是赵普，所以赵匡胤建宋后论功行赏，授予赵普右谏议大夫、充枢密直学士。公元962年，赵普任掌管全国军事的枢密使，检校太保。后任宰相。赵匡胤与赵普相交甚久，互相了解，关系非同一般，赵匡胤视赵普为智囊和军师，事无巨细都要与他商量，再作最后的决定。

赵匡胤提倡大臣读书，赵普就狠攻《论语》，并以其中所讲用于政事上。他曾经对赵匡胤说："我有一本《论语》，用半部佐助您平定天下，用半部佐助您治理天下。"以致留下了"半部《论语》治天下"的美谈。赵普的脾气很倔强，他曾经上奏推荐一个人任职，赵匡胤不用。第二天，赵普还推荐这个人，赵匡胤还是不用。第三天，赵普又推荐这人，赵匡胤大发脾气，将奏折撕碎扔在地上。赵普也不害怕，不慌不忙地跪下把破碎的奏折粘贴起来，第四天又到朝廷上向赵匡胤上奏举荐。赵匡胤没办法，只好下诏重用这个人。

从一建立宋朝起，如何结束和防止唐末五代军阀割据政局不稳的局面一直是赵匡胤的心结，他经常跟赵普谈起这个话题。陈桥兵变后论功行赏，以石守信为归德军节度使，以王审琦为泰宁军节度使、殿前都指挥使，掌握着国家最精锐和数量近全国总兵额一半的禁军，负责出征和保卫皇帝与都城的任务。又让手握重兵的慕容延钊任殿前都点检，并让韩令坤担任侍卫亲军都指挥使。赵普对此感到很担心，多次在赵匡胤耳边唠叨。赵匡胤说："他们都像我的亲兄弟一样，是靠得住的，不会背叛我。你可能多虑了。"赵普深思后回答赵匡胤："现在他们一定不会反，但是有朝一日，他们被手下有野心的人黄袍加身，到时他们就身不由己了。"他又把赵匡胤与柴荣的关系作了比较，当年柴荣待赵匡胤恩重如山，但赵匡胤还是在部下的鼓动下夺取了后周的政权。生动的事例使赵匡胤如梦初醒。有一天，他主动找来赵普，说："从唐末以来，几十年时间，出了8姓12个君王，僭称皇帝和篡夺政权的事比比皆是，战乱不断。我想要结束天下的战争，开创长治久安的局面，应该用什么方法呢？"赵普说："陛下考虑到这个问题，是天地神人的福气。我看，关键是节度使权力太大，造成尾大不掉的后果，而危及皇权，只要削弱他们的行政权，剥夺他们的兵权，那些节度使就不敢有什么想法了"。赵匡胤恍然大悟，决心依照赵普说的办。

公元961年，为了保证自己地位不受威胁，赵匡胤首先把讨伐李重进回来的大将慕容延钊的殿前都点检职务免去，改任山南东道节度使，免去韩令坤侍卫亲军都指挥使的职务，改任成德节度使。此后不再设殿前都点检一职。接下来，赵匡胤又谋算起他最亲信的老朋友的军权。有一天晚朝以后，赵匡胤将石守信等大将留下来喝酒叙旧，

宋太祖趁酒酣耳热之际，命令身边的太监退出。他拿起一杯酒，请大家喝干之后说："我要不是有你们帮助，也不会有今天这个样子，但是你们哪里知道，做皇帝也有很多难心

雪夜访赵普图 明 刘俊
此画描绘的是宋太祖雪夜私访宰相赵普商议统一大计的故事。

事，还不如做个节度使自在。不瞒你们说，这一年来，我就没有睡过一夜安稳觉。"

石守信等人听了很吃惊，连忙问这是什么原因。

宋太祖说："这不是明摆着吗？皇帝这个位子，谁不眼红呀？"

石守信等人听宋太祖这么一说，都惊慌失措，跪在地上说："陛下为什么这样说呢？现在天下已经太平无事了，谁还敢对陛下不忠呢？"

宋太祖摆摆手说："你们几位我是信得过的，只怕你们的部下当中，有人贪图富贵，往你们身上披黄袍，你们想不干，恐怕也不行吧？"

石守信等听宋太祖这么说，顿时感到大祸临头，连连磕头，流着泪说："我们都是粗心人，想得不周到，请陛下给我们指引一条出路。"

宋太祖说："我替你们着想，你们不如把兵权交给朝廷，去地方做个闲官，置些田产房屋，给子孙留点家业，平平安安地度个晚年。我和你们结为亲家，彼此毫无猜疑，这样不是很好吗？"

石守信等一齐说："陛下为我们想得太周到啦！"

　　第二天，石守信等大臣一上朝，每人都递上一份奏章，说自己年老多病，请求辞职。宋太祖马上准许，收回他们的兵权，赏给每人一大笔财物，打发他们到各地去做节度使。历史上把这件事称为"杯酒释兵权"。

　　在杯酒释兵权解除了石守信等重臣元老的军权后，赵匡胤又采取措施加强禁军，并用各种手段牢牢控制住禁军，使其成为巩固统治最重要的力量，以对抗实力强大的各地方节度使。

　　同时，他一反五代重武轻文的陋习，重用文人，让文官取得了武官的许多权力，使各地武官的权力大幅缩小，建立起了以皇帝为中心的封建中央集权政治制度，成功解决了军阀割据问题，有利于社会的安定和经济的发展。

　　开宝九年（公元976年）十月，赵匡胤因病逝世，终年50岁，谥号英武圣文神德皇帝，庙号太祖。

宋太宗征辽

　　后晋高祖石敬瑭为感谢契丹助其灭后唐，入主中原，把幽云十六州割给契丹并自称"儿皇帝"。公元979年宋灭北汉，以幽云十六州为基地屡扰宋边的辽（契丹）国成了宋王朝北面最大的边患。宋太宗积极部署，欲收回幽云十六州。

　　公元979年农历六月，灭掉北汉的宋太宗踌躇满志，欲北上一举收复幽云十六州。宋太宗亲率大军10万出镇州（今河北正定）北进，突破了辽军在拒马河的阻截，进围幽州，击败城北辽军1万余。二十六日，太宗命宋渥、崔彦进等四将率军分四面攻城。辽韩德让和耶律学古一面安抚军民，一面据城固守待援。屯驻清沙河（今北京昌平境内）北的辽将耶律斜轸因宋军势大而不敢冒进，只声援城内辽军。六月二十九日，以耶律沙和耶律休哥为统帅的辽援军赶到，尽管宋军一度登上城垣，但终未能攻入城内，被迫撤退。

　　七月六日，宋辽两军在高梁河大战。辽军初战不利，稍却。耶律斜轸和耶律休哥及时赶到，分左右横击宋军，城内辽军也杀出参战，宋军大败，赵光义中箭受伤。辽军乘胜反攻，追至涿州，宋军大量军械资粮落入辽军之手，宋朝第一次幽州会战宣告失败。

　　高梁河落败后，宋辽平静了几年，但宋太宗积极筹划二度北伐，以雪前耻。公元982年辽景宗去世，耶律隆绪继位，是为圣宗，因年幼，其母萧太后摄政。宋雄州守将贺令图以辽帝年幼、内部不稳，建议太宗再攻幽州，太宗心动。参知政事李至以粮草、军械缺乏，准备不充分而反对，但太宗不听，于公元986年农历三月发兵3路攻辽。东路曹彬10万人出雄州，中路田重进出飞狐（今河北涞源），西路潘美、杨业出雁门，三路合围幽州。

宋代武士复原图

宋西路军很快攻下寰、朔、云、应等州，中路攻占灵丘、蔚州等战略要地，东路夺占固安、涿州。辽国获悉宋军北伐，即派耶律抹只率军为先锋，驰援幽州，萧太后偕辽圣宗随后亲往督战。辽军意图是以南京留守耶律休哥抵御宋东路军，耶律斜轸抵制宋西路和中路军，而圣宗、太后率大军进驻幽州，以重兵击溃宋东路，再击退西、中路。由于辽军主攻点不在西、中路，故宋中、西两路捷报频传，东路宋军将士纷纷主动请战，促主帅曹彬北上。曹彬难抑众愿，遂率军北进，一路不断遭到辽军袭扰。时值夏季，天气酷热，宋军体力消耗很大，抵达涿州时，东路军上下均已疲惫不堪。

此时辽圣宗和萧太后所部辽军已从幽州北郊进至涿州东 50 里的驼罗口，攻占固安，而与曹彬对峙的是辽悍将耶律休哥，他正虎视眈眈，欲伺机攻击宋军。曹彬鉴于敌主力当前，难以固守拒战，而己军又面临粮草将尽的形势，令军队向西南撤退。辽耶律抹只和耶律休哥见时机已到，即令辽军追击宋军。五月三日，宋军在岐沟关被辽军赶上，困乏的宋军抵挡不住锐气正盛的辽军，大败。辽军追至拒马河，宋军四散奔逃，溃不成军，死伤数万，所遗弃的兵甲不计其数。

宋太宗得知东路军惨败，遂令中路军回驻定州，西路军退回代州，并以田重进、张永德等沉稳持重的将领知诸州，以御辽可能发起的进攻。东路宋军已遭重创，而西路战事仍在进行。八月宋西路主帅潘美、监军王侁拒绝副帅杨业的合理建议，迫令其往朔州接应南撤的居民，杨业要求在陈家谷设伏以防御辽军追击；杨业与辽西路主帅耶律斜轸在朔州南激战，因遭辽萧挞览军伏击而败退。杨业按预定计划退到陈家谷，本以为此地有宋军埋伏将截击辽军，哪料潘美、王侁违约，早已率军逃走；杨业愤慨自己被出卖，但仍率孤军力战，终因势单力薄全军覆没。杨业身负重伤后被俘，绝食而死。

北宋朝廷发起的旨在收回幽云十六州的幽州之战，因自身的种种原因以惨败结束。

寇准谋国

燕云十六州是中原的天然屏障，直接关系着中原的安危。中原王朝从后周柴荣开始，就开始与辽争夺燕云。赵匡胤建立北宋后，国力无法与辽抗衡，就采取了先南后北的方针。他曾积极储存钱帛，准备或以赎回的方式收回，或用这笔钱作军费，以武力攻取燕云。其弟宋太宗赵光义统一北汉后，就亲征伐辽，要乘胜收复燕云。宋军初战时极为顺利，一直打到幽州，但辽军苦守坚城，幽州久攻不下。太宗率军在高梁河与辽国援军展开激战，结果在辽援军的夹击下大败。太宗身中两箭，匆忙乘驴车逃走。几年后，太宗趁辽国圣宗幼小、母后萧太后专政的机会，兵分 3 路北伐辽国。但由于东路军不顾进兵计划，贪功冒进，宋军大败。

宋太宗两次伐辽失败，朝廷内外谈辽色变，加上王小波、李顺起义以及对西夏战争的失败，宋政府采取妥协退让政策，在河北沿边的平原上广修河渠池塘，广植水稻和柳、榆林，阻挡辽国的铁骑。宋真宗即位后对辽更是以和为贵。辽军见宋朝软弱可欺，就不断遣兵南下，威胁宋廷。只是由于大将杨延昭等人奋起抵抗，辽军才无法长驱直入。

1004 年，辽国再次南侵。辽圣宗及萧太后亲披甲胄，督军 30 万，大规模南下，深入宋境内地，直抵澶州北城，离北宋首都开封只有一河之隔。

告急的消息不断地传到已经当了宰相的寇准那里，一个晚上竟来了 5 次。寇准不慌不忙，只说声"知道了"，照样喝酒下棋。宋真宗慌忙把寇准叫来，问："大兵压境，怎

宋辽战争示意图

么办？"

寇准说："这好办，只要5天时间就够了。"没等真宗再发问，寇准接着说："现在只有陛下亲自出征，才能长我军士气，灭敌人威风，我们就一定能打败强敌！"站在旁边的一些大臣听后都慌了，怕寇准也让自己上前线，都想赶快走开。

宋真宗也是个胆小鬼，听了寇准的话，脸都吓白了，就想回皇宫躲起来。寇准郑重地说："您这一走，国家的事没人决断，不是坏了大事了吗？请您三思！"在寇准的坚持下，宋真宗才平静下来，商量起亲征的事。

过了几天，辽军的前锋已经打到了澶州（今河南省），情况万分紧急。同平章事王钦若趁机劝真宗迁都避敌，寇准据理力争，真宗才答应亲征。

宋真宗和寇准带领人马离开东京往北，来到韦城（今河南省内）时，听说辽国兵马十分凶猛，宋真宗又害怕了。有的大臣趁机再向他提出到南方去的事。

但是寇准和两员武将高琼和王应昌抗敌的坚定态度感染了宋真宗，他这才下了决心去澶州亲征。

宋真宗亲征的消息传到前线，宋军将士士气大振。当辽军攻打澶州城的时候，宋军拼死抵抗，威虎军头张瓌眼疾手快，一箭射死了辽军统帅萧挞览。辽军见统帅未战而死，顿时士气低落。辽军见形势不利便主动提出和谈。而真宗本无抵抗之心，急忙答应与辽议和。他不顾寇准等人的反对，派使臣曹利用前往和谈，告诉曹利用哪怕赔百万白银也行。寇准不得已，告诉曹利用超过30万就杀了他。经过几次讨价还价，双方达成协议：宋辽约为兄弟之国，宋帝尊辽萧太后为叔母，辽主称宋帝为兄；宋朝每年交给辽朝绢20万匹、银10万两等。因议和地点在澶州城下，故称"澶渊之盟"。

澶渊之盟是在宋朝军事有利的条件下订立的屈辱性条约。它开了赔款的先例，成了宋朝财政的重负和民众的重压。但澶渊之盟结束了宋辽之间的战争，使边境相对稳定，宋辽两国由此保持了上百年的和平局面。

元昊建西夏

宋真宗一味地妥协求和，这种做法虽然安下了辽朝那一头，但西北边境的党项族（古代少数民族之一）贵族却趁机侵犯宋朝边境，提出无理要求。宋真宗疲于应付，只好妥协退让，封党项族首领李继迁为夏州刺史、定难军节度使。1004年，李继迁死后，又封他的儿李德明为西平王，每年送去大批银绢，以示安抚。

李德明的儿子元昊是个雄心勃勃的人。他精通汉文和佛学，多次打败吐蕃、回鹘等部落，势力范围不断扩大。他劝说李德明不要再向宋朝称臣。

李德明不肯接受他的意见。直到李德明死后，元昊继承了西平王的爵位，才按照自己的主张，设置官职，整顿军队，准备脱离宋朝的控制，自立门户。

1038年，元昊正式宣布即位称帝，国号大夏，建都兴庆（今宁夏回族自治区银川市）。因为它在宋朝的西北，历史上叫作西夏。

元昊称帝以后，派使者要求宋朝承认。那时候，宋真宗已经死去，在位的是他的儿子赵祯，即宋仁宗。宋朝君臣讨论的结果，认为这是元昊反宋的表示，就下令削去元昊西平王爵位，断绝贸易往来，还在边境关卡上张榜悬赏捉拿元昊。元昊被激怒了，就决定大举进攻。

西夏王陵

西夏王陵是西夏历代帝王和达官贵戚的埋葬地。陵园内有九座西夏帝王陵墓，近二百座陪葬墓似众星拱月布列其周围。西夏王陵糅合了汉族传统风格与本族特色，气势宏伟，号称塞外戈壁的"金字塔"。

那时，在西北驻防的宋军兵士有三四十万，但是这些兵士分散在24个州的几百个堡垒里，而且各州人马都直接由朝廷指挥，彼此之间没有作战配合。西夏的骑兵却是统一指挥，机动灵活，所以常常打败宋军。

一年后，西夏军向延州进攻，宋军又打了一个大败仗。宋仁宗十分生气，把延州知州范雍革了职，另派大臣韩琦和范仲淹到陕西指挥抗击西夏。

范仲淹到了延州，改革边境上的军事制度。他把延州1.6万人马分为6路，由6名将领率领，日夜操练，宋军的战斗力显著提高。西夏将士看到宋军防守严密，不敢进犯延州。

1041年2月，西夏军由元昊亲自率领，向渭州进犯，韩琦集中所有人马布防，还选了1.8万名勇士，由任福率领出击。

任福带了几千骑兵迎击西夏兵，两军相遇，双方打了一阵，西夏兵丢下战马、骆驼就逃。任福派人侦察，听说前面只有少量的敌兵，就在后面紧紧追赶。

任福带着宋军向西进兵，到了六盘山下，连西夏兵的影子都没看见。只见路边有几只银泥盒子，封得很严实，兵士们走上前去，端起银泥盒子听了一下，有一种跳动的声音从里面发出。兵士报告任福，任福吩咐兵士打开盒子。只见里面接连飞出了一百多只带哨的鸽子，在宋军的头上飞翔盘旋。

西夏之敕牌

西夏驿站传递文书时使用的敕牌。

原来，西夏兵采取了诱敌战术。在六盘山下，元昊带了10万精兵，早已布置好埋伏，只等那鸽子飞起，四面的西夏兵就一齐杀出，将宋军紧紧围在中央。宋军奋力突围。从早晨一直打到中午，大批的西夏兵不断从两边杀出。宋兵边打边退，伤亡不断增加。

任福身上中了10多支箭，兵士劝任福逃脱。任福说："我身为大将，兵败至此，只有以死报国。"他又冲了上去，死在西夏兵刀下。

这一仗，宋军死伤惨重，元昊获得大胜。

韩琦听到这消息，非常难过，上书朝廷处分。宋仁宗撤了韩琦的职。范仲淹虽然没直接指挥这场战争，但是被人诬告，也降了职。

从这以后，宋夏多次交兵，宋军连连损兵折将，宋仁宗不得不重新起用韩琦、范仲淹指挥边境的防守。两人同心协力，爱抚士卒，军纪严明，西夏才不敢再进犯。

范仲淹推行新政

范仲淹（公元 989 ~ 1052 年），宋苏州吴县（今江苏苏州）人。父亲在他很小的时候就死去了，因为家里贫穷，母亲不得不带着他改嫁了人家。范仲淹在十分艰苦的环境中成长，他在一座庙里居住、读书，穷得连三餐饭都吃不上，每天只得熬点薄粥充饥，但是他仍旧苦学不辍。有时候，读书到深更半夜，实在倦得睁不开眼，就用冷水泼在头上，去除倦意，继续攻读。这样苦读了五六年，终于成为一个学识渊博的人。

范文正公文集二十卷

范仲淹是大中祥符年间进士。入仕后，关心民众疾苦，政绩显著，天圣初，任泰州兴化令，主持修筑捍海堰，世称"范公堤"。

范仲淹最初在朝廷当谏官，因为看到宰相吕夷简滥用职权，谋求私利，就向仁宗大胆揭发。这件事触犯了吕夷简，吕夷简怀恨在心，诬陷范仲淹结交朋党，挑拨君臣关系。宋仁宗听信了吕夷简的话，贬谪范仲淹去了南方。直到西夏战争发生以后，才把他调到陕西去防守边境。

范仲淹在宋夏战争中屡立战功，宋仁宗觉得他确实是个难得的人才。这时候，宋王朝因为内政腐败，加上在跟辽朝和西夏战争中军费和赔款支出浩大，财政极为紧张。宋仁宗就把范仲淹从陕西调回京城，任命他为副宰相。

范仲淹回到京城后，宋仁宗马上召见了他，要他提出治国的方案。范仲淹知道朝廷弊病太多，不可能一下子都改掉，准备一步一步来。但是，禁不住宋仁宗一再催促，就提出了 10 条改革措施。

正在改革兴头上的宋仁宗，看了范仲淹的方案，立刻批准在全国推行。历史上把这次改革称为"庆历新政"（"庆历"是宋仁宗的年号）。

范仲淹的新政刚一推行，就捅了马蜂窝。一些皇亲国戚、权贵大臣、贪官污吏，见自己的利益受到威胁，纷纷闹了起来，散布谣言，攻击新政。那些原来就对范仲淹不满的大臣，天天在宋仁宗面前说坏话，又说起范仲淹与一些人结党营私，滥用职权。

范公亭 北宋

今位于山东省青州市西门外，相传宋皇祐二年（公元 1050 年），范仲淹任青州知府时，阳河边忽出醴泉，范仲淹建亭泉上，后人遂起名范公亭。

宋仁宗看到有那么多的人反对新政，就动摇起来。范仲淹被逼得无法在京城立足，便主动要求回到陕西防守边境，宋仁宗就把他打发走了。范仲淹刚走，宋仁宗就下令废止新政。

在文学创作上，他亦提出不少新颖的观点，主张"应于风化"。他传下来的诗词仅有 6 首，其中《渔家傲》突破了当时词限于男女、风月的界线而开创了新的词风，这首词是他在西北负责抵抗西夏入侵时所作。词中表达了作者决心捍卫边疆的英雄气概，同时也反映了作者思念家乡的情绪和战士们生活的艰苦，格调苍凉悲壮，慷慨激昂，与那些靡丽的闺怨词形成鲜明对比。

范仲淹的文学主张和他政治革新的要求相同，认为"国之文章，应于风化，风化厚薄，见于文章"，反对那种"专事藻饰，破碎大雅，反谓古道不适于用"的浮华文风。他擅长词赋文章，所作政论趋向古文，著名的《岳阳楼记》就是其中的代表。

范仲淹因改革政治一事，受了很大打击，但是他并不因为个人的遭遇感到懊恼。一年之后，他的一位在岳州（治所在今湖南岳阳）做官的老朋友滕宗谅，重新修建当地的名胜岳阳楼，请范仲淹写篇纪念文章。范仲淹挥笔写下了《岳阳楼记》。在这篇著名的文章里，范仲淹提到：一个有远大政治抱负的人，他的思想感情应该是"先天下之忧而忧，后天下之乐而乐"。这两句名言一直被后人传诵，而岳阳楼也因范仲淹的文章而名扬四海。

王安石变法

宋仁宗在位 40 年，虽然朝中有像范仲淹、包拯等一些正直的大臣，但是并没有真正使他们发挥作用，因而国家越来越衰弱下去。宋仁宗没有儿子，死后由一个皇族子弟做他的继承人，这就是宋英宗。治平四年（1067 年）正月，宋英宗病逝，英宗长子赵顼即皇帝位，是为宋神宗。赵顼庆历八年（公元 1048 年）四月初十生于开封濮王宫，原名仲铖，英宗即位后封他为光国公，治平元年六月封颍王，治平三年十二月立为皇太子。他从小勤奋好学，当皇太子时就很受人们称赞。治平四年，只有 20 岁的神宗即位，改元熙宁，在位 19 年。

宋神宗看到国家衰弱的景象，有心改革一番，可是他周围的人，都是仁宗时期的老臣，就连富弼这样支持过新政的人，也变得暮气沉沉了。宋神宗想，要改革这种现状，一定得找个得力的助手。

宋神宗即位之前，身边有个叫韩维的官员，常常在神宗面前谈一些好的见解。神宗称赞他，他说："这些意见都是我朋友王安石说的。"从那时起，宋神宗就对王安石有了一个好印象。现在他想找助手，便想到了王安石。于是下了一道命令，把正在江宁做官的王安石调到京城来。

北宋中期统治危机日益加深，社会弊端日益显著，阶级矛盾和民族矛盾也日益尖锐，财政入不敷出。面对如此积贫积弱的危难局面，有识之士的改革呼声日趋高涨。神宗即位后，力主革新图强，他任命王安石为参知政事，主持变法。变法贯穿于熙宁、元丰十五年间，又被称为熙丰变法。

王安石是北宋中期的改革家、思想家和文学家。他出生于世宦之家，博学强记，能文善赋，早年就负有盛名，22 岁中进士，出任地方官。他年轻时，文章就写得很出色了，得到了欧阳修的赞赏。

王安石在地方做了 20 年的官，名声越来越大。后来，宋仁宗调他到京城做管理财政的

王安石尺牍

官。他一到京城，就向仁宗上了一份近一万字的奏章，提出他对改革财政的主张。宋仁宗刚刚废除范仲淹的新政，一听到要改革就头疼，便把王安石的奏章束之高阁。王安石知道朝廷没有改革的决心，自己又跟一些官员合不来，就趁着母亲去世的时机，辞职回家了。

这一次，他接到宋神宗召见的命令，又听说神宗正在物色人才，就高高兴兴地进京来了。

王安石一到京城，宋神宗就单独召见他。神宗一见面就问他说："你看要治理国家，该从哪儿入手？"

王安石从容地回答说："先从改革旧的法度，建立新的法度开始。"

1069年，宋神宗把王安石提为副宰相。熙宁二年二月，神宗与王安石共同商讨后，为实行变法专门设置了一个机构——制置三司条例司，主要工作就是制定新的财政经济政策，颁行新制，以通天下之利。同年七月，制置三司条例司，建议实行均输法，宋神宗采纳后便下诏实行，在"便转输，省劳费，去重敛，宽农民"等方面，收到较好的成效。

九月，王安石主持改革常平仓制度，推行青苗法。青苗法的实施，在限制官僚望族利用高利贷盘剥等方面，收到成效，同时为朝廷获取了大量利息。十一月，宋实施农田水利法，也称农田水利条约或农田水利约束。水利法实行后亦颇见成效，熙宁九年（1076年），兴修水利10793处，受益民田36万多顷，公田1915顷。后有募役法、市易法、方田均税法等等出台。

王安石的变法巩固了宋王朝的统治，取得了富国强兵的显著成效。政府的财政状况大有改善，北宋军事实力明显提高。在与西夏交战中，取得了熙河之役的胜利，收复故地二千里，这是北宋历史上十分少见的胜利。然而，由于变法涉及面广，阻力很大，未能真正解决社会矛盾，遭到两宫太皇太后、皇太后及元老重臣如司马光、文彦博、吕公著等守旧派的激烈反对。

宋神宗听到反对的人不少，就动摇起来。

王安石眼看新法实行不下去，便上书辞职。宋神宗也只好让王安石暂时离开东京，去江宁府休养。

第二年，宋神宗又把王安石召回京城当宰相。谁知几个月后，天空出现了彗星。这本来只是一种正常的自然现象，但是在当时的人看来这是不吉利的预兆。宋神宗又慌了，要大臣对朝政提意见。一些保守派便趁机对新法攻击诬蔑。王安石竭力为新法辩护，让宋神宗不要相信这种迷信的说法，但宋神宗还是犹豫不定。

后来王安石无法继续贯彻自己的主张，便于1076年春天，再一次辞去宰相的职位，回江宁府去了。

《资治通鉴》

王安石虽然罢了相，宋神宗还是把他定下的新法推行了将近10年。1085年，宋神宗病死，年仅 10 岁的太子赵煦即位，这就是宋哲宗。哲宗年幼，他祖母高太后临朝听政。高太后一向反对新法。她临朝后，便把反对新法最激烈的司马光召到东京担任宰相。

司马光（1019～1086年），字君实，北宋陕州夏县（今山西夏县）人。他父亲司马池，官任天章阁（皇帝藏书阁）待制（皇帝顾问）。司马

宁州帖卷　北宋　司马光

池为人正直、清廉，这对司马光有深刻的影响，时人赞誉司马光是"脚踏实地的人"。司马光自幼酷爱史学，"嗜之不厌"。仁宗宝元元年（1038 年）司马光中进士，历仕仁宗、英宗、神宗三朝，任天章阁待制兼侍讲、龙图阁直学士、翰林学士、御史中丞等职。

宋神宗在位的时候，司马光担任翰林学士。司马光和王安石本来是交往密切的好朋友，后来王安石主张改革，司马光不赞同，两个人就谈不到一块儿去了。

王安石做了宰相以后，提出的一件件改革措施，司马光全都反对。

原来，司马光很喜欢研究历史，他认为治理国家的人，一定要通晓从古以来的历史，从历史中吸取兴盛、衰亡的经验教训。他又觉得，从上古到五代，历史书实在繁杂无序，做皇帝的人没有那么多精力去看。于是，他很早就动手编写一本从战国到五代的史书。宋英宗在位之时，他把一部分稿子献给朝廷。宋英宗觉得这是本对巩固王朝很有好处的书，十分赞赏这项工作，就专门为他设立了一个编写机构，叫他继续编下去。

宋神宗即位以后，司马光又把编好的一部分稿子献给宋神宗。宋神宗不欣赏司马光的政治主张，但是对司马光编书却十分支持。他把自己年轻时收藏的 2400 卷书都送给了司马光，让他好好完成这部著作，还亲自为这本书起了个书名，叫《资治通鉴》（"资治"就是能帮助皇帝治天下的意思）。

司马光一共花了 19 年时间，才完成了这部著作。《资治通鉴》是中国最著名的编年体通史。共 294 卷，洋洋 300 余万字，上起周威烈王二十三年（公元前 403 年），下迄后周显德六年（公元 959 年）。记载了包括周、秦、汉、魏、晋、宋、齐、梁、陈、隋、唐、后梁、后唐、后晋、后汉、后周在内的 16 个朝代的 1362 年历史。分为 294 卷，共计 300 多万字；另外《目录》30 卷，《考异》30 卷。《周纪》5 卷，《秦纪》3 卷，《汉纪》60 卷，《魏纪》10 卷，《晋纪》40 卷，《宋纪》16 卷，《齐纪》10 卷，《梁纪》22 卷，《陈纪》10 卷，《隋纪》8 卷，《唐纪》81 卷，《后梁纪》6 卷，《后唐纪》8 卷，《后晋纪》6 卷，《后汉纪》四卷，《后周纪》5 卷。司马光是为了巩固当时的封建政权才编写《资治通鉴》的，这就决定了此书的内容主要是政治史。他把历史上的君主依据他们的才能分为五类：第一类是创业之君，比如汉高祖、汉光武帝、隋文帝、唐太宗等；第二类是守成之君，如汉文帝和汉景帝。第三类是中兴之帝，如汉宣帝；第四类是陵夷之君，如西汉的元帝、成帝，东汉的桓帝、灵帝；第五类是乱亡之君，如陈后主、隋炀帝。在司马光看来，最坏的是那些乱亡之君，他们"心不入德义，性不受法则，舍道以趋恶，弃礼以纵欲，谗

《资治通鉴》书影

谄者用，正直者诛，荒淫无厌，刑杀无度，神怒不顾，民怨不知"，像陈后主、隋炀帝等就是最典型的例证。对于乱亡之君，《资治通鉴》都作了一定程度的揭露和谴责，以为后世君主鉴戒。

高太后临朝听政后，把司马光召回朝廷。这时的司马光已经是又老又病了，但是他反对王安石新法的思想却毫不放松。他一当上宰相，第一件大事就是把新法的思想废除掉。王安石听到废除新法的消息，十分生气，不久就郁郁不乐地死去了。而司马光的病也越来越重，在同年九月也死去了。

花石纲

高太后临朝 8 年后死去，宋哲宗亲临朝政。年轻的宋哲宗对他祖母重用保守派很不满意，亲自执政后，他就重新起用变法派。但是后来的变法派不像王安石那样真心实意改革朝政，一批投机分子打着变法的幌子，趁机为自己谋利。元符三年（1100 年）正月初八，哲宗去世，宋神宗之子、哲宗赵煦之弟赵佶即位，是为徽宗。他是北宋第八代皇帝，1100 ~ 1126 年在位。徽宗执政期间，政治上腐败无能，导致奸臣弄权；他又大兴土木，弄得民不聊生。

宋徽宗是个风流皇帝，不懂得如何治国，对书画珍宝却很感兴趣。他身边有个心腹宦官童贯，想方设法迎合他的心意，替他搜罗书画珍宝供他赏玩。有一次，童贯到苏州一带去搜集书画珍宝，有个不得志的官员蔡京想讨好童贯，每天陪着童贯游乐。童贯得到蔡京的好处，便捎话给宋徽宗，说他物色到一个少有的人才。

蔡京到东京后，又四处活动，拉帮结伙。有个官员对宋徽宗说："推行新法是件大事，朝臣中无人能帮助办好这件事。如果陛下要继承神宗的遗志，只有起用蔡京。"那个官员还献给宋徽宗一幅图。图表上列了大批朝臣名字，写在右面的是保守派，写在左边的是变法派。右边的名字都是当朝大臣，而左边的名单只有两个名字，其中一个就是蔡京。

建中靖国元年（1101 年），蔡京被正式起用。此后 20 多年间，他 4 次入相，任宰相达 17 年之久，他把持朝柄，专掌大权，做尽擅权误国之事。

蔡京上台后，就打起变法的幌子，把一些正直的官员，不论是保守的或是赞成变法的，一律称作奸党。他还怂恿宋徽宗在端礼门前立一块党人碑，碑上把司马光、文彦博、苏轼、苏辙等 120 人称作元祐（元祐是宋哲宗前期的年号）奸党，已经死了的，革去官衔；活着的，一律免职流放。这样一来，很多正直的官员就被排挤出朝廷，而蔡京的同伙却步步高升了。至于王安石制定的新法，到蔡京手里完全是另一副模样，把本来可以减轻百姓劳役负担的免役法，变成了压榨

蔡京像

百姓的手段。

蔡京、童贯为了讨好宋徽宗，派了一个二流子朱勔，在苏州办了一个"应奉局"，搜罗奇花异石。朱勔手下养了一批差官，专门办理这件事。听说哪个老百姓家有块石头或者花木比较精巧别致，差官就带领兵士闯进那家，用黄封条一贴，这就属于进贡皇帝的东西了。并且百姓还得认真保管，如果有半点损坏，就要被戴上"大不敬"的罪名，轻的罚款，重的抓进监牢。

朱勔把搜刮来的花石，用船只大批大批地运送到东京。运送的船只不够，就截下运粮的商船，强行倒掉船上的货物，装运花石。这大批船只又要征用大量民夫。于是船只在江河里穿梭似的来往，民夫们为运送花石而日夜奔忙。这种运送花石的队伍就叫"花石纲"。

花石纲到了东京，宋徽宗一见，果然高兴，给朱勔加官晋爵。花石纲越来越多，朱勔的官也越做越大。一些达官贵人，都去评论朱勔的好，以致人们把朱勔主持的苏杭应奉局称作"东南小朝廷"，可见朱勔权力是何等之大了。

李纲抗金

就在宋朝国力日渐衰弱的同时，我国东北地区的女真族却逐渐强大起来。1115年，完颜阿骨打建立了金朝。之后，强大的金兵屡次南侵，宋朝只有抵抗的能力。

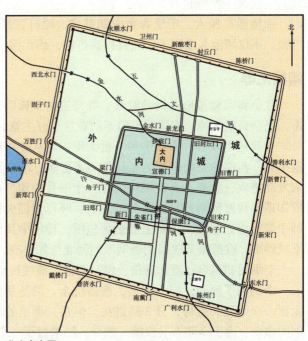

北宋东京图

宋宣和七年（1125年），北宋王朝腐败，金兵大举南下，消息传到开封，北宋君臣慌作一团，群臣请求徽宗禅位于太子赵桓，以便号召各地官兵和百姓起兵勤王。宋徽宗一听，直吓得魂飞魄散，急忙写下了"传位东宫"的诏书宣布退位，自己当了"太上皇"，并且，连夜带着亲兵逃出了京城。太子赵桓即位，这就是宋钦宗。他在宫中也六神无主，宰相白时中、杨邦彦乘机劝他弃城逃往襄阳。兵部侍郎李纲听说后，立刻求见宋钦宗。

李纲在殿上责问宋钦宗，说："太上皇把固守京城的千斤重担托付给陛下，现在金兵还没到，陛下就把京城抛弃了，将来怎么向太上皇交代，怎么向全国的百姓交代？"

宋钦宗哑口无言。白时中却怒气冲冲地说："金兵来势汹汹，锐不可当，京城哪里能守得住？"

李纲怒视白时中，反问道："天下的城池，还有比京城更坚固的吗？如果京城守不住，那么天下就没有守得住的城了。况且宗庙社稷、百官万民都在这里，丢开不顾，还去守卫什么？如果我们鼓励将士，安慰民心，就一定能守住京城！"

李纲的一片忠心打动了宋钦宗，他马上让李纲负责守京城。

李纲随即去城楼上调兵遣将，布置好守城的人马准备迎击金兵。

几天后，金兵统帅宗望率领十万铁骑，来到汴京城下。这一天，天刚亮，金兵就疯狂地攻城了。他们沿着汴河出动了几十只火船，企图顺流而下，烧掉城楼。李纲早有准备，在汴河里布置了一排排的木桩，又从蔡京府中搬来了大量的假山石，垒塞在门道间，使金兵火船无法前进。这时，布置在城下的2000多名敢死队员一齐上前，手执长竿铙钩，牢牢地钩住那些火船，使它进退不得，不久那些火船便化为灰烬。

宗望一计不成又生一计，把他的王牌铁骑搬了出来。他们身穿铁甲，头戴兜鍪，全身只露出两个眼睛，刀箭不入，十分凶悍。但因为是骑兵，在城下施展不开，只能坐在大船里顺流而来。李纲便把城下的兵撤到城头上，也不放箭，只是让那些船只驶近水门前。紧接着一声令下，巨大的石块如暴雨般向下投掷。任凭你的兜鍪怎样坚韧，百十斤重的石块落在头上，也只有脑浆迸裂，一命呜呼。船只也被砸碎，跌入汴河的铁甲兵，上不了岸，只有活活被淹死。

宋军将士斗志高昂，他们个个奋勇杀敌。李纲脱去官服，亲自擂鼓激励将士，打退了敌人一次又一次的进攻。

宗望孤军深入，千里奔袭宋朝都城，原打算速战速决，却不料汴京的防守那样坚固、严密。不仅城池久攻不下，而且损兵折将，伤亡惨重，只好派人议和。

靖康之辱

在金将宗望被迫退兵的时候，种师道向宋钦宗建议，趁金兵渡黄河之际，发动一次袭击，把金兵消灭掉。宋钦宗不但不同意这个好主意，反而把种师道撤了职。

金兵退走以后，宋钦宗和一批大臣以为从此可以安稳度日了，哪料到东路的宗望虽然退了兵，西路的宗翰率领的金兵却不肯罢休，靖康元年（1126年）十月，金兵又开始对北宋发动进攻，太原、真定很快失守。十一月中旬，西、东两路金军相继渡过黄河。钦宗君臣知道金兵渡河向开封进军的消息后，吓得惊慌失措，不知该怎么退敌。宋钦宗派大将种师中带兵前去援救，半路上被金兵包围，种师中兵败牺牲。投降派的一些大臣正嫌李纲在京城碍事，就撺掇宋钦宗把李纲派到河北指挥作战。

李纲明知道自己遭到排挤，但是要他上前线抗金，他也不愿推辞。

李纲到了河阳，招兵买马，准备抗金。但是朝廷却命令他解散招来的新兵，立刻前往太原。李纲调兵遣将，分3路进兵，但是，那里的将领都受朝廷的直接指挥，根本不听李纲的命令。由于3路人马没统一领导，结果打了一个大败仗。

李纲名义上是统帅，却没有实际指挥权，只好向朝廷提出辞职。宋钦宗撤了李纲的职，把他贬谪到南方去了。

金朝君臣最怕李纲，现在李纲罢了官，他们就再没有顾忌了。金太宗又命令宗翰、宗望向东京进犯。

这时候，太原城被宗翰的西路军围困了8个月后，终于陷落在金兵手里。

太原失守之后，两路金兵同时南下。各路宋军将领听到东京吃紧，主动带兵前来援救。宋钦宗和一些投降派大臣忙着准备割地求和，竟命令各路援军退回原地。

面对两路金兵不断逼近东京，宋钦宗被吓昏了。一些投降派大臣又成天劝宋钦宗向金求和。宋钦宗只好派他弟弟康王赵构到宗望那里去求和。

赵构经过磁州（今河北磁县），州官宗泽对赵构说："金朝要殿下去议和，不过是骗人的把戏而已。他们已经兵临城下，是求和的态度吗？"

磁州的百姓也拦住赵构的马，不让他去金营求和。赵构也害怕被金朝扣留，就留在了相州（今河南安阳）。

没过多久，两路金军已经赶到东京城下，继而猛烈攻城。城里只剩下 3 万禁卫军，不久就差不多逃

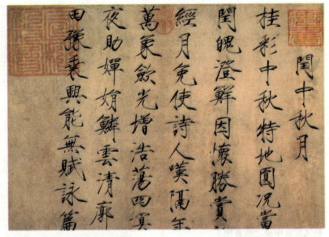

闰中秋月诗帖　北宋　赵佶
此帖乃宋徽宗独创的瘦金体的代表作，细劲有神，瘦挺险峭，融黄山谷、薛稷二家之长，变化以适己意。

跑了一大半。各路将领因为朝廷下过命令，也不来援救东京。这时候，宋钦宗已是叫天天不应，叫地地不灵了。

眼看末日来到，没有办法，宋钦宗痛哭了一场，亲自带着几个大臣去金营送降书。宗翰勒令钦宗把河东、河北土地全部割让给金朝，并且向金朝献金 1000 万锭，银 2000 万锭，绢帛 1000 万匹。宋钦宗一一答应，金将才把他放回了城。

宋钦宗派了 24 名官吏帮金兵在皇亲国戚、各级官吏、和尚道士等人家里彻底查抄，前后抄了 20 多天；除了搜去大量金银财宝之外，还把珍贵的古玩文物、全国州府地图档案等也抢劫一空。

靖康二年（1127 年）三月七日，金人扶植张邦昌建立傀儡政权。四月一日，金将完颜宗望、完颜宗翰押着被俘而扣留在金营的宋徽宗、宋钦宗和赵氏皇子、皇孙、后妃、宫女等 400 余人回归金朝，同时满载掠夺的大量金银财宝。金军退兵时，还将宋宫中所有的法驾、卤簿等仪仗法物和宫中用品，以及秘阁、太清楼、三馆所藏图书连同内侍、内人、伎艺工匠、倡优、府库蓄积席卷一空。

岳飞抗金

1127 年，金军废宋徽宗、宋钦宗为平民，立张邦昌为楚帝，撤军北归。张邦昌被宋朝勤王兵马胁迫，迎奉康王赵构。赵构于同年五月初一即位，改元建炎，重建宋朝，史称南宋。金军的入侵激起人民的反抗，红巾军、八字军等各路军队四处袭击金军，其中最著名的属岳飞的抗金军。1129 年，金完颜宗弼（兀术）入临安，赵构出海南逃。兀术占领建康，率军直逼杭州。1130 年，秦桧与妻子王氏回到浙江绍兴，受宰相范宗尹等多人力荐，得到高宗召见。此后，高宗重用秦桧，一意向金求和。

1131 年，宋廷命张浚、岳飞负责平定李成叛军后，岳飞晋升为右军都统制。此后，岳飞多次率军平叛。1133 年，岳飞率领神武军，驻防长江两岸自舒州至蕲州一带。1134 年，岳飞上书请求北伐，收复襄汉，并于该年取得了南宋立国以来局部反攻的第一次大胜利，襄阳六郡全部光复。1138 年，南宋正式定都临安。1140 年，岳飞率领各部将攻打金军，节

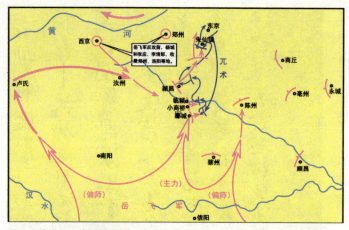

岳飞反攻中原之战要图

节胜利，先后在京西、颖昌府、淮宁府、郑州、西京河南府等地取得胜利，收复失地，进逼开封。不久，岳飞率军在郾城大败金军，给金军以沉重打击。以宋高宗和秦桧为首的主和派趁机议和，下令岳飞等人班师回朝。

1141年，高宗剥夺韩世忠、岳飞、张浚三名抗金名将手中的兵权。此后，为了彻底实现控制军队、压制主战派的目的，他们以莫须有的罪名毒死岳飞，并将岳飞的儿子岳云、部属张宪斩首，受牵连的人数不胜数。岳飞死时年仅39岁。宋孝宗赵昚即位后，立即为岳飞平反，赠谥号武穆，宁宗赵扩时又晋封为鄂王，但是，岳飞抗金十年的辛苦毁于一旦。

第二节　大元帝国

一代天骄

南宋北伐屡屡失败的同时，金朝也因内部腐败而渐渐走向衰落。这时，北方的蒙古族却日渐强盛起来。

铁木真，出生于蒙古孛儿只斤氏族。曾祖合不勒统一了蒙古尼伦各部。后来，叔祖忽图剌和父亲也速该也相继做了尼伦部的首领。

也速该英勇善战。在成吉思汗出生的那一天，也速该征讨塔塔儿部凯旋。为了纪念出征的武功，他给这刚出生的儿子取名铁木真。"铁木真"蒙语的意思是"精钢"。青少年时的铁木真武艺超群，才智过人，远近闻名。为了重振家业，铁木真去找父亲的安答（结义兄弟）克烈部首领王罕。在王罕的庇护下，铁木真开始积聚力量，势力迅速壮大。后来，铁木真迁居到怯绿连河上游的桑沽儿小河，建立了自己的营地，铁木真被推举为部族的汗。

1196年，铁木真联合王罕，配合金国军队，在斡里札河围歼了反叛金国的塔塔儿部，杀死了他们的首领。战后，金国封王罕为王，任命铁木真为招讨使，铁木真名声大振。此后，他又战胜了篾儿乞等部，攻取呼伦贝尔草原。1202年，铁木真彻底歼灭塔塔儿部，占领了西起斡难河，东到兴安岭的广大地区。1203年，王罕与铁木真反目，大战于合兰真沙陀，铁木真大败。随后，铁木真重整旗鼓，发动突然袭击，大败蒙古族最强大的克烈部，王罕父子逃亡后被杀。

1204年，铁木真征服蒙古草原上唯一能和自己对抗的乃蛮部的首领太阳罕。1206年，统一了西起阿尔泰山，东到兴安岭的整个蒙古草原。各部贵族在斡难河源头举行盛大集会，推举铁木真为大汗，建立了强大的蒙古帝国。随后，成吉思汗开始建立蒙古帝国的国家制度。

　　成吉思汗的黄金家族是蒙古国的最高统治集团，拥有全部的土地和百姓。他按照分配家产的方式，将百姓和土地分给自己的子弟亲族。成吉思汗推广了千户制度，将全蒙古的百姓划分为95千户，任命蒙古的开国功臣以及原来的各部贵族担任那颜（意为千户长），世袭管领。为了维护自己的至高无上的统治地位，成吉思汗还建立了一支由大汗直接控制的人数达1万人的常备护卫军。这支强大的护卫军成为巩固蒙古帝国、进行对外战争的有力工具。

　　成吉思汗还根据畏兀儿文字创造了蒙古文字，用这种畏兀儿蒙古文发布命令，登记户口，编订法律，大大加强了统治，推进了蒙古文化的发展。

　　成吉思汗又任命自己的养子失吉忽秃忽为大断事官，负责分配民户，后来又让他掌管审讯刑狱等司法事务。成吉思汗还制定了蒙古法律"大札撒"，作为全部蒙古人民都要遵守的准则。法律的制定，对于安定社会，加强蒙古政权的统治起到了积极的作用。

　　蒙古帝国建立之后，成吉思汗开始向外扩张。他先后三次入侵西夏，迫使西夏称臣纳贡，并随同蒙古一同进攻金国。1211年，成吉思汗南下进攻金国，1215年，攻占了中都燕京。

　　1219年，成吉思汗踏上征讨花剌子模的万里西征之路。1221年，成吉思汗占领花剌子模全境以及中亚的许多地区。1220年，成吉思汗连破花剌子模的要塞不花剌、撒麻耳干等城，花剌子模逃往里海一带，成吉思汗穷追不舍。1222年，血洗花剌子模中心城市玉龙杰赤后，派军深入巴基斯坦、印度追击逃敌。之后，大军继续西进，征服了阿塞拜疆，横扫伊拉克，并于1223年跨过高加索山，在阿里吉河打败俄罗斯与钦察联军，随后长驱直入俄罗斯境内，一直打到克里米亚半岛、伏尔加河流域、多瑙河流域。他将征服的广大国土分给3个儿子，建立了钦察汗国、察合台汗国和窝阔台汗国。1222年，成吉思汗决定东归，1225年，回到蒙古，这场持续7年的西征终于结束。成吉思汗的西征，创造了世界历史上的奇迹。

成吉思汗放鹰捕猎图
这是一幅中国丝绸上的绘画，狩猎是蒙古人重要的生活内容。在狩猎时，鹰是猎人的向导，它负责搜寻猎物，引导方向，所以蒙古人出猎时往往将鹰带在身边。

蒙古灭金

　　1206年，铁木真称成吉思汗，在斡难河建立了蒙古汗国，成为北方草原地区新兴的强大势力。蒙古汗国一直受女真贵族建立的金朝统治，金朝统治者经常向蒙古部族勒索各种

成吉思汗统一漠北图
骑兵的作用从成吉思汗率领的蒙古铁骑身上最能体现出来。

贡物，激起了蒙古族人民的不满和反抗。蒙古汗国确立奴隶制以后，奴隶主贵族掠夺财富的欲望不断膨胀；成吉思汗建国以后，开始发动南侵金朝的战争。

1211年农历二月，成吉思汗率众南下，开始了对金的侵略战争。

蒙古军首先突袭金军要隘，金军士气低落，无力抵抗，金军守将仓皇撤兵。蒙古军顺利占领抚州（今内蒙古集宁区东）后，成吉思汗率众继续追击，经过3天鏖战，金军损失惨重。十月，蒙古军过紫荆关、居庸关，前锋部队直逼中都（今北京市）。1212年春，蒙古军攻打中都时，遭到金守将完颜天骥的埋伏和夜袭，蒙军被迫撤军。

1212年秋，成吉思汗再次南侵，攻打金的西京府（今山西大同市）。蒙古军队与金援兵元帅左都监奥屯襄部发生激战，金军全军覆没。蒙军在围攻西京时，遇到金左副元帅兼西京留守赛里的顽强抵抗。成吉思汗在作战中身中流矢，再加上一时也攻不下西京，只好撤回阴山。

1213年秋，成吉思汗又从阴山南下，一直打到怀来，与金尚书左丞完颜纲10万军队展开激战，金兵精锐全部溃散，损失极其惨重。成吉思汗率军乘胜进攻，相继占领河北、河东广大地区，直抵黄河北岸。然后又向东攻占山东诸地，直到海滨，对中都形成包围之势。金朝无奈，只好提出议和的要求，蒙古大军携带掠夺来的人口和财富得胜而归。

1214年农历五月，金宣宗不愿再受蒙古军队的骚扰，迁都南京（今河南开封市）。成吉思汗又立即派兵南下，进占中都。同时，蒙古木华黎部攻占金东京（今辽宁辽阳市）和北京（今内蒙古宁城县西），金朝实力大减。

1217年8月，被封为太师兼国王的木华黎，率兵出征，接连攻克太原、汾州（今山西汾阳市）、绛州（今山西新绛县）、潞州（今山西长治市）、平阳。1221年，木华黎大军直指陕西，进攻延安，金延安知府固守城池，蒙军只好撤退。1222年8月，木华黎转攻被金朝收复的太原府，太原再次失守。不久，蒙古军攻占河中府（今山西永济市）。

1223年春，木华黎决定亲率大兵10万，先攻打凤翔府（今陕西凤翔县），再取京兆（今陕西西安市），但是在进攻的过程中，却

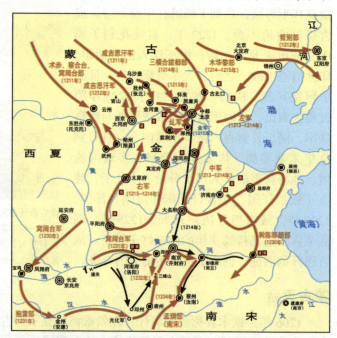

蒙金战争形势图

遭到沉重打击，只好撤兵。

1227 年 7 月，成吉思汗病死。1229 年 8 月，成吉思汗第三子窝阔台继承汗位。窝阔台继位后，大举侵金。此次用兵，窝阔台旨在消灭金朝。

庆阳之战、卫州之战、潼关凤翔之战后，1231 年 5 月，窝阔台分兵三路合围汴京（今河南开封市），中路窝阔台率兵攻陷河中府，左路斡陈那颜进兵济南，右路拖雷出凤翔，攻破宝鸡，直指汴京。经过钧州三峰山之战，金朝军队主力损失殆尽，主要将领大多战死，元气大伤，灭亡指日可待。1232 年 1 月，蒙古军队围攻汴京，虽然金朝军民奋力保卫汴京，但金哀宗却逃到了蔡州，汴京、中京（今河南洛阳市）相继陷落。

1233 年，蒙古与南宋达成协定，协力围困蔡州。蔡州被困 3 个月后城破，金哀宗自杀，金朝灭亡。

贾似道误国

蒙古、南宋联合灭了金朝以后，南宋出兵想收复开封、河南一带土地。窝阔台借口南宋破坏协议，向南宋发起进攻。从这以后，蒙宋双方不断发生战争。

到窝阔台的侄儿蒙哥即位后，派他弟弟忽必烈和大将兀良合台进军云南，占领了西南地区。1258 年，蒙哥分 3 路进兵攻打南宋。他自己亲率主力进攻合州（今四川合川），忽必烈攻打鄂州（今湖北武昌），另一路由兀良合台率领，从云南向北攻打潭州（今湖南长沙），3 路的进军路线，都直指临安。

警报一个接一个送到临安，南宋朝廷震动了。宋朝当时的皇帝是宋理宗，他命令各路宋军援救被忽必烈围困的鄂州；又任命贾似道担任右丞相兼枢密使，去汉阳督战。贾似道，字师宪，台州天台（今属浙江）人，嘉定六年（公元 1213 年）生于官宦之家。他少年时整天游荡赌博，不思上进，后来靠父亲的关系，荫补为嘉兴司仓。他的姐姐做了宋理宗的贵妃后，贾似道开始官运亨通，一两年内便由正九品籍田令升为正六品军器监，并于嘉熙二年中进士。理宗还特别召见了贾似道，予以勉励。新任丞相的他，原本是个不学无术的二流子。这一回，宋理宗派他上汉阳前线督战，他只好硬着头皮去了。

忽必烈攻城越来越猛。贾似道眼看形势紧张，就瞒着朝廷，偷偷地派了一个亲信到蒙古大营去求和，表示只要蒙古退兵，宋朝就愿意称臣，进贡银绢。正巧这时候，忽必烈接到他妻子从北方派人送来的密信，说蒙古一些贵族正准备立他弟弟阿里不哥做大汗。忽必烈见汗位要被弟弟占了，就答应了贾似道的请求，订下了秘密协定，赶着回去争夺汗位去了。

贾似道回到临安，瞒着私自订立和约的事，还抓了一些蒙古兵俘虏，吹嘘各路宋军大获全胜，不但打跑了鄂州的蒙古兵，还把长江一带的敌人也全部肃清了。

宋理宗听信了贾似道的谎言，认为贾似道立了大功，特意下了一道诏书，赞赏贾似道指挥有方，给他加官晋爵。

贾似道由此进一步掌握了大权。他随即使人编造左相吴潜罪状上奏理宗，吴潜被罢相。宦官董宋臣已在吴潜为相时被斥出朝，支持董宋臣的阎妃在同年 7 月病死。贾似道进而清除朝中异己，一手把持了政权。从此，贾似道在理宗、度宗两朝独专朝政长达 15 年。

贾似道隐瞒求和真相，骗取权位，陆续对抗蒙有功的将士给予打击。贾似道又实行所谓 "打算法"，只要在抗战中支取官物做军需的人，一律治罪。贾似道控制御史台，反对贾

蒙古军作战图　伊朗　志费尼

似道的官员都被御史台以各种罪名予以免官。

景定五年（1264年），理宗赵昀养子赵祺即皇帝位，即宋度宗。次年，度宗加封贾似道为太师。赵祺认为贾似道有"定策"之功，每逢他朝拜，也定回拜，称贾似道为"师臣"，而不呼其名。朝廷百官都称贾似道为"周公"。

忽必烈打败了阿里不哥，稳定了内部以后，在1271年称帝，改国号叫元，他就是元世祖。元世祖借口南宋不履行和约，派大将刘整、阿术出兵进攻襄阳，把襄阳城整整围了5年。贾似道把前线来的消息一一封锁起来，不让宋度宗知道。有个官员向宋度宗上奏章告急，奏章落在贾似道手里，那个官员马上被革职了。最终，襄阳还是被元兵攻破了。消息传来，南宋朝廷大为震惊。这个时候，贾似道再想瞒也瞒不住了，就把责任推给襄阳守将，免了守将的职了事。

元世祖见南宋这样腐败，便决定一鼓作气消灭南宋。他派左丞相伯颜率领元兵20万，分兵两路，一路从西面攻鄂州，另一路从东面攻扬州。这时，宋度宗病死了，贾似道拥立一个4岁的幼儿赵㬎做皇帝。伯颜攻下鄂州后，沿江东下，直指临安。贾似道一面带领7万宋军驻守芜湖，一面派使臣到元营求和。伯颜拒绝议和，命令元军在长江两岸同时发起进攻，宋军全线溃败，贾似道逃回扬州。到了这个时候，南宋灭亡的局势已经无法挽回了。

襄樊之战

1268年，元世祖忽必烈纳宋降将刘整，下决心拿下襄阳，而后浮汉入江，直趋临安。九月，忽必烈派都元帅阿术、刘整率军进围襄樊；针对宋军长于守城和水战的特点，蒙古军依据襄樊宋军设防在城西，便南筑堡连城，切断城中宋军与外界的联系，完成了对襄樊的战略包围。阿术还建立水师以防备宋水军援襄——刘整造船5000艘，并日夜操练，以改变战术上的劣势。

蒙古军修筑的鹿门堡、白河城使襄阳处于孤立无援的境地，宋军几次反包围，都归于失败，伤亡惨重。1269年农历七月，宋将张世杰率军自临安来援，与蒙古军大战于樊城外围，被阿术打败。八月，宋将夏贵率军救援襄阳，遭蒙古军和被改编的汉军夹击，兵败虎尾洲，损失2000人及50艘战船。1270年春，襄阳守将吕文焕率军出城攻万山堡，阿术诱敌深入，而后令部将张弘范、李庭反击，宋军大败，退回襄阳。九月，宋援军范文虎水军又为蒙古水陆两军击走；翌年初，元气恢复的范文虎卷土重来，阿术亲率大军迎击，宋军大败，损失战舰100余艘。三年中，宋蒙双方在襄樊外围反复争夺，宋军终未能突破包围圈。

1271年，忽必烈改国号为元，随即采取措施加紧对襄樊的围攻。1272年初，元军对樊城发起总攻，三月，阿术率军攻破城郭，增筑重军，并进一步缩小了包围圈，宋军退至内城坚守。四月，宋名将李庭芝招募荆楚等地民兵3000人，派张顺、张贵兄弟率领驰援襄阳。临行前张顺激励士卒说："此次援襄任务艰巨，人人都要有必死的决心和斗志，你们当中若有人贪生怕死，就请趁早离开，免得影响大家。"3000 士卒群情振奋，皆表示愿拼死报国。五月，张顺、张贵在高头港集结船队，每只船都安装火枪火炮，结成方阵，备好强弩利箭，张贵突前，张顺殿后，驰入元军重围。在磨洪滩，3000 勇士强攻密布江面的元军舰只，将士先用强弩射向敌舰，靠近后再用大斧猛砍敌人，元军被杀溺而死者不计其数，张顺、张贵军冲破层层封锁，如愿进入襄阳城中。这一行动的胜利极大地鼓舞了襄阳军民抗敌的信心，张顺在这次战斗中战死，几天后，襄阳军民在水中找到他的尸体，只见他依然披甲执弓，怒目圆睁。军民怀着沉痛和敬佩的心情安葬了他，并为之立庙祭祀。

　　张顺、张贵带来的大批军用物资缓解了襄阳危机，但在元军重重封锁下，形势仍很严峻。张贵与郢州殿帅范文虎相约南北夹击，打通襄阳外围交通线。范率 5000 精兵驰龙尾洲接应，张率所部出城会合范军。张贵按约定日期辞别吕文焕，率部顺汉水东下，临行检点人数，发现少了一名因犯军令而遭鞭笞的士卒，张贵知道计划已泄露，决定迅速行动，在元军采取措施前实现与范军会师。张军乘夜放炮开船，突出重围。阿术忙遣数万人阻截，封死江面；宋军接近龙尾洲时，遥见龙尾洲方向旌旗招展，战舰无数，张贵以为是范文虎之接应部队，遂举火晓示；对方即迎火光驶来。等至近前，张贵才发现：哪里是什么范文虎，尽是元军，他们接宋军叛卒告密，早占领了龙尾洲，专等张贵。于是两军在此处展开激战，由于元军是以逸待劳，宋军是长途跋涉，极度疲惫，结果宋军失败，张贵被俘，不屈就义。元军令四名宋降卒抬着张贵尸体到襄阳城下昭示宋军开城出降，吕文焕杀掉四个降卒，将张贵与张顺合葬，立双庙祭祀。

　　1272 年秋，元军为了尽快拿下襄樊，决定先攻樊城，襄、樊唇亡齿寒，樊城一失，襄阳即指日可下。1273 年初，元军从三个方向进攻樊城，已为大元皇帝的忽必烈又遣回回炮匠至前线，造炮攻城。元军烧毁了樊城与襄阳间的江上浮桥，使襄阳宋军眼见樊城危急却只能望江兴叹。刘整率元军战舰抵达樊城城下，用回回炮击塌城西南角，元军弃岸鼓噪而入城内。宋将牛富率军与元军展开巷战，终因势孤力单，牛富投火殉国。另一宋将天福见城告破，痛不欲生，拒降元军，也入火自焚，樊城失陷。

　　樊城沦落，襄阳更加危急。城中军民拆屋作柴烧，苦苦支撑；吕文焕数次遣人突围

元代名铳
铳上有"射穿百札，声动九天""神飞"等铭文，这种火器在攻城时更显其威力。

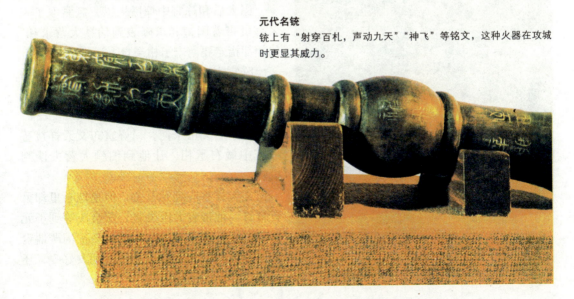

而出向朝廷告急，但宋朝奸相贾似道当权，对告急置之不理，却在皇帝耳边大言"天下太平"。1273年农历二月，元骁将阿里海牙炮轰襄阳城；由于孤立无援，敌人攻势猛烈，城中人心动摇，城中将领纷纷出城投降；吕文焕自感大势已去，遂开城投降。

文天祥抗元

元兵乘胜南下，眼看就要打到临安了。四岁的皇帝赵㬎自然无法处理朝政，他祖母谢太后和大臣们一商量，赶紧下诏书，要各地将领带兵到临安救驾。诏书发到各地，响应的人寥寥无几，只有赣州的州官文天祥和郢州（今湖北钟祥）守将张世杰两人立刻起兵救援。

文天祥（1236～1283年），字履善，号文山，吉州庐陵（今江西吉安）人，是南宋伟大的英雄。

宋宝祐四年（1256年），20岁的文天祥中进士，任宁海军节度使判官。1259年，蒙古军南下攻打鄂州（今湖北武昌），南宋君臣惊慌失措，宦官董宋臣劝理宗赵昀迁都，文天祥上书坚决反对，并提出御敌之计，没有被采纳。在以后的日子里，文天祥先后任刑部郎官、右丞相兼枢密使等职。后来他听到元兵南下的消息，感到南宋正值快要灭亡的危急时刻。

文天祥接到朝廷诏书，立刻招募了3万人马，排除种种干扰，领兵到了临安。右丞相陈宜中派他到平江（今江苏苏州）防守。这时候，元朝统帅伯颜已经渡过长江，3路进兵攻取临安。其中一路从建康出发，越过平江，直取独松关（今浙江余杭）。陈宜中得到消息，马上命令文天祥退守独松关。文天祥刚离开平江，独松关已经被元军占领，想再回平江，平江也在这时陷落了。

谢太后和陈宜中惊慌失措，赶紧派了一名官员带着国玺和求降表到伯颜大营求和。伯颜却指定要南宋丞相亲自去谈判。

陈宜中害怕被扣留，不敢到元营去，偷偷地逃往了南方；张世杰不愿投降，一气之下，带兵出海去了。

谢太后无可奈何，只好宣布文天祥接替陈宜中做右丞相，让他到伯颜大营去谈判投降。

文天祥答应到元营去，但是他心里却另有打算。他带着大臣吴坚、贾余庆等到了元营，根本不提求和的事，反而义正词严地责问伯颜说："你们究竟是想跟我朝友好呢，还是想存心消灭我朝？"

文天祥《沁园春》诗意图

"人生翕忽云亡，好轰轰烈烈做一场。"有人评价此首作品：此等作品，不可以寻常词观之也！

伯颜说："我们皇上（指元世祖）的意思很清楚，没有消灭宋朝的打算。"

文天祥说："既然是这样，那么请你们立刻把军队撤回。如果你们硬要消灭我朝，南方军民一定会跟你们打到底，那样对你们也不会有好处的。"

伯颜把脸一沉，用威胁的口气说："你们再不老实投降，就饶不了你们。"

文天祥也气愤地说："我是堂堂南宋宰相。现在国家危急，我已经准备拼死报答国家，哪怕刀山火海，我也毫不畏惧。"

文天祥的气势把伯颜的威胁顶了回去，周围的元将个个都惊呆了。之后，伯颜让别的使者先回临安去跟谢太后商量，却把文天祥扣留了下来。

随同文天祥到元营的吴坚、贾余庆回到临安，把文天祥拒绝投降的事向谢太后奏报了一番。谢太后一心想投降，便改任贾余庆做右丞相，到元营去求降。伯颜接受降表后，把文天祥请进营帐，告诉他宋朝廷已另外派人来投降。文天祥气得痛骂了贾余庆一顿，但是投降的事已无法挽回了。

1276年，伯颜带兵进入了临安，谢太后和赵㬎出宫投降。元军把赵㬎当作俘虏押往大都（今北京市），文天祥也被一同押走。一路上，他一直在考虑怎样逃脱。路过镇江时，他和几个随从人员商量好，趁元军没防备之机，逃出了元营。

后来，扬州的宋军主帅李庭芝听信谣言，以为文天祥已经投降，便悬赏缉拿他。不得已，文天祥等人日行夜宿，历尽千难万险，从海口乘船到了温州。在那里，他听说张世杰和陈宜中在福州拥立新皇帝即位，就决定去福州。

复任右丞相兼枢密使。景炎二年（1277年）进兵江西，收复州县多处。后因寡不敌众，败退广东，依旧坚持抵抗元兵。景炎三年（1278年）十二月，在五坡岭（今广东海丰北）被俘。

投降元朝的张弘范劝说文天祥招降张世杰，他写了《过零丁洋》诗作为答复。元朝专横跋扈的宰相阿合马来威逼利诱，文天祥不为所动。后来，陆秀夫背着南宋皇帝赵昺投了海，张世杰也以身殉职，南宋灭亡。

南宋灭亡了以后，张弘范又劝文天祥投降，文天祥嗤之以鼻。到了元朝的大都以后，南宋的前宋丞相留梦炎、受封为瀛国公的宋恭帝，前来劝降，都碰了一鼻子灰回去了。文天祥的慷慨陈词、义薄云天让所有的人都无计可施。从这以后三年当中，他一直被关在阴暗潮湿的监狱中。在此期间，他读到投降元朝的弟弟和在监狱中的妻子儿女的来信。但他没有被百般的折磨吓倒，没有被千般的利诱迷惑，更没有被万般的亲情感动，始终没有投降，表现了自己的气节。1283年农历一月八日，元世祖忽必烈召见文天祥，进行最后一次劝降。文天祥回答说："我是大宋的状元宰相，宋朝灭亡，我只能是死，不能活。"第二天就慷慨就义。

文天祥著有《文山先生全集》。他前期的诗文大多是应酬之作。赣州起兵以后，风格迥然不同，诗词散文都悲壮刚劲，被人传诵至今。

张世杰死守厓山

在临安被元兵占领、小皇帝赵㬎被俘虏去大都以后，南宋皇族和大臣陆秀夫护送赵㬎的两个哥哥——9岁的赵昰和6岁的赵昺逃到福州。陆秀夫派人找到张世杰、陈宜中，把他们请到福州。3个大臣一商量，便拥立赵昰即位，继续反抗元朝。

文天祥得到消息，感到有了兴国的希望，马上也赶到福州，在新的朝廷里担任枢密使。

十一月，元大将董文炳率兵攻进福建，赵昰被张世杰和陆秀夫等人护送到海上，到达惠州。十二月，赵昰又坐船下海，途中被元军袭击，因惊吓过度而患病，第二年四月在州岛病逝，时年 11 岁。

端宗死后，张世杰又拥立赵昺即位，改元祥兴。至元十五年（1278 年）六月，雷州被元兵攻破，张世杰带着赵昺撤到厓山（今广东新会），开始建筑工事，企图凭借险要地形久守。

元世祖担心，如果不迅速扑灭南方的小朝廷，会有更多的宋人响应。就派张弘范为元帅，李恒为副帅，带领 2 万精兵，分水陆两路南下。

张弘范先派兵攻打驻守在潮州的文天祥。不久，文天祥便因兵少势孤，兵败被俘了。

厓山地处我国南面海湾里，背山面海，地势十分险要。张世杰在海上把 1000 多条战船一字排开，用绳索连接起来，船的四周还筑起城楼，决心跟元兵决一死战。

张弘范先用火攻，失败后，就用船队封锁海口，断绝了张世杰通往陆地的交通。宋兵忍饥挨饿，誓死抵抗，双方相持不下。

这时候，元军副统帅李恒也从广州赶到厓山跟张弘范会师。张弘范增加了兵力，重新

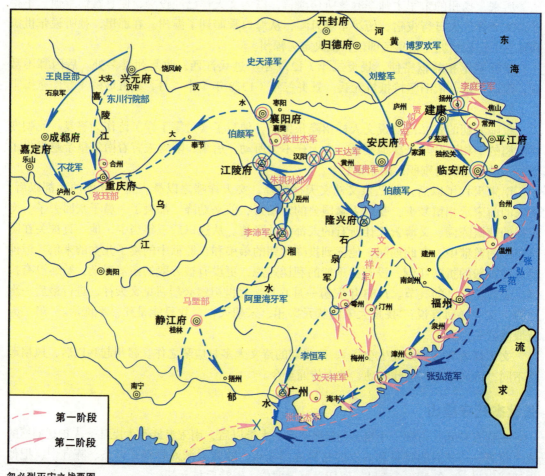

忽必烈灭宋之战要图

组织力量进攻。他把元军分为四路，围攻宋军。张世杰知道大势已去，急忙把精兵集中在中军，又派人驾驶小船去接赵昺，准备组织突围。

赵昺的坐船，由陆秀夫保护着。他对张世杰派出来接赵昺的小船，弄不清是真是假，担心小皇帝落在元军手中，就拒绝了使者的要求。他对赵昺说："国家到了这步田地，陛下也只好以身殉国了。"说着，就背着赵昺跳进了大海，淹没在滚滚波涛里了。

张世杰没有接到赵昺，便指挥战船，趁着夜色朦胧，突围撤退到海陵山。这时候，海岸又刮起了飓风，把张世杰的船打沉了，这位誓死抵抗的宋将落水牺牲。

南宋的最后一支军队覆没，至此宋朝彻底灭亡。

1279 年农历二月，元朝统一了中国，南宋宣告灭亡。

红巾军起义

元朝从成宗以后，又传了九个皇帝，皇室斗争日趋激烈，政治也越来越腐败，人民生活在水深火热之中。最后一个皇帝元顺帝（又叫元惠宗）妥懽帖睦尔即位后，荒淫残暴，百姓没有了活路，纷纷起来造反。

河北有个叫韩山童的农民，聚集了不少受苦受难的百姓，烧香拜佛，后来慢慢发展成了白莲会（一种秘密宗教组织）。韩山童对他们说：佛祖见天下大乱，将要派弥勒佛下凡，拯救百姓。

正巧这时黄河在白茅堤决口，两岸百姓遭受了严重的水灾。1351 年，元王朝征发了汴梁（今河南开封）、大名等地民工十五万和兵士两万人，到黄陵冈开挖河道，疏通河水。

韩山童决定利用这个机会起事。他先派几百个会徒去做挑河民工，在工地上传播一支民谣："石人一只眼，挑动黄河天下反。"

元末农民起义示意图

民工们不懂这首歌谣是什么意思，开河开到了黄陵冈，有几个民工，忽然挖出一座石人来。大家好奇地聚拢来一瞧，只见石人脸上正是一只眼，都禁不住呆住了。这件新鲜事很快地在十几万民工中传开，大家心里想，民谣说的真的应验了，既然石人出来了，天下造反的日子自然也来到了。

不用说，这个石人是韩山童事先派人偷偷地埋在那里的。

百姓被鼓动起来了。韩山童便挑选了一个日子，聚集起一批会徒，杀了一匹白马，一头黑牛，祭告天地。大家都推举韩山童做领袖，号称"明王"，并约定日子，在颍州颍上（今安徽阜阳、颍上）起义，起义军用红巾裹头作为标记。然而正在歃血立誓的时候，有人走漏了消息。官府派兵士抓走了韩山童，押到县衙门杀了。韩山童的妻子带着他儿子韩林儿，逃脱了官府追捕，到武安（今河北武安）躲了起来。

元末农民起义军用的石弹

韩山童的伙伴刘福通逃出包围，把约定起义的农民召集起来，攻占了颍州等地。在黄陵冈开河的民工得到消息，也杀死了河官，纷纷投奔刘福通。起义兵士头上裹着红巾，百姓就把他们称作"红军"，历史上称作"红巾军"。不到十天的工夫，红巾军已经发展到十多万人。

刘福通的红巾军陆续攻下了一些城池。江淮一带的农民早就受到白莲会的影响，也纷纷响应刘福通起义。

1354 年，元顺帝派丞相脱脱，动用了西域、西番的兵力，号称百万，围攻占领高邮的张士诚起义军。起义军正处在危急存亡之时，元王朝突然发生内乱，脱脱被撤掉官爵。元军失去了统帅，不战自乱，全军崩溃。

第二年二月，元末农民起义领袖刘福通把韩山童的儿子韩林儿接到亳州（今安徽亳县）正式称帝，国号宋，称韩林儿为小明王。

元朝把亳州韩宋政权看作是心腹大患，令丞相脱脱率大军前往镇压。为了避开元军的攻击。1358 年，刘福通攻占开封恢复宋的首都后，分三路向蒙古进兵，发动总攻。其中毛贵的东路军一直打到元大都城下。刘福通亲自率领大军攻占了汴梁，然后把小明王韩林儿接来，定汴梁为都城。

元王朝不甘心失败，纠集地主武装加紧镇压红巾军，致使三路北伐军先后失利，汴梁重新落在元军手里。元王朝又用高官厚禄招降了张士诚。刘福通保着小明王逃到安丰（今安徽寿县）后，受到张士诚的袭击，1363 年，刘福通战死。北方红巾军失败后，南方红巾军还在活动。元朝和韩宋的力量相互完全消耗，元朝的灭亡近在眼前。

处于南北红巾军之间的朱元璋，利用这一有利条件，按照徽州老儒朱升提出的"高筑墙，广积粮，缓称王"的建议，自 1356 年占领集庆后，先后削平了陈友谅、张士诚、明玉珍等势力，势力扩张到苏南、浙江、安徽一带。刘福通战死后，朱元璋救出皇帝韩林儿，将其迎往滁州。1366 年，朱元璋命令廖永忠迎韩林儿至应天府，途中韩林儿落水淹死。最后，朱元璋命令大将徐达挥师北上，推翻了元朝统治，于 1368 年建立了明朝。

第三节　明的集权与裂变

和尚皇帝

在刘福通带领红巾军征战的同时，据守在濠州的郭子兴领导的红巾军，也在日益壮大。濠州虽处在元军的包围中，但义军将士们英勇不屈，众志成城，使元军无计可施。

一天，在凛冽的寒风中，匆匆赶来了一位衣衫褴褛的年轻和尚。城卫怀疑他是元军的奸细，一面将他捆在拴马桩上，一面派人去通报元帅郭子兴。郭元帅闻讯赶到城门，只见绳索紧缚的和尚，相貌奇伟，气度非凡，心里不禁暗暗称绝。此人便是后来的大明开国皇帝朱元璋。

朱元璋祖籍江苏沛县，本名朱重八。当时布衣百姓一般都不取正式名字，只用行辈或父母年龄合计数作为称呼。

朱元璋小时候一有空就跑到皇觉寺去玩耍，寺内的长老见他聪明伶俐，讨人喜欢，便抽空教他识文认字。朱元璋天赋过人，过目不忘，天长日久，便也粗晓些古今文字了。

朱元璋17岁那年，淮北发生旱灾、蝗灾和瘟疫，他的父母、长兄在不到半个月的时间里相继死去，乡里人烟稀少，非常凄凉。朱元璋走投无路，只好剃发进了皇觉寺，当了一个小行童，整天扫地上香，敲钟击鼓，还经常受到那些老和尚的训斥。为了混口饭吃，朱元璋只好忍气吞声。

后来，灾情越来越严重，靠收租米度日的皇觉寺再也维持不下去了。主持只好把寺里的和尚一个个打发出去云游化斋，自谋生路。进寺刚刚50天的朱元璋也只得背上小包袱，一手拿木鱼，一手托瓦钵，穿城越村，加入了云游僧人的队伍。

云游中，朱元璋目睹了混乱不堪的世事，对当时的社会有了深刻的认识，人生经验也大大丰富，他决定广泛交游，等待出人头地的时机。3年后，他回到了皇觉寺，不久，接到了已在郭子兴部队当了军官的穷伙伴汤和的来信，邀他前去投军。于是他连夜奔往濠州城。在征战过程中，朱元璋知人善任，为人豁达大度，文士冯国胜、李善长等为他出谋划策，英勇善战的常遇春、胡大海也来投奔他。攻下滁州和和州后，他整顿军纪，申明纪律，禁止军队抢掠奸淫，因此深得百姓的拥护。郭子兴死后，朱元璋被升为左副元帅，第二年，他率众占领建康，成为红巾军内部一支力量强大的武装力量。此后，他逐渐把郭子兴的旧部全部纳入自身旗下，并以建康为根据地，不断扩充势力。当时，在他北面的刘福通、韩林儿所率红巾军正受到地主武装的袭击，西面的徐寿辉被部将陈友谅所杀，陈友谅不能服众，将士离心；明玉珍因为不服陈友谅的领导，在四川自立，国号大夏；朱元璋东面的张士诚和方国珍受到元政府的劝诱，接受了元的官号。元朝的主力指向刘福通等人，朱元璋便趁机在浙东发展，逐渐控制了皖南、浙东地区。

由于红巾军内部的分裂腐化和元政府的镇压，刘福通一部在1363年时兵败，刘福通遇难牺牲，另一首领徐寿辉也被部下陈友谅所杀，红巾军力量削弱，起义失败。朱元璋这时占据浙东，发展生产，罗致人才，巩固统治，实力渐渐壮大。

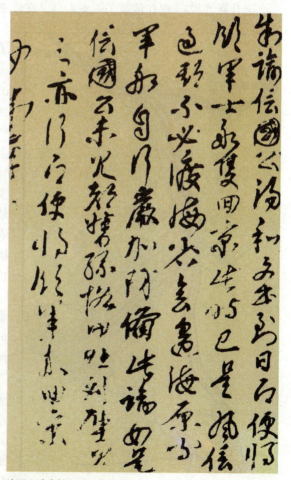

论不必渡海帖　明　朱元璋

鄱阳湖大战

当朱元璋向南方发展势力的时候，遇到了一个强敌名叫陈友谅。陈友谅占据江西、湖南和湖北一带，地广兵多，自立为王，国号叫汉。1360年，他率领强大的水军，从采石沿江东下，进攻应天府，想一下子吞并朱元璋占领的地盘。

朱元璋赶忙召集部下商量对策。大家七嘴八舌，议论纷纷，只有新来的谋士刘基待在一旁，一声不吭。

朱元璋犹豫不决，散会后，把刘基单独留下来，问他有什么主意。刘基说："敌人远道而来，我们以逸待劳，还怕不能取胜？您只需用一点伏兵，抓住汉军的弱点痛击，就可以打败陈友谅了。"

朱元璋听了刘基的话，非常高兴。

朱元璋有个部将康茂才，跟陈友谅是老相识。朱元璋把康茂才找来，和他定下了引陈友谅上钩的计策。

康茂才回到家里，按照朱元璋的吩咐写了封信，连夜叫老仆去采石求见陈友谅。陈友谅见了这封信，并不怀疑，问老仆说："康公现在在什么地方？"

老仆回答说："现在他带了一支人马，在江东桥驻守，专等大王去。"

陈友谅连忙又问："江东桥是什么样子？"老仆说："是座木桥。"

陈友谅在老仆走后，立刻下令全体水军出发，由他亲自带领，直驶江东桥。没想到到了约定地点，竟没见木桥，只有石桥。

一霎间，战鼓齐鸣，朱元璋安排在岸上的伏兵一起杀出，水港里的水军也加入战斗。陈友谅遭到突然袭击，几万大军一下子溃败下来，被杀死的和落水淹死的不计其数。此后，朱元璋的声势越来越大。1363年农历四月二十三日，陈友谅乘朱元璋率军北援安丰（今安徽寿县）红巾军、江南空虚之机，挥师号称60万，取道水路，围攻洪都（今南昌），并占领吉安、临江、无为州。守将朱文正率军奋力固守，坚持两月；并派人向朱元璋告急。朱元璋闻讯后，令朱文正继续坚守，以疲惫消耗陈军；随即亲率水军20万于七月六日救援洪都。陈友谅围攻洪都85天不克，闻朱元璋来救，即撤围移师鄱阳湖准备决战；朱元璋十六日亦进至鄱阳湖口。

为把陈军困于湖中，朱元璋先部署一部分兵力扼守泾江口和南湖嘴，切断陈友谅归路；又调信州（今江西上饶）兵守武阳渡

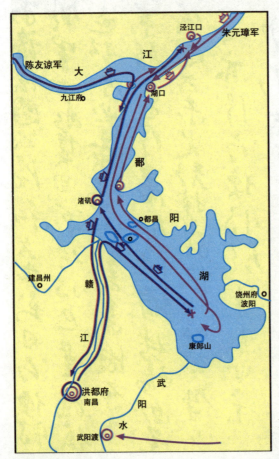

鄱阳湖大战要图

（今南昌东），切断陈军侧后；然后亲率水师由松门（今江西都昌南）进入鄱阳湖，形成关门打狗之势。

二十日，两军在康郎山（今江西鄱阳湖内）水域遭遇。陈军巨舰联结布阵，展开数十里，颇有气势；但睿智的朱元璋看出其首尾相接、不利进退的弱点，于是将己方舰船分为20队，每队都配备大小火炮、火铳、火蒺藜、神机箭和弓弩。命令各队接近敌舰时，先发火器，再射利箭，继以短兵相搏。次日，双方激战开始。朱元璋爱将徐达身先士卒，率舰队奋勇冲击，击败陈军前锋，毙敌1500余人，缴获巨舰一艘。俞通海乘风发炮，焚毁20余艘陈军舰船，陈军死伤甚众，朱军伤亡也不少。战至日暮，双方鸣金收兵，战斗告一段落。

二十二日，陈友谅率全部巨舰出战。朱军因舟小，不能正面进攻，接连受挫。下午，东北风起，朱元璋纳部将郭兴的建议，改用火攻。他选择敢死士驾驶7艘渔船，船上装满火药柴薪，逼近敌舰，顺风放火，一时风急火烈，迅速蔓延，湖水尽赤。陈军巨舰被焚数百艘，死者过半，陈友谅弟陈友仁、陈友贵及大将陈普略均被烧死。朱元璋挥军乘势猛攻，又毙敌2000余人。二十三日，陈友谅瞅准朱元璋旗舰发起猛攻。朱元璋刚刚移往他舰，原舰便被陈军击碎。二十四日，俞通海等率领6疾舰突入陈军舰队，勇往直前，如入无人之境。朱军士气振奋，再次猛烈攻击。陈友谅不敢再战，转为防御。为控制长江水道，当晚，朱元璋进扼左蠡（今江西都昌西北），陈友谅亦退至渚矶（今江西星子南）。

相持3天，陈友谅屡战屡败；陈军左、右金吾将军见大势已去，投降朱元璋，陈军军心动摇，形势越发不利。朱元璋乘机致书陈友谅劝降，陈为泄愤，尽杀俘虏；而朱元璋却反其道而行之，放还全部俘虏，并悼死医伤，以分化瓦解敌军。为阻止陈军逃遁，朱元璋移军湖口，命常遇春率舟师横截湖面，又在长江两岸修筑木栅，并置火筏于江中。陈友谅被困湖中一个月，军粮殆尽，将士饥疲，于是孤注一掷，冒死突围。八月二十六日，陈友谅由南湖嘴突围，企图进入长江，退回武昌，却陷入朱军的包围。陈军复走泾江，又遭朱军伏兵截击，陈友谅中箭身死。残部5万余人于次日投降朱元璋，只有张定边逃回武昌。1364年农历二月，朱元璋兵抵武昌，陈友谅子陈理投降，朱元璋的势力扩大到两湖。

朱元璋再三申明军纪，告诫出征将士，北伐不是攻城略地，而是平定中原、推翻元朝、解除人民痛苦。随后还发布了由宋濂起草的告北方官吏和人民的檄文，文中提出"驱逐胡虏，恢复中华，立纲陈纪，救济斯民"的口号，这对中原地区的广大汉族人民具有很强的号召力；檄文还表示，对于蒙古人和色目人若愿为新皇朝臣民，则与中原人民一样看待。

北伐军节节胜利，迅速攻下山东诸郡。至正二十八年（1368年）四月占领开封，平定河南，同时攻克潼关。八月，攻克元朝首都大都（今北京），元顺帝见孤城难守，于是带着后妃太子慌忙弃城逃走，奔向漠北，统治中原长达97年的元朝灭亡。

在南征北伐不断取得胜利的情况下，至正二十八年（1368年）正月，40岁的朱元璋告祀天地，于应天南郊登基，建国号大明，改元洪武，以应天为南京。

经过16年的征战讨伐，朱元璋终于实现了自己的梦想，从一个横笛牛背的牧童、小行僧，成为明朝的开国皇帝。

1371年，明军入川，夏主明升暗降，四川平定。1381年，朱元璋命傅友德、沐英、蓝玉进攻云南，次年攻破大理，基本上完成了南方的统一。1387年，冯胜、傅友德、蓝玉奉命进攻辽东元朝残将纳哈出，纳哈出无路可走，只好投降，辽东平定。至此，除漠北草原和新疆等地外，全国已基本上统一。

燕王进南京

明太祖上台后，杀了一些权位很高的大臣，把他的 24 个儿子分封到各地为王。明太祖认为这样做，可以巩固他建立的明王朝的统治，却不料后来引起了一场大乱。

明太祖 60 多岁的时候，太子朱标死了，朱标的儿子朱允炆被立为皇太孙。各地的藩王大都是朱允炆的叔父，眼看皇位的继承权落到侄儿的手里，心里不服气。特别是明太祖的第 4 个儿子——燕王朱棣，他多次立过战功，对朱允炆更瞧不起了。

朱允炆的东宫里，有个官员叫黄子澄，是朱允炆的伴读老师。

1398 年，明太祖死了，皇太孙朱允炆继承皇位，这就是明惠帝，历史上又叫建文帝（建文是年号）。当时京城里就听到谣传，说几位藩王正在互相串通，准备谋反。建文帝听了这个消息害怕起来，忙让黄子澄想办法。

黄子澄找建文帝另一个亲信大臣齐泰一起商量。齐泰认为诸王之中，燕王兵力最强，野心最大，应该首先把燕王的权力削除掉。黄子澄不赞成这个做法，他认为燕王已有准备，先从他下手，容易引发突变。于是，两人商量好先向燕王周围的藩王下手。

建文帝便依计而行。

燕王早就暗中练兵，准备谋反。为了麻痹建文帝，他假装得了精神病，成天胡言乱语。齐泰、黄子澄不相信燕王有病，他们一面派人到北平把燕王的家属抓起来，一面又秘密命令北平都指挥使张信去捕燕王，还约定燕王府的一些官员做内应。不料张信是站在燕王一边的，反而向燕王告了密。

燕王是个精明人，知道建文帝毕竟是法定的皇帝，公开反叛，对自己不利，就说要帮助建文帝除掉奸臣黄子澄、齐泰，起兵反叛。历史上把这场内战叫作"靖难之变"（靖难是平定内乱的意思）。

这场战乱，差不多打了 3 年。到了 1402 年，燕军在淮北遇到朝廷派出的南军的抵抗，战斗进行得十分激烈。有些燕军将领主张暂时撤兵，燕王却坚持打到底。不久，燕军截断

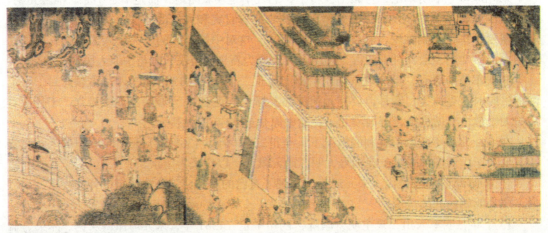

《皇都积胜图》之承天门

《皇都积胜图》绘于明朝中、晚期，重现了北京城的繁华面貌，包括正阳门、棋盘街、大明门、承天门、皇宫等范围。图中所见是承天门内外的商业活动，摆摊的小贩成行成市，热闹非凡。

南军运粮的通道，发起突然袭击，南军一下子垮了。燕军势如破竹，进兵到应天城下。

过了几天，守卫京城的大将李景隆打开城门投降。燕王带兵进城，只见皇宫火光冲天。燕王派兵把大火扑灭时，已经烧死了不少人。他查问建文帝的下落，有人报告说，燕兵进城之前，建文帝下令放火烧宫，建文帝和皇后都跳到大火里自焚了。

随后，燕王朱棣即了位，这就是明成祖。七月初一，朱棣于南郊大祀天地后，回到奉天殿，诏令当年六月以后，仍以洪武三十五年为纪，第二年（1403 年）为永乐元年。建文帝所改易的祖宗成法，一律恢复旧制。七月初三，又诏令把建文时更定的官制改回洪武旧制。九月初四及次年（1403 年）五月，朱棣先后两次赐封靖难功臣。建文四年（1402 年）十一月十三日，朱棣册立妃徐氏为皇后。

朱棣即帝位后，为了巩固自己的皇位，又进行了大量的充满血腥的屠杀活动。他将建文帝亲信大臣 50 余人列为奸臣，悬赏捉拿。捉住后，不仅将其本人杀害，而且还株连九族。

兴建北京城

故宫气势恢宏，庄严华丽，是明清两代的皇宫，亦是中国古代宫殿建筑的扛鼎之作。

故宫又称紫禁城，紫禁二字系从紫微星垣而来。大家知道，我国古代天文学家把天上的恒星分为三垣、二十八宿和其他星座。其中的三垣为太微垣、紫微垣和天市垣。紫微星垣（北极星）位于三垣的中央，是所有星宿的中心。紫，即为"紫微正中"，皇宫是人间的"正中"；"禁"是指皇宫大内，严禁侵扰。

故宫修建于 1406 年，工程的营建者是明代的永乐帝朱棣。朱棣曾在北京做燕王，对北京的地理有深刻的认识。

《明史》记载，修建故宫时征集了全国著名工匠 10 多万名，役使民夫达 100 万之多，整个工程历时 15 年，直到 1421 年才最后完成；此后又多次重建和扩建，但整体面貌保持未变。

故宫是一座砖木结构建筑，所用的建筑材料来自全国各地。木料主要来自京郊房山悬山中，也有部分来自湖广、江西、山西等省。汉白玉石料亦来自房山县。宫殿里砌墙用的砖，叫澄浆砖，是在山东临清烧制的；铺地用的方砖，叫作金砖，是在苏州烧制的。整个紫禁城用砖超过了 1 亿块。

施工所用的材料作工非常精细。譬如砌墙用的澄浆砖，是先把泥土放入池水中浸泡，经过沉淀，然后取出过滤后的细泥，最后才把细泥晾干做坯。还有就是砖块之间、石板之间的黏合剂，材料是煮过后捣碎的糯米和鸡蛋清，选用这种黏合剂，不仅粘力强，而且效果平整美观。

建成后的故宫占地面积 72 万平方米，内有房屋有 9999 间，外有高达 10 米的城墙（南北 960 米，东西 760 米），四角各有一座屋顶有 72 条脊的角楼。在最外端，还有一条宽 52 米的护城河环绕四周。

故宫的建筑布局整体分为外朝和内廷两大部分。外朝是明清皇帝治理朝政的主要场所，以太和、中和、保和三大殿为中心，文华殿和武英殿分列两翼。内廷是皇帝处理日常政务和皇族后妃们居住的地方，一般称为"三宫六院"，主要包括乾清宫、交泰殿、坤宁宫、东西六宫以及御花园。

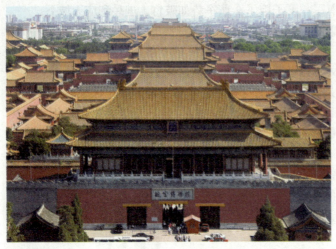

故宫博物院

外朝三大殿是故宫中轴线上的主要建筑。三殿均建在汉白玉砌成的8米高巨大平台上，台分三层，中上层各9级，下层台阶21级，每层都有汉白玉栏杆围绕，总面积约8.5万平方米。太和殿也称"金銮殿"，是紫禁城的正殿，也是建筑群中最为高大的建筑。它高26.92米，东西面宽63.96米，南北进深37.20米。中和殿位于太和殿的后面，是一座亭子形方殿，高18.87米。保和殿为三大殿的末殿，屋顶为歇山式，高20.87米。

故宫建筑设计严谨，表明了我国古代的木构建筑设计到明清时期已经非常的规范化和程序化。在这一时期，殿式建筑以"斗口"作为基本模数。每一个等级的各部分用料尺度是一定的。确定了斗口，就确定了各种尺度，大大简化了工程营建的程序。拼合梁柱构件技术也是这一时期的重大成果。通过小块木料的拼合组成可用的大木料，大大节省了工程用料。在建筑施工中，广泛采用了模型设计的方法，称之为"烫样"。

故宫是我国同时也是世界上现存规模最大最完整的古代木结构建筑群。它是我国木结构建筑的典范。1987年，联合国教科文组织世界遗产委员会将其列为世界文化遗产。

郑和下西洋

明成祖夺得皇位后，有一件事总使他心里不安稳，那就是皇宫大火扑灭之后，没有找到建文帝的尸体。为了把这件事查个水落石出，他派出心腹大臣，去各地秘访建文帝的下落，但是这件事不好公开宣布，就借口说是求神问仙。

后来，明成祖又想，建文帝会不会跑到海外去呢？于是，他就决定派一支队伍，出使国外。他想到跟随他多年的宦官郑和，是最合适的人选。

郑和（1371～1433年），本姓马，小字三保。郑和自幼受到家庭探险精神的熏陶，为他日后出海远洋打下了基础。明初，郑和入宫做宦官，因靖难立战功，赐姓郑名和，人称"三保太监"。

1405年6月，明成祖正式派郑和为使者，带一支船队出使"西洋"。那时候，人们叫的"西洋"，指的是我国南海以西的海和沿海各地。郑和带的船队，一共有2.78万多人，除了兵士和水手外，还有技术人员、翻译、医生等。他们驾驶62艘大船，从苏州刘家河（今江苏太仓浏河）出发，经过福建沿海，浩浩荡荡，扬帆南下。

郑和第一次出海，到了占城（在今越南南方）、爪哇、旧港（在今印度尼西亚苏门答腊岛东南岸）、苏门答腊、满剌加、古里、锡兰等国家。他每到一个国家，先把明成祖的信递交国王，并且把带去的礼物送给他们。许多国家见郑和带了那么大的船队，而且态度友好，都热情地接待他。

　　郑和这一次出使，一直到第三年九月才回来。西洋各国国王见郑和回国，也都派了使者带着礼物跟着他一起回访。各国的使者见了明成祖，送上大批珍贵的礼物。明成祖见郑和把出使的任务完成得很出色，高兴得合不拢嘴。

　　后来，明成祖觉得没有必要再去寻找建文帝了，但是出使海外的事，既能提高中国的威望，又能促进与各国的贸易往来，有很多好处。此后，郑和又进行了6次出海航行：从1407年9月到1409年7月，1409年10月到1411年7月，1413年11月到1415年7月，1417年5月到1419年8月，1421年1月到1422年8月，1430年6月到1433年7月。郑和出海7次，先后一共到过30多个国家。

　　前三次的出行，郑和最远都只到达古里。他们在东南亚及南亚一带活动，打通航道，建立贸易中转站。后面几次主要进行商品贸易，郑和航队给所经国家带去大量中国的瓷器、铜器、丝绸、锦绮和茶叶，同时带回来许多亚洲国家的特产，像胡椒、象牙、宝石、药材、香料和珍禽异兽等，大大促进了中国与亚洲各国的经济交流。每到一处，郑和都派人了解当地风俗习惯，宣扬中华文明。

　　第四次出海到达非洲东海岸的麻林国时，麻林国遣使随贡，献上麒麟、天马、神鹿等吉祥珍兽，给京城带来了轰动。成祖龙颜大悦，认为异邦进贡麒麟是国势鼎盛、尧舜再世的征象。

　　在第七次即将航行出使时，成祖驾崩，仁宗即位，下令停止下西洋。宣宗即位后，看见因下西洋活动的停止，海外诸国来朝日益减少，就决定再次遣使下西洋。这时郑和已年近60，又踏上了最后一次下西洋的航程。1433年农历三月船到古里时，郑和因积劳成疾而病逝，王景弘代郑和率船队于七月抵达南京，结束了伟大的航程。

　　郑和七下西洋，时间持续29年，行踪遍及亚非30多个国家，最南到达爪哇，西北到

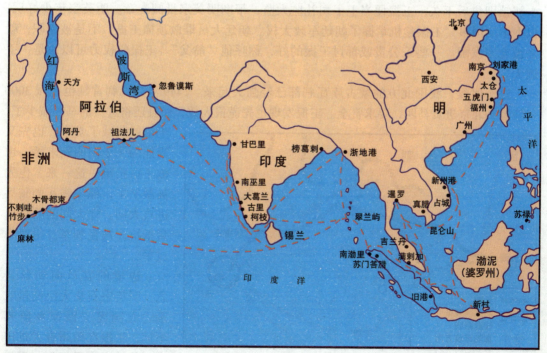

郑和下西洋路线图

波斯湾和红海，最西侧到非洲东海岸，是历史上空前的壮举，其时间之早，规模之大，都是后来的哥伦布和麦哲伦所不及的。郑和下西洋，增加了中国与南洋各地联系，传播了中华文明，影响十分深远。

土木之变

明成祖从他侄儿手里夺得皇位，怕大臣不服他的管制，便特别信任身边的宦官。这样一来，宦官的权力就渐渐大起来。到了明宣宗的时候，连皇帝批阅奏章，也交给宦官代笔，宦官的权力更大了。

有一年，皇宫要招收一批太监。蔚州（今河北蔚县）地方的一个二流子，名叫王振，年轻的时候读过一点书，参加几次科举考试都名落孙山，便在县里当了教官。后来因为犯罪该判充军，听说皇宫招太监，就自愿进了宫，从而充了罪罚。宫里识字的太监不多，王振粗通文字，所以大家都叫他王先生。后来，明宣宗派他教太子朱祁镇读书。朱祁镇年幼贪玩，王振就想出各种各样法子让他玩得高兴。

宣宗卒时，朱祁镇仅有9岁，朝臣有人欲立襄王为帝。在大学士杨士奇、杨荣等人力争下，终使朱祁镇于正月初十即皇位，以第二年为正统元年。二月，尊皇太后为太皇太后。太皇太后主持国家的军政大事，下令停办所有不急之务，勉励幼小的皇帝好学上进。

这一做法致使仁宣时期政治较好的状况得以延续，"海内富庶，朝野清晏""纲纪未弛"。同时，杨士奇、杨荣、杨溥等元老重臣依然在朝中发挥重大作用。他们遵从宣宗遗嘱，在太皇太后的领导下尽心辅佐幼主，对稳定明王朝政局、保持良好的局面，起到了重要的作用。

当时，侍奉朱祁镇读书的太监便是王振，他善于迎合朱祁镇的心理，深受朱祁镇赏识。朱祁镇即位后不久，王振便当上了司礼监太监，帮助明英宗批阅奏章。明英宗年少好玩，根本不问国事，王振趁机掌握了朝廷军政大权。朝廷大员谁敢顶撞王振，不是被撤职，就是被充军发配。一些王公贵戚都讨王振的好，称呼他"翁父"。王振的权力可以说是一手遮天。

这个时候，我国北方的蒙古族瓦剌部已经强大起来。1449年，瓦剌首领也先派3000名使者到北京进贡马匹，要求赏金。王振发现也先谎报人数，而且还将进贡的马匹减少了，

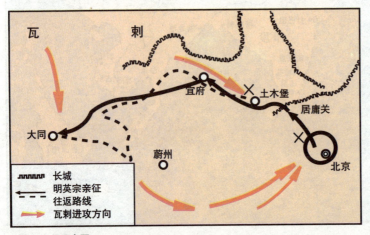

土木堡之役示意图

于是就削减了赏金。也先又为他的儿子向明朝求婚，也被王振拒绝。这一来，也先被激怒了，他率领瓦剌骑兵进攻大同。守大同的明将出兵抵抗，被瓦剌军打得溃不成军。

边境的官员向朝廷告急，明英宗召集大臣商量对策。大同离王振家乡蔚州不远，王振在蔚州有大批田产，他怕家产受损失，竭力

主张英宗带兵亲征。兵部尚书（兵部尚书和侍郎是军事部门的正副长官）邝埜（埜同野）和侍郎于谦认为朝廷准备不够充分，不能亲征。明英宗是个没主见的人，王振怎么说，他就怎么听，不管大臣劝谏，就冒冒失失决定亲征。

明英宗叫他弟弟郕王朱祁钰和于谦留守北京，自己跟王振、邝埜等官员一百多人，带领50万大军从北京出发，浩浩荡荡向大同开去。

过了几天，明军的前锋在大同城边被瓦剌军打得全军覆没，各路明军也纷纷溃退下来。明军退到土木堡（在今河北怀来东）时，太阳刚刚下山，有人劝英宗趁天没黑，再赶一阵，进了怀来城（今河北怀来）再休息，即使瓦剌军来了，也可以坚守。可是王振却想着落在后面装运他家财产的几千辆车子，硬要大军在土木堡停下来。土木堡名称叫堡，其实没有什么城堡可守。不久，明军就遭到了瓦剌军兵的伏击。明军毫无斗志，丢盔弃甲，狂奔乱逃。瓦剌军紧紧追赶，被杀和被乱兵踩死的明军，不计其数，邝埜在混乱中被杀死，祸国殃民的奸贼王振也被禁军将领樊忠一铁锤砸死。明英宗做了俘虏。历史上把这次事件称作"土木之变"。

此一战役，明军死伤数十万，文武官员亦死伤50余人。英宗被俘消息传来，京城大乱。廷臣为应急，联合奏请皇太后立郕王朱祁钰即皇帝位。皇太后同意众议，但郕王却推辞不就。文武大臣及皇太后正在左右为难之时，英宗秘派使者到来，传口谕命郕王速即帝位。郕王于九月初六登基，是为景帝，以第二年为景泰元年，奉英宗为太上皇。瓦剌自俘虏明英宗，便大举入侵中原，并以送太上皇为名，令明朝各边关开启城门，乘机攻占城池。十月，攻陷白羊口、紫荆关、居庸关，直逼北京。

于谦守京城

英宗被俘的消息传到北京后，满朝文武大臣乱作一团，没有一个人能拿出好主意。翰林侍讲官徐珵主张走为上策，向南撤退。此时，朝中你一言，我一语，吵吵嚷嚷，毫无结果。正在关键时刻，兵部侍郎于谦挺身而出，他说："京都是国家的根本，如果朝廷一撤出，大势就完了，大家难道忘了南宋的教训吗？"

于谦（1398～1457年），字廷益，浙江钱塘人。为永乐十九年进士，曾任监察御史、兵部侍郎、大理寺少卿、山西、河南巡抚、兵部尚书等职。

于谦的主张得到许多大臣的赞同。皇太后和朱祁钰眼看在这关键时刻，能站出一位力挽狂澜的忠臣，当然满心欢喜，立即委以于谦兵部尚书的重任，让他负责指挥军民守城。

景泰元年九月，代宗即位不久，瓦剌军进逼宣府城下。于谦面对敌我兵力悬殊的态势，一面抓防卫，一面抓备战，大力征募新兵，调运粮草，赶制兵器，不到一个月，就征集了20万人马，做好一切迎敌的准备。

十月，也先挟持着被俘的皇帝朱祁镇攻破紫荆关，兵逼北京城。于谦主张先打掉也先的嚣张气焰，鼓舞士气。他调集了22万军队，做好迎战准备，并作了周密布置：都督王通、副都御史杨善率部守城，其余将士分别驻扎在9个城门外，列阵待敌。

明军副总兵高礼首先在彰义门外告捷，歼敌数百，夺回民众千人。狡猾的也先，眼看明军有于谦等将领指挥，硬攻不能取胜，便变换手法，以送还朱祁镇为名，准备诱杀于谦等人，但被于谦识破了。

也先见此计不成，便采取强攻。于谦不在正面与敌人拼杀，他派骑兵佯攻，把敌军引

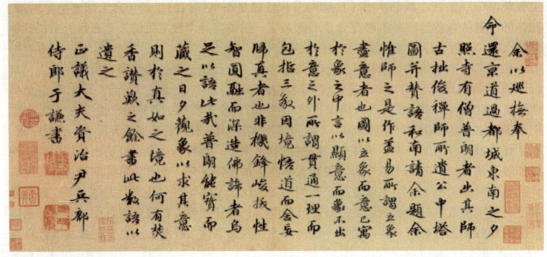

于谦《题公中塔图赞》

入伏击圈内，便用埋伏好的火炮轰击，瓦剌军伤亡惨重，也先的弟弟勃罗也在炮火中丧生。

瓦剌军围攻京都，屡遭挫败，进攻居庸关又遭守将罗通的抵抗。也先怕归路被明军切断，忙带着朱祁镇向良乡（北京房山区东）后撤。明军乘胜追击，大获全胜。也先带着残兵败将逃回塞外。

北京之战，瓦剌军受到重挫，引起内部不和。也先见留着朱祁镇也没有多大作用，就把他送回了京都。从此，瓦剌军再也不敢进犯明朝了。

于谦迫使瓦剌于景泰元年释放英宗，并说服景帝迎英宗归国。他改革亲军旧制，创立团营，整肃军纪，加强训练，毫不松懈。他本人才识过人，忧国忧民，深受景帝器重。天顺元年（1457年）正月，于谦被陷害致死。他曾有的"粉身碎骨全不怕，要留清白在人间"的著名词句，不幸竟成为他自身的写照。后人辑这位民族英雄的诗文为《于忠肃集》流世。

宪宗即位后，为于谦平反，恢复官衔。孝宗即位后，又追赠其为太傅，谥肃愍，为他建"旌功祠"。后神宗改谥为"忠肃"。

海瑞罢官

明孝宗之后是明武宗，然后又到了明世宗年间。大奸臣严嵩掌权时，不仅他的自家亲戚，就连他手下的同党，也都是依仗权势作威作福之辈。上至朝廷大臣，下至地方官吏，谁敢不让着他们几分！

可是在浙江淳安县里，有一个小小的县官，却能够秉公办事，对严嵩的同党也不讲情面。他的名字叫海瑞。

海瑞（1514～1587年），自号刚峰，生性峭直严厉，不肯阿上，又清苦自律，力摧豪强，厚抚穷弱，所以深受百姓拥护，而经常触忤当道，曾经三次丢官。一度入狱。他20多岁中了举人后，被调到浙江淳安做知县。海瑞到了淳安，认真审理过去留下来的积案，不管什么疑难案件，到了海瑞手里，都一件件调查得水落石出，从不冤枉一个好人。当地百姓都称他是"海青天"。

海瑞的顶头上司浙江总督胡宗宪，是严嵩的同党，他到处敲诈勒索，谁敢不顺他心，他就让谁倒霉。

有一次，京里派御史鄢懋卿到派江视察。鄢懋卿是严嵩的干儿子，敲诈勒索的手段更阴险。他每到一个地方，地方官吏要是不"孝敬"他一笔大钱，他是绝不会放过的。各地官吏听到鄢懋卿要来视察的消息，都一筹莫展。可鄢懋卿却装出一副奉公守法的样子，他通知各地，说他向来喜欢简单朴素，不爱奉迎。

海瑞听说鄢懋卿要到淳安来，就给鄢懋卿送了一封信，信里说："我们接到通知，要我们招待从简。可是据我们得知，您每到一个地方都是花天酒地，大摆筵席。这就叫我们不好办啦！要按通知办事，怕怠慢了您；要是像别地方一样大肆铺张，又怕违背您的意思。请问该怎么办才好？"

鄢懋卿看到这封揭他老底的信，气得咬牙切齿。但是他早听说海瑞是个铁面无私的硬汉，心里有点害怕，就临时改变主意，绕过淳安，到别处去了。

通过这件事，鄢懋卿对海瑞怀恨在心。后来，他在明世宗面前狠狠告了海瑞一状，海瑞被撤了淳安知县的职务。

严嵩倒台后，鄢懋卿也被充军到外地，海瑞恢复了官职，后来又被调到京城做官。

那时候，明世宗已经有 20 多年没有上朝了，他整天躲在宫里跟一些道士们鬼混，一些朝臣谁也不敢说话。海瑞虽然官职不大，却大胆写一道奏章向明世宗劝谏。他把明王朝的昏庸腐败现象痛痛快快地揭露出来。

海瑞这道奏章在朝廷引起了一场轰动，更触怒了明世宗。明世宗看了奏章后，又气又恨，下令把海瑞抓了起来，交给锦衣卫严刑拷打。直到明世宗死了，海瑞才被释放。

神宗即位后，他任右佥都御史巡抚应天知府，打击豪强，平反冤狱，大修水利，推行一条鞭法，为民众做了很多好事，深受百姓爱戴。但海瑞不肯迎合上官，一贯恃才傲物的宰相张居正亦不免暗怀嫉恨，终于把海瑞第三次排挤出朝。

明万历十三年（1585 年），海瑞在赋闲 16 年后，以 72 岁的高龄被召为南京右都御史。

海南省海口市海瑞墓

他作风不改，依旧是一心为民，两袖清风。明万历十五年（1587年），海瑞病殁任上。海瑞去世后，身无分文，连为其办理丧事的钱也是大家捐集而成。发丧时，农辍耕，商罢市，号哭相送数百里不绝。后来赐谥"忠介"。

戚继光抗倭

倭寇最早出现在元末明初，当时日本处于南北朝分裂时期。日本西南的封建割据势力除了互相争战外，还常勾结海盗、商人和浪人武士在中国沿海进行武装掠夺和骚扰，形成了最初的倭患。永乐时因为军备整饬，加强了海防，又同日本政府交涉，所以倭寇没能进行大规模骚扰。但到了正统以后，明朝政治日益腐败，海防松弛，倭寇侵扰又渐渐猖獗起来。嘉靖时，随着东南沿海一带商品经济的发展，一些经商的富豪地主与倭寇勾结，形成武装劫夺集团，气焰十分嚣张，倭患达到高潮。明政府曾派朱纨做浙江巡抚，监督抗倭。朱纨看到问题症结在于闽浙富豪通倭，便打击了一些地主奸商，并积极加强海防抗倭，但因触犯了富豪大户的利益而处处受到阻挠，被迫自杀。

后来，朝廷派熟悉沿海防务的老将俞大猷去平乱。俞大猷一到浙江，就打了几个胜仗。可是不久，江浙总督张经被严嵩的同党赵文华陷害，俞大猷也被牵连坐了牢。沿海的防务没人指挥，倭寇又猖獗起来。朝廷把山东的将领戚继光调到浙江，这个局面才得到扭转。

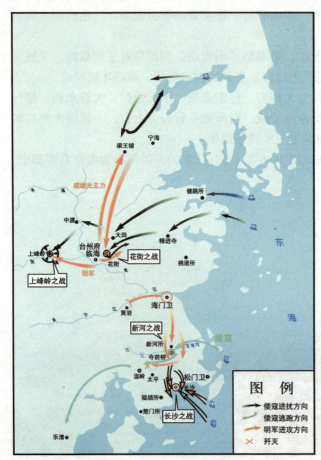

台州大捷示意图

戚继光，字元敬，山东蓬莱人。戚继光的六世祖戚详原是朱元璋部将，东征西讨近30年，最后在云南战死。明太祖追念戚详的功绩，授他的儿子戚斌为明威将军，世袭登州卫（今山东蓬莱）指挥佥事。

1544年，戚景通病死，17岁的戚继光承袭了登州卫指挥佥事，从此开始了他的军职生涯。两年后，戚继光分工管理屯田事务。这时，卫所的军丁大多逃亡，屯田遭到破坏，海防受到很大影响。戚继光了解了这些情形，进行清理整顿，很快收到成效。

戚继光调到浙江抗倭前线后，发现军队缺乏训练，临阵畏缩，根本不能打仗。针对明军兵惰将骄、纪律松弛、战斗力低等弱点，戚继光两上《练兵议》，并以"杀贼保民"为号召，在嘉靖三十八年（1559年）九月亲自往义乌、金华招募素质良好的矿工和农民入伍，经过数月的精心编制与严格训练，组成了3000多人的新军。

新军在戚继光领导下，纪律严明，作战英勇，对百姓秋毫无犯，多次建立战功，战斗力非常强，被人们誉为"戚家军"。

1561年四月，倭寇聚集了1万多人，驾数百艘战船，又一次大举侵扰浙东的台州和温州，骚扰了大片地区，声势震动了整个东南。戚家军迅速出击，先在龙山和雁门岭打败倭寇，接着驰援台州，在台州外上峰岭设伏。戚家军士兵每人执松枝一束，隐蔽住身体，使倭寇以

戚家祠堂

为是丛林，等倭寇过去一半，立刻发起进攻。士兵一跃而起，居高临下，猛烈冲锋，全歼了这股倭寇。台州的战斗历时一个多月，共斩杀倭寇1400多人，烧死溺死4000多人。戚继光因功升为都指挥使。

这时，福建沿海倭患严重，福建巡抚向朝廷一再告急。戚继光奉命到福建抗倭，仅仅3个月，就荡平了横屿、牛田、林墩3个倭寇巢穴。戚继光升任都督同知、总兵官，镇守福建全省及浙江金华、温州二府。

不久，倭寇又聚集了2万多人，陆续在福建泉州、漳州、兴化等地登陆。戚家军分成数支，和倭寇展开激战，在一个月内就打了12次胜仗，杀死倭寇3000多人。1563年农历十一月，2万多倭寇围攻仙游。仙游军民昼夜在城上死守，情势十分危急。戚继光调各路明军，切断仙游倭寇与福建其他各处倭寇的联系，对围攻仙游的倭寇发起总攻，一举把这批倭寇消灭了。仙游大捷是以戚家军为主力的明军继平海卫之战后的又一重大胜利，共歼灭倭寇两千多人。

接着，戚继光又在同安、漳浦两地指挥戚家军大败倭寇，使福建境内倭患平定下来。1565年以后，广东总兵俞大猷官复原职，戚继光任职副总兵配合抗击倭寇。经过戚继光、俞大猷等抗倭将领的共同努力，以及沿海军民的浴血奋战，到1566年时，横行几十年的倭患，终于得到基本解决。

张居正改革赋役

明世宗千方百计寻找长生不老的药方，不但没有得到，反而误服了有毒的"金丹"，命丧九泉。明世宗死后，他的儿子朱载垕即位，这就是明穆宗。

明穆宗在位期间，大学士张居正才华出众，得到穆宗的信任。隆庆六年（1572年）五月，仅仅执掌朝政6年的明穆宗病危，他诏令大学士高拱、张居正、高仪为顾命大臣，令他们辅佐幼帝。二十六日，穆宗于乾清宫病逝，享年36岁，葬于昭陵。六月初十，皇太子朱翊钧遵遗诏继承帝位，改次年为万历元年，是为明神宗。

大学士张居正（1525～1582年），湖广江陵县（今湖北江陵）人，字叔大，号太岳。嘉靖二十六年（1547年）进士，历任编修、礼部侍郎兼翰林院学士、吏部左侍郎兼东阁大学士、礼部尚书兼武英殿大学士，加少保兼太子太保等职，是明代著名政治家。

张居正为皇帝编著的《帝鉴图说》

张居正与宦官冯保的私交很好，且两人共同辅助幼年明神宗执掌朝政。神宗即位只过了一个月，张居正即利用冯保将高拱排挤掉，代之为首辅，并推荐礼部尚书吕调阳兼文渊阁大学士，参预机务。至此，张居正、冯保两人执掌明王朝政权。张居正根据穆宗的嘱托，像老师教学生一样，辅导年仅 10 岁的明神宗。他自编了一本图文并茂的历史故事书，叫作《帝鉴图说》，每天讲给神宗听。

神宗把张居正当作严师看待，既尊敬，又惧怕。再加上太后和宦官冯保支持张居正，朝中大事几乎全部由他做主了。为扭转嘉靖、隆庆以来军政腐败、财政空虚、民不聊生的局面，以除旧布新、振纲除弊和富国强兵为宗旨，在整顿吏治、整饬边防、整顿经济、兴修水利等众多方面进行了一系列的改革。

那个时候，沿海的倭寇已经肃清了，但北方的鞑靼族还不时入侵内地，对明王朝构成威胁。张居正把抗倭名将戚继光调到北方去镇守蓟州（在今河北北部），戚继光从山海关到居庸关的长城上修筑了 3000 多座堡垒，以防鞑靼的进攻。戚家军号令严明，武器精良，多次打败鞑靼的进攻。鞑靼首领俺答见使用武力不行，便表示愿意和好，要求通商。张居正奏明朝廷，封俺答为顺义王。以后的二三十年中，明朝和鞑靼之间就没有发生战争，北方各族人民的生活也安定下来。

当初，由于朝政腐败，大地主兼并土地，巧取豪夺，地主豪绅越来越富，国库却越来越穷。张居正下令清查土地，结果查出了一批被皇亲国戚、豪强地主隐瞒的土地，这一来，使一些豪强地主受到了抑制，增加了国家的收入。

丈量土地后，张居正又把当时名目繁多的赋税和劳役合并起来，折合成银两来征收，称为"一条鞭法"。经过这种税收改革，一些官吏就不能营私舞弊了。

经过 10 年的努力，张居正的改革措施起到明显的效果，使十分腐败的明朝政治有了转机，国家的粮仓存粮也足够支用十年的。但是这些改革触犯了一些豪门贵族的利益，他们表面不得不服从，背地里却对张居正恨之入骨。

由于张居正的权力太集中了，明神宗长大后，却反而闲得没事干。这时候，就有一批亲近的太监在内宫用各种办法给他取乐。

后来，由张居正做主，把那些引诱神宗胡闹的太监全部赶出宫去，太后还让张居正代神宗起草了罪己诏（皇帝责备自己的诏书）。这件事发生后，使明神宗对张居正从惧怕发展到怀恨了。

1582 年，张居正病死，明神宗亲自执政。那些对张居正不满的大臣纷纷攻击张居正执政时专横跋扈。第二年，明神宗把张居正的官爵全部撤掉；还派人查抄了张居正的家。张居正的改革措施也遭到极大的破坏，刚刚有一点转机的明朝政治又昏暗下去。

东林党与阉党之争

明朝经历了神宗、光宗两朝后，明熹宗即位。当时朝臣结党，派系林立。万历三十二年（1604年），落职还乡的原吏部郎中顾宪成在地方官员的资助下，与高攀龙同讲学于无锡东林书院，他们讽议时政，裁量人物，其言论形成了广泛的社会影响，在朝在野的各种政治人物和东南城市势力以及一些地方实力派都聚集他们周围，形成了一个声势浩大的东林党。

顾宪成像

早期与东林党对立的主要是一批代表大地主集团利益的官员。东林党与各党派的斗争是以争"京察"为发端的，以后争论的中心逐渐转移到太子废立问题上来。后期党争主要是与以魏忠贤为首的阉党的斗争。魏忠贤原是当地有名的市井无赖，后因赌博输尽了家产，做了太监。熹宗时，魏忠贤与熹宗乳母客氏勾结，日益得宠，成为新的政治集团，被称为"阉党"。

东林党曾为熹宗登基之事出过大力，他们当政后，开始整顿朝纲，将很多腐败官员罢免。这些人便纷纷投靠魏忠贤，魏忠贤把东林党人看成阻止他实现野心的重要障碍。天启四年（1624年），魏忠贤在宫内基础已牢固，开始向外廷出击。六月，素以刚直敢谏著名的左副都御史杨涟上疏参劾，列举魏忠贤24条大罪，并请求驱逐客氏出宫。魏忠贤设计使熹宗下旨严责杨涟。不久，杨涟和东林党另一重要成员左光斗一起被罢了官。天启五年，阉党爪牙许显纯捏造口供，将杨涟、周朝瑞、左光斗、袁化中等人下在锦衣卫大狱中，不久又将他们杀害。天启六年，魏忠贤捏造了"七君子"事件，把东林党人周启元等7人迫害致死。此外，为了打击反抗和不肯依附他们的官员，魏忠贤的党羽们还编列了黑名单，将不肯同流合污的官员指为东林党，列在黑名单上。当时开列黑名单已成为一大风气，很多人被他们弄死。一时间，朝廷上下乌烟瘴气，魏忠贤的权势达到了顶峰。

天启七年（1627年）熹宗病逝，崇祯继位，魏忠贤大势已去，自知被天下人所憎恨，难以自保，便自缢而死，阉党势力也遭到严重打击。东林人士逐渐返回朝廷。

东林党人主张改良政治、开放言路，反对横征暴敛，提倡减轻人民负担、缓和矛盾，并为此进行了坚持不懈的斗争，他们敢于揭露批判黑暗腐败政治，为民请命，为挽救明朝危机做出了巨大努力，反映了社会进步势力的要求。

努尔哈赤建后金

满族的前身是女真族，长期居住在今松花江南北以及黑龙江一带。早在11世纪时，女真族的完颜部就曾建立过政权。元时一部分女真人迁入中原，另一部分仍留在东北。明初女真生产渐渐发展，出现了阶级分化。作为满族主体的建州女真定居于赫图阿拉（今辽宁一带），接受明政府的有效管辖，定期交纳贡赋。当明王朝政治越来越腐败的时候，建州女真不断扩大势力，渐渐强大起来，它的首领是爱新觉罗·努尔哈赤。

努尔哈赤出生在建州女真的贵族家庭里。祖父觉昌安和父亲塔克世都被明朝封为建州左卫的官员，努尔哈赤从小就学习骑马射箭，练得一身好武艺。

努尔哈赤25岁那年，建州女真部有个土伦城的城主尼堪外兰，引来明军攻打古勒寨城主阿台。阿台的妻子是觉昌安的孙女，觉昌安便带着塔克世到古勒寨去，途中碰上明军攻打古勒寨，觉昌安和塔克世都死在混战中。

　　努尔哈赤痛哭了一场，葬了他的祖父、父亲，但是想到自己的力量太弱，不敢得罪明军，就把怨恨全集中在尼堪外兰身上。努尔哈赤满腔悲愤地回到家里，找出了他父亲留下的盔甲，分发给他手下的兵士，向土伦城进攻。尼堪外兰根本不是努尔哈赤的对手，狼狈逃走。努尔哈赤攻克了土伦城后，趁机又征服了建州女真的一些部落。

　　努尔哈赤灭了尼堪外兰，声名远扬。过了几年，他统一了建州女真。这样一来，引起女真族其他部落的恐慌。当时女真族有三部，除了建州女真之外，还有海西女真和"野人"女真。海西女真中数叶赫部实力最强。1593年，叶赫部联合了女真、蒙古9个部落，合兵3万，分3路向努尔哈赤进攻。

八旗军服

八旗军服以颜色作区别，但只为大阅礼时穿着，平时不用。起初各旗是地位平列的，入关之后才有皇帝自领上三旗的做法。所以正黄旗、镶黄旗、正白旗被称为上三旗，其余五旗为下五旗。

努尔哈赤听到九部联军来攻，便在敌军来路上埋伏了精兵；在路旁山岭边，安放了滚木石块。九部联军一到古勒山下，建州兵就派出100骑兵挑战。叶赫部一个头目冲过来，马被木桩绊倒，建州兵上去把他杀了，另一头目当时被吓昏过去。这样一来，九部联军没有了统一指挥，四散逃窜，努尔哈赤乘胜追击，打败了叶赫部。又过了几年，努尔哈赤统一了女真族各部。

努尔哈赤统一了女真后，把女真人编为8个旗。旗既是一个行政单位，又是军事组织。为了麻痹明朝，努尔哈赤继续向明朝朝贡称臣，明朝廷认为努尔哈赤态度恭顺，便封他为"龙虎将军"。

1616年，努尔哈赤认为时机成熟，就在八旗贵族拥护下，在赫图阿拉（今辽宁新宾附近）即位称汗，国号金。历史上为了跟过去的金朝区别把它称为"后金"。

萨尔浒之战

1618年，努尔哈赤召集八旗首领和将士誓师，宣布跟明朝结下七件冤仇，叫作"七大恨"。第一条就是明朝无故杀死了他的祖父和父亲。为了报仇雪恨，他决定起兵征伐明朝。

努尔哈赤亲自率领2万人马攻打抚顺。他先写信给抚顺明军守将李永芳，劝他投降。李永芳见后金军来势凶猛，无法抵抗，就投降了。后金军俘获人口、牲畜30万。明朝的辽东巡抚派兵救援抚顺，也被后金军在半路上打垮了。

明神宗得知消息后，派杨镐为辽东经略，讨伐后金。杨镐率总兵杜松、马林、刘铤、李如柏，又通知朝鲜叶赫出兵助攻，合11万人，浩浩荡荡杀奔后金。杨镐令总兵马林率1.5万人出开原，入浑河上游，从北面进攻；总兵杜松领3万人担任主攻，由沈阳出抚顺关入苏子河谷，从西面进攻；总兵李如柏率2.5万兵由西南进攻；总兵刘铤率兵1万与朝鲜兵1.5万由南进攻；杨镐坐镇沈阳指挥，四路大军会攻赫图阿拉。

经过侦察，努尔哈赤得知山海关总兵杜松率领的中路左翼是明军主力，他们正从抚顺出发，打了过来。努尔哈赤决定集中兵力，先对付杜松。

杜松是一位身经百战的名将。从抚顺出发时，天正下着大雪，杜松立功心切，不管气候恶劣，急急忙忙冒雪行军。他先攻占了萨尔浒（今辽宁抚顺东）山口；接着，把一半兵力留在萨尔浒扎营，自己带了另一部精兵攻打后金的界藩城（今新宾西北）。

努尔哈赤一面发兵增援吉林崖，一面亲率4.5万旗兵直扑驻萨尔浒的明军西路主力。两军展开激战，杀得天昏地暗。杜松军点燃火炬照明以便准确炮击，后金军利用明军的火光，以暗击明，集矢而射，杀伤其众。时起大雾，努尔哈赤趁雾引一路军越过堑壕，拔掉栅寨，攻占明军营垒。明西路军遂溃，死伤逾万。与此同时，杜松万余军在吉林崖也遭后金军重创，杜松战死，明西路全军覆没。

明军主力被歼，南北二路显得势弱，处境孤单，马林率北路军进至尚间崖时，得知杜松覆灭，不敢前进，就地防御。他环营挖掘三层堑壕，将火器部队列于壕

萨尔浒大战的遗物——明代铁炮

外，骑兵继后；又命潘宗颜、龚念遂各率万人屯于大营数里外以成掎角之势，并环战车以迟滞后金。努尔哈赤在击灭杜松后，已率八旗主力转锋北上，迎击明北路军。随后，后金军一部骑兵横冲龚念遂阵营，并以步兵正面冲击破明军车阵，龚军大败。主力后金军与马林部明军大战于尚间崖，刚击溃龚念遂的后金骑兵已迂回到马林军侧后，与主力前后夹击，马林大败。努尔哈赤挥军乘胜追击，八旗骑兵又冲垮潘宗颜军，北路明军大部被歼。坐镇沈阳的杨镐，接到两路人马覆灭的消息，连忙派快马传令另外两路明军立刻停止进军。

中路右翼的辽东总兵李如柏胆小谨慎，行动也特别迟缓，他一接到杨镐的命令，急忙撤退。剩下的是南路军刘綎。杨镐发出停止进军命令的时候，南路军因迷路未能如期到达目的地，而又不知明北、西二路已被歼，仍向北开进，当快到萨尔浒时，努尔哈赤已击败马林，挥师南下，作好了迎战准备。努尔哈赤以主力埋伏于赫图阿拉南，另以少数士兵冒充明军，持着杜松令箭，诈称西路明军已迫近赫图阿拉，要刘綎速进会攻。刘綎毫不怀疑，带着人马进入了后金军的包围圈。后金军里应外合，四面夹击，明军阵势大乱。刘綎虽然英勇，但毕竟寡不敌众，战死在乱军中。

这场战争从开始到结束，只有 5 天的时间，杨镐率领的 10 万明军损失过半，文武将官死了 300 多人。这就是历史上著名的“萨尔浒之战”。

萨尔浒之战后，明朝元气大伤。两年后，努尔哈赤又率领八旗大军，接连攻占了辽东重要据点沈阳和辽阳。公元 1625 年三月，努尔哈赤把后金都城迁到沈阳，把沈阳称为盛京。从那以后，后金就对明朝的统治构成了威胁。

袁崇焕大战宁远

萨尔浒大战之后，明王朝派老将熊廷弼出关指挥辽东军事。熊廷弼是个很有指挥才能的将领，可是担任广宁（今辽宁北镇）巡抚的王化贞却怕熊廷弼影响他的地位，百般阻挠熊廷弼的指挥。1622 年，努尔哈赤向广宁进攻，王化贞带头出逃。熊廷弼面对混乱的局事，只好保护一些百姓退到山海关内。

广宁失守后，明王朝不问事由，便把熊廷弼和王化贞一起打进大牢。

宁远城遗址
1626 年，努尔哈赤亲率十三万大军，号称二十万，围攻明关外要塞宁远城（今辽宁省兴城市），遇到明将袁崇焕抗击，久攻不下，背发痈疽而死。

熊廷弼一死，派谁去抵抗后金军呢？

这时，详细研究了关内外形势的主事（官名）袁崇焕向兵部尚书孙承宗说：“只要给我人马军饷，我能负责守住辽东。”袁崇焕（1584～1630年），字元素。广东东莞人。万历四十七年进士。历兵部主事、监军金事、宁前兵备金事。天启三年（1623年）九月奉命筑宁远城，晋升为右参政，按察使职，驻守宁远。

那些被后金的攻势吓破了胆的朝廷大臣听说袁崇焕自告奋勇，都赞成让袁崇焕去试一试。明熹宗给了他

20 万饷银，要他负责督率关外的明军。

袁崇焕到了关外，在宁远筑起三丈二尺高、两丈宽的城墙，装备了各种火器、火炮。孙承宗还派了几支人马分别驻守在宁远附近的锦州、松山等地方，与宁远互相支援。

袁崇焕题写的聚奎塔匾额

袁崇焕号令严明，辽东的危急局面很快就扭转过来。

正当孙承宗、袁崇焕守卫辽东有了进展之时，却遭到魏忠贤的猜忌。

魏忠贤先是排挤孙承宗离了职，又派了他的同党高第指挥辽东军事。高第是个庸碌无能之辈，他一到山海关，就召集将领开会，说后金军太厉害，关外防守不了，让各路明军全部撤进山海关内。

袁崇焕坚决反对撤兵，高第见说不服袁崇焕，只好答应袁崇焕带领一部分明军在宁元留守，但却要关外其他地区的明军，限期撤退到关内。

努尔哈赤看到明军撤退时的狼狈相，认为明朝容易对付。1626 年，他亲自率领 13 万人马，渡过辽河，向宁远进攻。

努尔哈赤带领后金军气势汹汹地到了宁远城下，冒着明军的箭石、炮火，猛烈攻城。明军虽然英勇抵抗，但是后金兵倒下一批，又上来一批，情况十分危急，袁崇焕下令动用早就准备好的大炮，向后金军轰击。炮声响处，只见一团火焰，后金兵士被炸得血肉横飞，纷纷后撤。

第二天，努尔哈赤亲自督战，集中优势兵力攻城。袁崇焕登上城楼瞭望台，沉着应战。等到后金军冲到逼近城墙的地方，他便命令炮手瞄准敌人密集的地方发炮。这样一来，后金军伤亡就更大了。正在后面督战的努尔哈赤也受了重伤，不得不下令全军撤退。

袁崇焕见敌人退兵，就乘胜杀出城去，一直追了 30 里，才得胜回城。

努尔哈赤受了重伤，回到沈阳后，伤势越来越重，没过几天，就咽了气。他的第八个儿子皇太极接替了他，做了后金大汗。

皇太极用反间计

努尔哈赤死后的第二年，皇太极亲自率领人马，攻打明军。后金军分兵三路南下，先包围了锦州城。袁崇焕料定皇太极的目标是宁远，决定自己镇守宁远，派部将带领四千骑兵援救锦州。果然，援兵还没出发，皇太极已经派兵来攻打宁远。袁崇焕亲自到城头上督战，用大炮猛轰后金军；城外的明军援军也配合战斗内外夹击，把后金军打跑了。

皇太极把人马调到锦州，但是锦州的明军守得很严密，皇太极只好退兵。

袁崇焕虽然打了胜仗，可是魏忠贤阉党却把功劳记在自己的名下，还责怪袁崇焕没有亲自救锦州是失职。袁崇焕知道魏忠贤有心跟他过不去，就辞了职。

天启七年（1627 年）八月，明熹宗于乾清宫病逝，年仅 23 岁，临终遗诏："以皇五弟、信王由检嗣皇帝位。"朱由检为明光宗的第五子，万历三十八年（1610 年）生。他于明熹宗死的那天晚上进宫，第三天即皇帝位，诏次年为崇祯元年，这就是庄烈帝，历史上称他为思宗。

清太宗皇太极像

朱由检即位后，并没有真正掌管朝政，当时是魏忠贤独霸朝纲，朱由检第一件要做的事就是把权力从魏忠贤手里抢回来。到了那时，他才能成为真正有权的皇帝。而此时的魏忠贤已经意识到熹宗早亡使自己失去了靠山，虽然手中仍有一定势力，但不敢如以前那样放肆。九月，魏忠贤请辞东厂职，朱由检未批准；他又"乞止生祠"，但只被允止少许。十月以后，魏忠贤集团自身发生了矛盾，有人弹劾魏忠贤之罪。朱由检趁机向魏忠贤开刀，他先是下令将魏忠贤安置于凤阳，继而又下令逮捕。魏忠贤知道这个消息后自缢而死。

崇祯帝又把袁崇焕召回朝廷，提拔他为兵部尚书，负责指挥整个河北、辽东的军事。

袁崇焕重新回到宁远，选拔将才，整顿队伍，士气大振。有一次，东江总兵毛文龙作战不力，虚报军功。袁崇焕使用崇祯赐给他的尚方宝剑，把毛文龙杀了。

皇太极打了败仗，当然不肯善罢甘休，他知道宁远、锦州防守严密，决定改变进兵路线。1629年农历十月，皇太极率领几十万后金军，从龙井关、大安口（今河北遵化北）绕到河北，直扑明朝京城北京。

这一着出乎袁崇焕的意料。袁崇焕得到情报，赶忙带着明军赶了两天两夜到了北京，没顾上休息，就和后金军展开激烈的战斗。

后金军退走后，崇祯帝亲自召见袁崇焕，慰劳了一番。但是一些魏忠贤的余党却到处散布谣言，说这次后金兵绕道进京，是由袁崇焕引进来的。

崇祯帝是个疑心极重的人，听了谣言，也有些怀疑起来。正在这时，有一个被金兵俘虏去的太监从金营逃了回来，向崇祯帝报告，说袁崇焕和皇太极订下了密约，要出卖北京。

崇祯帝把袁崇焕召进宫拉长了脸责问说："袁崇焕，你为什么要擅自杀死大将毛文龙？

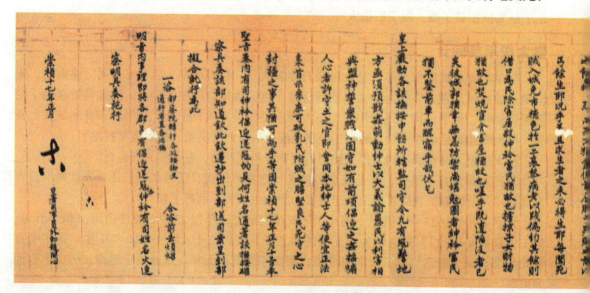

为什么金兵到了北京，你的援兵还迟迟不来？"袁崇焕一时不知如何回答才好。他正想答辩，崇祯帝已经喝令锦衣卫把他捆绑起来，押进大牢。崇祯帝拒绝大臣的劝告，到了第2年，下令把袁崇焕杀了。

皇太极用反间计除掉了对手袁崇焕，高兴得无法形容。到了1635年，皇太极把女真改称满洲；又过了一年，皇太极在盛京称帝，改国号叫清。皇太极就是清太宗。

第四节　清朝兴衰

闯王李自成

崇祯帝即位的第二年，陕西闹了一场大饥荒，老百姓没粮吃，连草根树皮也被掘光了。在这种情况下，一些地方官吏还照样催租逼税。于是，陕西各地爆发了农民起义。

这年冬天，明王朝从甘肃调了一支军队开赴北京。这支军队走到金县（今陕西榆中）时，由于兵士们领不到军饷，闹到了县衙门。带兵的将官出来弹压，有个年轻兵士引头，把将官和县官杀了。这个兵士就是李自成。

李自成是陕西米脂人，出生在一个农民家庭里，少年时就喜欢骑马射箭，练得一身好武艺。

这一次，李自成在金县杀了朝廷命官，带着几十个兵士一起投奔王左挂领导的农民军。不久，王左挂禁不住高官厚禄的诱惑，投降了朝廷，李自成不得不另找队伍。后来，他打听到高迎祥领导一支队伍起义，自称"闯王"，就去投奔了高迎祥。高迎祥见李自成带兵来投奔，十分高兴，立刻叫他担任一个队的将官，大家把他叫作"闯将"。

兵部报告李自成活动情况行稿　明
这是崇祯十七年（1644年）明朝兵部向各地下属机构发布的行稿。在行稿中，明政府不得不承认李自成的军队受到农民"如醉如痴"的欢迎，许多地方官员也"开城款迎"。行稿要求各地主迅速报告"倡迎逆贼"的官员的情况。1644年春，李自成在西安称帝，建立大顺政权，准备率领军队向北京进攻，行稿就是在这种形势下发布的。两个月后，李自成率领军队攻取北京，明朝灭亡。

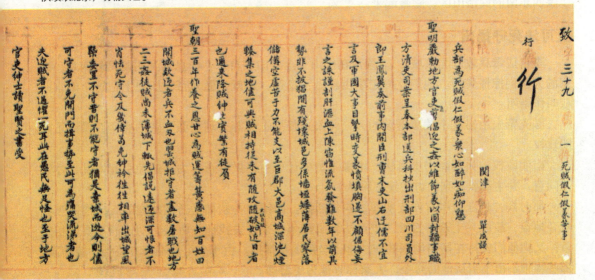

李自成所率军队纪律严明、作战勇敢，对百姓秋毫不犯，虽经受过几次挫折，但最终发展成为农民义军中力量最强大的。面对各地农民纷纷揭竿而起的局面，明政府改变了招抚的政策，转而采用剿杀的政策。但是义军实行游击战，且基础深厚，官军虽连连取胜，但怎么也剿除不净。

为了对付官军围剿，高迎祥把 13 家起义军的大小头领约到荥阳开会，商量对敌办法。李自成认为起义军应该分成几路，分头出击，打破敌人的围剿。大家听了，都觉得李自成说得有道理。经过商量后，13 家起义军分成了 6 路。有的拖住敌军，有的流动作战。高迎祥、李自成和另一支由张献忠领导的起义军向东打出了包围圈。

1633 年底，高迎祥、李自成等率义军突破黄河天险，杀入明朝的心脏地带——河南。他们乘势前进，转而向安徽方面挺进。1635 年，义军攻下明皇室凤阳老巢，那儿有朱元璋的祖坟。义军进城后，焚毁皇陵宫殿，刨了皇家祖坟。崇祯帝闻知祖坟被挖大为吃惊，下罪己诏请求祖先在天之灵宽恕自己。崇祯帝悲伤过去后，命兵部尚书杨嗣昌专力剿杀，有一次，高迎祥带兵向西安进攻。陕西巡抚孙传庭在盩厔（今陕西周至）的山谷里埋下了伏兵，高迎祥没有防备，被捕牺牲，李自成带领余部杀了出来。将士们失去了主帅，心情十分沉痛。大伙认为闯将李自成是高迎祥最信任的将领，加上他有勇有谋，就拥戴他做了闯王。从那以后，李闯王的名声就在远近传开了。

李闯王的威名越高，越使明王朝害怕和仇恨。崇祯帝命令总督洪承畴、巡抚孙传庭专门围剿李自成，李自成的处境一天比一天困难起来。在这个困难的时刻，另两支起义军的首领张献忠、罗汝才都接受了明朝的招降，李自成手下的将领也有叛变的，这使李自成处于极其危险的境地。

1638 年，李自成从甘肃转移到陕西，准备打出潼关去。洪承畴、孙传庭事先探听到起义军的动向，便在潼关附近的崇山峻岭中，布置了三道埋伏线，然后故意让开通向潼关的大路，诱使李自成进入他们的包围圈。李自成中了敌人的计。起义军经过几天几夜的搏斗，几万名战士在战斗中阵亡，队伍被打散了。

李自成和他的部将刘宗敏等 17 个人冲出重重包围，翻山越岭，排除了千难万险，才到了陕西东南的商洛山区，隐蔽起来。

史可法死守扬州

李自成带兵攻进北京城，崇祯帝在煤山（今景山）自杀，消息传到明朝陪都南京，南京的大臣们惊慌失措。他们立福王朱由崧做了皇帝，这就是弘光帝，历史上把这个南京政权叫作南明。

弘光帝朱由崧是个荒唐透顶的人，凤阳总督马士英等人利用弘光帝的昏庸，操纵了南明政权。

南明政权的兵部尚书史可法，本来不赞成让朱由崧做皇帝，为了避免引起内乱，才勉强同意，并主动要求到前方去统率军队。

那时候，长江北岸有四支明军，叫作四镇。四镇的将领都是骄横跋扈的人，他们互相争夺地盘，放纵兵士杀害百姓。史可法到了扬州，亲自去找那些将领，劝他们不要自相残杀，又把他们安排在扬州周围驻守，自己坐镇扬州指挥。由于史可法在南方将士中威信高，那些将领不得不听从他的号令，大家称呼他为史督师。

不久，多铎带领清军，大举南下，史可法指挥四镇将领抵抗，打了几次胜仗。可是南明政权内部却起了内讧：驻守武昌的明军将领左良玉和马士英争权夺势，起兵进攻南京。马士英急忙将江北四镇军队撤回，对付左良玉，还以弘光帝名义要史可法带兵保卫南京。

史可法明知道在清军压境的情况下，不该离开。但是为了平息内争，不得不带兵回南京，刚过长江，便得知左良玉兵败的消息。他急忙撤回江北，此时清兵已经逼近扬州。

史可法发出紧急檄文，要各镇将领来守卫扬州。但是过了几天，竟没有一个发兵来救。史可法清楚，只有依靠扬州军民，孤军奋战了。多铎带领清军到了扬州城下，先派人到城里劝史可法投降，一连派了五个人，都遭到拒绝。多铎恼羞成怒，下令把扬州城紧紧围困起来。

扬州万分危急，城里一些胆小的将领害怕了。第二天，就有一个总兵和一个监军带着本部人马，出城向清军投降。这一来，城里的守卫力量就更薄弱了。史可法召集全城官员，勉励他们同心协力，抵抗清兵，并且分派了守城的任务。将士们见史可法坚定沉着，都很感动，表示一定要和督师一起，誓死抵抗。

多铎命令清兵不间断地轮番攻城。扬州军民奋勇作战，把清兵的进攻一次次打退，清兵死了一批，又上来一批，形势越来越紧急。多铎下了狠心，命令清兵用大炮攻城。他探听到西门是由史可法亲自防守，就下令炮手专向西北角轰击。炮弹一颗颗在西门口落下来，城终于被轰开了缺口。史可法眼看城已经守不住了，拔出佩刀就要自杀。随从的将领上前抱住史可法，把他手里的刀夺了下来。史可法还不愿走，部将们连拉带劝地把他保护出了小东门。这时候，有一批清兵冲过来，看见史可法穿着明朝官员的装束，就吆喝着问他是谁。史可法怕连累别人，就高声说："我就是史督师，你们快杀我吧！"

1645年四月，扬州城陷落。多铎因为攻城的清军遭到很大伤亡，心里恼恨，不仅杀了史可法，还灭绝人性地下令屠杀扬州百姓，大屠杀延续了10天。历史上把这件惨案称为"扬州十日"。

扬州失守几天后，清军攻破了南京。南明政权的官员降的降，逃的逃，弘光政权也被消灭了。

夏完淳怒斥洪承畴

弘光政权瓦解后，东南沿海一带还活跃着一支抗清力量。1645年六月，明朝官员黄道周、郑子龙在福州立唐王朱聿键即位，把他称为隆武帝。另一部分官员张国维、张煌言在绍兴拥戴鲁王朱以海监国。这样，就有两个南明政权同时出现。

为了对付抗清力量，清朝廷派了在松山战役中投降清朝的洪承畴总督军事，到江南去招抚明军。

这时候，松江（在今上海市）有一批读书人也在酝酿抗清事宜，领头的是夏允彝和陈子龙。夏允彝有个年仅15岁的儿子叫夏完淳，又是陈子龙的学生。夏完淳自小就读了很多书，才华出众，在他父亲、老师的影响下，也参加了抗清斗争。

靠几个读书人去抗击清军是不行的。夏允彝有个学

夏允彝、夏完淳父子像

生吴志葵，在吴淞做总兵，手下还有一些兵士。他们去说服吴志葵一起抗清，吴志葵同意了，但不久就被清军打败。

清军围攻松江的时候，夏允彝父子和陈子龙冲出清兵包围，到乡下隐蔽起来。清兵到处搜捕他们，还想引诱夏允彝出来自首。夏允彝不愿落在清兵手里，便投河自杀了。他留下遗嘱，让夏完淳继承他的抗清遗志。

父亲的牺牲使夏完淳悲痛万分，更激起了他对清朝的仇恨。

过了一年，陈子龙秘密策动清朝的松江提督吴胜兆反清，这次兵变又失败了，吴胜兆被杀害，陈子龙也被捕自杀。

后来，夏完淳因为叛徒告密，也被捕了，清军派重兵把他押到南京。

夏完淳在监狱里被关押了80天。他给亲友写了许多可歌可泣的诗篇和书信，死亡的威胁并没有吓倒他，他感到伤心的是没有实现保卫民族、恢复中原的壮志。

对夏完淳的审讯开始了，主持审讯的正是招抚江南的洪承畴。洪承畴得知夏完淳是江南出名的"神童"，就想用软化的手段使夏完淳归服。

洪承畴露出一副温和的神态说："我看你小小年纪，未必会起兵造反，一定是受人指使。只要你肯归顺大清，我保你做官。"

夏完淳装作不知道上面坐的是洪承畴，厉声说："我听说我朝有个洪亨九（洪承畴的字）先生，是豪杰，当年松山一战，他以身殉国，震惊中外。我钦佩他的忠烈，我年纪虽然小，但是杀身报国，怎么能落在他的后面。"

这番话把洪承畴说得哭笑不得，满头是汗。旁边的兵士真的以为夏完淳不认识洪承畴，提醒说："别胡说，上面坐的就是洪大人。"

夏完淳"呸"了一声说："天下人谁不知道洪先生为国牺牲这件事。崇祯帝曾经亲自设祭，满朝官员都为他痛哭哀悼。你们这些叛徒，怎敢冒充先烈，污辱忠魂！"说完，他指着洪承畴骂个不停。洪承畴被骂得面无血色，不敢再审问下去，慌忙叫兵士把夏完淳拉出去。

1647年农历九月，这位年仅17岁的少年英雄在南京西市被害。他的朋友把他的尸体运回松江，葬在他父亲的墓旁。

郑成功收复台湾

隆武帝在福州建立政权后，他手下的大臣黄道周一心想帮助隆武帝出师北伐，抗清复明。但是掌握兵权的郑芝龙贪图富贵，抛弃了隆武帝，向清朝投降，隆武政权也就瓦解了。

郑芝龙有个儿子叫郑成功（1624～1662年），原名森，字大木。隆武帝对郑成功十分赏识，并封他为延平郡王，赐姓朱，改名成功，因此亦称为"国姓爷"。郑芝龙降清时，郑成功不听苦劝，便率师拒降，"不受诏，不剃头"，打出"背父救国"的旗号，单独跑到南澳岛，招募了几千人马，坚决抗清。

郑成功是个将才，在他的努力下，队伍渐渐强大起来，在厦门建立了一支水师。他跟抗清将领张煌言联合起来，乘海船率领17万水军，开进长江，向南京进攻，一直打到南京城下。清军见硬拼不行，就用假投降的手段欺骗他。郑成功中了清军的计，最后打了败仗，又退回厦门。

郑成功回到厦门时，清军已经占领福建大部分地方，他们采用封锁的办法，将沿海居民内迁 30 里，同时，禁止舟船出海，以切断东南人民与郑成功的联系。这给郑成功造成许多困难。为了扭转被动局面，郑成功收复我国被荷兰侵占的领土台湾，用作抗清斗争的最后基地。

台湾自古以来就是我国的领土。明朝末年，欧洲的荷兰人趁明王朝腐败无能，霸占了台湾。

1624 年荷兰殖民者被明逐出澎湖后，又占领了台湾南部，并建立了许多据点，如台湾城和赤崁城，并蚕食了大量土地。1642 年，荷兰打败了西班牙独霸台湾，在台湾实行残暴的殖民统治。

郑成功少年时期曾经跟随他父亲到过台湾，亲眼看到台湾人民遭受的苦难。这一回，他决心赶走侵略军，就下令让他的将士修造船只，积蓄粮草，准备渡海。

正巧这时，有一个在荷兰军队里当过翻译的何廷斌，赶到厦门见郑成功说，台湾人民受侵略军欺侮压迫，早就想反抗了，只要大军一到，一定能够把荷兰人赶走。何廷斌还送给郑成功一张台湾地图，把荷兰侵略军的军事布置都告诉了郑成功。郑成功有了这个可靠的情报，信心就更足了。

1661 年三月，郑成功亲率 2.5 万名将士，乘坐几百艘战船，浩浩荡荡从金门出发。他们冒着风浪，越过台湾海峡，在澎湖休整几天，便直取台湾。

荷兰侵略军听说郑军攻打台湾，十分惊慌。他们把队伍集中在台湾（在今台湾东平地区）和赤嵌（在今台南地区）两座城堡里，还在港口沉了好多破船，想阻挡郑成功的船队登岸。

何廷斌为郑成功领航，利用海水涨潮的机会，驶进了鹿耳门，登上台湾岛。

侵略军调动一艘最大的军舰"赫克托"号，气势汹汹地开了过来，阻止郑军的船只继续登岸。郑成功沉着镇定，指挥他的六十艘战船把"赫克托"号围住，随即一声令下，60

荷兰殖民者投降图

多只战船一齐开炮，把"赫克托"号击沉了。还有三艘荷兰船见势不妙，吓得掉头就跑。

随后，郑成功派兵猛攻赤嵌。赤嵌的敌军拼死顽抗，一时攻不下来。有个当地人为郑军出主意说，赤崁城的水都是从城外高地流下来的，只要把水源切断，敌人就会不战自乱。郑成功采用这个办法，没出三天，赤嵌的荷兰人乖乖地投降了。

盘踞台湾城的侵略军企图顽抗，等待援兵。郑成功采取长期围困的办法逼他们投降。在围困8个月之后，郑成功下令向台湾城发起猛攻。荷兰侵略军走投无路，只得扯起白旗投降了。

1662年初，侵略军头目被迫到郑成功大营，在投降书上签了字，灰溜溜地离开了台湾。收复台湾后，郑成功在台湾设置行政机构，将赤崁城改为安平城，在台湾设承天府，下辖天兴、万年两县；将台湾城改为安平镇。建立了与大陆一致的郡县制，大力开发台湾，发展农业生产，鼓励开荒，招徕大陆移民，积极发展海外贸易，促进了台湾社会经济发展。他还带来了先进农具和耕作技术，高山族从此以后也同大陆一样使用牛耕和铁犁种田，生活逐渐安定。

1662年5月初八，郑成功病逝。他的儿子郑经率领军队，继续驻守台湾，进行抗清活动。1683年，清军进入台湾，设置台湾府。

郑成功是我们民族的英雄。他收复了台湾，使台湾重新回到祖国的怀抱，捍卫了中国领土和主权的完整；驱逐了荷兰殖民者，结束了荷对台湾历时38年的殖民统治，保卫了中华民族的利益；兴建了台湾，促进了当地的经济开发和社会发展，具有重大的历史意义，他的壮举将永垂史册。

李定国转战西南

隆武、鲁王两个南明政权先后灭亡后，驻守在两广的明朝官员瞿式耜等在肇庆拥立桂王朱由榔即位，年号永历，这就是永历帝。

1649年，瞿式耜在桂林城被清兵攻陷后就义。在桂王政权面临覆灭之时，李定国领导的大西农民军，担负起抗清的重任。

李定国本是张献忠手下四名勇将之一，又是他的义子，排行老二，老大是孙可望。张献忠牺牲后，孙可望、李定国率领剩下的五六万起义军，南下贵州、云南。他们派人告知永历帝，愿意和他们联合抗清。永历帝见形势危急，只好依靠大西军，封孙可望为秦王。

孙可望是个有野心的家伙，他把永历帝控制在手里，在贵阳作威作福，根本不想抗清的事；李定国却一心抗清，他在云南用了一年的时间，训练了一支3万人的精锐部队，还找了一批驯象的人，组成一支象队。在做好了充分的准备之后，李定国便向清军发起了攻击。

他们从云南、贵州一直打到湖南，连战连胜，收复了几座重镇，接着，又兵分三路进攻桂林。

李定国攻进桂林，一面派兵继续肃清残敌，一面安抚百姓，把逃到山里的南明官员接回城里。有一天，李定国摆了酒宴，请来南明官员，他对官员们说："现在的局势，就像南宋末年一样。大家不是敬佩文天祥、陆秀夫、张世杰诸公吗？他们的精忠浩气，固然是名留青史，但是我们尽忠国家，毕竟不希望有那样的结局啊。"大家听了，都深深佩服李定国的豪迈气概。

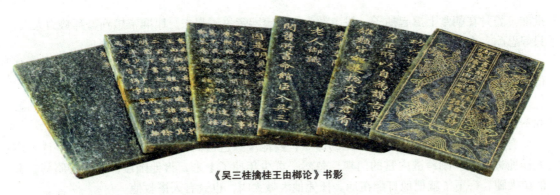

《吴三桂擒桂王由榔论》书影

永历帝得到捷报，封李定国为西宁王。接着李定国又带兵攻下永州、衡阳、长沙，逼近岳州。清朝廷得知消息，大为震惊，连忙派亲王尼堪带领10万清军反攻长沙。李定国得到消息，知道敌人来势很猛，就主动撤出长沙，却在退到衡阳的途中设下伏兵。尼堪率兵追击时，中了明军的埋伏，当场被砍死了。

李定国的胜利，引起秦王孙可望的妒忌，孙可望假意邀请李定国来商量国事，想借机暗害李定国；李定国看出了他的诡计，只好带兵离开湖南，回到云南。

孙可望野心勃勃，想逼迫永历帝让位。他知道要达到目的，首先要除掉李定国，就亲自率领14万兵马进攻云南。哪里想到，他手下的将士们恨透了他的分裂活动，在双方交战的时候，纷纷倒戈，孙军一下就瓦解了。孙可望走投无路，就逃到长沙，投降了清军。

南明政权经过孙可望叛乱，力量削弱了。1658年，清兵由降将吴三桂、洪承畴等率领，分三路向云南、贵州进攻。李定国分三路阻击，都失败了，不得已，退回昆明。永历帝和他的几个亲信官员惊慌失措，逃往缅甸去了。

永历帝逃往缅甸后，李定国继续在云南边境上征集人马，打击清军。他接连13次派人去接永历帝回国，永历帝都不敢回来。

1661年12月，吴三桂亲自带领十万清兵开进缅甸，逼迫缅甸交出了永历帝，并将其处死。这样，南明政权才彻底灭亡。

李定国艰苦抗清10多年，没有实现他的愿望，终于忧愤而死。临死的时候，他对他的儿子和部将说："宁可死在荒野，也不能投降啊！"

康熙帝削藩

清太宗之子顺治帝福临病逝后，其子玄烨即位，时年8岁。以第二年（1662年）为康熙元年。

顺治十七年（1660年）八月，顺治宠爱的董鄂贵妃病逝后，他雄心渐消，不理朝政，并沉迷于释道，几度产生了出家的念头。是年年底，顺治染上天花。顺治十八年（1661年）正月初六，顺治自知自己时日不多，急忙召见亲信、礼部侍郎兼翰林院掌院学士王熙入养心殿，命他草撰诏书。遗诏命三子玄烨即帝位，由四大臣索尼、苏克萨哈、遏必隆、鳌拜辅政。

康熙即位后，辅政大臣鳌拜独持权柄，于朝廷中培植私党，排斥异己，一时权倾天下。

康熙帝满14岁的时候，亲自执政。这个时候，另一个辅政大臣苏克萨哈和鳌拜发生了争执。鳌拜便勾结同党诬告苏克萨哈犯了大罪，奏请康熙帝处死苏克萨哈，康熙帝不肯批准。鳌拜在朝堂上掼起袖子，拔出拳头，跟康熙帝争了起来。康熙帝想到鳌拜势力太大，只好忍耐，由他把苏克萨哈杀了。

从那以后，康熙帝决心除掉鳌拜。他派人物色一批健壮有力的十几岁的贵族子弟担任侍卫。康熙帝把他们留在身边，天天练摔跤。

鳌拜进宫时，常常看到这些少年吵吵嚷嚷地在御花园里摔跤，只当是孩子们闹着玩，并不在意。

有一天，鳌拜接到康熙帝召见的命令，要他单独进宫商量国事。鳌拜像平常一样大模大样地进宫去。刚跨进内宫的门槛，忽然一群少年拥了上来，将他围住，有的拧胳膊，有的拉大腿，一下子就把他打翻在地。任凭他大喊大叫，也没有人搭救他。

把鳌拜抓进大牢后，康熙帝马上让大臣调查鳌拜的罪行。大臣们认为，鳌拜独断专横，擅杀无辜，罪恶累累，应该处死。康熙帝从宽发落，革了鳌拜的官爵。

康熙帝除掉鳌拜，朝廷里一些骄横的大臣知道了这个年轻皇帝的厉害，就不敢在他面前放肆了。

康熙帝亲自执政后，大力整顿朝政，使新建立的清王朝渐渐强盛起来。但是，南方的三个藩王却成了康熙帝的一块心病。

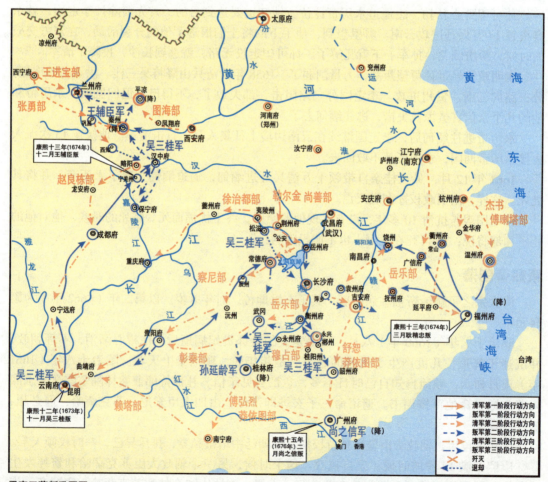

平定三藩叛乱要图

　　三藩问题由来已久。早在顺治年间，平西王吴三桂、平南王尚可喜、靖南王耿继茂奉命南征，为清王朝一统中原立下了汗马功劳。因而顺治帝在统一中原后，并没有及时撤除三藩，而是命令他们留守其地。日积月累，三藩势力日盛，成为威胁中央的地方割据势力。三藩拥兵自重，把持地方财政，欺压百姓，甚至利用沿海交通的便利条件，置清廷的海禁政策于不顾，大肆进行走私活动。

　　康熙即位之初，四大臣辅政，他们对三藩采取笼络、包容之策，企图借助他们的力量对付南明、农民军余部，因而对三藩的所作所为不闻不问，三藩的势力更加嚣张。康熙帝亲政后，敏锐地看出三藩已成为国家的心腹之患，把它列为自己亲政所必须解决的大事之一。

　　康熙亲政之前就采取措施，逐步削弱三藩的势力，他收缴大将军印，裁兵裕饷，严禁欺行霸市、借势扰民，解除藩王总管云贵两省事务的职务。亲政以后，康熙专心学习经史典籍，借鉴历朝历史，他清楚地认识到：三藩的性质不是同宋初的开国功臣一个类型，而是同唐末藩镇一个性质。于是他更加抓紧整顿财政，筹措军费，扩大兵力，并主动缓和满汉矛盾，以争取民心，为撤藩工作做准备。

　　康熙虽有撤藩之意，但鉴于"三藩俱握兵柄"，他也不敢贸然行动。正在他犹豫不决的时候，平南王尚可喜给他提供了一个机会。清康熙十二年（公元1673年）三月，平南王尚可喜上奏要求"归老辽东"，主动提出了撤藩问题。康熙立即抓住机会，顺水推舟，应允了尚可喜的要求，并对他的行为加以表彰。

　　一石激起千层浪，康熙帝的行为引起了其他二藩的恐慌。其时，吴三桂之子吴应熊正在京师，他立即派人快马加鞭送给其父书信一封，信中写道："朝廷久疑王，今二王皆有辞职疏，而王独无，朝廷之疑愈深。速拜疏岁使来，犹可及也。"吴三桂为了消除皇帝的疑心，便接受了其子的建议，立即上疏"请求撤回安插"，耿继茂之子耿精忠迫于形势，也上书一封，请求撤回安插。

　　两王上书到达京城，朝臣对是否撤藩的事情意见不一，大多数官员惧怕吴三桂势力，主张暂时妥协，先行撤去耿精忠的藩国。康熙认为与其等吴三桂蓄谋已久，养痈成患，不如痛下决心，三藩并撤。于是清康熙十二年（公元1673年）八月，帝派礼部侍郎折尔肯、翰林院学士傅达礼带手诏前往云南；户部尚书梁清标赴广东；吏部右侍郎陈一炳往福建，会同地方官员料理三藩迁移事务。但是吴三桂申请撤藩不过是故作姿态，没想到康熙帝竟然如此迅速地批准他撤藩。吴三桂感到愤愤不平，即与其党羽密谋起兵。九月初，康熙所遣办理迁移事务的大臣到达云南后，吴三桂阳奉阴违，表面上接受诏书，暗地里却一再拖延动身日期，加紧叛乱的步伐。十一月二十一日，吴三桂杀死云南巡抚朱国治，逼使云贵总督甘文焜自杀，扣留了折尔肯，吴三桂又自称"周王"，决定明年为周王元年，公开反叛清朝。

　　吴三桂反叛的消息传到北京，举朝震惊。大臣中主张向吴三桂妥协的人很多，大学士索额图竟然要求将"前议三藩当迁者，皆宜正以国法"。康熙也知情势严重，但他知道撤藩的决策没有错，此时向吴三桂妥协，只能长他的气焰，灭自己的威风。康熙下定决心要与吴三桂一比高低。吴三桂起兵前后，曾经致书平南、靖南二藩，台湾郑经以及贵州、四川、湖广、陕西等地官吏，他还发布了蛊惑人心的《反清檄文》。一时间，滇、黔、湘、蜀纷纷响应。吴三桂主力东侵黔湘，很快兵力便达到14万。接着河北总兵察禄也反于彰德，塞外又有察哈尔部布尔民的叛乱，可谓"东南西北，都在鼎沸"。

　　康熙没有退路可走，当即采取措施，布置兵力，"增派八旗精锐前往咽喉要地荆州固守"，通知停撤广州和福州二藩，孤立吴三桂，拘禁额驸、吴三桂之子吴应熊及家属，赦免散处各地的原属吴三桂的官员，削除吴三桂爵位，并悬赏捉拿吴三桂。

康熙十四年，吴三桂与清王朝的对抗达到了顶峰。叛军在全国形成了三大战场：耿精忠控制的福建、浙江、江西为东线，"湖南是正面战场"以及四川、陕西、山西、甘肃为西线。康熙分析形势，定下战略方针：以荆州为战略立足点，顶住湖南战场的吴军主力，只对峙而不主动出击。主攻从侧翼入手，先解决耿精忠、王辅臣两股主要叛军，然后再集中力量对抗吴三桂。康熙还并用剿灭、招抚两手，亲自致书王辅臣、耿精忠等人，表示只要他们"投诚自归"，即赦免前罪，仍像从前一样对待他们。康熙十五年，王辅臣兵变降清。十月，耿精忠投降。十二月，尚之信也公开反吴。康熙践约，一律优待他们。如此一来，那些蒙受蛊惑的将领和将官纷纷投降，吴军渐渐分化瓦解。

康熙十七年八月，吴三桂暴病身亡。其孙吴世璠即大周皇位，改元洪化。他见势不妙，退居贵阳。清军在解决两翼之后，开始战略反攻，进入湖南。康熙十八年正月，清军攻克岳州。

接着势如破竹，一路收复长沙、常德、衡州。至此，湖南、四川、贵州、广西被收复。康熙又下令兵分三路，进军云南，清康熙二十年（公元1681年）十一月，昆明城破，历时八年的内战以吴三桂的覆灭而告终。

清军平定了叛乱势力，统一了南方。正当朝廷庆贺平定叛乱告捷的时候，在我国东北边境又传来沙皇俄国侵犯边境的消息。

雅克萨的胜利

明朝末年，明、清双方都忙着打仗，北方边境的防务就无人顾及了。沙皇俄国趁机向我国黑龙江地区进犯。他们在我国掠夺财物，杀害人民。直到清朝稳定了局势，才派兵打击沙俄侵略军，收复了被俄国占领的黑龙江北岸的雅克萨（在今黑龙江呼玛西北，漠河以东的黑龙江北岸）。

后来，康熙帝为了平定三藩，把大批兵力调到西南去。有个俄国逃犯带了84名匪徒逃窜到我国雅克萨，在那里筑起堡垒，到处抢掠。他们把抢来的貂皮献给沙皇。沙皇不仅赦免了逃犯的罪，还任命为首的歹徒做了雅克萨长官，想永远霸占我国土地。

康熙帝平定了三藩之乱后，听到东北边境遭到侵犯，便亲自来到盛京，派将军彭春、郎谈借打猎为名到边境侦察。

1683年农历三月，康熙帝再次致书俄国沙皇，要求俄军撤走，两国以雅库茨克为界，但再遭拒绝。康熙帝终于看清：若非"创以兵威，则罔知惩畏"，于是决意征剿。九月，清朝勒令盘踞在雅克萨等地的沙俄侵略军撤出中国领土。侵略军不予理睬，反而窜至爱辉劫掠，被清宁古塔副都统萨布素率军击败，清军全部拆除了黑龙江下游俄军建立的据点，使雅克萨成为孤城。沙俄军不但不肯退出，反而向雅克萨增兵，跟清朝对抗。于是，康熙帝发布了进军的命令。

一月二十三日，康熙帝命都统彭春赴爱辉，负责收复雅克萨。四月二十八日，彭春和刚被委任的黑龙江将军萨布素、建义侯林兴珠率领由满、汉、蒙古、达斡尔等民族组成的约2000人军队，携战舰、火炮和刀矛、盾牌等兵器，从爱辉出发，分水陆两路向雅克萨开进，五月二十二日清军主力抵雅克萨城。彭春向侵略军头目托尔布津发出最后通牒，但托尔布津自恃巢穴坚固，将军役人员全部撤入城内，以负隅顽抗。五月二十三日清军战船集于城东南，火炮列于城北，陆军布阵于城南，准备攻城。二十四日，从尼布楚增援雅克萨的一队哥萨克兵乘筏顺江而来，清军于江面截击。林兴珠率福建藤牌兵裸而入水，冒藤牌于顶，持片刀以进，俄军惊所未见。藤牌兵疾劈猛砍，俄军一个个被打入江中；藤牌兵随即跃上竹筏，冲杀这批哥萨克兵。俄军死伤大半，余众溃散而逃，而清军未丧一人。

神威无敌大将军炮　清

为收复雅克萨，打击沙俄侵略军，清军专门铸造了一批红衣大炮，康熙帝把它们命名为"神威无敌大将军"。这种大炮在雅克萨之战中发挥了巨大威力。

二十四日夜，清军开始攻城。在城南，彭春派萨布素等进兵，设置挡牌木垒，施放箭镞；在城北，副都统温岱、提督刘兆奇等以红夷大炮猛烈轰击；两翼又有护军参领博里秋、营门校尉乌沙等放神威大将军炮协攻；在江南，都督何佑、副都统雅齐纳、镇守达斡尔提督白克等密布战舰，以备救援。清军众志成城，协调配合，猛烈攻城。二十五日黎明，清军加大炮轰，俄军100多人被击毙，塔楼与城堡破坏无遗，商铺、粮仓、教堂、钟楼，尽被火药箭烧毁；清军还在城下堆积柴薪，准备焚城。托尔布津被迫乞降，遣使要求在保留武装的条件下撤离雅克萨。当日，彭春等遵照谕旨，允许城内俄军携带武器、行李撤走。被沙俄窃踞长达20年之久的雅克萨重返祖国。清军平毁雅克萨城后回师，留部分兵力驻守爱辉，另派兵在爱辉、嫩江一带屯田，加强黑龙江防务。

俄军撤离雅克萨后，积蓄兵力，图谋再犯。1685年秋，莫斯科派兵600名增援尼布楚。托尔布津获悉清军撤走后，即率500余人，携带大炮，再度侵占雅克萨。侵略者在雅克萨废墟上重建城堡，四周围以长40俄丈、下底宽36俄丈、上底宽4俄丈、高1.5俄丈的长方形木城，城上起筑炮垒，城外挖掘壕堑。在堑外陆地一侧还竖立木栅，直抵江边。俄军这一背信弃义的做法引起清政府的极大愤慨。1686年初，康熙帝下令反击，令萨布素速修战舰，统领乌喇（今吉林市）、宁古塔官兵，驰赴黑龙江城；林兴珠的八旗汉军和福建藤牌兵也参与作战。五月，清军两千余人再次围攻雅克萨。清军施放炮火，奋勇进攻，通宵达旦，予敌重创。七月十四日，清军再次发起攻城高潮，城内俄军不得不藏在地穴中躲避炮火。清军见强攻不下，遂改为围困，每日向城内发炮轰击。八月，敌酋托尔布津登塔楼侦察时，被清军炮弹击中，右腿齐膝被炸断，旋即毙命；改由拜顿代行指挥，继续顽抗。清军进一步加强对雅克萨的围困：在城西要地设立营寨，控制江面，切断尼布楚方向援敌通道；城内无井，饮水全靠黑龙江水道，清军激战4昼夜，断其水源。在清军围攻下，俄军人数逐日减少。十月严冬来临，俄军饥寒交迫，处境更蹙。到第二年春，原来826名俄军只剩66人。雅克萨城旦夕可下，清政府再次建议沙皇以谈判解决两国边境问题。沙皇鉴于失败已成定局，而俄国重心又在欧洲，遂同意了。

1687年三月二十五日，清军解除对雅克萨的封锁，并准许俄军残部撤往尼布楚，历时3年的雅克萨抗俄战争至此结束。

1689 年，清政府派出代表索额图，与沙俄政府代表戈洛文在尼布楚举行和谈，签订了《尼布楚条约》。条约划分了两国边界，肯定了黑龙江和乌苏里江流域的广大地区都是中国领土。

三征噶尔丹

在《尼布楚条约》签订后的第二年，沙俄政府不甘心失败，又唆使准噶尔（蒙古族的一支）的首领噶尔丹向漠北蒙古进攻。

那时，蒙古族分为漠南蒙古、漠北蒙古和漠西蒙古三个部分。除了漠南蒙古已归属清朝外，其他两部也都向清朝臣服了。准噶尔部是漠西蒙古的一支，本来在伊犁一带过着游牧生活。自从噶尔丹统治准噶尔部以后，他先兼并了漠西蒙古的其他部落，又向东进攻漠北蒙古。漠北蒙古人逃到漠南，请求清朝政府保护。康熙帝派使者到噶尔丹那里，叫他把侵占的地方还给漠北蒙古。噶尔丹依仗沙俄撑腰，不但不肯退兵，还大举进犯漠南。

康熙帝决定亲征噶尔丹。1690 年，康熙帝兵分两路：左路由抚远大将军福全率领，从古北口出兵；右路由安北大将军常宁率领，从喜峰口出兵，康熙帝亲自带兵在后面坐镇。

七月十四日，康熙帝离开北京，不料途中忽患感冒，只好取消亲征计划。

七月十五日，气焰嚣张的噶尔丹向清军宣战，屯兵于西巴尔台（今内蒙古克什克腾旗土河），然后又逐步南下，占据了距京师仅有 350 公里的乌兰布通。噶尔丹把几万骑兵集中在大红山下，后面有树林掩护，前面又有河流阻挡。他把上万只骆驼，缚住四脚放倒在地，驼背上加上箱子，用湿毡毯裹住，摆成长长的一个驼城。叛军就在那箱垛中间射箭放枪，阻止清军进攻。

噶尔丹还派使者向清军提出交出他们的仇人的要求。康熙帝命令福全反击。八月一日，清军向乌兰布通推进，向噶尔丹大军发起猛攻。清军用火炮火枪对准驼城的一段集中轰击。驼城被打开了缺口。清军的步兵骑兵一起冲杀过去，福全又派兵绕出山后夹击，把叛军杀得七零八落，噶尔丹乘夜逃跑。

噶尔丹回到漠北，一面佯装向清朝政府表示屈服，一面在暗地里重新招兵买马，图谋东山再起。清康熙三十三年（1694 年），康熙帝约噶尔丹会见，订立盟约。噶尔丹不但不来，还派人到漠南煽动叛乱。

清康熙三十四年（1695 年），噶尔丹又燃叛乱战火，率领骑兵 3 万，向漠南大举进攻。

清康熙三十五年（1696 年），康熙帝决定再次御驾亲征，分三路出击噶尔丹：黑龙江将军萨布素从东路进兵；大将军费扬古率陕西、甘肃军兵，从西路出兵，拦截噶尔丹的后路；康熙帝亲自带中路军，从独石口迎击噶尔丹大军。

康熙帝的中路军到了科图，遇到了敌军前锋，但东西两路还没有到达。这时候，有人传言沙俄要出兵帮助噶尔丹。随

威远将军炮

此炮短管，前装曰炮，杀伤范围扩大，杀伤力大大增强。在平定噶尔丹的战役中，这种炮发挥了极为重要的作用。图中大炮制作于康熙二十九年。

行的一些大臣害怕起来，劝康熙帝退兵。康熙帝气愤地说："我这次出征，还没有见到叛贼就退兵，怎么向天下人交代？再说，我中路一退，叛军全力对付西路，西路不是更危险了吗？"

康熙帝决心已定，继续进兵克鲁伦河，并且派使者去见噶尔丹，告诉他康熙帝亲征的消息。噶尔丹在山头望见清军黄旗飘扬，军容整齐，便连夜拔营逃走了。康熙帝一面派兵追击，一面派快马通知西路军大将费扬古，让他们在半路上截击。

噶尔丹带兵奔走了五天五夜，到了昭莫多（在今蒙古国乌兰巴托东南），正好与费扬古军相遇。费扬古在树林茂密的地方设下埋伏，然后派先锋把叛军引到预先埋伏的地方，叛军一到，便前后夹击。叛军死的死，降的降。最后，噶尔丹只带了几十名骑兵逃走了。清军大获全胜。

昭莫多之战后，噶尔丹流窜于塔米尔河流域。为了彻底消灭噶尔丹的势力，康熙帝采取收服降众、断绝噶尔丹外援的策略，彻底地孤立了噶尔丹。噶尔丹之侄策妄阿拉布坦也遣使入朝，接受了清朝的册封，噶尔丹已处于四面楚歌的境地，但他顽固不化，拒不接受清廷的招抚。

清康熙三十六年（1697 年）二月六日，康熙帝第三次率兵亲征噶尔丹。出京城，经过山西大同、陕北府谷、神木、榆林等地，三月二十六日康熙大军抵达宁夏。这时，噶尔丹原来的根据地伊犁已经被他侄儿策妄阿拉布坦占领；他的左右亲信听说清军来到，也纷纷投降，愿意做清军的向导。噶尔丹走投无路，服毒自杀。五月十六日，康熙帝胜利回京。

从那以后，清政府重新控制了阿尔泰山以东的漠北蒙古，分封了当地蒙古贵族称号和官职。随后，又在乌里雅苏台设立将军，统辖漠北蒙古。

乾隆帝禁书修书

清王朝经过康熙、雍正两朝的经营，经济发展很快。到雍正帝儿子清高宗弘历（也叫乾隆帝）在位的时候，已经可以称得上国富民强了。清朝初期的文治武功（也就是文化和武力的统治），在这个时期都达到了鼎盛。

1757 年，原来已归服清朝廷的准噶尔贵族阿睦尔撒纳发动叛乱。乾隆帝派兵两路进攻，平定了叛乱。

乾隆帝跟他祖父、父亲一样，不仅注意武功，还十分重视文治。他一面继续招收文人学者做官；一面又大兴文字狱，镇压有反清嫌疑的文人。乾隆时期文字狱之多，大大超过了康熙、雍正两朝。

但是，乾隆帝明白，光靠文字狱来实行文化统治去不了根，还有成千上万的书籍贮藏在民间。如果里面有不利于他们统治的内容，那就无可奈何了。后来，他想出一个一举两得的办法，就是集中全国的藏书，来编辑一部规模空前巨大的丛书。这样做，一来可以进一步笼络大批知识分子，显示皇帝重视文化；二来借这个机会正好可以把民间藏书统统审查一下。

1773 年，乾隆帝正式下令开设四库全书馆。派了一些皇亲国戚和大学士担任总管，那些皇亲国戚大多是挂名监督的。真正担任编纂官的都是当时一些有名的学者，像戴震、姚鼐、纪昀等人。要编纂的那套丛书名称就叫《四库全书》。

要编这样一套规模巨大的丛书，先得收集大量的书籍。乾隆帝下了命令，叫各省官员

四库全书楠木匣 清

搜集、收购各种图书，并且定出了奖励办法，私人进献图书越多，奖励越大。这道命令一下，各地图书便源源不绝送到北京。两年之中，就聚集了2万多种，再加上宫廷里收藏的大量图书，数量就很可观了。书收集得差不多了，乾隆帝就下令四库全书馆的编纂官员对图书进行认真检查。凡是有"违碍"（对清统治者不利）字句的，一律毁掉。经查发现在明朝后期的大臣奏章里，提到清皇族的上代，不那么尊重，乾隆帝认为这是很不体面的，就下令把这类图书一概烧毁。据不完全统计，在编《四库全书》的同时，被查禁烧毁的图书也有3000多种。后来，这部规模巨大的《四库全书》终于编出来了。编纂们对大批图书进行编辑、校勘、抄写，足足花了10年工夫，到1782年正式完成。这套丛书按经、史、子、集四部44类编排，共收图书3461种，多达7万多卷，共计3.6万册。在乾隆四十七年缮写完第1部之后，又缮写6部及副本1部，分别藏于故宫、圆明园、沈阳、承德避暑山庄等地。后来历经战火，《四库全书》或被抢，或被烧，保存比较完整的仅有藏于承德避暑山庄的那一部，现收藏于北京图书馆。

乾隆帝编修《四库全书》是结合从《永乐大典》中搜辑佚书和大规模地征集民间遗书两项活动同时进行的，因而《四库全书》及《四库全书总目》两书的收书范围和质量都远远地超过了前代。不论乾隆帝当初的动机怎样，这部书对后代人研究我国古代丰富的文化遗产，毕竟是一项重大而珍贵的贡献。

民族英雄林则徐

在乾隆、嘉庆在位期间，清朝的国力开始由强盛走向衰弱。与此同时，英、美、法等国正逐渐完成工业革命，资本主义需要广阔的商品市场和原料产地，英国首先将目光投向了中国。

鸦片，俗称大烟，是用罂粟汁熬制而成的麻醉毒品，吸食者极易上瘾，长期吸食能导致身体萎顿、精神颓靡。早在清初，鸦片就已随其他商品一起输入到了中国。以英为首的西方殖民者为扭转贸易逆差，改变白银大量流向中国的局面，转而采用倾销鸦片的恶毒手段，以此敲开中国的大门。英国是最大的鸦片贸易贩子，美国次之，俄国也从中亚向中国北方输入鸦片。鸦片的大量流入，使殖民者们大发横财，但却给中国带来了巨大灾难，鸦片大量输入严重冲击了中国封建经济，清政府在对外贸易中开始处于逆差地位。大量白银外流，使清政府国库空虚，财政拮据，百业萧条。鸦片也最初只在沿海行销，后来逐渐深入内地，吸食上瘾者不可胜数，严重毒害了中国人的肉体和心灵。鸦片贩子大量行贿也使清政府的吏治更加腐败。

种种情况使人民要求禁烟的呼声越来越强烈，政府和一些正直官员也逐渐认识到禁烟的重要性。1838年六月，鸿胪寺卿黄爵滋等人上奏，痛陈鸦片祸害，揭发官吏包庇鸦片烟贩，主张坚决遏制鸦片的输入。他认为要禁绝鸦片，必先加重严惩吸食者。湖广总督林则徐和两江总督陶澍等人十分赞成黄爵滋的主张。1838 年农历七月到九月，林则徐三次复奏道光帝，指出若不禁烟，长此以往，数十年后，"中原几无可以御敌之兵，且无可以充饷之银"。林则徐的话坚定了道光帝严禁鸦片的决心。

林则徐是福建侯官（福州）人，他的父亲林宾日是个以教书为业的秀才。林则徐 27 岁那年被选为翰林院庶吉士。在京时期，他与南方出身的清流派小京官结成文学团体"宣南诗社"，社友中有陶澍、黄爵滋、龚自珍等人。他们之间常常议论时局，讨论治世的学问，这自然为林则徐日后出任封疆大吏，建立斐然政绩打下了良好的基础。

1839 年农历一月，林则徐离开北京，宣布这次出差将自备车轿，自带役夫，沿途供应不许铺张，若有犯者，言出法随。这种严肃的态度使英国的毒贩们感到了情势的转变。到达广州后，林则徐又在行馆门外张贴告示：严禁收取地方供应，所有随从人员不得擅离左右。在两广总督邓廷桢的帮助和合作下，林则徐暗访密查，充分掌握了广州鸦片走私和经营情况，然后下令收缴外商鸦片，还让他们保证以后来船永不再夹带鸦片，如果有货全部没收，人立即正法。广州人民也纷纷行动起来，配合林则徐的缴烟命令。鸦片贩子不愿交出鸦片，操纵广州的外商商会破坏禁烟行动，林则徐便下令中止中英贸易，命令海关禁止外人离开广州，终于从四月到五月二十一日收缴了鸦片 2 万多箱。

清道光十九年（1839 年）四月二十二日，林则徐在虎门开始销烟，在场群众成千上万，争相观看这一次焚烟活动。林则徐先让兵士在海滩上挖成两个 15 丈见方的池子，池底铺上石条、四壁栏桩钉板，防止渗漏。又在前面设一涵洞，后面通一水沟。之后，将水车从沟道推入池子，将盐撒进，又把鸦片切成小块投入卤水中，浸泡半小时后再将石灰投入，池中立刻水汤滚沸，围观群众欢呼声震天动地。退潮时，兵士启放涵洞，池中水汤随浪潮鼓动送入大海。然后再用清水洗刷池底，不留下半滴烟灰。在连续 20 多天的时间里，收缴的鸦片全部被销毁。

林则徐指导中国人民的禁烟斗争，具有了反抗侵略、捍卫民族生存权利的伟大意义。虎门销烟谱写了近代史上中国人民反对外国侵略光辉篇章的第一页。

虎门销烟池纪念碑　清

第一次鸦片战争

当英、美、法、日等列强进行如火如荼的资本主义革命时，清政府正闭关锁国，自以为"天朝上国"，不思改革，遂使中国在世界上落伍。英国通过鸦片贸易从中国攫取了大量白银，同时使我国军民身衰体弱，统治阶级有识之士纷纷要求禁销鸦片。

1839 年，湖广总督、钦差大臣林则徐奉命于 1 月底到达广州，他一方面整顿海防，允许人民群众持刀杀敌；一方面宣布收缴鸦片。3 月，英国鸦片贩子被迫交出烟土 237 万余斤。林则徐下令把这些鸦片在虎门海滩当众销毁，以示中国政府禁烟的决心。

英国政府以此为借口向中国发动了战争，1840年1月，以懿律和义律为正副全权代表，懿律为侵华英军总司令，出兵中国。5月，英国舰船40余艘、士兵4000多名先后到达澳门附近海面，鸦片战争爆发。懿律率英军进犯广州海口，看到广州军民早已严密布防，遂转攻厦门，又被邓廷桢军击退。6月，英军北上攻占定海作为军事据点。8月，英舰抵达天津大沽口外。道光帝慑于英军武力，又为投降派的劝说所动摇，遂改变态度，罢免了林则徐，改派直隶总督琦善为钦差大臣去天津和英军谈判。而此时英军因夏秋换季，疾疫流行，遂放弃定海，于8月中旬南返，双方议定在广州谈判。琦善到广州后，一反林则徐所为，命令撤除海防水勇，镇压抗英群众，一心议和。1840年12月，琦善与义律在广州开始谈判，英军趁中方严防撤除、又因谈判而致海防松懈无备之际，于1841年1月7日发动突袭，攻陷了虎门附近的沙角、大角两炮台，并单方面宣布所谓"穿鼻草约"。1月26日，英军攻占了香港。

道光帝得知琦善开门揖盗，丢失两炮台后，下令捉拿琦善，并向英宣战，派侍卫内大臣奕山为靖逆将军，调兵万余赴粤抗英。英军先发制人，出动海陆军攻虎门，广州提督关天培亲率清兵迎击，清军刀矛不敌英军坚枪利炮，关天培中弹牺牲。2月26日，英军攻占虎门、猎德、海珠等炮台，溯珠江直逼广州。4月，奕山率大军抵广州，5月24日英军进攻广州，一路占领城西南的商馆，一路由城西北登陆，包抄城北高地，不久攻占城东北各炮台，并炮击广州城。奕山执行"防民甚于防寇"的方针，对英军侵略消极抵抗，在英军的迅猛攻势下，他与英人签订《广州和约》并征得道光帝批准，以缴600万元换得英军撤出广州地区。

与清政府的妥协投降态度相反，广州三元里人民在广州北郊牛栏冈附近同窜入这里的千余英军英勇作战，打死打伤英军数十人，并把四方炮台围得水泄不通。在广州知府的调停下，英军才得以解围。

英政府并不满意懿律和义律在中国获得的权益，改派璞鼎查（后来的首任港督）为全权代表来华，扩大侵略战争。1841年8月21日璞鼎查率37艘舰队、陆军2500人离开香港北上，攻破厦门，占据鼓浪屿；10月1日再次攻陷定海，清定海总兵葛云飞英勇殉国。10日英军攻占镇海（今属宁波），钦差大臣、两江总督裕谦战死，英军旋占宁波城。道光帝闻讯大惊，忙派吏部尚书大学士奕经调兵赴浙以收复失地。1842年3月，奕经在准备不充分的情况下全面反击，清军数战不利，撤回原地。

战败消息传到京师，朝野上下震动，道光帝无奈，只得派盛京将军耆英和老朽伊里布赴浙向英军请和。璞鼎查不理会耆英的乞和，继续深入，1842年5月18日英军攻取浙江平湖乍浦镇，6月16日攻吴淞口，吴淞炮台守将陈化成壮烈牺牲，宝山、上海沦陷。英军溯长江西上，于7月21日陷镇江，8月，

清军广东水师战船模型

英舰陆续到达南京下关江面。清政府已无心再战，遂接受英方停战的条件，29 日在英军舰"汉华丽"号上，耆英、伊里布与璞鼎查签订了中国近代史上第一个不平等条约《南京条约》，鸦片战争以清政府的惨败而告终。

鸦片战争严重侵害了中国的主权，标志着中国开始逐步陷入半殖民地半封建社会，揭开了中国近代史的序幕，昭示了"落后就要挨打"的深刻道理。

太平天国

英国人用鸦片掠夺中国，又用炮舰保护了罪恶的鸦片贸易。《南京条约》签订后，外国货如潮水般涌入中国，清政府也为支付战争赔款，加重了对人民的剥削，广东首当其冲。不久，太平天国起义在两广地区爆发了。领导起义的首领就是洪秀全。

洪秀全出生在广东省花县的一个中农家庭里。他 7 岁时，到村中私塾读书，由于天性好学，聪明过人，到了 18 岁，他在史学和文学方面的造诣已经远近闻名了。后来，他的父母相继死去。服孝期满后，他来到府城广州赶考，结果名落孙山。1843 年，他重整旗鼓又赴广州考秀才，结果仍然落榜。

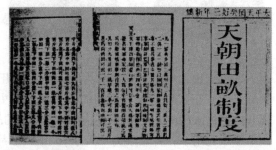

《天朝田亩制度》

太平天国定都天京后，为巩固政权，1853 年颁布了以解决农民土地问题为中心，包括政治、经济、军事、文教和社会生活各方面内容的纲领性文件《天朝田亩制度》，提出了平分土地、平均分配生活资料的方案，建立兵农合一的军政制度，试图实现"无处不均匀，无人不饱暖"的绝对平均理想社会，带有明显的乌托邦的空想性质。

洪秀全在广州应试期间，曾得到一本基督教的宣传品《劝世良言》，他无意中翻阅之后，觉得书的内容十分新奇，他对书中所描述的人人平等善良的大同世界十分神往，从此开始信奉上帝。

1843 年农历七月，洪秀全约合了老同学冯云山和族弟洪仁玕，来到官禄布村外一条叫石角潭的小河，跳进水中，洗净全身，这是依照基督教行"洗礼"仪式。此后，三人结为一个秘密的团体——拜上帝会。洪秀全称自己是上帝的次子，耶稣是上帝的长子，他相信这种舶来的新教将会吸引许多信众。

洪秀全建立拜上帝会后做的第一件事，就是砸毁了家里的孔、孟牌位，然后便和冯云山赴广西紫荆山区传教。洪秀全等到组织基本建立后回到广东，开始了两年多的著述活动。他写了《原道救世歌》《原道醒世训》《原道觉世训》。在这些书里，他阐发了农民的平等和平均思想，第一次提到社会上的两大对立面：正义与邪恶。

与此同时，冯云山在紫荆山区烧炭工人中发展会员，很快会员就发展到数千人，初步形成了以洪秀全、冯云山、杨秀清、萧朝贵、石达开、韦昌辉等人为首的领导核心。

1850 年正月，道光帝旻宁病死，咸丰皇帝即位，历史上称为清文宗。当年七月，洪秀全下令各地会友在十月四日前到桂平县金田村集合，并计划在洪秀全 38 岁生日那天举行武装起义。

拜上帝会在各地的会员接到命令后，向金田聚集。很快，人数就超过了 2 万。一天，洪秀全、冯云山正在花洲山人胡以晃家中密谋起义，官府得知这一消息，派兵包围了那里。杨秀清等人听说后立即派兵救援，并全歼了敌人。这就是太平天国史上著名的"迎主

太平军号衣图

之战"。

1851年农历一月十一日，太平军按原定计划举行隆重仪式，正式宣布起义。由此，太平军揭开了纵横18省、坚持14年的农民革命战争的序幕。

洪秀全颁布《天命诏旨书》作为太平军的军令，挥师东进。3月，洪秀全称天王。9月，太平军攻克了出战以来的第一座州城永安，太平军在此进行建制，颁布了封王诏令，封杨秀清为东王、萧朝贵为西王、冯云山为南王、韦昌辉为北王、石达开为翼王，同时规定诸王皆受东王节制，天王领导于上，正式确立太平天国的领导核心，史称"永安建制"。1852年农历四月，太平军离开广西进入湖南，明确提出了推翻清王朝的战斗号召，受到热烈响应。1853年农历三月，太平军攻克南京，将其改为"天京"，正式定都，建立起与清王朝对峙的农民政权，并乘胜东进，攻克镇江、扬州等地，建立起统一防御体系，结束了起义以来流动作战的局面。

可是没过几年，太平军领导集团发生了内讧，太平天国运动最终在中外反动势力的联合绞杀下失败。

火烧圆明园

圆明园始建于明朝。1709年，康熙帝将它赐给四子胤禛，并赐名为圆明园，"圆"乃"君子之灵魂"，"明"为"用人之智慧"，是康熙帝授其子孙为人治国之计。雍正即位后，将圆明园大规模扩建，清乾隆三十五年（1770年）圆明园三园格局基本形成。后来圆明园又经过嘉庆、道光、咸丰等皇帝的经营，才营造成为一座规模宏伟、景色秀丽的宫苑。清

被抢劫与焚毁后的圆明园大水法遗址

圆明园鉴碧亭原址　清

朝皇帝每到盛夏就来此避暑听政，所以圆明园也被称为"夏宫"。

圆明园共经营了150多年，它由圆明园、万春园、长春园三园组成，其中以圆明园最大，此外它还有许多属园，建筑面积达16万平方米，园里共有100多个景点。它继承了中国历代优秀的造园艺术，汇集了全国的名园胜景，是我国园林艺术的集大成之作。同时，它也大胆吸收西方建筑形式。有一组中西合璧的"西洋楼"建筑群，兼备中、日、西欧三种风格。除此之外，圆明园还是一座皇家博物馆，珍藏了无数的孤本秘籍、名人字画、鼎彝礼器、金珠珍品和铜瓷古玩等，堪称人类文化的宝库。

1856年，正当清政府忙于镇压太平天国运动之时，英法联军在俄国和美国的支持下，发动了新的旨在扩大《南京条约》所取得的权益的侵略战争，这就是第二次鸦片战争。在这次战争中，中华文化遭受到一次空前的劫难。著名的皇家园林圆明园不仅被残暴洗劫，甚至被野蛮的侵略者们付之一炬。

1860年10月5日，英法联军兵临北京城下，听说清军驻守力量在北城最薄弱，便绕道安定门、德胜门，进犯圆明园。首先闯入的是法国侵略军，当法军攻破宫门时，园内太妃董嫔恐受辱而自缢身亡，护园大臣亦投水自尽。侵略者们见物就抢，口袋里装满了珍品宝物，刚开始司令部还对士兵们有所节制，后英军亦赶到，联军司令部发出了"自由抢劫"的通知，一万多名士兵军官贪婪地扑向琳琅满目的珍藏，进行疯狂的洗劫，能抢就抢，能运就运，对于那些搬不走的大件器物，他们就丧心病狂地砸碎破坏。大肆洗劫后，额尔金在英国首相支持下，竟下令烧毁圆明园。10月7日到9日，迈克尔率英军第一师持火燃园，园内300多名太监、宫女、工匠都葬身于火海，大火连续烧了三天三夜，这座世界名园化为一片焦土。10月13日，侵略军攻占了安定门，控制了北京城，10月18日再次抢劫万寿山、玉泉山和香山等多处珍贵文物，并进行第二次大焚烧。这次焚烧圆明园的事件之后，有些偏僻角落和水中景点并没遭劫，清廷30多年间仍将此当成重兵看守的禁苑，进行一系列的修复工程，同治、光绪和慈禧还常到此巡游。1900年八国联军侵华，圆明园再次遭受劫难，遗址被彻底破坏。

圆明园被焚使中国文化蒙受了巨大的损失，大量的珍奇、瑰宝、文物流落国外。它见证了外国列强无耻侵略我国的罪恶，提醒我们不忘国耻、奋发向上，为祖国的振兴和强大而不停奋斗。

洋务运动

洋务，又称夷务，泛指包括通商、传教、外交等在内与西方资本主义有关的一切事物。洋务运动指清政府一批具有买办性质的官僚军阀在 19 世纪 60 年代到 90 年代为挽救统治危机，自上而下推行的一场以引进西方的军事装备、机器生产和科学技术为主要内容，以富国强兵为目的的自救运动。

洋务派在中央以总理衙门大臣奕䜣、侍郎文祥等为代表，在地方上以曾国藩、李鸿章、左宗棠、张之洞等为代表，同治登基后他们握有实权，可以左右清朝的政局。洋务派的指导思想是"中学为体，西学为用"，他们认为中国的政治制度比西方好得多，只是火器比不上西方列强，只要清政府掌握了西方的近代军事技术和装备，就可以强盛起来。洋务运动分为前后两个阶段，60 年代为第一阶段，洋务派打着"自强"的旗号，依照西方资本主义国家的办法制造新式枪炮和船舰，兴办了一批军事工业企业。70 年代到 90 年代是第二阶段，以"求富"为口号，洋务派开始举办民用工业企业。

在第一阶段洋务派建立的军工厂中规模较大的有江南制造总局、金陵机器局、福州船政局、天津机器局等。李鸿章在曾国藩支持下在上海创立江南制造总局，创办经费为 54 万余两白银，工人 2000 余人，主要生产枪炮、弹药和小型船舰，还附设译书馆来翻译西方书籍，这是洋务派创办的规模最大的军工企业。这些军工企业全部都是官办企业，由清政府和湘、淮系军阀控制，具有浓厚的封建性，同时对外国有着严重的依赖性，从设计施工、购置机器设备、生产技术直到原料供应完全依赖于外国，并长期受外国人控制，但这些近代企业毕竟也具备了一定的资本主义因素。

由于在创办军工企业的实践中遇到资金、原料、运输等困难，洋务派认识到必先求富才能自强，所以决定发展民用企业以积累资金，有了雄厚经济基础后才能制造洋枪炮以自强御侮。19 世纪 70 年代起，洋务派开始大力发展工业企业，到 19 世纪 90 年代就已创办了大约 20 多家民用企业，包括交通运输、采矿、纺织、冶炼等各个行业。规模较大的有上海轮船招商局、上海机器织布局、电报总局、铁路交通运输业等。在这些企业中，上海轮船招商局是最有成就的一个，它是 1872 年李鸿章在上海创办的，是中国第一家近代轮船航运公司，也是洋务派兴办的第一个民用企业，这个企业在经营过程中屡遭英美轮船公司的排挤，但并没有被挤垮，一直在夹缝中求生存。

洋务派在兴办军工、民用企业的同时，还进行了筹建海军、加强海防、设立外文学馆、派遣留学生等活动。1875 年，两江总督沈葆桢、直隶总督李鸿章等人奏请筹建北洋、南洋、粤洋三支海军。1885 年三洋海军已初具规模。1862 年，奕䜣设立京师同文馆，以教习外语为主，同时兼习天文、历史和数理化。此后，各类学堂学馆在各地纷纷建立。

李鸿章像

1872年，中国首次派遣留学生到国外，30名学生由上海赴美留学。此后，政府还多次遣派留学生到国外学习。

洋务派的活动旨在维护清王朝封建统治。他们创办了中国第一批近代工业企业。洋务派为中国培养了近代中国第一批新型的科技、军事和翻译人才，是近代最早觉醒的先行者。洋务派向西方学习的探索，尽管带有浓重的封建性和对外国的强烈依赖性，但其进步作用也是不容忽视的。

轮船招商局 清

甲午战争

1868年明治维新以后，日本开始大力发展资本主义，建立近代国家，并具有强烈的军国扩张欲望。明治政府一建立就制定了旨在征服中国和世界的所谓"大陆政策"：侵占中国台湾，再征服朝鲜，进一步侵占中国东北和蒙古，继而征服全中国，最后独占亚洲，称霸世界。

1894年春，朝鲜爆发了东学党起义，以"除暴安良"和"逐灭夷倭"为口号。起义很快席卷了朝鲜南部很多地区，朝鲜政府无力镇压，便向清政府求援。清派直隶提督叶志超等率兵2500人赴朝助剿。日本伺机而动，决定出兵朝鲜，趁机挑起中日冲突以发动侵略战争。朝鲜东学党起义被镇压后，清政府照会日本，建议中日两国同时撤兵。日本拒不撤兵，蓄意扩大事态。面对日本的挑衅，清统治集团内部出现了主战和主和两派意见。以光绪帝为首的帝派力主加强战备，以武力遏制日本的扩张，但实权掌握在西太后和李鸿章手上，他们对日避战求和。日本重兵压境，驻朝清兵多次请添援军，李鸿章不予理会，反而把解决中日争端的希望寄托在国际列强的调停上，但西方列强对日本发动战争均持默许和支持的态度。

李鸿章与伊藤博文等人会面图 清

7月底，清援军途经丰岛海南时，突遭日舰袭击，清军官兵死伤惨重，日不宣而战，正式挑起侵华战争。1894年8月1日，中日两国同时正式宣战。九月，日陆军分四路会攻平壤，清军与日军在城外展开激战。左宝贵指挥清军英勇抵抗，死守城北玄武门一带，并亲自登城开炮轰击日军，不幸中炮牺牲，玄武门失守，主将叶志超逃跑。9月17日，中日在黄海海面上进行了激烈的海战。提督丁汝昌率领北洋舰队与

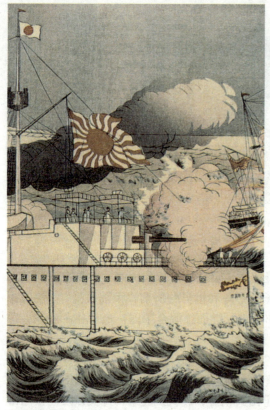

中日甲午海战图　清

日军展开激烈战争，丁汝昌受伤后仍坐于甲板上鼓舞士气，由"定远"号管带刘步蟾代其指挥督战。"致远"号管带邓世昌在鏖战多时、船舰受重创情况下，下令舰船猛撞日舰，不幸中鱼雷，全舰官兵壮烈殉国。"经远"号亦在其管带林永升指挥下坚持战斗到最后一刻。黄海海战北洋舰队虽然损失了5艘军舰和近千士兵，但也重创了日舰。由于李鸿章实行"保船制敌"的消极防御方针，命令北洋海军集于威海卫，不准出战，致使日本掌握了黄海制海权。

10月，日军偷渡鸭绿江成功，九连城、安东等相继失守，日军进逼辽阳。与此同时，日军另一支军队由辽东半岛的花园口登陆，南犯金州。徐邦道率部分清军与日在金州激战，因寡不敌众、后援不济而退守旅顺，另一清军将领赵怀业不战而逃，弃守大连。11月17日，日军进攻旅顺，只有徐邦道一部奋勇迎敌，孤立无援，旅顺失守。22日，日军进入旅顺，进行了惨绝人寰的大屠杀，历时4天，杀害2万多人，血流成河，尸横遍野。

旅顺失守后，清政府多次派人向日本求和，日军不予理会，将进攻重点转向北洋舰队基地威海卫。当时北洋舰队实力尚存，可与日军一战，但李鸿章严禁其出击，造成了被动挨打的局面。威海一战，北洋舰队全军覆灭，提督丁汝昌拒降自杀，定远管带刘步蟾亦自杀殉国。1895年初，日军战略重点转向辽东半岛，辽东半岛沦陷。3月，清政府派李鸿章赴日议和。1895年4月17日，李鸿章屈服于日本的压力，与伊藤博文签订了《马关条约》，甲午战争结束。

《马关条约》是《南京条约》以来最严重的不平等条约。日本割占了中国大片领土，进一步破坏了中国的领土完整，助长了列强侵略中国的野心，引发了列强瓜分中国的狂潮，给中华民族带来了空前严重的危机。

镇南关大捷

法国侵略越南，清政府采取绥靖政策，息事宁人；但法国蓄意与中开战，独占越南后，不断犯边挑衅清军；1884年竟炮轰中国福建水师，致使福建水军全军覆灭，清廷无奈对法宣战。

1885年3月中旬，法军再度大举进犯，集中两个旅团约万余人兵力向谅山清军发动进攻，广西巡抚潘鼎新不战而退，法军未经战斗即占领战略要地谅山。法军进犯文渊州，守将杨玉科力战牺牲，清军纷纷后撤，法军乘势侵占广西门户镇南关。

由于潘鼎新怯战致法军深入桂北，清廷免去其职务。在清军中素有威望的原广西提督冯子材受旨督办广西关外事务。冯子材赶到镇南关后，根据清军内部派系之争的情况，对诸将晓以民族大义，使众将感动而团结一致，冯子材得以统一指挥协调各军行动。此时法军因兵力不足，补给困难，已从镇南关退回文渊，伺机再北犯。冯子材亲自跋山涉水勘测地形，依托有利地势构筑起坚固的防御工事，形成一个完备的山地防御阵地体系。15日，冯子材得悉法军将经扣波袭艽封，妄图从侧后包抄清军关前隘阵地；他急调兵力前往扣波和艽封，挫败了法军的迂回企图。19日，有人密报法军将入关攻龙州，冯子材决定先发制人。21日，他率王孝祺军出关夜袭文渊之敌，激战竟日，"毙贼甚多"，极大地鼓舞了清军斗志，增强了诸部的信念。

冯子材旧照

3月23日，法军前线指挥官尼格里因文渊受袭，恼羞成怒，纠集了二三千侵略军，集起谅山之众，直扑关前隘长墙。尽管之前他曾观察了清军的设防，知道清军工事坚固，但他受报复心理驱使，睁着眼踏入冯子材早已布置好的陷阱。法军在炮火掩护下，攻占隘东小青山上清军三座堡垒后，"势如潮涌"般扑向关前隘长墙。第一天战斗异常激烈，炮声震得地动山摇，砂石横飞，双方伤亡都很重。冯子材挥刀大声激励部众：若让法寇再入关，我们有何面目见家乡父老！活得又有什么意义？将士们深受感动，"皆誓与长墙俱死。"由于清军浴血奋战，在炮弹如雨点般倾泻入阵地的险境下拒不退缩，法军猖狂进攻没有占到什么便宜，只好收兵。

尼格里仍然迷信武器装备的精良，还要拼死一搏。翌日黎明，他先派副手爱尔明加中校率一股法军乘浓雾弥漫山野之时，攀登大山头，以迂回偷袭清军大青山大堡，然后居高临下，配合正面攻击的法军主力，夺取清军关前隘阵地。然而当地山路曲折崎岖，灌木丛生，爱尔明加的法军被地形搞得像无头苍蝇一样胡冲乱撞，转了半天也找不到攻击目标，只好沿原路返回。而尼格里以为偷袭得手，迫不及待地把全部兵力派上正面冲锋。法军在炮火掩护下，稀稀拉拉向长墙推进。炮弹在冯子材身边不远处爆炸，清军担心主师安危，劝冯退避。但子材长矛插地，岿然不动，铿锵凛然地说道："怕炮弹还打什么仗？我是宁死不会退的，谁退就是动摇军心！"

法军这时已抵长墙下，有的已从长墙缺口爬入墙内。冯子材看到就近歼敌、转守为攻的时机已到，遂下达反击命令。霎时，号角嘹亮取代了炮声沉闷，战鼓擂得震天响，只见须发斑白的冯子材大吼一声，率两个儿子首先持

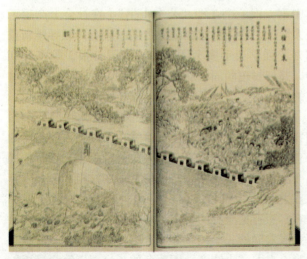

镇南关大捷图
点石斋画报，光绪末年上海东亚社石印本。

矛冲出长墙，直奔法军。清军诸将士见主将年老尚如此奋不顾身，皆感奋，一齐杀出，"奋挺大呼从如云，同拼一死随将军"的动人场面出现了。清军与法军进行白刃格斗，法军的枪炮不管用了，而清军的刀矛却大显威力，双方在关隘前战得难分难解，但清军毕竟人多势众，以十倍二十倍于法军的兵力猛压过来，法军主力被打退。此时，绰号"王老虎"的清将王德榜在击溃法援军、消灭其运输队后，又从关外夹击法军右侧后，配合东岭的陈嘉、蒋宗汉军攻袭法军，夺回了被占堡垒。而清将王孝祺也已击溃西岭的法军，并包抄敌人左侧后，法军三面受敌。而在敌后，关外游勇客民千余，闻冯子材身先士卒，亦来助战，袭敌后方。清军如潮水般冲向敌寇，法军在四面打击下死伤数百人，弹药将尽，后援断绝，尼格里只得下令作梯形阵势退却。

法军残部狼狈逃到文渊，又退到谅山，企图重新积蓄力量反扑；但冯子材岂会给尼格里喘息机会，率清军乘胜追击，26日克复文渊，28日在激战中又把尼格里击成重伤，29日突袭谅山。法军士气沮丧又疲惫不堪，代指挥爱尔明加下令毁坏各种军用物资后，弃城而逃。清军和黑旗军继续追击，又在谷松、威坡、长庆重创法军，缴获各种枪炮弹药不计其数，法军第二旅团精锐悉被歼灭。与此同时，黑旗军与清军在临洮也取得大捷，中法战争以中方胜利而告终。

戊戌政变

1895年到1898年，在中国发生了一场颇有声势的资产阶级维新变法运动。到了1898年，百日维新成为这次运动的高潮。这是一场由资产阶级改良主义者领导的改革。维新运动的主要领导人是康有为。康有为出身于封建官僚家庭，深受儒家思想熏陶，他后来又阅读了许多介绍西学的书籍，渐渐产生了要求改变现状的革新思想。1888年他到北京参加科举考试，时值中法战争结束不久。康有为第一次上书皇帝，他的奏折因顽固派的压制而未能送交皇上，但该书在爱国士子中广为传诵。1891年，康有为在家乡广州创办万木草堂，聚众讲学，引导学生关心天下大事，探索救国救民的道路。后来，他发表了《新学伪经考》和《孔子改制考》两部著作，宣传自己破旧立新的改革思想。康有为又多次上书光绪帝，

梁启超旧照

其中第二次上书（即"公车上书"）在社会上产生了很大影响，维新思想也随之传播。康有为领导维新派创办了强学会等多个团体和《万国公报》等多种刊物，并与封建顽固派展开了激烈的论战。全国议论时政的风气逐渐形成，维新的思想开始深入人心。

中日甲午战争后，帝国主义列强掀起瓜分中国的狂潮，民族危机空前严重。就在德国强占胶州湾的消息传出后不久，康有为第五次赴京上书光绪帝，提出变法自救的强烈主张。这份上书亦被阻，但其内容已在北京广为传抄。1898年初，光绪帝知道了上书内容，想召见康有为，但被恭亲王奕䜣所阻，光绪只好指派翁同龢、李鸿章等五大臣接见康有为。后康有为第6次上书光绪帝，即著名的《应诏统筹全局折》，继续强调变法的急迫性，并提出具体措施。光绪帝一

心想改变国事贫弱的局面，于是决心接纳维新主张。

1898 年 5 月，恭亲王奕䜣病死，变法阻力减少。康有为即刻鼓动帝党官员上书敦请变法，光绪帝接受建议，于 6 月 11 日颁布由翁同龢草拟的《定国是诏》，变法运动正式开始。16 日，光绪在颐和园召见康有为，商讨具体变法措施。光绪任命康有为总理衙门章京上行走一职，准予专折奏事；赏杨锐、刘光第、谭嗣同、林旭四品卿衔，擢为军机章京，参与新政。变法期间，光绪帝发布了上百道变法诏令，包括：政治方面设制度局，裁减冗员，提倡西学等；军事方面设厂制造军火，改用西法精练军队。这些措施虽然是没有触及根本政治制度的变革，但都有利于民族资本主义经济的发展和近代资产阶级进步思想文化的传播。

康有为旧照

随着变法运动的高涨，以慈禧太后为首的顽固派与维新派的矛盾也日益尖锐。

慈禧太后首先逼迫光绪帝下令将翁同龢革职。翁同龢是光绪帝的亲信大臣，在帝党和维新派之间起着桥梁的作用，将他革职，就大大削弱了变法维新的力量。接着，慈禧太后逼迫光绪任命荣禄为直隶总督兼北洋通商大臣，统率北洋三军，这实际上是把北京控制在她的手里。慈禧太后又用光绪帝的名义，宣布在公元 1898 年 10 月 19 日去天津检阅军队，准备到时发动政变，逼迫光绪帝退位。

在这危急的时刻，光绪帝便与维新派的主要人物反复商量，认为唯一能想到的办法，就是依靠袁世凯的军事力量。

袁世凯早年曾在天津小站督练新建的陆军，当时是荣禄的部下，是北洋三军中的重要将领。当光绪帝皇位难保之时，谭嗣同挺身而出，表示愿意冒险去找袁世凯，说服他出兵帮忙。

当天深夜，谭嗣同独自到了袁世凯的寓所，拿出光绪帝的密诏，并将维新派的全部计划也和盘托出，要袁世凯扶持光绪皇帝诛杀荣禄，消灭后党。

谭嗣同慷慨激昂地说："今天只有你能救皇上。如果你愿意，就请全力救护；如果你贪图富贵，就请到颐和园告密，你可以升官发财！"

袁世凯正颜厉色地说："你把我袁某看成什么人了！皇上是我们共事的圣主，救驾的责任，你有，我也有！"

第二天，光绪帝召见了袁世凯，要他保护新政。退朝之后，袁世凯匆匆赶回了天津。一到天津，他就去向荣禄告密。荣禄得报后，连夜乘专车进京，赶往颐和园去向慈禧太后报告。袁世凯从这一叛变行动开始，便飞黄腾达起来，他用维新派的鲜血，染红了自己的顶戴。

第二天凌晨，慈禧太后就带着大批人马，气急败坏地从颐和园赶到紫禁城，下令把光绪帝囚禁在中南海的瀛台。对外则宣布光绪帝生病，不能亲理政务，由慈禧太后"临朝听政"。同时，下令大肆搜捕维新派和倾向维新派的官员。百日维新期间推行的新政，除了京师大学堂等少数几项措施以外，全部被废除了。这一年，正是甲子纪年的戊戌年，所以，通常把这场政变称为"戊戌政变"。

维新派领袖人物康有为得知消息后，从天津搭乘英国轮船逃往香港。梁启超当天得到日本使馆的保护，化装逃往日本。

1898年9月28日，慈禧太后下令杀死谭嗣同、康广仁、刘光第、林旭、杨锐、杨深秀六人，他们被称为"戊戌六君子"。

至此，资产阶级改良主义运动彻底失败了。戊戌变法虽然失败了，但它对中国历史发展产生了不可磨灭的影响，留下了深刻的历史教训。它是资产阶级领导的一次政治改革运动，也是一场思想启蒙运动，符合中国近代社会发展的趋势，具有爱国救亡的积极意义。它的失败证明，在半封建半殖民地社会的中国，资产阶级改良的道路是行不通的。

慈禧太后西逃

清光绪二十六年（1900年）五月一日晚，义和团焚烧丰台火车站的消息与京津铁路轨道被拆毁的谣言传到外国公使居住的东交民巷。各国公使感到形势紧急，立即举行会议，全体同意调军队保护各国使馆。次日，驶抵大沽口外的外国舰队先后接到进京的电报，并很快派出陆战队，由海河乘船抵达天津，准备向北京进犯。五月上旬，进入天津租界的各国军队已达2000人。五月十三日，各国驻津领事和海军统帅在英国领事贾礼士的提议下举行会议。在美国领事的鼓动下，会议决定将在津的八国现有兵力组成联军进军北京，由在津军队中级别最高的英国人西摩尔中将为统帅，美国人麦卡加拉上校为副统帅，八国联军正式组成。清光绪二十六年（1900年）五月二十一日，八国联军攻打大沽炮台，当天义和团和清军就联合攻打紫竹林租界，天津战役爆发。五月二十五日，清政府宣布对各国开战。7月19日夜里，炮声急促起来，慈禧不敢入睡，坐在养心殿听取军情报告。忽然载漪慌慌张张地跑了进来，喊道："老佛爷，洋鬼子打进来了！"接着，军机大臣荣禄也惊慌失措地报告沙俄哥萨克骑兵已经攻入天坛。

慈禧慌忙召集王室亲贵和军机大臣，紧急商议撤离京师避难事宜。

7月21日凌晨，慈禧与光绪皇帝等皇室人员，换便衣乘马车仓皇逃离京城。当时东直门、齐化门已被洋人攻下，慈禧一行从神武门出宫，经景山西街，出地安门西街向西跑。当队伍到德胜门时，难民涌来。慈禧的哥哥桂祥率八旗护军横冲直撞一阵，才开出一条道来。

队伍在上午像潮水一般到达颐和园，两宫人员纷纷下车进入仁寿殿休息了一会。随后，慈禧下令马上出发。由皇室成员和一千多护驾人员组成的队伍，马不停蹄地一路向西急行军。

慈禧一行，历尽了颠沛之苦。沿途只能夜宿土炕，既无被褥，又无更换的衣服，更谈不上御膳享用，仅以小米稀粥充饥。

一直到了西安后，安全和供应才有了保障。这时候，慈禧又开始摆起太后的架子了。同时，为了能早日"体面"地回京，她命令庆亲王奕劻回京会同直隶总督李鸿章与各国交涉议和。

虽然国家已经面临亡国的危险，但慈禧仍然要求地方官员供应她奢侈的贪欲。为了满足慈禧一行在西安浩繁的开支，各省京饷纷纷解到，漕粮也改道由汉口经汉水、丹江运往陕西。据档案文献统计，截止光绪二十七年二月初，解往西安的饷银就高达五百万两，粮食一百万石。

就御膳而言，仍分荤局、素局、饭局、茶局、点心局等，每局设管事太监一人，厨师数人至十余人不等，统一由总管大臣继禄管理。每天选菜谱百余种，以致每天要花掉银子200两。

为了讨好列强，慈禧不断发布上谕：这次中国变乱，事出意外，以致得罪友邦，并不是朝廷的意思；对于那些挑起祸乱的人，清朝政府一定全力肃清，决不姑息。这些话完全表明她要丢卒保帅，不惜一切代价讨好列强。

慈禧为尽量满足列强的心愿，还以光绪的名义下罪己诏，奴颜十足地说："量中华之物力，结与国之欢心。"

1901年8月15日，《辛丑条约》签订，中国赔款白银4.5亿两，这笔费用相当于清政府12年的收入总和。《辛丑条约》的签订，标志中国完全沦为半殖民地半封建社会。

"议和"告成，慈禧一行便于同年8月24日踏上返京的路途。这次归返京城与逃出京城的情形可大不一样了。从西安启程时，百姓"伏地屏息""各设彩灯"欢送，数万人马按照京城銮仪卫之制列队行进，慈禧乘坐八人抬大轿，轿前有御前大臣及侍卫，后面是3000多辆官车，装着慈禧及王公大臣的行装及土特产，浩浩荡荡如同打胜仗般凯旋。

同年11月28日，慈禧、光绪帝等人回到了北京，京城地方官动用了大量财力和人力，将御道装饰一新。但入城的气氛叫人感到压抑，沿途大街上除了乱哄哄的八国联军官兵围观外，跪迎慈禧回銮的官员百姓没有几个。经历浩劫的京城已经再也打不起精神，来迎接这个祸国殃民的国贼了。

中国同盟会的成立

革命形势的迅速发展和爱国运动的广泛开展，使革命党人深切意识到有必要把分散的革命力量联合起来，建立一个全国性的统一革命组织和政党来领导革命运动。孙中山敏锐地觉察到中国已处于革命高潮的前夕。为联合各种革命力量，从1902年到1905年，他做了一次环球旅行，致力于在各地宣传革命思想、组织革命团体，进一步扩大革命的影响。

孙中山像

1905年夏，孙中山从欧洲到达中国留学生集中的日本东京，同留日革命团体领导人黄兴、宋教仁、陈天华等会晤，商议筹建统一的革命政党。7月，来自各省的革命志士70多人在东京召开筹备会议。会上，孙中山发表演说，阐明革命的原因、形势及联合组织、统一团体的必要性。孙中山提议该团体定名为中国革命同盟会，经过反复讨论，最后定名为"中国同盟会"，简称"同盟会"，并以孙中山提出的"驱除鞑虏，恢复中华，创立民国，平均地权"16字为政治纲领。为进一步扩大革命影响，由黄兴和宋教仁发起，在东京召开了中国留学生和华侨欢迎孙中山的集会。孙中山当场发表激动人心的演说，给与会者以巨大鼓舞，革命热情迅速高涨。

8月，孙中山和黄兴等联合兴中会、华兴会和光复会等革命团体的成员，在东京正式举行了中国同盟会成立大会。大会通过了黄兴等人起草的同盟会章程，确定16字纲领为同盟会宗旨，推举孙中山为总理、黄兴等人为执行部干事。章程规定同盟会本部设于东京，本部机构在总理之下设执行、评议、司法3部；在国内设东、西、南、北、中5个支部，国外设南洋、欧洲、美洲、檀香山4个支部，支部以下按地区、国别设立分会。同盟会是中国第一个全国性的，具有比较明确的政治纲领的资产阶级政党。它成立后，海内外革命者纷纷加入，革命队伍日益壮大，为资产阶级革命运动的全面高涨奠定了基础。

末代皇帝

光绪在位三十四年，最终抑郁而死。他"驾崩"两个时辰后，醇亲王载沣被宣入中南海，跪在西太后的帏帐前。

慈禧开口说："载沣，你得了两个儿子，这是值得喜庆的事。光绪晏驾，我又在病重之中。现国家有难，朝廷不可一日无君，我决定立你的长子溥仪为嗣，继承皇位，赐你为监国摄政王！"向来懦弱的载沣，听了这番话，如五雷轰顶，手足无措，不知该怎么办才好，只是反复念叨说："溥仪仅仅3岁，溥仪仅仅3岁……"慈禧马上劝慰说："这是神意，也是列祖列宗牌位前卜卦请准了的！明天，你将溥仪带进宫，举行登基仪式。"他们一商量，决定由载沣抱着"皇帝"，带着乳母一起去中南海。

幼年溥仪旧照

1908年10月，一群太监将溥仪带入皇宫，又过了半个多月，也就是12月2日，清廷举行了隆重的皇帝登基大典。

登基大典开始时，不满3周岁的溥仪，坐在皇帝的龙床宝座上，竟哇哇地大哭起来。他父亲载沣侧身坐在龙床上，双手扶着他，叫他不要再哭闹。

根本还不懂事的溥仪，见那些文武百官不断地磕头，高呼："万岁、万岁、万万岁"，加之山崩地裂般的锣声、鼓声、钟声，更加害怕，哭声也更大了。载沣觉得在这样的盛典上，皇帝却哭闹不止，太不像话，心中一急，不由脱口而出，叫道："就快完了！就快完了！马上回老家了！一完就回老家了！"

话一出口，文武官员们不由得窃窃私语起来："怎么说是'快完了'呢？说要'回老家'是什么意思呢？"回满族老家？不就是结束

监国摄政王宝玺及玺文　清

270 年的满人统治吗？

　　载沣这一番话，竟不幸得到了应验。到了 1911 年，溥仪当皇帝不到三年，辛亥革命就爆发了，在重重压力下，隆裕皇太后不得不替溥仪宣布退位，大清帝国就此宣告灭亡了。

辛亥革命

　　同盟会成立后，以孙中山为首的革命派积极宣传革命思想，夺取思想阵地的领导权，为推翻清朝做舆论准备。与此同时，革命派组织和发动了一系列武装起义，由于群众基础薄弱，这些起义都相继失败了，但它有力地冲击了清朝的反动统治，扩大了革命影响，激发了全国人民的斗志，鼓舞了更多的志士仁人投身于反清斗争。

　　武汉地处长江中游，号称"九省通衢"，是当时的水陆交通中心，又是帝国主义侵略中国的重要据点和清朝统治的一个重心，也是资产阶级革命党人活动非常活跃的地区。1904 年，武汉成立了第一个革命团体科学补习所，随后又成立了日知会、文学社和共进会等革命团体。革命党人在武汉长期进行革命宣传和组织工作，大批青年学生、群众加入革命队伍。革命党人深入新军中进行宣传，把反革命武装变为革命武装。到武昌起义前夕，新军中已有 1/3 的士兵参加了革命组织，成为武昌起义的主力军。1911 年的广州起义

1912 年 3 月 11 日，《中华民国临时约法》正式公布。

同盟会会员证章

和四川保路风潮，推动了革命形势的迅速发展，尤其是四川保路运动爆发后，清朝调湖北军入川镇压，统治者在武汉的兵力减弱，武昌起义的时机成熟。9月，在同盟会中部总会的推动下，文学社和共进会在武昌召开联席会议，成立了起义临时总指挥部，推举文学社领导人蒋翊武为总指挥，共进会领导人孙武为参谋长，并制定了起义计划，预定在中秋节起义。同时，拟定文件，绘制旗帜，制造炸弹，为起义做准备。

起义前夕，孙武在汉口俄租界赶制炸弹时不慎爆炸受伤，革命机关遭到破坏，革命的旗帜、文告及党人名册全被搜走，起义计划暴露。起义总指挥部及其他机关也被破坏，起义领导人大批被捕或逃亡。革命党人和新军中的革命士兵见事态紧急，决定自行秘密联络，提前发动武装起义。

10月10日晚，武昌城内新军工程第八营的革命党人和广大士兵在熊秉坤率领下，首先发难，打响了武昌起义的第一枪。他们杀死镇压起义的反革命军官，冲出营房，占领楚望台军械库。各处响应的起义士兵齐集楚望台，并临时推举吴兆麟担任指挥，向总督衙门发动进攻。湖广总督吓得惊魂丧胆、走投无路，急忙从总督署后围墙上打开一个洞逃之夭夭。各起义部队在统一指挥下，经过一夜激战，攻占了总督衙门，占领了武昌，武昌起义胜利了。随后，起义军又占领了汉阳和汉口，革命军在武汉三镇取得胜利。

武昌起义胜利后，由于同盟会主要领导人孙中山、黄兴等均不在武汉，革命党人便推举新军协统黎元洪为都督。湖北军政府成立后，宣布国号为"中华民国"，废除大清年号。同时，号召各地发动起义，共同推翻清朝的统治，建立共和制。

辛亥革命是以孙中山为首的资产阶级革命派领导起义以来第一次取得的胜利。它在中国历史上第一次树起民主共和国的旗帜，是一次完整意义上的资产阶级民主革命。作为反帝反封建的伟大革命，辛亥革命极大地影响了各国的民族解放运动，掀起了各国人民反抗压迫的民族解放热潮。

第二篇　野史追踪

　　本篇采古今野史之精髓，引导读者从细节处发掘历史真相，力求将帝王将相的性格心理、轶闻趣事，统治阶级的钩心斗角、尔虞我诈，政治军事的丑恶内幕、血腥手段，历朝历代的民间风情，奇人异士，三教九流、世相百态，立体、全息地呈现在读者面前。

第一章　先秦野史

第一节　帝王逸闻

轩辕黄帝确有其人吗？

　　黄帝姓姬，号轩辕，人称轩辕黄帝，被尊为华夏族的祖先。在我国早期的史籍《国语》《左传》中，都把黄帝说成是神话人物。黄帝是实有其人，还是传说中的神，一直以来都是个谜。

　　1973年湖南长沙马王堆出土了《黄帝内经》一书，千古之谜终于得以解开。这是几千年来出土的第一本关于黄帝的书。据学者考证，这本书成书于战国时期，公元前168年作为随葬品埋入马王堆三号墓中，距今已2000多年。他们认为，这是一本实实在在的"治国之本"的书，而非伪书，并由此推断，黄帝不是传说中的

黄帝陵冢
黄帝陵位于陕西省黄陵县城北的桥山上。

人物，而是实实在在的历史人物。同时，作为又一个有力的证据，在1994年发现了一家姓轩辕的，这家姓轩辕的主人叫轩辕耀。这是全国仅有的一个轩辕家族。

　　由此看来，轩辕黄帝不但确有其人，是中华民族的始祖，而且是中国历史上第一个统一华夏大地的部落首领。

尧以围棋教子

　　相传尧之子丹朱资质既不高明，又非常顽劣，而且甚不喜读书，最爱的是游戏玩耍。尧退朝之暇，亦常常教导他，然而丹朱当面唯唯，或者绝不作声，一旦离开尧之后，依旧无所不为。尧虽是至圣之君，但亦无可奈何。

尧为了教育丹朱，便作围棋以弈，来启发他的智力。丹朱到尧书房中，见席上放着一块木板，有黑有白，旁边堆着黑白的小圆木块，更是无数。尧手中拿着一颗白色的木块，坐在那里，对着方块凝思。丹朱不解，便问尧此为何物，尧曰："棋以围而致胜，便叫它围棋吧！"便将席上所摆的棋教丹朱如何如何的弈法。丹朱方才欢欣而出，自己去研究。后遂流传于世。

"尧舜禅让"是礼让还是篡位？

尧是远古时期有名的贤德的君主，他是三皇五帝中的第四个帝。他不"唯亲是举"，大力举荐有才干的舜为自己的继任者，这就是历史传说中有名的"尧舜禅让"。但是现在却有人开始怀疑这种说法的准确性，毕竟这仅仅是远古流传下来的一个传说，到了春秋时期，才有人把它诉诸文字。所以，关于尧舜之间权力交接的真相，就成了一个千古疑案，后世的人们众说纷纭，莫衷一是，但争论的同时，这个千古未解之谜也为我们留下了很多美丽的传说。

大部分人还是比较认可"举贤"说的，因为这反映了我们中华民族的大公无私、唯才是举的传统美德。传说中，舜姓姚，他的父亲是个瞎子，他的母亲很早就去世了。后来，他的瞎父亲又娶了一个妻子，舜的后母心胸狭窄，而且心地狠毒。后来，后母生了个儿子，取名叫象。象好吃懒做而且飞扬跋扈，在父母面前，他经常说哥哥舜的坏话。舜的父亲也被他们拉拢到一起，站在他们的战线上。所以，夫妻俩和象常在一块儿商量，如何找机会害死舜，这样，象就可以继承父母的全部财产。但舜心地善良，并不介意他们的故意刁难。他还是一如既往的孝顺自己的瞎父亲，对后母和弟弟也很好。

当时，尧已经八十六岁了。他觉得自己年老力衰，于是叫大家推举贤能的"接班人"，大家一致推举很有威望的舜。尧听了人们的推举后，决定先考验考验舜。于是，尧把自己的两个女儿娥皇和女英都嫁给了舜，并且派舜到各地去同人们一起干活。他先派舜来到历山脚下去种地。在舜来之前，那里的农民经常为了争夺土地不时地发生一些冲突。等到舜到了那儿后，农民们在舜的教化和领导下就变得互相谦让，经常你帮我，我帮你，把生产搞得很好。舜又到河滨去烧制陶器。原来那儿的陶工干活粗制滥造，陶器质地粗劣，等到舜一去，陶工们在舜的组织下，认真工作，制作出来的陶器十分精美。总之，舜每到一个地方，人们都愿意跟随着他。那时候，父权制已经确立，人人可以拥有财产。由于舜的才能，舜拥有了许多私有财产。

舜的瞎父亲和弟弟象听说舜有很多财富，又起了坏心。有一次，父亲叫他修补粮仓的屋顶。当舜沿梯子爬上屋顶的时候，他们就在下面放起火来，想借机把舜烧死。舜在屋顶看见起火了，想找梯子时，梯子已经被狠心的父亲和弟弟藏了起来。幸好当时，舜随身带着两顶遮太阳用的笠帽。他灵机一动，双手平举笠帽，像鸟张开翅膀一样跳下来。舜轻轻地落在地上，一点也没受伤。舜并没有怪罪他们，还是像以前一样尊老爱幼。一计不成，他们又设计了一个陷阱。一天，他们叫舜去掏井。当看到舜跳下井后，象和他的瞎眼父亲就在地面上把一块块石头丢下井去，把井填没了。他们企图把舜活活埋在里面。后来聪明的舜在井边掘了一个孔道，钻了出来。尽管父母兄弟对待自己不好，但舜还是像过去一样和和气气地对待他的父母和弟弟。于是，一家人就开始和和睦睦地在一起生活。

尧听说舜这样宽宏大量后感到很放心。于是在一个风和日丽的黄道吉日，尧在京城南

壁画中宁静的尧舜时代

《史记》载，舜在 20 岁时就以孝闻名。30 岁时，尧询问可用的人才，四岳诸侯都推荐舜。经过一番长期的考察，尧对舜很满意，就把帝位禅让给了舜。

郊举行了重大的禅让仪式。当尧庄严地把代表权力的权杖交给舜，舜恭敬地接过权杖的一瞬间，响起了雷鸣般的欢呼声。这就是一般历史书所说的"尧舜禅让"。因为它以群众推举或领袖授权为基础，所以人们称这种说法为"举贤说"。

还有一种说法是"拥戴说"。据说尧年老的时候，并没有想把帝位交给舜，而且当时尧的儿子丹朱也非常想继承父亲的大权，但碍于当时舜的声望迟迟没有下手。所以在尧死后，为了避免冲突发生，舜就避开丹朱到了南河之南。但那时天下的诸侯不到丹朱那里去朝见，反而跑来朝见舜。如果想打官司，他们不到丹朱那里去，都跑来找舜。于是，人们编出的歌谣不歌颂丹朱，却歌颂舜。所以，经过诸侯和民众的拥戴，舜便接受了大家的好意，接替尧登上了帝位。关于这个典故，荀子和孟子是比较赞同的。荀子认为，舜之所以能登上帝位，那是靠了他自身的道德；孟子也说过，舜登上帝位是靠了上天的赐予和民众的拥护。

关于"尧舜禅让"，有人甚至从根本上进行了否定，他们认为禅让只不过是被儒家神圣和美化了的精神价值取向罢了，实际上舜是篡夺了尧的大权。这就是比较流行的"篡夺"说。史学专家是根据《史记》的记载：舜取得了行政管理大权后，曾经进行了一系列的人事改组。例如，舜启用了被尧长期排除在权力中心之外的"八恺""八元"，历史上称之为"举十六相"，这表明了舜在扶植亲信。而对尧信用的混沌、穷奇等，舜把他们排出了权力中心，这在历史上被称之为"去四凶"，这显然是排除异己。不过历经这次人事改组之后，尧的大势已经去了，他的悲惨命运也就开始了。《括地书》引用《竹书纪年》说："昔尧德衰，为舜所囚也。"又说："舜囚尧……使不与父相见。"意思大约是，舜先把尧软禁起来，后来也不准他同儿子、亲友见面，以此来逼迫他让位。就连尧的儿子丹朱也被放逐到了丹水。

关于尧舜之间的权力交接，是和平交接，还是被迫让位，从古至今就存在着很多猜测。由于当时没有确切的历史记载，这也成为一个千古未解之谜。

盘庚是否迁都于安阳殷墟？

商朝是我国奴隶社会的发展时期，从成汤到商纣，共传 17 世，31 个王，前后五百余年。商朝时，地域辽阔，势力最大时东到大海，南到长江流域，西达陕西西部，是当时的一个大国。商朝前期，王朝内部的政治斗争十分激烈，由此也导致外患不断，为保持国家的长治久安，商朝经历了五次迁都。公元前 14 世纪，商王盘庚把都城迁到殷，从此商王朝稳定下来，因此商朝又称为殷商。然而，历史上对盘庚是不是迁到了今天的安阳殷墟却有争议。

大多数学者认为盘庚确实是迁都至今日的殷墟。《尚书·盘庚》篇对这次迁都的情况也有不少记载。

　　商汤建国时，最早的国都是亳，也就是今天河南的商丘。这里处在黄河下游，经常闹水灾，灾后损失惨重，皇宫内部、王公大臣和贵族之间也是矛盾重重，常常有内乱发生，到皇位传到能干的盘庚手里时，他决定改变这种混乱的状况，以促进国家的稳定和发展，于是他决定再次迁都。但是迁都的过程很不顺利，他的这一举动遭到了许多王公大臣和贵族的反对，盘庚只好对他们晓之以理，声称自己是"视民利用迁""承汝俾汝，惟喜康共，非汝有咎，比于罚"，即他不是为了处罚那些贪图权利的人，而是为了人民的利益，为了让商朝更加稳固才决定迁都。而对那些反对迁都的人，盘庚威胁说要将他们斩尽杀绝，不让孽种留在新邑。但是，还是有大多数贵族固执地不肯搬迁。盘庚坚定地表明自己的立场："我主意已定，不会再改变了。"众大臣敌不过盘庚的坚持，终于同意迁都。于是盘庚带着平民和奴隶，渡过黄河，搬迁到殷（今河南安阳小屯村）。盘庚迁殷以后，在那里重振朝纲，缓解了王室内部的矛盾，促进了社会经济的发展，使衰落的商王朝又出现了一派繁荣的局面，以后二百多年，一直没有迁都。盘庚也因此被称为"中兴"之主，并为武丁盛世的到来，打下了基础。

　　经过三千多年的漫长岁月的洗礼后，商朝的国都已沦为一片废墟。近代，人们在安阳小屯村一带发现了大量古代的遗物。安阳位于河南省最北部，北临漳河水，西依太行山，是中华民族古老文化重要发祥地之一，殷指的就是今位于安阳西北郊的殷墟。在殷墟遗物中有十多万片龟甲（就是龟壳）和兽骨，而且上面还刻着很难辨认的文字，记载了当时社会政治、经济等各方面的情况，这些文字就是我们今天所说的甲骨文。另外，在小屯村还发现了大量的种类繁多、制作精巧的青铜器皿和兵器，后母戊大方鼎就是在这发现的，它高一百三十多厘米，重八百七十五千克，上面还刻有富丽堂皇的花纹，其技术和艺术水平十分高超。而那里至今保留的宫殿宗庙建筑遗址、王陵墓地、星罗棋布的居住遗址、繁华的手工业作坊所体现出的宏大规模和王者气派都能证明那里曾经是商朝国都的遗址。

　　但是也有不少史学专家和学者认为盘庚并不是迁都于安阳殷墟，《殷本纪》中记有"帝盘庚之时，殷已都河北，盘庚渡河南，复居成汤之故居……乃遂

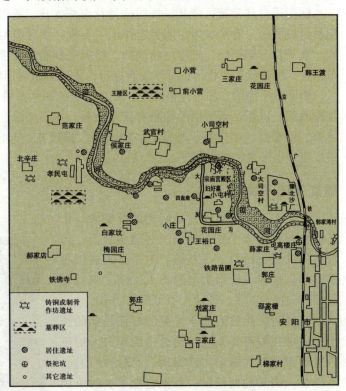

安阳殷墟遗址分布示意图

通过多年的调查与发掘，殷墟的范围和布局已大体清楚。洹河南岸的小屯村东北地为商代宫殿、宗庙区，周围分布有手工业作坊，居民区及平民墓地；北岸分布有大面积的王陵区。殷墟周围可能是贫民居所。

涉河南，治亳"，他们认为盘庚迁回了故都所在地——商丘。成汤帝于公元前1711年灭夏，建都于商丘南亳。据《史记》记载：成汤五世孙仲丁迁都到河南郑州，仲丁弟河澶甲迁都到今河南内黄东南，六世孙祖乙又迁都于今河南温县东，八世孙南庚把都城迁到了今天山东曲阜，九世孙盘庚"渡河南，复居成汤之故居"。所谓"渡河南"，就是从黄河以北迁往黄河以南。所谓"成汤之故居"，就是指成汤建都南亳之前所居住的商丘市北部的北亳。也就是说，盘庚又回到了先商的祖先居住地——商丘。《竹书纪年》记载："盘庚十四年，自奄迁于北蒙，曰殷，十五年营殷邑。"而学者们认为把盘庚所迁往的北蒙的殷，说成是今天安阳的殷墟，这显然是错误的：第一，安阳没有被称北蒙和亳的说法；第二，成汤和帝喾从不曾在安阳居住和建都。所以"渡河南，复居成汤之故居"所指的并不是安阳。至于在安阳小屯发现了商代出土文物和遗址，则是因为成汤的十三世孙武乙迁到了安阳小屯。晋代以后，由于个别史学家把北蒙的"殷"和"殷墟"混在了一起，所以后人才会误以为是安阳，以讹传讹，才有了今天的殷墟之说。

盘庚是不是迁都于殷墟，至今还没人能够下定论，有待专家学者们寻找更有说服力的史料和证据来证明。但是，不管史实如何，盘庚迁都后商朝社会的稳定和繁华显而易见，他为商朝的巩固和发展所建立的伟大功勋也是不可磨灭的。

商纣王发明胭脂

胭脂采自红蓝花，燕北民族叫这种花为燕支花，所以胭脂又叫燕支。古人也考证出胭脂是纣发明的，看来纣为中国美容作出了贡献，堪称鼻祖，纣就是用红蓝花汁加工制成胭脂。女子在上胭脂前，先用白粉涂脸，然后把胭脂膏在手心调匀，拍在脸上，其中酒晕妆是浓妆，桃花妆是淡妆。也可以反着进行，先用胭脂后用粉，这叫飞霞妆。

胭脂除了涂脸，还可作口红用，搽在颊上的胭脂是粉状的，而点唇的胭脂则是脂状的，叫作唇脂、口脂。点唇用的胭脂有许多品种，如石榴娇、燕脂晕品、小红春、大红春、嫩吴香、万金红、半边娇、圣檀心、内家园、露珠儿、天宫巧、洛儿殷、猩猩晕、淡红心、格双唐、小朱龙、媚花奴等。

周文王吃子肉羹

周文王又称西伯侯，是周朝的开创者。正是他大胆起用姜子牙，使周国势蒸蒸日上，为日后周武王伐纣打下了基础。但是让人难以想象的是，这样一位历史上的圣人，到了商纣暴君那里，也干下了一件让人不可思议的事。

传说西伯侯被囚禁于羑里的时候，他的长子伯邑考在殷都作人质，是纣王的车夫。伯邑考被纣王放在大锅里"熟为羹"，赐给西伯侯。不知是人肉羹的西伯侯，就把它吃了。纣王因而得意地对别人说："谁说西伯侯是圣人？他竟然吃了自己儿子的肉粥还不知道呢！"这便是"周文王吃子肉羹"的故事。

周文王访贤　版画

卫灵公与男宠"分桃"

昔者弥子瑕有宠于卫君。卫国之法：窃驾君车者罪刖。弥子瑕母病，有人听说后，连夜告诉弥子瑕。

弥子瑕矫驾君车以出。君闻而贤之，曰："孝哉，为母之故，忘其犯刖罪。"翌日，与君游于果园，食桃而甘，不尽，以其半啖君。君曰："爱我哉，忘其口味以啖寡人。"

卫灵公与弥子瑕之间的关系简直如同夫妻。可是就算是夫妻关系，待在一起也不会太长时间。灵公特别喜欢美色，弥子瑕长得非常漂亮，后来"美色衰退，偶尔冒犯灵公"，卫灵公便改了口吻，毫不留情地痛骂道："是固尝矫驾吾车，又尝啖我以余桃！"桃子是一样的，为什么当时吃进去时是甜的，而如今却非常恶心呢？

越王勾践到底有没有卧薪尝胆？

越王勾践卧薪尝胆的历史故事，已经是尽人皆知了。这个历史故事说的是：传说在春秋时期的一场战争中，吴国打败了越国，吴军把越王勾践包围在会稽山上，致使越王在走投无路的情况下忍辱求和。从那以后，越国成为吴国的臣国，并受控于吴国。越王勾践像奴隶一般在吴国宫中服役3年，后来吴王免去了勾践的罪，让他回国去了。为了不忘亡国之痛、报仇雪恨，勾践在屋顶上面吊了一个苦胆，无论是出是进、

越王勾践卧薪尝胆图

是坐是站，就连吃饭睡觉，也要尝一尝苦胆之味，用来激励自己的斗志；他还既不用床，也不用被褥，累了，便睡在硬柴堆砌的"床"上，以此锻炼自己的筋骨。越国最终灭了吴国，就是因为勾践这十多年的磨炼并实行了各种得力措施。

但历史上的越王勾践是不是真的用卧薪和尝胆两种手段来激发勉励自己的呢？首先从历史典籍来看，《左传》和《国语》成书年代较早，并且其中记载的史实也较为可信，因而较具有参考的价值。但两本史籍中无论哪一本，在讲述勾践的生平事迹时，都根本没有记载越王勾践卧薪尝胆的行为。另外，在《史记》中的《越王勾践世家》中，司马迁说："吴既赦越，越王勾践反国，乃苦身焦思，置胆于坐，坐卧即仰胆，饮食亦尝胆也。"其中，没有写到越王勾践卧薪之事。东汉时期，袁康、吴平作《越绝书》，赵晔作《吴越春秋》，这两本书虽然是专门记录关于春秋时期吴越两国的历史，但它们却只是以先秦历史为基础，又加上了小说家们的荒诞想象。《越绝书》中卧薪、尝胆都未提及；《吴越春秋》中的《勾践归国外传》，也仅说越王勾践"悬胆在户外，出入品尝，不绝于口"，而根本没有卧薪之事。由此看来，在西汉的《史记》中最早出现了越王尝胆一事；而在东汉时期的史料中还没有出现卧薪之事。

有人考证，在北宋苏轼所写的《拟孙权答曹操书》中"卧薪尝胆"首次被作为一个成语来使用。但苏轼起草这封信时带有很强的游戏性，信中的内容与勾践无关，而是设想孙权在三国平分天下时曾"坐薪尝胆"。南宋时期，吕祖谦在《左氏传说》中曾经谈到"坐薪尝胆"的事情，但说的却是吴王。明朝张溥在《春秋列国论》中也说"吴王即位，卧薪尝胆"。以后，《左传事纬》和《绎史》两书中，都说是吴王夫差卧薪尝胆。但与此同时，南宋的真德秀在《戊辰四月上殿奏札》、黄震在《古今纪要》和《黄氏日抄》两书中，又说是越王勾践曾卧薪尝胆。然而，到北宋的苏轼提出了"卧薪尝胆"一词后，这事究竟是夫差还是勾践所做，从南宋直到明朝都没有结论。明朝末年，在传奇剧本《浣纱记》中，梁辰鱼对越王勾践卧薪、尝胆二事大加渲染。清初的吴乘权在《纲鉴易知录》中写道："勾践叛国，乃劳其凝思，卧薪尝胆。"后来，明末作家冯梦龙在其刊刻的历史小说《东周列国志》中也多次提到过勾践卧薪尝胆的故事，直到现在越王勾践卧薪尝胆的故事，才广为流传。但其真实性却需要考证。

另有一些学者认为，早在东汉时代成书的《吴越春秋》中的《勾践归国外传》中就有越王勾践"卧薪"之事的记载。该文说越王勾践当时"苦身焦思，夜以继日，用蓼攻之以目卧"。蓼，清朝马瑞辰解释说是苦菜。蓼薪，意思就是说蓼这种苦菜聚集得非常多。勾践准备了许多蓼菜一定是用来磨炼意志，"攻之以蓼"也可以说是"攻之以蓼薪"。这样，上述《吴越春秋》中的话的语意就十分明显：那时勾践日夜操劳，眼睛十分疲倦，就想睡觉，即"目卧"，但他用"蓼薪"来刺激自己，以便能够忍耐克服，避免睡觉。卧薪、尝胆分别是让视觉和味觉感到苦。后人把"卧薪"说成是在硬柴上睡觉，是曲解了《吴越春秋》的意思，因为"卧薪"是眼睛遭受折磨而不是身体遭受折磨。这种说法的结论是：勾践确实有过卧薪尝胆的行为，尽管后人误解了这个词语的意思。

若说卧薪尝胆这个故事是真的，为什么历史上这么晚才有记载？若说是假的，它却在民间广为流传，而且这两种说法都有根据。因此，它成为中国历史上的又一个未解之谜。

第二节　后妃韵事

妹喜好闻裂缯之声

夏王桀派人到处搜寻美女，把她们都安置在后宫中，他还建造了琼池瑶台，修建的金柱有三千多个。从桀时开始，用瓦覆盖屋顶，以此来遮挡雨水。桀又选择了很多个子矮小的倡优进宫，为他演奏靡靡之音，为他表演杂技。在宫殿中，每天都充满了嬉戏玩耍的声音。据传妹喜喜欢听"裂缯之声"，夏桀就把缯帛撕裂，以博得她的欢笑。

商王妻妇好善武

1976年，河南安阳小屯村西北发掘墓葬，内有文物一千六百多件，包括样式繁多的青铜器、玉石器，还有十六位殉葬者。这座墓葬是半个多世纪以来殷墟发掘中唯一未被扰动而完整保存的墓葬。那么，这座墓葬的主人是谁呢？根据其墓葬可以肯定，这是一位极有身份的人。经过考证和推理，最终得出一个结论：这就是妇好墓。妇好，是商王武丁之妻。是商代极盛时期一个身份地位很高的女政治家和军事家。

妇好，甲骨文又名妣辛、母辛，是庙号与后辈之称。根据卜辞记载，她有属于自己的封地，常向商王朝觐纳贡，商王朝的一些重要祭祀活动她都曾主持过，并且率领士族多次出征夷方、土方、羌方、舌方、巴方等国。其中征伐羌方的一次战斗中动用军队多达一万三千人，是迄今所知商代用兵数最多的一次。

一个女人在那样的时代既能主持重要祭祀活动，又能带兵打仗，足见其卓越的政治才能与军事才能。因而，妇好在生前深得商王武丁喜爱。在她死后，商王悲痛不已，不惜花重金为其安葬。

商代战车（模型）
先秦时期，战车一般为独辕两轮，初为两马牵拉，后来演进为一车四马。

妲己发明炮烙之刑

炮烙，相传是商代所用的一种酷刑。它的发明者便是历史上赫赫有名的暴君纣王和他的宠妃妲己。妲己为人狠毒，脾气乖戾，平日里很少笑。为了讨她的欢心，纣王使尽各种办法，但妲己脸上仍是见不到一丝笑容。后来，有一天，纣王看到一只蚂蚁爬到烧热的铜斗上，被烙的细小的蚁足无法继续爬行，只能一个劲地翻滚、挣扎。纣王觉得很有趣，心想，如果人被火烙，一定也有那种痛苦挣扎的狼狈相，肯定更好看，妲己也肯定喜欢。于是，纣王就让人用铜制成方格，下面煨着炭火，铜格子被烧得通红，有罪的囚犯必须赤着双脚在上面行走，囚犯们痛得纷纷惨叫，从格子上掉下来的，就活活落入火中被烧死。看到这种情景，妲己果然高兴得咧嘴大笑。纣王大喜，以后经常用铜格子烙人，为的就是逗妲己发笑。

西施的洗澡水名曰"香水泉"

提到四大美女之首的西施，人们就会想起西子捧心、西子浣纱、西子沉鱼的故事来衬托她的美丽。甚至西施的洗澡水也成了"香水泉"。

据说，西施的身上散发着一种迷人的香气。因而她沐浴过后的洗澡水，被称为"香水泉"。宫女们都争先恐后地希望得到这种"香水泉"。如果这种水被洒在屋里，整间屋子都会弥漫着一股迷人的芳香，算得上是香水的代用品呢！

西施像

第三节　宫廷仪规

黄帝始创冠冕制

何谓冠？我国最早的冠出现在何时？据记载，华夏族的祖先黄帝始创冠冕制。《古经服纬》卷上记载："黄帝作冕，有虞氏皇，夏后收。"

黄帝像

在夏朝的时候冕称为收，这时还是照黄帝时候的样子制冕，只是颜色发生了变化。正因如此，蔡邕才独断地说，夏朝时候的冠是纯黑的，从尧到舜，冠的颜色就变成了黄色。自从黄帝制冠冕开始到周，冠冕的礼仪已经发展完备。天子所戴的冠有很多种，除了各种各样的冕，还包括元冠、皮弁等。秦时出现了通天冠。

冠是贵族的一般头衣。戴冠前，头发先束在一起，头顶上盘成一个髻，用缅包住。缅是一种帛，常为黑色，又称纚。然后将冠套在髻上。冠梁在上，从前至后复在头上，再左右用笄横穿过冠圈和发髻。冠缨即为冠圈两旁的丝绳，引到颌下打结，打结后余下部分垂在颌下，称作緌，亦作蕤。还有一根丝绳兜住颌下，两头系在冠圈上，丝绳称作纮。

不是用于日常，主要用于礼仪。戴冠后头发并未被全部遮住，周朝的冠梁很窄，秦汉逐渐变宽，但罩住全部头发也不可能。所以《淮南子·人间训》称，冠"寒不能暖，风不能障，暴不能蔽"。

冠是贵族身份和成年的标志，该冠而不冠称为非礼。春秋齐景公出宫门披着发，守门者拦住他的马说："尔非吾君也。"羞愧的齐景公吓得都不敢上朝。

先秦的宗庙礼仪

古代一般在宗庙祭祖，天子的宗庙被称作太庙。南宋开始有了族祠堂，一般庶民在祭祖时就在祠堂。

先秦的宗庙规定十分严格。《礼记·王制》中记有："天子七庙，三昭三穆，与太祖之庙而七；诸侯五庙，二昭二穆，与太祖之庙而五；大夫三庙，一昭一穆，与太祖之庙而三；士一庙，庶人祭于寝。"这里的太祖，定为始封之君。如周公、姜太公、康叔、唐叔分别是鲁、齐、卫、晋的始封之君。昭穆是西周的宗法制度，简单而言，即各代递为昭、穆，父为昭，子为穆，孙为昭，曾孙为穆。宗庙的排列顺序是这样的，太祖居中，左昭右穆。周代庶人无宗庙，就在家中正堂上祭祖。

周代脱履上殿

古代"君子不履丝屦"，实际上违背此制追求奢侈的人很多。春秋时期的齐景公就以金银珠玉作为自己屦的饰品。

古代的履，固定时要用带子。穿鞋带的孔叫绚，鞋带叫綦、缨，帮与底间的沿边叫作缲，纯为鞋口的装饰边。齐景公的履便是"黄金之綦，饰银，连以珠，良玉之绚"，即用的是金丝鞋带，由带孔良玉做成，鞋上装饰着银、珠。

大臣上殿或是平常进屋登堂，一般都要脱履，否则会被视为对主人不敬。《吕氏春秋·仲冬纪》中记载，齐湣王生病了，医者文挚认为如果让他激怒，就能治好。于是文挚不脱履而登堂，齐湣王果然很生气。结果，齐湣王的病倒是治好了，文挚却因失礼被烹死了。

商周时的饮食等级礼仪

早在商周时代，饮食上严格的等级礼仪就已形成了。《周礼·天官·膳夫》中记载：

"凡王之馈，食用六俗，膳用六牲，饮用六清，馐用百有二十品，珍用八物，酱用百有二十瓮。"

《礼记·礼器》："天子之席五重，诸侯之席三重，大夫之席再席。"

《礼记·内则》："大夫燕食，有脍无脯，有脯无脍，士不二羹菽，庶人耆老不徒食。"

《礼记·王制》："诸侯无故不杀牛，大夫无故不杀羊，士无故不杀犬豕，庶人无故不食珍。"

看餐具的陈列，天子九鼎二十六豆，卿大夫才为五鼎八豆，无不可见饮食等级的划分森严。

春秋战国互换人质制度

春秋战国时期，各诸侯国之间为了保持边界安定、相互约束，帝王采用互换人质的制度。

春秋晋惠公夷吾流亡到梁国时，惠公的妻子怀孕过了预产期却还没把孩子生下来，于是请人占卜。卜者说生下来会是一男一女，将来男为人臣，女为人妾。因而夷吾为生下来的儿子取名为圉，女儿取名为妾。果然，到了后来，圉到秦国做了人质，跟随着去的妾做了侍女。圉是春秋战国时代较早的人质。

另外，我们大家熟知的秦始皇之父庄襄公异人，还有燕国太子丹都曾为人质。他们都是诸侯王的王孙，是政治交易中的牺牲品。秦始皇之父庄襄公异人是秦送到赵的人质，本来在赵国很受欺侮，而秦国的人都快忘了他。幸亏吕不韦以为异人"奇货可居"，才有了他日后的王位。而燕太子丹在秦国，更是备受凌辱，所以他侥幸回国之后，到处招揽门客，希望为自己报在秦受辱之仇，历史上才有了"荆轲刺秦"这一慷慨悲壮的故事。

第四节　宫禁探奇

先秦时的宫殿——前朝后寝

《说文》称："堂，殿也。"《释名·释宫室》："古者为堂，自半以前虚之谓堂，自半以后实之谓室。堂者当也，谓当正向阳。"由此可知，秦汉以前是前堂后室，秦汉以后才为一堂二室，呈一字形。

《考工记》中记载，古代宫殿、官府、士大夫的住居都是前堂后室，又称"前朝后寝"。因而，天子、官府的大堂，常被称作"朝"。《礼记·礼器》载："天子之堂九尺，诸侯七尺，大夫五尺，士三尺。"

周代首创内廷机构

宦官是内廷的仆役，凡周王、王后、妃嫔日常生活所需要的服务都由宦官提供，内廷门禁森严，守护内殿各门也是宦官的重要职责。后宫则是以女御充之，宦者守之。当然，王室这个国、家合一的家庭所需要的服务要比豪门富室多得多，宦官的职责也就分化出许多，因此便产生了内廷服务机构，即宦官机构，宦官又叫做内官。内廷机构，西周时有宫正、宫伯，掌管王宫事务；宫人，掌管寝宫事务；内宰，管理王宫内的政令；阍人，负责守护宫门；寺人，管理后宫女子。

第二章　秦汉野史

第一节　帝王逸闻

秦始皇身形猥琐还是英武潇洒？

说起秦始皇的长相，人们不免会联想到唐代画家阎立本的《历代帝王图》。在《历代帝王图》中，君主们都是方脸、高鼻、垂耳的形象，生来就是一副帝王相。所以，秦始皇，作为中国的第一个皇帝，肯定也不会差到哪里去，人们于是推演出秦始皇嘴角紧闭，双目有神，挺腰站立，雍容华贵的样子。

不过，推测就是推测，是立不住脚的，北京师范大学历史系的晁福林教授认为：伟人也并非个个都是潇洒之人，由于历史资料对秦始皇的相貌记载不多，文人墨客描绘他的形象时想象的成分很大，所以多不足为凭。

那么，号称"千古一帝"的秦始皇，其相貌到底是什么样的呢？史料上就没有确切的记载吗？当然不是。司马迁在《史记·秦始皇本纪》中，就曾引用尉缭子描述秦始皇体貌特征的话："秦王为人，隆准，长目，鸷鸟膺，豺声。"隆准，就是说鼻子呈马鞍形；长目，就是说他的眼睛细而长，这一点倒很像现在西北一带的人；鸷鸟膺，指胸骨突出，应该是今天所说的鸡胸。西汉解释儒学典籍的《纬书》中的《易纬》《春秋纬》和《礼纬》等篇也包含有一些关于秦始皇相貌的记载。这些书中，除了说他具有"隆准""长目""鸷鸟膺"等特征之外，还说他"虎口""日角"。虎口，就是说他嘴巴外形像老虎的嘴巴；日角，就是说他的两眉之间有一块鼓起来的骨头。并且根据《礼纬》中的记载，秦始皇的个头特别高，有八尺六寸，腰围为七围，是典型的西北大汉形象。

郭沫若根据《史记·秦始皇本纪》中尉缭子的话分析，认为秦始皇有生理缺陷。其胸形（鸡胸）、鼻形变异（马鞍鼻）与气管炎（豺声即表明有支气管炎）等症状显示他是个软骨病患者。影片《荆轲刺秦王》中身形猥琐、身体孱弱的秦始皇形象就是迎合这种说法而设计的。

秦始皇的长相果真如此猥琐吗？中国人民大学历史系孙家洲教授提出了不同的观点，他认为尉缭子这么描述秦始皇不是客观的，带有恶意的夸张。由此可见，郭沫若推断秦始皇有生理缺陷也是不可靠的。

北京大学历史系秦汉史专家刘华祝比较认同《纬书》中关于秦始皇体貌特征的记载。

《纬书》相当于汉代的经书，该书在我国失传，20 世纪 80 年代末期才从日本运回。他特别对《礼纬》中记载的秦始皇身高和腰围做了推究。书中说秦始皇高八尺六寸，将其换算成今天的长度单位，大约相当于 1.98 米。对于秦始皇的腰围，书中说他腰围是七围。关于围，现在有几种解释，有人认为合抱为围，有人认为五寸为围，还有人说一尺为围。当时的一尺相当于现在的七寸。如果是五寸为一围，那么秦始皇的腰围就是三尺五寸。刘华祝教授根据上下文分析，认为一尺为一围的说法较为可信。这样算来，秦始皇的腰围应相当于现在的四尺七寸。刘华祝教授说："如果记载属实的话，那么秦始皇的形象在今天看来，肯定是异常高大威武。"

在史学界，和刘华祝教授观点相近的看法很多。已故历史学家翦伯赞先生就曾推断：秦始皇的相貌应是相当漂亮的；清华大学工艺美院的杜大凯教授说，秦始皇出生在秦地，属西北人，按照常理应该是典型的西北大汉，高大魁梧。

秦始皇到底长什么样还是说不清，道不明，于是，有人从秦始皇的性格、情感经历入手，判断他

秦始皇像

的长相。这些学者认为，特定的情感经历会影响一个人的外在形象和性格，像秦始皇这样有非凡经历的人，无论身材威武还是身形猥琐，在五官表情上肯定有他的特别之处。陕西历史博物馆的张铭洽研究员则表示，一个人的外在形象是其内在性格的外化，同时从一个人外在的性格也能大致推断出他的相貌。他根据秦始皇的种种性格分析，认为秦始皇的体貌特征应该是：身材高瘦，眼睛深陷，眉毛和眼睛较细长，鼻梁较高，腮帮突出。

真是各说各的理。秦始皇到底是身形猥琐还是英武潇洒呢？想必到目前为止没人能说个明白。

奇货可居——秦始皇身世之谜

秦始皇嬴政是中国数千年专制时代第一位君临天下、叱咤风云的皇帝。六国养尊处优的君主嫔妃、王孙公主、皇亲国戚无一不胆战心惊地揖首跪地、俯首称臣。然而，傲视天下的秦始皇内心却是异常脆弱，因为他对身世一直讳莫如深。

秦始皇是继秦庄襄王（子楚）之位，以太子身份登上王位的。秦始皇之母赵姬，据说曾为吕不韦的爱姬，后献予子楚，被封为王后。那么，秦始皇到底是子楚的儿子，还是吕不韦的儿子，后人争议不休。

《史记》中记载秦国丞相吕不韦本为河南濮阳的巨富，是远近闻名的大商人。但他不满足这种拥有万贯家私的地位和生活，野心勃勃，对王权垂涎三尺。

于是，吕不韦打点行装，到了赵国的国都邯郸，精心策划一个大阴谋，将正在赵国当人质的秦王的孙子异人，想法过继给正受宠幸的华阳夫人，转瞬之间，异人被立为嫡嗣，

更名为子楚。

不久，国事生变。秦昭王、孝文王相继去世，子楚堂而皇之地登上王位，吕不韦被封为丞相。之后，吕不韦将自己的爱姬赵姬献给子楚，生下嬴政，被封为皇后，不料子楚仅在位三年就死掉了，于是他的儿子嬴政就顺理成章地继承了王位，这就是后来的秦始皇。

吕不韦认为嬴政是自己的亲生儿子，让嬴政喊自己为"仲父"，自己则掌管全国政事，成为一人之下、万人之上、权倾朝野、一手遮天的大人物，吕不韦在邯郸的秘计实现了。

认定吕不韦和秦始皇有父子关系的说法，其原因是：

其一，这样可以说明秦始皇不是秦王室的嫡传，反对秦始皇的人就找到了很好的造反理由。

其二，是吕不韦采取的一种战胜长信侯嫪毐的政治斗争的策略，企图以父子亲情，取得秦始皇的支持，增强自己的斗争力量。

其三，解秦灭六国之恨。"六国"之人吕不韦不动一兵一卒，运用计谋，将自己的儿子推上秦国的王位，夺其江山，因此，灭国之愤就可消除。

其四，汉代以后的资料多认为嬴政是吕不韦之子，这为汉取代秦寻求历史依据，他们的逻辑是，秦王内宫如此污秽，如何治理好一个国家，因此秦亡甚速是很自然的。

后世人也有认为上述传说并不能成立的。

其一，从子楚方面看，即使有吕不韦的阴谋，但其实现的可能性也很渺茫。因为秦昭王在位时，未必一定将王位传于子楚，更不能设想到子楚未来的儿子身上。

其二，从秦始皇的出生日期考虑，假若赵姬在进宫前已经怀孕，秦始皇一定会不及期而生，子楚对此不会不知道。可见，秦始皇的生父应该是子楚，而非吕不韦。

其三，从赵姬的出身看，也大有文章。《史记·秦始皇本纪》记载，秦灭赵之后，秦王亲临邯郸，把同秦王母家有仇怨的，尽行坑杀。既然赵姬出身豪门，她怎么能先做吕不韦之姬妾，再被献做异人之妻呢？这样，就不会存在赵姬肚子里怀上吕不韦的孩子再嫁到异人那里的故事了。

秦始皇身世之谜只有留于后人去推测了，而"奇货可居"这个成语却由此流传于世。

秦始皇四出巡游

十月金秋，秦始皇摆皇家仪仗，威风凛凛地于咸阳起程，出了武关，从丹江、汉水来到湖北云梦，又从长江到了虎丘山，吴王阖闾的墓地就在此地。他听说，当年吴王死后，陪葬了三千把宝剑，就命令手下开山取剑，然而把剑池翻遍了，却没有找到三千宝剑。秦始皇失望之极，也只有领着群臣向东进发，来到会稽。

秦始皇出游的显赫气派，引得当地老百姓前来观看，小项羽和叔父项梁，也在观望的人群中，小项羽羡慕得忘乎所以，叫嚷起来："你可以夺取他的地位，去代替他啊！"项梁急忙掩住了项羽的嘴巴。亏得马车喧哗，离得稍远，因而秦始皇全然不觉，他此时正在不可一世地威风呢！

到了会稽，秦始皇祭了大禹，又登山望海，心胸不由为之开阔，但是，不知什么原因，他突然想起母亲和吕不韦以及嫪毐之间见不得人的事来。他不能容忍这一切。在刻石以纪功名的时候，他刻下了自己过去的宏伟业绩，同时也在上面刻上了"宣传教化习俗，黔

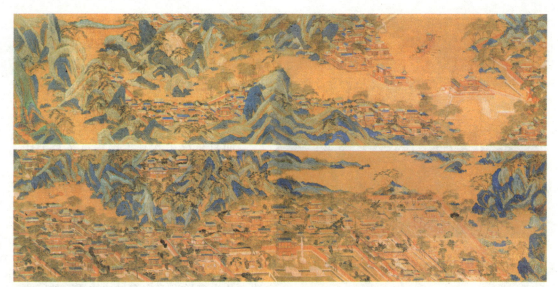

阿房宫图卷　清　袁江
此图所绘依山殿阁，傍水楼台，山水相连，花木并茂，并有龙舟、游艇、宫人等点缀。

首要整齐庄重"的训条，将女人的贞操首次列入了国家的法令。

秦始皇"焚书坑儒"之谜

　　提起秦始皇，人们就会想起"焚书坑儒"这一典故，但是秦始皇到底有没有"坑儒"呢？

　　秦始皇统一六国以后，采取了一系列的措施，以便加强中央集权。在完成政治上的诸多加强控制的举措之后，秦始皇便开始了精神上的控制。公元前213年，秦始皇在咸阳宫为群臣及众多的儒生大排酒宴。在宴会上，围绕着是否实行分封制，众多儒生之间发生了激烈的争论。丞相王绾、博士生淳于越等人主张实行分封，而丞相李斯等则赞同郡县制，并指责淳于越等"不师今而学古""道古以害今"。最后秦始皇支持李斯的观点，并采用、实施李斯的"焚书"建议，下令：除了秦纪（秦国史书）、医药、卜筮、农书以及国家博士所藏《诗》《书》、百家语以外，凡列国史籍、私人所藏的儒家作品、诸子百家著作和其他典籍，统统按时交官焚毁。同时，禁止谈及《诗》《书》和"以古非今"，违者定当严惩乃至判其死罪。百姓如想学一些法令，可拜官吏为师。从这一点来看，焚书的举动秦始皇肯定做过。

　　秦始皇称帝以后，力求长生不老，迷恋仙道，不惜动用重金，先后派徐福、韩众、侯生、卢生等人寻求仙药。侯生与卢生当初是秦始皇身边的方士，由于长期为秦始皇求仙人和仙药，却始终没有找到，而心急如焚，忐忑不安。依照秦国的法律，求不到仙药就会被处死。因此他们深发感慨：像这样靠凶狠残暴而建立威势并且贪婪权势的人，不值得给他求仙药。于是，侯生、卢生悄悄地远走他乡。

　　这件事使秦始皇十分恼怒，于是他下令，对所有在咸阳的方士进行审查讯问，欲查出造谣惑众的侯生、卢生两人。方士们为保全自己的性命，只得相互告发，秦始皇最后把圈定的460余人，都在咸阳挖坑活埋。

秦坑儒谷
坑儒谷是秦始皇镇压方士儒生的地方，在西安市临潼区韩峪乡洪庆堡。

秦始皇的"坑儒"是"焚书"的继续。至于坑杀的人究竟是方士还是儒生，学术界各持己见。从分析"坑儒"事件的起因看，秦始皇所坑杀的人应该是方士；但从长子扶苏的进谏"众儒生都学习孔子的学说"来看，秦始皇所坑杀的又好像是儒生。

而且东汉卫宏在《诏定古文官书序》中记载，秦始皇在骊山温谷挖坑用以种瓜，以冬季瓜熟的奇异现象为由，诱惑博士诸生集于骊山观看。当众儒生争论不休、各抒己见时，秦始皇趁机下令秘杀填土而埋之，700多名儒生全部被活埋在山谷里。于是有人便根据这一点而偏向于传统的说法，认为秦始皇确实有过"坑儒"的行为。

但有人研究诸史籍，认为"焚书"有之，"坑儒"则无，实是"坑方士"之讹。当然不能说被杀的460余人中没有儒生，而全是方士，但是由其代表人物可推知，被杀的主体应该是方士，而被杀的原因更与儒家的政治主张和学派观点无关。所以即使被杀者有儒生，也并非因其为儒生而得罪，总是与方士们有某种牵连之故。因此绝无理由说秦始皇"坑儒"。尽管秦始皇早因"坑儒"之举背上千古骂名，然而，直到今天，秦始皇究竟有没有"坑儒"这一谜团还是没有解开。

秦始皇铸造十二金人之谜

秦始皇是中国历史上第一个统一的王朝——秦王朝的开国皇帝。关于他的传奇故事在民间流传得甚为广泛。在传说中，他既是一位功不可没的大英雄，是中华民族的骄傲，另一方面他几乎又成了暴君、残忍的代名词。秦始皇为了永世享用他的征战功绩，做出了种种至今在世界上仍让人叹为观止的壮举，为世人留下了很多解不开的历史之谜，12金人的铸造便是其中的一个。

在秦都咸阳，秦王宫阿房殿前，屹立着12个铜器铸造的大铜人，因为铜是黄色的，所以又称作"金人"。他们身着外族服装，每个都非常巨大和沉重，很难运输，而且他们浑身雕有精细的花纹，且个个耀武扬威，精神抖擞，英勇无比，日夜守护着秦王宫殿。铜人造形之大，制作之精巧考究，为历史上所罕见。在这方面，有很多历史书籍记载。如据《史记·秦始皇本纪》记载："二十六年……收天下兵，聚之咸阳，销以为钟鐻金人十二，各重千石，置廷宫中。"贾谊的《过秦论》也有"销锋铸鐻，以为金人十二"记录了12金人的故事。

令人奇怪的是，中国第一位皇帝秦始皇要铸造这12个铜人目的是什么呢？为什么耗费巨资铸造这又笨重又没有实际作用的金人呢？围绕这个问题，存在两种主要说法：

秦始皇在统一全国后，秦王政创立了"皇帝"的尊号，自称始皇帝。但由于吕不韦曾经专权的阴影，和辛辛苦苦征战得来的皇位不易，为了实现自己当初"宣布子孙称二世、三世，以至万世，代代承袭"的宏伟愿望，所以他坐稳皇帝后始终在忧虑和思考着如何确保长治久安，使江山传之万世的问题。而要坐稳天下，必须解决的一个问题就是收缴和销毁流散民间的各种兵器，只有这样，才能防止别人的武力夺权。于是，他总是在寻找一个合理的借口，来收缴全国的兵器，机会终于来了。一天，在大臣们的陪同下，秦始皇正在观看舞灯笼和各种杂耍。正在看得高兴的时候，忽见一队杀气腾腾、手里拿着刀剑等兵器的武士上场表演。秦始皇看见后，又触动了自己的长久以来的心病。这时候，恰巧临洮一个农民送来一条消息，说是见到12个巨人，而且他们当地还传唱着一首童谣："渠去一，显于金，百邪辟，百瑞生。"秦始皇听后，龙颜大悦。于是他假托征兆，说这是顺应天意，下令收缴民间兵器，集中到大都咸阳，铸成12个铜人。实际上，秦始皇收兵器铸造铜人，完全是出于巩固自己皇位的考虑。

还有另外的一个故事版本。有一天，秦始皇正在阿房宫中休息。突然，梦到天气大变，天空昏暗无光，并且伴有鬼神妖魔作怪，于是他非常惊恐害怕。正在他手足无措之际，忽然有一个白发苍苍、长髯飘飘的老道来到他的面前。这个老道精神矍铄，神采奕奕，他挥动着手中的拂尘，指点迷津道："制十二金人，方可稳坐天下。"说完，随着眼前金光一闪，老道人便不见了。秦始皇也从梦中惊醒了。秦始皇梦醒后，宁可信其有不可信其无，立即下令将全国的兵器收到咸阳，铸成了12个铜人。有很多专家学者也曾经指出，秦始皇一生非常相信方士道人的话，再加上建国之后的担忧心情，这种说法是可信的。

但遗憾的是，今天我们是看不到这12个铜人的踪影了。那么，它们究竟到哪里去了呢？难道如此巨大的金人会不翼而飞？目前，关于金人的下落问题存在着三种猜测：

有人认为，当初楚霸王项羽在攻克秦都咸阳后，曾经火烧阿房宫。在火烧阿房宫时，连同象征秦王朝永固的这12个金人也一起烧毁了。

还有一些历史学者指出，这12个金人是毁在董卓的手上。东汉末年，董卓率军攻入长安，将其中的10个金人销毁，并铸成铜钱，而剩下的两个被他下令迁到长安城清门里。到三国时期，魏明帝曹叡下令把这两个铜人运到洛阳。当成千上万的工匠们运到溺城时，由于金人的重量太沉，不得不放弃了这个巨大的工程，于是就停止了搬运。到了东晋十六国时，后赵的石季龙又把这两个金人运到了邺城。后来前秦的秦王苻坚统一北方，他又把这两个金人从邺城运回长安销毁。至那时，存在于世间约600年的12个金人全部被销毁了。

另有一种说法是比较乐观的，他们根据史料记载认为，这12个金人并未被毁掉。因为12个金人是秦始皇生前的最喜爱之物，所以在秦始皇陵墓营造好后，这12个金人和其他精美的奇珍异宝一起随着秦始皇的死去被当作随葬品而葬于陵墓之中。现在，由于一些技术

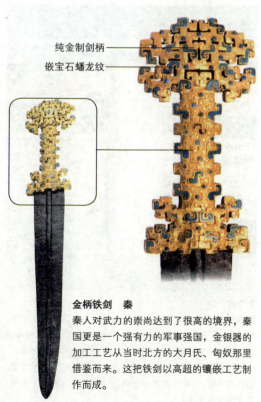

纯金制剑柄
嵌宝石蟠龙纹

金柄铁剑　秦
秦人对武力的崇尚达到了很高的境界，秦国更是一个强有力的军事强国，金银器的加工工艺从当时北方的大月氏、匈奴那里借鉴而来。这把铁剑以高超的镶嵌工艺制作而成。

等方面的原因，秦始皇陵墓的发掘工作暂时还不能开展，因此十二金人的下落问题至今仍是一个未解之谜。也许到了我们的考古技术达到秦始皇陵墓开掘的那一天，这个历史上的未解之谜才有可能被解开。

汉高祖自创"刘氏冠"

有一种冠可以用于礼节，也可用于平日燕居，这便是通天冠。通天冠高九寸，正面竖立，顶部向后倾斜，前面是展筒，后有一个铁卷梁。

刘邦还没有做皇帝时，曾用竹皮为自己做了一种冠，并为它取名为刘氏冠。刘邦做了皇帝后，这种刘氏冠也"凭主而贵"，地位大大提升。以至于这种冠成为刘邦后代在祭祀时的专用冠。在唐宋时期，冠高一尺，梁宽一尺，冠上卷梁二十四道，这样还不够，为了让它更加美观，还要在上面施以珠翠，并且用玉、犀簪将冠横穿，并在后面垂有黑巾。

刘邦像

汉武帝立子杀母

一天，汉武帝出巡打猎经过河间县，一位会看气脉的人告诉他说这一带有奇异的女子。找到她以后，才知道原来是一个两手都是拳形的人。但是令人吃惊的是，武帝把她的手指分开了，并且能够伸直。后来汉武帝临幸了她并称为"拳夫人"。"拳夫人"居于"钩弋宫"，所以又称为"钩弋夫人"。

"拳夫人"生弗陵（即汉昭帝）时，怀了十四个月的孕，这与古代尧母生尧的时间是一样的，所以武帝便将"拳夫人"所居宫门称为"尧母门"。弗陵稍稍长大一些后，武帝便开始经常责备钩弋夫人，夫人脱下头簪、耳环，叩头谢罪。后来，武帝又下令将夫人送到掖庭狱。夫人边走边回头，武帝道："快走，不然你就活不成了。"最后"拳夫人"终被赐死。

无字碑 汉

此碑置于山东泰山玉皇殿大门西则，高6米，宽1.2米，厚0.9米，形制古朴，不著一字，故名。对此碑有两种说法：一说因秦始皇"焚书坑儒"，故于碑上"一字不镌"；一说汉武帝登封泰山，为显示自己"受命于天""功德盖世"的超凡气概，立碑于古登封台前，史称"立石"，即今无字碑，至今仍莫衷一是。

过了一些时间，有一天，武帝没什么事做，便问左右："外面的人对这件事是怎么议论的？"左右回答道："立儿子为太子，而杀掉母亲，到底是什么原因呢？"武帝道："是啊，你们这帮蠢人又怎么能够理解呢。古代的时候，国君年幼，其母年轻，太后便大权独揽，骄奢淫逸，以至于朝野不安。吕后的事不就是一个很好的例子吗？所以不能不先杀掉太子的母亲。"

王莽奉汉太后为文母

王莽篡位并改国号之后，奉原来的太后为新朝的文母，让她和汉室断绝关系。又废掉汉室的孝文庙，另外为她修建新庙，还把孝文庙原来的殿堂改为文母用膳的地方，并取名为和寿宫。改建工程结束后，王莽设宴，请太后来用饭，太后到来后，看到原来的庙堂被改得面目全非，又吃惊又伤心，便哭了起来，并说道："这乃是汉家的宗庙，其中供奉有神灵，为什么要毁坏它呢？鬼神如果不灵验，又何必修庙？鬼神如果灵验，我是他们的妃妾，又怎能污辱皇帝的庙堂，在这里摆放食物呢？"于是这次宴会便就此作罢。

第二节　后妃韵事

汉高祖怜悯薄姬临幸之

薄太后的父亲与魏王宗家的女儿魏媪私通，生下了薄姬。诸侯纷纷反叛秦王朝之时，魏豹自立为魏王，魏媪便献上了自己的女儿。相士许负看了薄姬的面相后认为她将来会生太子。魏豹听说后，暗自高兴，不再与刘邦联合，保持中立。后来他又与楚军联合起来，最终被汉王刘邦击败，当了俘虏，魏国变成了一个郡。薄姬被送进了织丝的作坊服役。

魏豹死后，汉高祖有一次来到织丝的作坊，年轻貌美的薄姬吸引了他，便下诏将其纳入后宫。但进宫一年多也没有受到汉高祖的临幸。

薄姬年少之时，与要好的管夫人、赵子儿相互约定说："若谁先得富贵，不要忘了大家。"后来，管夫人、赵子儿比薄姬先受宠幸。一次，汉高祖在河南宫成皋台听到管夫人、赵子儿谈论着薄姬年少时与大家订的誓约，便询问其中缘由。他知道详情后，顿生怜悯之心。当天，汉高祖便召见薄姬并临幸了她。薄姬对皇帝说："昨天夜里，妾梦见妾的腹中附着一条苍龙。"高祖道："这是富贵的征兆啊，我成全你了。"

薄姬受到皇帝临幸后，生了一个男孩，这就是代王。打那以后，薄姬便与高祖很少见面。高祖驾崩后，吕后嫉妒众嫔妃，把她们全都打入冷宫。薄姬因为很少见到皇帝，又被放了出来。之后薄姬便随着儿子来到封地代国，成为太后。

汉武帝爱妃骨节自鸣

汉武帝的妃子丽娟，皮肤白嫩细腻，吐气如兰。每当丽娟唱歌的时候，李延年便在芝生殿和她遥相酬和。每当唱"回风"时，庭院中的鲜花便纷纷往下飘

汉武帝刘彻像

汉武帝作李夫人歌，曰：是耶非耶，立而望之，翩何姗姗其来迟！李延年为汉武帝作思李夫人歌：北方有佳人，绝世而独立，一顾倾人城，再顾倾人国，宁不知倾城与倾国，佳人难再得。毛泽东说：秦皇汉武，略输文采。斯蒂芬·乔治·西斯罗普评论：武帝意即"军事皇帝"，是中国最有成就的统治者之一，他是个神秘主义者，并热衷于皇家排场。

落。武帝担心尘土玷污丽娟的身体，就把她放在帷帐中。武帝还担心她会随风飘飞，用衣带绑缚住丽娟的衣袖，将她关在重重帷幕之中。丽娟用琥珀为佩饰之物，悄悄地放在衣裙里面，却对别人说是骨节发出的声响。大家纷纷觉得奇异。

第三节　宫廷仪规

秦创"传国玉玺"制

传说春秋时，楚人卞和在荆山看见凤凰栖息在青石上。古人有"凤凰不落无宝地"之说，于是卞和将青石献给楚厉王，经玉工辨识为石块。卞和被判欺君之罪，左足被刖。楚武王继位，卞和又去献玉，仍被鉴定为石块，卞和右足又被刖。楚文王的时候，卞和抱着玉在荆山下痛哭，文王派人取来青石，鉴定之后确为宝石，于是经玉工雕琢成璧，即为"和氏璧"。

400年后，楚威王以和氏璧赏赐相国昭阳。又过了50余年，赵国太监缪贤偶以500金购得和氏璧。赵惠文王听说之后，将璧占为己有。61年后，秦灭赵，得了和氏璧。

秦赢政统一中国，称为"始皇帝"，要选用天下无双的宝贝制成皇帝玉玺。于是，宰相李斯奉命以和氏璧做皇帝玉玺。赢政想以此玺代代相传，就像秦国一样能二世、三世、千世万世地传下去，因而称之为"传国玺"。

秦始皇取消"子议父，臣议君"的谥法

古代诸侯、大臣死后，天子接到讣告，就会派人或亲自前往吊唁，除了赠赙赗赙外，还要赐谥。赐谥一般在迁柩前进行，先是宣读诔文。以盖棺论定的形式总结死者生前的所作所为之事，叫作"诔"。诔只能是上对下，长对幼。《礼记·曾子问》："贱

始皇铜权　秦

不诔贵，幼不诔长，礼也。"诔完了后，开始宣布谥号，一般只有一二个字，是对死者生前行为最简明的概括。北魏崔挺因留恋彭城，不肯赴京上任。死后，太常议谥说"炀侯"。魏孝文帝说："不遵上命曰灵，可谥为灵。"唐朝张守节在《谥法解》中说："谥者，行之迹；号者，功之表……是以大行受大名，细行受细名。"由此可知，谥号即有善谥，也有恶谥。

天子、皇帝死后都会有谥号，通常是由礼官议上。秦始皇曾取消这种"子议父，臣议君"的谥法，汉以后又恢复。

汉代皇帝大婚礼仪

皇家的婚礼，十分讲究排场。汉代皇帝结婚的礼仪就已相当繁琐。

惠帝十九岁时，大臣上奏惠帝已到了娶妻年纪。当时张皇后只有十岁。诏令丞相参、御史大夫尧等到宣平侯邸第迎回皇后。皇后的礼服，上面是稍微带红的黑色，下面是青白色，领子很高，袖子很宽，衣带宽长，身着色彩绚丽的披肩，礼服长及地，脚也被盖起来了。头上戴着龙凤珠冠、黄金打造的头饰和簪珥。皇后从张氏的宗祠庙辞行。张敖抱着女儿爬上车，此为警跸，入未央宫前殿，天子坐在正中，百官陪位，皇后北面。礼官册文读毕，皇后行六肃三跪三拜礼。女官带领皇后至帝前谢恩。皇后跪拜在地，很久一言不发。女官附耳教之，皇后于是说"臣妾张嫣贺帝万年"。听皇后的声音，像是如微风吹过箫里似的，惠帝深为震动。后起退立。太尉勃授玺绶，中常侍、太仆跪受，转授女官。女官以带皇后，皇后拜伏，复称臣妾。谢恩完以后，即位。每一位大臣皆就位行礼退。

汉后宫皇后体检制

东汉皇帝刘志要娶梁莹（其哥哥梁冀是刘志的大将军）为后，那时梁莹仅仅15岁。刘志随即派遣一宫廷女官吴姁去对梁莹进行身体检查。吴姁先检查梁莹的走姿，但瞧那梁莹轻移细步，举止优美、婀娜多姿。吴姁接着摘下她的两只耳环，散开她的发丝，查其有无脱落。继而检查其秘密部分，命其裸体，但见她皮肤滑腻，有如凝脂，冰清玉洁，如芙蓉出水，证明皮肤良好。乳房隆起，基本发育成熟，表明发育正常。肚脐优美，能容下半寸珍珠。之后，吴姁又检查她的前后阴处，见肛门、后阴没有异样，前阴发育正常。吴对她的腋窝与脚底都检查了，结果令人满意，于是梁莹就顺利地成了皇后。

汉皇后——吕后像

第四节　宫禁探奇

汉后宫曝衣晒书成俗

夏历七月已进入秋季，由此前雨季的潮湿渐趋干燥，这时需要曝晒衣物。曝衣晒书的风俗，是随季节变化而产生的。

曝衣晒书成为风俗是在汉代。据《杨园疏》记载，西汉建章宫北有太液池，曝衣阁在池西，"常至七月七日，宫女登楼曝衣"。每年的阴历七月七日，宫女们都要爬上楼晒衣服。东汉崔寔《四民月令》记述："七月七日作曲合蓝丸及蜀漆丸，暴经书及衣裳，不蠹。"用发酵的曲合蓝丸、蜀漆丸来制药，以防止经书、衣裳不被虫蠹，这是中国有关卫生球的最早记载。

汉宫防闲淫逸的"守宫"

在帝王的后宫中，有一种爬行动物其作用非常之大，美其名曰"守宫"。

第一，"守宫"是一种虫子。第二，专有饲养"守宫"这种虫子的人，称"术家"，以饲虫之技而谋生，相当于今天的蛙、猪、鸡、鱼等养殖专家。第三，饲养"守宫"不像现在的养殖专业户那样提供美味佳肴，而有更重要的用处：对付专制帝王那些成群的妻妾，防止她们与别人私通（防闲淫逸）。"守宫"的名字就是这样得来的。"守宫"如何守卫帝王后妃们的"贞洁"呢？首先，饲养者把虫子盛养在"拨盂"之中，并喂它们凡砂，过了七天后，再把虫子们"捣治万杵"，捣成细末。女人用此粉点身，它就终身不褪色，如果女人与别人发生关系（有房室之事），则红点褪去。因为这种效用，"守宫"专用于守卫宫禁，效劳于帝王，防闲淫逸，保持帝王种性的纯正和后妃们的贞洁。

"守宫"其实就是现在的蜥蜴。汉武帝之臣东方朔，博学多才。他自十三岁开始读书，三年之后而"文史足用"。

一次，汉武帝令博学之人"射覆"，即现在的猜谜语。先使人把"守宫"这虫儿扣在一个盆盂下面，然后让人们猜里面装的是什么。人们一直猜不出来。问到东方朔时他猜道："它既不是龙，也不是蛇，因为它没有长角，但有脚。它走起路来曲曲弯弯，善于缘壁爬墙。如果不叫它'守宫'，那就叫'蜥蜴'吧。"

东方朔猜中了，汉武帝称赞道："好！"于是赐东方朔十匹锦帛。

第三章　魏晋南北朝野史

第一节　帝王逸闻

晋武帝为配置六宫禁民间婚娶

晋朝泰始九年，晋武帝下诏书，挑选公卿以下的女儿到后宫，只要把女子藏起来的，就以目无君主的罪名加以处罚。在他还没有挑选完宫女之前，禁止天下百姓嫁女娶妇，君主的暴虐达到了极点。第二年，又下令良家子女和下级军官及小官吏的女儿五千多人，进宫供他挑选，从而出现了一幕母女二人在宫中号啕大哭的惨景，她们的哭声一直传到宫外。晋朝的暴君犯下了如此灭绝人性的罪行，被世人唾骂。

晋惠帝不识亲生儿子

西晋皇帝惠帝为太子时，十三岁结婚。在这之前，后宫才人谢玖奉当时皇上的命令到东宫，教太子如何做房帏之事。离开太子时，谢氏已经怀上了太子的孩子。几年后当惠帝见到这个孩子的时候，惠帝的父母才告诉他这是他的儿子。

晋元帝生子大臣无功

皇帝对生子是十分重视的，因为这关系到整个皇族的血脉是否能够延续。任何一位皇帝三十岁过后还没有皇子出生，便会忧心如焚，因此无论是皇后还是嫔妃、宫女生育，皇帝往往要亲自守在产房外面，不得安寝。如果生的是皇子，朝廷便会一片欢腾，皇帝还要举行盛宴，接受大臣们的称贺。尤其生第一个皇子时，皇帝还会趁吉庆之际，厚赐群臣，以示喜庆。例如晋元帝时，皇子出生，皇帝赏赐群臣，大臣殷洪乔接受赐品时谢恩说："皇子出生，的确是值得天下人庆贺的喜事，但微臣无功受禄，甚觉不安。"晋元帝看着他那迂腐的样子，大笑着说："生皇子这件事你怎么可能有功呢？"众大臣们也忍不住哈哈大笑。

青瓷女俑　西晋
魏晋时期，裸袒成风。此俑上身赤裸，双乳外露，双手相交置于身前，下着褶纹拖地长裙，足登靴，露于裙外。釉已脱落，露胎，呈淡黄色。此俑造型简练，形象生动新颖，为当时少见裸体女俑，是一件极其珍贵的文物。

晋明帝巧言辩日

晋明帝司马绍小的时候，父皇将他抱在膝上，问他："太阳与长安哪个远？"司马绍回答说："太阳远。从没有听说谁从太阳那边来，凭这一点就知道太阳离我们肯定很远。"元帝对他的机智很惊异，第二天召集群臣宴会，告诉大家这件事，为了炫耀，他当着群臣，又问了一遍前一日的问题，而司马绍却冷不防回答说："太阳近。"晋元帝顿时脸色就不自然了，他怕儿子在群臣面前出丑，忙问："你昨天不是说太阳远吗？"司马绍镇静地说："我们抬头就能见到太阳，却见不到长安，这不是太阳比长安近吗？"晋元帝和群臣都为小皇子的聪颖所折服。司马绍十八岁时被立为太子。

"富贵万岁"瓦当 西晋

宋武帝拆琥珀枕

南朝宋武帝刘裕北征时，得到了一个用琥珀做的枕头，颜色美丽。刘裕听说琥珀可治疗金疮，就把琥珀枕拆了把琥珀粉碎，分给将士们。古代还出现过水晶枕，夏天枕在脑后，就像一股小溪从身边流过，非常凉爽。有一首咏水晶枕的诗："千年积雪万年冰，掌上初擎力不胜。南国旧知何处得，北方寒气此中凝。黄昏转烛萤飞沼，白日褰帘水在簪。蕲簟蜀琴相对好，裁诗乞与涤烦襟。"

"和尚皇帝"梁武帝为何饿死于宫中？

"千里莺啼绿映红，水村山郭酒旗风。南朝四百八十寺，多少楼台烟雨中。"这是唐代诗人杜牧的名作，诗中以生动的语言描绘了南朝佛教的兴盛。南北朝时，佛教大盛，南朝梁武帝萧衍是位吃斋信佛、极力倡导发展佛教的皇帝，他曾四次舍身到同泰寺（今南京鸡鸣寺）当和尚。所谓舍身，一是舍资财，即把自己的所有身资服用，舍给寺庙。还有一种是舍自身，就是自愿加入寺庙为众僧服役。梁武帝于公元527年、529年、547年三次舍身。舍身第一次是4天，最后一次长达37天。而每一次都是朝廷用重金将其赎回。寺庙因他又获得了可观的收入。他在位时，佛教在梁朝盛极一时，光当时的建康城内外就有佛寺500多所，僧尼10万余人。公元504年，他亲自率领僧俗2万人在重云殿的重云阁，撰写了《舍道事佛文》。

梁武帝一心崇佛，荒废了朝政，社会矛盾不断激化。梁武帝早年无子，过继侄儿萧正德为嗣子做太子，后来梁武帝生了个儿子，取名萧统，随即被立为太子，而侄子萧正德被改封为西丰侯。这让萧正德心里愤愤不满。正在此时，东魏大将侯景因与政敌高欢不合，转投了梁朝，梁武帝封

梁武帝像

他为河南王。侯景为人阴险奸诈，他看到皇族矛盾重重，认为有机可乘，于是勾结萧正德起兵发动政变，答应事成之后让萧正德做皇帝。最后叛军攻进了建康城，困住了宫城，后又引武湖水去漫宫城。梁武帝这位和尚皇帝被困在宫里。一筹莫展，也没有人去过问他，这位皇帝最后竟被活活饿死在宫里，无独有偶，《中华野史镜鉴》上也曾记载："太清三年（公元549年）三月，侯景攻下宫城。萧衍饮食断绝，口中苦涩，连呼：'蜜！蜜！'"最后饿死于净居殿，时年86岁，萧正德最终也没做成皇帝，事成后就被侯景杀死了。

南唐后主李煜亡国之谜

　　李煜是南唐的末代国主。他即位时，南唐国力已呈衰颓之势，这位性格懦弱的国主时时刻刻都在感受着国破家亡的威胁。他仇恨宋朝的压迫，但又没有能力用武力与宋朝相抗衡，只要能以小邦苟且偏安，他甘愿贡物称臣最后沦为阶下囚。

　　李煜的父亲李璟是词坛高手，李煜从小便生活在浓厚的文化环境中，对词也极为喜爱。即位时，南唐国力日益衰落，他所面临的是"无可奈何花落去"的局面，因此使他这时期的词一部分表现为对宫廷奢华生活的迷恋，一部分则饱含着沉重的哀愁。被俘以后，身为阶下囚的李煜，天天过着以泪洗面的生活。面对春花秋月、良辰美景，缅怀故国之情油然而生，于是他创作了一首千古传诵的《虞美人》："春花秋月何时了，往事知多少！小楼昨夜又东风，故国不堪回首月明中。雕栏玉砌应犹在，只是朱颜改。问君能有几多愁，恰似一江春水向东流。"没想到这首诗竟成了他获罪的证据，不久便被宋太宗赵光义派人毒死在狱中。

历代帝王图卷·陈后主像　唐　阎立本

陈后主承父祖之业，割据江南，内惑于张孔二贵妃，外惑于群小，以至国破家灭，身为臣虏，入隋后贪求爵禄，是以隋文帝叹曰："陈叔宝全无心肝！"

　　李煜不仅善填词，而且善音律，并因此荒废政事。皇后周娥皇是司徒周宗的女儿，通书史，且能歌善舞，尤其弹得一手好琵琶。当时早在盛唐时曾广为流传的《霓裳羽衣曲》早已被人淡忘，周娥皇找到了一份残谱。她根据自己的理解，重新创作，通过努力，最终恢复了《霓裳羽衣曲》的原貌，开元、天宝之音得以重回人间。周娥皇自己另外还创作了两支曲子，一为《邀醉舞破》，一为《恨来迟破》。李煜和她二人常常会随歌而舞。周娥皇不但擅长音律，于采戏、弈棋也无所不精。对于这样一位多才多艺的知己，李煜宠爱不已，朝朝暮暮与她一起，整日沉浸在轻歌曼舞中。周娥皇死后，李煜还常常会情不自禁地思念她。

　　周娥皇有个妹妹，史称小周后，长得风姿绰约，风情万种。

　　小周后的音律才能虽比不上姐姐周娥皇，但却是弈棋的高手，酷爱围棋与象棋，因此而备受李煜的宠爱，二人常常布局厮杀，以此消遣时光。一天，李煜与小周后正在对弈，且杀得难解难分。为了不受任何干扰，李煜下令卫士守住宫门，对前来奏事的大臣一律不予接待。一位大臣向李煜奏报国家收支的状况已入不敷出，国库空虚，一位大臣奏报宋朝正在调兵遣将，随时来犯，提醒李煜应早做准备，但是都被卫士挡在了宫外。

开宝八年，宋军攻破金陵，李煜率几位大臣肉袒出降。开宝九年正月，李煜到达汴京，宋太祖封他为"违命侯"。后宋太宗即位，封陇西郡公。太平兴国三年（公元 978 年）七月初七，李煜被宋太宗赐服牵机药而死，时年 42 岁，赠太师，封吴王，葬于洛阳北邙山。史载，牵机药乃是一种慢性毒药，毒发，最后头足之相就如牵机之状，故名。

第二节 后妃韵事

杨皇后为夫择嫔妃

晋武帝司马炎的年号是"泰始"，当时司马炎刚刚建立起西晋政权。他登上帝位之后，马上着手"博选"后宫佳丽。为了切实做到"博选"，他先下了一条命令，杜绝老百姓结婚嫁娶，以便把所有适龄女人留着供他选择。接着，他派了宦者（当然只有宦者才合适）驾着车，带着随从驰往各个州郡，物色美女去了。由宦官选来的"良家女"，再由皇后亲自挑选。

这样一来，晋武帝司马炎的后宫顿时爆满。史称：

"时，帝多内宠，平吴之后，复纳孙皓宫人数千，自此，掖庭殆将万人……"

晋武帝的皇后杨艳怎样为她丈夫选择嫔妃呢？原来，这位杨皇后与所有的女人有着同样的缺点——嫉妒。来自州郡的"良家子"们聚集在洛阳，排成长长的队伍，杨皇后只留下那些长得白净的，而真正姿容美丽者全部放弃。当时有一位朝臣名叫卞藩，他的女儿卞氏长得

人形灯台　西晋
魏晋时期，贵族通宵达旦饮宴乐，这件精美的人形灯台就是当时的照明工具。

非常漂亮，司马炎看上了她。司马炎用扇子掩着自己的嘴，私下里对杨皇后说："这位卞氏长得不错！"杨皇后却反驳说："她父亲卞藩乃出身于豪门贵族。他的女儿怎能甘心做一个小小的嫔妃呢？"听了这话，司马炎只好放弃了此事。

郑樱桃妒忌成性

后赵皇帝石虎的宠姬郑氏，名叫郑樱桃，原来是东晋冗从仆射郑世达家的歌妓。太妃见石虎常在她面前称赞郑樱桃的美貌，答应将她送给石虎。

樱桃嫁给石虎后，生下太子石邃及东海王石宣、彭城王石遵。石虎为魏王时，郑氏被

封为魏王后。石虎登上天王的宝座后，郑氏又被立为天王皇后。

郑氏生性妒忌，当初石虎攻下中山后，娶了征兆将军郭荣的妹妹为妻，二人相敬如宾。郑氏妒忌她，进谗言鼓动石虎把她给杀了。

后赵皇帝石虎娶清河崔氏的时候，郑樱桃刚生下一个男孩儿。崔氏为博得郑氏的欢心请求将孩子交给她抚养，被郑氏拒绝。

一天，孩子暴病身亡，郑氏趁石虎在庭院大床上休息的时候，进谗言说崔氏在外养别人的孩子，想要以此害死他。石虎当即怒不可遏，不加追查便取来了弓箭。消息传来，崔氏赶忙光着脚来到石虎面前，向他哭诉哀求道："请容妾把话说完再杀我吧。"石虎不给她机会，只是说："快回到座位上，这事与你无关。"崔氏信以为真，便转身回座位，还没走到座位上，石虎便从后面射中她腰部，崔氏当场一命呜呼。

不久，石虎去世，石氏宗族大乱。石遵废掉了太子石世，自立为帝，尊奉郑氏为皇太后。但是也好景不长，石遵又死于冉闵之手。

北齐胡太后私通沙门

北齐武成帝时，胡皇后还没有被尊为太后。胡皇后经常与宫中的太监们互相勾搭，眉目传情。武成帝很宠幸和士开，有事情经常和他商议。和士开则乘机与胡皇后勾搭成奸。

武成帝死后，胡后多次借到佛寺进香的机会，和和尚昙献勾搭在一起。胡后在昙献的褥席下放满了金钱，又置办了一张用宝物装饰的胡床放在他屋中。

胡皇后常在内殿安排上百名僧人，名义上是听讲佛经，背地里却是日夜跟昙献和尚私通。

后主开始听说这事还不相信，后来朝见太后时，很喜欢她的两个小尼姑，便将她们召来，发现她们竟是男子。于是胡太后与昙献私通之事被发现了，昙献等人被诛杀。元山王三郡君与胡太后私通的事被揭穿后，三郡君也被杀。

第四章　隋唐五代野史

第一节　帝王逸闻

隋炀帝临幸江都

　　大业元年的八月间，隋炀帝临幸江都游玩，所乘龙舟共有四层，长二百尺，高达四十五尺。最上面一层是正殿、内殿和朝堂；中间一层都用金玉装饰，有一百二十个房间；下层则是内侍的住处。皇后乘坐规格稍小些的翔螭舟。还有九艘用浮雕装饰的水上皇宫。各王公、公主、后宫嫔妃、百官、道士、尼姑、和尚和少数民族客人乘坐的船不下于十艘。拉船的纤夫个个身穿锦袍，人数多达八万。又有数千艘船，是专供侍卫乘坐的，其船头和船尾相接就达二百多里长。运河两岸的骑兵沿途搜刮方圆五百里内的民脂民膏，光是食物就多达上百车。后宫的人吃厌了各种各样的山珍海味，船将开时，就把这些所献之物埋掉。

隋炀帝厚葬侯夫人

　　迷楼中宫女很多，使得后宫的宫女没机会受皇帝垂青。其中有一位侯夫人，姿色艳丽，富有文才，可

隋炀帝像

谓才貌兼备，但未能入迷楼得皇帝宠遇，自知将终生空房以待。而春花秋月何时了，不免触动其伤感失落之心。与其受监禁之苦，不如选择短痛，就自缢于栋下。死后，从其身上找到一个锦囊，呈于炀帝，里面有许多诗稿。

　　炀帝看后，非常悲伤，就亲往宫中去看她。她虽已气绝，但容貌仍艳丽如前，炀帝非常悲痛，说："她死了还美若天仙，生前就更不用说了。"炀帝想到"毛君真可戮，不肯写昭君"这句诗，乃急召中使许廷辅来责问道："你身为朝廷要臣，本应替朕认真办事，为什么偏偏没有发现侯夫人？"遂将许廷辅打入狱中，令其自尽，以解心头之恨。同时厚葬侯夫人，将其诗付诸乐府吟唱以传后世。

唐太宗为何对魏徵忽怨忽喜？

唐初，在一代明君唐太宗领导下，唐朝出现了一派政治清明、社会安定的局面，人称"贞观之治"。唐太宗李世民雄才大略而又从谏如流，是少见的比较开明的皇帝。但再开明的皇帝，毕竟身为九五之尊，有时对于违逆自己的人难免怒火中烧，恨不得杀之而后快。魏徵就曾因据理力争而使唐太宗恨不得杀了他。

一次罢朝后，太宗大骂："会须杀此田舍翁。"意思是，有机会的话我一定要把这土地主给宰了。长孙皇后一听这话，忙问是谁让太宗如此气愤。太宗答道："这个魏徵狗胆包天，老是在朝廷上当着那么多人的面跟我争，简直是羞辱我。"但是，贤明的长孙皇后却笑着向太宗道贺，说道："我听说君主圣明大臣才会直言，现在魏徵直言，恰恰是因为您圣明的缘故。"太宗听了，觉得"主明臣直"的确是有道理，而且长孙皇后言辞之间还把太宗给夸奖了一番，于是由怒而喜，不再对魏徵耿耿于怀了。

魏徵像和魏徵古帖

魏徵常说乱世见忠节，板荡识诚臣。全唐诗收其诗仅一首，传世墨迹也只此一件，弥见珍贵。传说唐初虞世南书名远播，太子李世民从其学"戈"法，一日，李世民将写"戬"字，空书右半边"戈"旁，召虞世南补写。之后拿给魏徵看，并说："朕学虞世南，似乎已尽其法。"魏徵细看一番，评曰："天笔所临，万象不能逃其形，非臣书所可仰。今仰观圣作。惟"戬"字"戈"法逼真。李世民大加赞叹，可见魏徵书法鉴赏力之高。

唐高宗建镜殿

武则天建议高宗造一幢四面全是镜子的大殿，使室内光线好一些。大臣刘仁轨因有事上奏皇上，来到殿内，因镜子的作用刘仁轨看见几个同样的皇上，着实被吓了一跳，于是进谏："天上不能有两个太阳，天下不能有两个皇上，四周都有几个皇上实为不祥之兆。"高宗马上差人把四面镜子全部撤走了。

武则天幼时看相

武则天幼年时期，星相家袁天罡为其看相。开始时，乳母抱出的武则天身穿男孩的衣服。袁天罡一看，不禁心头一紧，说道："这孩子气色清爽，不大好说，让他走走看。"乳母放下孩子，让她在床前行走。袁天罡看了更觉诧异，说道："这孩子长着龙眼、凤颈，是贵人之中的贵人之相。"又转身观看，这次更是惊讶不已，脱口说道："要是女孩的话，难以预料其前程，可能会成为女皇帝。"

后世流传有《李谆风袁天罡推背图》。其中，关于武则天的图谶是：

日月当空，照临下土。

扑朔迷离，不文亦武。

参遍空王色相空，一朝重入帝王宫。

遗枝拔尽根犹在，喔喔晨鸡孰是雄？

谶中暗示武则天为天下之王，并暗示武氏不善诗文，以武幸。武氏做主之后将剪除李氏子孙，但还留有根蔓，所以李氏王朝还会复兴。

武则天杀亲女

武则天在太宗死后又为高宗宠幸，封为昭仪。武昭仪生下一个女儿，长得白胖美丽，高宗、王皇后都很喜爱。一次王皇后前往看视，一会儿走开了。武昭仪背着人将女儿掐死，放在被子下。高宗来看女儿，武昭仪装着什么也没发生的样子，高高兴兴地揭开被子。然后装着刚发现女儿死了，开始大声呵斥侍女，问刚才谁来过。侍女答是王皇后。武昭仪开始大声啼哭。不明真相的高宗真以为是王皇后杀了自己的女儿，而使武昭仪遭此丧女的不幸。于是更加怜爱武昭仪，想要把王皇后废掉。后来，皇帝要晋封武昭仪为震妃，侍中韩瑗等不同意。武昭仪又诬告王皇后与其母搞巫术，高宗以此为由废了王皇后。

武则天像

唐玄宗以饼试太子

唐以后御膳用的饼，制作工艺和设计都越来越精细、考究、别出心裁，普通的饼渐渐失去了往日的辉煌，御膳中也不经常看到了，只有在刻意锻炼节俭风尚和实在无计可施的情况下才会吃到。唐玄宗和太子之间曾在吃饼时发生过一件微妙的事情：一次，玄宗与太子一同进餐。太子在用刀切熟肉的时候，因肉上有许多油沾在了刀口上，便拿过一张饼，擦去了油渍。玄宗不动声色地看着太子，观察他的一举一动，想看看太子如何处理这张饼。太子正不知怎样处理这张饼，他抬头看了看父亲后，便慢慢地把饼送到嘴里。玄宗很高兴，觉得儿子很节俭。

唐玄宗培训梨园子弟

隋唐帝王对于音律都深为通晓，唐玄宗的音乐造诣更是非同一般。他曾挑选宫廷艺人的子弟三百人，将他们聚集于梨园学习音乐。在培训过程中，碰到谁演奏出现错误，唐玄宗必能觉察出来，并一一指正。这些接受培训的子弟都被称为"梨园弟子"。此外还有数百名宫女，也是梨园弟子，都住在宜春北院。唐玄宗过去专门为这些宫女配置了三十多人的小乐队。

有一次，唐玄宗到骊山游玩，正逢贵妃生日。玄宗于是命令小乐队在长生殿演奏乐曲。因演奏的是新曲，尚未命名，正好南方

宫中行乐图　唐　佚名

派人送荔枝来，于是将新曲命名为《荔枝香》。玄宗又命乐工黄幡绰撰拍板谱，由其他乐工演奏，大家呼天子为"崖公"。

唐德宗被宦官蒙骗

德宗刚登基时，宫中如要买什么东西，都须经由官吏，以现金交易。但到德宗晚年时，规矩却改了，负责管理这件事的是宫监，人称宫市，设置的白望（唐代宦官在民市中采购，往往左右探望，强取民物，付给物主的钱通常都很少，有时甚至还分文不予，人称白望）达数百人之多，强买人的货物，用染成红紫色的旧衣服或撕下来的破丝绸与物主交易，还要向卖主索要跑腿钱，实则是公然抢夺百姓的财物。有一次，有个农夫用毛驴驮着柴火从皇宫外路过，宦官声称宫市要买下他的柴火，并向他要跑腿钱。农夫说："我上有父母，下有子女，就等拿这柴火去换钱买米下锅，眼下把柴火给了你，你却不给我钱，那我就只有死路一条了。"接着便大骂那个宦官，结果被在街头上巡逻的小吏抓住。小吏将这件事报告给上边，德宗下诏废黜那个宦官，并赐给农夫十匹绢。但宫市中不法行为仍照旧进行。

谏官、御史数次向德宗进谏，但他不听。徐州刺史张建封上朝向德宗详细述说宫市的弊端，德宗才采纳他的意见，却跟判度支苏弁讨论这件事。苏弁秉承宦官的意思，对德宗说："京城里有许多人游手好闲，没有谋生手段，需要仰仗宫市供给。"德宗竟然相信了他的话，此后再有告宫市的，他一概都不听。

唐敬宗独创"风流箭"

封建时代的君主帝王，位高神圣，具有随心所欲的权力。其中的一些人，就整天胡思乱想，想出一些怪招来寻乐。"风流箭"说白了就是一种淫乐的工具，便是唐敬宗李湛的发明。

唐代宝历年间，唐敬宗李湛特制了一种纸箭，也用纸制作箭头，纸箭头里面裹着麝香或龙涎香的粉末。李湛在宫中无聊的时候，就把宫嫔们都叫来，站在一定的距离之外，他用纸箭射她们，被射中的宫女或妃嫔，身上就会有香末沾上，因而浑身散发出浓烈的香味，但不会有任何疼痛感。当时这种纸箭被宫中人叫作"风流箭"，宫嫔们都希望自己能被纸箭射中，因而能够进一步得到君王的宠幸。她们有这样的顺口溜流传："风流箭，中的人人愿。"李湛常用这种办法在宫中寻欢作乐。

第二节　后妃韵事

上官婉儿称量天下

据史书记载，上官婉儿之母郑氏怀婉儿时，"梦巨人界大称曰：持此称量天下。"等到婉儿降生，刚过了满月，郑氏就逼她说：你真是称量天下的人吗？婉儿则轻声答应。婉儿天生机敏，极有文才。十七岁时，婉儿被武后召见，当场面试，文章一气呵成，遣词造句，就像是事先精心准备好的一般。上官婉儿的《剪彩花应制诗》很美：

"密叶因栽吐，新花逐剪舒。
攀条虽不谬，摘蕊讵知虚。

春至由来发，秋还未肯疏。

借问桃将李，相乱欲何如？"

剪彩花的场景和春天的气氛写得活灵活现。更为精彩的是《彩书怨》，一缕相思被写得淋漓尽致：

"叶下洞庭初，思君万里余。

露浓香被冷，月落锦屏虚。

欲奏江南曲，贪封蓟北书。

书中无别意，惟怅久离居。"

上官婉儿才华横溢，以机敏和富有文才在宫中闻名，武后十分喜欢她。到了中宗李显即位，上官婉儿愈加被信任，进拜昭客，其母郑氏被封沛国夫人。

杨贵妃极喜雪衣娘

唐玄宗和杨贵妃都很喜欢鹦鹉。绿衣使者和雪衣娘便是他们非常喜欢的两只鹦鹉，尤其是雪衣娘，更是深得二人喜爱。绿衣使者入宫以后，由后宫专人饲养。玄宗对它非常依恋，从此生活便离不了鹦鹉。正当此时，岭南又进献了一只白鹦鹉，雪白的羽毛，极其美丽，更胜绿衣使者几倍。玄宗和贵妃对白鹦鹉怜爱得无以复加，恨不得每日与其同卧同起，并呼它为雪衣娘。由于玄宗和杨贵妃的宠爱，雪衣娘在宫中待遇极厚；加上内官的驯养得法，天资极好的雪衣娘，愈加伶俐，颇通人性，而且有异乎寻常的语言能力，让玄宗像爱女人一样地爱它！

玄宗平日休息的时候，喜欢闲庭信步，或是吟诵近人的诗文。吟诵几遍以后，雪衣娘便亮着圆润的歌喉，清晰从容地吟出，而且准确无误。杨贵妃对雪衣娘也极其喜爱。有一次，杨贵妃教它读《多心经》，雪衣娘很快便能背得滚瓜烂熟，而且日夜不息地反复吟诵，虔诚得似是为贵妃祈祷。在后宫，玄宗常和贵妃、诸王博戏，每当玄宗快要输时，饲养雪衣娘的内官便轻呼雪衣娘，雪衣娘闻声立即跃上博局，脚踩戏盘，双翅凌空一番翻舞，一场博局被它搞得面目全非，只能重新再来。

杨贵妃华清池洗浴

唐玄宗与杨贵妃的爱情，是与其奢侈生活密切联系在一起的。"华清恩幸古天伦，犹恐蛾眉不胜人"，李商隐的这两句诗，显示出了杨贵妃华清池洗浴的恩宠是无以复加的。

华清宫是盛唐著名的行宫，坐落于骊山之下。华清宫原名温泉宫，因温泉而建，曾三次扩建。

玄宗与贵妃在华清温泉洗浴，可以说是穷奢极侈。唐代诗

杨贵妃像

杨贵妃（公元 719～756 年），薄州永乐（今山西永济）人，小名玉环，自幼丧父，在叔父家长大，后入选寿王府，被封为寿王妃。天宝四年（745）八月，唐玄宗册封杨玉环为贵妃，从此恩宠十余年，杨门也随之显贵。

人有很多描写御汤与贵妃池的诗篇。李商隐《骊山有感》云："骊岫飞泉泛暖香，九龙呵护玉莲房。"前句写贵妃入浴后泉水香气四溢，写出了贵妃施粉之重。后句的"九龙呵护"一语双关，既指出御汤在九龙殿，又隐指莲花汤也曾有玄宗前往沐浴。

白居易《长恨歌》中有诗云，"春寒赐浴华清池，温泉水滑洗凝脂。侍儿扶起娇无力，始是新承恩泽时。"诗中的隐含之义便是，华清池不仅是洗浴的场所，也是杨玉环蒙幸之处。

第三节　宫禁探奇

隋后宫四品夫人为院主

隋炀帝杨广即位不到五个月就修建了西苑。西苑四周长二百里，内有一个大湖，周长十几里。湖中有方丈、蓬莱、瀛洲三座假山，高达百尺，依山势建造了诸多楼台亭榭。湖的北面有一条水渠迂回曲折地注入湖中，沿渠建了十六个亭院，院门都临着水渠。每院由一名四品夫人管理。整个西苑，极尽奢华。秋天树叶零落，就剪彩绫做成花叶的形状缀在树上。湖中荷花凋谢，便代以彩绫做成荷花、荷叶的形状。颜色褪尽，便换上新枝。十六院争相以山海珍味讨皇帝的欢心。

唐宫流行高髻

高髻只是一种通称，实际上它有许多种类，今人能推测其形状的大概只有望仙髻、飞天髻等少数几种了。飞天髻始于南北朝，一直流传下来，直至明朝依然盛行，这是因为这种发式很美很浪漫。顾名思义，飞天髻显然和佛教有关。起于唐初而盛行武则天时的螺髻，同样也是源于佛教，据说螺髻是释迦佛的发髻样式。望仙髻是两个环状的髻耸于头上，虽也是高髻且梳法与飞天髻差不多，但远没有飞天髻的飘逸之态。唐玄宗很喜爱望仙髻，于是宫女们竞相梳这种发髻来取悦他。惊鸿髻很像一只鸟即将展翅而飞的样子，从曹魏一直流行到隋唐。唐宫中还盛行一种很美丽的发髻，即两鬓蓬松并向后拢，用两鬓包围着脸，并在头上做个锥形的朵子，它的名称叫抛家髻。还有一种发髻看来很像抛家髻，它是半翻髻，这种髻和抛家髻梳法不同。

春粮　　磨面　　擀面　　烙饼

簸粮

家务俑一组　唐
这组俑为泥胎施彩，表现了春粮、簸粮、磨面、擀面和烙饼的家务情景。女俑上身穿白襦，外罩半臂衣，下身系蓝裙，衣饰整洁，但神态显得疲劳，可能是豪门家婢。

唐宦官掌握军政大权

宦官之职，唐太宗时下令不超过三品，四品为最高。经武后、中宗，宦官人数增至三千人，上千余人官居七品。玄宗时期，对那些服侍时间很久、尚有功德的宦官大肆封赏，出现了像左右监门将军这样的三品宦官，四千多名宦官中，官居四五品者不下千人。在殿头供奉的三品将军，被授以重任，传命持节，"光焰殿殿动四方"。在出外监军时，宦官掌握军政大权，节度使也要听从其命。在当时的京城，宦官的产业几乎占地一半，真可谓权财并进。德宗之后，将掌管禁军之权授予宦官，左右神策、天威军皆为禁军，置护军中尉、中护军分管禁兵。皇帝将禁卫军权交给他们本是出于信任，然而宦官持权要挟皇帝便有了可能，此也一反皇帝初衷。

唐宦官废帝

唐顺宗想将宦官军权夺回，没有成功，因其有严重的风疾在身，在宦官强迫之下将皇位禅于太子，顺宗于宪宗即位第二年死去。宪宗因服用丹药妄图长生而致性情大变，动辄杀人。为避免殃及自身，宦官们将其杀死。事后，王守澄、陈弘志谎称皇帝死于丹药，遂立太子为帝，即穆宗。穆宗乃短命皇帝。同穆宗一样，敬宗在继位后，终日狩猎游乐，宦官们甚是满意，但敬宗的杀气也同于宪宗。为防止身遭不测，宦官们决意将其铲除。一次夜宴，宦官首领刘克明趁敬宗大醉，将他挟至更衣室并将他杀死。另一未参加此行动的宦官王守澄，则趁刘克明挟立绛王为帝时，率另一支宦军进入宫中将其杀死，同时杀死绛王，然后立文宗为帝。

唐宫女称为"花鸟使"

唐玄宗开元年间，天下太平，财丰粮富，达到了唐朝鼎盛时期。与此同时，玄宗也开始腐化堕落起来。为了充实后宫，玄宗秘密下令"挑选天下好看的女子，纳入后宫并给她们取名为花鸟使"。这些绝色女子，被迫入宫后，便成了被奴役的宫婢。由于每年都要从

三彩腾空马俑　唐

民间采选民女入宫，开元、天宝年间宫女们人数急剧增加。长安大内、大明、兴庆三宫，皇子十宅院，皇孙百孙院，东都洛阳大内、上阳两宫，大约有四万个宫女。《新唐书·宦者传》中记载，在开元天宝年间，大约有宫嫔四万人。唐文宗为太子挑选妃子，曾下令百官各自"举言十岁以来嫡女及妹、侄、孙女"；为在恪太子选妃时，专"求汝，郑间衣冠子女为新妇"。就这样，许多良家少女相继被选入宫中，大部分成为宫女，只有少数人才会幸运地成为妃嫔。

第五章　宋、辽、金、元野史

第一节　帝王逸闻

宋太祖后苑弹雀

有一天，正当宋太祖赵匡胤在后苑中用弹弓弹雀的时候，有一位大臣称有急事直闯进后苑，提出要面见皇帝。得知大臣有急事进奏，赵匡胤忙放下弹弓，让他当面禀报。听完以后才知道事情极为平常，于是异常恼火，觉得很扫自己的弹雀之兴，于是生气地责问道："这难道称得上是急事吗？"不料大臣火上浇油：比弹雀紧急。赵匡胤本来心中不快，听他一说，更是气不打一处来，这不是明摆着贬损皇帝和蔑视皇帝吗？是可忍，孰不可忍！于是赵匡胤随手操起一旁的斧子，一挥斧柄，打在大臣的脸上，顿时血流如注，两颗牙齿被打掉。但这位大臣素养极好，临走前还从容不迫地把两颗打落的牙齿捡起，并小心地包好。牙打掉了无法再粘上了，因为当时没有这种技术，但这位大臣为什么这样做呢？赵匡胤大惑不解，便质问他。大臣的回答令赵匡胤目瞪口呆，说他要把这捡回去，以此为证，让史官记下此事。赵匡胤感到了事态严重，认为玩弹引起这种事，实在是

宋太祖赵匡胤像

不应该，如果史官记下来的话，便会令人难堪。想及此，赵匡胤当即收敛怒容，厚赐该大臣。

宋仁宗的亲生母亲原为宸妃李氏

宋仁宗的生母是宸妃李氏，但他刚生下来不久就被章献太后抱去，作为自己的儿子交由杨太妃抚养。由于刘后在真宗面前十分受宠，李氏很怕刘后，所以对此事一直保持沉默。处在宫中的宫女嫔妃之中，李氏也从不表现出与周围的人有什么不同的地方。宫人都害怕刘后，因此没人敢把这件事泄露出去。所以，仁宗到成年之后都不知道自己的生母其实是

李氏，一直到李氏病重，仁宗才进封其为宸妃。宸妃死时，太后想以普通宫人的待遇给她在宫外治丧，但丞相吕夷简却奏请刘后，表示丧礼应从重进行。太后一听，忙让仁宗先走，自己一个人坐在帘下，招呼吕夷简上前，问他："不过是死了一个普通宫人，哪里要麻烦到你宰相来说三道四！"吕夷简回答说："我是宰相，事无内外大小，都得管。"太后不悦地说："你想挑拨我们母子吗？"吕夷简回答说："如果陛下您不顾及刘氏家族的话，那我不敢说，但陛下如果还有一点顾及刘氏家族，那么葬礼就应从厚。"

刘太后也是聪明人，一听就明白过来了，于是以一品的礼仪将李宸妃停灵于洪福院。吕夷简又对人内都知罗崇勋说："以后宸妃入殓，要用水银灌棺，过后不要说我吕夷简没提醒过你们。"罗崇勋听后觉得很害怕，因为只有皇后才能享受水银灌棺的待遇，他忙将此事报告给刘太后，但刘太后听后竟也没有表示反对。

宋徽宗杖上刻谏言

皇帝的手中通常有一根玉杖，拐杖的作用是能帮助其行走，而且可以显示身份。皇帝通常使用的杖，杖头为龙头状。皇帝通常也将自己用的拐杖赐给他的大臣们。宋徽宗在自己刚登上皇位时，接受了江公望的谏言，把内苑畜养的珍禽奇兽全部都驱赶走，其中有一只白鹇不肯离开内苑，徽宗就用手杖打它，它仍然不肯离开。后来徽宗就把江公望的谏言雕刻在手杖的最上端。

宋徽宗赵佶像

宋高宗借用宫女选太子

宋高宗时，由于他唯一的儿子夭折，高宗决定选立一名太祖的后裔为太子（宋太宗以弟承兄位，北宋皇帝皆是太宗子孙）。太祖的传孙有一千六百个，经过层层淘汰，最后剩两名，其中一名较为瘦小的，名叫伯琮，便是后来的宋孝宗。高宗开始觉得伯琮太瘦小，恐怕不好养，所以想把他淘汰掉，留下另一位稍壮实的儿童。就在高宗产生这种想法时，一只猫偶然从两个孩子身旁走过，伯琮一动不动，而胖孩子却伸脚踢了一下猫。高宗把这一切都看在眼里，遂留下瘦弱的伯琮，把胖孩子打发走了。伯琮留在宫中养育，但没有马上册封。高宗还要继续考察他。

几年后，高宗又选了一位太子候选人——伯玖，二人都封了王，高宗在立谁为太子的问题上举棋不定了。苦思之后，高宗终于想出了一个办法来测试二人。一天，高宗各赐给伯琮、伯玖十名宫女，过了几天，高宗又将宫女召回，验身，结果赐给伯琮的十名宫女仍是处女，而赐给伯玖的都已不是处女了。

赵伯琮（立为太子时改名赵昚）因为德行高尚，最终赢得了高宗的信任，被立为太子。后来，高宗晚年让位，赵昚当上了皇帝。

成吉思汗为何千里召见丘处机？

长春真人丘处机，算得上是 13 世纪初期在北方影响最大的一位人物。这样一位风云人物，曾被当时的蒙古大汗成吉思汗召见，并对其极为推崇。借这位统治者的支持，全真教发展到了鼎盛时期。

　　道家是中国土生土长的宗教，历来为汉人信奉。而成吉思汗是游牧民族的首领，他为何要千里召见丘处机呢？后人的解释多有不同，但有两种说法较有说服力。

　　一种观点认为，蒙古入侵中原之后，被汉文化吸引，渴望被其同化。成吉思汗为了巩固其统治，迫切需要一种精神力量使汉人归服，而道教在中国大地上已扎根很久，不乏善男信女。出于这两种考虑，成吉思汗决定召见长春真人，以此为契机，进一步扶持、扩大全真教派的影响，而自己对全真教首领式人物丘处机的推崇与恩宠无疑能收买人心。

成吉思汗像

　　还有一种观点认为，之所以千里召见长春真人，成吉思汗心里是另有打算的。他与丘处机见面以后，没说几句话，他就开始问："真人远来，有何长生之药以资朕乎？"丘处机对此的回答是："山人有卫生之道，而无长生之药。"与所有的皇帝一样，成吉思汗在终于一统天下、位登巅峰之后，再也难舍人间的荣华富贵，于是未雨绸缪，希望能找到长生不老之药。而道家素以炼石炼丹以求长生不老而闻名，成吉思汗这个外族人对此也是深抱希望的。不过听了丘处机的回答，他大概有些失望了。关于他们第一次见面的情况，长春弟子李志常后来记录在《长春真人西游记》里，上面的对话就是摘自其中，应该说，还是有可信度的。

　　但是，成吉思汗千里召见长春真人，除了上述两种说法以外，是否还另有隐情，就不得而知了。

元顺帝设计龙舟

　　元顺帝是一位杰出的设计师。至正十四年十二月，他在内苑设计了一套龙舟，并命内宫供奉少监塔思不花为监工，照他的设计督造。龙舟建成后，首尾长 120 尺，宽 20 尺，前部设有瓦帘棚、穿廊以及两座暖阁，后面则建有虎殿楼子。龙舟的龙身和殿宇用五彩金装饰。行进时，龙身的首、眼、口、爪、尾都会动，并且动作十分协调，整个龙舟设计得十分精巧别致。舟上的 24 名水手，都身穿紫衣，腰系金荔枝带，头裹皿带头巾。每当有事要用到龙舟时，这些水手就会各拿一枝长篙，分列于龙船两侧。顺帝常乘坐龙舟，到前宫山下的海子内来往嬉玩。

第二节　后妃韵事

李宸妃坠玉钗

　　宋仁宗的母亲李宸妃怀孕时，有一次和真宗一起在砌台游玩，头上的玉钗忽然无故掉下来了。李宸妃觉得这是件很不祥的事，但真宗却认为，钗这么脆弱，如果掉在地上而没摔坏，李宸妃一定生男孩。侍从们把钗拾起奉上，玉钗真的完好无损，真宗非常高兴。不久，李宸妃真的生了儿子。

辽宫皇后分娩用绵羊

历代宫中孕妇的分娩过程，外界很难知道，史书对此有记载。契丹人建立的辽国，特别对皇后的分娩建立了一套制度，这套制度是和契丹人的游牧生活密切联系的，十分有趣。据说皇后待产时，先造团白毡帐四十九座，围成一圈，皇后在其中最大的一座内待产，其余四十八座内各备一只羊，一人扭着羊角，另几个抓住羊的其他部位，等待中间帐内的动静。大帐内分娩在即，翰林院使负责抱住皇后胸部，产婆在下面准备接生，皇后身下铺着甘草苗。分娩的过程中，皇后痛苦难忍，失声叫喊。这时，一听到大帐内传出皇后的叫喊之声，四十八座小帐内扭着羊角的人同时用力割羊角，四十八只羊一齐痛叫，响声震天，立刻淹没了皇后的痛叫声。此法蕴含着用羊替皇后忍痛的意思。如果皇后生的是男孩，守在帐外的契丹主便穿上红衣服，令乐队奏乐，与众臣饮酒庆贺。那四十八只被割伤的羊，也不医治，放归羊群，任其自生自灭。

丽妃张阿元制作昆钟

丽妃张阿元，天性聪颖机智。有时，元帝退朝便来到后宫，与众妃嫔一起嬉笑游玩。元帝曾说："光阴似箭，日月如梭，人生百年，不过一瞬，在世就应当游玩享乐。作茧自缚，把大好的年华放在苦差上，真是虚度一生啊！"于是，元帝常常通宵达旦欢歌燕舞，美女相伴，饮酒作乐，称为"遣光"。众妃嫔则八仙过海，各显神通，使出浑身的解数，博取元帝的欢心。其中阿元匠心独运，悄悄地制作了一座昆钟。该钟从上到下共有三层，中间有转轴，玉石质地，黄金为枝。钟的四面用彩线缝制的花朵围缀，又做了许多蜂蝶，夹杂点缀在花朵的中间。昆钟转动时三层浑然一体，百花自动摇曳，蜂蝶飘飘欲飞，全都扑向花蕊。阿元又穿了一件自制的飞琼流翠袍，每当穿在身上向前走的时候，宛如月宫仙子一般缥缈飞动。

第三节　宫禁探奇

宋宫流行蹴鞠

宋代是蹴鞠发展最为鼎盛的时期。宋代宫廷中不仅有专门的蹴鞠球队，而且经常举行蹴鞠比赛。孟元志在《东京梦华录》中记载：参加竞赛的左、右军各十余人，其中一为球头，比赛时，球头均头戴长脚幞头，余则戴卷脚幞头。蹴鞠之所以在宋朝繁荣昌盛，一个重要原因就是皇帝对蹴鞠的喜爱。宋太祖赵匡胤开蹴鞠风之先。元代钱选就作了《太祖蹴鞠图》，生动地描绘出赵匡胤同大臣们踢球的情景。北宋的宰相李邦彦就曾以踢尽天下球而自诩。

北宋还有一宰相高俅就是一个因球艺高超而在官场上青云直上的代表。宋代宫廷宴会时，就会有蹴鞠助兴，还特意制定了礼仪规定，要在喝完第六杯酒后，蹴鞠高手们上场来表演球艺。正因为朝廷对蹴鞠的重视，所以京城里蹴鞠高手如云，甚至还出现了专以教球技为生的踢球艺人。

宋宫的三十六髻

徽宗赵佶昏庸无道。亲政以后，重用奸臣蔡京、朱勔、王黼、童贯、李彦、梁师成六人，时称六贼。当时，内忧外患，童贯受命领兵远征。一次在燕蓟战役中，不懂军事的童贯被击溃，狼狈不堪地逃回京师。过了不久，宋后宫内宴上出现了一个十分精彩的节目：三个教坊女伎一身奇装，翩翩登场，三人最显著的特征是头上的发型各不相同，一个发髻在额上高耸，一个发髻偏坠一旁，一个是满头发髻，遍地开花，颇为有趣。

每个朝代的女子发型都不甚相同。

三个女伎登台亮相以后，场上出现了一个优伶。优伶一一将三位女伎介绍给观众，说这是蔡太师家人，这是郑大宰家人，这是童大人家人。席上人觉得奇怪，便问三位女伎，为何发髻各不相同，是不是三位大人家里有什么讲究？蔡太师一髻高耸的家人答道：太师觐清光，此名朝发髻。郑太宰发髻偏坠的家人说：吾太宰奉祠就第，此懒梳髻。最后轮到童大人满头发髻的侍女，侍女娉婷而出，款款地说：大人方用兵，此三十六髻也。三十六髻就是三十六计，当时有句俗语，为三十六计，走为上计。最后这位女伎的说白是这段俳戏的戏眼。

元后宫制作五云车

元时，皇宫中曾制作一辆"五云车"。此车共有五个车厢，槛式用火树做成，轮辕用乌棱木制作。车顶悬挂着夜明珠。五个车厢呈十字形排列，前后左右四个，中间放一个。左厢张挂绿色羽毛，华盖下吊着金铃。华盖上是叠成云状的黑色织锦。厢旁树有青龙旗，五支磨锷雕银戟并排放着。右厢则张挂着白色鸠鸩，华盖下面吊着玉铃，华盖上是叠成云状的白色锦缎。厢旁树有白虎旗，五支豹绒连珠枪并排放着。前厢张挂的是红猴毛颤，华盖下吊的是木铃。厢前树的是朱雀旗，五支线铎火金戈并列放着。后厢张挂着黑色兔团毫，华盖下吊着竹铃，华盖上是叠成层云状的黑色织锦。厢前树立玄武旗，五只画干并列排放。中厢张挂着雕羽曲柄，华盖下吊着石铃，华盖上是叠成云状的黄色织锦。厢前立着勾陈旗。中厢是皇帝的座位，外面的四个车厢则坐着嫔妃。皇帝乘坐此车，夜晚在皇家园林游玩，车上挂着夜明珠，蜡烛也不用。陈刚中曾作有《云车夜游》一诗，诗曰：

金根云盖辂移玉，露花不坠瑶草绿。
明珠照乘秋月悬，天风吹下箫韶曲。
万年枝上清光满，八鸾导引双龙管。
夜深如昼翠华来，三十六宫碧云暖。

第六章　明代野史

第一节　帝王逸闻

明太祖不喜出身

　　明太祖十七岁时曾在凤阳皇觉寺出家，明太祖出家不是因为宗教信仰，更无梁武帝萧衍"舍身"的精神，而是因为家境贫寒，衣食无着，要寻一条生路。他当了皇帝以后不愿被别人提起这段经历。太祖生性多疑，时常以为别人侮辱他。徐一夔曾经上一奏章，表中说到"光天之下""天生圣人，为世作则"，太祖看后大怒，以为光者为僧，则"发音近贼"，是侮辱自己，下令将徐一夔处死。尽管太祖曾入佛门，但是明太祖在位期间在政治上对于佛教并没有什么特殊的关照，只是史书曾经说他派高僧宗泐到西域取经，后来也没有成行。不过，他即位后依然喜欢读《心经》等佛经，曾为《心经》作序，又标注《金刚经》，多次召集法会，延聘高僧讲习佛法。他的部分与佛法相关的杂文言论被佛教徒们结集成为《护法集》。他在《〈心经〉序》中阐明了佛教的宗旨就是去邪念，归正道。明朝人评价太祖精于儒、佛、道三教，虽不及专门之人，但也是颇有成就的。他时常谈论三教并阐述自己的意见，关于三教合一的论述则是精华。明太祖还特地选派高僧为各王的谋臣。

明太祖朱元璋像

朱元璋道：天下之治，天下之贤共理之；天下始定，民财力俱困，要在休养安息；得贤为宝。约翰·琼斯评：他（朱元璋）无情地将蒙古人赶出中国，并清除掉所有政敌，其坚决果断的统治为饱经内战之苦的中国带来了稳定。

明太祖睹画思妻

　　相传明太祖长子朱标善作画。明太祖早年与陈友谅作战失败，其妻马氏背太祖逃跑，朱标当时就偷偷把这一场景画成图画。马皇后死后，明太祖一度疯狂地诛杀功臣，太子多次劝谏他都置之不理，于是太子对皇帝说："上有尧舜之君，下有尧舜之民。"皇帝听到之后更加愤怒，就用榻椅打太子，太子逃跑，将怀中所藏之画掉在地上，皇帝看见这幅图，十分悲痛，就停止了追打。

朱棣生母之谜

明成祖朱棣是朱元璋的第四个儿子，洪武三年被封为燕王，拥有重兵，镇守北平。建文元年，朱棣以"清君侧"为名举兵，这就是历史上有名的"靖难之役"。经过三年多的兵戎相争，建文四年，朱棣终于攻占了南京，即皇帝位，改元为永乐。他又于永乐九年迁都北京，以南京为留都，朱棣统治期间继续执行明太祖的削藩政策，巩固中央集权，为以后的"仁宣之治"奠定了基础。可以说，朱棣是历史上一位较有作为的皇帝，但是由于他是夺权上台，所以被正统思想家们斥为"燕贼篡位"。有关他的各种传说不胫而走，甚至连他的生母是谁，也成为争议的内容。其说不一，难以断定。

明成祖像　明宫廷画家绘

有说法认为朱棣的生母为马皇后。

旧抄本的《燕王令旨》中记载说："顾予匪才，乃父皇太祖高皇帝亲子，后孝慈高皇后亲生，皇太子亲弟，忝居众王之长。"《明太祖实录》说，"高皇后生长子，长懿文皇后标，次秦愍王，次晋王，次周定王。"《明史·成祖本纪》也说："文皇帝讳棣，太祖第四子也，母孝慈高皇后。"与前说如出一辙。从这些官方材料看，可以肯定朱棣是朱元璋的第四个儿子，为马皇后所生。但是后世学者认为这其中有窜改之词，不能信以为真，一生致力于明史研究的学者吴晗就这样认为。

另外有一些史籍说马皇后并非生了五个儿子，只承认四子朱棣与五子周王为马皇后所生，而懿文、秦王、晋王则为妃子所生。《鲁府王牒》也说："今鲁府所刻玉牒，又以高后止生成祖与周王。"《皇朝世亲》《鲁府王牒》皆已早佚，这个说法难辨真伪。但是这些材料虽然说皇太子等人不是马皇后所生，却也都承认朱棣是马皇后亲生的儿子。

也有人说朱棣的生母是达妃。

明代黄佐的《革除遗事》中说，懿文、秦、晋、周王都是高皇后所生，而成祖朱棣为达妃所生。王世贞《二史考》也曾引用这一说法。但是后人分析，黄佐把明成祖说成是达妃所生是别有用心的，不足为信。例如清代史学家朱彝尊在著作中指出，"黄佐《革除遗事》与当时记建文事诸书，皆不免惑于从亡致身二录。盖于虚传妄语，就未能尽加芟削"，也就是说，黄佐的书对建文帝下台表示深深的同情，而对明成祖夺权大加贬斥，明显有个人感情色彩，所以记载的事情难免"虚传妄语"。故不可信。

三是生母为碽妃。

明朝末年何乔远的《闽书》、谈迁的《国榷》、李清的《三垣笔记》等人根据《南京太常寺志》认为明成祖的生母是碽妃。这种说法也得到了近人傅斯年、朱希祖、吴晗等人的赞同。此志以明孝陵奉先殿的陈设为旁证，奉先殿中间南向列太祖、马后两神座，东边排列的是诸妃神座，而两边则独列硕妃神座。为什么硕妃会得到如此尊重？无疑因为硕妃是明成祖的母亲。清初的学者潘柽章、朱彝尊等也肯定这个说法。朱彝尊还考证了硕妃是高丽人。然而硕妃的来历历史上并没有任何记载，要知道这种说法是否可靠，就要考察《南京太常寺志》的可靠性。此记述是否来自第一手资料？是否真实？实在是难以说清楚。根据考证，《南京太常寺志》被收入《四库全书总目》，是明代人汪宗元所撰写。汪宗元是明嘉靖己丑进士，曾经任总理河道右副都御史，此书是他任南京太常寺卿时所撰，与明成祖生年元至正二十年（1360 年）相距了 170 多年。这样看来，他在记述朱棣生母时很可能是道听途说，而不是第一手资料。尤其可疑的是，《南京太常寺志》的说法在其他的史籍都没有记载，因此其真实可靠尚难以说清。

还有一种说法认为朱棣的生母是元妃。王世懋《窥天外乘》记载："成祖皇帝为高皇后第四子甚明。而《野史》尚谓是元主妃所生。"王世懋所指的"野史"，是指《蒙古源流》。《蒙古源流》说，明成祖是元顺帝之妃瓮氏所生，是元顺帝的遗腹子。"先是蒙古托衮特穆尔乌哈噶图汗（元顺帝）岁次戊申，汉人朱葛诺延年二十五岁，袭取大都城，即汗位，称为大明朱洪武汗。其乌哈噶呼图汗第三福晋系瓮吉喇特托克托之女，名格呼勒德哈屯，怀孕七月，洪武汗纳之，越三月，是岁戊申生一男……"刘献廷在《广阳杂记》中则说："明成祖非马后子也。其母瓮氏，蒙古人，以其为元顺帝之妃，故隐其事，宫中别有庙，藏神主，世世祀之，不关宗伯。有司礼太监为彭恭庵言之，余少每闻燕主故老为此说，今始信焉。"近人傅斯年所见的明人笔记则以为明成祖是元顺帝高丽妃所遗之子（《明成祖生母记疑》）。这些野史、杂记都说得煞有其事，但是它们毕竟只是野史、杂记，说得再神乎其神也难以令人相信。近年更有人说，明成祖朱棣生母确实是马皇后。"硕"是瓮吉喇氏略语的不同译音，硕妃或瓮吉喇氏生明成祖的传闻，实属于无稽之谈。这其实是一则蒙古人编造出来的离奇的事，为的是以此证明元代国运不衰，后继有人。

说来说去，明成祖朱棣的生母之谜，到今天仍然没有确切的说法。

明宪宗敬畏万贵妃

万贵妃成为宫女时才四岁，服侍英宗的母亲孙太后。少女时期的她，长得十分美丽，楚楚动人，加上聪明伶俐，以至于孙太后非常喜欢她，成为孙太后身边的"小答应"。英宗的儿子宪宗在非常小的时候就成为太子，万贵妃被派去服侍他。宪宗比万贵妃小十七岁，在这个几乎相当于乳母的女子的照料下，宪宗逐渐成长为一个风度翩翩的少年。天性聪明伶俐的万贵妃不知怎样勾引了少年太子，宪宗对她更加依恋，万贵妃既当情人又当监护人。在宪宗十八岁当上皇帝时，万贵妃已经三十五岁了，宪宗对她既依赖又敬畏。在宫苑中，人们常能看到在宪宗的驾前，有一位肥硕的中年妇人戎服前行。凭借着宪宗对她的恩宠，万贵妃在宫中毫无顾忌，而且宪宗私幸别的宫女，要尽可能地不让她得知。在五十八岁时，她因为怒打宫女而气血不调，加上因肥胖造成心脏的负荷量过大而突然死亡。宪宗知道后，心里十分悲痛，怅然叹道："万贵妃死了，我也活不了多长时间了。"果然应了他说的话，几个月之后宪宗就郁闷伤怀而死。

明孝宗生于冷宫

明孝宗皇帝的身世十分悲惨。孝宗的母亲纪氏原本是一名宫女，怀孕的消息被当时骄

午门

它是故宫四座城门中最壮观的一座，历来是宫廷禁地，只有少数人在特定的情况下才能通过。特别是正中的门洞，为皇帝专用的御道。只有皇帝大婚时，皇后乘坐的喜轿可以由此进宫，或殿试钦点的状元、榜眼、探花由此出宫。现在，午门已成为从南边进入故宫参观的入口。

宠横行的万贵妃知道后，万贵妃便派人送去堕胎药，逼迫纪氏服下。幸亏药量不大，否则历史上也不会有孝宗皇帝了。当时纪氏早已不得宠，孝宗出生在紫禁城外的一个安置病老宫女的地方，名为安乐堂。出生时，他头上有一寸左右的地方未长头发，估计是堕胎药造成的。纪氏偷偷生下这个小皇子后，感到危机四伏，因为在她之前，其他宫女所生的几名皇子都被万贵妃害死。纪氏日夜惊恐，难以安寝，反复思量，最后决定让太监将小皇子溺死。太监张敏不同意这样做，并说服了纪氏，决定和纪氏一起偷偷养大这个孩子。六个年头过去了，宪宗皇帝终于知道了这件事情。当时宪宗已过三十，还未得子，听说自己已有了一个六岁的儿子，激动万分，派内使把孝宗从安乐堂接来。当小皇子张开双臂向父皇跑去时，背后长了六年的胎发晃来晃去，宪宗把儿子抱在膝上，喜极而泣。

明武宗宫中大放烟火

武宗即位之后，每年宫中都要张灯结彩，以此来娱乐消遣，但极为奢侈挥霍。库中贮存的黄蜡不足了，便命令管事部门补买。正德九年，宸濠上贡样式新颖的四时灯数百盏，灯的设计独具匠心，巧夺天工。灯献来时，武宗又命令送灯的人进入宫中，亲自把灯悬挂起来。这些灯各有特色，大多靠墙壁或柱子挂着，以突显它的玲珑奇巧。武宗还专门在庭轩倚栏间盖起专门储存火药的棚子，但有一次因疏忽引燃了火药，宫殿毁于一旦。武宗笑称："真是一棚大烟火呀！"武宗整日贪图游乐，不过问朝政。

崇祯帝究竟如何死去？

天启七年（1627 年）八月，熹宗病危，召信王入宫受遗命。不久熹宗撒手归天，年仅17 岁的信王朱由检即位，大赦天下，次年改为崇祯元年（1628 年）。年轻气盛的崇祯皇帝面临的是一种风雨飘摇的局面。这位明朝最后的一位皇帝很想凭借自己的一腔热血力挽狂潮，重建太平天下。他即位后铲除阉党魏忠贤、一心想要中兴，但是最终李自成的农民起义军冲破了京城，明朝覆灭了，他自己也落了个自缢的下场。崇祯帝朱由检生性懦弱、无主见，而且他继位时的明朝已是政治腐败。崇祯皇帝也回天乏术，大臣们个个明哲保身，少有为社稷着想者。而且崇祯为人极易猜疑，大臣们更是小心翼翼、很少发言。就是到了起义军进逼京城的时候，也没有主动站出来为崇祯分忧的大臣。

当李自成的起义军猛烈进逼，崇祯帝惊慌得完全失了主见，处处寄希望于大臣们，希望他们能提供妙计良策，甚至替他决断，但是危急之中，大臣们又能有什么办法呢？

崇祯十七年（1644年）三月，每天崇祯帝都要召见大臣，有时候竟达到一日三次。起初大家都认认真真地替崇祯帝谋划，提出"南迁""撤关"等，可崇祯帝总是拿不定主意，大臣们也渐渐没招了。召见中，大臣总是惶恐地说："为臣有罪，为臣有罪！"然后就不再说话，实在被问急了，只是用些"练兵""加饷"等话来应付崇祯帝。每次召见，崇祯帝都非常不满，常常是中途拂袖离去，回宫后痛哭并且大骂："朝中无人！朝中无人！"

大明灭亡的前三天上午，崇祯帝来到东左掖门，召见了新考选官32人，问他们以急策。崇祯帝本想能从新臣中寻找到良策，可一见答卷，也全是些套话。召见未及一半，忽然有一太监送进一个密封，崇祯帝拆视后脸色突然大变，原来这是昌平（今北京市昌平区）失守的总报。李自成军已经攻到昌平。但是惊慌的崇祯帝仍无法从众大臣那里得到一计良策。

次日早晨，崇祯帝再次召见文武诸臣，半晌大家都沉默不语。崇祯帝流着泪恳请大臣们想办法，大臣们也是泪流满面地回应。忽然有位大臣大梦初醒一般，凑向前欲奏对，崇祯帝一见，马上将泪水收住，准备细听，只听这位大臣说："当务之急为考选科道。"原以为是什么良策，不想又是老套话。可这位大臣一开头，许多大臣也跟着说这人当起，那人该用。崇祯帝早就不耐烦了，俯首在御案上写了七个大字："文武官个个可杀。"起身示意退朝。

关于崇祯的死，历来众说纷纭，计六奇《明孝北略》卷二十记载道："丁未五鼓，上御前殿，与二人手自鸣钟集百官，无一至者。遂散遣内员，手携王承恩，入内苑，人皆莫知，上登万岁山之寿皇亭，即煤山之红阁也。亭新成，先帝为阅内操特建者……遂自尽于亭下海棠树下，太监王承恩对面缢死。"又有《明史》卷三百九《流贼传》说："十九日丁未，天未明，皇城不守，鸣钟集百官，无至者。乃复登煤山，书衣襟为遗诏，以帛自缢于山亭，帝遂崩。"而《明之述略》中却说："丁未，内城陷，帝崩于西山。"可见，对崇祯究竟怎么死，死于何地至今还是个谜。一个力图中兴的君主竟落得如此凄凉的下场，令人深思。大臣们还是一副唯唯诺诺、支支吾吾的样子，出的计策无非是什么巡街闭门、不许出入等。这时候守城者来报，守城军队不敌。见城陷就在眼前的崇祯帝，不禁大哭，边哭边道："诸臣误朕至此！"自己拿不定主意，却要埋怨大臣。大臣们见形势"不可为"，便俯首同崇祯帝一起恸哭，哭声响彻大殿，甚为悲惨。到了中午，崇祯又召见大臣，此时大臣们已彻底看透了这位年轻且毫无主见的皇帝，干脆以沉默来回答崇祯帝，崇祯帝不禁大吼道："既然这样！不如大家一起在奉先殿统统自尽吧！"此话倒是说中了，19日晨，崇祯帝在走投无路中自尽身亡。

第二节　后妃韵事

仁孝皇后作"内训"

永乐五年十一月，皇帝向群臣颁赐仁孝皇后草拟的《内训》，让群臣用于家教。当初，皇后阅览了大量古代典籍，写了这本书，取名为"内训"，以此作为女人的行为规范。书共

20篇，包括德性、修身、谨行、勤励、慎言、节俭、警戒、积善、迁善、崇圣训、谨贤范、事父母、事君、事舅姑（公婆）、奉祭祀、母仪、慈幼、睦亲、逮下（关怀厚待下人）、待外戚。序言写道："高皇后经常教诲媳妇们要遵守礼法，言行谨慎，我有幸能够聆听高皇后教诲，心服口服，丝毫不敢违犯。20多年来，我一直侍奉皇帝，为了推行宫中教化，凡事遵守先帝遗志。"又说："承蒙高皇后的谆谆教导，超越往昔，足以成为后世的楷模，我永远铭记在心。"永乐二年冬天，皇后把高皇后的教导用诉说的形式加以推广，写成《内训》，以此教育宫中之人。皇太子把书进献给皇帝，皇帝看后，潸然泪下，下令刊印颁发。当时皇后正在为高皇后服丧，三年不吃酒肉，只要一说到高皇后就掉泪。成祖问皇后："你能背诵高皇后的许多遗言，那么，你能举例说明当今哪些话可用吗？"皇后毫无遗漏地背诵出来。

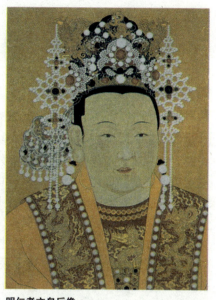

明仁孝文皇后像

明成祖仁孝文皇后徐氏，开国勋臣徐达之女，天资聪颖，博闻强识，人称"女诸生"。太祖闻其贤淑之名，于洪武九年册封为燕妃。待人处事，体贴谨慎，深受太祖及马后赞许。永乐元年被册封为皇后，为成祖治国安邦献计献策。

皇太后废神宗

万历元年，神宗厌恶读书，慈圣皇太后召他前来，并罚他跪了很长时间。皇太后每次来到神宗读书的地方，都让他复述一遍，确保他记住了才作罢。每到上朝的日子，五更之时，皇太后喊他起床。不论他愿不愿意，就给他洗脸，拖他去上朝。八月十一日，神宗在西苑宴乐，两个宫女在旁侍奉。神宗喝醉了，让两个宫女说唱新歌，她们推辞说不会。神宗气急败坏，退席取来宝剑，要刺杀两个宫女，左右奉劝这才罢休，不过还是用剑割下她们的头发。太后知道后，便换上青布袍，去掉簪子耳环，让内阁大学士张居正写奏章严厉劝谏神宗的过失，并一同替神宗起草自责的御札。慈圣皇太后又把神宗召来，让他跪在面前，对他严加斥责，直到说出："不用你做皇帝还不行吗？"当时，宫中盛传皇太后命令冯保到内阁去取《霍光传》，将要废掉神宗，另立潞王为帝。神宗才觉得害怕，长跪在地上，使皇太后收回废自己的念头。

田贵妃进谏得宠

田贵妃三寸金莲，而袁贵妃的脚则将近六寸长，几乎是田贵妃的两倍。皇上曾经在皇后面前嗤笑袁贵妃脚大，而赞美田贵妃，皇后因此非常不高兴。

田贵妃自幼练习钟、王楷书，后来又得到宫中的秘本临摹，因此字写得很好，被称为"能品"，凡是书图卷轴之类，皇上常常让田贵妃题签。田贵妃也很擅长画兰。宴会时，她将头上的首饰都除去，另外作了副髻藏在发间，越发显得动人。她的衣服，远远望去也如画一般。

苏州织造局进贡了一些女乐，皇上对她们很是迷恋，田贵妃上书劝谏皇上以国事为重。皇上在田贵妃的奏书上批道："多久未见，没想到学问大有长进。但是，自古以来，就有烦事扰君，朕不是第一人，你忧虑什么呢？"

第三节　宫廷仪规

明皇帝登极仪

　　登极仪是皇帝宣告即位时举行的庆祝大典。明元年（1367年）十二月，左相国李善长率领众礼官举行登极仪。登极之日，明太祖先到京城南边郊外设坛行祭天大礼。仪式结束后，于南郊即位，丞相带领百官以及元老高呼三声"万岁"。皇帝准备天子卤簿入太庙，上追尊四代祖先帝后册、宝，然后登极向上天祈祷社稷安康，最后回宫。第二天在奉天殿内外设立仪仗队，群臣按顺序排列好，仪銮司官、赞礼郎等按次序就位，午门外排列士兵，有持旗队到奉天殿外排列。开始击鼓，群臣立在午门外，丞相率领百官进入午门，皇帝穿帝服、戴皇冠到奉天殿入座，鼓乐齐奏。乐声停止后，将军打开帘子，尚宝卿把玉玺放在桌上，这时拱卫司开始放炮，群臣到丹墀准备好，音乐起，向皇帝拜四拜，乐声停止。向皇帝致贺词，贺毕，乐声起，群臣又向皇帝拜了四拜，乐声停。群臣又向皇帝三鞠躬，把手放在头上，山呼"万岁"，出笏，下跪后乐声又起，直到再向皇上拜四拜仪式才成，皇上下诏书公告天下，宣告即位。

制诰之宝　明
这是皇帝颁布诏书所用之印。

　　明仁宗以后的各位皇上都是在前代皇帝死后期间登基的，所以与开国登极礼有所不同。

明廷皇后受朝仪

　　明朝皇后三大节贺仪，初定于洪武元年（1368年），洪武二十六年（1393年）改定。顺序为：在正旦、冬至时，皇后在坤宁宫伴着仪仗女乐穿礼服入座，后乐声止，各妃嫔、公主从东门进来，向她拜贺。品官的妻子按品秩在东西两面站立，随乐声参拜。皇妃率众进贺笺，乐奏，乐止，宣读笺目、笺文。正旦贺笺称："班首某夫人（爵秩）姜某氏（姓名）等，兹遇正旦，履端之节，特向皇后拜贺。"冬至贺笺称："班首某夫人姜某氏等，兹遇冬至，履长之节，特向皇后殿下称贺。"贺礼仪式结束后，众人随乐四拜，跪听宣旨（答辞），正旦曰："履端之庆，与大家同喜同贺。"冬至曰："履长之庆，同大家一起庆祝。"众妃和命妇等又拜四拜，礼毕，奏乐，皇后回宫，各位命妇按次序退出回家。皇后千秋节（生辰）朝贺之礼与正旦、冬至相同，众命妇贺笺云："千秋令节，向皇后蓼下称贺。"此外，洪武初年还规定，遇正旦、冬至，皇后还与皇帝一同在乾清宫中，接受皇太子及诸王的朝贺，皇太子妃、诸王妃也一同朝拜，行八拜之礼，致贺词，后来省掉了贺词，只行礼。

　　太皇太后、皇太后三大节朝贺仪中，东宫、亲王朝拜皇太后的仪式都与朝拜皇后的仪式差不多。

明皇帝亲征仪式

　　洪武元年（1368年）闰七月，中书省等准备皇帝亲自征战的仪式。出征之前，选择吉利的日子拜祭天地、宗庙、社稷，这种仪式与大祭祀差不多，奏乐，行三献之礼，但是皇帝穿武弁服，而不穿衮冕。乘革辂，有六军相从。另在国都之南神祠中行祭礼，设军六纛之神，祭品用笾、豆各十二，皇帝穿武弁服，有将军一同陪着祭祀。出征前，以皇帝亲征下诏书公告天下，出征途中所过山、川、岳、镇、海、渎诸神，皇帝穿弁服行一献礼，都用太牢、少牢等牺牲来祭祀，如果行军时间紧迫，就只用酒、肉干当祭品。若取得胜利，也要告祭天地、宗庙、社稷，这与出征的仪式大致一样。明永乐、宣德、正统时，皇帝亲征都用这种仪式。武宗曾以征宁王宸濠为借口南下游乐，这些祭祀全都不举行，只是诏告天下而已。

皇帝亲征若得胜回来，皇帝带领大将行献俘礼。预先将凯旋之乐、俘虏及被俘敌人的头领的首级先后摆放在太庙南门外、社稷坛北门外，告祭庙、社，行三献礼，祭拜过的俘虏和头领的首级转交给刑部，奏乐而退。皇帝戴通天冠、穿绛纱袍坐在午门，百官穿朝服按班排列，贴告示诏告天下。

锦衣卫木印　明

锦衣卫是明代内廷侍卫侦察机关，始建于洪武十五年，专门从事侍卫缉捕弄狱之事，是皇帝的侍卫与耳目，与明王朝相伴始终。明初朱元璋为加强中央集权，以刑部、都察院、大理寺分典刑狱，称三法司，让其互相制约，如遇重大要案由三法司会审结案。这枚木印是三法司会同刻置的。

明廷颁诏仪

皇帝的命令可以通过诏、敕谕、口谕、奏折朱批等形式告诉臣下和百姓，有重大事件必须向全国人民及邻国下诏书宣告。洪武二十六年（1393年），明太祖制定颁诏仪，皇帝坐在奉天殿，公侯排列在午门外，文武大臣在承天门外，奉天殿奏中和韶乐，其余奏大乐。礼部人员拿着盖有御玺的诏书在大乐声中送到午门外。由公侯领着，在乐声中宣告给百官。然后百官跪听并再拜四拜，礼部给使者发诏书。嘉靖六年（1527年）改定颁诏仪，皇帝穿礼服入殿，像朝贺礼仪一样，在午门外用车载诏宣读，后用彩绳系到城下给礼官，让其放在龙亭。分发下去诏告天下。1572年定制，诏书捧出皇极门，礼随即就结束，皇帝先回宫了。

明代巡狩制度

巡狩是皇帝出京城来观察民情或办理其他重要事宜。明初拟实行南京（应天）、北京（汴梁）两京巡狩之制，但后来并没有完全实行。明成祖即位，改北平为北京，巡狩成为经常举办的大典。永乐六年（1408年）北巡，先祭祀天地、社稷、太庙、太祖孝陵，祭大江之神和旗神，在承天门奉行。沿途祭祀的神都派遣官员来祭祀，将走到北京时，设坛祭北京山川诸神。到北京，奏告天地，祭境内山川。跟皇帝一起去的马步军共有五万，随行官员为王军都督府都督各一人，吏、户、兵、刑四部堂官各一人，礼、工二部堂官各二人，都察院、通政院、通政司、大理寺、太常寺、光禄寺、鸿胪寺堂官二十一人，以及御史、给事中、翰林院、内阁、讲读官、六部郎官等一百零六人，共计一百四十人。出发前宴请群臣，赐随从官员军校宝钞。到北京，大宴群臣耆老，赐百官及命妇宝钞。出行在路上时，州县官吏、生员、耆老参拜；并派朝臣考察地方官是贤还是贪，并给予奖罚；并在沿途中看望年龄大的人，赐帛币、酒肉。皇帝巡幸期间，皇太子监国于南京，在午门左门或文华殿视事，有大事和各国进贡进表的人，直接报与皇上，小事则由皇太子处理。永乐八年（1410年），明成祖从北京北征朔漠，除皇太子监国南京外，还留下皇长孙监国北京，在奉天门左视事，如果遇到军机大事或王府要务一定要报告给皇上知道，并让皇太子处理。各国的表文都送到北京，各国的贡品也送到北京。

第四节　宫禁探奇

后宫中的"三婆"

在我国古代，三婆就是稳婆、医婆和奶婆，民间妇女一般是不能进入皇宫的，但宫廷中的这三种妇女可按劳领取薪酬，有的还可免除其全家的终身徭役，同时由于她们有机会接近帝后，更有享不尽的金银财宝及高官爵位。

明代蒋一葵的《长安客话》中最早出现了稳婆一词："就接生婆中预选名籍在宫以待内庭召用，如选女则用以辨别妍媸可否，如选奶口则用等第浮汁厚薄隐疾有无，名曰稳婆。"就这段文字分析，在我国古代宫廷中，稳婆和接生婆这两种职业是可以互换的，稳婆在一定时候是可担任接生婆的职责，因此在古代也把接生婆称为稳婆。由此可见，负责接生是稳婆的第一个职责。稳婆的第二个职责是对宫廷选女"以辨妍媸可否"。就这一方面而言，明代以前就已经出现了稳婆一职，而且这种对入选宫女的辨别事实上是对女子进行裸体检查。东晋时的《汉宫春色》中详细记录了汉惠帝张皇后入选以前被稳婆检查的情况。

由此我们可以得出这样的结论：我国古代至少在秦代时已出现稳婆这一职业，而且稳婆对送选女子进行裸体检查已成为皇帝婚姻中一个必经过程。进而发展到宋明时期，伴随人们对贞操观念的进一步加强，稳婆在皇宫中的地位亦越来越重要，并且对女子的检查也以其是否为处女为主。

稳婆的第三种职责是对入宫的奶婆进行检查，主要检查报名奶婆是否有疾病，是否乳汁厚薄，依奶水的多少而定级别，选择其中奶水最多、质量最好的一个人，为她改变发型、换新衣服入宫，以等待喂养皇子或公主。

医婆这一职业，我们从字面上来看，就是我国古代掌握一定医术技能的妇女。汉代的义姁是我国史书记载的第一位医婆，她悬壶济世，受到了广大人民的欢迎。

古代宫廷中的医婆就是当时的女性御医，由于她们能救人于危难之中，能起死回生，所以皇家对她们是很感激的，义姁弟弟的拜官、冯氏的被封，都是意料之中的事。

古书上称奶婆为奶妈或乳母，从字面含义上看来，指的是用奶水来哺育他人之子的女性。奶婆在上古时代就已出现，《礼记》中就有规定：天子、诸侯、大夫之子有资格可请奶婆，士之子必须由妻自己喂养。宫廷选奶婆要求很严，在年龄、相貌、身体健康等方面都有明确严格的规定，一旦入选，在饮食方面就有限制。

由于中国古代的宫廷制度要求后妃知礼遵法，有母仪天下的威严，处处表现出一种大家闺秀的肃穆形态，于是，在皇子幼小的心里，亲生母亲成了一种可敬而不可亲的人物，而相反，宫廷中的奶婆肩负着哺乳养育皇子的职责，皇子在宫里，从小接触的就是奶婆，奶婆常常伴他游玩耍闹，皇子对奶婆往往比对生母还亲，长大以后，这份感情仍还存在。以至于在中国古代的史书上我们常常可以见到奶婆被册封、死后厚葬的事例。

宫廷御膳

明朝的皇家食物都是由御膳房烹调和料理的。明代厨房的杂役分别隶属于光禄寺和太常寺，隶属光禄寺的供应膳食，隶属太常寺的则供应祭祀用品。礼部有熟悉和精通膳食的清吏司，其责任主要是备办招待各藩王、属国的往来使节以及礼仪性宴会所需的各种佳肴。自明朝中后期起，光禄寺厨役基本上已经没有什么用处了，实际供奉皇上和宫眷们饮食起居的是宦官衙门。明朝时有二十四个宦官衙门。每个衙门各司其职，负责宫廷内各项事务，其中尚膳监负责皇上的饮食。二十四个宦官衙门的地位并不平等，其中要属司礼监的地位最高，几乎与内阁诸辅臣地位相等，其中有一个人最得宠，他一个人兼有数项职务，既掌管东厂，又掌印秩尊。

他在东厂的权力很大，兼任总宪和次辅。在他之下次一级是秉笔，再次一级是随堂，这些人就像普通的辅臣一样。因为东厂首领通常是皇帝最宠爱的心腹，所以在天启年以前，皇帝每天吃的饭，都是由掌管东厂的司礼监太监共二三个人轮流操办。后来为了节约开支，由尚膳监专职管理。到了崇祯十三年（1640年），又恢复祖制，由司礼监、掌管东厂的以及掌管印绶和秉笔太监轮流供应御膳。

第五节　宦官、宫女秘莘

刘瑾遭凌迟处死

"凌迟"与炮烙等一样，是一种非常残酷的刑法。史载受凌迟之刑的人都非常痛苦，而有详细记录的就有明朝时太监刘瑾的受刑过程。

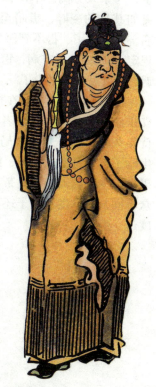

刘瑾，兴平（今属陕西）人。兴平埋有汉武帝的一具柘骨，同时是杨贵妃缢死之地，因而远近闻名。明武宗朱厚照还是太子时，刘瑾是他身边的随侍小太监。等到朱厚照做了皇帝，刘瑾深得宠爱，权倾朝野，炙手可热，被人称为"千岁"。后来大臣杨一清等人利用太监之间的矛盾，设下计策，让太监张永向明武宗奏劾刘瑾十七大罪，被激怒的朱厚照亲自带人抄了刘瑾的家，搜出了玉玺、铠甲、弓弩等犯禁品；黄金24万锭又5.78万两，元宝500万锭又158.36万两，宝石2斗；刘瑾常拿在手中的折扇里，发现有两把锋利的匕首。"刘瑾这个奴才果真有造反之心"，朱厚照怒不可遏地说道，于是诏令将刘瑾凌迟处死。监斩官之一、刑部河南主事张文麟将行刑的整个过程笔录了下来。

依照律法，刘瑾被判凌迟3357刀，分三日割完，第一天先剐357刀。行刑时，刽子手从刘瑾胸膛左右动刀，割至10刀，一歇一吆喝，吆喝是怕刘瑾昏死，凌迟达不到预期效果，休息一会儿，等他苏醒，再割第二个10刀。第一日行刑完，天已黄

刘瑾像

昏，刘瑾被押回狱中，松绑后，刘瑾醒来，吃了他一生中最后一顿晚餐，整整喝了两大碗稀粥！第二天继续用刑，因为前一天刘瑾在大喊大叫中泄露了不少宫中禁秘，于是第二天在他嘴里塞了一颗大核桃。依旧采用前一天方法，谁知割了几十刀后，刘瑾一命呜呼，未能割足三日。

东厂和西厂

明成祖时，因一直不知建文帝下落，成祖害怕会有人暗中谋反，于是设立了一个东厂，由提督太监管理，用来打探聚众谋反的事。成化初年东厂由太监尚铭掌管。尚铭是个很贪婪而且深藏不露的人。他利用职权敲诈勒索，手段高明，不义之财滚滚而来。这时，有个在外侦事的太监汪直特别眼红东厂，也想得到这块肥肉，于是他不断地向明宪宗表态，如果由他来掌管东厂，一定会比尚铭办得更好。明宪宗经过再三考虑后，决定再设立一个与东厂一样的机构，由汪直管理，看他和尚铭到底谁的本事更大。于是在成化十三年（1477年），汪直办起了与东厂相对的西厂。西厂设立后，汪直开始了他排除异己的行动，很多朝臣如兵部尚书项忠、左都御史李宾、侍郎程万里、滕昭等人都被他诬陷而被罢职。最后导致亦思马进犯宣府，明宪宗对汪直惹的麻烦十分恼怒，便下旨将西厂撤销，汪直也被调到南京御马监任职去了。

明宫女幽闭的宫禁生活

宫女们一旦被选入宫内便如笼中之鸟，失去自由，干一辈子苦差事，与亲人分离，不得相见。苛刻繁多的礼节，森严的规范、制度，突如其来的凌辱，黑暗至极，毫无出头之日。她们最害怕的就是生病，一旦病了，得不到医生诊治，病会愈来愈重，因为明朝律例明文规定："宫嫔以下有病，医者不得入，以证取药。"宫嫔都只是这种待遇，宫女就更不必说了。

《明宫史》记载："在棂星门迤北、金鳌玉蝀桥西洋房夹道，有内安乐堂，有掌司总其事者二三十人。凡宫人病老或有罪，先发此处，待年久方再发外之浣衣局也。"这句话的大体意思是，宫女和太监们生病了，或是岁数大了，或是犯了法，就被遣到这里，自生自灭。如果有极少数的人偶被皇帝看中，当了皇帝的女人，身份会稍微有些与众不同，如果生了孩子还可能得到晋封，否则就会在这幽深的皇宫中度过一生。

宫女的生活十分幽闭。

第七章　清代野史

第一节　帝王逸闻

顺治帝之死新说

2004 年 4 月 10 日《厦门晚报》上刊登出了"顺治被郑成功毙于厦门"的新闻，引起了广泛关注。这一报道主要源于手抄本的《延平王起义实录》一书。这本书是郑成功的后人郑万龄在整理祖上的遗书时发现的。全书以日记的形式记载了郑成功戎马倥偬的一生。其中，有一段记载说：有人密报郑成功，高崎之战中，顺治皇帝在厦门思明港被炮击中，清军将领达素不敢对外公布这个消息。另外，书上还有一段披露郑成功的父亲郑芝龙被害内幕的文字，其中再次提到顺治帝死因：太师郑芝龙降清后，屡次写信劝儿子郑成功投降清朝都以失败告终，但顺治帝并未加罪于他。而顺治帝被炮毙于厦门后，辅臣苏克萨哈与郑芝龙有仇，向康熙帝建议："郑成功可以用炮击死我们的先皇，皇上难道就不能处死他的父亲吗？"康熙帝采纳了他的意见，即位不久就把郑芝龙处死了。

这个关于顺治帝之死的全新说法引起了有关学者的注意。厦门文史专家洪卜仁认为，顺治帝很有可能御驾亲征，到过厦门，并且清军将领达素之死，确实存在颇多疑点。《延平王起义实录》中称，顺治帝被炮毙后，达素畏罪自杀。在另一部重要史料《海上见闻录》中，今人发现也有类似的记载：十月清调达素回京问罪，达素在省吞金而死。如果这个记载属实，究竟是什么原因迫使达素走上了自杀之路呢？

不仅仅是史料中，就是民间也有顺治帝曾经御驾亲征来到厦门的传说。述职这个故事的人都说，顺治帝与郑成功作战时被郑成功炮轰而死，并掉在了港中的江水里。水里的鱼吃了皇帝的肉后，身体还发生了变形，成了无鳔江鱼。王熙在《自撰年谱》中对顺治帝之死讳莫如深，闪烁其词，仅仅用"俱不敢载"四字带过，是不是因为顺治帝是被郑成功炮轰而死，清廷严格保密，才不敢说呢？

不过，清史专家何龄修仔细研究了厦门文史专家提供的种种史料后提出了质疑。首先，为什么这么重大的事情，在记录郑成功事迹的《先王实录》里边没有记载呢？据考证，郑成功在收复台湾之前曾说过打败了达素军队，但并没有说打死了顺治帝。其次，南明大臣张煌言在给永历皇帝的所有奏报中，也从没提到顺治帝死于郑成功的炮轰。据此分析，在当时应该没有这种说法，要不各方不可能没有反映。清军与郑成功所部作战是在五月，如果说顺治帝被郑成功炮毙而死，应该不超过五月。而新皇帝即位是在顺治十八年正月，如果顺治帝五月死的，这说明从五月到第二年正月，这么长一段时间清廷皇位是虚悬的。这可能吗？再说清朝王熙等人的记载也不可能是空穴来风！

总之，《延平王起义实录》中的记载，给顺治帝之死提供了一种全新的说法。但是顺治帝是否御驾亲征来过厦门？是不是真的死于郑成功的炮轰？除了一份家传的手抄本和一个无稽的传说外，并没有找到其他什么强有力的佐证。

顺治帝究竟有没有出家？他又是怎么死的？也许永远无法得到确切的答案。顺治帝神秘的死亡也许在紫禁城的静默中被永远尘封了，然而，历史也许正是因为有了诸多难以猜测的谜题，才会显得更加耐人寻味。

年少的康熙帝是怎样生擒鳌拜的？

顺治帝退位后，康熙即帝位，由苏克萨哈、索尼、遏必隆、鳌拜四人作辅臣。经过政治纷争、冤假错案，到康熙帝16岁的时候，四大辅臣之末的鳌拜击败敌手，在朝廷中恣意妄为，呼风唤雨，意欲将康熙作为自己的傀儡。

康熙皇帝的甲胄　清

但是，康熙已经认识到，不除掉鳌拜，就不能整肃朝纲，经过反复思虑，为避免打草惊蛇，他决意采用让人意想不到的方式来清除这个"满洲第一勇士"。

为了麻痹鳌拜，康熙装得玩心十足，挑出一批年轻的侍卫，天天陪他一起耍弄、练习摔跤的一种布库戏。就算鳌拜上朝，康熙也不停止戏耍。鳌拜看了心里十分高兴，觉得这个"小孩"皇帝好耍武艺，根本不花心思在政务上，于是就不以康熙为威胁，整天在宫中进进出出，心中一点都不戒备。

但他有所不知，康熙领着年轻力壮的小侍卫们摔跤，却是自有考虑的，一方面麻痹了鳌拜，一方面这帮青年人也提高了技能。而且每个小侍卫经过训练也是信心十足。康熙觉得时机成熟了。

一天，鳌拜又像往常一样，大摇大摆地独自来上朝，康熙出其不意，用眼神暗示侍卫们，于是突然间小侍卫们一拥而上，将鳌拜擒住。起先鳌拜还以为是众人要跟他戏耍，还没等明白，就发现自己被五花大绑了。之后，康熙立即命议政王大臣等审查鳌拜罪行。

智斗生擒鳌拜是康熙独立开创帝业迈出的第一步，康熙从鳌拜手中夺回权力，开始整肃朝纲。

秘密立储始于康熙吗？

康熙是清代有名的圣君，有子35人，女20人，嫡出最长者为胤礽，康熙十四年曾被立为皇太子，后玄烨在清康熙五十一年（1712年）十月，第二次废黜胤礽；第二年二月左都御史赵申乔上奏请求再次册立皇太子，这是二次废太子后，朝臣第一次为此事上奏请求。玄烨看罢奏疏后，特别召集群臣说明此事。他说："立储大事，朕岂忘怀，但关系甚重，有未可轻立者……今欲立皇太子，必然以朕心为心者，方可立之，岂宜轻举。"谕旨表明，接受了两次废立太子的沉痛教训，又面临着错综复杂的储位之争的局面，玄烨正在深入思考皇储关系、储君标准、建储方式等重大问题，力图寻找一个较好的办法，避免以往的失误；在没有找到可行方法之前，决不草率册立。他向群臣公开陈述他的观点，表明他在晚年已开始拟订新的建储计划了。

康熙帝读书像

玄烨在经过 4 年多的总结、思考以及对储君的精心选择后，开始实施他的建储计划了。

第一次建储之议出现于清康熙五十二年（1713 年）。据《清世宗实录》载："康熙五十六年冬，圣祖仁皇帝召诸王子，面询建储之事。"朝鲜使臣于清康熙五十七年（1718 年）四月从中国返回朝鲜后，禀告朝鲜国王："臣来时问太后葬后，当有建储之议。"建储之事虽然到处流传，反响很大，但人们对其具体内容却毫不知晓。这表明玄烨只是就建储一事征询皇子与重臣的意见，他本人并未表露态度，更未作出任何决定。可见他对储君人选、册立日期等重大问题，已开始有意识地采取保密措施了。

"长篇谕旨"出现于清康熙五十六年（1717 年）十一月二十一日。玄烨在皇太后病危，自己也重病缠身的情形下，召集全体朝臣，商讨建储的有关问题。"长篇谕旨"的说法便由此而来。

康熙五十二年二月及五十六年十一月两个谕旨构成了新的建储计划。与嫡长子皇位继承制度相比较，它的具体的方略，如皇帝全权决定储君人选，"有德者即登大位""择贤而立"的择储标准，对储君人选以及建储的有关问题的保密原则等等，都比较新颖，而且秘密色彩浓厚，因而可称之为秘密建储计划。如果这个计划能贯彻执行，并且形成制度，将会减少传统建储制度的某些弊端，进一步加强中央集权。玄烨对实施两千多年的建储制度进行了改革，尽管他本人并未认识到这样做的意义。

这一秘密建储计划的核心是皇帝全权决定储君人选，完全排除统治阶层中任何集团或个人对建储的干扰。从一定意义上讲，也是其他三部分得以实施的先决条件。这一点得不到保证，其他三部分也无法实施。

虽然玄烨通过"择贤而立"的方式选择储君，但其主观上并无废除嫡长子继承制的意图。玄烨的宗法观念浓厚，认为诸子之中，"允（胤）礽初居贵"。在胤礽被废后，他已无嫡子，皇长子胤禔也获罪幽禁，所以只能把目光投向其他庶子。

再者，对储君暗中进行培养、考察，储君如果表现不佳予以撤换时，由于没有让其知道这件事，不会引起任何不良后果，这样皇帝在对储君的选择上，就完全抓住了主动权。

秘密建储在康熙朝晚期出现，是形势的需要，也有其历史的必然性。为了解决复杂、尖锐的储位之争，玄烨只能总结经验，吸取教训，博采众长，另辟蹊径。不过对于他来说，这种做法只是一种权宜之计，他并未意识到自己正在开拓一条新的建储道路，更无将此立为定制、世代遵行之意。新制度的建立是一个不断摸索、逐步改进并完善的过程，秘密建储制度也不例外。虽然玄烨是秘密建储的开创者，但直到雍正、乾隆二帝才把它的不足加以改进，把它的疏漏加以补足，并作为一种制度最终确立下来。

雍正帝嗣位之谜

清康熙帝驾崩以后，第四皇子胤禛在激烈的皇位争夺中登上了皇帝的宝座，这就是历史上有名的雍正帝。但雍正帝究竟如何嗣位至今仍是一个谜，是按遗诏之言登位还是篡位，众说纷纭。

官书中记载，清康熙六十一年（1722 年）十一月冬至（初九）前，胤禛奉命代祀南郊。当时，康熙患病住在畅春园疗养，"静摄"政权。胤禛请求侍奉左右，但康熙因祭天是件大事，命他应在斋所虔诚斋戒，不得离开。到了十一月十三日，康熙的病情突然恶化，这时才不得不破例把胤禛召到畅春园来。而未到之前，康熙命胤祉、胤祐（七阿哥）、胤禩、胤禟、胤䄉（十阿哥）、胤祹（十二阿哥）、胤祥和理藩院尚书隆科多至御榻前，向他们宣布："皇四子胤禛人品极好，令人敬重，与朕很相似，因此他肯定能够继承大统，继承皇位。"此时，恒亲王胤祺因冬至奉命在东陵行祭典、胤禄（十六阿哥）、胤礼（十七阿哥）、胤禑（十五阿哥）、胤祎（二十阿哥）等小皇子都在寝宫外候旨。当胤禛来到康熙面前时，康熙还能够说话，告诉胤禛他的病情日益恶化的原因，但是到了夜里戌时，康熙就归天了。隆科多即向胤禛宣布"遗诏"。胤禛听后昏扑于地，痛不欲生，而胤祉等其他兄弟则向胤禛叩头，并劝他节哀顺变，因此胤禛就履行新皇帝的职权，主持康熙的丧葬之事。胤禛曾特别强调：当日情形，"朕之诸兄弟及宫人内侍与内廷行走之大小臣工所共知共见者"。

从上面的情况来看，雍正的即位是由父皇康熙的寿终正寝后才开始的，是属于正常并且合乎法理的。对此，清代官书众口一词，都是同一个口径。后世有人根据雍正在品格、才干、年龄和气质上的众多特点以及雍正本人在皇宫中深藏不露、暗自修炼多年的特征，康熙对雍正的认识和父子感情基础，当时诸子争储互斗的背景，还有康熙在死之前留下遗诏的在场人物、地点、时间以及情节等来综合分析，认为雍正根据皇父"仓促之间一言而定大计"，是合法即位的，可信的。

但是民间传说中，雍正即位却是非法的，是篡位夺权。

早在雍正帝在世时，社会上就盛传：康熙帝要将皇位传给胤禵，在他患病的最后几日，曾经下旨要召胤禵回到京城，但是胤禛的死党隆科多却隐瞒了谕旨。致使康熙去世当日，胤禵不能赶到。隆科多于是假传圣旨，拥立胤禛为皇帝。此所谓"矫诏篡立说"的由来。另外有一种说法讲，康熙原来就有了手书，要把皇位传给十四阿哥胤禵，是胤禛把"十"改成了"于"字，于是遗旨明明传位于胤禵，却变成了传位于胤禛，此所谓"盗改遗诏说"的来源。那么，是谁来盗改了这个遗诏呢？有传说是雍正本人改的；有的说康熙把遗诏写在隆科多的掌心，而隆科多将"十"字抹去了；也有的说是由一些雍正府中所收养的武林高手所改写的；又有的说是雍正的亲生父亲卫某参与改的……

还有人认为，康熙原本要在胤禛和胤禵两人中选立皇储，而最终胤禛被选中，胤禵被任命为抚远大将军，确实说明康熙选择皇太子时他是候选人之一，而胤禛在康熙四十八年晋封为亲王，在皇子中的地位日益提高，先后22次参与祭祀活动，次数比其他皇子都多。此外，康熙对胤禛之子弘历宠爱有加，称赞其母是"有福之人"。由此可见，雍正是后来居上的皇太子候选人。也有人认为，临终时康熙本想让胤禵继承皇位，但他远在边疆，若将他召回再宣布诏书，在空位阶段必定会引发皇位纠纷，无奈之下只好传位于雍正。

总而言之，雍正继承皇位有着种种让人难以理解的疑点。这些问题使一些清史专家耗费了很多的精力，直到现在也没有能够得到很好的解释。可以说，在没有获得新的可靠材料之前，雍正的即位是否合法，仍然是个谜。这不仅仅是因为雍正在继承皇位上有很多令人费解的问题，而且他即位后的很多言行，尤其是与大肆诛戮贬斥功臣、兄弟、文人等事连在一起，更令人感到扑朔迷离。

雍正帝痴迷剑术

雍正小时候，浪迹江湖，不务正业，有酗酒、斗剑等江湖武士的习气，而且他也的确是个喜欢在江湖上行走的武林高手。因此，他经常仗剑云游，遇见剑术高明的侠客，就要想办法结交他们，甚至还结拜成兄弟，进而向他们学习高深剑术。他在行走江湖的几十年中，与当时十三个有很高武艺的江湖之士结拜成了兄弟。在这十三个异姓兄弟中，有一个和尚的剑术达到了炉火纯青、无人能比的境地。据说这个和尚不但骁勇绝伦，而且把剑炼

雍正帝临辟雍讲学图 清

到尘埃微粒那么大，不用时，就把剑收缩到脑海中，成为意念的一部分；而只要他需要，就能够吐气成剑，灵敏、矫健、势如长虹，可以在百里之外把人的脑袋砍下来，就像探囊取物一样，让人防不胜防。江湖同道给他起了个绰号，叫万人敌。稍次于万人敌的剑客可以将剑练到芥菜籽那么大，一般都藏在他们的指甲缝里，一旦临敌，就凌空弹指，剑去如飞，挡者必死。悟性极高的雍正，剑术就到了这种练剑成芥的水平。这位四皇子跟江湖武士结拜的做法，自然遭到康熙帝的强烈反对。康熙把他比作无赖子弟，因而对他一向不理不睬，以至于他很怕面见康熙。

然而，雍正痴迷于剑术当然完全不同于那些平常的嗜武成癖的武士。一般的江湖武士潜心学武的目的，不过是要成为武林的最高领导者，或者是要称霸一方。雍正却不然，他习武只不过是把它作为他政治斗争过程中一把出人意料的宝剑，是作为政治斗争的开山斧、敲门砖。一旦时机成熟，这把利剑就会出其不意地从某个地方杀出来。

乾隆帝为母祝寿

皇太后的正宫是慈宁宫，它是宫中举行庆典活动的一个重要场所。比如给皇太后上徽号、册立后妃以及元旦、冬至、皇太后万寿节等盛大的庆祝活动都是在这里举行的。

清乾隆十六年（公元1751年）十一月二十五日，乾隆帝为了庆贺母亲孝圣太后六十寿辰，便在慈宁宫举行了隆重的祝寿礼。在庆寿的这个月内，各衙门一律不处理案件；在京城的文武官员要进献金银珠宝、绫罗绸缎等寿礼；外省官员除了进表祝贺外，还要派代表进京参加庆典。祝寿这天，三品以上文武官员和外国来使，一清早就按等级分别在长倍门外，或者隆宗门外，午门外排列守候，乾隆帝则亲自守候在慈宁门外。等到皇太后在中和韶乐的伴奏下入座，庆典活动便正式开始。首先，乾隆帝带领各位王公大臣向皇太后行三跪九拜礼，然后是皇后率内廷各妃嫔和公主、福晋、大臣命妇等向皇太后行六肃三跪二拜礼，接下去是皇子、皇孙给皇太后行三跪九叩礼……在这一系列礼仪中，最能体现满族特色的，是乾隆帝身穿彩

乾隆帝宫中行乐图　清　郎世宁

衣，手捧酒杯，面向皇太后跳舞称贺，皇子、皇孙以及驸马们也依次跟在他后面手舞足蹈。

这次祝寿，除了和以往一样在内务府拿出白银一万两外，还有珍珠上千串、绸缎上百匹，从十一月二十一日到二十五日这五天内，宫内外每天都要向皇太后进献大量的珍奇玩

物，称为"九九寿礼"。例如，二十一日这天进献了九尊佛像、九对宫灯、九个玛瑙花瓶、九件玉玩、九件古铜器、九盒果品、九幅挂轴、九本画册、九卷手卷；二十二日又进献九件玻璃陈设、九个象牙大盆景、九对髹漆香几、九柄玉石玛瑙如意、九盘蜜腊果品、九盒香料、九个彩漆手炉、九件葫芦匏器、九件牙雕陈设等等。

第二节 后妃韵事

大玉妃与小玉妃争风吃醋

清太宗皇后博尔济吉特氏面容姣好，肌肤如玉，被宫中誉之为"玉妃"。当初，她仅为才人，聪慧善智谋，言则称"太宗旨"。世传，她曾劝洪承畴："降，朝廷亦不会亏待你，关外之地予汝所有。卒，覆明社，其功可与开国将军同日而语。"玉妃因此得参政之机会，权力日进。又生皇子福临，故被封为后宫之首。有妹，嫁九王，后以多尔衮福晋称之，亦美貌异常，白皙光艳与姊相等。人为示区别，故以"大玉妃""小玉妃"相称。两玉妃相貌极为相似。洪承畴之降也，稳操胜算，折冲于帷幄内者，且小玉妃亦为之疏附。太宗固知其故，便厚待九王。既都沈阳，仿汉制定起居，宫禁稍稍森严，独九王以参与密谋，故仍然出入自由。太宗频年用兵，征战南北，一年之中，无几日可安心歇息。既服朝鲜，转师入山海关，长年在外征战，无回家之闲时。内政琐务，尽决于九王，而实奉大玉妃意旨，逢迎无所不至。大玉妃往往留九王居宫中，长久不回私室。小玉妃问他，辄言："出于商量军国要事。"小玉妃开始相信，后又听人有众多传言。小玉妃以"请安"为名亲自入宫，探听虚实。大玉妃匿九王于他所，不许小玉妃入宫见她。遣人传诏曰："皇帝有旨，无皇上令而私自入内者，斩。幸福晋自爱。"小玉妃羞怒难当，本欲自裁于宫门，被左右劝住才恢复平静。自是，玉妃姊妹变成了仇敌。会闯兵破明都，吴三桂引清兵入关。未发，小玉妃贿某王，向太子宗大玉妃、九王恶事。太宗震怒，曰："朕唯有处分这对贱人才能平天下！"乃命返师沈阳，先平内乱才止外侵，然回宫不到一日便暴崩。众人怀疑乃大玉妃及九王为之。但那时九王党羽颇盛，众人皆不敢言。九王旋奉遗诏摄政。师入燕京，遂恒居宫中。大玉妃为保其位而泄政事机密。小玉妃既抵燕京，惠不往朝太后。众皆劝之，为掩朝廷耳目而一往。太后命人带领她去别处，半天未见其面。小玉妃愤怒不已，大骂，宫人皆不敢言。有人报告太后，太后想让武士绞死她。总管某劝曰："太后此番作为，杀了自己亲妹妹，不可。不如让皇父来定夺。"太后乃命多尔衮先归，召传皇父。小玉妃不信，以为九王尚在宫中，坚持不走，要见太后一面，久之，一侍婢持九王之手环入告。侍婢为小玉妃亲信，才得以出宫，是夜小玉妃暴卒，满朝不敢提及。睿王削号后，府中人始泄之。

西太后怒撕遗诏

穆宗的病本来快要康复，一天，他忽然想去找凤秀女，于是就告诉孝哲，孝哲不答应。穆宗就跪在地上不起来，非要孝哲答应，孝哲无奈之下只好答应。下了命令，穆宗满心欢喜地去了。第二天，穆宗病情加重，御医看过后认为已无药可救，孝哲因此万分悔恨。穆宗在大病之中单独召见军机大臣、侍郎李鸿藻，他一来，皇上便要他面圣。此时孝哲也在皇上旁边，她想回避，却被穆宗制止道："没有必要，他既是我的师傅，又是前朝老臣，你是我的妻子，我要对他说什么，你不需回避。"鸿藻进宫后见孝哲在旁边，立即伏地行礼，穆宗连忙说："师傅快平身，此时哪还是讲究礼节之时啊。"皇上用手拉着鸿藻说："朕的病好不了了。"鸿藻一听就放声痛哭，孝哲也哭了起来。穆宗劝住他们后说："现在不是哭的时候。"

他看看孝哲说："朕若西归就要有储君，你觉得谁是合适人选呢？赶快告诉我。"孝哲回答说："国不可一日无君，我更不愿借着太后的头衔而干涉帝政，给国家招惹祸事。"穆宗微笑道："你明白这个道理，我也就没有什么牵挂的了。"于是就和鸿藻商议让载澍继承帝位，皇上口传圣旨，让鸿藻在龙榻边听旨。凡千余言，防孝钦十分严密。圣旨写好后，穆宗看了后还对鸿藻说："什么事都安排妥当了，师傅下去吧，明天或许还能见得上一面。"鸿藻出宫后，面如死灰，立即奔到孝钦那儿商量对策，见到孝钦后，鸿藻从袖中将草拟的遗诏拿出，孝钦看完后怒气冲天，将诏书撕得粉碎，扔在地上，把鸿藻也赶了出去。孝钦立即命令不再给皇上吃药送饭，也不许他到乾清宫。没过不久，穆宗驾崩的消息就传了出来。第二天，宫外才知道穆宗已死。

第三节　宫廷仪规

清廷皇帝登基大典

清顺治元年（1644年）十月初一，清朝定都北京，清世祖再次举行登基大典。次日，派遣官员拜祭太庙和社稷坛，皇帝身穿专门的祭祀服装，在天坛拜祭天地，结束后，接受群臣拜贺，大学士献上御玺，并祝贺说："皇帝威临万国，我国臣民无比欢喜。"所有礼仪结束，皇帝回宫，再行朝贺礼，九天后才诏告天下。

清圣祖以后诸帝除仁宗外，也都是在先朝皇帝丧期登基，仍让官员告祭天地、宗庙、社稷，皇帝服衰服至大行皇帝筵席前三跪九叩，拜祭结束后，才可登基。然后改穿礼服，朝拜皇太后，行三跪九叩礼。礼毕后到中和殿接受内廷大臣的拜礼。进入太和殿，王公大臣上表行礼，三跪九叩，丹陛大乐（乐器有大鼓、方响、云锣、箫、管、笛、笙、杖鼓、柏板等，陈于殿外）、中和韶乐（陈于殿外檐下，乐器有匏笙、陶埙、建鼓、搏拊、木柷、木敔、石编磬、石特磬、镈钟、编钟、琴、瑟、排箫、箫、笛等，配有乐舞唱词）等设而不奏，不宣表，不赐宴（清圣祖即位时曾赐茶，世宗以后都无此礼），仪式完后，皇帝回宫换上丧服。随后诏宣告天下。

清宫册后礼仪

清崇德元年（1636年）。清太宗即皇帝位，册封嫡福晋为皇后，这是清朝册后的开始。其制是，皇帝坐崇政殿阅视册、宝，遣使在清宁宫前准备黄幄行礼，宣册、宝后，使者复命，

后妃礼服冠　清　清代皇后的服饰有礼服、朝服、吉服、便服等几种。皇后在不同的场合该用何种服饰有着极为明确的规定。

皇后带领公主、福晋、命妇至崇政殿向皇帝行六肃三跪三叩礼。礼毕回宫，皇后升座，接受诸妃、公主等人的朝贺。在康熙十六年的时候，清圣祖册立孝昭皇后，开始进行了纳采、大征等礼仪，后来皇帝亲自到奉先殿祭祀，还派人到天、地坛和太庙后殿告祭。

册封那天，皇帝亲自到太和殿检阅册、宝，百官站在旁边。先由正副使持节前行，校尉抬册、宝来到景运门交给太监。皇后到宫门迎接。典礼结束后，太监将节拿回来交给使者，让他回复皇帝，皇帝再带百官到太皇太后和皇太后宫内行礼。第二天，皇后也去向长辈行礼。清乾隆二年（1737年），清高宗册立孝贤皇后，命诏告天下，由此成为定制。嘉庆元年（1796年），仁宗册立孝淑皇后，册封典礼完成后，命使者先到太上皇的宫门前复命，然后再到御前复命。

清宫骑乘仪仗

清代卤簿制度开始于关外，后金天聪六年（1632年）定，汗王在国中往来，前设旗三对、伞二柄，校尉六人，其制还非常简陋。崇德元年（1636年），清太宗去汗号称帝，因增定御前仪仗数目。大驾卤簿的制度：玉玺四颗，黄伞五，团扇二，氅、旗各十，大刀、戟各六，立瓜、卧瓜、骨朵各二，吾仗六，马十匹；金椅、金杌、香盒、香炉、金水盆、金唾壶、金瓶、乐器全设。稍后又定仪仗用：金漆椅一，金漆杌一，蝇拂四，金唾盂、金壶、金瓶、金盆各一，香炉、香盒各二，曲柄伞一，直柄伞四，扇二，节四，骨朵、立瓜、卧瓜各二，吾仗六，红仗四，锣、鼓、箫、笙各二，画角、架鼓各四，横笛、龙头横笛、檀板各二，小铜钹四，小铜锣二，大铜锣四，云锣二，唢呐四。

入关后，清朝参核前朝之制，定皇帝仪卫为大驾卤簿、行驾仪杖、行幸仪仗三种，其中顺治三年后更定大驾卤簿之制为：曲柄刀，龙伞四，直柄九，龙伞十六，直柄瑞草伞、直柄花伞各六，方伞八；大刀二十，弓矢二十，豹尾枪二十，龙头方天戟四；黄麾二，绛引幡、信幡、传教幡、告止幡、政平讼理幡各四，仪锽氅儿，羽葆幢四，青龙、白虎、朱雀、神武幢各一，豹尾幡、龙头竿幡各四；金节六；销金龙氅、销金龙小旗各二十；金铖六，马十；鸾凤扇八，单龙扇十二，双龙扇二十；拂尘二，红镫六，金香炉、金瓶、金香盒各二，金唾壶、金盆、金杌、金交椅、金脚踏各一；御仗六，星六，蓲头八，棕荐三十，静鞭三十，品级山七十二；肃静旗、金鼓

康熙帝大阅兵之盔甲

旗、白泽旗各二，门旗八，日、月、风、云、雷、雨旗各一，五纬旗五，二十八宿旗各一，北斗旗一，五岳旗五，四读旗四，青龙、白虎、朱雀、神武、天鹿、天马、鸾麟、熊罴旗各一；立瓜、吾仗各六；画角二十四，鼓四十八，大铜号、小铜号各八，金、金钲、仗鼓各四，龙头笛十二，板四。

清乾隆十三年（1748年），清高宗下令增补厘定皇帝卤簿制度，改原大驾卤簿为法架卤簿，行驾仪仗为銮驾卤簿，行幸仪仗为骑驾卤簿，三者相合为大驾卤簿。

殿试读卷仪

殿试读卷仪是清代科举制度。每逢会试，各省中试举人于太和殿策试后，钦命读卷大臣八员校阅。结胪前一日辰刻，以前列十本签拟名次，缄封进呈御览。皇帝于养心殿西暖阁，次第披阅毕，召读卷大臣入，亲定甲乙，以卷授。读卷大臣出诉弥封，恭照名次缮写绿头笺。读卷大臣率引班官引前列十人进乾清门，至丹陛西阶下等候，记注乾林四人随入。皇帝御舆由月华门至乾清宫宝座，御前侍卫等左右侍立，记注官宫由殿西门进侍立，读卷大臣捧绿头笺亦由殿西门左趋至宝座前，跪呈。引班官引十人至丹陛中北面跪，以次奏名籍毕，起，退。皇帝亲定一甲三人，二甲七人，以绿头笺授读卷大臣。读卷大臣恭捧，起，退。侍卫、记注官咸退，率十人侍立丹陛西阶下，皇帝御舆由月华门还便殿。引班官引十人先出，读卷大臣捧卷至红

大学堂匾　清

本房，用朱笔依次填名次于卷端，仍捧出乾清门，至内阁，填写金榜。第二天，皇帝升太和殿传胪。

正大光明匾与清廷传位制

清乾隆皇帝即位时，不是雍正亲口宣布，而是通过秘密立储和传位诏书来实现的。

秘密立储制度是雍正鉴于康熙年间因立储不当导致内宫动荡而想出来的。雍正即位不到一年，即创秘密立储，他把继嗣写出，藏于匣内，秘不示人，然后让总理事务五大臣，将密封锦匣置于乾清宫正中世祖皇帝御书"正大光明"匾额之后，此匾为宫中最高之处，也是最安全的地方。直至雍正病亡，乾隆即位，整个接班过程没出一点差错，雍正的秘密立储制度非常成功。

雍正秘密之储，收到了巩固人心的政治效果。乾隆即位后，也遵照这个方法，于元年（1736年）七月，预书皇二子之名，藏于"正大光明"匾后。皇二子早死，乾隆又密立皇十五子，即仁宗。后来嘉庆、道光也相继用此法立嗣。秘密立储制实行后，争夺储位的斗争就基本绝迹了，这不得不归功于雍正的良苦用心。

皇帝服饰和御赐黄马褂制

清代皇帝一般会穿明黄色的袍服，祀天时用黄，夕月时用白，朝日时用红。春天和夏天，袍子的边缘可以镶上缎子，秋天和冬天就会用珍贵的野兽皮毛。日常穿的所谓的龙袍是在明黄袍上绣九个龙，穿龙袍要挂上朝珠，束上腰带。龙袍主要是明黄色，有时也有杏黄和金黄等颜色。龙袍上的九条龙的位置也很特别，从正面和背面看都是五条龙，那是因为前后各有三条，有两条绣在肩上的缘故，而第九条从外面根本看不到，那是因为它被绣

在衣襟里面了。龙的周围是五色云和十二章纹，下面是八宝立水，它的上面还绣有一些山石宝物，表示一统山河。

清代文武官员穿的是蟒袍，蟒与龙乍一看基本相同，它只比龙少一爪，四爪的是蟒，五爪的则是龙。如果皇帝赐给某个大臣一件黄马褂，为了表示忠诚，这个大臣应主动从绣龙上拆下一爪，作蟒袍穿用。

龙袍的制作过程非常复杂，先由北海画舫斋内如意馆的师傅专门设计出图样，再由皇帝审查，通过后再交送苏杭内务府织造机构，制作手工十分精细。

同时，清廷对大臣还实行御赐黄马褂制，对一些功高而不宜加封的大臣，便御赐黄马褂以示恩宠。

清代顶戴花翎制度

清代官服继承明代，蟒袍、玉带、补服照旧，冠服则已废除，代之以暖帽、凉帽和顶戴花翎。

满人原起于东北，男子多戴黑色的暖帽，圆形，四周有一道檐边，用皮、呢、缎、布制成，檐内为一丝或缎制的圆顶帽，常为红色。顶部有底座，一根

光绪帝朝服像

铜管伸出，装上红缨、领管、顶珠，然后以螺帽固定。夏、秋用的是各种草或藤丝编成的凉帽，四周没有檐边，形上尖而下阔，呈覆釜形，里面有帽带结于颌下。满族男子以前的暖帽、凉帽顶部都饰红缨，因而又称"红缨帽"。入关后，官兵的帽子才有红缨。

清朝大臣的朝珠

翎管用来插花翎。花翎用的是孔雀羽毛。以像眼睛一样的彩色斑纹为依据，花翎又分成单眼、双眼、三眼花翎。亲王、郡王、贝勒不戴花翎。固伦额驸、贝子戴的是三眼花翎，镇国公、辅国公、和硕额驸戴双眼花翎，五品以上官员戴单眼花翎，六品以下官员戴无眼花翎。

暖帽、凉帽顶上镶嵌的宝石被称为顶戴。一品官镶的是红宝石，二品为红珊瑚，三品蓝宝石，四品青金石，五品水晶石，六品砗磲，七品素金，八品阳文镂花金，九品阴文镂花金。无顶戴即定为无品级，俗称"未入流"。革去官职时，首先摘掉顶戴花翎。

清廷朝珠等级制

清代皇帝不再戴佩玉，而是在脖子上挂朝珠。朝珠的数目是一百零八颗，最贵重的是东珠，东

珠是产于松花江的一种珍珠，只有在盛大的典礼上才佩戴这种朝珠。在不同的场合，皇帝会佩上不同的原料制成的朝珠，如青金石朝珠用于祭天，蜜珀朝珠用于祀地，珊瑚朝珠用于朝日，绿松石朝珠用于夕月。朝珠上还会有许多装饰物，如大小坠、佛头、背云、纪念等。佛头是指在朝珠的中间胸前部位的一颗大珠子。背云位于朝珠后面颈后部位，它的下端通常会有一个葫芦形的佛嘴。纪念是指位于朝珠两侧，左两串，右一串，共三串小珠各有十粒。这些饰物都有各自吉祥的意义。

清朝大臣使用的朝珠则有明显的等级区别，朝珠长短不一，长者即为品级大的，在宫殿中给皇帝叩首时，朝珠敲击地砖，咚咚直响。短者，即为品级小的，叩首时为了用朝珠敲响地砖，极力弯腰，才能使朝珠落在地面。

第四节　宫禁探奇

清后宫的日常膳食

清朝的帝后及妃嫔和留在后宫中未分府的皇子们每天的饭食都有定制，即备办物料的"分例"，现摘录如下：

皇帝：汤肉五斤，盘肉二十二斤，羊二只，猪油一斤，鸡五只（其中当年鸡三只），鸭三只，白菜、香菜、菠菜、韭菜、芹菜等共十九斤，水萝卜、大萝卜和胡萝卜共六十个，冬瓜、包瓜各一个，干闭蕹、苤蓝菜各五个（六斤），葱六斤，酱和清酱各三斤，玉泉酒四两，醋二斤。早、晚除了主食外，还有八盘饽饽，每盘三十个（一盘饽饽用上等白面四斤、芝麻一合五勺、香油一斤、澄沙三合，白糖、黑枣和核桃仁各十二两）。御茶房备例用乳牛五十头，每头牛每天交乳二斤，还用乳油一斤、玉泉水十二罐、茶叶七十五包（每包二两）。

皇后：菜肉十斤，盘肉十六斤，鸭、鸡各一只，香菜、白菜、芹菜共二十斤十三两，胡萝卜，水萝卜共二十个，干闭蕹菜五个，冬瓜一个，酱一斤八两，葱二斤，醋一斤，清酱二斤。早、晚也有饽饽，但只有四盘，每盘亦三十个。御茶房备例用乳牛二十五头，共得乳五十斤，还有茶叶十包、玉泉水十二罐。

皇贵妃：菜肉四斤，盘肉八斤，每月鸭、鸡各十五只。贵妃：菜肉三斤八两，盘肉六斤，每月鸭、鸡各七只。妃：菜肉三斤，盘肉六斤，每月鸭、鸡各五只。嫔：菜肉二斤，盘肉四斤八两，每月鸭、鸡各五只。贵人：菜肉二斤，盘肉四斤，每月鸭八只。常在：菜肉一斤八两，盘肉三斤八两，每月鸡五只。

皇贵妃以下，各内廷主子：每日共用香菜四

粉彩镂空盖盒　清

两，白菜四十斤，葱五斤，芹菜一斤，胡萝卜、水萝卜共二十个，干闭蕹菜、苤蓝各十个，酱、醋各三斤，冬瓜一个，清酱五斤。御茶房备贵妃每位乳八斤；妃每位乳六斤；嫔每位乳四斤；贵人以下随本宫主子份例。妃、嫔等每天还有五包茶叶。

清宫御膳"家法"——饭菜只许吃三勺

清朝皇帝特制定"家法"来防止暗杀，规定再好吃的饭菜，也只许吃三勺。晚清慈禧太后虽然位高权重，也不敢违反"家法"。曾在宫中侍奉过她的宫女说，进膳时，"老太后想吃哪个菜，就用眼看一下，然后就会专门有个老太监把这个菜放在她身边，并用勺给老太后舀一勺。假如一定要吃第三勺，那么三勺后，身边的四个太监首领会大喊一声'撤'，这个菜就十天半月不再出现。这四个身旁的老太监是专门执行这一家法的。舀第三勺的菜，准是老太后喜欢吃的，若让别人知道，会在这个菜上打主意。老太后之所以要这么做，是为了让后人在吃饭时也小心谨慎，不能为了贪食而遭暗杀。就是因为这样的家法，即使跟了老太后四十多年的人也不知道她最爱吃的是什么。今天爱吃各地督抚上贡的菜，明天也许爱吃御膳房的常规菜，后天也许爱吃合乎时令的新菜。在这件事上真是'天意难测'"。

清宫洋画师

清朝乾隆皇帝对西洋人特别优待，尤其是供职于清廷的西洋画家，他们能以画笔渲染歌舞升平的盛世，满足乾隆帝自大的心理和追求享受的欲望，所以他们受到了乾隆的礼遇。他们是郎世宁、王致诚、艾启蒙、安德义、潘廷璋、贺清泰。

乾隆统治期间，多次对边疆叛乱进行平定，且捷报不断。其中有十次重大战事被他誉为"十全武功"。而这"十全武功"中又以平叛影响最大。为纪念平叛的胜利，乾隆命郎世宁、王致诚、艾启蒙一起创作战功图，这项工程浩大，并且是在乾隆亲自过问下完成的。通过这次创作，乾隆帝对西洋画师创作重大题材的能力有了相当的认识。此后又有十六幅战功图先后完成，并被送往法国刻版，当铜版及印纸送回北京时，"高宗见之，深为嘉许"。

第五节　宦官秘莘

清代太监的品级

清代裁定宦官人数，由内务府大臣统领。

清代额定太监二千四百人，官级四等，总管太监，六品，八人；首领太监，七品，八十九人；副首领太监，八品，四十三人；笔帖式，有八品敬事房。其余杂役、守护之太监，均为无品的普通太监。

清代，负责皇帝、后妃的衣食是太监的主要职责。四季所需的物品均要事先备好，交于御前大臣。首领太监、执事太监充当内廷坐更。

清代，不允许太监出紫禁城的大门。

太监净身立"婚书"

自愿净身入宫为太监之人，务必要地位高的太监援引，随后凭证人立下"婚书"，像女人那样"嫁"入宫中。"婚书"须是在自愿的前提下具结。如此之后，便准备术前工作。择一良辰吉日，把自愿者关入房中。

为了净身者的安全起见，采用密不透风的房子。在此禁闭的三四天中，不可进食，以免排泄物使术后创口恶化，危及生命。如此经过三四天，就开始"手术"了。

首先操刀者要问："此次自愿净身吗？"受割者说："是。"又问："倘若你反悔，现在还来得及！"答道："决不后悔。""那么你断子绝孙，和我不相干吧？"答道："不相干！"

例行问话之后，身为介绍人的太监把"自愿阉割书"循例宣读一遍，手术便开始了。

专管皇帝性生活的敬事房太监

敬事房太监专门负责皇帝的性生活。为了保证受孕，敬事房太监要将帝后行房的具体年、月、日以及时辰详记在册。如果皇上有同嫔妃交合的欲望，那么在用晚膳时，由敬事房太监将写上可以接待皇上的妃子名字的绿头牌放在一个银盘中，等皇上用完膳，太监举着盘子，跪在皇上面前。皇上如果不愿意临幸，就说声"去"来表明。如果哪个妃子的绿头牌被皇上翻过来，就表明皇帝愿意临幸，太监便把这个牌子交到负责背妃子到皇子卧榻的太监的手中。

晚上，皇上先睡，却将脚露在被子外面，负责背妃子的太监把妃子的上衣脱掉，用大被子将妃子裹起来，背她到皇上的床前，掀掉大被子，让妃子从皇上的脚下钻进被中。

如果皇上住在圆明园，这个制度可以省略，皇上可以随时临幸，同普通百姓毫无差异。但是，晚膳时翻牌还必须保留。

第三篇　秘史探究

　　由于种种原因，一些历史内幕、重大事件被歪曲、掩盖、讹传，特别是统治阶级内部的权力斗争、龌龊行径、风流韵事等，更是被披上神秘的面纱。本篇将中国历史上的风云人物鲜为人知的一面，重大事件的根始原委等神秘之处清晰地呈现在读者面前，为读者提供一条回归历史真实的通途。

第一章　先秦秘史

第一节　名人谜团

伏羲、女娲兄妹通婚之谜

中国古代"三皇五帝"的传说，一直流传至今。伏羲和女娲都位居"三皇"之列。他们是传说中人类的始祖。

伏羲、女娲兄妹通婚的故事，在中国古代传说中也流传得较广。据传，伏羲和女娲是一对兄妹。天降洪水，他们在一个大葫芦里躲过了劫难，然后兄妹结婚，人类便是他们的后代。这个故事是真是假，没有太多的历史记载。唐末李元的《独异志》中有这样详细的记载："昔混沌初开之时，有娲兄妹二人于昆仑山咒曰：'天若遣我兄妹二人为夫妻，而烟悉合。若不，使烟散。'于是烟即合，其妹即来就兄。"

河南唐河曾出土了一幅《伏羲女娲图》，其前均有两朵烟，这是夫妻可以结合的象征。

还有的汉墓画像石上有做交尾状的伏羲、女娲像。伏羲被画成鳞身，女娲被画成蛇躯。他们被比喻成人格化的蛇神和女神。有的汉墓画石上有分别手捧着太阳和月亮的伏羲和女娲。这就是说伏羲是太阳神，是阳精；女娲是月亮神，是阴精：取阳光雨露滋育着万物生长之义。

如今，在陕西省临潼骊山有一座人祖庙，庙里面仍供奉着女娲。这里每年要举行两次祭礼，一次在农历三月三日，一次在农历六月十五日。当地的人们又把这两次庙会称为"单子会"。很多不育的妇女往往趁庙会之时，夹着床单，怀里藏着布娃娃，先到骊山的人祖庙给女娲烧香许愿，然后再偷偷地夜宿附近的树林中。附近各村的青壮年男子，在晚饭后也多上山，遇到这些不育的妇女，便可就地同居。次日清晨，这些妇女回村时，只能低头走路，不可回顾，否则会"冲喜"。

这种奇异的"野合"风俗，恐怕也是从远古伏羲、女娲兄妹通婚的传说中遗传下来的。

中国远古时，兄妹为什么可以通婚呢？人类最原始的婚姻状态可

盘古开天辟地画像砖
图左为伏羲，右为女娲。他们以人首蛇身的形式出现。伏羲被称作阳帝，女娲被称为阴帝。这构成了一幅完整的中国始祖神话图。

以对此做出一定的解释。婚姻和家庭观念最初并不存在于人类的头脑之中。当时人类之间是一种杂乱的两性关系。采集、狩猎经济发展起来后，古人们在劳动中开始按照男女、年龄进行分工。随着人类思维的进步使父母开始不愿与自己的子女发生两性关系。最后杂乱的两性关系终于被人类摒弃了。比较固定的血缘群团，又称"血缘家庭"或"血缘公社"发展了起来。作为一个生产、生活单位，它同时又是一个内部通婚的集团。在这里面，祖辈与少辈之间、双亲与子女之间发生两性关系是不允许的，而兄妹之间互相通婚并没有被禁止。这种血缘群婚在人类发展史上经历了以百万年计的漫长岁月。据人类学家考证，在我国发现的云南元谋人、陕西蓝田人均属于分类学上的直立人阶段，大致都处于血缘公社时期。

现代的历史学家，至今还不能断定出伏羲和女娲的年代距今有多长时间。但是，他们一定是生活在原始社会的血缘公社时期。这一点是可以肯定的。而这一时期距今有百万年之久。伏羲和女娲究竟是否兄妹通婚，现有的史料还无法充分证明。

马克思曾说："在原始时代，姊妹曾经是妻子，而这是合乎道德的。"这样看来，伏羲和女娲兄妹通婚似乎更有存在的可能。

妹喜是"间谍"吗？

有施国是与夏朝同时期的一个小国，它的国内有一位叫妹喜的美女很有胆识，商便是在其帮助下灭掉了夏，她是中国有史以来的第一位女间谍。

有施国在与入侵的夏朝作战时战败。作为战败国，有施国国王为了复仇，将国中最美的美人妹喜送给了夏桀。据明代钟惺的《夏商演义》中说，妹喜是山东蒙山国君施独的女儿，其父母想把她进献给夏桀来实施复仇计划。

美貌绝伦的妹喜，常常像男子一样佩剑戴冠，具有深不可测的多变性格。来到夏朝后，好色的夏桀很快就为其神魂颠倒，终日饮酒作乐。直至半月之后，外间击鼓奏事甚多……而桀即忙命罢朝。诸臣免朝，国事尽托太师。他整天抱着妹喜对其言听计从，昏乱失道。但国力不强的有施国，尚无能力打败夏国。此时，强大起来的商国也派来一位名叫伊尹的间谍。伊尹是商国的一名厨师，商汤非常赏识他的有智有谋，因此派他去夏朝从事间谍活动。为了不让夏桀怀疑，汤施用了苦肉计，亲自追射伊尹，以示伊尹有罪逃亡。果然，夏桀非常信任伊尹。伊尹的真实意图被妹喜知道后，与他配合行动。妹喜主要从事破坏和离间活动，刺探夏的机密，调查中原地形；及时通风报信则是伊尹的任务。妹喜在取夏的时机成熟后，又让伊尹向商和各诸国传播谣言，说夏桀曾做了这样一个梦，梦见西方和东方都出现了一个太阳，两个太阳搏斗，东方的太阳战胜了西方的太阳。

东方的太阳代表的就是位于夏的东边的商朝。迷信的商朝人，认为这是上天的旨意，于是，大肆宣扬，最后率领诸侯消灭了夏朝。

在商灭亡夏朝的过程中，妹喜做出了重要贡献，但她不但没有受到赏赐，反而连同夏桀一道被流放到

伊尹像

南巢。这可能是由于汤怕自己受不住过于妖艳的妹喜的诱惑而走夏桀的老路吧。

周武王指挥的牧野大战究竟发生在哪里？

发生于公元前11世纪的牧野大战，是周灭商的一次决定性战役。周是我国一个古老的姬姓部落。到第十五世先王周文王时，周已经成为商朝西方的一个强大方国。那时候正是商王纣统治时期。

商纣荒淫残暴，沉溺于美女酒色，不理朝政，却又喜欢发动武力战争，于是造成了整个国家民生疾苦，商朝统治摇摇欲坠。周文王这时也被商纣囚禁。获释返国后，与姜尚等人秘密策划以周代商的策略，决定表面上继续臣服于商，暗中则整顿政治和军事以扩大势力。文王死时，已是"天下三分，其二归周"了。文王的儿子姬发即位，这就是历史上著名的周武王。武王九年，在孟津大会诸侯，愿意从周伐商、自动而来的诸侯达八百之多。两年后，商朝统治集团内部出现了空前的分裂，商纣听信谗言，杀死了王子比干，囚禁了箕子，微子逃到别的国家，商朝分崩离析，纣已经无法再维持他的统治了。周武王认为攻打商朝的时机已经成熟，于是

周武王像

率领兵车三百辆，虎贲（周王的近卫军）三千人、甲士四万五千人，联合了庸、蜀、羌、卢、彭、濮等方国部落，向东讨伐商纣。当武王率领大军从孟津渡过黄河，到达距离国都朝歌仅70里的牧野（今河南淇县西南）时，商朝的军队主力还在东南战场，一时难以调回。纣王只好把大批奴隶和从东夷抓来的战俘匆忙武装起来，驱上牧野战场。商朝军队虽然有70万人之多，但军士都十分痛恨商纣，根本无心与周军作战，于是就在前线倒戈，引导周军，进攻商纣。当夜，商纣见大势已去，就在鹿台自焚而死。第二天，商朝百姓都立于朝歌郊外以迎武王，武王在群臣拥下率军进入商都。这就是历史上著名的牧野大战。

古籍上关于牧野大战的记载很多。《诗·大雅·大明》第七章、第八章歌咏了牧野大战的壮阔和浩大。那么这样一场规模浩大的战争，到底发生在什么地方呢？所谓"牧野大战"的"牧野"，又相当于今天的什么地方呢？历来学者对此说法并不一致。

古文献上关于牧野的位置也有很多记载，《尚书·牧誓》孔安国作的传说："牧野，纣近郊三十里地名牧"，许慎《说文解字》说："坶，朝歌南七十犁地，《周书》武王与纣战于坶野"，许慎所说的坶也就是牧，这两个字在许慎的年代是通用的。《通典·州郡》："郊野之地，即纣都近郊三十里即此也"。这些记载，都没有明确指出牧野的具体所在，只是指出了它的大体方位。这就导致了后人对牧野具体所在的推测与争论。

范文澜先生主编的《中国通史简编》认为："牧野在'河南汲县'"；郭沫若主编的《中国史稿》认为"牧野"在"今河南淇县南"，并且补充说"距朝歌只差七十里"；而翦伯赞主编的《中国史纲要》却说"牧野"在"今河南汲县北"。总起来说，关于"牧野"的位置，一说即汲县，一说在汲县北，一说在淇县南七十里。他们的说法，都有自己的依据。当然也有一些学者提出了另外的看法，孙作云在《商周之际的"牧野大战"

的"牧野"在哪里》一文中认为，牧野有广义狭义之分，广义的"牧野"包括河南地界中的黄河以北，北及辉县一带的地方。这一片区域在商代曾是牧区，所以人们称为"牧野"；狭义的"牧野"就是今天的河南新乡到汲县一带，直到今天河南新乡城北仍有一个村庄叫"牧野村"，今天的河南师范大学就坐落在这，这里很可能就是古代牧野地名的遗留。范毓周同志的《"牧野"考》也认为"牧野"就是"今新乡师院所在地的牧野村"。不过他认为新乡师院所在地的牧野村，古为牧邑，"而武王伐纣，誓师及陈兵之处的牧野，则为牧邑之郊野，约在今新乡以北靠近淇县附近的一个比较开阔的地带"。这就是说，"牧野之战"不是在牧村（牧野村）展开的，而是在牧野村以北靠近淇县附近展开的。

80年代也有学者提出，"牧野"不是一个具体的地名，而应该是一个泛称的方位名称。人们所说的"牧野"应该是商朝都城周围区域的泛称。代夫在《"商郊牧野"辨》一文中举例说，《尔雅·释地》曾说："邑外谓之郊，郊外谓之牧，牧外谓之野"，因此，他认为《尚书·牧誓》中的武王"朝至于商郊牧野"，应该读谓"朝至于商郊、牧、野"。郊、牧、野指的是商朝国都外的四周，是由近及远的一个区域范围。而不是具体的地名。宋人夏撰在他写的《尚书详解》中曾明确地指出"牧野乃凡郊外之统名。"

所有的这些说法，只是今人根据文献记载和民间传说而得出的种种推测，牧野大战究竟发生在哪里呢？我们仍旧难以作出定论。

屈原为何投汨罗？

"长太息以掩涕兮，哀民生之多艰""路漫漫其修远兮，吾将上下而求索"——这些都是伟大的政治家、文学家屈原留下的光辉诗句。屈原是中国历史上第一位杰出的浪漫主义诗人。他忠君爱国，忧国忧民，一生都在与邪恶势力做不屈不挠的斗争。然而，当时楚王信任奸佞小人，屈原一次又一次地受到迫害。最后，楚都被攻破，屈原自沉汨罗，谱写了中国历史上爱国主义的可歌可泣的诗篇。历史上一向认为屈原是殉国，然而关于其死因，后世除了这一看法外，还有许多其他的看法，所以屈原自沉汨罗的原因也就成了一个让世人争论不休的谜。

清代的王夫之认为屈原自沉是为殉国。屈原哀叹自己的国都被攻破，国家被灭亡，人民颠沛流离，无家可归。昏庸腐朽的顷襄王又不能抵御强秦。眼看着自己的国家即将被灭掉，屈原无比的痛苦，于是便自己投进了汨罗江以殉国难。现代人郭沫若也坚持并发展了这种说法。他说，"屈原活到了六十多岁，他的流窜生活已经过了好久，然而他终究是自杀了。自杀的动机，单纯用失意来说明，是无法说通的。屈原是一位理性很强的人，而又热爱祖国，从这些推断来说明，他的自杀应该有更严肃的动机。顷襄王二十一年的国难，情形是很严重的。那时，不仅郢都被破灭了，还失掉了洞庭、王渚、江南。顷襄王君臣朝东北避难，在陈城勉强地维持了下来。故在当年，楚国几乎遭到了灭亡。朝南方逃的屈原，接连受到迫害。一定是看到了国家的破碎已无可挽救，故才终于自杀了。"

而姜亮夫等人则认为屈原之所以自杀是为了自己光明磊落的道德理想。诗人在自己的绝命词《怀沙》中庄严地说："世界混沌没有人了解我，人心不能说啊。知道死亡是不能躲避的，因此希望不要吝惜它。明白地告诉君子，我将成为他们这一类人。"正是在这种"举世皆浊我独清，举世皆醉我独醒"的黑暗世界中，屈原才愤而投江，捍卫自己的高洁。不

屈原像

仅仅如此，坚持屈原自杀为"洁身"的人还强调，尽管屈原不是因为白起攻破楚郢都而"殉国难"，但他是激愤于昏君佞臣的不识忠良、祸国殃民才愤而投江的。这样的死，不是怯懦，也不是想要逃脱责任，而是以死来表明自己对邪恶势力的抗议。虽然他的死同样是出于对楚国前途和命运的担忧，但从最实质的意义上讲，他是为了自己的道德理想而死。

第三种说法是认为屈原在奸佞横行的楚国受到严重的迫害，不断被流放，但是他的忠君爱国之心，从来不曾泯灭。他没有办法使楚王觉悟，只好投水而死，希望以自己的死来唤起楚王的觉悟。这就是有些人的"尸谏"的看法。

当时楚怀王已死掉，顷襄王继位后变本加厉。屈原一直主张联合齐国抵抗秦国。但是这个时候的顷襄王早已忘记国土沦丧、父亲被骗客死异国的国耻家仇，反而与齐国断交，认秦国为好友；内部则骄奢淫逸，任凭奸佞弄权。就这样，全国上下内无良臣守备，百姓离心，外有虎狼之秦国，楚国已经面临着亡国的大祸。满怀救国济民之志的诗人受谗言而遭受罢黜和放逐，欲报国而无门。顷襄王最后一次放逐屈原时，屈原感到自己的报国之梦已经完全绝灭。诗人身心交瘁，他怒斥了楚王的昏聩，并写下了"不毕辞以赴渊兮，惜壅君之不识"的诗句，决心以死谏来震醒无能的庸君。

为了证明这一点，还有人在"尸谏说"的基础上，增加了屈原效法彭咸一说。屈原《离骚》中有"愿依彭咸之遗则"一句。据说彭咸是殷朝的贤良大夫，他劝谏君王而不被采纳，于是便投水而死。屈原既"愿依彭咸之遗则""将从彭咸之所居"，则暗示了自己最后在衰志不堪时，将选择投江道路，以死作最后的一谏。

除了以上三种分析，后世乃至当今文学界历史界还有人从屈原的心理倾向、政治人格等方面来讨论屈原死因。前者认为屈原充满了悲剧性的双重人格，这种人格精神必然使他发狂，从而必然走向悲剧。后者认为屈原崇圣和忠君的政治人格酿成了他自杀的悲剧，因而他的死实际上是一种"殉道"行为，也就是对理想的坚持。这些说法更多地吸收了西方精神分析的方法，与其说是分析屈原投江的原因，更多的不如说是现代人的一种文学上的分析，所以不足为世广泛流传。

伟大的诗人投江自尽了，留给后世的是无尽的叹息。今人以各种形式纪念这位具有伟大情操的人物，因此无论从哪个角度分析屈原自沉汨罗的原因，无论屈原自沉之谜何时能够解开，这位高尚诗人永远都是不朽的，亦将鼓舞更多的人。

纵横家鬼谷子有无其人？

据传，我国战国时代纵横家的鼻祖鬼谷子为楚国人，姓名传说不一，曾经在鬼谷隐居，因以鬼谷子自号，人们也这样称呼他。

第一种说法否认鬼谷子其人的存在。乐一在注《史记·苏秦列传》时说："苏秦欲神秘其道，故假名鬼谷子。"他认为鬼谷子就是苏秦。清朝人翁元圻在注《国学纪闻》时说法更为明确："秦仪，即鬼谷子。"有人认为鬼谷子是对隐士的泛称，唐朝人李善注《文选》说："鬼谷之名，隐者也，通号也。"既然认为鬼谷子只是泛称隐者，实际上也就是否认鬼谷实有其人。现在学术界也有人认为鬼谷子非历史人物。1984年湖北人民出版社出版的《湖北历史人物辞典》列了很有名的慎子、鹖冠子，但未列鬼谷子。《古今伪书考补证》讲到鬼谷子时说："史记所记，得之传闻，本不足据。"又说："其人无考，况其书乎？"《宗教辞典》也称其是"中国古代传说人物"。

第二种说法认为鬼谷子是神。据《仙传拾遗》记载，鬼谷子"疑神守一，朴而不露，在人间数百岁，后不知所之"。杜光庭《录异记》也认为："鬼谷先生者，古之真仙也……自轩辕之代，历于商周，随老君西化流沙周末复还中国。"

第三种说法对鬼谷子的有无半信半疑。清朝人秦恩复以为"或云周时豪士，隐于鬼谷者，近是"（四部备要本《鬼谷子》）。所谓"近是"即接近正确，并没有完全肯定。现在也有学者认为"欲证鬼谷子真有其人，终不可得其确"，同时认为"鬼谷其人，又不全虚"（《古籍整理论文集·鬼谷子研究》）。新版《辞海》《辞源》在介绍鬼谷子时，前面都冠以"相传"二字以示不作确切肯定。

第四种说法认为鬼谷子是战国时楚国人。现在介绍鬼谷子的文字不系统，不完整，也不可靠，但根据大量见于古籍中的资料，历史上确有鬼谷子其人。

《史记》最早记载鬼谷子，司马迁与鬼谷子生活的年代相隔较近，根据苏秦、张仪谢世的年纪推测，最多也就一两百年，因此司马迁所记应当是比较可靠的。《史记》虽无鬼谷子传记，但是在《苏秦列传》中太史公记曰："苏秦者，东周雒阳人也，东事师于齐，而习之于鬼谷先生。"在《张仪列传》中也说张仪是鬼谷子的学生。另外，司马迁在《史记·太史公自序》中有一段引文："故曰，圣人不朽，时变是，虚者道之常也，因者君之纲也。"司马迁未注明出处，但是唐朝人司马贞在《索引》中指出："此出《鬼谷子》，迁引之以成其章，故称'故曰'也。"可见司马迁与司马贞都曾见到过鬼谷子的著作。

张仪像
战国时期魏国人，和苏秦同拜鬼谷子为师，学习纵横之术。

许多鬼谷先生遗迹尚在湖北当阳鬼谷洞附近。据《舆地纪胜》记载，此洞"即鬼谷子隐处"。今鬼谷洞外石壁上嵌有三块石碑，均系清光绪五年重修大仙洞的石碑记，其中有一段曰："清溪寺山后五里许，有大仙洞，系战国时鬼谷大仙披门仙师修真之所……残碑隐隐有字迹，（鬼谷庙）大约始于晋。"在鬼谷洞东南2公里处有棋盘山，亦名云梦山，据《当阳县志》称"传鬼谷子对弈处"。

综上所述，历史上究竟有无鬼谷子其人尚无定论，要揭开谜底，还需要充足的证据和深入的研究。

韩非死亡之谜

中国历史上最早从理论上提倡"权术"论的人物恐怕就是韩非了。韩非是战国时期韩国人，著名的思想家。他曾经拜荀卿为老师，继承和发扬荀卿的法学思想，同时又吸取法学前辈李悝、吴起等人的学说，最终成为法家的集大成者。韩非的"法治"思想，以及提出的"法""术""势"等主张，对后世产生了极大的影响。因为当时正是群雄争霸之时，韩非的这种封建君主专制理论，是很适用于当时情势的。据说秦王嬴政看到他的文章后，非常急于得到韩非。但是韩非来到秦国后不但没被重用，反而很快被投入秦国监狱走上了不归之路，这是因为什么？

有人认为韩非是死于李斯的嫉妒陷害，这种说法自从王充《论衡》中阐述"韩非之死，乃李斯忌才所致"后，已经成为史学界普遍的看法。司马迁《史记》中也有这样的记载。《老庄申韩列传》中记载到，韩非出身于韩国的贵族世家，师从荀子，与后任秦国宰相

韩非像

的李斯为同窗学友。适值韩国日渐衰落，韩非屡次上谏韩王变法图强，却不被韩王所用。于是韩非发愤著书十余万字，来阐发自己的法治主张。这些作品后来传到秦国被秦王嬴政看到。嬴政读后大为叹服，激动地说如果自己能够得到韩非这个人，则"死不恨矣"。当得知韩非是李斯同学时，便下令攻打韩国，索要韩非。韩王本就不想用韩非的主张，现在自己处在秦国的攻打下，毫不吝惜地将韩非献出，美名曰将韩非"派遣到秦国"。

韩非到了秦国后马上被秦王接见。据说韩非本人有点口吃，但是他深刻的思想，令秦王折服。秦王非常赏识韩非，大有相见恨晚之意。李斯看到这个情形，深知自己不如韩非，感觉自己的地位受到了严重的威胁。于是李斯对秦王说："韩非是韩国公子，他能真心为大王您吗？现在大王想吞并诸侯，他终究会为韩国而不能为秦国，这是人之常情。不能为秦国效力，大王您现在又留着他甚至送他回国，这是祸患的开始。不如找个过错用法律把他诛杀吧。"李斯这段话说得非常有技巧，句句充满对秦王和秦国的忠诚。一向对李斯很信任的秦王觉得李斯言之有理，便下令查办韩非，将韩非囚入监狱。李斯的目的初步达到，当然不能允许自己的计划落空。为了尽快铲除了韩非这个威胁，避免因秦王后悔而生出他事，他派人送去了毒药。韩非很想到秦王面前申诉，狱卒和李斯却不给他这个机会。可怜的韩非，昨日还是秦王座上客，今日就成了阶下囚，含冤而死。待到秦王后悔让人赦免韩非时，发现韩非已经死了。而李斯则说韩非是畏罪自杀，秦王半信半疑，但人已死了，也只有作罢。

也有人为李斯申冤，说李斯不可能杀韩非。原因有很多。若李斯是嫉贤妒能之人，他又何必把韩非的作品介绍给秦王？并且当时秦王不过是对韩非很赏识而已，还没有对韩非加以重用，作为当时绝对有权的李斯来说，韩非还不足以构成对自己的威胁吧。在这种情况下，李斯为什么要加害韩非呢？

与李斯"奸嫉贤良"版本相反的是，《战国策》中所记载的韩非之死则是说韩非自取灭亡。当时，楚国、吴国、燕国和代国四个国家打算联合起来抵抗秦国，秦国派姚贾出使四国。姚贾用重金贿赂四国，瓦解破坏了四国计划。姚贾回国后受到秦王重赏。韩非就攻击姚贾拿国家的钱自己去交朋友，还指出姚贾出身的低贱。姚贾在秦王面前反驳说，以财宝来贿赂四国，出发点是为了秦国谋利，而不是为了自己的利益。如果是为了自己交朋友，何必又返回秦国呢？虽然自己的出身低贱，名声不好，但是有一颗效忠君主的心，哪里像

有些人，只是在那里说却不做任何实际的事情，专门挑别人的毛病。秦王认为姚贾的话非常有道理，更加信任姚贾，而对"挑拨是非"的韩非则冷落起来，最后杀掉了韩非。这样看来，韩非遭到杀害，是因为他自己嫉妒别人，是搬起石头砸了自己的脚。

后世人还认为，杀害韩非是秦王的主意，李斯就算是再受到秦王的宠幸，他也不敢自作主张杀死韩非。为什么说是秦王自己的主意呢？秦王嬴政是一个寡恩多忌的人，尽管他爱惜贤才，欣赏韩非的理论，但是韩非出身于韩国贵族这一事实终究不能消除秦王对韩非的戒心，始终害怕韩非会暗中为韩国出力。并且，韩非来到秦国后，只是谈自己的君主集权主张，不谈统一天下（作为韩国公子的韩非也不可能谈），因此，秦王并不重用他。但是，放回韩非，必定又要给韩国增添了一个抵抗秦国的好帮手。秦王怎么可能放他回去？相反，若是杀了韩非，不但他的学说可以为自己所用，而且也为秦国铲除了威胁，不是一箭双雕吗？这样分析，秦王杀死韩非是必然的了。这还可以从《史记》中看出来，书中说秦王对韩非的死感到后悔，但是他可曾去追究李斯的擅自谋杀罪？可曾为死去的韩非正名？不过是简单的"后悔"而已。

还有人认为，是李斯等大臣杀死了韩非，但是这并不能说明韩非死亡的实质，韩非实际是死于秦国和韩国之间的政治斗争。战国时期，各个诸侯国都极力保全自己，尤其是竭力对抗秦国这个一心消灭它国统一天下的大敌。韩国派韩非出使秦国，实际上就是为了保全韩国。李斯和韩非两个人，一个忠心于秦国，一个热爱韩国，两个人之间的矛盾是不可避免的。韩非必然要破坏李斯攻打韩国的计划，而李斯站在秦国要兼并六国的立场上，必然也要揭穿韩非出访秦国的目的。韩非与李斯、姚贾的矛盾冲突并不是如《战国策》中所说的是韩非个人的嫉贤妒能，也不是李斯本人与韩非有什么个人恩怨，而是秦国与韩国政治斗争的反映。所以说，韩非的死是当时秦与韩尖锐的矛盾斗争的反映。

关于韩非的死因究竟如何，韩非究竟死于谁手，至今也没有更确凿的证据证明。一代大思想家死因未明是个历史的遗憾，但是想到韩非的理论终为后世所用且影响至今，韩非本人也算是重于泰山了。

第二节　文化迷踪

"北京人"在哪里？

北京猿人遗址位于北京西南约 50 千米的房山区周口店村西部的龙骨山上。远在 60 万年前，古人类就生活在这里，在这片土地上留下了他们的印迹。他们创造了旧石器文化，至今还能找到他们的使用过的工具。1987 年，北京猿人遗址还被联合国列入"世界自然与文化遗产"名录中。可惜的是时至今日，"北京人"化石还下落不明，成为一大谜案。"北京人"化石究竟到哪里去了？

1929 年 12 月 2 日下午，考古工作者在经过漫长的期待和挖掘后，终于得到了一个完好的古人类头盖骨化石，这是一个震惊中外的发现。随后，经过多次发掘得到的头骨有 5 个，下颌骨 15 个，牙齿 150 余枚，少量的肢骨，这些人骨化石分属于几十个不同的个体。此外还掘得 7 万余件石器，虽然都是些非常粗糙的打制石器，往往就是原始人抓起石头一摔，摔出几瓣有锋利边缘的石头，这些石头就称为打制石器。

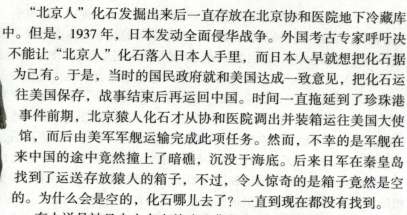

"北京人"化石发掘出来后一直存放在北京协和医院地下冷藏库中。但是，1937年，日本发动全面侵华战争。外国考古专家呼吁决不能让"北京人"化石落入日本人手里，而日本人早就想把化石据为己有。于是，当时的国民政府就和美国达成一致意见，把化石运往美国保存，战事结束后再运回中国。时间一直拖延到了珍珠港事件前期，北京猿人化石才从协和医院调出并装箱运往美国大使馆，而后由美军军舰运输完成此项任务。然而，不幸的是军舰在来中国的途中竟然撞上了暗礁，沉没于海底。后来日军在秦皇岛找到了运送存放猿人的箱子，不过，令人惊奇的是箱子竟然是空的。为什么会是空的，化石哪儿去了？一直到现在都没有找到。

有人说是被日本人夺去并暗地藏起来，对外便说失踪了。考古学家们因此念念不忘，有人多次到日本探查化石的下落，不过却毫无收获，也许是因为私人暗访太多的缘故。战后，日本成为战败国，被美军控制，美国于是也在日本寻找"北京人"化石，最后也无果而终。化石藏于日本的可能性很大，但为何至今没有任何消息，日本人难道会把化石埋到地下？

第二种说法是被美国人得到了。据说美国人早就知道日

"北京人"背鹿图

本对此也有非分之想，于是先一步做了手脚，然后就栽赃日本人。美国人有充分的时间和极佳的机会进行偷梁换柱。"北京人"化石装箱后就运往美国大使馆，等待军舰来运输，这期间美国人搬出真正的化石隐藏起来或秘密运到美国，用一个空箱子诱惑日本人去抢，最后就顺理成章地拥有了"北京人"化石。还有与美国有关的一说是，最终美国人也没有得到，而是沉入海底了。美国人偷梁换柱，得到化石后暗暗装上了哈里逊号游船，而此船也没有成功抵达，在太平洋中遭袭遇难，永远沉入海底。

第三种说法是"北京人"化石最终不是落入哪个政府手里，而是被个人得到了。仔细推敲，由于多方探寻至今无果，所以此种说法是除了最惨的沉入太平洋一说以外最有可能的一个。只有被个人得到秘密隐藏才会如此杳无音信，而政府得到肯定会加以研究利用，会透露出消息的。很多人都可以被怀疑，甚至有可能被文物贩子、江洋大盗偷了。然而无奈的是"北京人"化石从那以后就没现过身。

也许哪一天"北京人"化石突然出现，也许将再也看不到它们，这个谜案何时能解开呢，我们都期待国宝重现的那一天。

《河图》《洛书》是上古的无字天书吗？

《河图》《洛书》都是中国上古时期传下来的神秘图案。关于它们的传说和问题是易学史上争论最多，被弄得最复杂最混乱，但同时又是内容最为丰富的问题。

相传在我国远古的伏羲氏时代，有一个丑陋的怪物游到黄河边上的城市孟津，背上负着一块刻有一幅古怪的图案的玉版，这个怪物大得吓人，吃了百姓们的稻谷和庄稼，最后竟然开始生吞人类。伏羲听到这件事，带着利剑来到河边要斩除这头妖怪，妖怪打不过伏羲，跪地嗷嗷求饶，自称是黄河里的龙马，并将背上的玉版献给了伏羲，由于它是来自黄河的宝贝，伏羲称这张图为"河图"，后来，伏羲还按照《河图》做出了"八卦"，可以用

来推算历法，预测吉凶等。

到了大禹治水的时候，有一次大禹在洛河引水疏通河道，从干涸的河底浮出来一只可以驮起百十人的巨龟，大禹认为这是一只通灵神龟，就将它放生了，不久后，大龟腾云驾雾再次来到洛河，将一块光芒四射的古老玉版献给大禹，上面同样有一些神秘的文字和图画，大禹将这块玉版命名为"洛书"。传说在《洛书》上有大禹一个也不认识的 65 个红字。后来经过大禹反复揣摩，整理出历法、种植谷物、制定法令等九个方面的内容，古人又根据这九章大法，整理出一本一直传至今日的科学法典《洪范篇》。

上述这些传说在我国最古老的典籍《周易》《尚书》《论语》中都有记载。其中比较可靠的是《周易》中的系辞篇，里面是这样记载的："河出图，洛出书，圣人则之。"这与上述传说十分吻合。直到宋代，朱熹解《周易》时，还曾派他手下的学者蔡元定去四川，用高价才在民间收购到了华山道士传出的《河图》《洛书》等，都是由一些圆圈点构成的图形。另外，还有一个可信的证据是在现在洛宁县长水一带有"洛出书处"石牌两块。1987年安徽含山县凌家滩原始社会末期墓葬中出土大量的玉片和玉龟，据专家考证是距今 5000年无文字时代的原始的洛书和八卦图。

据说《河图》《洛书》在古代出现的时候都有普通人无法识别的文字，但后来都慢慢地散佚，现在人们经常看到的两幅图是宋时朱熹的《易学启蒙》中的，因为有图无字又神秘难解，人们把它们叫作"无字天书"。其中《河图》是用黑白环点示数、排列成图的。即一六居下，二七居上，三八居左，四九居右，五十居中。而"洛图"也只有用黑白环点示数的图。有人形容它："戴九履一，左三右七，二四为肩，六八为足，五环居中。"关于河图洛书上的这些神秘的图案，自古以来无人能破译。

早在春秋战国时期，河图、洛书已经开始与天命、阴阳、占卜等有关了。孔子周游列国不得意时悲叹说："凤不至，河不出图，吾已矣夫。"那时就已经有老子、孔子写的关于天命的书《河洛谶》各一种。在两汉时期的算命的文献中，河图洛书更复杂和神秘了，共有《河图括地象》《河图始开图》等三十七种，《洛书甄曜度》《洛书灵准听》等九种。宋时出现的河图洛书又加进了新的内容，是融天文、人体、阴阳、象数为一体的易学图像，是一种理念的阴阳消长的坐标图，暗喻的范围非常广泛。

对河图、洛书的解释非常之多，有些人认为它是古人对天象的观察活动的记载。原因是有关河图的记载最早曾见于《尚书·顾命》篇。记载周康王即位时，在东边厢房有：大玉、夷玉、天球、河图。后人就认为河图是的测日晷仪与天象图标，这些实物在当时是测日观天察地的仪器，在古人眼中带有神圣和神秘的性质，因而才有可能和代表古代王权威严的古玉器陈列在一起。还有根据《魏志》中说的"宝石负图"是一幅河图洛书的八卦综合图，看上去像罗经盘，磁针居中，外面围着八卦，最外层为二十八宿。所以这些河图是古代测量太阳的晷仪时根据日影来画出的；而洛书则是张天文图，用来概括天文的原理。还有人认为西安半坡出土的石板上用锥刺的圆点排成的等边三角形图案是它们的原型。但这还不过是一种有一定联系的设想，还无法看出这种图案与《河图》《洛书》的起源有什么联系。

最近，西南电子技术研究所退休高工杨光和儿子杨翔宇发现，"洛书"的核心"十"字与墨西哥发现的"阿兹特克"（Aztec）历石中心人像的"十"字、金字塔俯视图中心的"十"字完全吻合。他们提出"洛书"是外星人遗物，"河图"则描述了宇宙生物的基因排序规则，而"阿兹特克"历石则是外星人向地球人的自我介绍。

各种关于河图洛书的说法都还没有真正找到依据，河图究竟是一个什么样的图案？洛书究竟是一些什么样的书写符号呢？河图、洛书的原型是什么？古人又是如何按河图洛书画出八卦的？还有待解答。

足球是黄帝发明的吗？

蹴鞠是中国古代一种类似足球的运动，用以练武。公元前3世纪末的古籍《蹴鞠新书》记载了一个古老的传说：足球是黄帝发明的。蹴鞠亦作"蹙鞠""蹹鞠"。关于蹴鞠，除《蹴鞠新书》的记载外，刘向《别录》也有很相似的记载："蹴鞠者，传言黄帝所作，或曰起于战国时。"足球是不是黄帝发明已经没法考证。不过近代发掘所得，也似乎可以解释中国古代就有类似足球的运动。但它到底是什么时候开创的呢？现在只能推断出它的始创时代可能比战国要早。

1926年，中央研究院的李济教授在山西夏县西阴村灰土岭，发掘到大小不一的纹饰陶球和一个陶制小陀螺。考古专家卫聚贤看过这些实物后，认为这些陶丸大的是玩具，小的则为弹丸。根据考古学家研究的结果，认为这些器物与半坡遗址同期，属于距今约四五千年的新石器时代仰韶文化遗物。

考古研究的发现并不止于此。1934年，李济和梁思永等又在山东历城县城子崖发现龙山文化遗址。在这里，他们发掘到直径2.2厘米的红色陶球，而且在同一遗址第五区黄土凸起处东灰土堆内，发现一堆大泥球，但都已经被打坏。这些大泥球以碳-14加以测定，约在公元前2800年至公元前2300年之间，属于龙山期文化，在新石器时代晚期。

1954年，在西安半坡仰韶期文化遗址，考古专家们又发掘到一些大小不一的石球。他们认为：这些石球不但数量多，而且磨得光滑、规则，直径自1.5至1.6厘米，很可能是弹丸一类的东西。这就产生了疑问：这些到底是弹丸还是玩具呢？如果是弹丸，它们一旦被打出去，就很难再找回来。以新石器时代的打磨技术，要制成一个弹丸必须费很长的时间，大概要数日。那么新石器时代的古人，会不会把这些费劲做的"弹丸"用来打出去呢？这一点看来是不大合理的。又有人认为这些石球是装饰品，可是它们上面并没有穿孔，也着实难以令人相信。

《汉书·枚乘传》有"蹴鞠刻镂"的说法。颜师古注云："蹴，足蹴之也；鞠，以韦为之，中实以物；蹴鞠为戏乐也。"由此可见，金元时寒贱之子琢石为球，恐怕是古代的游戏方法，以其作为某些皮球的代用品。在殷墟发掘工作中没有发现当时可能存有的皮球，而在西安的发掘工作中却发现了石球，也许因为皮制品不好保存，而石球、陶球却可以很好地保存下来。

这些虽然仅仅是主观的推断，没有形成定论。但根据考古发现的种种器物，中国新石器时代即使不一定有足球，也似乎已经有了球类运动。可是公元前2世纪司马迁作的《史记》和公元前1世纪刘向校的《战国策》，都明确地记载了战国时代齐都临淄人爱好足球运动。史称汉高祖刘邦的父亲丸公，他本人就常常与乡中丰邑"屠贩少年"踢球。刘邦生于公元前247年，据此推论，丸公应生于战国之时。当时连小城边邑也流行踢足球了，可见足球运动在当时已经很广泛了。

甲骨文之谜

大约在公元前16世纪，商汤灭夏，在中原立国。从此中国历史进入商代。商王盘庚曾

五次迁都于殷。直到商纣亡国总共 273
年，商代晚期的统治中心一直在殷。
但商朝被灭之后，殷民迁走，殷都逐
渐变成一座废墟。殷都的文明也只局
限于文字记载上，甚至有人认为那些
记载不可作为信史。后来，一连串的
偶然事件逐渐否定了这种怀疑。考古
者逐渐将殷都积淀的古文明展现出来。

大型涂朱红牛骨刻辞　商

商朝的甲骨文是占卜时刻在龟甲或者兽骨上的象形文字，也称卜辞。
河南安阳殷墟有大量出土。

1899 年，北京国子监祭酒王懿荣
老先生感到身体不舒服，就买了一剂
含有"龙骨"的药物，在准备将这些
"龙骨"研碎时，王懿荣发现这些坚硬的东西并不是什么骨头，而是上面有许多划痕的变黄
的龟甲。王懿荣是一位研究古文字的专家。好奇心驱使他拿起甲骨仔细地观察。他吃惊地
发现这些划痕像是一种文字。他于是将这家药店的全部"龙骨"买下，经过细致研究和考
证，断定这种非篆非籀的字形是商代的一种占卜文字。

我们现在已能解释商代的文字为什么要刻在甲骨或兽骨上，为什么这些刻着文字的甲
骨碎片总是有许多裂纹或切痕。原来所有这些碎片都是史书上所称的"卜骨"。骨上的裂纹
是人们有意用高温加热所造成的。根据商代的习俗，商代人上自王公下至庶民，无论是大
事还是小事，都要用这种龟甲和牛胛骨进行占卜。占卜时，就用燃炽的木枝烧炙甲骨的反
面凿出的槽和钻出的圆窠，这时甲骨因厚薄不匀而出现"卜"字形裂纹。这些裂纹就是他
们判断吉凶的"卜兆"。占卜以后，将所问事顷刻记在甲骨之上，这就是"卜辞"。占卜的
内容是以当朝国王为中心的，有对祖先与自然神祇的求告与祭祀，有对天象、农事、年成
以及风、雨、水的关注，也有对周围各国战争的关注和商王关于旬、夕、祸、福以及田游、
疾病、生育的占问等。这样就为我们提供了许多商代历史事件或天气气象的资料。

王懿荣的发现引起了许多中外人士对甲骨的重视。1908 年，经罗振玉先生多方查询，
才得知甲骨实出自河南安阳小屯一带。伴随着甲骨被确认、购藏和挖掘，古文字学家也开
始对甲骨文进行破译。经过众多专家的努力，甲骨片上排列的文字成为可以通读的文句了，
从而证实了出土甲骨文的小屯村正是古文献记载的殷墟。因此，一个湮没了 3000 多年的繁
华故都终于在世人面前得以呈现。

自 1899 年发现殷墟甲骨至今，约有 15 万片以上商代甲骨已出土，现分藏在中国内地和
台、港、澳地区，另有一部分流散到其他国家。殷墟甲骨文内容涉及商代的政治、经济、文
化及天文等。可以说甲骨文的发现和破译帮助我们解开了历史上许多难解之谜，而发现的甲
骨文共有 4500 多个单字，还有 2/3 的文字等待人们去破解。

孙武有没有写《孙子兵法》？

我国古代的军事文化十分灿烂，以《孙子兵法》为其杰出代表。《孙子兵法》又称《吴
孙子兵法》，通称《孙子》，为中外人士奉为兵书之鼻祖，相传为春秋吴将孙武所撰。在中
国古代，这部经典的兵法著作为军事家的必读书，在宋代官定的军事教科书《武经七书》
中位居首位。只有熟读《孙子》、考试合格的从军行武者才能被授武职。《孙子》传入西方，

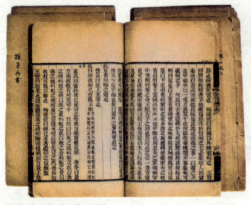

清版《孙子兵法》书影

正式称《孙子兵法》为武经，定孙子为武学教本，应当始于宋代。明代因之，亦列孙子于武经七书之首。清时，言兵者亦莫不奉孙子为圭臬。民国初年，蒋方震首以现代兵学为孙子作新释，从而为孙子研究开辟一崭新途径。

也有数百年历史。据说拿破仑滑铁卢失败后，曾十分后悔没有早读此书，否则或许能免遭失败。今日经营工商企业的日本、西方企业家，常有使用《孙子兵法》而取得成功的。

然而对于吴国将军孙武到底是不是《孙子》的作者，却有一番争论。战国时《商君书》《韩非子》等提到过"孙吴之书"，指的是《孙子兵法》和《吴子兵法》，但并未说明作者即是孙武。

汉代司马迁《史记·孙武列传》正式记录了孙武的事迹："世俗所称师旅，曾道《孙子》十三篇，吴起兵法，也多有敌弗论。"他肯定地说《孙子》十三篇为孙武所著。此后千年之间，无人对《史记》之说提出怀疑。但到了宋代，又出现了疑问：历史上是否确有孙武其人？孙武真的写了《孙子》？

持怀疑观点的有宋人陈振孙的《直斋书录题解》、叶适的《习学纪言》等。怀疑者们认为：第一，他的名字和事迹有可能是司马迁的误闻或是杜撰，《左传》未提及；第二，一些孙武所处时代不可能出现的名词、事件、状况出现在《孙子》中，例如春秋时代仅称大夫为"主"，臣僚以"主"称国君是三家分晋后的事，而《孙子》中称国君为"主"；第三，《史记》同时记载了齐将孙膑的事迹并有兵法理论，但并未专门说明有《孙膑兵法》，也许是太史公将一书误作二书，一人误作两人。因此，《孙子》或被说成是春秋、战国之时山村处士所写，或被认为是孙膑所撰，还有的说是秦汉时的人伪托。

但是，陈振孙、叶适的怀疑论遭到了许多学者的反对，如明代宋濂的《诸子辨》，清代的《四库全书总目提要》的撰者等。这些意见认为：严肃、认真的史家太史公在本传中所叙孙武、孙膑事明明白白、翔实可靠，《汉书·艺文志》明确提出古兵法有《齐孙子》（孙膑）和《吴孙子》（孙武），实无可疑。至于《左传》，本身也非完整之历史记录，也有可能出错，不能仅凭其中偶遗之记载即断定《史记》之文字为误谬。《孙子》原文定出自春秋之世，只是后代人在其中窜入了若干涉及后世名物之文字。先秦古籍常有此种现象，即便是《左传》本身，也不例外，《孙子兵法》核心内容的真实性、历史性和孙武的著作权不足以受到影响。

1972年山东临沂银雀山汉墓竹简本《孙膑兵法》和《孙子兵法》的出土，为解决这番争论提供了一些重要的资料，有可能揭开历史真相。因为已考订出墓葬年代是西汉初年，而且竹简《孙子兵法》恰好有十三篇，所以可以证明：第一，至少在西汉初年《孙子》已经存在，其篇目内容与今天基本一致，曹操整理《孙子》，并无大的改动。第二，确实有《孙膑兵法》这本书。第三，确有孙武、孙膑两人。第四，《孙子》并非孙膑著。第五，《史记》所记载史实基本可信。有一种意见认为，《孙子》的作者之争应该暂停，孙武肯定是《孙子》的作者。

由于竹简本的可信度还是一个疑问，因此不能证明《孙子》成书的具体时间，也无法证明《孙子》从成书到竹简抄录时，其间有无重大修改。不能直接证明《孙子》就是孙武所作，因而还有待于进一步的考古发现和研究，以解开《孙子》的作者之谜。

第二章　秦汉秘史

第一节　名人谜团

秦始皇陵墓中的重重谜团

秦始皇陵墓是中国历史上的第一座皇帝陵园，位于陕西临潼城东约 5000 米处。据史料记载，秦始皇自即位之初就开始营建这座陵墓，前后延续 30 多年，秦亡时仍未完全竣工。20 世纪 60 年代后，考古界对该陵墓进行多次调查和探测，但出于保护文物的目的始终未发掘。20 世纪 70 年代，秦始皇陵墓中的兵马俑发掘出土。它们在让人们震惊之余，也使这座骊山脚下的秦始皇陵闻名于世。据中央电视台报道，骊山脚下的那座幽深而神秘的秦始皇陵，无论是从陵园的封土、地宫、内外城垣的形制上看，还是从其附属建筑和布局角度分析，与先秦时期的任何一座国君陵园都有很大差异。其陵寝规模之宏大、设计之奇特、用工人数之多、持续时间之久均属空前绝后。

这座充满神奇色彩的地下"王国"，千百年来引发了无数人的猜测与遐想。地宫的深度、门户，以及其中的"上具天文"、水银、奇珍异宝、始皇帝棺椁和遗体、防盗装置等重重谜团不仅困扰着诸多专家学者，也使秦始皇陵更加引人注目。

秦始皇陵的众多未解之谜，首先引起人们注意的是其地宫的深度和广度。地宫究竟有多深呢？司马迁在《史记》中说"穿三泉"，《汉旧仪》则言"已深已极"，说明已经深到不能再挖的地步。这个问题引起了华裔物理学家丁肇中先生与陈明等三位科学家的兴趣，他们利用现代高科技手段探测并推测地宫的深度应为 500 ~ 1500 米。

国内文物考古、地质学界的专家和学者对地宫的深度进行了多方面的研究与探索，得出的结论是：地宫并没有人们想象的那么深。他们说，实际深度应与芷阳一号秦宫陵园墓室的深度接近。这样推算下来，从地宫底部至坑口的实际深度约为 26 米，至秦代地表最深也就在 37 米左右。但事实是否如此，有赖于考古专家进一步勘探、验证。

至于秦始皇地宫的广度，最新的考古勘探资料表明：东西方向上，它的实际长度为 260 米，南北方向的实际长度为 160 米，总面积达 41600 平方米，其规模相当于 5 个国际足球场那么大，堪称秦汉时期规模最大的地宫。考古专家通过钻探进一步证实，幽深而宏大的地宫为竖穴式。所谓竖穴式，即由地面垂直向下挖成竖向土坑，利用坑壁作为墓穴的一部分或全部墙壁。

　　人们除了关心地宫的深度和大小，还对地宫设有几道门非常感兴趣。关于秦始皇陵地宫门道的数量问题，《史记》有明确的记载："大事毕，已藏，闭中羡，下外羡门，尽闭工匠藏，无复出者。""大事毕，已藏"，就是说秦始皇的丧事完成了，棺椁及随葬品全部安放妥当。这时，工匠们正在中门以内忙活，外面突然间"闭中羡门，下外羡门"。工匠们"无复出者"，都成了陪葬品。这里涉及既有中羡门，又有外羡门，因而内羡门不言自明。地宫有三道门似乎已成无可辩驳的事实。但司马迁说到中羡门，用了个"闭"字；说到外羡门，则用了个"下"字。由此可见，中羡门是能够开合的活动门，外羡门则是由上向下放置的。专家们推断，中羡门可能是横向镶嵌在两壁夹槽中，是一道无法开启的石门，内羡门可能与中羡门类似。三道羡门极可能在一条直线上。

　　司马迁在《史记》中描述秦陵地宫时，写到"上具天文，下具地理"。其中的含义是什么呢？著名考古学家夏鼐先生经过反复考证，初步推断："'上具天文，下具地理'的含义应理解为，墓室顶有绘画或线刻的日、月、星象图。这一古老的传统可能仍保存在秦始皇陵中。"近年来，西安交通大学的考古专家在汉墓中发现类似"天文""地理"的壁画。其上部是象征天空的日、月、星图，下部则为代表山川、河流的壁画。由此推断，秦始皇陵地宫的上部可能绘有完整的二十八星宿图，下部则为以水银代表的山川地理图。

　　说到"以水银代表山川地理"，人们不禁会问：秦始皇陵地宫真的埋藏有大量的水银吗？秦始皇陵以水银为江河大海的记载始见于《史记》，稍后的《汉书》中也有类似的表述。那么，陵墓中到底有没有水银始终是一个谜。2003年，地质学专家经过反复测试，终于发现秦始皇陵的封土中有"汞异常"现象。该处土壤中含有大范围、强异常的汞含量，而秦陵周围其他地方的土壤汞含量极低。这初步证实了《史记》所载"以水银为百川、江河、大海"的真实性。

　　在接下来的物探考古过程中，中国地质调查局研究员刘士毅还发现，秦始皇陵封土堆的汞异常分布别具特色，颇为耐人寻味：北、东方向最强，南、西方向次之。根据秦始皇陵内以水银模拟天下江河湖海的传说推测，这样的分布可能与秦朝时期中国人的江河地理概念有关，也可能与秦始皇到过渤海、徐福东海求取长生不老药有关。考古专家由此进一

秦始皇陵外景

步推断：《史记》中关于始皇陵中埋藏大量汞的记载是可靠的。

那么地宫为什么要以大量水银模拟天下的江河湖海呢？北魏时期的地理学家郦道元对此的解释为："以水银为江河大海在于以水银为四渎、百川、五岳九州岛，具地理之势。"历史学家的说法更为贴切：一是水银的形态、颜色像水；二是水银有毒，墓中有大量水银存在，微生物不易存活、繁殖，这样遗体、棺椁和陪葬品腐朽的速度会慢一些；三是大量的水银挥发到墓穴的空气中，一旦盗墓者潜入墓室吸进过量的汞蒸汽，轻则肌肉瘫痪、精神失常，重则一命呜呼，这在一定程度上起到防盗的作用。

地宫中埋藏的奇珍异宝当然也受到人们热切关注。《史记》中明确记载，秦始皇陵中有"金雁""珠玉""翡翠"等珍宝。《三辅故事》中说，项羽入关盗掘秦陵时，曾有一只金雁从墓穴中飞出，一直朝南飞去。斗转星移，几百年之后的三国时期，有人送一只金雁给名叫张善的官吏。他从金雁上的文字立即判断它出自秦始皇陵。秦始皇陵也因这个神奇的传说而笼罩上了一层神秘的色彩。但秦始皇陵中具体有什么稀世之宝现在不是很清楚。

20 世纪 80 年代末，在秦始皇陵地宫的西侧，考古专家们还发掘出土了一组大型彩绘铜车马。车马无论从造型上，还是从装饰上看，都是极为精美、别致的。除了铜车马，考古专家还发掘出了一组木车马。之所以说它是木车马，因为车、马、御官俑等都是用木头制成的，而一些饰物，比如说辔头等，都是用金、银、铜铸成的。地宫的外侧尚且有如此之精美的随葬品，地宫内的随葬品之丰富、藏品之精美是可想而知的。

到目前为止，考古界对秦始皇陵的发掘断断续续地已经历 40 多年，发现的主要遗址和遗迹（主要包括帝陵封土、铜车马坑、寝殿、便殿、陪葬墓区、珍禽异兽坑、铠甲坑、百戏俑坑、文俑坑等）中有大量价值连城的文物。但据专家透露，这些重要发现仅是秦陵的"冰山一角"。由于条件所限，秦始皇陵的外城以外地层也只勘探了很小的一部分，至于地宫中的文物情况知道的还很少。

秦始皇陵的核心是地宫，地宫的核心是秦始皇的棺椁，备受瞩目的秦始皇棺椁是铜质还是木质的？对于秦始皇使用什么样的棺椁，早期的《史记》和《汉书》等重要历史典籍均未明确记载。司马迁只以一句"下铜而致椁"一笔带过。于是，学者们据此得出结论：秦始皇使用的是铜棺。但相关文献资料记载，秦始皇的棺椁"冶铜锢其内，漆涂其外"，并且"披以珠玉，饰以翡翠"，使得"棺椁之丽，不可胜原"。既然能够"漆涂其外""饰以翡翠"，那么棺椁恐怕只能是木质的，因为铜棺或石棺用不着用土漆涂其外，只有木棺才可能使用土漆。就此看来，秦始皇使用木棺的可能性大一些。

再者，从先秦及西汉的棺椁制度考察，天子使用"黄肠题凑"的大型木椁已是约定俗成的规矩。秦始皇生前自命功高盖世，胜过远古的三皇五帝，不可能放弃"黄肠题凑"的木椁而改用其他棺椁。

秦始皇棺椁的材质还没有搞清楚，人们又开始探索秦始皇陵地宫有没有空间的问题。秦始皇陵墓的主持者之一李斯描述地宫时曾说："凿之不入，烧之不燃，叩之空空，如下无状。"如果他的这段话记载无误，那么地宫明显有个外壳，总体上是一座密封的、真空的大地堡式地宫。但目前的考古勘探结果已经表明，秦始皇陵地宫为竖穴式。墓内可能有"黄肠题凑"的大型木椁。如果真是竖穴木椁墓，墓道及木椁上部都必须以夯土密封。这样一来，墓室内外就会严严实实，不会再有空间。

如果地宫没有空间的说法成立，显然与李斯"叩之空空，如下无状"的表述相矛盾，而相关文献资料则更多地支持"地宫是空的，且有较大的空间"的说法。事实怎样呢？由于目前的考古勘探尚未深入到地宫的主要部位，所以地宫内部是虚是实的谜还没有揭开。

人们在关注秦始皇使用的棺椁的同时，更关心的还是秦始皇的遗体。20世纪70年代中期，长沙马王堆汉墓"女尸"出土，其尸体保存之完好令人瞠目结舌。由此，有学者推测秦始皇的遗体也会完好地保存下来。客观上，当时已经具备了保护遗体的技术和手段，但秦始皇遗体是否完好地保存下来呢？多数专家对此持否定态度。

公元前210年，秦始皇死在出巡途中，当时又正值酷暑时节。根据目前遗体保护的经验，一般遗体保护必须在死者死后即刻着手处理。稍有延误，尸体本身已开始变化，再先进的技术也回天乏术。而秦始皇死后辗转了数千里，才回到咸阳安葬，前后间隔近两个月。史载，李斯等人为了掩饰尸体的臭味，把一石鲍鱼放入运送秦始皇遗体的车帐中，可见，遗体在途中已经开始腐烂。照此推断，秦始皇的遗体不等运回咸阳处理早已面目全非了。所以说，秦始皇遗体保存完好的可能性很小。

秦始皇陵考古队队长段清波指出，秦始皇的遗体完好保存下来的可能性不是很大，但是根据目前在墓中探测到的水银和秦汉时期对人尸体处理的手段分析，保护完整的骨骼的可能性非常大。他说："一旦发现其骨殖，我们从骨架当中能提取出秦始皇本人的DNA片段，之后再结合与秦始皇相关的秦的祖先的DNA分析结果，就可以解决一个大的问题，即秦人的来源问题。"段队长进一步指出，根据秦始皇的骨架还可以复原他的长相。

秦始皇的遗体究竟有没有完好保存，以及利用它能做什么，还有待科学家们进一步研究探索。随着发掘秦始皇陵这个话题的升温，另外一个问题摆在人们面前：秦始皇陵地宫的防盗设施如何，有没有重重机关和弩箭？据《史记》记载：秦始皇陵地宫"令匠作机弩矢，有所穿进者辄射之"。按照这个说法，地宫中应该是安装着一套自动发射的暗弩。如果这些文字记载属实，它算得上是中国古代最早的自动防盗器。

光靠这段文字还不够，专家们联系当时的秦军装备情况分析，秦代曾生产过连发三箭的弓弩。而且秦陵附近已经出土秦代强弩的箭头，这些箭头为三棱流线型，三个弧面的弧度完全相等，原理类似于今天的子弹头。从力学角度考虑，这类箭头对铠甲有极强的穿透力。另外，从秦兵马俑复原和《六韬》的表述来看，当时秦军中射手所占的比例很大，按最低的说法也有15%，而且射手中弓、弩手的比例为1∶2。

就以上资料分析，秦始皇地宫中布置弩箭的可能性极大。但是安放在地宫的暗弩是不是一套自动发射的弓弩（当外界物体碰到机关，弓便会自动发射）值得商榷。到目前为止，能够证明秦代制造自动发射弩箭的资料还很少。所以，秦代何以生产高超的自动发射器仍是一个谜。

孟姜女真的哭倒长城了吗？

《孟姜女》传说以故事、歌谣、诗文、戏曲等多种形式在我国广大地区内流传，有着久远的历史，几乎家喻户晓。它与《白蛇传》《牛郎织女》《梁山伯与祝英台》，一向被称为中国的四大民间传说。但是孟姜女的故事到底是怎样形成的呢？历史上真有孟姜女哭倒长城一事吗？

大多学者认为，孟姜女的故事是由《左传》所载春秋时"杞梁之妻哭夫崩城故事"演化而成的，后来以多种文艺形式广泛流传于民间。在我国学术界，最早开始研究孟姜女故

事并取得卓越成就的，当首推
顾颉刚先生。顾颉刚认为，其
实孟姜女与万里长城毫无关系，
她应该是春秋时的齐国人。孟
姜女故事最早见于《左传》：襄
公二十三年（公元前550年）
传说，齐国将领杞梁被委任为
攻打莒国的先锋，他是齐国的
贵族，不愿受贿，战死疆场。
他的妻子善哭在齐国是有名的。
她听说自己的丈夫不幸阵亡后，
号啕大哭，据说她哭杞梁哭得
极为哀婉动人，以至把城哭倒
了。到了唐代"杞梁妻哭崩城"
的故事发生了实质性的变化。
一个叫贯休的和尚写了一首诗，

万里长城第一台遗址

在秦代修筑长城时，榆林这个地方是当地处势最高、烽火台最大、里面驻军
最多，也是两路长城汇合的地方。自秦以后，历代均以此台为镇守北方的重
要军事要地，号称镇北台。

把杞梁夫妇的故事和秦代修筑长城联系到了一起。从此"孟姜女哭长城"的故事就这么一
代代流传下来了。因此，顾先生认为孟姜女就是《左传》上所说的"杞梁之妻"，而唐代以
来孟姜女故事是春秋时代杞梁之妻故事嬗变而来的。

　　不少学者同意顾先生的上述论点，例如著名学者钟敬文先生就认为民间传说这种民间
文学的形式在流传过程中是不断变化的：在《左传》里，杞梁的妻子哭得凄凉；到了战国
时期，《礼记·檀弓》写她在路上迎柩而哭；西汉刘向的《列女传》，写得就更夸张了，说
她连哭十天，哭到城墙崩塌，最后投水自尽。孟姜女这个极为哀怨动人的故事流传了两千
多年，传播地区几乎遍及全国，它的变化多姿是必然的。以至于孟姜女的传说由原来的齐
国杞梁之妻逐渐演变，到了隋唐就急剧转变为孟姜女哭倒埋夫尸的万里长城。

　　也有人认为：孟姜女哭倒长城是确有其事，这个故事最早出现于春秋时期（约公元前
549年），而当时的齐国正处在泰山之北。也就是说，孟姜女哭的应该是齐长城，而不是秦
始皇修筑的长城。事实上，故事发生时，秦长城尚未修筑，而齐长城西段已在公元前557
年以前完成。历史故事产生在山东，齐长城的建筑年代又早于杞梁战死的年代，这时秦长
城和其他国家的长城都未建，所以孟姜女哭的长城，只能是齐长城，而不是秦长城。

　　但是，有的学者并不认同顾先生关于唐代以来孟姜女故事是由春秋时杞梁之妻演化而
来的观点。中国学者路工认为，杞梁妻和孟姜女哭倒长城这两个故事在内容上根本不同，
其主人公也有许多差异。我们没有理由说孟姜女故事是从《左传》的杞梁妻故事发展来的。
我们知道形成孟姜女故事的主要原因，它反映了战争和劳役给人民带来的痛苦与灾难。长
城从春秋战国到明代，一直不停止地修建增补，所以每一朝里民间都可能产生像孟姜女这
样的故事。"孟姜女哭倒长城的故事"是经过千万人民集体创作的，表达了他们的真实感
受，寄托了他们的悲愤与无奈。

　　苏联汉学家鲍·李福清也认为孟姜女的传说与杞梁之妻的传说无关，在1961年出版的
《万里长城的传说与中国民间文学的体裁问题》一书中还指出，顾颉刚在分析各种有关孟姜

女的作品时，并没有把民间文学创作与人民的生活联系起来。顾颉刚认为孟姜女传说起源于古籍资料，这一结论是不能令人同意的。孟姜女传说事实上是在民间产生的，后来才笔之于书，而由于各种具体的历史条件，它的情节才发生了变化。孟姜女传说的记录最早见于唐代的《同贤记》。孟姜女万里寻夫、哭倒长城的情节，最直接、最早见于文献是在唐人所留《琱玉集》转载的《同贤记》。《同贤记》把孟姜女故事的时代背景，设定于秦始皇修筑长城，男主角名叫杞良，是筑城戍守的士兵，因不想再受修筑长城的劳累之苦而决定出逃，但是被人发现了，杞良在仓皇中逃进孟家后园，正好撞到孟家的女儿孟仲姿洗澡。孟仲姿羞愧至极，为了名誉和清白，只好和杞良结婚，二人渐渐产生了深厚的感情。不久后，杞良回到工地，惨遭不幸被打死，他的遗骸被筑在城中，仲姿悲痛欲绝，放声大哭，将长城哭倒。持此种观点的人认为，孟姜女传说与武士杞梁之妻的传说无关。所以我们研究的时候，不能机械地拿历史上的人物、事实，对照传说故事中的人物、事实，以证明真实不真实。

　　孟姜女的故事历经唐、宋、元、明、清各代文人的共同创作，以至到今天出现了各种不同的版本，男女主角的姓名、身世、故事细节、哭城地点，都有不同的说法。究竟哪种说法最有说服力，学者们还在争论，目前还难以达成共识。

刘邦为何要偷韩信兵符？

　　楚汉战争开始时期，项羽有明显的优势，而刘邦则处于下风。但是，刘邦麾下有一批文臣武将为他卖力，终于转弱为强。其中，萧何、张良、韩信三人的贡献尤为突出。但是，谁曾想到，刘邦这位汉王还曾冒充使者偷过韩信的兵符，确切地说，是"夺"兵符。

　　楚汉战争时，项羽的军队击败彭越后，听到刘邦收复成皋的消息，来不及进一步追击彭越，又挥师西进，再次包围了成皋。在项羽的围攻下，刘邦在成皋不敌，与夏侯婴乘车独自从成皋的北门逃出，渡过黄河至修武（今河南修武县东）。这时韩信和张耳率军伐赵，

韩信像
淮阴人，我国历史上著名的军事家。在整个楚汉战争中韩信发挥了卓越的军事才能，为汉王朝的建立作出了重要贡献，他的用兵之道也为后世兵家所推崇。

正在修武一带清除残敌。刘邦逃来后，没敢暴露身份，先在当地驿站住下。第二天一早，自称是刘邦派来的使者，进入韩信和张耳的军营。这时韩信和张耳还没有起床，刘邦进入他们的卧帐，将其印符夺过来，然后召集众将领来集合，向他们发布命令。

　　韩信和张耳以为来的是刘邦的使者，可是等他们起床后仔细一看，才知道是刘邦。原来，刘邦只身从成皋逃出，来到韩信和张耳的军营，是想调他们的军队支援成皋的战场。可是他又怕独自一个人来，万一韩信和张耳看到其狼狈相，不听他的命令，不但军队调不成，自己还可能有危险，所以才冒充刘邦的使者，先把韩信和张耳指挥军队的印符夺过来，然后才表明身份。这样刘邦就顺利地夺了他们的兵权，让张耳守赵地，任

命韩信为相国，要他在赵国征兵再去进攻齐国。

西楚霸王不肯过江东是为虞姬吗？

　　"生当作人杰，死亦为鬼雄。至今思项羽，不肯过江东。"这是著名女词人李清照的名作。项羽是秦末农民起义军的领袖，为人刚愎自用，独断专行，因而在楚汉之争中落败，最终落得个自刎乌江的下场。项羽为何不渡乌江呢？两千多年来，人们有种种说法。

　　有一种观点认为，西楚霸王不过江东，是因为虞姬已死。

　　项羽的死与虞姬的死有必然联系吗？两者之间有联系，有学者就认为项羽因"虞姬死而子弟散"心生羞愧，因而不肯过江，拔剑自刎。这样说很有道理，但单纯说项羽不肯过江东是因为虞姬之死就显得论据不足。而这与《史记》上说的"项王笑曰：'天之亡我，我以何渡！且籍与江东子为八千人渡江而西，今天一人还，纵江东父兄怜而王我，我何面目见之？纵彼不言，籍独不愧于心乎？'"这段话一致。"子弟散"，一方面符合他说的"天之亡我"，一方面也是"无颜见江东父老"的原因。项羽即便过江，败局已定。因而，他选择了不渡乌江。

虞姬像

　　但有的学者提出，自固陵战败后，项羽连连败退，退到垓下，垓下突围又逃往东南，一直逃至乌江边。由此可见，他早有退守江东之意，并且是一路逃奔。如果说项羽因失败使江东八千子弟葬送性命而愧对江东父老的话，垓下被围时，"虞姬死而子弟散"，他就应羞愧自杀。渡淮之后从骑仅百余人，至阴陵又迷了路，问一农夫，结果被骗，身陷天泽，被汉军追上。如此狼狈的境遇他也没有羞愧自杀呢！逃至东城，汉骑将之包围数重。尽管他"自度不得脱"，但还是把仅剩的二十八骑组织起来作了一番拼杀，又"亡其两骑"。这时候项羽仍"欲东渡乌江"。因而认为他好不容易逃到乌江岸边时却反而感到羞见江东父老而自杀似乎有些说不通。项羽的羞愧之心来得太突然，也不合情理，很可能是司马迁为使情节完整而下笔渲染的情节。

　　有人认为项羽不渡乌江是出于一种高贵的品质，是从早日消除人民的战争苦难考虑的。认为项羽认识到了长期内战使人民痛苦不堪，希望这场战争尽早结束。项羽确实曾有结束战争的愿望，也曾想过通过他与刘邦的个人决斗来将战争结束，他觉察到"楚国久相持不决""丁壮苦军旅，老弱罢鞍漕"，所以对刘邦说："天下匈匈数岁者，徒以吾两人耳，愿与汉王挑战决雌雄，毋徒苦天下之民父子为也。"最后他甚至不惜违背自己个性，想要牺牲自己的利益通过和谈换取刘邦的让步，以鸿沟为分界。但是刘邦却违约出兵追杀楚军。当项羽失利并且认识到自己无法立即消灭刘邦而又无法谈和的情况下，项羽只有牺牲自己以结束数年的残杀。据说，项羽当时还是有可能与刘邦抗衡的。

　　项羽为何乌江不渡？2000多年来，无论是文人骚客，还是历史学家都给予极大的关注，但至今难有定论。

李广为何难封?

"但使龙城飞将在,不教胡马度阴山!"这是唐朝著名边塞诗人王昌龄的诗。诗中的"飞将"是指汉朝的将军李广。李广是一位颇具传奇色彩的人物,他一生征战无数,为汉王朝立下了累累战功。然而不知为什么,这样一个优秀的军事将领,又在那样一个帝王开疆拓土、以封侯赐爵奖励军功的年代,却始终没有得到封侯,后世遂有"冯唐易老,李广难封"一说,文人亦用以慨叹自己的命运。

李广为何终不能得封侯?

一说认为李广之所以不得封侯乃是因为"杀已降"。李广在世的时候,眼看着身边的大大小小的将领都已经封功授爵,而自己身经百战却始终身居下僚,心里感到十分疑惑。于是他找到"操望气之业"(相面)的王朔,请教说:"自汉击匈奴而广未尝不在其中,而诸部校尉以下,才能不及中人,然以击胡军功取侯者数十人,而广不为后人,然无尺寸之功以得封邑者,何也?岂吾相不当侯邪?"王朔问李广平生可有憾事,李广自言说任陇西太守时,曾杀过已经投降的八百名羌人,这是自己最后悔的事。针对此,王朔说:"祸莫大于杀已降,此乃将军所以不得封侯者也。"这个看法在日本史学界得到了相当多的人的赞成。但是这一说法明显带有强烈的唯心论色彩,且王朔不过是以李广之憾事来消除李广心中不得封侯的怨气罢了。国内持此说法的人不多。

明人董份认为,"广不能忘一尉之小憾,乃知功名不成,非特杀降也,亦浅中少大度耳,其不侯故宜",认为李广是一个心胸狭窄的人,因此不得封侯。此说是以李广"杀霸陵尉"为依据的。史料记载李广曾因兵败而丢了将军的职位,被贬为庶人的李广一天夜晚回家路过霸陵亭。霸陵尉不予放行,李广手下的人说情道:"这是过去的李将军。"酒醉的霸陵尉轻蔑地回敬道:"当今的将军尚且不能夜行,何况过去的将军!"后来李广复职,很快就借故杀了霸陵尉。董份以此认为李广乃"少大度"之人,所以功名不成。

宋朝人黄震则以为:"李广每战辄北,因踬终身。"即认为李广是一个常败将军,因此

自然得不到封赏。司马光也持这种说法,认为当时的将军程不识虽然没有功劳,但是也没有失败,而李广却经常使军队陷于覆亡之境地,既然如此,当然不能封侯。但是这种说法显然是不合理的。做出此说的依据多是《史记》,但是司马迁写《李将军列传》的时候仅仅记载了李广一生中的几次战事,而不是说李广大小七十余战,一无战功。倘若李广屡战屡败,司马迁何以称他为"名将",匈奴兵何以敬畏地称之为"飞将军"?

一说认为李广"治军不严",所以受此冷遇。宋朝人何去非认为,"自汉师之加匈奴,广未尝不任其事,而广每至败衄废罪,无尺寸之功以取封爵,卒以失律自裁者,由其治军不用纪律。"这种说法显然也经不

起推敲，因为何去非显然忽略了李广本人小事上可能不拘一格，但是对征战大事还是肃审慎严的，并且他的部下也个个愿意为之冲锋陷阵。并且，所谓李广"治军不严"的说法，不过是和程不识的治军整严相对而言。而司马迁明确指出，李广和程不识一样都是好将军，不过是治军方式不同而已。

还有一种说法认为李广的不公平待遇乃是由于汉武帝的偏见和卫青的压制。李广数次征战失利，使汉武帝对他产生了偏见，觉得他"数奇"（即不吉利），不胜重任。所以李广最后一次出征时，汉武帝就嘱咐统帅卫青，不让李广居前夺首功。卫青也出于私心，让好朋友公孙敖出任前锋，代替了身为前将军的李广，致使李广失道触犯军律，遂自刎而死。这种说法从汉武帝时代的政治、军事上探索原因，视野较为开阔，但是依然有很多的疑点。

李广自杀前慨而言"岂非天哉！"王维亦在诗中感叹"卫青不败由天幸，李广无功缘数奇"，然而真的是一句"天意"就能解释了吗？李广悲剧的一生，犹让今人唏嘘着。"李广难封"之谜的解开，也许能让人稍微释怀吧。

李广射石图　清　任颐
唐代诗人卢纶诗："林暗草惊风，将军夜引弓，平明寻白羽，没在石棱中。"即讲李广射石这件事，极力称赞李将军的高超箭术和神勇。

司马迁死因之谜

司马迁是我国历史上伟大的史学家和文学家，他的50万文字的巨著《史记》被鲁迅称为"史家之绝唱，无韵之《离骚》"。由于《史记》在我国历史上的重要地位，历代专门研究《史记》和司马迁的学者众多，论著不断涌现。但值得注意的是，对于司马迁的卒年和死因的问题，由于史料的缺乏，至今没有准确的说法。

正史中未记载司马迁卒年，有人认为是善终的证明，有人则认为这恰恰说明司马迁并非寿终正寝。他是在遭受腐刑之后，怀着悲愤和憎恨之情写作《史记》的，书中多处流露出对西汉王朝特别是对汉武帝的不满，因此极有可能是被陷害致死的。

《汉书》记载司马迁受刑之后，又"尊宠任职"，为中书令，可说是"载卿相之列"。但郭沫若认为《盐铁论·周秦篇》中的既"下蚕室"又"就刀锯"，就是暗指司马迁的再度下狱致死之事。这两种观点至今针锋相对，不能判定谁是谁非。

也有人认为司马迁可能死于汉武帝晚年的"巫蛊之狱"。治巫蛊使者江充因与太子刘据有怨，想要借武帝之手杀太子。太子杀江充后自杀，武帝先治巫蛊之狱，转而治太子死之狱。这场灾难牵涉到很多官员，司马迁恐怕也难以幸免。

还有人认为司马迁死于武帝之后。因为《史记》各篇里都有汉世宗谥号"武帝"。如果

司马迁祠

司马迁死在武帝之前，又怎会知其谥号？

司马迁到底是"有怨言，下狱死"，还是因"巫蛊之狱"累及而死，或是平安活到武帝之后，至今难有定论。

第二节　文化迷踪

历史上有无徐福东渡日本之事？

"蓬莱"因秦始皇遣方士徐福率三千名童男童女去寻找长生不老之药而得名。自唐开元年始，它就被命名为"蓬莱乡"，风景秀丽，有"海上仙境"的美称。据说秦始皇十分憧憬得到服后可以成仙的仙草"养神芝"，与天地同寿，与日月齐庚。于是授命徐福东渡为他寻找不老仙药。

《史记·秦始皇本纪》中注明徐福是个读书人，除了读儒书外，同时也阅读了大量关于阴阳五行、修真炼丹等方面的书籍。他交游非常广泛，当时和齐国的侯生、燕国的卢生交情甚好。

然而，历史上对徐福东渡到底到了何方却有争论，有人说去了日本，有人说去了南洋，也有人说到了美洲，更有人说到了海南岛。这当中，呼声最高的是说徐福当年东渡去了日本。

《史记》和《汉书》是中国历史最有权威性的两部史书，这两本史书中都有记载徐福东渡日本，其可信度还是相当高的。此外，五代后周时期义楚和尚所写《义楚六帖》中说："日本亦名倭国，在东海中，秦时，徐福将五百童男，五百童女，止此国也，今人物一如长安，又东北千余里有山，名富士，亦名蓬莱。徐福止此，谓蓬莱，至今子孙皆曰秦民。"证明徐福东渡地是日本。而宋代欧阳修和司马光文集等都有相似的记载，他们也认为徐福东渡到日本，明初，日本和尚空海到南京，向明太祖献诗，还提到了日本的徐福祠。民间传说就更多了：徐福东渡是公元前中国历史上的壮举，秦始皇派徐福三次东渡求仙药，徐福求药不成，却把秦帝国高度发展的造船、航海技术和政治制度、文化艺术、生活方式，还有冶炼、农耕、建筑、医药、文字、货币、宗教、武术、服饰、瓷器和当时世界最先进的科学技术带到了日本，还带去了一批谷物种子粮食等，对于开发、发展日本的生产力是十分有利的，三千人繁衍生息的同时，也传播了中华民族的传统文化。

对此，日本也有大量的史志记载：《富士古文书》："徐福一行奉秦始皇之命，到富士山取不老长寿药，因以居也。"《国文通考》有如下记述："今熊野附近有地曰秦住，土人相传为徐福居住之旧地。由此七八里有徐福祠……"颇具说服力的是，当时徐福的东渡出发点千童镇有一项闻名遐迩的民间文艺活动"信子"，在偌大中国是独此一家，而在日本也有，只是名叫"尸子"；而现在仍保留有徐福墓、徐福祠的日本新宫市，至今每年都要举行大祭仪式。此外，还有人根据古代中国和日本的海上往来，海船的营造规模和古文物发掘，推测了徐福东渡到日本的路线。

徐福在日本的地位很高，从九州到本州的二十多处地点，流传着有关徐福的登陆地点、活动遗迹、祠庙和墓葬等传说，同类遗迹往往重复地见于多处地点，并且长期以来成为民间信仰崇拜的对象。尤其日本各地民众，称徐福为"王"，并尊他为"弥生文化的旗手"。日本现有徐福陵墓5座，祭祀庙祠37座，因徐福登临而得名的蓬莱山有13座，各种遗址和出土文物数以百计，各地历代传承和近代成立的徐福纪念组织和研究机构就有90多个，祭祀节典和仪式多达50多个，以秦和徐为姓氏的有17个。在日本的佐贺、新宫、富士吉田这三个地方，祭祀徐福不仅是当地民众的重要信仰，而且已发展成重要的文化和旅游产业。参加徐福祭祀和纪念活动的，不仅有工、商、学、军和各界著名人士及民众，还有政界官员等。

徐福出海并东渡日本这一伟大历史事件，历来为中日学界所重视。中外文献对徐福航海并东渡日本对中日文化交流的重大贡献，都给予肯定性评价。

但是有些中日学者也对徐福东渡日本提出了疑问：他们认为，秦始皇灭六国后，中国人为了逃避秦始皇的暴政，大量移民日本，但是这其中并不包括徐福及其率领的童男童女们；徐福的故事只不过是民间传说而已，找不到可靠的历史文献来证明；更有人认为，徐福东渡日本的传说，是日本10世纪左右的产物，并非最先由中国人提出来的，徐福当时到的只是渤海湾里的岛屿，他在日本的事迹、遗迹、墓地，均属后人虚设；还有学者认为新宫市的徐福墓和其他遗迹都是后人伪造的。有的日本学者还做了实地调查，进一步证实了这一点。他们认为，徐福东渡日本的传说，是由于汉唐以后，日本和尚常到中国散布徐福的故事，被人不辨真伪地记入书中，发展到后来，人们就对这样的传说深信不疑了。

另外，又有学者认为，徐福东渡是历史事实，但不是去了日本，而是去了美洲：因为徐福东渡的时间与美洲玛雅文明的兴起相吻合，檀香山遗留下带有中国篆书刻字的方形岩石，旧金山附近有刻存中国篆文的古箭等文物出土，这些古代文物当是徐福这批秦人经过时所遗留的。

迷雾茫茫，徐福东渡究竟是不是去了日本，至今仍然是一个解答不出的谜。

秦始皇传国玉玺下落追踪

玉玺是国家权力的象征，其自身也具有无比珍贵的价值。随着朝代的更迭，玉玺也经历了风风雨雨。秦始皇统一中国之后，为了显示其至高无上的权威而令玉工孙寿为其刻制了一枚国玺。国玺是以闻名天下的和氏璧刻成，玺方四寸，其上盘曲巨龙，李斯手书的"受命于天，既寿永昌"八个形如"龙凤鸟鱼"之状的篆字镌刻其上。

"玺"和"印"在秦汉之前并无尊卑之分。自秦始皇后，玺成为皇帝专用。因为它是用玉刻成的，所以国玺又称玉玺。

凭此玉玺秦始皇原想将皇位代代相传，没想到秦二世便亡国了。从此，这象征着至高无上权力的玉玺也便成为历代帝王争夺的对象。他们为这块玉玺而钩心斗角，互相厮杀。

在秦朝末期，刘邦进入咸阳，子婴在举行了投降仪式后将传国玉玺献给了刘邦。到了西汉末年，王莽篡权，他命其弟王舜进宫向其姑母孝元太后逼索传国玉玺。太后一怒之下将玉玺掷到地上，撞破了一角。王莽用纯金把撞去的一角补上。王莽失败后，传国玉玺落入东汉开国皇帝刘秀之手。东汉末年，十常侍作乱。汉少帝夜出北宫，却把传国玉玺丢失了。后来孙坚攻入长沙，在城南甄官井捞出一宫女尸体，从其项下锦囊中的一个金锁锁着的小匣子内发现了玉玺。孙坚死后，袁术拘捕了孙坚妻子而夺得玉玺。袁术兵败身亡后，传国玉玺落入曹操之手。西晋统一后，司马炎得到了玉玺。西晋灭亡之后，玉玺流落到北方十六国。后来，有人将传国玉玺献给了东晋皇帝。东晋灭亡后，玉玺被刘裕得到，开始在南朝宋、齐、梁、陈中流传。隋文帝灭陈后，获得传国玉玺。隋末，隋炀帝被宇文化及杀死，玉玺落入宇文化及手中。宇文化及兵败后，窦建德得到玉玺。窦兵败后，唐高祖李渊又得到玉玺。从此以后，玉玺在唐传了370年。最后，玺被后梁皇帝朱温获得。梁之后，玉玺归后唐。公元963年，石敬瑭勾结契丹耶律德光攻打洛阳。后唐废帝李从珂见失败已成定局，便带着玉玺登玄武楼自焚了。传国玉玺从此便没了踪影。

随着时间的流逝，一度失踪的玉玺据说又重现人间，并被元顺帝的后人博硕克图汗得到。元太祖成吉思汗的嫡系后裔林丹汗得知了这一消息，他认为这玺应属于他，便用武力把它从博硕克图汗手中夺了过来。后来玉玺又被皇太极用武力夺去。皇太极得到之后，才发现玺上刻的是"制诰之宝"，并非秦始皇的传国玉玺。但皇太极为了宣扬"天命所归"，对外仍称获得了传国玉玺，于是改"金"为"清"，建立了大清国。后来清朝统一了天下，就将这颗假传国玉玺当成了清朝传国的宝物了。这是关于玉玺下落的第一种说法。

除此之外，还传说北宋时咸阳的一位农民耕地时发现一方玉印，上面刻着"受命于天，既寿永昌"八个字。当时的宰相蔡京得知这一消息后，命拿来考证。最后他宣称这就是秦始皇的传国玉玺。此事曾轰动一时。到后来这块玉玺被一位曾在美国侨居多年的国民党军官得到了。"文革"

完璧归赵画像石

期间，这位军官要在澳门出售这块玉玺，香港的一位爱国人士得知这一消息后，表示愿收购这块玉玺捐赠给祖国。但经专家鉴定后说这方玉玺是赝品。此后也有一些关于玉玺下落的传说，但真实性都值得怀疑。

唯一能肯定的是，秦始皇的传国玉玺肯定尚在人间。因为据专家介绍，用来雕制传国玉玺的和氏璧是玉石中的"柱长石"，能耐1300摄氏度的高温，所以一般火焚化不了它。由此说来，说不定哪一天这方传国玉玺会真的重现人间。到那时，关于玉玺下落的谜团就会解开了。

王昭君为何出塞？

"千门万壑赴荆门，生长明妃尚有村。一去紫台连朔漠，独留青冢向黄昏。"这是大诗人杜甫写王昭君的著名诗句。王昭君是历史上的四大美人之一，西汉时出塞到匈奴。有关昭君出塞的史料，《汉书·匈奴传》和《后汉书·南匈奴传》等正史中都有所记载，但是，关于昭君出塞的原因，却一直是个众说纷纭的话题。

昭君出塞首见于《汉书·匈奴传》。该传记载说："竟宁元年，单于复入朝……自言愿婿汉氏以自亲。元帝以后宫良家子王嫱字昭君赐单于。单于欢喜……王昭君号宁胡阏氏，

昭君墓
位于今内蒙古自治区境内，因其墓上青草至冬不枯，人称"青冢"。

生一男伊屠智牙师，为右日逐王……复株累单于复妻王昭君，生二女，长女云为须卜居次，小女为当于居次。"昭君出塞后大约460多年，范晔在其《后汉书·南匈奴传》中又对此事做了进一步的说明，解释了昭君出塞的原因，说她入宫后多年未受召幸，因而心生怨愤，正当此时匈奴呼韩邪单于到汉宫求亲，于是昭君就向元帝求行，自愿合番。临行前，"昭君丰容靓饰，光明汉宫，顾景裴回，竦动左右"。元帝被昭君的美貌震惊，非常后悔，但是又没办法失信于匈奴，所以只好让她去了匈奴。范晔的这种说法基本上是一个完整的故事，指出昭君出塞的原因是她多年不得见幸于皇上，在怨愤的情况下自愿合番的。而后代文人在此记载和民间传说的基础上添枝加蔓，逐渐演化成一个个情节丰满的昭君出塞故事，而各种故事关于昭君出塞的原因又不尽相同。

比较常见的说法是昭君受奸人陷害不得不去匈奴。据说，汉元帝有很多的后宫佳丽，因此不可能常见到每个宫女。于是他让画工给各个宫女画像，按照画像选召宫女。宫女们为了能被皇帝召幸，不惜重金贿赂画工，希望把自己画得漂亮些。初入宫廷的昭君未得此道，又自恃貌美，不愁皇帝不召见。所以当画工毛延寿给自己画像的时候，她不仅没有贿赂毛延寿，相反还对他的暗示加以讽刺。毛延寿很生气，所以就把昭君画得很丑。就这样昭君在后宫消磨了几年青春。

恰好这时候匈奴呼韩邪单于来朝，要求娶汉家女子为妻。元帝正愁无法抵御匈奴的侵犯，见呼韩邪单于来朝求娶，觉得正是开展和亲外交的好时机，立刻就赐其五名宫女。昭君久居深宫，寂寞冷清，积怨很深，于是她主动要求远嫁匈奴。汉元帝见有如此主动的宫

昭君出塞 清

女，马上就答应了她的请求。

辞行的大会上，昭君将自己盛装打扮，她的明艳动人令满庭佳丽黯然失色。元帝见到昭君惊叹不已，非常后悔，但是既然已经将她许给匈奴王，自然君无戏言，所以只好忍痛割爱，让她出塞和亲。但失去如此绝代佳人使他大为恼火，于是杀掉了索贿作弊的画工毛延寿。

据史载，昭君的和亲使汉匈关系从此和睦，边境安宁，百姓安居乐业。昭君本人也很受呼韩邪单于的宠爱，称其为"宁胡阏氏"，意思是说通过这次和亲，将与汉家建立永远和好安宁的关系。汉元帝也很高兴，下诏改元为竟宁元年，表示取得永久和平相处的局面。

这个故事描写了一个弱女子牺牲个人以保护国家，并且是在满怀怨愤的情况下远嫁塞外，因而昭君赢得了后世的同声叹息。但是这个带有唯美倾向的故事往往被认为是文人骚客抒发自己对君主不满的方式。并且有人查证，这个故事中的一些情节与史实是有出入的。

首先，匈奴经过汉武帝时期的征讨以及内部的纷争，势力已经大减，到汉宣帝时，呼韩邪单于曾两次到长安觐见汉皇，决心归依汉朝，协助汉朝征服保护边境，因此这个时候边境形势已经趋于和平安宁。等到汉元帝即位的时候边境已经安宁，这才是改年号竟宁的原因。并且正是竟宁元年时呼韩邪单于来朝求亲，说明并不是因为昭君的出塞使边境安宁。

其次，毛延寿索贿不成报复王昭君的说法，很可能源于笔记体小说《西京杂记》。这本书是由晋代好事的文人缀合而成的，成书时间距昭君时代有300多年。画工丑化昭君而被杀的故事本来是小说家言，而后世又将《西京杂记》中所列六名画工之首的毛延寿当作导致昭君悲剧的罪魁祸首，更是有附会的嫌疑。

第三种说法更为浪漫，颇似后来唐玄宗痛舍杨贵妃的情节。

这个说法说，才貌双全的昭君与汉元帝一见钟情，恩爱无比。而画工毛延寿获罪朝廷后逃窜到匈奴，向单于献上昭君的画像，并盛赞昭君之美貌。单于于是向汉朝强索昭君，并欲发动战争。元帝最后迫不得已，割爱送昭君出关。单于得到昭君后，对昭君宠爱有加，并主动与汉室和善，送解毛延寿归汉，为元帝所斩。后元帝因思念昭君，怏怏成疾，当年就死去了。两年后，昭君因不愿改嫁而保节自尽。后人对昭君出塞对边境安宁所作出的贡献推崇备至，写诗赞道："为救苍生离水火，甘教薄命葬烟尘""将军杖钺妾和番，一样承恩出玉关。战死生留俱为国，敢将薄命怨红颜"等，高度赞扬了昭君的忠君爱国精神。元代散曲家白朴曾有《汉宫秋》传世，大致采用此说，只是写昭君在去匈奴的途中，投水自尽，更为悲壮。

关于昭君出塞原因的说法，民间传说和史籍记载各不相同，有些不乏为后世杜撰的东西，因此可信度不高。但是由于史料没有对此作出明确记载，所以昭君出塞的原因依旧是一个谜。杜甫说"一去紫台连朔漠，独留青冢向黄昏"，也许，昭君的青冢只能在历史中继续诉说自己的故事了。

第三章　三国两晋南北朝秘史

第一节　名人谜团

刘备真的"三顾茅庐"了吗？

　　"三顾茅庐"这个成语典故的出处妇孺皆知。我国古代四大名著之一《三国演义》写刘备"三顾茅庐"聘请诸葛亮出山辅助他成就帝业的故事，将刘备的礼贤下士的态度写得栩栩如生，把刘备对诸葛亮的敬仰之情，关羽、张飞的居功自傲描绘得惟妙惟肖，入木三分，这段"三顾茅庐"的故事，是罗贯中根据陈寿《三国志·诸葛亮传》中的记载，加以艺术构思而创作的。但刘备为请诸葛亮出山究竟是不是"三顾茅庐"？学术界各有说法。

　　《三国演义》中关于这第一次见面的记载是：刘备带领军队驻扎新野时，徐庶对刘备说："诸葛孔明者，卧龙也，将军愿见他吗？"刘备说："你带他一起来吧。"徐庶说："可以主动登门去见此人，但不能让他来拜见您。"可见，刘备亲自到诸葛亮那里去请求拜见、赐教。共三次前往，才得以相见。但没有写关公、张飞同往，也没有说明是在茅庐中相见。

　　诸葛亮自己写的《出师表》中也说："先帝不以臣卑鄙，猥自枉屈，三顾臣于草庐之中……"这几句话，证据确凿。陈寿在《三国志》中写到了《隆中对》，对刘备三次往访以及诸葛亮论天下形势的内容记载得更为详细。刘备"三顾茅庐"一直被当作礼贤下士、重视人才的典范。刘备当时困难重重，急需人才，从情理上看，"三顾茅庐"是极有可能的，所以历代没有人对此事的真实性有过怀疑。

　　但现在有人提出另一种说法，认为"三顾茅庐"的记载难以令人相信。诸葛亮是位胸有宏图之士，刘备请他出山，当然正合其意，他岂能大摆架子，而不抓住这个可能失去的机会？当时的诸葛亮只有 27 岁，刘备则是个有声望的政治家，对诸葛亮怎能那样低声下气地苦求？虽然前一种说法中以《隆中对》作为证据，但当时，曹操几十万南征大军正威胁着刘备，

诸葛亮像

三顾茅庐图　明　佚名

《隆中对》不提这个紧迫的现实问题，是不合乎情理的。同时，刘备第一次见诸葛亮，不会安排现场记录。所谓《隆中对》，很有可能是后人附会《出师表》而杜撰的。据此，"三顾茅庐"之说就不可信了。

三国人鱼豢写的《魏略》中，也提到了刘、诸葛二人第一次相见的情景。《魏略》中说刘备屯兵于樊城时，曹操方已统一黄河以北，诸葛亮预见曹操马上就要对荆州发动进攻。荆州刘表性情懦弱，不晓军事，难以抵抗。诸葛亮于是北行见刘备。刘备因为诸葛亮年纪小，根本不重视他。诸葛亮通过谈论对当今政局的对策，才使刘备逐渐信任他。最后，刘备才"以上客礼之"。西晋司马彪《九州春秋》的记载也大同小异。

从诸葛亮本身的积极进取的态度来看，《魏略》《九州春秋》的记载也有一定的可信度。

有人则调和了这两种说法之间的冲突，认为"三顾茅庐"与诸葛亮的樊城自请相见都是真实可信的。清代学者洪颐煊在《诸史考异》中说诸葛亮初见刘备于樊城，刘备虽以上客待之，但没有特别器重他。等到徐庶举荐时，刘备再次相见，才逐渐有了很深的感情。并指出：在建安十二年初见，再次相见是在建安十三年。诸葛亮后来非常感激，因而记入了《出师表》中。

诸葛亮与刘备究竟是"一见"，是"再见"，还是"三见"，这只有当事人知道了，然而，"三请诸葛亮"的故事却流传了下来，吸引了无数人。

刘备陵墓之谜

三国时蜀国皇帝刘备，其死后所葬的惠陵，至今仍然依傍在武侯祠旁。从现有的材料看，从未见惠陵被挖掘过的文字记录，甚至还有盗墓者进入惠陵被神鬼严惩之传说。这就让后人产生了疑问：历来皇帝陵墓鲜有不被盗挖的，为何此墓却完好无损？难道真的有神仙保护吗？显然这只是后人杜撰出的无稽之谈。为此，早在两宋时期就有人怀疑惠陵并不是真的刘备墓，而只不过是纪念刘备的衣冠冢。

那刘备真正的陵墓是在哪里？

有人坚持惠陵即是真的刘备墓。史书记载，关羽败走麦城，为东吴所杀，刘备为了给死去的兄弟报仇，亲自带领军队攻打东吴，然而不幸大败。兵败后的刘备退回到了白帝城，在公元223年四月病逝。五月，诸葛亮扶灵柩回到成都，八月下葬。这说明刘备的陵墓确实就在成都的武侯祠，并且今天的武侯祠内确实也还有刘备陵墓的建筑。《三国志》记载说，刘备死后，尸体由奉节运回成都，后与甘夫人合葬在惠陵。《三国志》的作者陈寿曾任蜀汉的观阁令史，专门负责文献档案的管理工作，则他关于刘备墓地的记载必定是可靠的。

1985年，陈剑提出刘备应是葬在奉节。他认为，刘备死于四月，八月时下葬，并且是由奉节（即白帝城）运往成都。这里的四月和八月按照古时计月方式应是农历四月、八月，则此时的四川，正是酷热的夏天，温度极高，尸体最容易腐烂发臭。更何况，白帝城与成都之间相距千里，又都是逆行而上的水路和崎岖难行的山路，以当时的交通条件，即使是单行也需要一个多月的时间，若是大军扶灵枢而行，该用多长时间才能抵达成都？此外，当时几乎没有防止尸体腐烂的保鲜技术，一些民间的所谓的可以防止尸体腐烂的方法经专家的鉴定其实都是没有效果的。这样分析，刘备尸体在一个多月的时间里必然已腐烂不堪了。诸葛亮怎么可能拉着腐烂的帝王尸体，经过长达三个多月的时间去长途跋涉，非要刘备葬于成都？这显然不合情理。陈剑还指出，宋元以来的典籍和地方志大都记载说甘皇后葬在奉节，而据《三国志》所载，刘备是和甘皇后合葬的，然而在惠陵中却没有甘皇后。这就表明刘备应该是和甘皇后一起葬在奉节。此外，历史上还有很多关于刘备葬于此地的传说，近代还曾在奉节城内发现了多处人工隧道口，很像是墓道。文物勘测队曾经使用超声波开展物探，发现在隧道所通往的当地人民政府大院内的地底深处，埋藏了两个建筑结构，分别为18米到15米，高5米，专家分析认为它们很可能就是刘备和甘夫人的真墓。

坚持惠陵说的学者又对此提出反驳。他们引《三国志·先主甘皇后传》关于甘夫人的记载说，甘夫人死后，被葬在今湖北江陵，后追谥为皇思夫人，并欲迁葬于蜀。然而甘夫人的灵枢还没有到，刘备就死了。之后护送刘备灵枢归成都的诸葛亮在途中给后主上奏章述及此，认为甘夫人"宜与大行皇帝合葬"，并告太庙。可见刘备确实是和甘夫人合葬于一处的。此事在陈寿的《三国志》中有非常明确的记载，陈寿生在蜀地，又在蜀国为官，怎么会把国君的墓记错？另外还有人说，秦始皇于酷暑死亡却也千里迢迢地运尸归葬咸阳，刘备为何不可？并且如果说秦始皇时期还没有较好的防腐技术，400年后的三国时期，防腐技术必然是大有发展的，因而说因天热而不可能运尸回成都，理由并不足信。更何况史书中有明确的记载说刘备归葬成都。

近来，又有人提出刘备墓是在四川彭山的莲花坝。地处牧马山、彭山脚下的莲花村依山傍水，并且向来被看作是风水宝地，是古人墓葬的最佳选择之地。并且，牧马山当时是刘备的养马场，刘备手下有四名心腹都是彭山人，因此说莲花村是其墓所在具有可能性。此外，牧马乡的莲花村自古就有皇坟的传说。附近的农民也说他们村里大部分都姓刘，都说皇坟里躺着的是刘备。

但是仅从地理位置的优越来判断刘备墓就在莲花村也不充分，明显的疑问在于：就是莲花村与成都相距很近，刘备尸体运

刘备塑像

刘备墓的神道

往成都安葬不合理，难道运到莲花村就合理吗？

历史上还有一个传说，认为刘备当年病死在白帝城，就在那里被安葬。对此人们解释说，三国时期正是历史上的乱世，这个时期的皇帝，无论是刘备还是曹操，他们都要防止自己的陵墓被破坏以及被后世盗墓者所毁。出自这样的心理，在刘备出殡时便四路进行，以求死后能得安生。

帝王都愿意自己死后依旧能享受到安乐的生活，然而他们的神秘和历史对其葬地的记载却让后人陷入迷雾之中。至今，各种传说虚虚实实，扑朔迷离，人们对刘备的陵墓依然在猜测不已，只能等待考古学者的进一步发现方能拨尽眼前迷雾。

曹操赤壁战败的原因是什么？

赤壁之战是中国历史上一次著名的以少胜多的战役，究竟是什么原因使曹操在赤壁之战中打了败仗呢？一般人认为曹军失败的致命原因是遭遇火攻。《三国志·蜀书·先主传》载："权遣周瑜、程普等水军数万与先主并力，与曹公战于赤壁，大破之，焚其舟船。"司马光在《资治通鉴》中也说，黄盖"乃取蒙冲斗舰十艘，载燥荻、枯柴，灌油其中，裹以帷幕，上建旌旗，预备走舸，纱于其尾。去北军二里余，同时发展，火烈风猛，船往如箭，烧尽北船，延及岸上营落"。曹军败在火攻上，证据确凿。可是，随着社会进步，近些年来，有论者提出了许多关于火攻论的质疑。他们认为曹操之所以会失败，是因为军队遭遇疾病瘟疫，导致战斗力丧失，而不是由火攻造成的，更为详尽的是，他们说是血吸虫病造成曹军赤壁战败的。

血吸虫论者也是根据史籍提出这一论点的。如陈寿在《三国志·魏书·武帝纪》中叙述赤壁之战时，并未提及"火攻"这件事。他说，曹公到了赤壁，与刘军大战，不占上风。后来发生瘟疫，士兵大部分都死了，于是带领部队回去。从曹军主帅曹操在战后写给孙权的一封信中可看出，他不承认失败是因为遭到火攻，其中写道："赤壁之战，有疾病侵袭，我烧船而退，使周瑜白捡了这个好名声。"而曹操所说并不是唯一凭证，《吴书·吴主传》中也有曹操自己烧掉战船一说："曹公烧剩余船而退败。"由此论者认为，火攻一说不足以取信。曹军失利主要原因就是瘟疫，即血吸虫病，其理由是：

第一，我国古代早已存在血吸虫病，远古医书中的周易卦象便有"山风蛊"之病症，在公元7世纪初的《诸病源候论》中也有关于血吸虫病一类的记载。现今，研究者在出土于1973年的长沙马王堆1号墓中的女尸肠壁及肝脏组织中也发现了大量血吸虫卵。由此可以看出，早在汉代，血吸虫病之患就在长沙附近存在着。大量调查资料表明，与赤壁之战有关的地区为血吸虫病发区，尤其是湖南湖北一带。

第二，论者根据赤壁之战的时间与血吸虫病的易感染季节推断，血吸虫病的流行季节正好是曹军迁徙、训练水军的秋季。曹军从陆地转战水中，是最容易染上此病的。血吸虫在人体中的潜伏期为一个月，它们在一个月以后才会使人出现急性症状。所以曹军在训练时期已经染上此病，个把月后，进入冬季决战时期，此病也已进入急性期，致使曹军遭受此痛折磨，不堪一击。孙刘联军也同样是水上训练和作战，为什么不会染上血吸虫病呢？关于这个问题，论者认为这要根据人免疫力的强弱来看。孙刘联军长期居住于南方疫区，具有一定抵抗力，即使得此病，也不会这么严重。曹军都是北方人，抵抗力差，所以患此病的症状严重，因而溃败。

然而，血吸虫病说也不可尽信，它比火攻论的争议还要多。《新医学》1981年11期与1982年5月25日的《文汇报》就这个问题相继载文展开争论，他们认为：

第一，曹操在邺而不是在疫区江陵训练水军，那里不是血吸虫病疫区，感染的可能性不是很大。

第二，史书确实记载曹操烧船退军一事，但烧船的地点不在赤壁而在巴丘，时间不在赤壁大战时，而在曹军兵败退到巴丘时。

赤壁之战旧址，在今湖北蒲圻。

第三，血吸虫病的潜伏期一般在一个月左右，少数在两个月以上，潜伏期越长，发病的症状也就越轻，所以即使曹军在秋季患上了血吸虫病，到大战爆发时才发病，曹军的身体状况也不会很糟糕。

第四，曹操的水军大部分是居于血吸虫病流行区的湖北人，跟孙刘联军的免疫力没有什么差别，除此之外，补充给曹操的刘璋军队也是来自疫区四川的士卒。所以，孙刘联军在免疫能力上与曹军没有高低强弱的分别。

火攻论不可尽信，血吸虫病说也有缺陷，那么，曹操在赤壁战败的原因，只能作为一个千古之谜留存于人们心中了。

苻坚指挥的淝水之战是否以多败寡？

淝水之战，是公元383年东晋与前秦在今安徽寿县一带进行的一次大战。"风声鹤唳，草木皆兵"的历史典故即出这场战争。

公元316年，西晋王朝灭亡。当时，占据陕西关中一带的氐族统治者以长安为都城，建立前秦政权。公元357年，苻坚做了秦王，他采取一系列改革政治和发展经济、文化的措施，使前秦国力迅速强盛，并基本统一了北方。在南方，琅琊王司马睿在建康（今南京）称帝，建立东晋王朝。东晋占有今汉水、淮河以南的大部地区。这样，就形成了秦晋南北对峙的局面。

公元383年，苻坚发兵南下，三路进军，攻打东晋。共有步兵60余万、骑兵27万、"羽林军"3万余骑，百万大军从东到西，绵延千余里。在苻坚重兵压境下，晋武帝采纳了谢安、桓冲等人的主张，下令坚决抵抗。他派将军谢石、谢玄等率兵8万沿淮河西进，以拒秦军；又派将军胡彬率领水军5000增援战略要地寿阳（今安徽寿县）。

不久，秦军前锋攻占寿阳。胡彬所部水军走到半路，得知寿阳失守，退守硖石（在寿县西北25里）。秦军为了阻挡晋军主力西进，又派兵5万进至洛涧（今安徽怀远县以南之洛水），并在洛口设置木栅，阻断淮河交通。胡彬因困守硖石，粮食用尽，处境十分艰难，写信要求谢石增援。不料胡彬的求援信也被秦军截获。由此苻坚判断晋军兵力很少，粮食供给十分困难，应该抓紧进攻，遂把主力留在项城，只带了8000骑兵赶到寿阳。苻坚先派尚书朱序到晋军劝降。朱序原来是东晋防守襄阳的将领，襄阳失守时被俘。朱序到晋军以后，不仅没有劝降，反而透露了秦军情况，并且建议说，如果秦兵百万全部到达，晋军难以抵抗，现在应趁它还没有到齐，迅速出击，打破它的前锋，大军就会溃散。

听过朱序的建议，晋军将领谢石、谢玄派猛将刘牢之率领精兵5000进攻洛涧。刘牢之分兵一部到秦军侧后，断敌退路，亲自率兵强渡洛涧，夜袭秦军大营。秦军果然抵挡不住。主将梁成战死，5万秦兵大溃，抢渡淮水，淹死1.5万余人。洛涧的胜利，鼓舞了晋军的士气。晋军水陆并进，展开全线反攻。苻坚在寿阳城上，看到晋军严整，攻势猛烈，十分恐惧，竟然把淝水东面八公山上的草木都当成了晋兵。

洛涧失利后，秦军沿着淝水西岸布阵，阻止晋军反攻。晋军将领谢玄派人用激将法对苻坚的弟弟苻融说：如果你把军队稍向后撤，让出一块地方，使晋军渡过淝水，两军一决胜负。秦军诸将都认为不能让晋军渡河，但苻坚却说：可以稍退一步，等到晋军兵马半渡之际，再用骑兵攻击，一定可以取胜。于是苻融指挥秦军后撤。秦军本来内部不稳，这一撤，造成阵势大乱，不可遏止。晋军乘势抢渡淝水，展开猛烈攻击。朱序在阵后大喊："秦

三男议事图　五胡十六国

军败了！秦军败了！"秦军后方部队一听，争相逃命。苻融见势不妙，急忙驰马赶到后面整顿部队，结果被晋军追兵杀死。晋军乘势猛追。秦军人马相踏，昼夜溃退，听到风声鹤唳，也以为是东晋追兵。就这样，几十万秦军，逃散和被歼灭者有十之七八，苻坚本人也中箭负伤，逃回洛阳。号称百万的前秦军队，被七八万东晋军队打得落花流水，这在中国战争史上是罕见的。因此，淝水之战历来被当作以少胜多的典型战例载入史册。

就是这样一个人人称颂的经典战例，却有人提出了质疑。他们对双方兵力之比提出新的见解。首先，前秦的百万军队是虚数。从当时北方人口的估计数看，前秦全国有百万军队已是惊人数字，即使有，苻坚也不可能全部征调伐晋，至少要留一些驻守各地重镇。更重要的是，这虚数百万也没有全部赶赴前线，苻坚到彭城时，凉州、幽冀、蜀汉之兵均未到达淮淝一带，因而根本没有参加淝水之战。

其次，当时集结在淮淝一带的军队，是苻坚的弟弟苻融率领的 30 万，他们也没有全部投入战斗，而被分布在西至郧城、东至洛涧 500 余里长的战线上。驻扎在寿阳及其附近的军队，充其量不过 10 万。加上苻坚从项城带来的"轻骑八千"，也不过 10 多万人，况且战争发生时，这些军队也不会全部投入战斗。正因为寿阳一带兵力不多，苻坚才会在看到晋军严整的阵容时，心中无底，产生草木皆兵之感。

最后，晋军共 8 万精兵，除刘牢之所率 5000 人进军洛涧外，均参加了战斗。当时，晋军在长江中游地区布置的兵力，本来就较雄厚，再加上新投入的 8 万，因此当秦、晋双方沿长江中游至淮水一线交战的时候，晋方在前线至少有 20 万以上兵力。再考虑到前秦军长途跋涉、晋军以逸待劳，前秦内部意见分歧、晋军上下一心等各种因素，晋军占了一定优势。因此，不论从两军交战的时候，还是从整个战役情况看，淝水之战时双方投入的兵力，是大致相当的。

长期以来，秦晋淝水之战是以少胜多、以劣势之军打败优势之军的辉煌战例。如今又提出了秦晋双方兵之比的新见解，淝水之战是否以少胜多又成为未解之谜，有待进一步破解。

王羲之终老何处?

东晋大书法家王羲之以其飘逸的《兰亭集序》流传后世,被历代书法家尊为"书圣",《兰亭集序》亦成为我国书法艺术中的瑰宝。根据《晋书·王羲之传》的记载,东晋永和十一年,也就是兰亭聚会后的两年,王羲之因为不受朝廷的重用,即"称病去郡",从此开始了山水之游。然而,王羲之"去郡"以后终老何处?只因史籍语焉不详,至今史家仍无定论。

第一种说法是认为王羲之终老诸暨苎萝。这种说法是根据宋朝《嘉泰会稽志》。该志记载说,王羲之"墓在(苎萝)山足,有碑。孙兴公为文,王子敬所书也"。《晋书孙楚传附

羲之爱鹅图　清　任颐

王羲之是东晋著名的书法家,相传他常常观察鹅游水的姿势,从中悟出了用笔之法,从而养成了好鹅的性情。他曾经以写一部《道德经》作为筹码换取道士的一只鹅,一时间传为美谈。此画即拟意于此。桥下塘水涟涟,竹叶披纷掩映,两只白鹅游弋水中。桥头王羲之凭栏观鹅,其面目清秀,神情专注,手拿团扇却忘记扇动,尽显儒雅、恬淡之气。身旁童子则以臂、颔撑栏上,一手下垂,双目一眨不眨,姿势自然全神贯注。作者以浓淡墨写意,人物用笔挥洒自如,面部晕染合宜,衬景用墨浓淡相间,尽显雅境之淋漓气息。全画设色淡雅,力脱时习,追古意而极具文人画气息。

绰》也记载说:"温、王、郗、庾诸公之薨,必须绰为碑文,然后刊石焉。"孙绰与王羲之是好友,有孙绰所作的碑文,又和正史的记载相符合。同时,主持编撰《嘉泰会稽志》的乃南宋的著名大诗人陆游,历史上向来都对此志的史学价值有较高的评价。所以以上的记载都当是可信的。

但又有人提出疑问:《晋书》中所说"王"姓者能妄断就是王羲之吗?难道不可能是王羲之的父辈王旷、王异,昆弟彪之、兴之,或者是侄辈徽之、越之等人?甚至也可能是与王羲之"不洽"的王述等。也就是说,凡是当时与孙绰友善的王姓贵族和文人都有可能是那个"王"姓者。另外一些认为王羲之的生卒年为公元321～379年的学者认为,孙绰比王氏早9年去世,王羲之怎么可能在孙绰生前就请他为自己写好碑文?可见说王羲之终老诸暨苎萝说是不足信的。

第二种说法认为王羲之终老于山阴。

山阴即今天的浙江绍兴。当年王羲之徙至山阴时,绍兴鉴湖水利工程使绍兴的土地得到了较好的垦殖。发达的农业,山清水秀的自然风光,王羲之被这一切深深地吸引了。曾经咏出"山阴道上行,如在镜中游"的千古名句。之后的几年里,他又在这里任会稽内史,美丽的山水风情已经让他"不能自拔",那么王羲之决心终老山阴就是情理中的事了。

还有一条史料可以证明王羲之终老于山阴,即智永移居云门寺。《绍兴县志》记载说,王羲之七世孙,隋初高僧智永,为了便于拜扫在绍兴云门山的先祖墓,便从永欣寺移居云门寺。智永作为王氏的后人,他书艺在当时也是堪称大家的。《宣和书谱》卷十七记录了后人对他的书法的评价说:"以羲之为师法,笔力纵横,真草兼备,绰有祖风。"作为书法家的智永所祭祀的先祖无疑是被人称为"书圣"的王羲之。

对此，有人提出了反对。持异议者提出，说王羲之因为喜好稽山鉴水而决心终老山阴，这根本就是一种臆测，王羲之所赏叹的地域岂仅限于山阴？这位喜好山水的人，所赞叹的地方还包括今天的嵊州市、新昌等地。若据此就判断王羲之"终老山阴"，不是很武断吗？至于智永，虽然他所谓的"先祖"可能包括王羲之在内的智永父辈以上的祖父、曾祖等人，但是因为智永并没有明确说明"先祖"究竟为谁，因而也就不能据此断定智永所说的墓就是为王羲之的墓。

第三种说法认为王羲之终老嵊县金庭。近年来很多学者都倾向于此种说法，颇有为大众认同之趋势。

学者们找到了很多可据的史料。如白居易在《沃洲禅记》中说，越之金庭，"高士名人许玄度、孙绰、王羲之等十八人或游焉，或止焉"。唐人裴通的《金庭观晋右军书楼墨池记》中说："（王羲之晚年）家于此山，书楼墨池，旧制犹在。"《浙江通志名胜》说王羲之的好友许询（玄度）听说王氏隐居在金庭，便特意从萧山迁到嵊县与王羲之为邻，死后葬在邻金庭的孝嘉乡济庆寺。李白还写诗说："此中就偃立，入剡（嵊州市古称）寻王许。"此诗中所说的"王许"当指王羲之与许询。此外，宋人高似孙撰《剡录》中记载有："金庭洞天，晋右军王羲之居焉。"并说："王右军墓，在县东孝嘉乡五十里。"在王氏第47世孙王鉴皓主修的《金庭王氏族谱》也记载说，公元361年，王羲之病逝，他的后人知道他喜爱金庭胜景，就将他葬于他的居宅旁边。《族谱》中明确指出了王羲之是"自琅琊迁会稽、自会稽迁金庭之祖"。在今天的金庭，还有很多当年的遗迹。现在的新合乡有十几个自然村都以王姓为主，村民多自称是王羲之的后裔。

王羲之为什么会想到去金庭度过晚年？人们分析说，王羲之所生活的年代正是佛道鼎盛之时，整个社会都盛行着尊佛隐逸之风，王羲之本人更是如此。他与当时的高僧竺道潜、支遁、道猷等人都有着密切的交往。竺道潜出身于琅琊华族王氏，和王羲之的父辈有交，他所居住的地方是当时佛道修行者的中心地；支遁在原属剡县的沃洲建寺院教导僧众，人数多达百人；当时的金庭被称为是道家第七十二洞天。崇尚隐逸的王羲之，为了方便与高僧交往，便在辞官后选中了金庭作为自己归隐终老之所。

虽然这个说法所依据的史料甚多，但还是有人它提出异议，比如对王氏《族谱》的怀疑，对王羲之墓中出土的砖乃梁大同年间一事的怀疑等等。

看来王羲之这位飘逸如其书法的逸士，其人终老何处，还会让后人继续争议下去。

第二节　文化迷踪

诸葛亮写过《后出师表》吗？

三顾频频天下计
两朝开济老臣心

这是后世对诸葛亮的赞颂。诸葛亮是在中国人心中有较高地位的政治家和军事家。当年刘备能在东汉末年那样一个群雄争斗的时代里建立蜀汉王朝，诸葛亮可谓功不可没。刘备死后，他的儿子刘禅即位。蜀汉政权在诸葛亮的主持下向曹魏政权发动了六次北伐。

历史记载，公元227年"一出祁山"之前，诸葛亮向刘禅呈递了《前出师表》，第二年"二出祁山"前又写的《后出师表》，"鞠躬尽瘁，死而后已"，就是其中最为著名的一句。

查诸史料，《后出师表》是刘宋裴松之注《三国志》时引录东晋习凿齿《汉晋春秋》的，而《汉晋春秋》中的这篇《后出师表》又是出自三国孙吴张俨的《默记》。除此之外，当时较为著名的史籍中，都没有收录《后出师表》。

因此，人们不得不向传统说法提出了疑问：诸葛亮真的写过《后出师表》吗？

有人做出了否定的回答。他们的理由是：

首先，《后出师表》的立意完全不同于《前出师表》。在《前出师表》中，诸葛亮雄心勃勃，充满了对北伐必胜的信心，并明确地表决心说"愿陛下托臣以讨贼兴复之效；不效，则治臣之罪，以告先帝之灵。"而在《后出师表》中，语气则明显沮丧，竟有"然不伐贼，王业亦之；惟坐待之，孰与伐灵"。不仅没有了往日之雄心，而且还作了如此的自我贬低。凭诸葛亮一向的表现，自然不会如此。

其次，《后出师表》中说"议者谓之非计"，看似是为说服别人进行北伐。但是根据历史记载，当时蜀汉并没有人反对北伐，那么诸葛亮何必有如此一说？

第三，《后出师表》中提及了一些与史实明显不符的事情，还有一些人名错误。《后出师表》中说："自臣到汉中，中间期年耳，然丧赵云、阳群、马玉、阎芝、丁立、白寿、刘郃、邓铜等及曲长屯将七十余人。"但是此表上于建兴六年（公元228年）的十一月，而《蜀志·赵云传》则说赵云"建兴七年卒"，并且阳群、马玉、阎芝、丁立、白寿、刘郃、邓铜等人，史书上都没有记载。可见，《后出师表》肯定有问题。

最后，从文辞风格上，前后《出师表》迥然不同。《前出师表》辞意恳切，风格高迈；而《后出师表》有大量的意义雷同、辞意庸陋的句子。两篇风格如此不同的文章，显然不是出自一人之手。

否定《后出师表》为诸葛亮所作的学者认为，《后出师表》可能就是张俨所作。但是有人提出，张俨其人对诸葛亮的北伐持有相当的乐观态度，这与《后出师表》中的悲观失望完全不同，因此不可能是张俨所作。又有人提出伪造《后出师表》的人可能是诸葛亮的侄子诸葛恪。诸葛恪在吴王孙权死后被任命为吴大将军。诸葛恪为了树立自己的威望和掌握兵权，

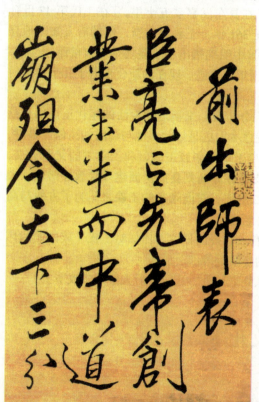

行书《前出师表》帖　南宋　岳飞

诸葛亮出师一表，天下闻名，千古传颂，评为表中杰作。历朝历代忠臣烈士、迁客骚人书之不倦，或寄托性情，或激励明志。岳飞此帖，传为行军至南阳，秋夜深深，秋雨绵绵，遥想徽钦二帝远囚北国，一时忠心触动，挥泪如雨，写就诸葛武侯出师表，墨气淋漓，豪情毕现。

打算发动对魏的战争。但是此举遭到了全国上下的一致反对。于是诸葛恪就伪制了《后出师表》，以使自己的伐魏主张有一个旁证，因此表中才有"议者谓为非计"一句。

对上面的观点，也有学者提出反对意见，认为《后出师表》确是诸葛亮所作。他们认为，由于诸葛亮和诸葛恪的亲戚关系，使诸葛恪完全可以得到诸葛亮的文字，因此《后出师表》确实是出自诸葛亮的手笔。

"出师一表真名世"——诸葛亮作完《前出师表》后，究竟有无写作《后出师表》？这还是一个谜。

中国古代到底有没有指南车？

有人认为黄帝是指南车的发明者。相传在4000多年前，黄帝同蚩尤在涿鹿大战，黄帝打败仗，因为蚩尤能作大雾，使黄帝的队伍迷失了方向。因此黄帝组织人力，研究创造了指南车，于是，再和蚩尤作战就取得了胜利。还有一个传说是西周初，居住在偏远南部的越裳氏派使臣来朝贺周天子，周天子怕他们回去时迷路，就造了辆指南车送他们。

上述传说给人们带来一系列思考：真的有指南车吗？它是什么形状的？

有一个叫马钧的人，生活在三国时期，是一个著名的机械制造家，他能做许多奇特的机械。他改进了提花机，使它操作方便而且省时，还能织出复杂精美的图案；他还创造出了龙骨水车，这个水车结构精巧，运转省力，为灌溉提供了连续不断的水源；他甚至还改进发明了兵器，据说，马钧改进了当时诸葛亮使用的一种"连弩"，让它在连续射箭的基础上再提高五倍的效率。他试制成一种很厉害攻城武器，叫"轮转式发石机"，能连续发射砖石，射程几百步；他还创造了"变幻百端"的"水转百戏"。这是一组木偶，利用机械传动装置，机关一开，各个木偶能够各自做着不同的动作，像是一台戏，机关一停，便马上停止运转。由此可见，马钧有杰出的机械设计才能并且发挥得淋漓尽致。

后来马钧在魏明帝的支持下，根据传说潜心研究指南车的造法。不久，马钧真的造出来一辆机械的、能指定方向的车子。他把齿轮传动机装在车上，车走起来，车上木人会自动指示方向。这种车子不同于利用磁铁造的指南针。

现在已看不到马钧造指南车的具体方法了，而且当时人们也没有使用指南车，只是作为陈设而束之高阁。西晋末，这辆指南车就下落不明了。留给后人的只是一个千古之谜。

后秦时，皇帝姚兴又让令狐生造了一辆指南车。可惜那辆指南车在后秦灭亡时，作为战利品被运到了建康。由于年久失修，机件散落，指南功能也就丧失了。

60年后的齐高帝萧道成忽然想起这个奇宝来，他让当时著名学者祖冲之再研制一辆指南车，祖冲之便闭门钻研。同时代的索驭林骥由于不服气也造了一辆。又过了几百年，北宋中期的燕肃和吴德仁都制造过式样不同的指南车。

指南车制造困难，比较笨重，实用价值不高。但古时人们对指南车的不断探索与研究，反映了我国古代人民辛勤劳动和不断创新的精神。正是由于几代人不断地辛勤研究，不断地改进和提高，才有我们今天指南针的问世。

曹植《感甄赋》为谁而作？

人称"才高八斗"的曹植，是魏文帝曹丕的弟弟。其人风流倜傥，文思敏捷，是建安文坛上一位叱咤风云的人物。然而他的任性纵酒，使其父曹操对他颇为失望，他的才华又遭到了其兄长曹丕的妒忌，终被一贬再贬，终身备受迫害。

曹植一生留下了很多千古名篇。公元223年所作的《洛神赋》尤其情采风流，被后人广泛传诵。该赋用浪漫主义的笔调抒写了自己的对洛水之神的爱慕之情。写作这篇赋时，曹植正处于政治苦闷之中。传统看法认为，此赋是借人神恋爱的悲剧，来抒发作者自己对君王的一腔衷情和怀才不遇的感慨，是"托词宓妃以寄心文帝"。所谓"虽潜处于太阴，长寄心于君王"，也正是借洛神之口说出了曹植自己的心声。

然而，唐代人李善在为《文选》作注时却说，这篇赋是曹植为了感念他的嫂子甄后而写的。该赋的原名是《洛神赋》，后来曹丕的儿子魏明帝读后，才为之改名为《感甄赋》。这种说法犹如激起了千层浪，舆论哗然。曹植爱上了他的嫂子了吗？这篇《洛神赋》真的是为了甄后而作吗？这无疑是不忠不义的违逆之举啊。千百年来，人们一直对此争论不一。

李善认为《感甄赋》乃是曹植为甄后所作，这种说法只有李善为《洛神赋》作注解时叙述的"赉枕"一事可以作为旁证。他说："（曹植）黄初中入朝，帝示植甄后玉缕金带枕，植见之不觉泣。时甄后已经被郭后谗死，帝已寻悟，因令太子留宴，仍以枕赉植。"曹丕乃为皇帝，为什么要将自己妻子用过的枕头送给弟弟？其居心是耐人寻味的。看来，曹丕应该知道他的弟弟曹植倾心于甄后，至少是暗恋甄后，所以以故意刺激曹植，让他"一辈子抱着枕头空悲切"。李善在注解中还说，曹植离开京城返回封国，途经洛水，想起了甄后，并与之相见，得到甄后以珠玉相赠，悲喜不能自胜，于是作了《感甄赋》。

但是翻开所有史籍，人们并不能找到曹植与甄后有私情的记载。因此对于《洛神赋》的寓意问题，历来有两种对立的看法。

第一种看法是为曹植的"不忠不义"辩护，否认《洛神赋》为感甄之作。唐宋明清的一些文人学者认为，甄后本是曹丕的妃子，小叔爱慕嫂子，臣子暗恋国母，这是不成体统大逆不道的事情，必须辨伪正本，口诛笔伐。他们提出了《洛神赋》非感甄之作的诸多理由。其一，李善本无此注，是宋人刊刻时误引的。其二，图谋自己的嫂子，这是"禽兽之恶行"，讲究操行的曹植断然不会那么做。其三，即使曹植真的爱上他的嫂嫂，在这样的社会条件下，他也绝对没有那么大的胆量写《感甄赋》以表达自己的情感。其四，"赉枕"的说法是不合情理的，纯属无稽之谈。曹丕乃君主，怎么可能做出如此荒诞的事情来？毕竟自己的弟弟对自己的妻子有所图谋不是什么好事，于己于人都是不应声张的。其五，曹植时年十四岁，甄妃已经二十四岁，在年龄上是不合情理的。

进而他们提出了自己的看法。他们认为，《感甄赋》的甄，并不是"甄后"的"甄"，而是"鄄城"的"鄄"，"鄄"与"甄"通，遂讹为"感甄"。《洛神赋》实乃"托词宓妃以寄心文帝"，是"长寄心于君王"，是向曹丕表达自己的忠君之情，以求任用。

尽管这些理由和推论很充分，但是仍然有人认定《洛神赋》是感甄之作。尤其是一

曹植像

山东东阿山曹植墓 三国
位于山东省东阿县鱼山。魏太元三年，曹植被徙封东阿；六年，封为陈王，抑郁而逝，谥曰思，世称"陈思王"。

些文人，如李商隐、蒲松龄等人，往往是抱着宁可信其有，不可信其无的态度。李商隐在诗文中曾经多次提到曹植"感甄"的情节，甚至还认为"君王不得为天子，半为当时赋洛神"。一些小说传奇对这一情节更是渲染有加。现代学者郭沫若在《论曹植》这篇文章中，也直言不讳地说："子建（曹植）对这位比自己大十岁的嫂子曾经发生过爱慕的情绪，大约是无可否认的事实吧。"他认为魏晋时期的男女关系比较浪漫，那么曹植对自己美丽嫂子产生爱慕之情并不奇怪。当然，碍于礼教名分，曹植不会做出非分之举动，不过是通过诗词歌赋顽强地表现而已。甄氏与曹植都比较高雅、清高，两人从气质上是相和的，所以，甄氏的心中也不一定就不明白曹植的感情。至于之后两人命运的相似、情感的相通，更让两人有惺惺相惜之感。曹植以甄氏为自己文学作品的写作模特，"应当是情理当中的事"。曹植写《洛神赋》，很可能就是为了寄托作者身不由己、好梦难圆的惆怅和愤怒。

还有人分析说曹植的"感甄"是甄后被杀、曹氏兄弟关系紧张等事件发生的重要原因之一。也有人说所谓的"长寄心于君王"中之君王是指曹植，这是宓妃对其表达心迹之语，并不是向君主寄托忠臣之心。

上述两种观点，或言是，或言非，都提出了很多理由。但是无论是哪种理由都不过是推论而已，并且也没有直接的证据去推翻对方的观点。不知道这场笔墨官司要几时见出结果。

《兰亭序》是否出自王羲之之手？

提起《兰亭序》，人们就会想起王羲之。王羲之是我国古代伟大的书法家，为历代学书者推崇，被尊为"书圣"。相传，书法史上的丰碑——《兰亭序》就是出自王羲之之手。东晋永和九年（公元353年）三月三日，王羲之与谢安等当时名流，在山阴（浙江绍兴）兰亭修禊，作诗行乐，王羲之挥毫作序，即为《兰亭序》。后来，《兰亭序》为唐太宗所得，并断定为王的真迹。最后，原件成了唐太宗墓的殉葬品。

但到了南宋，姜夔因唐代何延之、刘餗二人对《兰亭序》流传途径记载的不同，开始

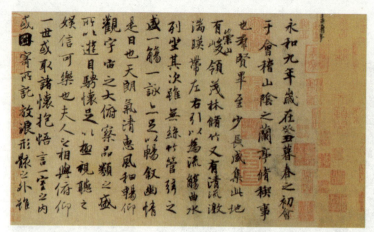

《兰亭集序》帖　东晋　王羲之

对《兰亭序》作者产生怀疑。他认为，梁武帝收集王羲之书帖270余轴，提到了《黄庭》《乐毅》《告誓》，但却未提及《兰亭》。这还只是怀疑。清末李文田则干脆否认了《兰亭序》是王羲之所作，因为《世说新语》中刘孝标注引王羲之此文不叫《兰亭序》而称作《临河序》，李文田还认为定武本《兰亭序》是隋唐人添上去的。李还从文字字体上论述《兰亭序》帖是后人伪造，是隋唐间的书法创作。李文田成为公开否定《兰亭序》出自王羲之之手的"第一人"。

1965年，郭沫若根据在南京附近出土的东晋《王兴之夫妇墓志》《谢鲲墓志》等文物，再次提出《兰亭序》为伪作。文章说在这年的《文物》杂志上发表了《由王谢墓志的出土论到〈兰亭序〉的真伪》的文章，文章说："《兰亭序》不仅从书法上来讲有问题，就是从文章上来讲也有问题。"他斩钉截铁地断定这篇文章"根本就是伪托的，墨迹就不用说也是假的了。"并进而推断它是陈僧智永所书。如此，《兰亭序》不仅字不是王羲之写的，连文章也不是他作的了。

此文发表以后得到了不少人的赞同，他们的主要论据是序文前后格调不一致，因为"夫人之相与俯仰一世"以后一段文字与王羲之一贯的思想不符，"悲得太没有道理""更不符合王羲之的性格"，因此认为《兰亭序》是在《临河序》的基础上加以删改、扩大而成的"。1972年第8期的《文物》杂志上又发表了郭沫若《新疆出土的写本〈三国志〉残卷》一文，认为晋代没有楷书与行书，文章中说"天下的晋代书都必然是隶书体"，从而成为否定《兰亭序》为王作的又一论据。

但这种说法遭到了高二适、商承祚、章士钊等人的反驳，他们从东晋书法风格等角度出发，进行了一次外围考证，认为"东晋时代的章草、今草、行书、楷书确已大备，比较而言，后两者都是年轻的书体，到了王羲之，把它向前推进变化，因而在书法史上起着承先启后的作用"。至于题目的前后差别，是因为"羲之写此文时并无标目，其标目乃是同时人及历代录此文者以己意加上去的"，所以有《临河序》《兰亭诗序》《修禊序》《曲水序》等名。因为"羲之的思想有许多矛盾的地方""这些矛盾反映在《兰亭序》以及诗句的情感变化上"，从而造成了思想上的矛盾之处。《世说注》中的《临河序》比《兰亭序》少了一段感伤文字，只是刘孝标删节了而已。

这些不同的说法，给《兰亭序》增加了些许神秘的色彩，从而让《兰亭序》更受到人们的珍视。

第四章　隋唐秘史

第一节　名人谜团

武则天立"无字碑"的目的何在？

武则天，是中国历史上唯一的一位女皇帝。她从一个才人一步步爬上皇后宝座，直到建立大周朝。登上帝位之后，武皇一方面消灭异己，一方面却也励精图治。在她统治时期，整个社会倒也安定，而关于武则天的传说民间有很多。武则天本人也从不是个甘于寂寞的人，即使死了，也要留下一块无字碑，千百年来引得人们纷纷猜测。

唐高宗李治和武则天的合葬墓乾陵位于西安市西北占地80公顷的乾县梁山上。墓前有两块高均为6.3米的石碑，西面的为"述圣碑"，碑文主要是歌颂唐高宗的功绩，由武则天撰文、唐中宗书写。该碑由7节组成，榫卯扣接，故又称为"七节碑"，碑宽1.86米，重81.6吨。东面是武则天的"无字碑"，碑由一块巨大的整石雕成，宽2.1米，重98.8吨。碑头雕有8条互相缠绕的螭首，饰以天云龙纹，碑座则用骏马饮水、雄狮、云纹等线刻画而成。如此精细的雕刻，在历代墓碑中都是极为罕见的。

人们纷纷猜测武则天立无字碑的原因，最主要的说法有三种，一说武则天认为自己功高德大，不是文字所能表达的。在武则天看来，自己虽是女人，但高宗平庸，自己的才能绝对优于高宗，而且她统治期间政治清明，社会安定，人民安居乐业，这应该算是她的一大政绩。可惜的是，当时有很多人认为武皇是抢了大唐江山，是叛臣逆贼，对于她的功劳视而不见。因而，武则天要把自己的功劳让后人去评述、去记载，于是就有了无字碑。二说武则天自知罪孽深重，立了碑文恐怕更招世人骂，还是不写为好。有的说法是，武则天建立大周朝之后，内心感觉愧疚不安，一心想在自己死后将

武后步辇图　唐　张萱

无字碑

现存陕西乾县乾陵陵园，碑额刻八条螭首尾相交，两侧线雕龙云纹，初立时，未刻一字，表示帝王功高德大，无法用文字表述，取《论语》"民无德而称为"之意。

江山归还李氏。但由于自己称帝的这段经历，使她对自己死后的境遇没有信心，更害怕世人责骂其篡位之罪，因而留下无字碑借以自赎。三说武则天想让后人去评说她的一生。这种说法与前一种说法恰恰相反。武则天对自己一生还是颇感自豪的。作为一个女流之辈，却能在政治斗争中脱颖而出，并到达了权力的巅峰。她要后人客观地评价她的文治武功，雄才大略，而与自己有利益冲突的儿子李显肯定不会对自己作出客观、公允的评价。鉴于此，武则天要将自己的一生的功过是非交与后人，就是要让后人对自己的一生作出评价。这三种说法似乎每一种都很有道理，至于哪一种说法是她的本意，现已无从考证。

值得一提的是，宋金以后，人们开始在无字碑上面添补题识，现在上面共有13段文字。令人惊异的是，这些文字中还有一种少数民族文字，而且长期以来一直没有人能识别。这种早已废绝的少数民族文字，被日本学者山路广明视为"20世纪之谜"。经考证，金太宗的弟弟于1134年在无字碑上刻了《大金皇帝都统经略郎君行记》（简称《郎君行记》），且在旁边配有汉字译文。这种失传了的文字并不是金文，但究竟是什么文字呢？明代金石学家赵山函在《石墨镌华》中说："（《郎君行记》）碑字不能辨，盖女真字……字刻乾陵无字碑上。"这种说法一直广为流传。直到20世纪20年代，考古工作人员在内蒙古巴林右旗附近发现辽代帝后的墓志，才将这一谜团解开。原来这些文字和墓志上的字相同，是早期的契丹文字。契丹文字始创于公元920年，但随着国家的灭亡很快消亡，到了元代已几乎没有人认识，到了明代则彻底成为一种无人能识的"死文字"了。这一失传的文字作为一份极为珍贵的文字史料被保留下来，却是武则天的无字碑的一大贡献。

李白是胡人还是汉人？

李白是我国历史上一位颇具传奇色彩的大诗人。历史上说他的长相特异，对月氏语十分精通，并且据说他的先世曾经流落到西域。那么他的家世如何？这是后人非常感兴趣的研究话题。一直有人在问：李白究竟是胡人还是汉人？

根据李白自述及其好友的述说，李白是唐玄宗的族祖，出身显赫。在李白自己的作品中，他曾经自述说："家本陇西人，先为汉边将。攻略盖天地，名飞青云上。"以及"白本陇西布衣，流落楚汉""白本家金陵，世为右姓，遭沮梁蒙逊难，奔流咸秦，因官寓家，少长江汉"等。李白的叔父李阳冰在《草堂集序》中说，"李白，字太白，陇西成纪人，凉武昭王李暠九世孙。蝉联圭组，世为显著。中叶非罪，谪居条支，易姓与名……神龙之始，逃归于蜀"。

据此，有人推断，李白应该是太宗李世民的曾侄孙。进而再推断，李白的曾祖父有可能是李世民的哥哥或弟弟中的某一个。

但是根据史料记载，唐玄宗在天宝年间曾经下过诏书，准许李暠的子孙"隶入宗正寺，编入属籍"，也就是说登记上皇族的户口。为什么李白一家没有去登记呢？李白后来进入了翰林院，有很多与皇帝接近的机会，为什么也从没有提起过？晚年的李白，处境很是艰难，求人推荐的心情也很是迫切，但是他仍然没有提起过自己的皇族身份。身为皇族后代是十分荣耀的事情，足以使他光耀门户，青年时代的李白纵然豪放飘逸认为这不值得一提，可是晚年困境中的他为什么仍旧死守？这难道不是有点奇怪吗？有人推测，这大概是因为既然李白的祖上是李世民兄弟中的一个，便可能牵涉到玄武门事变这样一场宫廷恩怨。此外，前文还提到，李白可能是李陵的后裔，因为李陵曾因罪在历史上留下了不是很好的名声，故而李白生前只承认远祖李广，却否认李陵。因此，李白生前不愿意将自己的家世公之于众。

　　后世对李白父子的了解则更显得模糊。前文提到，"中叶非罪，谪居条支，易姓与名……神龙之始，逃归于蜀"，李白的一个好朋友也曾经写过："隋末多难，一房被窜于碎叶，流离散落，隐易姓名，故自国朝以来，漏于属籍。神龙初，（其父）潜还广汉，因侨为郡人。父客，以逋其邑，遂以客为名，高卧之林，不求禄仕。"通过这两段已有的关于李白之父经历和处境的材料，人们会提出疑问：李客为什么要"逃归于蜀"？为什么要"潜还广汉"？是国破家亡、流落异域，还是因为触犯刑律、流放边疆？无论是哪一种理由，在时隔百余年后，都构不成"逃归于蜀"和"潜还广汉"的可以讲得通的原因。那么，促使李客"逃归""潜还"的真正原因究竟是什么？还会有什么更为严峻的理由使李客跑到偏僻的山中？李白父亲的"逃归"之谜，使人们对李白身世的了解更为迷离。

　　清朝人王琦分析认为，李客的逃很可能与任侠、避仇有关。他推测说李客或许是一位行侠仗义的侠客，由于其行为触犯了当权者，所以只能是避到穷乡僻壤，隐姓埋名，终其一生。

　　如果上述推断得以成立，那么李白家世中的一些疑难问题就可以略见端倪了。李白父亲特殊的经历和处境，使李白能在诗文中对身边所有的亲戚朋友都饱含深情，却唯独对自己的家世闪烁其词。他的亲友在提及李白的家世籍贯时也出自"为尊者讳""为亲者讳"的目的，不得不使用一些托词和曲笔。这样分析，李白这个皇族的后裔，他不敢将自己的家世形诸文字，更不能登记上皇族的户口，等等疑问，似乎也就有了答案。

　　又有人根据李白的长相及其对外语和外族礼节的精通提出了一种新的看法，认为李白的出身并非如他自己所言，而是西域的胡人。持这种说法的人考证说，其一，碎叶、条支等地，在隋朝末年并不在中央政权的势力范围内。怎么可能成为窜谪罪人之地？这样推断，李白不是汉人而是胡人。其二，从李白之父的名字看，他们认为，其名字是在潜还蜀中后改的，其名为客，是因为西域人的名字与中原不一样，西域人往往被称为"胡客"，因此以"客"为名。其三，隋末，蜀中地区正是与西域胡人贸易往来的区域，李客也许以经商致富，入蜀后因富有渐成贵族。其四，从李白的相貌看，李白"眸子炯然哆如饿虎"，相貌具有胡人的特征，又精通月

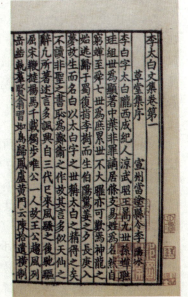

《李太白文集》书影

氏语，对少数民族的礼节也十分精通。总之，所有证据都指向这一结论：李白根本就是一个胡人。

同时也有许多人对此予以驳斥。他们指出，"窜谪"一词的含义不应如此被限制。古时凡是由汉族居住区域移往外域，即是"窜谪"。何况，李白的先世移居西域并非因罪窜谪，并且谁说这一事件发生在隋末呢？再有，不仅仅西域人入中原被称为"客"，外地汉人入蜀不也可以被称为"客"吗？说李白精通月氏语和懂得夷礼，这也不足以说明李白就是胡人。在唐朝这样一个地域博大、民族融合广泛的帝国里，一个汉族人，如果他的家世与西域有关联，是完全可能精通夷礼夷语的。至于说李白貌似胡人，汉族人中不是也有具有胡人特征的人吗？进而指出，倘若没有确凿的证据说李客不姓李，是胡人，那么也就不能肯定李白的先人是胡人。这些人的驳斥使用了一系列诘问，可以说给认为李白是胡人的人以足够的挑战。

还有人认为，李白并不是李广的后代。他的先世应该是久居西域的汉人，"潜归蜀中"，后来为了抬高自己的门第，所以才更改了姓名，假冒是李暠的后代。

另外有一种看法较为折中，认为李白先世既非胡人也非汉人，而是汉胡两族的混血儿。他们查证古籍后，认为李白是西汉名将李广的嫡孙李陵的后代。当年汉武帝时，李陵兵败投降，汉武帝盛怒之下将李陵在中原的妻儿老小全部杀死。李陵后来娶胡女为妻，他的后代也就随胡人俗。隋朝末年，其后裔又蒙难被流放到西域。李白的先世就属于这一支。这样，李白带有胡人的血统，那就不足为奇了。这种分析，可以说折中了所有的观点，似乎也言之有理。

然而无论哪一种说法，都因为关于李白家世的文字记载之隐约其词而有漏洞，李白自己的记述也使自己的身世扑朔迷离。这位号为"诗仙"的传奇大诗人李白，其身世之谜何时能够解开？

白居易是胡人吗？

提到唐代大诗人白居易，可以说是无人不知、无人不晓，那家喻户晓的"离离原上草，一岁一枯荣。野火烧不尽，春风吹又生"的诗句给人们留下了深刻的印象，其他的长篇作品如《长恨歌》《琵琶行》等，千百年来也一直广泛地流传着。对白居易的出身有人提出了这样的疑问：他究竟是胡人，还是汉人？

很多人认为，白居易是西域胡人，而不是人们比较愿意接受的汉族人。持这样看法的人的理由主要是这样的：

宋朝人孙光宪的《北梦琐言》记载说，白居易的从弟白敏中曾经与曹确、罗劭权等共同执掌宰相大权，崔慎猷叹息说："可以回家了！现在中书（省）到处都是番人。"所谓的"番人"自然是指胡人这样的少数民族。既然崔慎猷说白敏中是胡人，那么可以断定白居易也是胡人。白居易曾经给从侄僧人白寂然撰写过《沃洲山禅院记》，文中说："厥初有罗汉僧西天竺人白道猷居焉。……大和二年春，有头陀僧白寂然

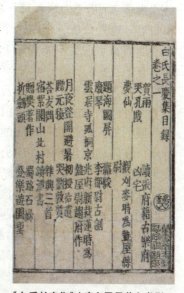

《白氏长庆集》（唐白居易著）书影

来游兹山。……六年夏，寂然遣门徒僧常赟自剡抵洛，持书与图，诣从叔乐天乞为禅院记云：昔道猷肇开兹山，后寂然嗣兴兹山，今日乐天又垂文兹山。异乎哉！沃洲山与白氏其世有缘乎？"由这段话可以了解到，白道猷是"罗汉僧西天竺人"，白居易自己说"沃洲山与白氏其世有缘"，即是自认白寂然是他的本家，据此可以推断白居易本身也是胡人。

有人否定了白居易是胡人这种看法，他们认为白居易是汉族人。在白居易的《故巩县令白府君事状》一文中，白提及自己的族系时曾经说："白氏是华姓，是楚国的公族。当年楚熊居太子建出奔到郑国，建的儿子胜居住在吴楚一带，号白公，并以此为姓氏。楚国杀死了白公，他的儿子出奔到秦国，代为名将。其后裔孙名为起，对秦国有大功，因此被封为武安君，后来又因为坐罪而被赐死杜邮。……到秦始皇的时候，始皇怀念武安君的大功，所以把武安君的儿子仲封在了太原，其子孙后代便世代以此为家，故现在为太原人。从武安君以下凡二十七代，至府君高祖，北齐王兵尚书，赠司空。曾祖名讳士通，为皇朝利州都督。祖名讳志善，朝散大夫，尚衣奉御。父名讳温，朝请大夫，检小都官郎中。公名

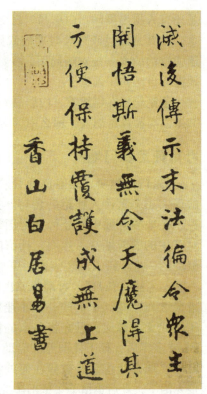

楞严经帖，唐　白居易

讳鍠，字上钟，都官郎中第六子。……公有子五人：长子名讳季庚，襄州别驾。……次名讳季般，为徐州沛县令。次名讳季轸，为许州许昌县令。次名讳季宁，为河南府参军。次名讳季平，为乡贡进士。"白居易的父亲就是襄州别驾白季庚，而白季庚的族系所属是清楚的，因而白居易自称汉人，应当可以相信。

如果白居易是汉族人，后世居住洛阳的白氏出自哪一支呢？我们知道，白居易没有儿子，晚年退职后居住在洛阳履道里，修香山寺，以醉酒吟诗为消遣，死后葬于香山如满师塔之侧。根据现存的洛阳白书斋处的《白氏谱系序》稿本记载："幼文（白居易兄）有三个儿子：景回，景受，景衍，将景受过继给白居易，因此洛阳白氏，都是景受之后裔。白居易为始祖，传至今已经有五十余代了。"这样看来，白居易兄长的儿子景受过继给他，洛阳白氏都是白景受的后裔，而奉白居易为始祖，因此洛阳白氏也应当出自汉族。

尽管有白居易自撰的《故巩县令白府君事状》详细介绍了自己的族属问题，并可以由此确证白居易是汉族人，但是现世仍然有许多人坚持认为白居易为胡人。20世纪80年代的《文学评论丛刊》曾发表过顾学颉的《白居易世系家族考》，在这篇文章中，顾学颉认为，白居易的"祖先并不是汉族，而是西域龟兹国的王族；曾经役属西突厥，为西突厥统治下的十部落之一的鼠尼族部。因龟兹国境内有白山，故汉朝赠其王姓白，一直到唐代未变"。顾学颉提出这种看法的主要依据是《后汉书·班超传》。在《后汉书·班超传》记载道："今宜拜龟兹侍子白霸为其国王。……明年（永元三年）……以超为都护……拜白霸为龟兹王，遣司马姚光送之。"为什么白居易说自己是汉族人？实际上，白居易是知道自己的胡姓血统的，他之所以要假冒汉族人，只是为了提高自己的身价，不被人轻视为寒族。但

是还有人提出疑问：白居易时已经是中唐时代，唐朝对于寒族的轻视已经不像从前那样严重，尤其是经过武则天时期的武周革命后，门户观念也已经在唐人心中变得淡薄；同时，唐朝政治的大一统宏阔局面，少数民族在当时是受到尊重的，因此，白居易没有必要刻意地掩饰自己的胡人身份。

争论仍然在继续着，白居易到底是胡人还是汉人，这个问题看来是需要费一番考证的。如果白居易真是胡人，那么中国文学史上又将多了一位大名鼎鼎的少数民族作家。

杜甫死后葬何地？

"朱门酒肉臭，路有冻死骨。"这是唐朝著名的现实主义大诗人杜甫的名句。杜甫生前忧国忧民，在他的诗歌中处处可见对国计民生的担忧和对君主的殷殷期待。然而，杜甫的一生更是穷困潦倒的一生。诗人的晚年生活更见窘迫，"亲朋无一字，老病有孤舟"，可谓悲凉！后世通常认为杜甫最终死在湘江水上的一条小船里。他死后，儿子宗武无力葬父，只好将父亲的棺材权厝着，直到40多年后，孙子杜嗣业才借助于乞讨，将祖父安葬。那么杜甫究竟被葬在何处？诗人生时经历催人泪下，身后也留下了依旧凄凉的谜。

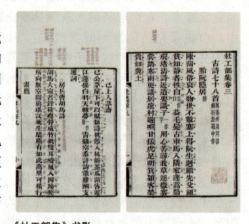

《杜工部集》书影
唐杜甫撰，明王世贞、王慎中，清王士禛、邵长蘅、宋荦等评。

关于杜甫最后的葬地，历史上通常有四种说法。分别是：湖南的耒阳县、岳阳县、平江县以及河南的偃师县。

《耒阳县志》记载说，杜甫开始时为避战乱到蜀，"往依严武。武卒，蜀乱，复移夔州。大历三年下峡，至荆南，游衡山，将适郴州，依舅氏聂十二郎，侨居耒阳。"当时正好赶上天降大雨，江水暴涨，杜甫很久都没有食物。聂氏县令乘船出迎，并赠牛肉和白酒给杜甫。有一天晚上杜甫大醉，住宿在江上的酒家，结果被水淹死，只遗落一只靴子在江上，聂氏

杜甫草堂
草堂位于四川省成都市，杜甫曾在此生活3年。

县令只好将靴子做坟。其它史书如新、旧《唐书》也都这样记载。由此可以看出，杜甫死后连尸体都没有找到，那么耒阳的杜甫墓其实只是一个埋其靴子的衣冠冢。据说，这个墓在耒阳县城北郊二里，建于南宋理宗景定年间（1260～1264年），明朝嘉靖年间曾为当时的知县马宣重修过。

而唐朝郑处晦《明皇杂录》等书也认为杜甫死于衡州耒阳，葬于县城北耒江左畔。但是这个墓杜甫的权厝冢，并不如前文所说的"尸体不存"。《偃师县志·陵墓志》记载，唐宪宗元和八年时，即杜甫死后的第四十三个年头，杜甫的孙子杜嗣业"启子美之柩，襄祔事于偃师"，实现了祖父归葬祖茔的遗愿。那么究竟在偃师的什么地

方？有史料说是在偃师县西土楼村，也有说是在首阳山，各种看法让人感到疑惑。

唐朝诗人元稹曾经应杜甫孙杜嗣业的请求撰写过《唐故检校工部员外郎杜君墓志铭》，这篇墓志铭对于确定杜甫的葬处有着重要的意义。铭中说："适遇子美之孙嗣业，启子美之柩之襄，祔事于偃师。途次于荆，雅知余爱其大父之为文，拜余为志。辞不能绝，今因系其官阀日铭其卒葬云……甫字子美，……舟下荆楚间，竟以寓卒，旅殡岳阳，享年五十有九。……嗣子曰宗武，病不克葬，殁，命其子嗣业。嗣业贫无以给丧，收拾乞丐，焦劳昼夜，去子美殁后四十余年，然后卒先人之志，与足为难矣。"这一段记载可以说是确定杜甫墓究竟是在偃师还是在湖南岳阳，或是在平江此三种说法的重要依据。

后人参照元稹的墓志铭以及《湖南通志》《巴陵县志》《平江县志》等文献，认为杜甫在耒阳死后，其子杜宗武并没有继续南下，而是举家移居岳州（即今湖南岳阳），并将葬于耒阳的父亲的灵柩暂时厝于

南山诗刻 唐 杜甫

此，所谓元稹所说的"旅殡岳阳"。《巴陵县志》即记载说，"杜甫墓在岳州，今不知其处。按元微之（元稹）墓志，扁舟下湘江，竟以寓卒，旅殡岳阳，是杜墓在岳阳也。元和中，孙嗣业迁墓偃师，后人遂失其殡处。"后人寻找今天的岳阳，没有找到杜甫的墓地，也没有找到杜甫的后裔。但是后来在《平江县志》中找到了一点线索：今天汨罗江畔的湖南平江县小田村有杜甫墓，还有杜甫的后裔。进而考察出，平江在唐代称为昌江，隶属于岳州，因此"旅殡岳阳"就是权葬岳州昌江。后来，杜嗣业将祖父杜甫的灵柩迁回了河南偃师县西土楼村的祖茔。据《艺文志》记载，清朝乾隆年间，偃师的杜公墓被村民侵成麦地，后邑令朱续志找出了杜甫墓的遗址，并造茔树碑表示纪念。

也有人认为杜甫原本就病逝于平江，而不是耒阳，所以他的墓所就在平江小田村。杜甫死后，杜宗武贫困无力迁葬，也在平江病逝。再加上当时的战乱，所以杜宗武、杜嗣业这一支就一直在平江留了下来，一方面也方便祭守墓地。清朝同治年间，张岳龄在实地考察偃师后，写了一篇《杜工部墓辨》，指出偃师既无杜甫墓，也没有杜氏后代。李元度的《杜工部墓考》也这样说，认为"岳属别无杜墓，遗迹在小田无疑"。

关于杜甫究竟葬于何处的争论仍在继续，一直没有得到一致的看法。战乱中的杜甫受尽了苦难，死后他的去处依旧是一个未解的谜。这是诗人的悲哀，也是时代的悲哀。

黄巢死因何在？

"待到秋来九月八，我花开后百花杀。冲天香阵透长安，满城尽带黄金甲。""飒飒秋风满院栽，蕊寒香冷蝶难来。他年我若为青帝，报与桃花一处开。"提到这两首诗，人们一定会想起唐朝末年农民起义的首领黄巢的霸气。当年黄巢率领起义军转战南北，攻克唐都长安，建立大齐政权，坚持斗争达十年之久，沉重地打击了唐朝的统治。唐僖宗中和四年即

公元884年，起义军在唐朝军队的疯狂镇压下最终失败，黄巢本人的生死结局随之也成了一个谜，至今难以定论。

正史上的记载大多是黄巢被杀和自杀两种说法。

一是黄巢兵败被杀。《旧唐书·黄巢传》记载说，黄巢入泰山，时溥派遣大将张友和尚让之众追捕黄巢军队。黄巢军队退到山东泰山的狼虎谷后，黄巢手下部将林言杀死黄巢并斩杀黄巢弟弟黄邺、黄揆等七个人的首级，连同其妻子一起送到了徐州。《僖宗纪》和《时溥传》也都这样记载。后来司马光写《资治通鉴》也采用了这种说法。

黄巢像

一是黄巢兵败遂自杀然而未果，最后请外甥林言帮助结束生命。《新唐书·黄巢传》如此记载说，时溥派遣陈景瑜与尚让追战黄巢至狼虎谷，黄巢计穷，对林言说："我欲讨国奸臣，洗涤朝廷，事成部退，亦误矣。汝取我首献天子，可得富贵。毋为他人利。"林言不忍心杀黄巢，黄巢于是自刭，但是没有成功。林言忍痛斩杀黄巢，连同黄巢兄弟及其妻子，皆"函首，诏书将诣溥"。而太原博野军又杀了林言，与黄巢的首级一起送到时溥那里。

与黄巢被杀和自杀说法相对的是黄巢兵败遁入空门为僧。这种观点认为，起义军失败后，黄巢没有死，他虎口脱险，做了和尚，并得以善终。宋朝邵博在《河南邵氏闻见后录》中曾指出，"唐中和四年六月，时溥以黄巢首上行在者，伪也。东西二都旧老相传，黄巢实不死，其为尚让所急，陷泰山狼虎谷，乃自髡为僧得脱，往投河南尹张全义，故巢党也。各不敢识，但作南禅寺以舍之。"我们从实际的情况分析，如果说林言在狼虎谷杀掉了黄巢，并献其首级到徐州，则两地相距有约五六百华里，即使是快马也要三天路程，而徐州至成都，两地相距三四千里，马不停蹄，日夜兼程，也需要二十天。当时又正是酷热的夏天，"函首"恐怕早就腐臭无法辨认了。何况被"函首"的有黄巢兄弟六七人，其中就没有与黄巢状貌类似的吗？这也就难免会出现邵博在《河南邵氏闻见后录》所说的"以黄巢首上行在者，伪也"的情况。而在官修或钦定的史书中，黄巢遁逸得脱之类的事情是绝不敢被直说的，这也正是新、旧唐书和《资治通鉴》等正史的记载所值得怀疑的地方。而我们借助于野史、笔记小说的记载，却往往可以寻找到更符合事实的答案。

除《河南邵氏闻见后录》的记载外，还有很多其他相关的记载。如陶毂《五代乱离纪》说，黄巢遁逸免死，后来削发为僧，且有诗云："三十年前草上飞，铁衣著尽著僧衣。天津桥上无人问，独倚危栏看落晖。"邵博也还曾说过，他曾多次到相传黄巢舍居过的洛阳南禅寺游览，见壁上有黄巢穿着僧服的画像，"其状不逾中人，唯正蛇眼为异耳。"根据当时人所说，寺庙中还有黄巢在上面题诗的真绢本。宋人还有多种笔记进一步认为黄巢兵败后遁入空门，做了和尚，又依河南尹张全义，舍于洛阳南禅寺，最终迁居明州（今天的浙江宁波）的雪窦山，法号雪窦禅师。张端义的《贵耳集》说"黄巢后为缁徒，曾住大刹，禅道为丛林推重。"他临入寂的时候，指一指脚下，有"黄巢"两个字。据说，南宋时候，雪窦山上还有黄巢的墓，每年邑官都要派遣人祭祀。对于那两首相传是黄巢所作的诗，宋人赵与时在《宾退录》中曾指出，这两首诗作是取唐诗人元稹的两首《智度师》诗拼合而成，乃是伪作。但是他所否定的仅仅是诗的不可靠，对黄巢的结局并没有阐述，更没有否定黄巢遁隐的可能性。

所以黄巢的下落究竟如何，还是值得怀疑的。若没有新史料的发现，想确定其真正的结局恐非易事。

第二节　悬案秘事

杨贵妃葬于何方?

根据《旧唐书》记载，由于当时正在西逃途中，事起仓促，杨贵妃死后只是用紫褥包裹，葬于驿道西侧，时年38岁。也就是说连口棺材也没有，只是拿褥子裹在尸体上，草葬于大路西侧，随后唐玄宗就起驾向西继续逃亡去了。唐玄宗走了以后，当地流传有一种掘墓观美人说法，事实如何，不得而知。不过，据史料记载，西逃第二年，唐玄宗回銮时（当然此时他已经是太上皇），曾经下令，将杨贵妃的遗体改葬。但是据《旧唐书》记载，宦官启开坟墓后，却发现杨贵妃的尸体已经没有了，坟中只剩下一个香囊，于是也只能把香囊献给太上皇了。从杨贵妃死到改葬，中间只隔了一年半的时间，尸体不可能全部腐烂，连骨头都没了。因此，这一记载难免令人生疑：这里边究竟有没有埋过尸体? 白居易《长恨歌》也证实："马嵬坡前泥土中，不见玉颜空死处。"可见在唐时就已普遍认为杨贵妃并未葬在马嵬坡。那么杨贵妃究竟被埋在哪儿了呢?

要回答这个问题恐怕也不那么容易，因为现存的杨贵妃墓地就有四处之多。一处是在今天陕西兴平市马嵬镇西。近年来，经过当地政府修葺后的坟墓为一半坡上的小陵园，大门顶额上横书有"唐杨氏贵妃之墓"7字，进入园内，正面是一座三间仿古式献殿，献殿后面是坟冢，高3米，封土四周砌以青砖。之所以砌以青砖，还盛传一种说法：埋过杨贵妃的坟虽然时日不长，坟土却细腻光滑像擦脸的粉一样，并且奇香无比，所谓"此地纵千天，土香犹破鼻"。而且妇女用杨贵妃墓上的土搽脸，可以去掉脸上的黑斑，使面部肌肉细腻白嫩，其墓土也因此被称为"贵妃粉"，远近妇女争相以土搽脸，连外地游人至此，也要带包墓土回去。于是墓堆越来越小，守墓人不断给墓堆添土，但不久又被人挖光，为了保护坟墓，只好用青砖将其包砌。当然，这只是传说而已。杨贵妃墓前有一石碑，上刻"唐玄宗贵妃杨氏墓"。围绕墓的周围有三面回廊，上嵌大小不等的石碑，刻有历代名人游后的题咏。如上所述，唐玄宗回銮时，曾密令人将杨贵妃迁葬。由此看来，该墓是原来的墓，还是迁葬后的墓，或者说不定就是杨贵妃的衣冠冢呢，这一切也都是未为可知。如今，在杨贵妃墓后的半坡上，还修有一亭，亭边用洁白的汉白玉雕了一尊高近3米的杨贵妃站像。雕像表情凝重，目光向下，若有所思，若有所悟……

另外，在日本山口县大津郡的久津渔村二尊院，保存有相传为杨贵妃墓的一座五轮塔。在久津二尊院里还供奉着释迦牟尼和阿弥陀佛两座立像，传说是唐玄宗为了安慰杨贵妃而特意送到日本来的，现已被日本列为重点保护文物。这在后面还要介绍，这里不再赘言。

2005年9月，四川大学的蔡正邦等学者提出了一种杨贵妃葬地的全新说法。他们从多个方面论证杨贵妃死后并未葬在马嵬坡，而是葬于四川省崇州市的三郎镇。从史料上看，《资治通鉴》曾载，唐开元二十三年，"朋故蜀州司户杨玄琰女（杨玉环）为寿王妃"；"杨钊（杨国忠），杨贵妃之从祖兄也……从军于蜀得新都尉……杨玄琰卒于蜀，钊往来其家"。他们认为这一记载说明杨贵妃的父亲曾在蜀地为官，并且死后家人留于蜀中，所以杨国忠才会"往来其家"。因而杨贵妃出生于蜀州，而今天的蜀州即崇州市的古称。另外，《唐书》载，"贵妃缢路祠下，课尸以柴茵，瘗道侧，帝至蜀密遣使具棺槨葬焉"；而日本井上靖在所著的《杨贵妃传》中叙述，"（唐玄宗）即派敕使祭祀杨贵妃……悄命宦官将杨贵妃遗体移葬别处"，这说明杨贵妃虽死在马嵬坡，但遗体却曾被迁葬。另外从资料看，杨贵妃喜爱多汁水果，并且喜欢香辣味，这与蜀中人相似。在《马嵬方志》中记载，杨贵妃死前嘱，入宫后常思念故乡蜀州的佳山秀水，请求死后归葬于翠围山中。从这些记载看，杨贵妃死后，唐玄宗听从其意，将她移葬到蜀中的可能性极大，而蜀中山水最佳的地方莫过翠围山。蔡正邦在对崇州市三郎镇进行的实地调查时，还发现翠微山中还残留有"大唐天宝"字样的石碑。据说，多年前，崇州市收藏家陈忠仁曾在翠围山附近遇见两个盗墓者，向他出售唐代五爪金龙黄袍和五彩凤凰二马裙，"丝绸保存得当，千年不朽"。唐代丝绸保存到现在是完全可能的，而黄袍和凤裙，非帝王家不可能拥有，而唐朝和翠围山有瓜葛的就只有杨贵妃一人。他们还从翠围山兽医马少君家听到一个世代相传的故事："杨贵妃墓就在翠围山中"。蔡正邦还从人文地理方面进一步论证说，杨贵妃墓应在三郎镇南面，墓北正对长安，正印证了古时合魂归里，面对"三郎""皇宫"的意思。他甚至认为，三郎镇的名称也与杨贵妃有关。由于唐玄宗排行老三，三郎是杨贵妃生前对他的昵称，唐玄宗缢杀杨贵妃后，心中有愧，就改镇名为三郎镇，长伴妃墓，以求得心理平衡。并且三郎镇还有一个九龙沟，龙被喻为天子，即皇帝，这与凤栖山也恰好对应。不过，这种说法虽然论证充分，也有合理之处，但只是一家之言，也多有牵强附会之处，事实究竟如何，还需要进一步挖掘和论证。

中国台湾学者魏聚贤甚至在《中国人发现美洲》一书中声称，他考证出杨贵妃并未死于马嵬坡，而是被人带往遥远的美洲，因而杨贵妃死后也就自然葬于美洲了。不过这一说法太过于渺茫，也就不好论辩了。

李白是投水而死的吗？

集诗仙、酒仙于一身的唐代诗人李白是杰出的浪漫主义诗人，关于他的死，后人有多种说法。概括起来，一种说法认为他是死于疾病；另一种说法则带有浓厚的浪漫色彩，那就是认为他死于"揽月落水"，即溺水说。

李阳冰为李白诗集写的《草堂集序》说李白是病死的，以后的碑碣著述多沿用此说。范传正的《墓铭》中即有"至今尚疑其醉在千日，宁审乎寿终百年"的文字。李白嗜酒成性，特别到了晚年，"狂饮"更是他生活中的一个重要组成部分，所以醉而致疾极有可能。晚唐诗人皮日休作《李翰林诗》（《七爱诗》之一），其中有"竟遭腐胁疾，醉魄归八极"的说法，明白地指出李白因醉得疾。郭沫若考证说，61岁的李白曾游金陵，往来于宣城、历阳二郡间。李光弼东镇临淮，李白曾决定从军，到了金陵发病，只得半途而返，此时李白处于"腐胁疾"之初期，估计当为脓胸症。郭沫若又说，他62岁在当涂养病，脓胸症慢性化，胸壁开始穿孔，成为"腐胁疾"，十一月卒于当涂。

《旧唐书》上则说，李白因为饮酒过度，引发疾病，而死于宣城。这种说法也有一定的道理，纵观李白一生，坎坷流离，经历曲折。爱酒，爱月，恃才而狂，傲视权贵。他才气冲天，却命运多舛。晚年穷极悲苦却又不甘寂寞，常感慨自己的一生。他胸怀大鹏之志，却只能听任命运之神的安排，发"中天摧兮力不济"的不堪、"白发三千丈"的幽怨，没奈

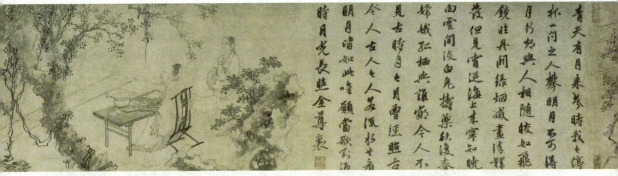

李白《把酒问月》诗意图　明　杜堇

此图依据李白诗意绘制而成，左为图，右为原诗。人物用白描法，笔法细劲秀逸，形象生动传神。杜堇，本姓陆，字惧男，号古狂、青霞亭长，江苏丹徒人，明成化、弘治年间的著名画家。山水取法南宋四家，用笔遒劲；人物师李公麟，流畅疾利，追踪晋唐。

何，只得呼酒买醉，可惜"举杯消愁愁更愁"，大量的酒精已经使他的肌体受到侵蚀损害，但他仍贪杯，直至病入膏肓而不可救药。推断其死因，人们认为他的族叔李阳冰的话应该是可信的。

李白"溺死"说也有一定的依据，五代王定保《唐摭言》说："李白着宫锦袍，游采石江中，傲然自得，旁若无人，因醉入水中捉月而死。"宋代洪迈《容斋随笔》中记载类似，不过在前面加了"世俗言"三字。"世俗言"的意思是这是民间的一种出于美好的想象而产生的传说。值得一提的是，这种带有浪漫色彩的民间传说的出现，是在李白去世不久，而不是在王定保或洪迈的记述之时就已广为流传了。到了元代，王伯成编《李太白流夜郎》杂剧，其中有李白落水的说法。虽然艺术无法与现实等同，但其出处也有一定的真实性。

对于李白诗歌的爱好者来说，他们更愿意相信李白是"揽月落水"而死。因为他有许多诗是写月的，他把月亮看成是高尚皎洁的象征。所以人们愿意接受他的死与月亮有关之说。但李白究竟是因"揽月落水"而死，还是发病而死，只有诗人自己知道了。

李商隐与牛李党争之谜

晚唐大诗人李商隐，其人一生沉于下僚，过着郁郁不得志的生活。有人说"锦瑟无端五十弦，一弦一柱思华年""相见时难别亦难，东风无力百花残"等无题诗都是他对自己仕途多蹇的伤感。考察他当时所处的时代，整个政治正陷于党争纷繁之中，他的一生基本上都与长达四十年之久的牛李党争相始终。

所谓牛李党争，是指中晚唐时期两个官僚集团之间的斗争，一方以牛僧孺、李宗闵为代表，另一方以李德裕为代表。史载李商隐之所以政治不得志就是由于他卷入了党争之中。果真如此吗？一介文人的他如何卷入此等纷争中？这在历史上向来有不同的说法。

一般认为李商隐的政治悲剧从他被令狐楚赏识开始。根据《旧唐书·李商隐传》的记载，李商隐因为年少时就颇富文采，受到当时镇守河阳的令狐楚的赏识，"以所业文干之"。李商隐年及弱冠后，令狐楚更以其才俊，而对他非常礼遇，还让他与自己的诸子在一起交游。按此形势，李商隐本来应该能够在政治上大有作为的，但是事情却发生了变化：当时"镇河阳，辟为掌书记，得侍御史"的王茂元也对李商隐欣赏有加，并把自己的女儿嫁给了李商隐。而王茂元其人是李党领袖李德裕所信赖的人，恰与当初欣赏、提携李商隐的牛党

朋党之争图

唐代党争既有传统士族与庶族斗争的一面，又混杂了大官僚地主阶级之间的斗争。争斗中两派又援引宦官作靠山，得势后便大力排挤政敌，从而演变成为掌权而进行的互相倾轧，结果进一步加深了统治危机。

方面的令狐楚则是对头冤家。现在李商隐做了王茂元的女婿，因此李宗闵、令狐楚所代表的势力对他极其鄙夷，认为他是忘恩负义之徒。当时令狐楚已经死了，"其子绹为员外郎以商隐背恩，尤恶其无行。……令狐绹作相，商隐屡启陈情，不之省"。这就是说，李商隐早年为牛党的重要成员令狐楚重视，后来又得到李党成员王茂元的赏识，并娶其女儿为妻。这在牛党看来无疑是一种背恩的行为，因此遭到了令狐楚之子令狐绹等人的厌恶和诋毁。李商隐虽然屡次向其"陈情"，希望令狐绹能够引荐自己，但是自己的处境却始终都没有得到改善，一生受尽冷落。

对李商隐的遭遇，著名史学家陈寅恪在《唐代政治史论稿》中指出，"李商隐之出自新兴阶级，本应该始终属于牛党，方合当时社会阶级之道德。乃忽结婚李党之王氏，以图仕进。不仅牛党目以放利背恩，恐李党亦鄙其轻薄无操。斯义山所以虽秉负绝代之才，复经出入李牛之党，而终于锦瑟年华惘然梦觉者欤！"也就是说，陈寅恪也认为李商隐是先党牛后党李，是一种放利背恩的行为。

对此看法，有人提出异议。

清代学者徐湛园认为李商隐一直都属于牛党。他说："唐之朋党，二李为大，牛僧孺为李宗闵之党魁，故又曰牛李。杨嗣复、李宗闵、令狐楚与李德裕大相仇怨。义山为楚门下士，是始乎党牛之党也……徐州归后，复以文章于绹，乃补太学博士，是始乎党牛之党矣"。意即李商隐从始至终都是在牛党手下做事，先是为令狐楚门人，楚死后，又在其子绹手下做事，所以从来都属牛党。

而朱鹤龄则认为李商隐属李党。他在《笺注李义山诗集序》中，认为李党"理直"，所以李商隐就王茂元等任"未必非择木之智"。张采田在其《玉谿生年谱会笺》中也进一步指出，与其说李商隐属牛党，不如说他属李党，并说"朱氏（鹤龄）所谓李党者，据其迹也；余之所谓李党者，原其心也"。

这两种看法都认为李商隐是从于一党的，而当代一些学者则提出了另外的新看法，认为《旧唐书·李商隐传》的记载并不可信，李商隐和牛李党争其实并没有关系，他既不属于牛党，也不属于李党。

首先，李商隐与令狐氏的矛盾并不是党派纷争引起的。李商隐因少有文采而受到令狐楚的赏识和提拔，这表明他和令狐楚是师生的关系，而不是一种结党行为。后来，由于李商隐与令狐绹在政见上产生了分歧，加之两任地位、性格的不同，因此隔阂越来越大。李商隐最初还对令狐绹抱有希望，然而令狐绹却始终"不省"，两人终至绝交。

观李商隐一生，他见识超迈，并非结党营私之人。他与人交游，从来不问对方的党属，更没有过什么狼狈的结纳现象，他的作品既有酬赠牛党人士的，也有酬赠李党人士的。可见他并没有把自己看成是牛党或者李党之属。他后来之所以会赴王茂元泾原幕，及后来与李德裕有所交往，其原因并不是党属之变，原始动机或许只是为了仕进，只是希望能借助他们实现自己的政治理想，并没有考虑过自己会冒犯到牛党，也就谈不上去牛就李。

古今看法各不同，或认为李商隐处于牛李党争的夹缝中，或认为本属一党，或认为根本不是任何一个党派。孰是孰非？李商隐空怀大志，却终生沉于下僚，其原因究竟何在？这仍是一个谜。

第三节　文化迷踪

首次去西天取经的是玄奘吗？

在中国，《西游记》的故事可谓家喻户晓、妇孺皆知，它以唐僧、孙悟空等师徒去西天取经的过程为线索，讲述了他们在西行途中与各方妖魔鬼怪比智斗法的传奇故事。小说里武艺高强、疾恶如仇的孙悟空大战白骨精、智取牛魔王，为取得真经立下了汗马功劳。相比之下，作为师傅的唐僧却显得那么优柔寡断、懦弱无能。但事实上，唐僧的原形—唐代的玄奘大师却是中国乃至世界佛教史上一大功臣，也是我国古代西行求法高僧中成就最高、影响最大的一位。但中国历史上西行取经的第一人是否就是他呢？后世有很多不同的看法。

一些书籍中是这么认为的。根据史书记载，玄奘当年是冒着偷渡的危险去西行取经的，并且在同行的胡僧中途退出之后，他孑然一身，仍然坚持独游沙漠。唐太宗贞观三年（公元629年），他从长安西行，经姑藏（今甘肃武威），出敦煌，经今新疆及中亚等地，历尽艰险，辗转达到中印度。他在中印度巡游了各方佛教圣地学府并学习讲研了大量佛教著作，于贞观十九年（公元645年）回到长安。孤征十七年，亲行五万里，历经一百多个国家（"所闻所履，百有三十八国"），玄奘大师西行求法后带回了大量梵文经典，并且把他在印度中亚的所见所闻写成了《大唐西域记》，详细介绍了印度各地的风土人情和宗教盛衰。此书不仅是历史研究的宝贵资料，也为今天考古工作提供了重要依据。可以说，玄奘是我国佛教传播史上一位重要人物。

但更多的人否认这种说法。众所周知，佛教是源于印度的。在中文的佛教教义里，西天往往是真理存在终极世界的代名词。因为佛教是从古中国的西域传入的。公元前5到6世纪，佛教在印度恒河流域创立以后，不久就向周边国家传播。汉代张骞出西域标志着丝绸之路的开通，促进了佛教的东传。佛教由印度西北部，东逾葱岭，沿着丝绸之路传

玄奘像

玄奘墓塔，位于今陕西城南。

入中国内地。但最初来中国的传教者，基本上都是笃信佛教的中亚各国的西域僧侣，而不是印度僧。据北大学者季羡林先生考证，汉地最早的佛经并不是直接从梵文翻译过来的，而是经中亚古代语言转译的。同时，由于所翻译的经典，大都是口译，而且是按照西域的思想习惯，中国人不易接受。结果，初期佛经的原本在经过西域各地的间接输入后，不是经本不全就是传译失真，在流传过程中常常产生自相矛盾的现象。佛教盛行后，一些佛教徒想要改变这一状况，于是决意西出阳关，发起西行求法运动，由此揭开了中外佛教文化新的一页。在佛教盛行的两晋和唐代，西行求法的人陆续不绝，人数还是相当多的。据义净《大唐西域求法高僧传》所列就有近六十人。但在古代生产力水平低下、交通极不方便的情况下，从我国内地到印度无论是走陆路还是海路，都需要经年累月，吃尽千辛万苦，甚至付出生命的代价。据佛教史传的记载，在成百上千的求法高僧中，真正能够幸存下来、学成而归的，只是少数人而已。这样看来，玄奘大师应该是这幸运的少数人中最成功的一位了，而不一定是第一人。

那么，如果玄奘不是，谁又是西天取经的第一人呢？根据现存的史料来看，一般认为三国时代的朱士行应当是我国最早西行求法的人。他是三国时魏国的僧人，原籍颍川（治所在今河南禹州市）。朱士行少年时出家，魏嘉平（公元249～254年）年间，开始依羯磨法受戒成为比丘。他在出家后就埋首研读经典。在洛阳讲《道行般若经》的时候，他常常感觉到口译的经文文句艰涩不说，有很多又被删略，很难理解，因此就希望去西域寻找原本。魏甘露五年（公元260年），朱士行从长安出发，历尽艰险，终于到达当时大乘经典集中的地方于阗（今新疆和田一带），经过二十多年，才找到了原本梵文的《放光般若经》40章，大概60多万字。原本希望能立刻将写好的经文送回国，但由于当地学徒的阻挠，直到西晋太康三年（公元282年）才由他的弟子弗如檀（汉语译作法饶）等10人送回洛阳。元康元年（公元291年）由无罗叉和竺叔兰等译出，计20卷。而大师朱士行却终身未能回汉地，80岁病死于阗。虽然他所求得的经典只有《放光般若经》一种，译文也不算太完整，但在当时还是产生了很大的影响。有很多的学者如帛法祚、支孝龙、竺法蕴、康僧渊、竺法汰、于法开等，都通过《放光般若经》来弘扬般若学，更有后人假托其名作《朱士行汉录》，可惜连假托之作在隋初也已经散佚。但自朱士行后，西行求法的僧侣一时涌起，从三国到唐代，络绎不绝。只是成功者实在是微乎其微，史册上也无多记载。

"路漫漫其修远兮，吾将上下而求索"，也许正是这种为了寻求真理而不顾一切的坚强信念才给了前人那么大的动力，让他们心甘情愿前仆后继，为了取得真经而踏上充满荆棘的西行路。也许正是这样一种为了真理而不顾一切的执着精神才造就了这个民族雄汉盛唐的伟大文明吧。

陆游与唐琬爱恨离愁之谜

陆游是南宋的爱国诗人，在文学创作上的成就一直受到后人的高度赞誉，那首《示儿》中"王师北定中原日，家祭无忘告乃翁"的爱国情怀和悲愤至今还让人唏嘘不已。因为陆游一生坚持抗金主张，因此也屡次遭到统治者集团投降派的打击，政治上郁郁不得志；同时，陆游的感情经历也很曲折，他早年的那首《钗头凤》词背后的凄婉的爱情故事一直被后人传诵着。

红酥手，黄滕酒，满城春色宫墙柳。东风恶，欢情薄，一怀愁绪，几年离索。错！错！错！

春如旧，人空瘦，泪痕红浥鲛绡透。桃花落，闲池阁，山盟虽在，锦书难托。莫！莫！莫！

《钗头凤》是陆游写给表妹唐琬的。绍兴十四年（1144年），不满二十岁的陆游与舅舅的女儿唐琬结为夫妻，婚后两人的生活甚是美满。然而让人疑惑不解的是，陆游的母亲竟然对自己的内侄女非常不满，先是百般挑剔和刁难，最后甚至蛮不讲理地逼陆游和唐琬离婚，硬将一对恋人拆散。接着，陆母又让陆游另外娶了自己所中意的王氏女，唐琬也迫于家长之命改嫁给同郡的赵士程。

时隔十年，这个春天陆游到故乡禹迹寺南的沈家花园游玩，恰好唐琬和后夫赵士程也到此游玩。陆游看到了唐琬，想起了别后十年来消息的隔绝和人事的变迁，难以消散的伤痛又在心中涌起，于是提笔在墙上题了那首悲痛绝伦的《钗头凤·红酥手》。"错！错！错！"和"莫！莫！莫！"的悲叹中包含着多少心酸！唐琬看到这首词后，心中的愁苦也是不言而喻的，回到家以后，也和了一首词，不久就郁郁而终。

这一幕婚姻悲剧，成为诗人心底不可平复的创痛，即使后来时过境迁、一切已是旧迹，但陆游总是无法忘掉它。即使是在晚年时，每当年底，陆游总还要登上禹迹寺的楼上眺望，并写了很多诗抒发自己心头的隐痛。比较著名的是陆游75岁时候写的诗："池上斜阳画角哀，沈园非复旧池台。伤心桥下春波绿，曾是惊鸿照影来。梦断香销四十年，沈园柳老不吹棉。此身行作稽山土，犹吊遗踪一泫然！"此时已经距离唐琬逝世四十余年，陆游却依旧如此伤感！读来犹让人潸然泪下。

面对这样一个悲剧，人们不禁猜疑：既然陆游与唐琬志趣相投、婚姻美满，陆游母亲为何反而会逼着儿子离婚？最早的一则记载陆游、唐琬悲剧史料《耆旧续闻》中只是简单地记载二人的婚姻悲剧，并没有明确说明陆母不喜欢唐婉的原因。在这之后，刘克庄在《后村诗话》中说，陆游的父母担心陆游因沉溺儿女情而荒废学业，所以才逼迫儿子离婚。但是这种说法仅仅是一种推论，没有实际的证据加以证明。

陆游祠

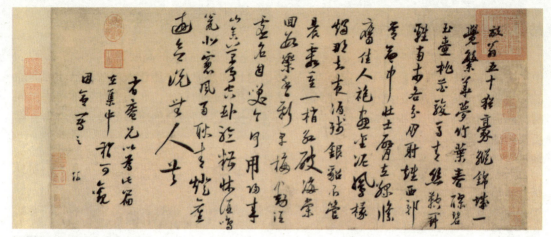

怀成都十韵诗卷帖　南宋　陆游
这是陆游回忆50岁左右在四川做参议官时的诗卷。当时范成大身为四川制置使，和他"以文字交，不拘礼法"，于是"人讥其颓放，因自号放翁"。

　　陆游第一次应考失败，当时是18岁，还没有和唐琬结婚。如果陆母果真有那么崇高的精神境界，为什么要让儿子年纪轻轻且刚刚落第时就急急忙忙地娶妻？陆游第二次应试本来是名列第一的，但是当时权贵秦桧弄权，陆游因为触怒了秦桧而被贬黜落榜。这时陆游是29岁，唐琬早已经被离弃，甚至陆游与续娶王氏所生的长子已经有5岁了。可见，陆游科场不利，与唐琬的婚姻没有任何的关系，唐琬在这方面是不应该受到任何指责的。由此说陆游的父母是为了国家、民族的利益、为了陆游的前途和事业而逼自己的儿子离婚，是不足以服人的。

　　陆游曾经有一首诗名为《夏夜周中闻水鸟声甚哀，若曰"姑恶"，感而作诗》。有人根据此诗推测说，唐琬婚后一直都没有生孩子，而老夫人抱孙心切，又听信了别人的谗言，于是便逼迫儿媳离婚。但是单纯地从陆游的诗词中的某个字句来推断陆游夫妻二人被逼分散的缘由还缺乏充分证据。

　　另外有一种说法是说，唐琬嫁到陆家后，由于不通人情世故，礼节不周，因而使老夫人对她很不满意。后来陆游考试落榜，陆游的父亲也因为主张抗战而触怒了秦桧被革职，悒郁而死，这都给了陆游母亲以很大的刺激。而唐琬是一个心胸豁达的人，对公公的死没有形诸颜色，陆母当然很不高兴。而一个偶然的机会让陆母老夫人遇见了王氏女，王氏女的端庄孝顺让陆母非常满意，归来后她便强迫儿子与唐琬离婚，以"不孝翁姑"为理由休弃了唐琬而娶王氏。当然这种说法也是有很多疑点的。比如说陆游和王氏结婚的时候在二十三四岁，而陆游父亲去世是在这之后，这时候唐琬早已经离开了陆家，怎么可能有前文所说的"遇见公公死不形诸颜色而得罪婆母"之事？

　　不管怎么说，在这个婚姻悲剧中，陆母的责任是不能推卸的。在那样一个讲究"孝道"的社会中，陆母可以行使自己封建家长的威严命令儿子，那么所谓"欲加之罪，何患无辞"，她的目的是达到了。至于她究竟为何硬要拆散儿子和唐琬，陆唐二人的悲剧之因究竟为何，还有待于后人根据史料进行进一步的研究。从这样一个谜案，人们也看到了封建社会婚姻制度的残酷，陆唐二人悲悲切切的爱情，有情人终不能成眷属，犹令今人感叹。

第五章　宋、辽、金、元秘史

第一节　名人谜团

王安石变法失败是因为"天灾"吗？

王安石是宋神宗时期一场大改革的策划人。"王安石变法"在当时产生了很大影响，但可惜的是，这场变法最终失败了。

变法的本意虽好，但是在执行过程中出现了太多失误，为保守派留下众多口实，最后只得停止。但令人奇怪的是，当时提出取消变法的理由居然是"天灾"，说是因这场变法使老天爷震怒，因而不降甘霖，使人民饱受旱灾之苦。这种理由当然不足为信。之所以会有这么荒唐的结论，都是因为一个叫郑侠的人。

郑侠是当时的光册司法参军，曾受王安石提拔，因而心存感激，一心要尽忠报国，回报王安石的知遇之恩。任满入京述职，安石问他在地方上的见闻，他道："青苗法、免役法、保甲法、市场法，以及边疆的军事状况，都不大妙，使在下心不能安。"王安石很不高兴，改任郑侠为监安上门。因此郑侠便与王安石结怨。

王安石像

监安上门是守门的官。那几年大旱成灾，四方饥民每日涌入京城谋食的不计其数。饥民个个面黄肌瘦，衣不蔽体。郑侠将看到的惨象画了一幅图画，再加上一道表章加以说明，说这些都是新法造成的。表章中还说："若能按照臣的请求，废除新法，治新党诸人之罪，十天之内，若天不降大雨，请斩臣之头，挂在宣德门外，以正欺君之罪。"这一亡命之徒与新法作赌，结果使得宋神宗甚为震惊，次日便采取各种措施追究新法失误。

其实，这也不过是皇帝老子的一个借口而已，他要以此事平息旱灾之年老百姓的不满情绪。那种年头，遇上这样的大灾荒，什么法也免不了百姓流离。不过，新法因此成为众矢之的，新法的推行者便成了替罪羔羊。这就是变法因为"天灾"而失败的原因了。

秦桧是金国的奸细吗？

秦桧（1090～1155年），字会之，是中国历史上有名的一代汉奸。南宋时期，他把持朝政，通敌叛国，残害忠良。尤其可鄙的是他以"莫须有"的罪名杀害了抗金名将岳飞，留下了千古骂名。他将永远被钉在历史的耻辱柱上，遗臭万年。

秦桧是何时沦为金国的奸细的？据推测，靖康元年（1126年），他为金人掳获后，由囚徒沦为了内奸。秦桧在金的所作所为，今已无处可查。但是关于秦桧的南归，颇能说明问题。他自己说是"杀监己者奔舟而归"，对此当时人就很怀疑，但因有宰相范宗尹、知枢密院事李回的极力保荐，所以才被高宗接纳，最终令高宗对他深信不疑，并委以重任。绍兴初做过宰相的朱胜非在《秀水闲居录》中说："秦桧随敌北去，为大帅达赉（又名达懒、达兰，即完颜昌）任用，至是与其家得归。桧，王氏婿也。王仲山有别业在济南，金为取千缗其行，然全家来归，婢仆亦无损，人知其非逃归也。"另外有记载说，秦桧在金朝献和议书，当时金统治者赐他钱万贯、绢万匹。建炎四年，金朝攻楚州，秦桧竟然被允许用船将全家带回，不是奸细，能得金人如此恩宠？实情是，建炎三年，金兵南侵时，秦桧作为金太宗之弟挞懒的随军转运使同行。临行前，秦桧欲携其妻王氏南下，又恐挞懒不允，于是假装争吵，并故意让挞懒知晓，终于获准。而秦桧此番南下的重要任务就是诱使宋朝与金达成和议。

从金人那里也能找到秦桧投降金人的确凿证据。宋嘉定七年（金贞祐二年），金宣宗为避蒙古的兵锋，迁都于南京（汴京），著作郎张师颜在《南迁录》中记载过此事，其中两处提及秦桧。一次是讨论是否迁都，直学士院孙大鼎在讲到迁都的必要性时说："天会八年（宋建炎四年）冬，诸大臣会于黑龙江之柳林，陈王悟室忧宋氏之再兴，其臣如张浚、赵鼎则志在复仇；韩世忠、吴则习知兵事，既不可以威服，复构怨之已深，势难先屈，欲诱以从，则阴纵秦桧以归。一如忠献之所料，及诛废其喜事贪功之将相，始定南疆北界之区划，然后方成和议，确定誓书，凡山东、淮北之民多流寓于江南，及杜充、张忠彦之家属悉令发还，盖惧在南或思归南，鼓煽摇惑，易以生隙，务令断绝，始无后患。"

还有一次在蒙古军攻陷复州、顺州时，被俘的金同知县赵子寅、督运天使张元应二人得以逃脱，他们回来后建议遣使向蒙古乞和，金宣宗下旨封赵子寅为直昭文馆，张元应为总天马飞龙十七监。权给事中兼知制诰孙大鼎封还录黄，奏曰："多事之世，士无常守，外顺内逆，惟利所在。子寅、元应之归，朝廷以其言遣使，遂以为诚，臣深疑之。自天统之中，至今三十年，北兵陷执官吏不知其几多，不知其存亡，传闻戮辱囚苦，皆是求死。独此二人忽然逃归，情态张皇，气貌不改，恐未必非敌之间。古事臣不必言，谨按国史，天会八年冬，诸大臣虑南宋君臣之刻苦于复仇，思有以止之，而势难于自屈。鲁王曰：'惟遣彼臣先归，因示空（恐）胁而使其臣顺。遵之，我佯不从，而勉强以听，感可以定。'忠献曰：'我军初到太原，孝纯见霍安国之使，使来迎降。即得太原，一鼓渡河。取洛阳。围大梁，皆由先取河东，彼此谁不怒之，仇之，如何得位得志？此事在我心中三年矣，只有一秦桧可用。桧初来说赵臣得人心，必将有所推立；不及半年，其言皆验。我喜其人，置之

岳王庙内秦桧夫妇铁铸跪像

军中，试之以事，外拒而中委曲顺从。间语以利害，而桧始言南自南，北自北。'"

上奏中的"只有一秦桧可用""而桧始言南自南，北自北"表明秦桧已死心塌地投降金朝了。

秦桧回到宋朝之后，由于得到高宗的宠信而官运亨通，直至占据宰相的高位。自此，秦桧独揽朝中大权，积极从事投降叛国活动。绍兴八年，他代表高宗拜受金朝诏书，接受"和议"，而后为了讨好金人，又以"谋反"之罪杀害了力主抗金的爱国将领岳飞。绍兴二十五年（1155 年）十月，中国历史上臭名昭著的大汉奸秦桧病死临安，谥号"缪丑"。他的卖国行径使他成为千古罪人，为后人所唾弃。

抗金英雄岳飞死因探秘

岳飞（1103 ~ 1142 年），字鹏举，相州汤阴人，出身贫苦农民之家。联金灭辽时应募从军，曾在张所部任统制，并与王彦一起抗金。后随宗泽守东京，任都统。宗泽死后，他投身张浚部，并逐渐成为南宋重要的抗金将领，立下赫赫战功。建炎四年，收复建康（今江苏南京）；绍兴四年，大败刘豫齐军，收复襄阳等六郡，封清远军节度使，后封为武昌开国侯，联络两河义军，部署北伐。绍兴八年底，他反对高宗与秦桧的议和，并上表提出"金人不可信，和好不可恃"。绍兴十年，郾城一战，大败兀术统率的金兵主力，收复颖昌、郑州、洛阳等重镇。在抗击金兵的战斗中，岳飞率领的"岳家军"常常以一当十，勇往直前，声威大震，甚至金军中都流传着"撼山易，撼岳家军难"的悲叹。可是，就在收复中原即将实现的大好形势下，宋高宗赵构却连发十二道金牌，下令收兵。岳飞挥泪含恨退兵，不

岳飞像

久以"莫须有"的罪名和他的儿子岳云及部将张宪被毒死于"风波亭"。

直到孝宗即位，冤案平反，岳飞墓才迁至景色秀丽的栖霞岭下。岳飞墓前，铸有两个跪着的铁人，即当时南宋的宰相秦桧夫妇。几百年来，到此悼念岳飞的人们都要唾骂奸臣秦桧。岳飞为秦桧所害，这似乎已成为不容置疑的铁案。

但是，事实上杀害岳飞的元凶并不是秦桧，秦桧只不过是这个元凶手下的一个鹰犬！

第一，秦桧没有杀岳飞的权力。有人指出，当时秦桧虽然很受高宗的信任，但还没到摆布高宗地步，因此也不能为所欲为地恣意铲除异己。绍兴九年，秦桧正积极对金议和，枢密院编修官胡铨上书反对，并请求皇帝"斩秦桧之头挂诸街衢"。秦桧对此人恨之入骨，但也不敢任意杀害他。由此可知，对战功赫赫的岳飞，他更不可能擅自处置了。

第二年，金兵违背和议，一举攻占了河南地区，秦桧惶惶不可终日，生怕高宗因此迁怒于自己的议和政策，他此时惶恐不安，正是自保不足的时候，因此，他没胆量背着高宗杀害岳飞。需要说明的是，岳飞的狱案又称作"诏狱"，程序严密，外人无法插手。这样，即便秦桧权力再大，公开"矫诏"杀人也是不合情理的。

第二，秦桧及刑部主审岳飞一案，曾上书定岳飞、张宪死罪，但并没有定岳云死罪。可上书赵构后，岳云也没能幸免于难。由此可见生杀大权还是在高宗之手。

第三，秦桧死后，赵构为秦桧制造的许多冤假错案平了反，但唯独对岳飞一案不肯昭雪，而且对许多大臣申请为岳飞平反的奏折不予理睬。

这一切都足以证明，赵构才是杀害岳飞的元凶。

赵构出于什么原因要害死自己倚为军事支柱的岳飞呢？而且宋太祖赵匡胤曾传下秘密誓约，规定后世子孙"不得杀士大夫及上书言事人""子孙有逾此誓者，天必殛之"。在北宋历朝，这条誓约执行得非常严格，赵构为何敢违约破例？这在认为赵构是杀害岳飞元凶的学者中存在着争议。

有的学者认为"帝之忌兄，而不欲其归"。高宗眼见岳飞一心要"迎二圣"，而徽、钦两帝一旦回来，自己的皇位就不保了。他害怕中原光复，因而杀了岳飞。

另一部分学者则认为并不是"迎二圣"。赵构杀岳飞，主要原因是怕他在外久握重兵，跋扈难制，危及自己的统治，对武将的猜忌和防范，是赵宋王朝恪守不渝的家规。只要武将功大，官高而权重，就意味着对皇权构成威胁。岳飞个性刚强，"忠愤激烈，议论不挫于人"，不容易与人合作，绍兴七年（1137年），他上书奏请高宗立储："乞皇子出阁，以定臣心。"同年，他又因守母丧，未经高宗批准便自行解职，把兵权交给张宪。这两件事犯了高宗的大忌。再加上高宗曾在金营做人质，又有从扬州南渡等惊险经历，对金兵始终心存恐惧。对战争前景，他既怕全胜，又怕大败。胜则怕武将兵多，功高而权重，败则怕欲为临安布衣而不能。他想当个安安稳稳的太平皇帝，因此一心求和。所以，秦桧利用岳飞部下的告密来证明岳飞的跋扈，正好迎合了赵构害怕岳飞立盖世之功、挟震主之威的心理，加上岳飞又是反对和议最强烈的主战派，故而下令杀了岳飞。

第二节 悬案秘事

"陈桥兵变"是赵匡胤一手策划的吗？

建隆元年（公元960年）春天，中国历史上发生了令人震惊的"陈桥兵变"，后周大将赵匡胤奉命出征，军到汴梁，部众发生兵变，给他披上黄袍。"陈桥兵变"使赵匡胤登上了皇帝的宝座，建立了宋朝。但"陈桥兵变"是赵匡胤一手策划的，还是遵循五代将士拥立主帅旧例？这就不得而知了。

赵匡胤轻易夺得政权，旧史书称是人心所向，宋王朝君臣也认为是"本朝以揖让得天下"。

可是，一个政权的更易就真的是"揖让"那样简单的吗？这种说法存在很多破绽。有记载说，在陈桥兵变前，赵匡胤的姐姐、母亲以及政敌韩通之子、学士陶谷都已窥测到赵匡胤返朝称帝的意图，正所谓司马昭之心，路人皆知。还硬要装什么黄袍加身、迫不得已，岂非好笑？再说，黄袍不是寻常物，谁能相信军中偏偏正好就有呢？黄袍的来源实在让人怀疑。陈桥一事表面看来是兵变，其实是个人的阴谋。尚钺在《中国历史纲要》中说："赵匡胤虚报辽和北汉联合入侵，借奉命出征的机会，利用五代以来将士拥立的风气，在陈桥驿组织兵变，自立为帝。"张家驹在《赵匡胤》中也说："其实所谓契丹入侵，仅仅是一个谎报，它不过是赵姓集团实现阴谋的一个步骤罢了""利用出兵机会，得以提早实现他的阴谋"。

而且，就算是当时确有外敌入侵，也未必非要先逼赵匡胤作天子，而是应先御外敌而后再安内政。所以这样看来，《中国通史》中"匡胤奉命出征时，汴京已有传说，将士将拥立都点检为天子""乃于夜深强以黄袍加于赵匡胤之身，逼令作天子，并逼回京，先即皇帝位"的说法就不足为信了。

"陈桥兵变"虽有史可查，但"陈桥兵变"的真正原因仍然不得而知，是赵匡胤一手操纵，还是遵循旧例？这还只是个谜。

包拯是如何审理"狸猫换太子案"的？

北宋仁宗皇帝时期，包拯在朝为官，因其公正无私被誉为"包青天"。一般老百姓有什么冤屈案件都希望能由"包青天"来审理，"包青天"美名千古流传，他也的确是审理了一些重要的案件。传说中的"狸猫换太子案"便是由包拯审理的。

"狸猫换太子案"的审理是一步步展开的，先是让仁宗生母李后去见以前自己的好姐妹狄后，让狄后向仁宗提起此事，使仁宗深信不疑；接着就是最关键的第二步，使郭槐招供。郭槐是当初"狸猫换太子"一案的主谋，他是受了刘后的指使，但因为对刘后十分忠诚，死不招供。于是，足智多谋的包拯与公孙策就想出了一个办法，用鬼魂吓唬郭槐。

所谓的鬼魂，是公孙策派人到勾栏院找来的妓女。寇承御是当初在"狸猫换太子"案中被害的一名奴婢，包拯让找来的妓女假扮她。同时，营造出一种阴间的凄凄惨惨的气氛。结果，吓得魂飞魄散的郭槐说出实话。案件得以审理并弄清了真相。

第三节　文化迷踪

《满江红》是岳飞写的吗？

一直以来，人们都认为流传千古的《满江红》是南宋抗金名将岳飞所作。但是，近代已故学者余嘉锡在《四库提要辩证》中的《岳武穆遗文》条下，却对《满江红》的作者是不是岳飞提出了质疑。

余嘉锡认为，这首词最早见于明代嘉靖十五年（1536年）徐阶编的《岳武穆遗文》。宋、元人的记载或题咏跋尾从未见过此词，但却突然出现于400年后的明代中叶，不能不让人生疑。同时，收录者对此词出处一无所言，搞得《满江红》像是来历不明的词。再说，岳飞之子岳霖和孙岳珂，费尽艰辛搜求岳飞遗稿，但他们所编的《岳王家集》中却未收录这首《满江红》，31年后重刊此书时，仍未收入该词，这让人觉得很奇

岳飞坐像，在今浙江杭州岳王庙内。

怪。所以，余嘉锡认为《满江红》可能不是岳飞所作，而是明人的伪作。

赞同余嘉锡看法的夏承焘还就词中"驾长车踏破贺兰山缺"一句加以研究，而不是补

充论断。夏认为，贺兰山位于今甘肃河套之西，南宋时属西夏，而不是金国地盘。岳飞率兵直捣的黄龙府，是在今吉林境内，"这首词若真出岳飞之手，不应方向乖背如此！"夏承焘进一步考证：在明代，北方鞑靼族就常从贺兰山入侵甘、凉一带，明代弘治十一年（1498 年），明将王越曾在贺兰山抗击鞑靼，打了第一个胜仗，因此，"踏破贺兰山缺"在明代中叶只是一句抗战口号，在南宋是决不会有的。所以这首词出现于明代，正是作这首词的明代人说出了当时的地理形势和时代意识。

1980 年 9 月 10 日，孙述宇发表文章，主要从词的内容和风格上提出质疑。孙认为《满江红》是一首激昂慷慨、英风飒飒的英雄诗，而岳飞做过的另一首词《小重山》却是那样的婉转低回、失望惆怅，两首词的格调和风格大相径庭，不像出于同一人之手，因而也怀疑《满江红》的真伪。但是：

第一，贺兰山同"长安""天山"一类地名一样，可用作泛称，岳飞就是把贺兰山当作黄龙府。1980 年 12 月 15 日香港《大公报》发表苏信的文章，认为西夏与北宋向来都有战事，派范仲淹经略延安府，就是镇守边陲、防御西夏的。这种对峙局面直至真宗、仁宗贿赂求和才暂时安定下来。岳飞当然熟悉 50 余年前的这段历史，《满江红》一词提到的贺兰山，很可能就是借指敌境，不能简单地当作违背地理常识。

第二，一些作品湮没多年，历久始彰，在文学史上是有先例的。如唐末韦庄的《秦妇

清明上河图（局部） 北宋 张择端 绢本 故宫博物院藏
这是一幅巨幅风俗画，描绘的是北宋都城汴京（今河南开封）清明时节汴河及其两岸的风光。作品生动地记录了中国 12 世纪城市生活的面貌，这在我国乃至世界绘画史上都是独一无二的，堪称中国绘画史的骄傲。

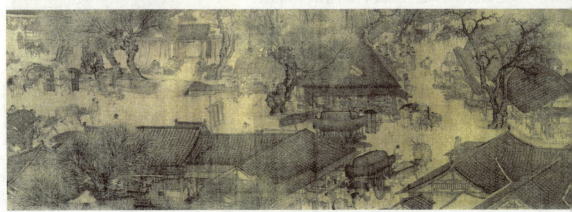

吟》，湮没900余年才看到全文。

　　有人还结合词句，根据史实，考证出岳飞写《满江红》的具体时间。岳飞30岁（1133年）执掌军事，因责任重大，身受殊荣，感动深切，乃作成此壮怀述志《满江红》词。故词中有"三十功名尘与土"一句。岳飞从军后，南征北战，至30岁时，计其行程，足逾八千里，故词中有"八千里路云和月"一句。岳飞30岁时置守江州，适逢秋季，当地多雨，故词中有"潇潇雨歇"之句。因而推断出，《满江红》词是岳飞表达其真实感受，于宋绍兴三年（1133年）秋季九月下旬作于九江。

　　《满江红》词究竟是否出于岳飞手笔？论者意见不一。不过，即使是怀疑《满江红》为伪作者，也无法抹杀这首词的价值和历史影响，不管是不是岳飞所作，《满江红》也仍然值得流传下去。

《清明上河图》中的"清明"是什么意思？

　　宋代张择端的《清明上河图》是中国历史上的一幅杰出画作。自从它问世以来，受到上至王公贵族、下至文人墨客的赏识和珍藏而辗转数百年。此图卷全长528厘米，宽24.8厘米，是一幅描绘北宋都市生活各方面的长卷风俗画。张择端用十分高超的艺术手法，横向全景式构图，将极其繁复的场景处理得有条不紊，严密紧凑。它的笔法谨严，设色典雅，人物传神，器物逼真，是世人公认的中国古代遗产中的伟大作品之一。对了解和研究当时的经济、文化、建筑、交通、服饰、民俗等具有极其重要的价值。

但是，此画原来既没有画家本人的署名，也没有画名。后来，金人张著在卷后题跋，认为此画为"翰林张择端"所作，并附了简短的作者小传，同时提到了张择端画有《清明上河图》及《西湖争标图》。至此，这幅图卷才被称为《清明上河图》。由于画卷上有宋徽宗题诗之句"如在上河春"，后人因此确定此画描绘的是清明时节的景色。从那以后，直至20世纪80年代，人们都认为它画的是清明时节的景物，未有异议。

而今，学术界却对这幅画的名称发起了一场争论。尤其是"清明"一词，其说不一。

一是"清明节"说。

近代一些艺术史家持"时令说"的观点，认为图中描绘的是在清明时节，汴京城郊居民进行扫墓、踏青、探亲等种种活动。并肯定了是"清明节"。

二是"清明坊"说。

1981年有人对画面中的内容提出了质疑，并提出了"地名说"，从画面所展现的内容推断此画描绘的是中秋节前后的景色，而非"清明"，他又据画中的"城门楼"设想《清明上河图》应该是描绘的从"清明坊"到汴河口这一段上河的繁华热闹的景色，"清明"是指汴京城中的"清明坊"。上述两种意见都有理有据，但也有各自的缺陷。如持"清明时令说"，则画面上并无门插柳条、扫墓、踏青、郊游等特有的"清明"时节习俗；如持"清明坊"之说，也无有力凭证。

三是寓意"承平"说。

还有一种观点是"清明"既非时令，又非地名。画面所显示的是秋色而不是春光，是沿河数里好几处街道，并不仅指在郊外的某一个地点。这里所说的"清明"应该是在称颂"太平盛世"。《后汉书》有"固幸得生于清明之世"的话，用"清明"即意味着"治平"。张择端作为一名皇帝御用画院的待诏创作这幅鼓吹"歌舞升平"的作品，以迎合宋徽宗的心意，是很有可能的。他为了加强歌功颂德的气氛，成功地向皇帝进献此画，因而选用了"清明"一词。这一说法，颇有见地。

综上所述，从各方面加以分析，第三种意见是很有说服力的。因此，在《清明上河图》有关"清明"二字的解释还没有定论之前，我们一般情况下将其视作北宋一般的都市生活的典型写照。

马可·波罗是否来过中国？

马可·波罗是中国历史上家喻户晓的人物，是沟通东西方文化的圣人，他的《马可·波罗游记》在人类旅游史上享有盛誉，在《游记》中他讲述了自己神奇的中国之旅以及他返回意大利的经过，并详细地描绘了中国的繁华与富饶。

马可·波罗于1254年出生于意大利威尼斯市一个商人家庭，是有史可载访问中国的第一个西方人。马可·波罗17岁时，他的父亲带他一起去中国，于是，雀跃万分的马可·波罗跟随他的父亲、叔叔出发了，他们由古丝绸之路东行，经过叙利亚、两河流域和中亚细亚，越过帕米尔高原，三年跋涉后，于1275年到达元朝皇帝避暑行宫所在地上都（今内蒙古多伦），拜见了元世祖忽必烈。他们在中国居留了17年，游历了中国的许多地方，他的观察力和记忆力相当惊人，他对不同地区的物产的观察非常细致；他很关注各个地方的商业活动、经济水平、风土民情、宗教信仰等；对所到之处的地形和交通状况的记载也很详细。不过，马可·波罗也爱夸大其词，喜欢吹嘘自己。1292年马可·波罗离开中国并于 1295 年回到威尼斯。不久后，发生了意大利西部城市热那亚的海战，威尼斯舰队战败，马可·波罗被俘入狱。在狱中，他口述东方见闻，由狱友庇隆人鲁思梯切诺记录成书，这本书就是著名的《马可·波罗游记》。

但是，对于马可·波罗在《游记》中谈到的中国之行，历来遭到人们的怀疑和讽刺。有人认为马可·波罗

马可·波罗像

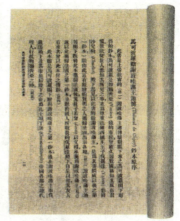

《马可·波罗游记》书影

根本没有到过中国，《游记》不过是为传教士和商人利益编出来的传奇故事，是道听途说或抄袭一些阿拉伯人著作而来的；没有任何证据可以证明马可·波罗确实在中国旅居过，只不过是他的一些故事和当时的一些历史事件相符而已。

为什么《游记》中没提到茶叶、女人的缠足、印刷书籍以及长城等这些在中国人的生活中占有极大地位的事物呢？为什么没提及汉字和筷子的使用呢？为什么浩如烟海的中国文献没有记载马可·波罗的活动呢？此外，还有许多学者补充了《游记》的不确之处：记录成吉思汗死亡以及其子孙世系的关系有诸多失误之处；攻陷襄阳城、襄阳献新炮法的情况有可疑之处；马可·波罗在扬州做官三年也不足信；等等。

但是，几乎中国所有的元史和蒙古史研究者都认为马可·波罗到过中国，在这方面研究贡献最大的是杨志玖教授，他在《永乐大典·站赤》里发现了一篇十分重要的元代公文，记载了西亚蒙古伊利汗国的使团准备从泉州下海归国的事情，其中最引人注意的是史籍中波斯使臣的名字和返回时间与《游记》中马可·波罗所记录的完全一致。虽然公文里面没有提到马可·波罗的名字，但很有可能是当时马可·波罗在元朝的职位不太高。至于《游记》中没有提到筷子、茶叶、长城等，则是因为：第一，马可·波罗的口述不可能面面俱到，他没受过高等教育，著书环境是监狱，而且又是狱友记录的，难免会有漏处；第二，马可·波罗不提茶，很有可能是当时的蒙古人和色目人也不喝茶，而是喝马奶、葡萄酒和果子露；第三，马可·波罗很少接触汉族人，他也不识汉字，所以文中并没有提到汉字书法和印刷术。

究竟哪种观点最可信，马可·波罗到底有没有来过中国，看来还将成为一个长期存在的疑案。

第六章　明代秘史

第一节　名人谜团

唐伯虎点秋香之谜

明代吴中才子唐寅，字伯虎，号六如居士，他恃才孤傲，放浪不羁，每每遇到开心之处，则纵情开怀，放浪形骸。民间就流传有"唐伯虎点秋香"的故事。

唐伯虎的确曾为一个女子隐名为佣。这在《中国野史大观》中有记载，但只不过这位女子并非叫秋香，而叫桂华，是当时锡山华虹山学士府中的一名女婢，深得华夫人喜爱。唐伯虎对她一见钟情，因而以一才子屈身为佣，最终赢得了美人归。所以说，"唐伯虎点秋香"可能就是唐伯虎赚妻桂华这一故事的演变，唐伯虎没有点秋香，但是点了桂华。

一天，唐伯虎出去游玩，碰见了在华府为奴的桂华，对她一见钟情。从此唐伯虎怎么也摆脱不了那个漂亮女婢的身影，最终想到一个办法，就是到华府隐名为佣，改名华安伺机而动。

他到华府先为伴读。结果一手好文章让华学士对他刮目相看，将他留为亲随，掌管文房。一应往来的书信，均令华安处理，没有不合华学士心意的。因此，华学士对华安更加器重，恩宠有加。

不久，掌管华府典铺的主管不幸病逝，华学士便让华安暂时先代管其事，掌管典铺。华安不负所望，典铺的出纳账目有条有理。华安的工作也特别小心谨慎，秋毫无私。

华学士非常满意华安的工作，意欲将其升任为典铺的主管。但唯有一点使华学士不很放心，华安眼下尚是

王蜀宫妓图　明　唐寅　绢本

此图取材于五代前蜀后主王衍的宫廷生活，描绘宫中四位宫妓的形象。图中人物在设色上妍丽明洁，富于变幻和节奏感。同时，作者采用"三白"法，即以白粉烘染人物额、鼻、颊，突出了宫妓们的情态。全图线条精秀细劲，流转自然，是唐寅仕女画的代表作之一。

孤身一人，没有妻室，万一哪一天他一走了之的话，委任其主管这样的事务，岂不是有点儿用人不当？

华学士觉得眼下这样还很难对华安委以重任，必须等到华安有了妻室，心真正安定下来才好，于是找媒婆，商议起为华安择偶婚配的事情来。

最终，华安和桂华终于在华学士及其夫人的鼎力帮助下，拜过花堂，适时完婚。婚后二人情投意合，恩爱日深。

其实，早在 20 世纪 80 年代就有人指出唐伯虎并没有点过秋香，如苏州市文联段炳在《光明日报》上写过：唐寅并未自称过"江南第一风流才子"，未点过秋香。唐在 29 岁时的科场冤案过后，本想以"功名命世"的他变成了一个"春光弃我竟如遇"的感伤者，变成了一个"猖狂披髦卧茅衡，万里江山笔下生"的失意者。在这种潦倒落魄的窘境里，曾经自谓"布衣之士"的唐伯虎决不会说出"江南第一风流才子"之类自大之语的，更无心去干什么三笑点秋香之事。

因此到底真相如何，也就不得而知了。

袁崇焕被杀之谜

袁崇焕是明朝末年主持抗击后金的著名将领。明朝末年，后金军队进攻明朝，袁崇焕率领部队东征西战，曾一度收复辽东失地，沉重打击了后金军队，为保护明朝立下了汗马功劳。然而就是这样一位杰出的军事将领，却在崇祯二年即 1629 年的十二月被崇祯皇帝逮捕下狱，第二年的八月被杀害。袁崇焕为什么会被崇祯帝杀死？他究竟犯了什么罪使得崇祯帝如此发怒？这一直是历史上被人关注的问题。

一般的看法都认为，有功之臣袁崇焕之所以被崇祯帝所杀，是因为崇祯帝听信了阉党余孽的诬告，中了皇太极的反间计，也就是说，袁崇焕是被崇祯帝误杀的。明朝与后金军队开始作战的时候，后金军队在关外两次被袁崇焕军击败。后金军队领教了袁崇焕的厉害后，于崇祯二年避开了辽东防线，转而绕道进攻北京，这就是历史上的"己巳之变"。袁崇焕闻讯快速回京师援助，在北京城下再一次痛击后金军队。后金军再次吃了袁崇焕的苦头后，皇太极深知，如果不除掉袁崇焕，进取中原是不可能实现的，于是他心中顿生一计。这就是"反间计"。

早在后金军进攻北京的时候，朝中就有人散布流言诬陷袁崇焕，说袁崇焕是有意引金兵深入，目的是结城下之盟。这些流言使崇祯帝疑心大起。关于皇太极施行的反间计，蒋良骐《东华录》有详细的记载，文中说，开始的时候后金军队抓获到明朝的两个太监，命人严密看守。这时候副将高鸿中和参将鲍承先遵照皇太极的计谋，故意坐在离两太监不远的地方，假装做耳语状说："今天我们撤兵，不过是个计谋。……袁巡抚有密约，事情马上就能大功告成了。"当时姓杨的太监，在那里仔细地窃听两人的谈话。时辰到庚戌时，后金军将两个太监

袁崇焕像

放了回去。杨太监回到皇帝身边后急忙将袁崇焕与后金有密约的事告诉了崇祯帝，至此崇祯帝对袁崇焕背叛自己的事情深信不疑，"遂执袁崇焕入城，磔之"。袁崇焕的兄弟和妻子也受到株连，被流放到几千里外的边远省份。据说，后金军队的这个反间计得益于皇太极对《三国演义》的喜欢。皇太极平素经常读《三国演义》，对其中的奥秘非常清楚。这个计划就是他巧妙用《三国演义》中的"蒋干中计"策，借崇祯帝之手剪除劲敌袁崇焕。崇祯帝不幸中了敌计，将忠臣误杀。这种自毁长城的举动使东北防备受到了极大的影响，从而直接导致了明朝的迅速灭亡。

但是有人对这个说法提出了疑问：皇太极固然熟知兵法计谋，难道崇祯帝就是个无知的庸才吗？历史记载证明显然并非如此。一些研究者认为，崇祯帝杀袁崇焕根本是蓄意杀戮，而不是清朝后来津津乐道的因中"反间计"而误杀。袁崇焕被杀的真实原因，是崇祯帝担心袁崇焕及其东林党人妨碍他的专制皇权，袁崇焕是皇权与大臣之权冲突的牺牲品。

明朝年间太监专权是很常见的现象。崇祯帝即位后，为了除掉阉党对自己的威胁，起用东林党人，有效地削弱了阉党对皇权的威胁。但是当阉党对皇权的威胁减弱时，崇祯帝又开始削弱大臣的势力，即从依靠东林党转而回归到依用阉党群小。袁崇焕正是在这个环境下崛起的，自然成了阉党余孽倾陷的对象。袁崇焕耿直、豪放，敢说敢为，这正是阉党余孽所畏惧的，也是所有的皇帝所不喜欢的。同时袁崇焕又主持整个对后金的战局，有很大权势。自古以来臣子权势稍重必然容易遭到皇帝的猜忌，偏偏崇祯帝的猜忌心又是极强的，他之所以开始起用东林党人又继而起用阉党就是为了实现自己旺盛的专权欲望。这个时候的袁崇焕无疑是走在钢丝上，稍有不慎就会惹上杀身之祸。然而也很不幸的，袁崇焕是一个好的军事将领，却不能洞察君主的心思，他先斩后奏杀了明辽东悍将毛文龙就是一大不慎，崇祯帝"骤闻，意殊骇"。尽管事后袁崇焕亦悔悟道："毛文龙是大帅，不是像我这样的臣子所该擅自诛杀的。"但是这件事让崇祯帝心中杀袁崇焕的想法已经坚定。明末史学家谈迁就说，袁崇焕擅自杀死毛文龙，"适所以自杀也"。

崇祯帝开始时之所以不杀袁崇焕，一方面是缺少足够的借口，更主要的原因是那时崇祯帝对袁崇焕"五年复辽"充满了期待，因此暂时容忍了袁崇焕目中无君的举动，只是在暗中采取了很多监视和牵制的措施。"己巳之变"之后，后金兵大举入犯，继而围攻北京城，这时的崇祯帝对袁崇焕复辽已经不抱希望，至此君臣之间脆弱的依存关系不再存在，杀袁崇焕就是必然的了。而正在这个时候，皇太极施行了反间计，内廷阉党也捏造了袁崇焕引敌协和、擅主和议、专戮大帅三大罪状，崇祯帝立刻借此机会将袁崇焕投入监狱。

说崇祯帝是中了皇太极的反间计，这是不能服人的。因为人们可以根据史料得知，从袁崇焕的入狱到被杀戮，前后共有八九个月，这么久的时间里，崇祯帝是有足够的时间来辨明是非的。同时还有史实表明，反间计、诬告并不能瞒过崇祯帝，也就不足以置袁崇焕于死地。崇祯帝决定杀袁崇焕，是从巩固皇权、防止大臣结党、彻底摧毁东林党势力这些目标出发的，反间计只是为促成崇祯帝逮捕袁崇焕下狱制造了一个合适的借口而已。

自古"信而见疑，忠而被谤"，忠臣们的下场果真都是这样的吗？袁崇焕究竟是为何被杀？是君主昏庸不能识别敌人的诡计，还是君主猜忌不能留下权臣？谜的破解还需要后世的进一步考究。

吴三桂"一怒为红颜"吗？

　　明朝崇祯十七年 (1644 年) 春天，李自成农民军攻占了北京，崇祯帝在景山自尽。此时辽东总兵吴三桂拥重兵驻扎在山海关。背面是南下的清兵，南面是提兵挺进的大顺军队。吴三桂的进退将对当时的战事起到近乎决定性的影响。最后，吴三桂选择了降清之路。于是吴三桂与李自成双方在山海关附近激战之时，关外的清军突然出现，攻击李自成军，李自成军措手不及，败绩而退。吴三桂引清军入关后，在清朝军事统一中国的过程中，立下了"汗马功劳"。那么吴三桂为什么投降清朝？是真心投降清朝吗？后代史家对此议论纷纷。

　　第一种说法是为了陈圆圆。

　　吴梅村在《圆圆曲》中写道："恸哭六军皆缟素，冲冠一怒为红颜。"这两句诗生动地揭示了吴三桂投降清朝的心态。"缟素"是为死去的崇祯帝戴孝，"红颜"自然是吴三桂的爱妾陈圆圆。

　　明朝末年清兵攻打到锦州，吴三桂在崇祯的命令下奔赴北方前线。由于明朝制度军中不能携带姬妾，所以吴三桂只能让陈圆圆留在北京。不料，李自成的起义军很快就攻进了北京城，吴三桂之父吴襄也投降了闯王的军队。当时吴三桂率领的军队乃是当时号称为"关东铁骑"的数万精兵，李自成和清朝都急于得到他。吴三桂自己则持观望态度，迟迟没做出决定。在这个关节上，李自成军队的一个将领刘宗敏听说了陈圆圆的美貌，便想要得到她。于是这位将领抓来吴襄，拷问陈圆圆的下落，并带兵到吴三桂的府上带走了陈圆圆。这个消息传到了吴三桂的军帐，吴三桂勃然大怒，拔剑斩案曰："大丈夫不能保一女子，何面目见人耶？"于是转而向清乞兵，使六军披麻戴孝，打着为大明王朝的崇祯帝报仇的旗号，带兵打入北京。就这样，吴三桂投降了清朝，成为清王朝统一中原的开路先锋。接下来，他又引兵进攻李自成，接受清朝官爵，镇压大顺、大西政权，追杀南明政权永历帝，俨然是清王朝的一员猛将。

　　吴伟业的《圆圆曲》一出，吴三桂"冲冠一怒为红颜"的降清原因，几乎成为定论。但是有人提出了异议。他们指出，吴三桂降清不可能起因于陈圆圆被掠。对于一个帝王将相来说，女子不过是他们的玩物而已。陈圆圆虽然美貌，但是她不过是妓女出身，不过是被别人当作是礼品送来的政治投资。像吴三桂这样一个聪明的人，怎么可能为了她而确定自己的重大政治决策？从刘宗敏这方面讲也是不合情理的。刘宗敏是一个忘我投身李自成事业的人，是李自成手下的忠实部属，甚至曾经在危难的时候杀掉了自己的妻子追随李自成。他不会不明大义，为了一个女子而影响大顺政权前途。之所以会有吴三桂为陈圆圆而降清的说法，一方面是人们对吴三桂降清的讽刺贬斥，另一方面也可能是后人对此事的附会加工以及文学创作上的需要。

　　二是为父报仇说。

　　根据《辽东海州卫生员张世珩塘报》记载，当时李自成的军队实行了一项追赃助饷的政策，对明王朝的大小官吏严加拷讯，逼要银两资助军队。吴三桂的父亲、明朝遗臣吴襄，本来已经归

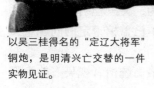

以吴三桂得名的"定辽大将军"铜炮，是明清兴亡交替的一件实物见证。

顺大顺，然而也被捉拿拷打，强逼交银，"止凑银五千两"。后吴三桂得悉父亲被大顺军拷打将死，怒不可遏，于是放弃了本要投靠李自成的计划，转而投靠清朝，决计攻灭大顺，为父雪仇。

但是有学者认为此说不实。《明季北略》记载，吴襄投降大顺后，曾经充当说客，写信给吴三桂劝他降大顺。吴三桂对此非常生气，并因此声称断绝父子关系，说"儿与父诀，请自今日。父不早图，贼虽置父鼎俎之旁，以诱三桂，不顾也。"后来，当起义军以他全家性命相威胁的时候，吴三桂也同样置之不顾，结果全家三十多口人被杀。这样的一个人，可能为父报仇吗？他不过是为了自己的安全和帝位罢了，为父报仇不过是一块遮羞布而已。

第三种说法是说吴三桂投降清朝乃是出自阶级的本性。

李自成所率的农民起义军在进入北京后，基本保持着农民起义军本色。吴三桂也许曾经有过投靠李自成的想法，但是那不过是为了保全自己利益的政治投机罢了。尤其是当他知道李自成的军队在北京城内拷掠明朝降臣后，他对李自成的幻想就完全破灭了。而清朝对他则会是高官厚禄，他出于其大官僚地主阶级的本性，为维护本阶级利益，保证自己的荣华富贵，也必然会作出投降清朝的选择。

也有人认为，吴三桂并没有真心投降清朝，只是无可奈何之下的权宜之计。当时的吴三桂虽然握有重兵，但是他的兵力在李自成和清兵面前也不过是微弱的力量。形势让他必须在两者之间作出选择。实际上，在引清军入关前，吴三桂是一贯坚持抗清的，吴三桂曾经多次严拒了明降清将领的劝降。在李自成攻逼下准备联清时，他写信给多尔衮只说在攻灭大顺政权后，"我朝之报北朝者，将裂地以酬"，可见他只是想借兵联合，并无投降归附之意。山海关战后，清廷对吴三桂极不放心，吴三桂的力量也远远不能控制当时的局面。但是吴三桂在发布的檄文中，称："周命未改，仍是朱家之正统。"并且要求："凡我臣民为先帝服丧，整备迎候东宫"，为明王朝摇旗呐喊。此外，后来他还招揽奇才，广植党羽，训练士卒，囤积财货，为反清复明做了不少的工作。最后终于在1673年起兵反清。持这种看法的人指出，对吴三桂的降清如果简单地视为卖国投敌，无疑是站在了大汉族主义和明王朝的立场上，对于吴三桂是不公平的。

然而这种说法，始终很难得到世人的同情和认可。尤其是对于后来吴三桂的起兵反清举动，后世普遍认为那不过是因为康熙下令削藩，吴三桂自感自己的地位受到了严重威胁，丝毫不是为了明朝。看来，对于吴三桂投降清朝的原因还要继续地争执下去。

吴三桂降清是韬晦之计吗？

明崇祯十七年(1644年)三月十九日，李自成率领的农民起义军攻陷了明朝统治下的北京，崇祯在煤山自缢，明山海关总兵吴三桂在增援途中闻讯后，仓皇逃回山海关。李自成亲率大军开赴山海关，想以武力逼降吴三桂，吴三桂非常害怕，便向清朝求援。当李、吴两军在山海关前展开血战之时，清朝的精骑突然杀出，农民军毫无防备，惨败而归，从此一蹶不振。由于史书中的种种记载，史学界一直瞩目吴三桂引清军入关镇压农民起义这一事件，人们一直认为吴三桂此举便是投降了清朝。但近年有人认为，吴三桂引清军入关并不是表明他投降了清朝，并提出了种种证据。这一说法似乎让本已盖棺论定的问题重又成为历史谜团。

至少还有两点理由可以说明吴三桂投降了清朝：第一，清朝最高统治者视吴三桂为降将，如清摄政王多尔衮就把吴三桂作为部下来驱使，"命三桂兵各白布系肩为号""命三桂军先锋"，又"命吴三桂以步骑二万前驱追贼"。清廷为了奖励吴三桂在战争中的功劳，还"授三桂平西王勒印"（《圣武记》）。后来清帝剥除吴三桂爵位时，也把他称为降将："逆贼吴三桂穷蹙来归，我世祖章皇帝念其输未投降，授之军旅。"（《清圣祖仁皇帝实录》）在清朝廷的眼中，吴三桂就是一个明朝降将。第二，吴三桂入关后的所作所为也表明他已真心降清，吴三桂打着为明王朝复仇的旗号引清入关，但是在南明政权的福王多次派人拉拢吴三桂时，吴三桂却断然拒绝。如当福王的侍郎左懋第"谒三桂，出银币且致福藩意"时，吴三桂说"时势如此，我何敢受赐，唯有闭门束甲以俟后命耳"（《明季稗史汇编》）。除了福王之外，还有几任南明王，吴三桂都不曾表示要协同反清复明，与此相反，他竟然亲自出兵缅甸追杀南明永历王。可以看出，不管当初引清兵入关时吴三桂是怎么想的，在清兵入关后，他就投降了清朝，此时，他已经不敢违抗清廷的命令，更不敢有任何反清复明的想法了。为了向清王朝表示他的忠心，他"破流贼，定陕，定川、定滇，取南明王于缅甸，又平水西土司安氏"（《圣武记》），俨然成为清廷平定天下的一把利刃。

否认吴三桂"降清"的人则认为，北京失守后，形成了三股较强的政治势力并存的局面，即吴三桂、农民军、清王朝。而夹在这两股势力中间的吴三桂势力最弱，因此他能走的路只有两条：要么抗清，要么镇压农民军，考虑到其父亲被农民军扣押、爱妾受辱，为报此仇，吴三桂选择了联合清朝的道路，但这并不能说明他投降清朝。主要理由如下：

第一，吴三桂一贯抗清的态度决定了他不会轻易降清。在任辽东宁远总兵期间，吴三桂曾多次参加抗清斗争，甚至在明清松锦战役后，明军明显处于下风的情况下，他的态度仍很坚决。吴三桂对明朝降清的劝降函都"答书不从"。

第二，多尔衮在山海关战后加强了对吴三桂的控制可以证明吴三桂未降。史载，多尔衮在山海关之战胜利的当天，玩弄权术，封吴三桂为平西王，又将1万步兵交给吴三桂。这说明吴三桂受到了多尔衮的拉拢和控制。

第三，山海关战后发表的檄文证明其未降。清军与吴三桂乘胜追击，吴三桂提出了"周命未改，汉德可恩""试看赤县之归心，仍是朱家之正统"的口号，如吴三桂已降，也不会发布这样的檄文，清廷也不会允许他这样做。

第四，在山海关一役后，在攻陷北京前后吴三桂欲立朱明太子的行动证明其未降。李自成败退永平，吴三桂提出"约自成回军，速离京城，吾将奉太子即位"，又"传帖至今，言义兵不日入城，凡我臣民为先帝服丧，整备迎候东宫"，可是"多尔衮命其西行追贼"的策略打乱了吴三桂的如意算盘。吴三桂因其势力太弱，只得听从了多尔衮。

第五，暗中积蓄实力以反清复明也可证明吴三桂未降。他一边广招贤才，暗布党羽，"阴养天下骁健，收忍荆楚奇才"，一边厉兵秣马，为将来的

明崇祯山海关镇炮

山海关依山临海，形势险要。1644年4月，吴三桂引清军入山海关，击败李自成。清军由此进入中原。

战争"殖货财"。他之所以没有实现反清复明的愿望，是因为清政治统治的日渐强大使"反清复明"的旗帜没有了号召力。而吴三桂是否降清这一历史问题已不能用后来的历史进程说明了。

第二节 悬案秘事

明代"壬寅宫变"之谜

自古以来，防备森严的地方不是监狱，而是皇宫。皇帝为防人行刺，日日夜夜命人巡逻守卫。明朝也不例外。

明朝皇帝的寝宫是紫禁城内的乾清宫。除了皇帝和皇后，其余人都不可以在此居住，妃嫔们也只是按次序进御，除非皇帝允许久住，否则当夜就要离开。

嘉靖年间的乾清宫，暖阁设在后面，共9间。每间分上下两层，各有楼梯相通。每间设床3张，或在上，或在下，共有27个床位，皇上可以从中任选一张居住。因而，皇上睡在哪里，谁也不能知道。这种设置使皇上的安全大大加强了。然而，谁又能防备那些守在他身边的宫女呢？

明世宗朱厚熜像

就是这群宫女，干出了惊天动地的大事，这就是历史上的"壬寅宫变"。"壬寅宫变"发生在嘉靖壬寅年（嘉靖二十一年，1542年）。当时史料曾有如下记载：

嘉靖二十一年（公元1542年）十月二十一日凌晨，十几个宫女决定趁皇帝朱厚熜熟睡时把他勒死。先是杨玉香把一条粗绳递给苏川药，这条粗绳是用从仪仗上取下来的丝花绳搓成的，苏川药又将拴绳套递给杨金英。邢翠莲把黄绫抹布递给姚淑皋，姚淑皋蒙住朱厚熜的脸，紧紧地掐住他的脖子。邢翠莲按住他的前胸，王槐香按住他的上身，苏川药和关梅秀分把左右手。刘妙莲、陈菊花分别按着两腿。待杨金英拴上绳套，姚淑皋和关梅秀两人便用力去拉绳套。眼看她们就要得手，绳套却被杨金英拴成了死结，最终才没有将这位万岁爷送上绝路。宫女张金莲见势不好，连忙跑出去报告方皇后。前来解救的方皇后也被姚淑皋打了一拳。王秀兰叫陈菊花吹灭灯，后来又被总牌陈芙蓉点上了，徐秋花、郑金香又把灯扑灭。这时管事的被陈芙蓉叫来了，这些宫女才被捉住。朱厚熜虽没有被勒断气，但由于惊吓过度，一直昏迷着，好久才醒来。

事后，司礼监对她们进行了多次的严刑拷打，对她们逼供，但供招均与杨金英相同。最终司礼监得出："杨金英等同谋弑逆。张金莲、徐秋花等将灯扑灭，都参与其中，一并处罚。"

从司礼监的题本中可知，朱厚熜后来下了道圣旨："这群逆婢，并曹氏、王氏合谋弑于卧所，凶恶悖乱，罪及当死，你们既已打问明白，不分首从，都依律凌迟处死。其族属，如参与其中，逐一查出，着锦衣卫拿送法司，依律处决，没收其财产，收入国库。陈芙蓉虽系逆婢，阻拦免究。钦此钦遵。"刑部等衙门领了皇命，就赶紧去执行了。有个回奏，记录了后来的回执情况："臣等奉了圣旨，随即会同锦衣卫掌卫事、左都督陈寅等，捆绑案犯赴市曹，依律将其一一凌迟处死，到尸枭首示众，并将黄花绳黄绫抹布封收官库。然后继续捉拿各犯亲属，到时均依法处决。"圣旨中提到了曹氏、王氏，曹氏、王氏是谁呢？据人考证，她们是宁嫔王氏和端妃曹氏，因此，有人根据这道圣旨得出结论，是曹氏、王氏指使发动了这场宫廷政变。

司礼监题本中记录了杨金英的口供："本月十九日的东梢间里有王、曹侍长（可能指宁嫔王氏、端妃曹氏），在点灯时分商说：'咱们快下手吧，否则就死在手里了（手字前可能漏一个'他'字，指朱厚熜，或有意避讳）。'"有些人便以这一记载作为主谋是曹氏、王氏的证据。

然而有人则不以为然，认为如果主谋是曹氏和王氏，那么史料上应该记载宁嫔王氏和端妃曹氏的情况，而在以上所述的行刑过程当中，却从未见到过对曹氏和王氏的处置的描述，因此主谋是谁尚不能断定。

"深闺燕闲，不过衔昭阳日影之怨"，是明末历史学家谈迁对此案的看法，但事实究竟如何，无人知晓，因此成为又一桩宫闱之谜。

戚继光斩子了吗？

"封侯非我愿，但愿海波平"，这是明朝著名的军事将领戚继光的诗。人们永远都不会忘记这位将领在反抗倭寇的历史中的光辉业绩。

戚继光出身将门，世袭登州卫指挥金事，长期在山东、浙江一代担负抵御倭寇的重任。从小就目睹倭寇对沿海人民残酷蹂躏的他，对倭寇充满刻骨仇恨。他立志要荡平倭寇，拯救黎民于水火之中。那句"封侯非我愿，但愿海波平"正是他非凡抱负和坦荡胸襟的真实写照。

明朝历史上的倭寇，不同于一般的海盗，他们往往都是有着严格纪律的军事组织。要战胜这些倭寇，只有更加严格的纪律才行。戚继光就是一个以严于治军而闻名的军事将领。他经常以岳家军为榜样，对士兵进行教育，并且坚持与部下同甘共苦。历史记载，戚继光的军队号令严，赏罚信，因此所向披靡，威震四方。"戚家军"对于倭寇来说，无异于让他们丧魂落魄的"丧钟"，却是国家和百姓的救星。

这样的一支钢铁军队哪里是一朝一夕就能铸造成的？戚继光必然要为此付出沉重的代价。最为典型的，就是浙江、福建一带盛传的戚继光斩子的种种传说。

关于戚继光斩子的说法史籍多有记载。如福建《仙游县志》记载："戚公至莆田，将出师，烟雾四塞，其子印为先锋，勒马回，且求驻师，公怒其犯令，杀之。"年代比戚继光稍晚的沈德潜也曾说过："戚继光斩子……此军法所不贷，不得已也。"清代《四库全书总目提要·子部·兵家类存目》中还收录了戚继光自己所写的《纪效新书》，其提要曰："第四篇中一条云，若犯军令，便是我的亲子侄，也要依法施行，厥后竟以临阵回顾，斩杀长子，可谓不愧所言矣，宜其所向有功也。"

看来戚继光斩杀自己的儿子是因为此子在战场上临阵回头，违反了戚继光制定的军纪，所以戚继光怒而杀之。连自己的儿子违纪也毫不例外地受到严惩，如此严明的纪律，也无怪乎戚家军屡战屡胜了。

深究其细节，史籍记载说戚印"临阵回顾"，对戚印如此做法的原因，除《仙游县志》中所说的"烟雾四塞，其子印为先锋，勒马回，且求驻师"外，后人还有多种其它看法。有人说，戚印原本奉命诈败，以诱敌深入，但在战场上看到形势大好，杀敌心切的他便不肯诈败，与敌人进一步交锋。虽然最后大胜，但是他的自作主张还是违反了戚继光的命令，因此被戚继光斩杀。有人说戚印奉命出征，途中得知敌军数倍于己，恐怕寡不敌众，决定暂时回军，此举为戚继光所不能容许，因而被斩。还有人说，戚继光有军令，不许在战斗中回顾或退回，但此次战斗中戚继光因为战马中流矢而落马，戚印担忧父亲的安危，回马探视，结果乱了行列，差一点使战斗失利，因此戚继光回到军营后依法斩子。

戚继光斩子之说在民间有很大的影响，浙江临海县至今还有纪念戚印的"太尉庙"，福建福清市也有"思儿亭""相思岭"等古迹。

但是，有人认为戚印是否真存在还是一个问题，认为所谓戚继光斩子很有可能是被后人杜撰出来的，是为了赞扬戚继光严明的军纪。郭沫若就持这种看法。

首先，查证正史，至今没有发现戚继光斩子的记录。所有对戚继光的事迹有明确记载的正史如《明史》、尹璜《罪惟录》、董承诏的《戚大将军孟诸公小传》、汪道昆的《孟诸戚公墓志铭》等书都没有提及过此事。《明史·戚继光传》说"继光为将号令严，赏罚信，士无敢不用命"，但此书虽然认为戚继光与同为当时名将的俞大猷相比"操行不如，而果毅过之"，但是也同样找不到戚继光斩子的痕迹。而戚继光斩子是严明军纪的表现，绝非是见不得人的，所以这些典籍不予收录的原因当不是为了隐讳什么，而是根本就不存在这个故事。

其次，此事与戚继光的《年谱》有颇多不合之处。

戚继光像

天启壬戌年(1622年)，戚继光的几个儿子编订了年谱。这本年谱对戚继光的事几乎是有闻必录，但是却没有有关斩子的蛛丝马迹。从《年谱》中还可以了解到非常重要的一点：戚继光于嘉靖二十四年(1545年)与王氏结婚，即使婚后立即得子，到他于嘉靖三十四年(1555年)赴浙江抗击倭寇时其子也不会超过十六岁，十六岁或许可能随父从军，但是怎么可能充当先锋？史载，戚继光在他死前半年之时，还曾经建立孝思祠祭祀其历代祖妣，在他自己撰写的《祝文》中，有"今有五子一侄奉承蒸尝"的话。这"五子"是指祚国、安国、昌国、报国、兴国，此五子中长子祚国也是在1567年出生的，当时戚继光在闽、浙的抗倭已经结束有一年左右的时间，即戚继光在南方抗倭的过程中是没有儿子的。还有史料记载，戚继光在福建抗击倭寇时，曾在1563年到兴化九鲤湖祈祷九鲤仙；祈祷的内容之一就是"续嗣之忧"，如果当时他已经有可当先锋的长子戚印，又怎会有此祈祷？这一条史料也可以证明当时戚继光确实没有儿子。

　　从以上的分析无疑可以得出结论，即戚继光并没有戚印这个儿子。从"戚印"这个名字与戚继光诸子的显在区别也可以看出，戚印最多也不过是戚继光的一个义子。

　　戚继光斩子一事真耶？假耶？此谜还需更多的史料来求证。但毫无疑问地，无论真假，人们对戚继光将军的怀念是真的，人们对这位被"父"斩杀的"戚印"所寄托的也并不是谴责，而是对其的同情，所以后世才有"思儿亭""相思岭"等古迹的产生。

李自成为何要杀谋士李岩？

　　明末爆发了李自成农民起义。在李自成的起义队伍中，有一位著名的谋士李岩，他提出"迎闯王、不纳粮"的口号，为起义部队赢得了民心。对李岩的结局，《缨寇纪略》中作了记载：定州失败后，有人说河南全境都向明朝军队投降了。李自成大惊失色，同部下商议对策。李岩主动请缨，愿意亲率两万精兵，赶到中州，附近的郡县一定不敢再轻举妄动，就是有敢暴乱者，也能及早收拾它。大将牛金星要闯王答应李岩的请求，闯王当时没有回答。不久，闯王恐怕李岩另有所图，这时牛金星向闯王进言，要寻找机会除掉李岩，得到闯王首肯。第二天，牛金星以李自成的名义召李岩到军营中饮酒，安排伏兵在营中隐蔽处，李岩和他的弟弟李年同时被擒杀。

　　这段记载虽有首有尾，但对李自成杀害李岩的原因交待得并不清楚。"恐怕李岩另有所图"究竟是何意？也许从李岩的身世能看出一点端倪。据正史记载，李岩原名李信，河南杞县人，明朝兵部尚书李精白之子，参加科举考试得中举人。因为力劝当地官府停征苛捐杂税，拿出家中存粮赈济灾民，得罪地方政府和豪绅，被捕入狱。李自成部队攻破杞县时，被救出狱，因而投降李自成，后因功绩被封为将军。从史料记载看，李岩出身于显赫的家族，与农民起义军本来就是不同的阶级出身。开始时他可能因为才能而得到李自成赏识，但李自成终究是个农民出身，有其阶级保守性。后来李岩越是显露才华，他越是不高兴，甚至怀疑有一天李岩会取自己而代之，因而动了杀机。

　　当然，这样解释李自成为什么杀害李岩不足为据，仅仅是猜测之辞。

李自成雕像

第三节　文化迷踪

郑和船队最远到了什么地方？

　　大海浩瀚，航者无疆。那么郑和下西洋，最远到了什么地方呢？究竟如西人所说，深入大西洋，发现美洲，到达南极？还是仅止步于非洲东岸呢？

　　对于这个问题争论很大，国内外的专家、学者各执一词，根本无法取得一致意见。英国史学家李约瑟在《中国科学技术史》中，引用地图学家弗拉·毛罗所言，认为 15 世纪初郑和船只已经绕过好望角。20 世纪 50 年代，澳大利亚的菲茨拉德在发表的《是中国人发现了澳洲吗？》一文中，认为郑和的船队很可能到达了澳大利亚西北的达尔文港，因为 1879 年曾在那里出土了一尊中国寿星石像，为明朝遗物。随后，马来西亚学者祖菲加甚至认为，郑和船队最远到达了南极，也到过澳洲大陆。并具体指出郑和船队于 1422 年抵达南极大陆，之后途经澳洲大陆，返回中国。

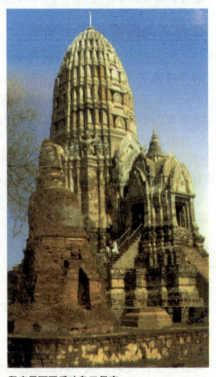

印度尼西亚爪哇岛三保庙

　　把这一争论推向高潮的是 2002 年英国退伍海军孟席斯在英国皇家地理学会上做出的结论：中国郑和下西洋舰队 1421 年到达美洲，比哥伦布早 70 年发现了新大陆。孟席斯的主要依据是，在美国发现了一张根据经纬度绘制出的古代地图，经有关人士考证，认为是中国人绘制。并且在加勒比海还发现了一艘沉船，可能是郑和的航船。另外，在加拿大岛屿遗址的坟墓中发现了汉字，遗址中的居民有黄种人的基因。

　　但是对这些说法，中国学术界大多持否定态度。因为《明史·郑和传》和郑和助手马欢的著作《瀛涯胜览》中，都记载着郑和船队最远到了非洲东海岸木骨都束、竹步、麻林，也就是今天的肯尼亚和坦桑尼亚一带。并且在非洲索马里、肯尼亚、坦桑尼亚境内，考古发现了很多 14、15 世纪的中国古瓷。从事海洋地图研究的专家朱鉴秋认为："这可以作为郑和航海到达非洲的有力佐证。"对于孟席斯的观点，毛佩琦教授则持全盘否定的态度，他认为："不是有多大可能，而是完全不可能。"对于那张地图，毛教授认为中国古代地图的绘制方式不同于西方，在当时不可能出现根据经纬度绘制的地图，"因此孟席斯所指的地图根本就不可能是中国人绘制的"。对于加勒比海沉船、坟墓中的汉字、黄种人的基因，这几个证据，所有的中国专家都基本持否定态度，但也找不出具体反驳的理由。不过，孟席斯很自信自己的观点，认为自己通过实地考察掌握了许多中国学者不曾见到过的证据。确实，中国学者的考证多源于史料记载，只是在故纸堆里找线索，难免会有很大局限性。况且，值得注意的是，郑和下西洋的船队由大小船只百余艘组成，由于海风、迷失方向等各种原因，很有可能会有个别船只脱离船队，在大海中漂泊，并由此发现了澳洲、美洲，甚至南极洲，因为据载，有许多小船往往在船队回航几年后，才从西洋返回，这其中肯定也有许多船只不能返回，而在大海中漂泊，由此不能排除他们在偶然的情况下发现新大陆的可能性。但是，在没有确凿的证据之前，郑和船队最远到了什么地方，还是一个有待进一步考证的难解之谜。

郑和航海档案被毁原因

郑和下西洋的官方资料，即当时称为《郑和出使水程》的海航档案（记载了郑和及其部属在将近30年间的7次远航的航海经验及机密史料），据传被明朝兵部官僚藏匿并销毁，不知是真是假。如果真是这样，那么，人们不免产生疑问，为什么要把那些宝贵资料销毁呢？

一般认为是明朝成化年间反对下西洋的兵部车驾郎中刘大夏所为。因为当时普遍认为郑和虽然"宣威异域，普及南洋，为中国历史所未有，然以天朝大使，属诸阉人，亵渎国体，毋亦太甚"。刘大夏据此，又认为郑和下西洋，劳民伤财，是一大弊政，担心后人步郑和之后尘，便一把火烧毁了郑和出使西洋各国的详细资料。明人《殊域周咨录》一书记载了此事，说明宪宗成化年间，有太监怂恿皇帝效仿成祖派郑和下西洋之事，于是皇帝下诏到兵部索要郑和出使南洋的海图和相关资料。时任兵部车驾郎中的刘大夏事先把这些资料藏匿了起来。兵部尚书项忠索要无果后，责问看管档案的小吏。在一旁的刘大夏答道："三宝下西洋，费钱粮数万，军民死且万计，纵得宝而回，于国家何益，此特一弊政，大臣所当谏也。旧案虽存，亦当之。"明人顾起元在专记史事掌故的笔记《客座赘语》中也记载了这件事情。

但是，刘大夏真的焚毁了这些资料吗？明朝法律对官员极为严酷，官吏遗失"事关军机钱粮"的文书资料，不但要停发俸禄，还要承受残酷的杖责。无意丢失尚且如此，刘大夏竟敢故意焚毁这些资料？而刘大夏为明朝中期重臣，先后辅佐四位皇帝，岂能不知明朝的律令。况且明朝正史中，也从来没有见到过刘大夏焚毁资料的记载。

而有的史学家认为，根本就没有什么航海资料。复旦大学教授樊树志就这么认为，因为现在没有任何史料可以证明这样的日志确实存在过。但是，海军少将、中国造船专家郑明则不同意这种观点，他举例说，现在能看到龙江船厂志里写了八个字"海船已革，尺度无考"，很明显有被消除掉纪录的痕迹，显然是有人毁了资料。

那么，假如刘大夏没有焚毁这些资料，这些资料又确实存在过，它们又被

郑和像

谁焚毁了呢？对此又有不同的说法。如果刘大夏只是藏匿了这些资料，不可能被带出档案库，它们应该还在府库之中。目前用于保存明清历史档案的中国第一历史档案馆中，保存有3620余件明史档案，但是几乎全部是明末天启、崇祯两朝的。明初和中期的都荡然无存，这其中当然也包括郑和下西洋的资料。

对此有学者解释："明代档案所以保存不多，一因明清之际的战乱，二因清代乾隆帝时期修撰《明史》之后，按照当时惯例，对所依据的档案史料往往弃置甚至焚毁掉。"因此如果刘大夏把资料还保存在府库中，很可能毁于战火，或者被清乾隆帝朝修史时弃置或者毁掉。要是这样，乾隆皇帝就逃脱不了焚毁资料的嫌疑了，但是，这一说法只是一种猜测而已。这些资料究竟被谁毁掉了，是刘大夏，还是清朝修史时所为，恐怕是永远都解不开的历史疑案了。

谁是《金瓶梅》的真正作者？

《金瓶梅》是一部惊世奇书，也是"明代四大奇书"之一，还被清代小说点评家张竹坡誉为"第一奇书"。它借《水浒传》中"武松杀嫂"一节引出以西门庆为主角的一段市井生活，借宋代的人物暴露明代社会的腐败。一般认为书名是以西门庆三个重要女人名字中的各一个字拼凑成的。"金"指潘金莲，"瓶"指李瓶儿，"梅"指庞春梅。这本书思想内容丰富、艺术手法娴熟，但是它问世时，作者并没有署上自己的真实姓名，所以学者们对它的作者问题始终抱有很大的兴趣，以至《金瓶梅》的作者到底是谁，迄今仍然无定论。

《金瓶梅》的作者署名"兰陵笑笑生"，但其真名实姓考证至今并无定论，作者是何方人氏也说法不一。因为作者声称写的是山东地面的人和事，署名中又有"兰陵"字眼，加之作品用语基本上是北方话，所以多认为是山东人。有的研究者认为作者是李开先。李开先是山东人，嘉靖进士，40岁罢官回家，他的身世、生平和对词曲等市井文学的极深的爱好和修养与前人对《金瓶梅》的说法不谋而合；作品本身也证明它同李开先关系密切；李开先的作品《宝剑记》也是用《水浒》的故事，把《金瓶梅》和李开先的《宝剑记》作比较，就会发现不少相同之处。所以《金瓶梅》和《三国演义》《水浒传》《西游记》一样，都是在民间艺人中长期流传之后，经作家个人写定的，而这个写定者就是李开先。还有人认为作者是另一个山东人贾三近，他是嘉靖、万历年间大文学家，因为《金瓶梅》一书从头到尾贯穿了大量的峄县人仅用的方言俚语，峄古称兰陵，从贾三近的生平事迹，以及宦游处所、人生经历、嗜好、著作目录等方面看，他是最接近"兰陵笑笑生"的一个人。

最流行的看法则认为，嘉靖年间的大文学家王世贞是《金瓶梅》的作者。王世贞，字元美，号凤洲，又号燕州山人，是南京刑部尚书，也是明代著名的文学家、史学家。王世贞才学富赡，文名满天下，与李攀龙、谢榛等合称为"后七子"。在前后七子中最博学多才。李攀龙去世后，他独领文坛20年。《明史》称他"才最高、地望最显，声华意气，笼盖海内"。

他为官清正，不附权贵。东林党杨继盛被严嵩陷害下狱，他经常送汤药，又代杨妻草疏。杨被害后，他为杨殓葬；父亲被严嵩陷害，他作长诗《袁江流钤山冈》和《太保歌》等，揭露严嵩父子的罪恶。他精于吏治，乐于提拔有才识之人，衣食寒士，不与权奸同流合污，受时人推重。

据说他作《金瓶梅》是想为父报仇，王世贞的父亲因献《清明上河图》的赝品，被人识破，因而得罪权臣严嵩和严世蕃父子，最后被残害致死。王世贞为报父仇，特作小说

《金瓶梅》献给严世藩投其所好。书的内容隐射严嵩父子，揭露他们的种种丑行，而书上又涂有毒药，当严世藩读完此书后就中毒而死了。

但是著名学者吴晗率先对这个观点提出质疑，他查阅了大量的正史、野史、笔记，以翔实的史料作为依据，推翻了前人据以立论的主要依据——《清明上河图》与王世贞家族的关系，得出历史上的王世贞之父并不是因为献假图被害，严世藩也不是因为中毒而身亡的结论，否定了《金瓶梅》为王世贞所作的传统看法。吴晗还从书中大量运用的"山东方言"这一点来看，认为王世贞虽然在山东做过三年官，但是要像本地人一样用方言写出这样的巨著是不可能的。他还明确指出，《金瓶梅》应为万历十年至三十年的作品，作者绝不可能是王世贞。有不少研究者也撰文支持吴晗的观点。

《金瓶梅》故事图 清

此是清初人依据《金瓶梅》第六十三回所绘的图画。画面中央艺人正在表演，右下方的伴奏乐队有胡琴、三弦、笙、笛、云锣等乐器，两旁是饮酒看戏的宾客，左上方是掀帘看戏的女眷。

20世纪80年代，国内开始有语言学家发表文章对作者的山东籍贯表示怀疑，理由是作品中有不少用语是当今山东方言所没有的，反而在吴方言区经常用到，于是大胆设想作者有可能是吴方言区人。30年代时，英国汉学家阿瑟·韦利就曾提出《金瓶梅》作者是徐渭这一说法，在60多年后的今天却被绍兴文理学院讲师潘承玉新近出版的《金瓶梅新证》给证实了。

潘承玉的《金瓶梅新证》首先从时代背景推断《金瓶梅》成书时代为明嘉靖末延续至万历十七年稍后，而这正与徐渭的生活时代相吻合。从地理原型、风俗、方言等诸角度多层面来看，小说与绍兴文化也有很深刻的联系，根据《金瓶梅》是一部"借宋喻明""借蔡讽严（嵩）"之作的定论，指出当时正是绍兴形成了全国第一个反严潮流，披露了徐渭与陶望龄以及沈炼为代表的一大批"反严乡贤"鲜为人知的史实，从沈炼正是被严嵩迫害致死，断言徐渭是因感于乡风，感于沈炼的冤死愤慨而作《金瓶梅》。另外，徐渭在晚年曾暗示过他花40年心血而完成了一部长篇小说。而《金瓶梅》的措辞用语、文风都与徐渭十分吻合。另外，从作者写作《金瓶梅》的特殊心态，也跟徐渭的遭际一脉相承。

中国古典文学名著《金瓶梅》问世四百多年来，作者究竟是谁？创作背景怎样？笑笑生究竟是何人，还是一个未解的谜，这一连串疑问仍像重重迷雾笼罩，等待后人的解答。

第七章　清代与民国秘史

第一节　名人谜团

史可法去向之谜

　　清顺治二年 (1645 年)，这一年对于明朝和清朝都是足为铭记的。在这年里，清兵大举南下，明代督师史可法与军民固守在扬州这座孤城中作最后的奋战。阴历的四月二十五日，清兵攻破了扬州城，继而入城大肆屠杀十天，无数百姓和守城的战士惨遭杀害。屠杀中，明将史可法的下落却成了疑问。当时的洪承畴曾经发问："果死耶？抑未死耶？"此后关于史可法去向的记载，就更加说法不一。

　　有的说，史可法在清兵攻破扬州的时候出城逃生。关于具体的出逃过程，又有不同的说法。有人说他是"缒城出走"。这种说法比较详细的记载是计六奇的《明季南略》。计六奇根据《甲乙史》的记载写到，四月二十五日这一天，清兵诈称明朝总兵黄蜚的救援军队到，史可法命令部属开西门放行，随后清兵入城，即攻击明军。史可法在城墙上看到这种状况，知道中了敌人的诡计，也深知局势已经无可挽回，便拔剑自刎。幸得左右相救未遂，于是他与总兵刘肇基一同潜去逃生。历史学家谈迁也赞同这种说法。

　　关于逃生的第二种说法是"跨骡出城"。乾隆《江都志》记载了扬州故老言，说当时城被破时，史可法"跨白骡出南门"，进而许旭在山东赋《梅花岭》诗，说："相公誓死犹饮泣，百二十骑城头立。瞬息城摧铁骑奔，青骡一去无踪迹。"另外，《石匮书后集》中记载的史可法在扬州城陷落后的逃生路线为"过钞关""走安庆"。

　　与逃生说法截然不同的记载一般见于清代的官修史籍。这些官修史籍大多认为，史可法是在扬州之役中被俘，其后因不屈而遇害。《明史》说，史可法自杀未遂，被部将拥至小东门，被清军抓获。史可法大呼曰："我史都督师也！"遂被清军所杀。又《清实录》记载："攻克扬州城，获其阁部史可法，斩于军前。"在史可法嗣子史德威所著的《维扬殉节纪略》还详细记述道，扬州城陷落时，史可法自刎未遂，为清军所获。清朝大将多铎对史可法"相待如宾，口呼先生"，并且劝降，希望史可法能够帮助他"收拾江南"。史可法大义凛然地斥责说："我为天朝重臣，岂可苟且偷生，作万世罪人哉！我头可断，身不可屈……城亡与亡，我意已决，即劈尸万段，甘之如饴。"于是被杀。其他还有一些野史如《雪交亭正气录》《史外》等也有大同小异的记载。

坚持认为史可法不屈而死说法的人还举出了许多理由来证明自己的看法。他们说，史可法在四月二十日左右曾写过五份遗书以及给其母亲、夫人的绝笔，其中有"一死以报国家"之语，由此可见他早就抱定了必死之心。后来他的种种实际行动也证明了他与城池共存亡的信念。他又怎么可能在城破后独自逃生？并且，史可法的部将刘肇基在扬州告急时，率领军队来救援，当时中流矢而亡，即他在扬州城陷落前已死，又怎么可能与史可法一起"缒城潜去"？再有当事人和目击者的记述。除了上述史德威所著的《维扬殉节纪略》的记载，还有原史可法的幕下杨遇蕃及清军将领安珠护曾目睹了史可法被杀肢解的情形。还有《自靖录》《池北偶谈》和《青磷屑》等史籍也都记载史可法在扬州之役中被清军所杀。

史可法像

进而他们分析了"缒城潜去"和"不知所终"说法产生的原因。主要是由于史可法是被肢解而死，加上天气炎热、扬州城尸骨无着，史可法死后的尸体自然无法辨认，直到 1646 年史德威才将史可法的衣冠等遗物葬与梅花岭旁。最为重要的一个理由还在于，人们对于这位为国而捐躯的英雄当然不希望其死，当然希望他能幸免于难，所以才有"大江南北，遂谓忠烈未死"，进而在后来，许多忠于明朝的百姓假借忠烈的名义而举旗反清。反清的情绪促成了人们不愿其死的想法。

另外还有几种说法。如有传说说史可法最后沉江而死，清康熙年间孔尚任的《桃花扇》即作此描述。根据此说，史可法出城后骑马渡江，因为马蹶落水溺死。也有人说他出东门遇到清兵的堵截，他自觉无望，随即赴水自尽。还有张岱的《石匮书后集》中说史可法自杀未遂后，与部将逸于离城数里的宝城寺，清兵在后面追赶。两军激战，最后史可法军全部战死。还有说法说清兵攻破扬州时史可法便已销声匿迹，不知所终。如计六奇在顺治六年外出时，在途中坐船遇到了一个嘉兴人自称是当年扬州之役中逃出的兵士，他说当年城破时史可法已下落不明。

史可法对故国一片忠心，独自率领部下孤军奋战，在明清战争中写下了壮烈的一笔。他的下落之谜，尽管至今难有定论，但是他的悲壮却长久地铭刻在后人的心中。

郑成功死因蹊跷

郑成功是中国历史上家喻户晓的民族英雄，他骁勇善战，令殖民者闻之丧胆。但郑成功就在台湾收复后不久便去世了，年仅 38 岁。正值壮年，却突然暴病而亡。仔细推敲其死因，就会发现有许多疑点。

关于郑成功的死，同时代人如李光地、林时对、夏琳等人的笔记都很简单，一般是说"伤风寒""感冒风寒"，但一个正值壮年的人怎会轻易地被"风寒"夺去生命？

根据郑成功临终前的异常情况和当时郑氏集团内部斗争的背景，有人认为郑成功是被人投毒杀死的，这一说法目前最引人注目。此说主要的依据有：

第一，郑成功死前的情状与中毒后毒性发作的症状极似，另外，夏琳《闽海纪闻》中记载郑成功临终前都督洪秉诚调药以进，成功将药投之于地，然后成功"顿足扶膺，大呼而殂"。郑成功大概察觉出有人谋害自己，但为时已晚。

第二，郑氏集团内部暗藏着一些危险因素。生性暴烈的郑成功，用法严峻，郑氏部下，包括他的长辈亲族因过被处以极刑者很多，众将人心惶惶，其中很多人在清廷高官厚禄诱惑下叛逃，郑氏集团内部关系极其紧张。伍远贤所编《郑成功传说》一书中记述，清廷收买内奸刺杀郑成功，因此，如果说台湾岛上一直有人企图谋害郑成功，极有可能是以清廷作为背景。

第三，一个重大疑点是马信神秘地死去。马信是清降将，后来成为郑成功的亲信，郑成功去世当天，由他荐一医师投药一帖，夜里郑成功死去，他本人也突然无病而卒。照李光地的说法，马信在郑成功去世的第二天就死去，江日升《台湾外纪》中记载，其死期距郑成功去世仅仅 5 天。因此马信可能直接参与谋害郑成功的活动，但后来又被人杀害以灭口。

那么，这起谋杀案的主谋究竟是谁呢？人们把怀疑的目光投到了郑成功兄弟辈的郑泰、郑鸣骏、郑袭等人的身上，特别是郑泰。郑泰长期操纵郑氏集团的东西洋贸易，掌握财政大权，对郑成功早存异心，对郑成功出兵收复台湾曾极力反对。复台初期的郑氏政权财政面临困境，郑泰却暗地里在日本存银 30 多万以备他用。等到郑成功去世，郑泰等人迫不及待地伪造郑成功的遗命对郑经诛讨，并抬出有野心但无才干的郑袭来承兄续统。最后，他们的阴谋被郑经挫败，郑泰入狱而死，郑鸣骏等率众携亲眷投清，据此分

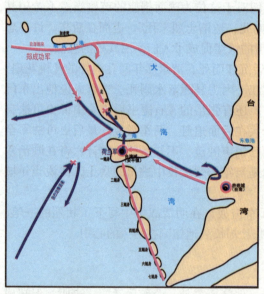
郑成功收复台湾要图

析，策划谋害郑成功的很可能就是郑泰等人。他们早存夺权之心，还可能和清廷有勾结。他们乘郑成功患感冒的时候开始实施他们的计划。夏琳和江日升的记载中说，郑成功病情开始并不严重，常常登台观望、看书，有时还饮酒，甚至拒绝服药。他们极可能在酒中下毒，但这期间饮酒较少，因此七八天毒性才发作。最后他们又在医生开的凉剂中下毒，郑成功终于被毒死。郑成功死后，郑经先是忙于对付郑泰的叛乱，后发现郑泰在日本银行的巨款，又集中注意力追回这笔款子。他本人又因犯奸险些被郑成功杀死，对郑成功之死也许心存侥幸，因此郑成功的死因在当时并没有被深究。海天茫茫，也许这永远是个解不开的谜了。

乾隆是汉人的后代吗？

乾隆皇帝是清朝历史上乃至整个中国历史上著名的皇帝。这位清代皇帝当然应该是满族人，正史中的记载是这样的："高宗（即乾隆）……纯皇帝，讳弘历，世宗……宪皇帝第四子也，母孝圣……宪皇后钮祜禄氏……以康熙五十年(1711 年)辛卯八月十三日子时诞上于雍和宫邸。"也就是说，乾隆皇帝的生母是钮祜禄氏，出生地是北京的雍和宫。但是在清末

民间，却广泛流传着这样一个传说，说乾隆皇帝是"浙江海宁陈家"的儿子。这种似乎荒谬不堪的说法在当时社会上，上自官僚贵族，下至普通百姓，可以说是尽人皆知。这究竟是怎么一回事？

很多私家编撰的稗官野史中详细记载了传说中的乾隆帝的出生。如，《清朝野史大观》记载说：雍正帝当皇子的时候，和海宁陈氏家的关系非常好。这年雍正帝的妃子生了一个女儿，正巧陈家也生孩子，且是个儿子。两个孩子的日、月、时辰都相同。雍正听说之后非常高兴，就命人把孩子抱来。很久才把孩子送回去。陈家拿到孩子后，发现已经不是自己的儿子，而且已经被换成女孩了。这样的事情当然让"陈氏殊震怖"，但也不敢声张，更不敢追究，只能使之成为秘密。"未几雍正嗣位，即特擢陈氏数人至显位"。据说这个孩子就是后来的乾隆皇帝。

乾隆皇帝朝服像

海宁陈氏何人也？《清秘史》中说，陈之一生，历经康熙、雍正、乾隆三代，是一位三朝元老。"陈氏自明季衣冠鹊起，渐闻于时。至之遴始以降清，位至极品。厥后，陈世倌、陈元龙等父子叔侄，并位极人臣，遭际最隆。康熙间，雍正与陈氏尤相善。"之后，就是两家孩子被换之事发生的这一年。史料记载，在乾隆即位后，对陈氏的优待就更加优厚。

在《清史稿》中还记载了这样的事情："雍正十一年（1733年），陈以年老乞休，雍正帝命加太子太保衔。行日，赐酒膳，令六部满汉堂官饯送，沿途将吏迎送。"在当时，这样的待遇是很不多见的。而乾隆在位时曾经六下江南，确实曾经到过海宁。也许正是由于陈元龙受到的皇帝的特殊恩惠等原因，所以所谓"乾隆是陈元龙（一说陈世倌）的儿子""陈与帝共一宗"的说法才不胫而走，传遍大江南北。

在民间，更有一些关于乾隆皇帝回海宁老家省亲、夜祭父灵等的记载。例如有人说，乾隆南巡至海宁，当天即去陈家，垂询家世甚详。最后一次临走的时候走到中门，命令即刻封门，并告诉说以后如果不是皇帝临幸，此门不得再开，"由是陈氏遂永键此门"，说得煞有其事。还有人说，乾隆本人对自己的身世也很怀疑，所以南巡屡次到陈家，想亲自打听清楚。又有人说，乾隆知道自己不是满人，所以经常在宫中穿汉族的服装。有一次，他穿着汉人古装冕旒补褂，问亲近大臣看自己像不像汉人，一位老臣跪奏："皇上于汉诚似矣，而于满则非也。"还有一些资料说，陈氏的宅堂中有两个匾额，分别题有"爱日堂"和"春晖堂"，都是乾隆皇帝亲自题写的。"爱日"当为恩德讲，而"春晖"则源自孟郊的"谁言寸草心，报得三春晖"，用以比喻慈母的关爱。因此，这两个匾额的题词，都是用尊敬和孝顺父母的语意。所有这些事情确实透露着一些蛛丝马迹，让人不得不怀疑。

有史学家否定了上述的看法。他们是以两个族谱为依据的，即《海宁渤海陈氏宗谱第五修》和《徐乾雪家谱》。在年谱中可以看到，陈元龙有一个儿子和两个女儿，其中儿子在乾隆帝出生前的十七年就已经去世了，两个女儿也早于乾隆帝二十年。同时，乾隆皇帝是在康熙五十年八月出生，此时陈元龙的两个侧室已经去世，只有已经五十岁开外的原配夫人宋氏还活着，并且也于当年九月生病死去。怎么可能当年生子？

此外雍正有十个儿子，六个女儿，生弘历（乾隆）时，已有个 8 岁的儿子弘时。既然已经有子嗣，那么何必"掉包"换别人的孩子？至于海宁陈氏一家的殊荣，到陈家等，这些历史事实并不能够说明雍正与陈元龙有以女换子之事。陈氏在清朝初年就是名门望族，三代官爵显赫，皇帝给他们特殊的优厚，乃是和睦的君臣关系的表现以及对老臣功臣的尊重，也或许正是雍正本人恩威兼施、驾驭笼络臣下的惯伎；乾隆六次南巡海宁盐官，则是为了勘查海塘工程，陈家自然是接待皇帝的理想之处。乾隆游陈家花园是事实，但所谓的"省亲""祭父灵"等事不过是传闻，并无真凭实据。此外乾隆喜欢穿汉装，虽是事实，但清代并非仅仅乾隆喜穿汉装，其他皇帝和后妃喜欢穿汉装的也不少，怎么能由此说乾隆有汉人血统？从出生制度上，清代宗室生子一定要报宗人府，定制十分缜密，怎么可能轻易就把宫外的婴儿换进来？如此等等，他们断定盛行于前清末年的"乾隆是陈氏之子"的传说乃是都是清末汉人在排满的革命浪潮中编造出来的。是对清代皇帝的诋毁。

关于乾隆的身世，还有一种说法，认为其生母乃是热河行宫的李姓宫女，诞生地乃是行宫狮子园一草舍。这种说法出自 1944 年 5 月 1 日出版的《古今文史》中《清乾隆帝的出生》一文。但这种说法与《清圣祖实录》的记载不合，所以很难让人相信。此外，还有人说乾隆的生母乃是当初雍正帝身边的一个唤作"傻大姐"的宫女。种种说法，都似乎有根有据，但又都经不起推敲，也就无法有定论。看来，乾隆皇帝的身世问题，仍是个让人疑惑的谜案。

乾隆帝为何宠信贪官和珅？

和珅是乾隆的心腹至爱，因得乾隆宠幸而官运亨通、青云直上。和珅为何能得到乾隆宠信呢？各种传说很多。但有几点是肯定的：和珅"为人狡黠，善于逢迎"，还有就是他有些特长受到乾隆赏识，另外和珅非常善于揣摩乾隆的心理。

据说，有一次乾隆去圆明园，路上在肩舆中批一份四川的奏折，内中报告了颇为棘手的农民起义的情况。乾隆看到后不禁气从中来，说道："虎兕出于柙，龟玉毁于椟中，是谁之过欤？"当时乾隆周围的当差之人和官员都不知乾隆此话的意思，个个不知所措。而和珅知道乾隆问话出自《论语》，故从容地回答："皇上的意思是说，守土的地方官员是不能推卸责任的。"因为他这次的出色表现，乾隆当天回到宫中就召见了他，提升他为仪仗总管。从此和珅官运亨通。

和珅通晓满文、汉文、蒙文和藏文，在吟诗、绘画、书法等方面也有一定造诣。他最大的能耐是敛财，他为乾隆聚敛了大量的财富，满足了乾隆好大喜功、享乐豪奢的心理，乾隆对他十分满意。和珅的聪明还表现在他能准确地揣测出乾隆的心理。一天，已退居太上皇的

和珅府花园湖心亭旧址　清

乾隆布置了有关镇压白莲教的事宜后，单独召见和珅，在座的还有嘉庆皇帝。乾隆坐在那里，双目紧闭，嘴里不断地嘟囔，嘉庆努力地听，却一句也听不明白。过了一会，乾隆忽然睁开眼问道："他们都叫什么名字？"和珅立即回答："徐天德、苟文明。"乾隆又闭上眼继续念叨。后来，嘉庆召见和珅，问他怎么知道乾隆问的是谁。和珅说，当时乾隆念的是西域秘密咒，咒人死亡，他就知道这是乾隆在咒白莲教的首领。所以，在问他们都是谁时，他就回答了白莲教的两个首领。能有这样的本领，怎能不受乾隆恩宠、平步青云呢？

纪晓岚与和珅是怎样结怨的？

纪晓岚和和珅都是乾隆帝的宠臣，只是和珅是溜须拍马之徒，而纪晓岚则是因其才学得到乾隆赏识的。本来，和珅与纪晓岚同朝为官，虽彼此间存有分歧，倒也相安无事。但后来，因为一块匾额，纪晓岚得罪了和珅。

和珅在乾隆庇护之下，生活豪华奢侈。一次，他的新宅建成了，想请纪晓岚题匾额，于是来到纪府。听说中堂大人来访，纪晓岚哪敢怠慢，慌忙迎出门外。和珅谦让一番，就讲明了来意。纪晓岚对和珅的铺张生活本来就不以为然，但又不敢当面得罪，于是当日便回访和府，参观完毕之后题了"竹苞"二字。

得了题有"竹苞"二字的匾额后，和珅十分得意，经常向外人炫耀。结果有一天乾隆来到和府，看到"竹苞"二字，哈哈大笑。和珅不解，乾隆解释道："这二字拆开就是'个个草包'！纪晓岚真是骂人不带脏字呀！"

纪晓岚像

听了乾隆的话，和珅火冒三丈，自此与纪晓岚结下了仇。

慈禧如何与恭亲王联手对付顾命大臣？

清代咸丰帝临死时遗命，令怡亲王载垣、郑亲王端华、协办大学士户部尚书肃顺等八人为赞襄政务大臣，总摄朝政，辅佐六岁的皇太子载淳即位。载淳的生母那拉氏，也就是

后来中国历史上著名的慈禧太后，当时年仅27岁，她不甘心为人摆布，因为八大辅臣权归于肃顺，而肃顺与那拉氏一直针锋相对、如同世仇。

于是那拉氏首先策动东太后钮祜禄氏站在自己一边，又联合恭亲王奕䜣。几天以后，奕䜣在各国大使的默许下，以奔丧为由，赶到热河和慈禧密谋。然后，奕䜣返回北京，着手部署。自此，慈禧与恭亲王奕䜣开始联手，共同对付顾命大臣。

奕䜣返回北京后，暗中令御史董元醇，奏请两宫皇太后权理朝政。两太后召见各辅臣入议，载垣等以本朝未有此先例为由，驳回拟旨。一个月后，西太后那拉氏命肃顺等王大臣护送咸丰帝灵枢回京，自己则偕幼子载淳和载垣、端华等走小道先行回京入宫。那拉氏入宫后

奕䜣像

立即召见恭亲王奕䜣。二人经过一番密议，第二天，慈禧下令逮捕载垣、端华、肃顺三人。第三天，授奕䜣为议政王、军机处行走。接着，处死肃顺，令端华、载垣自尽，将景寿等人革职、充军。十一月十一日，两宫太后在太和殿举行载淳的登基大典，改祺祥年号为同治，以次年为同治元年。十二月二日，两宫太后宣布垂帘听政。

慈安真的是被慈禧害死的吗？

在清朝的历史上，作为两宫皇太后之一的东太后慈安是与西太后慈禧一样举足轻重的人物，然而清光绪七年三月初十 (1881 年 4 月 8 日)，一向健康无病的东太后慈安在 12 小时内竟突然发病及暴卒，实在出人意料。从此，慈安之死成为清宫的一件疑案。

东太后慈安，姓钮祜禄，谥孝贞显皇后，为满洲镶黄旗人，于道光十七年七月十二日 (1837 年 8 月 12 日) 出生，其父穆扬阿，曾任广西右江道。咸丰为皇子时，钮祜禄氏就已经是他的侧福晋。由于他的嫡福晋 (萨克达氏，后上尊号孝德显皇后) 于咸丰即位前已经去世，钮祜禄氏遂于清咸丰二年二月 (1852 年 3 月) 被封为贞嫔，五月晋贞贵妃，十月又册立为皇后。1861 年 11 月咸丰帝死后，她被尊为母后皇太后，上尊号慈安，与慈禧太后共同"垂帘听政"，众人称她为"东太后"或"老佛爷"，与西太后慈禧相对应。

慈安与慈禧形成鲜明的对比，她是位德高望重的好皇后，因此众人痛惜其暴崩，并对其死产生了怀疑。东太后当时 45 岁，小西太后慈禧两岁，"体气素称强健" (孔孝恩、丁琪著《光绪传》)，而当时西太后慈禧正病卧在床。所以听到噩耗，很多朝臣都以为是"西边出事"了，等得知结果后惊诧不已。许多官员提出怀疑，尤其是左宗棠，立即大喊有鬼。翁同龢的《翁文恭公日记》中记载说："则昨日 (初十日) 五方皆在，晨方天麻、胆星，按云类风痫甚重。午刻一按无药，云兴脑混乱，牙紧。未刻两方虽可灌，究不妥云云；则已有遗尿情形，痰壅气闭如旧。酉刻一方天脉将脱，药不能下，戌刻仙逝云云……呜呼奇哉！"仅 12 小时便由发病至死，岂不"奇哉"？

据说，慈安太后在暴卒的当天还曾经视朝。

而当时枢府王大臣奕䜣、大学士左宗棠、尚书王文韶、协办大学士李鸿藻等觐见慈安，都见慈安面无病状，仅是两颊微红，犹如醉色，没有什么特别之处。午后，军机诸臣退，内廷忽传孝贞太后驾崩，命枢府诸人速进议，诸大臣惊诧不已。因为以往帝后生病，总是在军机检视之下传御医用药。而此次忽然传太后驾崩之消息，确实非常奇怪。诸臣入至慈安宫，见慈禧坐矮椅，目视慈安小殓，十分镇静地说："东太后素来健康，怎会突然死去？"语时微泣，诸臣皆顿首慰藉，均不敢问其症状。最后草草办完了丧事。

根据慈禧以上的表现，人们便认为是慈禧毒死了慈安，而且，传说咸丰帝留给慈安一封密诏，要她必要时处死慈禧，慈安在慈禧的哄骗下焚毁了密诏，把自己对抗慈禧的一件最大的武器也毁了，慈禧便毒死了她。

对慈安太后暴卒的具体原因至今还存在着争议，除中毒之说外，还有自杀、自然死亡等说。"自杀"说来自《清稗类钞》，书中说："或曰：孝钦实证以贿卖嘱托，干预朝政，语颇激。孝贞不能容，又以木讷不能与之辩。大恚，吞鼻烟壶自尽。"《清朝野史大观》里又用"或曰慈禧命太医以不对症之药致死亡"来说明慈安为用"错药致死"。

不管是"毒死一说"还是"自杀"或"错药致死"说，都有一个共同点，即慈禧害死了慈安。不过也有学者认为慈安为"自然死亡"，徐彻的《慈禧大传》则倾向于"病死"

说。首先，作者认为慈安不善理政，例如召见臣子时说的话分量不足，只会询问其身体状况、行程远近等等，所以她根本不会妨碍慈禧在政治上的权力，慈禧也没必要害死她。

徐彻提出了《翁同龢日记》中的关于慈安发病的两则记载作为证据。一则是慈安太后26岁时曾经患了"有类肝厥"疾病长达24天，甚至达到"不能言语"之程度。另一则是清同治八年(1869年)十二月初四日，慈安太后"旧疾发作，厥逆半时许"。"厥症"主要表现为突然昏迷、不省人事、四肢厥冷，轻者昏厥时间较短，重者则会一厥不醒甚至死亡。

但这也只是徐彻的一家之言，至于慈安太后暴卒的真正原因，只能是作为清宫的疑案成为人们茶余饭后的话题。

慈禧皇太后之宝玺及玺文　清

林则徐死亡之谜

林则徐，提到他人们就会很自然地想到"虎门销烟"这个让中华民族扬眉吐气的一幕。这位清朝末年著名的政治家、伟大的爱国者，他领导了禁烟运动，第一个奋起组织抵抗外国侵略，并放眼世界，探求新知，主张学习外国先进技术，被称为"放眼看世界"的第一人。1850年，清朝道光三十年，在广西道上，被任命为钦差大臣的林则徐驰赴广西赴任，日夜兼程百余里，到广东普宁县洪阳镇后于11月22日猝然去世，终年六十六岁。

这样一位朝廷官员在赴任途中忽然死亡，不能不让人们产生种种怀疑。历史上关于林则徐的死因说法各异，疑云重重。

一种说法认为林则徐是在赴任的途中病死的。在《清史稿》中就有着这样的记载，文中说林则徐"行此潮州，病卒"。施鸿保的《闽杂记》中，对于林则徐死亡前夕的情况还有比较详细的记载："公患痔漏久，体已羸，至是力疾起行，十一日抵潮州，复患痢，潮守刘晋请暂留养疾，不可。次日遂薨于普宁行馆。"

另有一些学者认为，林则徐积劳成疾而死，到了普宁时病情恶化乃是其直接的原因。林则徐一生为官四十年，足迹遍及全国各地，曾经自称为"身行万里半天下"。这种长期走南闯北的动荡生活，给他的健康造成了极大损害。而在禁烟运动中，他禁烟有功却反遭贬斥，被发往伊犁。在伊犁戍边期间，他又患了鼻衄、脾泄、疝气等病症，一直到后来也没有痊愈。道光三十年的时候，清廷因为广西的拜上帝教起义，屡次召林则徐回京就职，林则徐都因为自己的病体而未能奉召；最后清廷任命他为钦差大臣，林则徐以国家利益为重，只得抱病驰赴广西督理军务。到达广东普宁县洪阳镇时，他的病情恶化，最后因医治无效而死。

林则徐在洪阳镇时，因为病重曾经在当地的"黄都书院"疗养。黄介生医生介绍当年曾祖医治林则徐病的经过时说："林则徐十六日到揭阳后，县令怕承担责任，借口揭邑名医黄华珍已往普邑执业，请大人速往就诊。"当到达普宁洪阳时，"林则徐又吐又泻，经黄医生切脉后断定由于长期患病，身体虚弱，加上旅途奔波，外感风寒，以致又吐又泻。病已危笃，仅

能设法急救。当即立下脉论、症论、方论及附上药物。因为侍从医官系北方人，认为用药剂量太轻，没有给服。越日，黄医生复诊，断言'昨天未服所付药物，现已病入膏肓，无救活。虽再服药，惜已失去治疗时机。'"林则徐病逝后，黄华珍医生将诊病资料上报朝廷审核，御医确认用药正确，还亲赐"杏林春满"匾给黄医生。

还有的说法是根据林则徐的《讣文》和林则徐的儿子林汝舟的《致陈子茂书》等材料得出的结论，认为林则徐腹泻是因为没有服药且日夜赶路，所以病情日益严重；之后虽然服药后略有好转，但是由于仍旧在日夜赶路，所以导致"胸次结胀"，引发了心肺旧疾，以致"两脉俱空，上喘下坠"。如此元气大亏、脾胃虚寒的情况下，医生又错投了"参桂重剂"，结果又使咳喘加剧。林则徐已是66岁高龄的老人，哪里能经得起这样的折腾？终于因无法救治而死去。

林则徐像

与林则徐病死这种说法相对的是认为林则徐乃为洋商暗害而死。张幼珊的《果庵随笔》中记载说："禁烟事起，广州十三行食夷利者，恨林公则徐刺骨……后公再起都师粤西，彼辈惧其重来，将大不利，则又预以重金贿其厨人谋，谋施毒。公次潮州（应为普宁），厨人进糜，而又以巴豆汤投之，巴豆能泄泻，因病泄不已，委顿而卒。或劝其公子穷究其事，清例，凡毒死者，须开棺验视，家人忍而不请。其是疆吏虽微有所闻名，亦不欲多事。"广东《东莞县志·逸事余录》中所记载的内容与上述的记载大体相同，并且还直接指出了谋害林则徐的是广东十三洋行总商伍氏（伍绍荣），因为伍氏曾被林则徐在查禁鸦片时缉拿，因此对林则徐记恨在心，这次听说林则徐起任广西巡抚，伍氏担心林再次复职督抚广东，所以就特地派亲信对林则徐施行谋害活动。

引起人们怀疑并坚定人们这种"林则徐被毒死"说法的主要原因是林则徐弥留之际所大呼的"星斗南"。"星斗南"是什么意思？有人考证，林则徐是福建人，福建话"星斗南"的发音与"新豆栏"相同。而"新豆栏"是广州十三行附近一条街名，当地聚居洋商。林则徐之所以大呼"新豆栏"，说明他在已经意识到是十三行洋商谋害自己，他的呼喊是提醒人们记住洋人和汉奸的罪行。

后来有学者指出，厨子投毒之事纯属乌有。林则徐是钦差大臣，随从必定是很多的，他的次子也伴随在身边。如此森严的戒备，一个来路不明的厨子想要下毒谋害，岂是随便就能做到的？还有一点，按照清朝的规定，像林则徐这样奉旨赴任的官员的食宿，应该由州县当局或驿站供应，不必自带厨子，那个厨子又怎么能得逞呢？从十三行谋害的动机上说也是不足信的，因为林则徐此次赴广西，与广东十三行并没有直接利害冲突，十三行洋商何必要冒

林则徐书法

如此大的风险谋害林则徐呢?

　　然而各种推论都还没有足够充分的证据加以证明,因此这位民族英雄的死因还有待于进一步的考证。

蒲松龄血统之谜

　　清朝著名的文言小说作家蒲松龄,以其蕴涵深刻思想意义的作品《聊斋志异》闻名于中国文学史,在海外也享有盛誉。随着人们对《聊斋志异》及其作者蒲松龄研究的深入,学术界开始对蒲松龄的血统问题产生了争议。有人说他是汉族,有人说他是蒙古族,有人说他是色目人,还有人说他是女真人,一时间难辨各说真伪。而参考各种典籍文献,至今也难以确定蒲松龄的血统到底为何。

　　有说法认为蒲松龄是蒙古族人。《蒙古族简史》就肯定地说:"蒙古族文学家蒲松龄,把采自民间的事编写成《聊斋志异》,借以反映社会现实,内容生动有趣。"持此看法的人又将蒲松龄自己做的《族谱序》作为此说的重要证据。在这篇序中,蒲松龄说:"按照明初移民之说,不载于史,而乡中则迁自枣、冀者,盖十室有八九焉。独吾族为般阳土著。祖墓在邑西招村之北,内有谕葬二:一讳鲁浑,一讳居仁,并为元总

蒲松龄像

管。盖元代受职不引桑梓嫌也。然历年久远,不可稽也。相传倾覆之余,止遗藐孤。吾族之兴也,自洪武始也。"从"般阳土著""鲁浑""元总管"等字眼中可以看出,蒲松龄的远祖鲁浑应是元代般阳路独总管,不像汉人。在路大荒的《蒲柳泉先生年谱》中也说,相传元朝即将灭亡的时候,蒲氏曾经将遗孤改换名姓寄养在杨氏处,后来到了明朝洪武年间才改回自己的蒲姓。还说,他曾访问过许多姓蒲的人,都有他们是蒙古族的传说。"

　　还有说法认为蒲松龄是色目人。日本学者前夜直彬在《〈聊斋志异〉研究在日本》一文中,根据有关资料推断说,"蒲松龄的远祖为元朝的般阳路总管,明初改姓隐身",因而他断定,蒲松龄大概是色目人。此外根据元代的官制,担任路的总管的人大部分都是色目人,从这一点也可以推测蒲鲁浑不是蒙古族人,而可能是色目人。

　　而有人在仔细研究了《金史》后发现,有的女真人的名字就是"蒲鲁浑",而并不是姓"蒲"名"鲁浑",也不是姓"蒲鲁浑"。也就是说,"蒲鲁浑"是金女真族习用的名字。根据这一点他们认为,蒲松龄可能是金女真族人。

　　蒲松龄纪念馆的工作人员则认为蒲松龄是汉族。

　　这些工作人员仔细分析了《蒲氏世蒲》第一篇《族谱序》,认为应该明确认定的是,蒲的祖先是"般阳土著"。般阳,是指汉朝时的般阳县,明洪武元年改州曰淄川,今天则是山东淄博市。既然史料说蒲鲁浑、蒲居仁也是当地人,且是当地的"土著",那么他们就不会是蒙古族人,也不是什么色目人。蒲松龄写此《族谱序》时是康熙二十七年,修族谱也在这年,当时蒲松龄是49岁。因而可以判断这部族谱是可信的。而福建的那部福建的《蒲氏族谱》则并不可信。

　　目前,越来越多的人倾向于蒲松龄是汉族这一说法,但是由于相关的资料太少,所以

还不足以证明他确实是汉族血统。人们期待着更多的史料的发现，以早日解开这个谜。

高鹗续写了《红楼梦》吗？

《西游记》《水浒传》《三国演义》以及《红楼梦》并称为我国古典文学的四大名著，其中又以《红楼梦》成就最高，达到了我国古典文学的顶峰。《红楼梦》成书至今已有二百余年的历史了。作为我国最重要的一部小说，它不仅感动了中国人，也得到了世界人民的重视与喜爱。《红楼梦》有各种不同的版本，数十种续书，流传到世界各国。

《红楼梦》书影　乾隆年抄本

《红楼梦》为曹雪芹毕生心血所注，代表了我国古典长篇小说的最高成就。曾有人评曰："字字看来皆是血，十年辛苦不寻常。"

长期以来，人们普遍认为曹雪芹只写了《红楼梦》的前80回，后40回是清代文人高鹗所写。然而由于《红楼梦》的成就如此之高，人们对它的热爱如此之深，曹雪芹心中的《红楼梦》的后40回究竟如何，一直成为文学界乃至热爱"红楼"的人的一大遗憾。

"高鹗续书说"最早是由我国大学者胡适提出来的。他最早看到《红楼梦》的时候，认为小说的诗词是在暗示人物的命运和结局，但是看到后来，有些人物的结局并不按照诗词所预言的那样。所以他提出小说的前80回和后40回有矛盾，进而猜测《红楼梦》可能是由两人所写。同时，经他考证，高鹗的同年进士张船山在《赠高兰墅鹗同年诗》题解中写道："传奇《红楼梦》后四十回俱兰墅所补。"于是胡适便将补书的作者认定是高鹗。这种观点提出后长期被人们接受，也就是很多人普遍认为《红楼梦》后40回是由高鹗所写的原因。对于高鹗补写后40回，也有不同的说法。一种说法是高鹗根据自己的喜好编出自己喜欢的后40回，自娱自乐，还有一种说法更可笑，那就是高鹗奉清廷的要求，修改和续写"红楼"，所以在思想上必然受到约束。

然而，随着对内容的进一步研究，很多学者、专家认为高鹗不可能续后40回《红楼梦》。首先，从高鹗的生平来看他不可能续写《红楼梦》：高鹗，字兰墅，一字云士，清代文学家。因为他酷爱小说《红楼梦》，所以自取别号"红楼外史"。他是汉军黄旗内务府人，祖籍铁岭（今属辽宁）。他于乾隆五十三年（1788年）中举人，六十年（1795年）中进士。据胡适考证，高鹗续写"红楼"的时间是在1791至1792年，只有两年的时间。然而，这么短的时间，高鹗可能写出占原书一半篇幅的后40回吗？高鹗怎么可能求取功名的时间里花如此多的精力续写《红楼梦》？这显然是件不合情理的事情。其次，高鹗续写"红楼"的时候，真本的《红楼梦》并没有完成太久，可能根本就没有消失，只是零散不全，需要补充，那么高鹗何必又要舍弃原来的而自己另写后40回呢？难道他想替曹雪芹干活，自己做无名英雄吗？

而且据我国的红学专家周汝昌老先生考证，《红楼梦》的结果不是高鹗所续的那样，而是在大抄家后，贾府全家败落，在贾环及赵姨娘等的密告下宝玉和凤姐入狱，后来被小红（红玉）和贾芸搭救，凤姐因此心力交瘁而亡，宝玉沦为更夫时宝钗也已郁郁而亡。在抄家前黛玉与湘云投湖自尽，后来史湘云被搭救，沦落风尘，最后与宝玉邂逅二人结为夫妻。这才是故事真的结局。这么说，高鹗续书又何必两头不讨好呢？

我们再来看看曹雪芹。传说他曾"披阅十载，增删五次"，这说明《红楼梦》很可能本来就已经写完了，只是一些原因，我们没有看到后40回。那么高鹗是否真的续写后40回呢？

目前，一些专家学者认为高鹗不仅没有续写后40回，而且现存的红楼梦都是曹雪芹本人所写。据他们考证，将1959年山西发现的《乾隆抄本百廿回红楼梦稿》（简称《红楼梦稿》）与其他所有版本进行了比照，发现《红楼梦稿》才是曹雪芹的手稿本，而其他所有版本都是曹雪芹在这部稿本上一边修改一边由不同的人抄录出去的。只是由于全书修改的时间很长，抄出去的版本很多。另一方面，从语言上来考证，全书120回通用的语言风格都是南京话，而东北人高鹗是写不出来的。况且，"红楼"中的人物是变化发展的，不一定与诗词的预言发生矛盾。

无独有偶，一位计算机专家从数学统计方面入手，在语言风格上，通过计算机的统计、处理、分析，也对《红楼梦》后40回由高鹗所作这一流行的看法提出了异议，认为120回都是曹雪芹所作。

《红楼梦》后40回到底是由谁续写的？也许这并不重要，正如断臂维纳斯的完美之处，因为不完美而完美，后40回是给读者留个想象空间。到底是谁误读了《红楼梦》？高鹗是否钻了只有80回的这个空子？他是否真见到了80回以后的残稿？到底他的40回续书，和雪芹真书有无关系？这成了一个历史之谜，不过也正是因为后人的续写，才使得《红楼梦》这一经典成为一部有始有终的完整作品。

洪秀全死因之谜

太平天国领袖人物洪秀全究竟是在清军逼紧时服毒自杀，还是死于疾病？关于洪秀全的死因，由于原始材料记载不一，加上曾国藩篡改史料，以假乱真，因而分歧很多。

大多数的研究者认为，洪秀全是"服毒自杀"的。但他们所依据的史料全都与曾国藩有关，一是曾国藩同治三年的奏称，一是他同年七月七日的奏稿，还有就是他刊刻的《李秀成自述》中的记载："天王斯时焦虑，日日烦躁，即以四月二十七日服毒身亡。"因而虽被称为信史，却也不能让人绝对信服。

据当时在洪秀全身边的幼天王洪福瑱在"自述"中说："本年四月十九日，老天王病死了，二十四日众臣子扶我登基。"

洪秀全塑像

到了1960年代初，藏在曾国藩家中达一百多年的《李秀成亲供手迹》（即《李秀成自述》）正式影印发行，其中有关于洪秀全之死的原始记载，有力地证明了洪秀全是病死，并非自杀。其中记述："天王斯时已病甚重，四月二十一日而故。""此人之病，不食药方，任病任好，不好亦不服药，是以四月二十一日而亡。"

原稿和刊刻本对照，真相大白，所谓的信史确系曾国藩伪造。再和其他原始记载对照，洪秀全病死更确信无疑。

<h1 style="text-align:center">第二节 悬案秘事</h1>

珍妃坠井之谜

珍妃，姓他拉氏，满洲镶红旗人，才色并茂，颇通文史，光绪十四年(1888年)进宫，后晋封为珍妃。光绪帝与珍妃感情甚好，但慈禧与珍妃一直有嫌隙，后因珍妃支持光绪戊戌变法，因此受到慈禧太后怨恨，最后在光绪二十六年(1900年)七月八国联军进攻北京、慈禧仓皇出逃前夕，将珍妃溺死于宁寿宫外的玻璃井中，但珍妃是否坠井而死，一直众说纷纭。据《清朝野史大观》记载，八国联军兵临城下，慈禧等人收拾行装准备逃出紫禁城，珍妃进言说皇上是一国之君，应该留京，太后一怒之下命李莲英将其推入宁寿宫外大井中。

这种说法认为珍妃的死是由于她干预朝政，支持变法，惹怒了慈禧，才使慈禧在八国联军进京前西逃西安时，将其除掉。

但是也有人说珍妃并未讲过"皇上留京"一语，珍妃坠井是西太后用封建的贞节观诱逼所致。

太监小德张过继孙张仲忱在《我的祖父小德张》一文中记述了珍妃死时的情景，说珍妃当时患重病，请求回娘家避难，慈禧不准，让崔玉贵把珍妃投入井中。

种种说法各持一端，至今也是个谜。但珍妃死后，引起了人们对她的无限同情，一批正直的士大夫知识分子纷纷托词为悼。

石达开兵败大渡河之谜

石达开在洪秀全领导的太平天国运动中，以其卓越的智慧、高超的军事指挥才能，在对抗清廷的斗争中建立了不可磨灭的功勋。然而，这么一个忠心耿耿的优秀人才，最后的结局却是率军远走，继天京事变后再次导致了太平天国的分裂，自己也在兵败大渡河后自缚清营求死。那么石达开究竟为何要出走呢？

究其原因，有人说石达开出走的最根本的原因在于洪秀全的不能放弃一己私利而顾全大局。

1856年夏天，太平天国领导集团中，洪秀全、杨秀清、韦昌辉之间为争夺天国领导权力爆发内讧，史称天京事变。它的发生正值太平天国运动发展的全盛时期，给太平天国造成极其惨重的损失，断送了军事上的大好形势，破坏了队伍的团结。

天京事变后，在天国首义诸王中，除洪秀全和石达开两人外，死丧殆尽。洪秀全的威望已大大下降，无论从威望、才干来说，石达开确是辅理政务、统帅军队、安抚百姓的理想人物。

作为农民革命领袖的洪秀全，本应从天京事变中吸取教训，以大局为重，做好队伍的团结工作，但是，他为保住自己的帝王位置，任人唯亲，猜忌忠直，终于又发生了逼走天国重要领导人物石达开，造成太平天国力量又一次大分裂的严重事件。

刚经历过刀光剑影的天京事变，谁都盼望有一个像石达开这样的人物来辅助国政，稳定局势。况且，在当时严峻的形势下，环视满朝文武，要找一个有能力挽狂澜、收拾人心、重振危局的人来，除石达开外，再无他人。因此，洪秀全从解救燃眉之急考虑，也不得不采取权宜之计，召石达开回京辅政。11月，石达开带军从宁国经芜湖回到天京，受到天京军民的热烈欢迎，"合朝同举翼王提理政务"，洪秀全亦加封石达开为"电师通军主将义王"，命他提理政务。

石达开回京辅政，是他勇敢抗击韦昌辉滥杀暴行斗争的胜利，对洪秀全曾给他加以"反顾偏心罪"，下诏通缉，以"官丞相，金五百两"的赏金"购其首级"的错误做法，他亦不计较，显示出不计个人恩怨的宽阔胸怀和崇高品德，这就博得天京广大军民的尊敬。因此，石达开回京辅政，是他本人崇高的威望、品格和文武具备的才能为广大军民所信赖和拥戴的结果。

回京后，在他辅政的半年里，政治上安定人心，加强团结，重用人才，甚至连杀害了他全家的韦昌辉的父亲和兄弟都得到保护。他以正义的行为，竭尽全力，把太平天国从面临覆亡的危机中挽救过来。

太平天国的形势稍微有了转机，洪秀全又把斗争的目光转向内部。原来，洪秀全并没有从天京事变中吸取正确的教训，杨秀清独揽大权和逼封万岁的情景不断在他眼前出现，因而他时生疑忌。尤其是眼见石达开辅政，功绩卓著，又见石达开"所部多精壮之士，军力雄厚"，对其兵权的集中更为忌讳，再加上石达开为首义之王，威望极高，这都使洪秀全深为不安，他"时有不乐之心"，日夜思虑，"深恐人占其国"，使洪氏一家一姓的天下失之旦夕。他从维护洪氏集团的统治地位出发，对石达开进行限制、排挤。遂封其长兄洪仁发为"安王"，又封其次兄洪仁达为"福王"，干预国政，以牵制石达开。

洪秀全对安、福二王的封赏，由他自己直接破坏了太平天国前期非金田同谋首义、建有殊勋者不封王爵的规定。在挟制、架空石达开的同时，还要夺取他的兵权，"终疑之，不授以兵事，留城中不使出"，甚至发展到对石达开有"阴图戕害之意"。石达开已然无法施展其聪明才智和匡国辅政的志愿，也对洪秀全及其集团能否继续保持太平天国和建立统一的"天朝"失去信心和希望，不禁发出"忠而见逼，死且不明"的叹息。

1857年6月2日（咸丰七年五月十一日），石达开离开天京，前往安庆，一路张贴布告，表明"吾当远征报国，待异日功成归林，以表愚忠耳"的原因，从此离京远征，一去不返。

在他出走后短短的时期，很多太平军将士们纷纷离开洪秀全，投奔到他的麾下，很快聚集起了几十万人，成为太平天国最重要的一支军事力量。此后6年中，石达开转战江苏、安徽、江西、浙江、福建、湖南、湖北、贵州、广西、云南、四川11个省，除了宝庆、桂林两府外，一路都是战无不胜，攻无不克。1860年，他攻克南宁时，手下还有精兵20多万。他计划分兵三路，北上四川，效仿三国时的诸葛亮，占天险之利，退可以守，进可以攻，北与当时纵横中原的捻军紧密配合，东与天京遥相呼应。不料就在这以后的3年中，形势急转直下，先是20万精兵东归，接着是西征失利，最后竟然全军覆没在大渡河边的紫打地。导致这一悲剧结果的原因到底是什么？特别是大渡河边的全军覆没和翼王的自缚清营请死，实在令人难以理解，找不到任何令人信服的答案。英雄的末路的确令人惋惜，然而百年之后这神秘的谜团依然没有找到一个合理的回答。

太平天国紧急公文封戳"云马圆戳"

李秀成投降书是真是假？

"忠王"李秀成，太平天国后期重要的领导人之一，同时也是太平天国人物评价上争议最大的人物之一。当太平天国的京城被清军攻破后，他不幸被湘军俘虏。被俘后的李秀成一改往日之英勇，竟然在曾国藩的囚笼里写下了长达五六万字的《亲供》，即后人所说的《李秀成自述》。这篇《自述》使李秀成成了一个晚节不保的叛徒，给自己从前十余年无所畏惧的征战历程抹了很大的污点。长期以来，很多人对李秀成进行口诛笔伐。但是很多学者对李秀成投降书的真伪问题提出了质疑，认为这个由清政府宣布的投降书是非常有争议的，而以此书来断言李秀成是晚节不保的叛徒，这显然有失公允。

李秀成真的是叛徒吗？李秀成的投降书是真的吗？

李秀成投降书的原稿在后世一直不为外界所知。当时李秀成被害后，曾国藩命人将他的《自述》删改、誊抄了一份上报军机处，这份誊抄的文本后来由九如堂刊刻，即所谓的"九如堂本"。至于原稿的去处，世传被曾国藩既没有上交朝廷，也不肯公开示人，而是私下扣留，他的后人也对此讳莫如深，严加保管，对外人一概保密。当曾国藩的刻本问世后，人们就对其真实性提出了种种怀疑。

有人从根本上否认了这个投降书的真实性。如吟唎的《太平天国革命亲历记》一文说："1852 年，在太平军占领南京以前，满清官方即已捏造一篇他们名为《天德供状》的文件，伪托是叛军领袖的供状，谎称他们俘获了这个领袖。《忠王自述》很可能也是同样靠不住的。这篇文件或为某个著名的俘虏所伪造（他可能因此而得赦免），或为两江总督曾国藩的狡猾幕僚所伪造。"吟唎认为李秀成投降书根本就是别人伪造的，甚至李秀成被俘虏一事也可能是伪造的。

1944 年，广西通志馆的吕集义来到湖南湘乡曾国藩的老家，在百般请求下终于在曾家的藏书楼中阅读到了投降书的原稿，抄补了五千多字，还拍摄了十四幅照片，之后根据这些文字和原来"九如堂本"的两万七千多字出版了《忠王李秀成自述原稿校补本》。罗尔纲先生根据吕氏的校补本和照片进行研究，写出了著名的《忠王李秀成自传原稿笺证》。该书以笔迹、语汇、用词、语气、内容等方面的鉴定作为依据，指出曾国藩后人出示的李秀成《自述》的确是忠王的亲笔。例如，罗尔纲先生一字一句、一笔一画地拿"原稿"和庞际云收藏的李秀成亲笔答词二十八字真迹对照，还征求了笔迹鉴定专家的意见，最后断定"原稿"是真品。从内容看，"原稿"十分清楚地描述了从金田起义到天京陷落十四年间的每个过程和细节，这是曾国藩难以捏造的。此外，罗尔纲还指出，"原稿"的称谓大都遵循太平天国的制度，这也不是旁人能够清楚知道的，曾国藩等人也不可能做到自然地遵守。而"原稿"的大量李秀成家乡的方言，更是曾国藩等人无法伪造的。

罗尔纲的这一观点曾一度成为定论，但是，随着曾氏后人所存的"原稿"的出版，更多人看到了李秀成《自述》的全貌。在 20 世纪的 80 年代前后，学术界再次掀起了一场论战，如荣孟源曾经两次撰文断定这份"原稿"并不是李秀成的真迹，而是"曾国藩修改后重抄的冒牌货"。他的理由主要包括以下几点：

首先，根据其他史料记载，李秀成的自述一共写了九天，每一天若干页。按照常理，全文应该有八个间隔，但是今天所见的《李自成自述》"原稿"的影印本文字相连，每天都写到最后一页纸的最后一行字，看不出每天的间隔。何况，既然是每天各交一些，真迹就应该是散页或分装成九本，但是今本却是一本装订好的本子。由此可以推测，所谓的"原稿"显然是曾国藩派人将李秀成每天所写的真迹汇抄在一起的。

洪福瑱被擒图

幼天王（1849～1864年），本名洪天贵，洪秀全长子。1861年洪秀全在其名下加一"福"字，为其即位后用。清同治三年（1864年）6月1日洪秀全病逝后，幼主随即即位，称幼天王。幼天王玉玺名下横刻"真主"二字，清方误称为"福瑱"。幼主后随陈得才、赖文光等辗转江西玉山之际，在石城杨家牌为清军所袭，被俘。一个月后，在南昌殉难。中国封建历史上最后一个农民政权至此彻底瓦解。

其次，根据很多材料的记载，李秀成当时写了5万多字，然而今天的"原稿"影印本却只有3.6万多字。那少了的1万多字到哪里去了呢？显然应该是被曾国藩撕毁了的。既然是被撕毁，那么"原稿"的内容就应该上下不相衔接。可是在影印本中，每页都标有页码，整齐清楚，并且前后内容完全相连，人为的痕迹十分明显，显然是删节后的抄本。

第三，从写作的形式等方面看也有问题。太平天国有严格的书写规定，而"原稿"的影印本中出现的"上帝""天王"等词多数并不抬头；一些该避讳的时候不避讳，不该避讳的时候却避讳了，如凡"清"字均不讳，而不该讳的"青"却写成了"菁"等。这些显然都是违背太平天国的避讳制度的。何况，这样的笔误在"原稿"中出现的次数很多，不能简单地看成是笔误。

针对荣孟源的意见，也有人提出反对。陈旭麓认为，我们不可能设想当时的李秀成好像后来的作家一样，有一个每天分节写出的章节安排。至于书写形式，李秀成作为一个成年人早就已经形成了通行的书写习惯，尽管他熟悉太平天国的书写格式，但因疏忽犯讳，并不奇怪。说曾国藩作假也不合情理，他若要作假应该是在上报军机处和刊刻的时候就完成，何必造个假东西当作宝贝传之后代？曾氏后人又何必要将这个显然会招来众议的假东西公之于众？而钱远熔认为这个"原稿"不仅是李秀成的真迹，还是完整无缺的。曾国藩只对它进行了删改，并没有撕毁或是偷换。对钱远熔"完整无缺"的观点，罗尔纲先生虽然不同意，认为"原稿"确实有被曾国藩撕毁的地方，但他仍然坚持"原稿"并不是冒牌货，是李秀成的真迹。

不仅国内学术界对《李秀成自述书》的真伪争论不已，国际上也有很多人予以关注。1978年国际友人路易·艾黎即对此发表了自己的看法："如果像曾国藩这样一个肆无忌惮的卖国贼官吏竟然会不去充分利用被俘的李秀成来进一步达到自己的目的，这是绝对不可思议的。他可以先鼓励李写下他本人的历史，然后再通过他的专家在同样的纸张，以同样的文风，添加上有害于太平天国事业的东西。之后，在显示他本人宽宏大量的同时，对全部东西加以剪裁。"又说："由于自首书是经过篡改的，所以，曾国藩对它的完整显得异常的神经过敏。他曾命令其家属不得给他人看这份自首书。我曾亲自在上海听见过他的孙子说过这件事。"还有一些国外学者持与此相反的看法，认为今天所见到的《李秀成自述》确实是李秀成亲手写的，等等。

李秀成生前在战场上英勇善战，对后期的太平天国的政治、经济、军事都产生了重大的影响。被后世争论了半个世纪之久的《李秀成自述》的真伪，也许是论断他功过的最好证据吧。世人希望这个谜能赶快解开。

八国联军用过毒气弹吗？

英、美、德、法、俄、日、意、奥侵华的八国联军进攻天津发生在1900年7月，当时的战争过后留下了诸多疑点，至今仍然难以解释清楚，其一，死者为何倚墙不倒？其二，英军曾经使用专门的毒气炮作为发射工具吗？其三，所放气体究竟是"绿气"还是"氯气"？其四，毒气炮如今流落何方？

以上这四个疑点如果被证实，将共同指向同一个结论——八国联军确实用过毒气弹。那么究竟史料是如何记载的呢？而且其时间要早于第一次世界大战，事实到底是否如此呢？

让我们先来看看历史遗留下来的四大疑点。

第一，八国联军进攻天津时，天津军民死伤惨重，而天津军民死伤的形状也颇为奇特。部分史料中有详细记载，颇让人心惊胆寒。清代的《西巡回銮始末记》中的描述详尽而细致："城内唯死人满地，房屋无存。且因洋兵开放列低炮之故，各尸倒地者身无伤痕居多。盖因列低炮系毒药掺配而成，炮弹落地，即有绿气冒出，钻入鼻窍内者，即不自知殒命，甚至城破3点钟后，洋兵犹见有华兵若干，擎枪倚墙，怒目而立，一若将欲开枪者，然及逼近视之，始知已中炮气而毙，只以其身倚偾在墙，故未仆地。"

照史料上记载，清朝官兵应该还是按照以往躲炮弹的方法，藏在掩体后面。但是，与以往不同的是，这次的"炸弹"爆裂后，绿烟弥漫，无论是否躲到掩体后面，只要闻到绿色烟雾的就会全部死亡。

第二，当年的《万国公法》明令禁止过使用一种叫作"列低炮"的武器，因为其屠杀人类非常残忍。然而，两门列低炮却经由英舰"阿尔及灵"号运载，于1900年7月10日出现在天津港海岸，并在7月11日投入战斗之中。它们的到来还要从1900年春季说起，当时义和团以"扶清灭洋"为口号围攻英国在京驻华使馆，于是，英国海军中将西摩尔于6月10日率联军2000多人赴北京救援，在经过廊坊时受到重创，伤亡惨重。为了"制裁中国"，联军从南非战场上紧急调用了"列低炮"并迅速运往天津战场。

经过多方考证，这种列低炮炮弹炸处，绿烟四散，1米之内，人畜闻之即死。《万国公法》曾决定"战争中不得使用此炮"，当时签订的国家也包括英国，而在中国它却违反国际公法。

到此，从各方面分析，结论逐渐明朗：英军从南非战场直接运到天津的"列低炮"就是毒气炮！那么，据此推测，毒气弹首次使用的时间应该是在南非，而不是以前所说的第一次世界大战。在世界史的相关资料中有关"英布战争"的记载显示，在南非东部的莱底斯战场上，英军就是使用这种炮毒死了很多敌军士兵，加速了战争的胜利。

第三，绿色的气体究竟是什么呢？

氯气是一种具有强刺激性的黄绿色气体，大气中低浓度的氯气能刺激眼、鼻、喉。空气中含有万分之一的氯气就会严重影响人的健康。高浓度的氯气会引起人慢性中毒，产生鼻炎、支气管炎、肺气肿等，有的还会过敏，出现皮炎、湿疹等。根据史料记载所描述的情形，八国联军炮弹冒出的这种"绿气"极有可能就是"氯气"。如果氯气浓度极高时，人吸入则有可能马上窒息而死。

有关第一次世界大战中使用毒气弹的史料这样记到述：1915年4月，德军飞机向英法联军投下氯气弹，炸弹落地后，腾起团团黄绿色的浓烟，迅速向四周弥漫。靠近毒气弹的英法士兵纷纷倒下，头晕目眩，呼吸紧张，紧接着便口角流血，四肢抽搐起来，死后的人大多数还保持着生前的姿势。史料上的描写与八国联军在天津使用列低炮进攻清军后的情况极其相似。由此，不难断定，八国联军在天津使用的就是氯气弹。

第四，当年的列低炮如今又下落何方呢？这将是解开谜底最有力的证据。

在那次炮攻天津之后，史料中再也没有发现关于列低炮的记载，也没有发现联军使用毒气弹的记载。天津也成为唯一受过列低炮伤害的城市。那么这两门炮究竟去哪儿了？会不会是在战斗中被清军摧毁了？如果不是，那么在进攻北京的过程中又怎会没用到这种极具杀伤力的武器呢？如果是因为顾忌《万国公法》的约束，那么在天津的使用又怎么解释？一种比较可信的说法就是被清军炮击摧毁了。

这种被怀疑为毒气弹的武器在很大程度上促进了八国联军的胜利，根据相关专家的考证，毒气炮在天津至少使用了3次。1900年7月11日，是第一次使用的时间。英国"奥兰度"舰准尉G．吉普斯在《华北作战记》文中提到："星期三（7月11日）凌晨3点，中国人大举进攻车站，决心要攻下它。他们在黑夜中前进，终于到达车站……我们从大沽运来的4英寸（约10厘米——编者注）口径大炮第一次使用上了。"当时，洋人已经顶不住武卫军和义和团针对老龙头火车站的共同进攻。于是，英军就从织绒厂后面向驻扎在陈家沟的武卫左军大营和攻打火车站的清军及义和团施放了毒气弹。绿烟飘来，数百士兵以及尚未分发的600匹战马均无一幸免，铁路旁的义冢堆尸如山。

八国联军见中国军民抵抗热情并没有因为巨大的损失而降低，随后又两次使用了特殊炮弹。7月13日至14日凌晨，八国联军对天津城发起总攻。萨维奇·兰德尔文在《中国与联军》中载："攻打天津城的战斗发生在13日清晨。联军利用所占有的一切可以利用的大炮在日出时就开始射击……两门4英寸口径海军快炮中有一门架在通到西机器局的路上，另一门则在土围子附近……"守城清军凭借城墙高厚的优势阻击，义和团在城下民房中协助，洋人攻城不下，于晚上8点开始撤回攻城士兵，并施放特殊炮弹。

最后一次是在8月5日清晨，联军开始向唐家湾的清军前沿阵地发起总攻。一开始怕伤着联军士兵并没有发射，等到在穆家庄、南仓受到清军阻击，退到白庙，渡过河后，英军随即施放列低炮，这种炮弹再次帮了他们大忙。

历史留下的4个疑点如今都已经无法拿出最直接最确切的证据，因此，一切的结论都只是建立在种种假设基础上的推论，是否还有其他原因会导致士兵死去时的姿势与因毒气弹而死的姿势相似？历史上有关第一次使用"列低炮"的地点是南非而不是中国的记载真的错了吗？绿色的烟雾是不是一定就是氯气呢？最后一点，当年用来发射特殊炮弹的大炮已经再也找不到了，还是从来就不存在呢？这一切都是未解之谜。

向北京进犯的八国联军旧照